二十四史

文白对照精华版·精选精译

《二十四史》编委会·编

第九册

隋书
南史
北史
旧唐书
新唐书

线装书局

列 传

隋书卷四十八

列传第十三

杨　素

杨素字处道，弘农华阴人也。祖暄，魏辅国将军、谏议大夫。父敷，周汾州刺史，没于齐。素少落拓，有大志，不拘小节，世人多未之知，唯从叔祖魏尚书仆射宽深异之，每谓子孙曰："处道当逸群绝伦，非常之器，非汝曹所逮也。"后与安定牛弘同志好学，研精不倦，多所通涉。善属文，工草隶，颇留意于风角。美须髯，有英杰之表。周大冢宰宇文护引为中外记室，后转礼曹，加大都督。武帝亲总万机，素以其父守节陷齐，未蒙朝命，上表申理。帝不许，至于再三。帝大怒，命左右斩之。素乃大言曰："臣事无道天子，死其分也。"帝壮其言，由是赠敷为大将军，谥曰忠壮。拜素为车骑大将军、仪同三司，渐见礼遇。帝命素为诏书，下笔立成，词义兼美。帝嘉之，顾谓素曰："善自勉之，勿忧不富贵。"素应声答曰："臣但恐富贵来逼臣，臣无心图富贵。"

及平齐之役，素请率父麾下先驱。帝从之，赐以竹策，曰："朕方欲大相驱策，故用此物赐卿。"从齐王宪与齐人战于河阴，以功封清河县子，邑五百户。其年授司城大夫。明年，复从宪拔晋州。宪屯兵鸡栖原，齐主以大军至，宪惧而宵遁，为齐兵所蹑，众多败散。素与骁将十余人尽力苦战，宪仅而获免。其后每战有功。及齐平，加上开府，改封成安县公，邑千五百户，赐以粟帛、奴婢、杂畜。从王轨破陈将吴明彻于吕梁，治东楚州事。封弟慎为义安侯。陈将樊毅筑城于泗口，素击走之，夷毅所筑。

高祖宣帝即位，袭父爵临贞县公，以弟约为安成公。寻从韦孝宽徇淮南，素别下盱眙、钟离。

及高祖为丞相，素深自结纳，高祖甚器之，以素为汴州刺史。行至洛阳，会尉迥作乱，荥州刺史宇文胄据武牢以应迥，素不得进。高祖拜素大将军，发河内兵击胄，破之。迁徐州总管，进位柱国，封清河郡公，邑二千户。以弟岳为临贞公。高祖受禅，加上柱国。开皇四年，拜御史大夫。其妻郑氏性悍，素忿之曰："我若作天子，卿定不堪为皇后。"郑氏奏之，由是坐免。上方图江表，先是，素数进取陈之计，未几，拜信州总管，赐钱百万、锦千段、马二百匹而遣之。素居永安，造大舰，名曰五牙，上起楼五层，高百余尺，左右前后置六拍竿，并高五十尺，容战士八百人，旗帜加于上。次曰黄龙，置兵百人。自余平乘、舴艋等各有差。及大举伐陈，以素为行军元帅，引舟师趣三硖。军至流头滩，陈将戚欣，以青龙百余艘、屯兵数千人守狼尾滩，以遏军路。其地险峭，诸将患之。素曰："胜负大计，在此一举。若昼日下船，彼则见我，滩流迅激，制不由人，则吾失其便。"乃以夜掩之。素亲率黄龙数千艘，衔枚而下，遣开府王长袭引步卒从南岸击欣别栅，令大将军刘仁恩率甲骑趣白沙北岸，迟明而至，击之，欣败走。悉虏其众，劳而遣之，秋毫不犯，陈人大悦。素率水军东下，舟舻被江，旌甲曜日。素坐平乘大船，容貌雄伟，陈人望之惧曰："清河公即江神也。"陈南康内史吕仲肃屯岐亭，正据江峡，于北岸凿岩，缀铁锁三条，横截上流，以遏战船。素与仁恩登陆俱发，先攻其栅。仲肃军夜溃，素徐去其锁。仲肃复据荆门之延洲。素遣巴蜑卒千人，乘五牙四艘，以柏樯碎贼十余舰，遂大破之，俘甲士二千余人，仲肃仅以身免。陈主遣其信州刺史顾觉，镇安蜀城，荆州刺史陈纪镇公安，皆惧而退走。巴陵以东，无敢守者。湘州刺史、岳阳王陈叔慎遣使请降。素下至汉口，与秦孝王会。及还，拜荆州总管，进爵郢国公，邑三千户，真食长寿县千户。以其子玄感为仪同，玄奖为清河郡公。赐物万段，粟万石，加以金宝，又赐陈主妹及女妓十四人。素言于上曰："里名胜母，曾子不入，逆人王谊，前封于郢，臣不愿与之同。"于是改封越国公。寻拜纳言。岁余，转内史令。

俄而江南人李棱等聚众为乱，大者数万，小者数千，共相影响，杀害长吏。以素为行军总管，帅众讨之。贼朱莫问自称南徐州刺史，以盛兵据京口。素率舟师入自杨子津，进击破之。晋陵顾世兴自称太守，与其都督鲍迁等复来拒战。素逆击破之，执迁，虏三千余人。进击无锡贼帅叶略，又平之。吴郡沈玄憎、沈杰等以兵围苏州，刺史皇甫绩频战不利。素率众援之，玄憎势迫，走投南沙贼帅陆孟孙。素击孟孙于松江，大破之，生擒孟孙、玄憎。黝、歙贼帅沈雪、沈能据栅自固，又攻拔之。浙江贼帅高智慧自号东扬州刺史，船舰千艘，屯据要害，兵甚劲。素击之，自旦至申，苦战而破。智慧逃入海，素蹑之，从余姚泛海趣永嘉。智慧来拒战，素击走之，擒获数千人。贼帅汪文进自称天子，据东阳，署其徒蔡道人为司空，守乐安。进讨，悉平之。又破永嘉贼帅沈孝彻。于是步道向天台，指临海郡，逐捕遗逸寇。前后百余战，智慧遁守闽越。

上以素久劳于外，诏令驰传入朝。加子玄感官为上开府，赐彩物三千段。素以余贼未殄，恐为后患，又自请行。乃下诏曰："朕忧劳百姓，日旰忘食，一物失所，情深纳隍。江外狂狡，妄构妖逆，虽经殄除，民未安堵。犹有贼首凶魁，逃亡山洞，恐其聚结，重扰苍生。内史令、上柱国、越国公素，识达古今，经谋长远，比曾推毂，旧著威名，宜任以大兵，总为元帅。宣布朝风，振扬威武，擒剪叛亡，慰劳黎庶，军民事务，一以委之。"素复乘传至会稽。先是，泉州人王国庆，南安豪族也，杀刺史刘弘，据州为乱，诸亡贼皆归之。自以海路艰阻，非北人所习，不设备伍。素汎海掩至，国庆遑遽，弃州而走，余党散入海岛，或守溪涧。素分遣诸将，水陆追捕。乃密令人谓国庆曰："尔之罪状，计不容诛。唯有斩送智慧，可以塞责。"国庆于是执送智慧，斩于泉州。自余支党，悉来降附，江南大定。上遣左领军将军独孤陀至浚仪迎劳。比到京师，问者日至。拜素子玄奖为仪同，赐黄金四十斤，加银瓶，实以金钱，缣三千段，马二百匹，羊二千口，公田百顷，宅一区。代苏威为尚书右仆射，与高颎专掌朝政。

素性疏而辩，高下在心，朝臣之内，颇推高颎，敬牛弘，厚接薛道衡，视苏威蔑如也。自余朝贵，多被陵轹。其才艺风调，优于高颎，至于推诚体国，处物平当，有宰相识度，不如颎远矣。

寻令素监营仁寿宫，素遂夷山堙谷，督役严急，作者多死，宫侧时闻鬼哭之声。及宫成，上令高颎前视，奏称颇伤绮丽，大损人丁，高祖不悦。素忧惧，计无所出，即于北门启独孤皇后曰："帝王法有离宫别馆，今天下太平，造此一宫，何足损费！"后以此理谕上，上意乃解。于是赐钱百万，锦绢三千段。

十八年，突厥达头可汗犯塞，以素为灵州道行军总管，出塞讨之，赐物二千段，黄金百斤。先是，诸将与虏战，每虑胡骑奔突，皆以戎车步骑相参，舆鹿角为方阵，骑在其内。素谓人曰："此乃自固之道，非取胜之方也。"于是悉除旧法，令诸军为骑阵。达头闻之大喜，曰："此天赐我也。"因下马仰天而拜，率精骑十余万而至。素奋击，大破之，达头被重创而遁，杀伤不可胜计，群虏号哭而去。优诏褒扬，赐缣二万匹，及万钉宝带。加子玄感位大将军，玄奖、玄纵、积善并上仪同。

素多权略，乘机赴敌，应变无方，然大抵驭戎严整，有犯军令者，立斩之，无所宽贷。每将临寇，辄求人过失而斩之，多者百余人，少不下十数。流血盈前，言笑自若。及其对阵，先令一二百人赴敌，陷阵则已，如不能陷阵而还者，无问多少，悉斩之。又令三二百人复进，还如向法。将士股栗，有必死之心，由是战无不胜，称为名将。素时贵倖，言无不从，其从素征伐者，微功必录，至于他将，虽有大功，多为文吏所谴却。故素虽严忍，士亦以此愿从焉。

二十年，晋王广为灵朔道行军元帅，素为长史。王卑躬以交素。及为太子，素之谋也。

仁寿初，代高颎为尚书左仆射，赐良马百匹，牝马二百匹，奴婢百口。其年，以素为行军元帅，出云州击突厥，连破之。突厥退走，率骑追蹑，至夜而及之。将复战，恐贼越逸，令其骑稍后。于是亲将两骑，并降突厥二人，与虏并行，不之觉也。候其顿舍未定，趣后骑掩击，大破之。自是突厥远遁，碛南无复虏庭。以功进子玄感位为柱国，玄纵为淮南郡公。赏物二万段。

及献皇后崩，山陵制度，多出于素。上善之，下诏曰：

君为元首，臣则股肱，共治万姓，义同一体。上柱国、尚书左仆射、仁寿宫大监、越国公素，志度恢弘，机鉴明远，怀佐时之略，包经国之才。王业初基，霸图肇建，策名委质，受脤出师，擒剪凶魁，克平虢、郑。频承庙算，扬旍江表，每禀戎律，长驱塞阴，南指而吴、越肃清，北临而獯、狁摧服。自居端揆，参赞机衡，当朝正色，直言无隐。论文则词藻纵横，语武则权奇间出，既文且武，唯朕所命，任使之处，夙夜无怠。

献皇后奄离六宫，远日云及，茔兆安厝，委素经营。然葬事依礼，唯卜泉石，至如吉凶，不由于此。素义存奉上，情深体国，欲使幽明俱泰，宝祚无穷。以为阴阳之书，圣人所作，祸福之理，特须审慎。乃遍历川原，亲自占择，纤介不善，即更寻求，志图元吉，孜孜不已。心力备尽，人灵协赞，遂得神皋福壤，营建山陵。论素此心，事极诚孝，岂与夫平戎定寇，比其功业？非唯廊庙之器，实是社稷之臣，若不加褒赏，何以申兹劝励？可别封一子义康郡公，邑万户，子子孙孙，承袭不绝。余如故。

并赐田三十顷，绢万段，米万石，金钵一，实以金，银钵一，实以珠，并绫锦五百段。

时素贵宠日隆，其弟约、从父文思、弟文纪，及族父异，并尚书列卿。诸子无汗马之劳，位至柱国、刺史。家僮数千，后庭妓妾曳绮罗者以千数。第宅华侈，制拟宫禁。有鲍亨者，善属文，殷胄者，工草隶，并江南士人，因高智慧没为家奴。亲戚故吏，布列清显，素之贵盛，近古未闻。炀帝初为太子，忌蜀王秀，与素谋之，构成其罪，后竟废黜。朝臣有违忤者，虽至诚体国，如贺若弼、史万岁、李纲、柳彧等，素皆阴中之。若有附会及亲戚，虽无才用，必加进擢。朝廷靡然，莫不畏附。唯兵部尚书柳述，以帝婿之重，数于上前面折素。大理卿梁毗，抗表上言，素作威作福。上渐疏忌之，后因出敕曰："仆射国之宰辅，不可躬亲细务，但三五日一度向省，评论大事。"外示优崇，实夺之权也。终仁寿之末，不复通判省事。上赐王公以下射，素箭为第一，上手以外国所献金精盘，价直巨万，以赐之。四年，从幸仁寿宫，宴赐重叠。

及上不豫，素与兵部尚书柳述、黄门侍郎元岩等入阁侍疾。时皇太子入居大宝殿，虑上有不讳，须豫防拟，乃手自为书，封出问素。素录出事状以报太子。宫人误送上所，上览而大恚。所宠陈贵人，又言太子无礼。上遂发怒，欲召庶人勇。太子谋之于素，素矫诏追东宫兵士帖上台宿卫，门禁出入，并取宇文述、郭衍节度，又令张衡侍疾。上以此日崩，由是颇有异论。

汉王谅反，遣茹茹天保来据蒲州，烧断河桥。又遣王聃子率数万人并力拒守。素将轻骑五千袭之，潜于渭口宵济，迟明击之，天保败走，聃子惧而以城降。有诏征还。初，素将行也，计日破贼，皆如所量。帝于是以素为并州道行军总管、河北安抚大使，率众数万讨谅。时晋、绛、吕三州并为谅城守，素各以二千人縻之而去。谅遣赵子开拥众十余万，策绝径路，屯据高壁，布阵五十里。素令诸将以兵临之，自引奇兵潜入霍山，缘崖谷而进，直指其营，一战破之，杀伤数万。谅所署介州刺史梁修罗屯介休，闻素至，惧，弃城而走。进至清源，去并州三十里，谅率其将王世宗、赵子开、萧摩诃等，众且十万，来拒战。又击破之，擒萧摩诃。谅退保并州，素进兵围之，谅穷蹙而降，余党悉平。帝遣素弟修武公约赍手诏劳素曰：

我有隋之御天下也，于今二十有四年，虽复外夷侵叛，而内难不作，修文偃武，四海晏然。朕以不天，衔恤在疚，号天叩地，无所逮及。朕本以藩王，谬膺储贰，复以庸虚，纂承鸿业。

天下者，先皇之天下也，所以战战兢兢，弗敢失坠，况复神器之重，生民之大哉！

贼谅苞藏祸心，自幼而长，羊质兽心，假托名誉，不奉国讳，先图叛逆，违君父之命，成莫大之罪。诳惑良善，委任奸回，称兵内侮，毒流百姓。私假署置，擅相谋戮，小加大，少凌长，民怨神怒，众叛亲离，为恶不同，同归于乱。朕寡兄弟，犹未忍及言，是故开关门而待寇，戢干戈而不发。朕闻之，天生蒸民，为之置君，仰惟先旨，每以子民为念，朕岂得枕伏苫庐，颠而不救也！大义灭亲，《春秋》高义，周旦以诛二叔，汉启乃戮七藩，义在兹乎？事不获已，是以授公戎律，问罪太原。且逆子贼臣，何代不有？岂意今者近出家国？所叹荼毒甫尔，便及此事。由朕不能和兄弟，不能安苍生，德泽未弘，兵戈先动，贼乱者止一人，涂炭者乃众庶。非唯寅畏天威，亦乃孤负付嘱，薄德厚耻，愧乎天下。

公乃先朝功臣，勋庸克茂。至如皇基草创，百物惟始，便匹马归朝，诚识兼至。汴部、郑州，风卷秋箨，荆南、塞北，若火燎原，早建殊勋，夙著诚节。及献替朝端，具瞻惟允，爰弼朕躬，以济时难。昔周勃、霍光，何以加也！贼乃窃据蒲州，关梁断绝，公以少击众，指期平殄。高壁据崄，抗拒官军，公以深谋，出其不意，雾廓云除，冰消瓦解，长驱北迈，直趣巢窟。晋阳之南，蚁徒数万，谅不量力，犹欲举斧。公以棱威外讨，发愤于内，忘身殉义，亲当矢石。兵刃暂交，鱼溃鸟散，僵尸蔽野，积甲若山。谅遂守穷城，以拒鈇钺。公董率骁勇，四面攻围，使其欲战不敢，求走无路，智力俱尽，面缚军门。斩将搴旗，伐叛柔服，元恶既除，东夏清晏，嘉庸茂绩，于是乎在。昔武安平赵，淮阴定齐，岂若公远而不劳，速而克捷者也。朕殷忧谅暗，不得亲御六军，未能问道于上库，遂使勋劳于行阵。言念于此，无忘寝食。公乃建累世之元勋，执一心之确志。古人有言曰："疾风知劲草，世乱有诚臣。"公得之矣。乃铭之常鼎，岂止书勋竹帛哉！功绩克谐，哽叹无已。稍冷，公如宜。军旅务殷，殊当劳虑，故遣公弟，指宣往怀。迷塞不次。

素上表陈谢曰：

臣自惟虚薄，志不及远，州郡之职，敢惮劬劳，卿相之荣，无阶觊望。然时逢昌运，王业惟始，虽涓流赴海，诚心屡竭，轻尘集岳，功力盖微。徒以南阳里闾，丰、沛子弟，高位重爵，荣显一时。遂复入处朝端，出总戎律，受文武之任，预帷幄之谋。岂臣才能，实由恩泽。欲报之德，义极昊天。伏惟陛下照重离之明，养继天之德，牧臣于疏远，照臣以光晖，南服降枉道之书，春宫奉肃成之旨。然草木无识，尚荣枯候时，况臣有心，实自效无路。昼夜回偟，寝食惭惕，常惧朝露奄至，虚负圣慈。

贼谅包藏祸心，有自来矣，因幸国哀，便肆凶逆，兴兵晋、代，摇荡山东。陛下拔臣于凡流，授臣以戎律，蒙心膂之寄，禀平乱之规。萧王赤心，人皆以死，汉皇大度，天下争归，妖寇廓清，岂臣之力！曲蒙使臣弟约赍诏书问劳，高旨峻笔，有若天临，洪恩大泽，便同海运。悲欣惭惧，五情振越，虽百殒微躯，无以一报。

其月还京师，因从驾幸洛阳，以素领营东京大监。以平谅之功，拜其子万石、仁行，侄玄挺，皆仪同三司，赉物五万段，绮罗千匹，谅之妓妾二十人。大业元年，迁尚书令，赐东京甲第一区，物二千段。寻拜太子太师，余官如故。前后赏锡，不可胜计。明年，拜司徒，改封楚公，真食二千五百户。其年，卒官。谥曰景武，赠光禄大夫、太尉公、弘农河东绛郡临汾文城河内汲郡长平上党西河十郡太守。给辒车，班剑四十人，前后部羽葆鼓吹，粟麦五千石，物五千段。鸿胪监护丧事。帝又下诏曰："夫铭功彝器，纪德丰碑，所以垂名迹于不朽，树风声于没世。故楚景武公素，茂绩元勋，勤劳王室，竭尽诚节，协赞朕躬。故以道迈三杰，功参十乱。未臻遐寿，遽戢清徽。春秋递代，方绵岁祀，式播雕篆，用图勋德，可立碑宰隧，以彰盛美。"素尝以五言诗七百字赠番州刺史薛道衡，词气宏拔，风韵秀上，亦为一时盛作。未几而卒，道衡叹曰："人之将死，其言也善，岂若是乎！"有集十卷。

素虽有建立之策，及平杨谅功，然特为帝所猜忌，外示殊礼，内情甚薄。太史言隋分野有大丧，因改封于楚。楚与隋同分，欲以此厌当之。素寝疾之日，帝每令名医诊候，赐以上药。然密问医人，恒恐不死。素又自知名位已极，不肯服药，亦不将慎，每语弟约曰："我岂须更活耶？"素负冒财货，营求产业，东、西二京，居宅侈丽，朝毁夕复，营缮无已，爰及诸方都会处，邸店、水硙并利田宅以千百数，时议以此鄙之。子玄感嗣，别有传。诸子皆坐玄感诛死。

译文：

杨素字处道，弘农郡华阴县人，祖父杨暄，在西魏担任辅国将军、谏议大夫。父亲杨敷，担任北周的汾州刺史，后来死在北齐。杨素年轻的时候落拓不羁，心有大志，不拘小节，但社会上人们大多还不了解他，只有他的从叔祖父杨魏和尚书仆射杨宽觉得他与众不同，常对子孙们说："处道当会超群绝伦，成非常之器，不是你们所能比得上的。"后来杨素与安定郡的牛弘志趣相同，都很好学，钻研学问而不厌倦，通晓和涉猎了许多书。杨素很会写文章，书法方面擅长草书和隶书，还很注意研究占卜吉凶的风角术。他长着一部很好看的大胡须，生成一副英杰的外表。北周大冢宰宇文护用他做了中外记室，后又转任礼曹，并加给他大都督的官职。周武帝亲掌国政后，杨素因为他的父亲坚守节操而身死于齐，还不曾受到朝廷嘉命，便上表申诉。武帝不答应，杨素便再三上表请求。武帝大怒，命令左右把杨素斩首。杨素大声说："臣侍奉无道的天子，应分该死！"武帝觉得他话说得很豪壮，于是追赠他的父亲杨敷为大将军，赐谥号为"忠壮"。武帝又任命杨素为车骑大将军、仪同三司，杨素渐渐地受到了武帝的礼遇。武帝命杨素草拟诏书，杨素下笔立成，文辞和意思都很美。武帝称赞他，看着他说："好好努力吧，莫愁不富贵。"杨素应声回答说："只怕富贵来催逼臣，臣却无心图富贵。"

到平定北齐战役的时候，杨素请求率领他父亲原来的军队打先锋。武帝答应了，并赐给他一支竹马鞭，说："我正打算派大军出征，因此把这件东西赐给您。"杨素跟从齐王宇文宪在河阴与北齐的军队作战，因战功被封为清河县子，封邑五百户。这年又授给他司城大夫的官职。第二年再次跟从宇文宪出征，攻取了北齐的晋州。宇文宪把部队驻扎在鸡栖原。北齐君主率大军到来，宇文宪害怕而连夜逃跑，被齐兵跟踪追击，部队大多溃败。杨素与十多员勇将尽力苦战，才仅仅使宇文宪免遭灾难。这以后杨素每次战斗都有功。到北齐被平定后，朝廷加杨素上开府的官职，并改封他为安成县公，封邑一千五百户，又赐给他粮食、布帛、奴婢和各种牲畜。杨素又跟从王轨在吕梁打败了陈将吴明彻，并负责治理东楚州的事。朝廷封杨素的弟弟杨慎为义安侯。陈将樊毅在泗口筑城，杨素打跑了樊毅，平毁了他所筑的城。

周高祖宣帝即位后，杨素承袭父爵为临贞县令，弟弟杨约做了安成公。不久随从韦孝宽攻略淮南，杨素分兵攻取了盱眙、锺离。

等到后来的隋高祖杨坚在周做了丞相，杨素与他结成深交。杨坚很器重他，让他做了汴州刺史。杨素去汴州上任走到洛阳，正赶上尉迟迥作乱，荥州刺史宇文胄据守虎牢以响应尉迟迥，因此杨素不得前进。杨坚任命杨素为大将军，让他调发河内的军队攻打宇文胄。杨素把宇文胄打败了。杨素被调任徐州总管，并被提升为柱国，封清河郡公，封邑二千户。杨素的弟弟杨约做了临贞公。隋高祖受禅代周之后，又加封杨素为上国柱。隋开皇四年，任命杨素做了御史大夫，杨素的妻子郑氏性情强悍，杨素气愤地对她说："我要是做了天子，你一定不配做皇后。"郑氏把这话上奏朝廷，杨素因此获罪而被罢了官。

当时高祖正打算吞并江南地区。因此，杨素曾多次进献夺取陈的计谋，所以没过多久，高祖便任命他做了信州总管，赐给他钱百万，锦三千段，马二百匹，打发他上任。杨素上任后居住在永安，制造大舰船，名叫五牙，船上造起五层楼，高一百多尺，在船的左右前后设置六具可发射石块等的拍竿，拍竿都高五十尺，船上可容战士八百人，桅杆上挂有旗帜。次一等的舰船名叫黄龙，载兵百人。其余名叫平乘、舴艋等的舰船，都依次渐小。等到大举伐陈的时候，高祖任命杨素为行军元帅，率领水军直奔三硖。水军到达流头滩的时候，陈将戚欣用青龙战船一百多艘、驻兵好几千人扼守下游的狼尾滩，以阻止隋军的进军之路。狼尾滩地形险峭，将领们都很担心。杨素说："胜败大计，在此一举。如果白天放船东下，陈军就可以看见我们，加上滩流迅激，战船很难听人控制，那我们就会失去有利条件。"于是决定利用夜间乘敌不备发动袭击。杨素亲自率领黄龙战船几千艘，令战士衔枚秘密东下。同时派遣开府王长袭带步兵从南岸袭击戚欣的另一军栅，又命大将军刘仁恩率领铁甲骑兵直奔白沙北岸。将近黎明时候，隋军都赶到指定地点，对陈军发起攻击，戚欣战败而逃。隋军把戚欣的军队全部俘虏，对俘虏加以慰劳然后遣返回陈，对陈的百姓秋毫无犯，陈人都很高兴。杨素率水军东下，战船满江，旌旗和铠甲在阳光下辉耀。杨素乘坐在平乘号大船上，容貌雄伟，陈人看见了都很害怕地说："清河公就是江神呢！"陈朝的南康内史吕仲肃带兵屯驻在岐亭，正占据着江峡。吕仲肃命人在江北岸凿穿山岩，缀上三条铁锁链，横截江水的上流，以阻止隋的战船。杨素与刘仁恩登陆上岸，一同出发，先攻击陈军的军栅。吕仲肃的军队夜间溃败。杨素军不慌不忙地去掉了横江锁链。吕仲肃又据守荆门的延洲。杨素派遣巴谯兵千人，分乘四艘五牙号战船，操起柏木桅杆击碎陈军战船十多艘，于是大败陈军，俘虏了陈的甲士二千多人，只有吕仲肃一人得以逃脱。陈朝君主派遣他的信州刺史顾觉镇守安蜀城，荆州刺史陈纪镇守公安，可是顾、陈二人都因惧怕隋军而退走了。陈朝的巴陵以东的地方，没有敢于据守的人。陈的汀州刺史、岳阳王陈叔慎派遣使者前来向隋军请求投降。杨素率军东下到达汉口，与秦孝王宇文俊相会。这次伐陈回来后，杨素被任命为荆州总管，进封爵位为郢国公，封邑三千户，实食长寿县赋税一千户。他的儿子玄感被封为仪同官，另一子玄奖被封为清河郡公。赐给杨素丝织物万段，粮食万石，还有金宝，又把俘获来的陈后主的妹妹以及十四名女妓赐给了他。杨素对高祖说："里名叫作胜母，曾子就不进去。叛逆之人王谊以前曾被封在郢地，因此臣的封爵不愿与他同号。"于是高祖又改封他为越国公。不久又任命他为纳言。过了一年多，又调任为内史令。

不久江南人李棱等聚集众人叛乱，叛乱势力大的有好几万人，小的也有几千人，他们互相声援、互相影响，杀害地方长官，隋朝廷任命杨素为行军总管，率军讨伐叛乱。乱贼朱莫问自称南徐州刺史，用众多的兵力据守京口。杨素率领水军从杨子津进入京口，进攻朱莫问而把他打败。晋陵的顾世兴自称太守，与他的都督鲍迁等人又来拒战。杨素打败了他们，抓住了鲍迁，俘虏了三千多人。杨素进攻无锡的贼帅叶略，又把他打败了。吴郡的沈玄憎、沈杰等用兵包围苏州，苏州刺史皇甫绩多次作战不利，杨素率兵支援皇甫绩。沈玄憎被兵势所迫，逃跑投奔南沙贼帅陆孟孙。杨素在松江对陆孟孙发起攻击，把他打得大败，活捉了陆孟孙、沈玄憎。黟、歙一带的贼帅沈雪、沈能依据军栅自守，杨素又把他们攻克了。浙江贼帅高智慧，自号东扬州刺史，拥有战船千艘，屯兵据守要害之地，兵力很强劲。杨素向高智慧发起攻击，从清早一直到傍晚，经过苦战把他打败了。高智慧逃到海上。杨素跟踪追击，从余姚泛海直奔永嘉。高智慧前来拒战，杨素把他打跑了，抓获了他的好几千人。贼帅汪文进自称天子，盘踞东阳，任命他的同伙蔡道人做司空，据守乐安。杨素进兵讨伐，把他们全都平定了。杨素又打败了永嘉的贼帅沈孝彻。于是向天台县进兵，又抵达临海郡，追捕逃亡和遗漏的贼寇。杨素前后经过一百多次战斗。高智慧逃到闽越据守。

高祖因为杨素长期在外征战辛劳，命令驿马迅速传命召他回朝。高祖加封他的儿子杨玄感官为上开府，赐给杨素丝织物三千段。杨素因为还有残余的乱贼没有消灭，恐怕造成后患，又向朝廷请求出征。于是高祖下诏书说："朕为百姓的事忧虑操劳，常常到晚上都忘记吃饭。一事不当，就深感不安。江南那些狂妄狡诈之徒，兴妖作乱，虽经消灭扫除，人民还未安定。现在仍然有乱贼头目，逃亡在深山洞穴，怕他们再聚结起来，重又扰乱百姓。内史令、上柱国、越国公杨素，见识通达古今，谋虑长远，曾经助兴王室，旧著威名，适宜统帅大兵，总任为元帅。宣布朝廷命令于天下，振扬国家的武威，捉拿和消灭叛亡者，慰劳百姓，军事和民事，都委任杨素全权处理。"杨素又乘驿车到达会稽。前此，泉州人王国庆，是南安的豪族，杀死了刺史刘弘，占据泉州作乱，各地逃亡的叛贼都归附到他这里。王国庆自以为海路艰难险阻，北方人不习惯，因此没有设兵防守。杨素从海路突然来袭，国庆仓皇失措，弃州而逃，他的余党溃散，逃入海岛，或逃到山溪、山洞自守。杨素分遣将领们，由水路、陆路同时追捕。又秘密派人对国庆说："按你的罪状，那是死有余辜。只有斩送高智慧，可以免去死罪。"于是国庆把高智慧抓了送来，在泉州斩杀了。其余乱贼支党，都来投降归附，于是江南大为安定。高祖派左领将军独孤陀到浚仪迎接和慰劳杨素。等回到京师，天天都有人来慰问。朝廷又任命杨素的儿子杨玄奖做了仪同官，赐给杨素黄金四十斤，还加赐一只银瓶，里边装满金钱，又赐给缣三千段，马二百匹，羊二千头，公田一百顷，住宅一处。高祖命杨素代苏威为尚书右仆射，与高颎共同执掌朝政。

杨素性情疏略却又好察辨，事无大小都放在心上。在朝臣们当中，他很推重高颎，尊敬牛弘，深交薛道衡，而很看不起苏威。其余的朝廷贵臣，多被他侮辱。他的才艺风度，优于高颎，至于斟酌国家的方针大计，处人处事公平允当，有宰相的见识和器度，这些方面比之高颎，就差远了。

不久朝廷命杨素监造仁寿宫。于是，杨素平山填谷，监督役徒严而苛急，役徒死了很多，宫殿旁时时听到鬼哭声。等到宫殿建成，高祖命高颎前去视察。高颎回来后向高祖报告说宫殿过于豪华，死人太多。高祖听了心中不快。杨素因此很担心害怕，又无计可施，就到北门向独孤皇后启奏说：“帝王依法可以有离宫别馆，现在天下太平，建造这样一座宫殿，对国家财政能有什么损害呢！”皇后把这道理告诉高祖，高祖对杨素的不满情绪才得消解，于是赐给杨素钱百万，锦和绢三千段。

开皇十八年，突厥达头可汗侵犯边塞，朝廷命杨素为灵州道行军总管，出塞讨伐，赐给他丝织物二千段，黄金百斤。前此，诸将与胡人作战，常担心胡人骑兵奔突冲撞，都用军车、步兵和骑兵相掺杂，用车和树木作障碍物布置在周围组成方阵，而把骑兵放在里边。杨素对人说：“这只是加强防守的办法，不是取胜的办法。”于是把老办法全部废除，命令各军组成骑兵阵。达头可汗听到这情况后大喜，说：“这是天赐给我的取胜良机。”因此下马抬头向天而拜，率十多万精锐骑兵到来。杨素指挥军队奋勇出击，大败突厥兵。达头身负重伤而逃，被杀伤的突厥兵数也数不清，突厥兵哭叫着离去了。高祖下诏表扬，赐给杨素缣二万匹，并赐给一条万钉宝带。又加封杨玄感为大将军，玄奖、玄纵、积善都做了上仪同。

杨素多权谋计略，善于抓住时机赴敌作战，灵活应变而无一定之方，然而大体上率军严整，有违反军令的，立即斩杀，无所宽恕。每当临战时，就要找人的过错杀人，多的一次杀一百多人，少的也不下十几人，面前流满鲜血，他也谈笑自若。等到与敌对阵时，先命一二百人向敌冲击，能陷入敌阵则罢，如果有不能陷阵而还的，不问多少人，全部斩杀。接着又命三二百人向敌冲击，还是照老办法行事。将士们都吓得两腿发抖，产生了必死之心而不敢图侥幸，因此能够战无不胜，称为名将。杨素当时在朝廷的地位贵宠，高祖对他言无不从。跟从杨素征战的人，有一点点功劳也要记录上报，至于其他将领，虽立有大功，也多被文吏所挑剔而不得上报。所以杨素虽然严酷残忍，将士们也因此而愿意跟从他。

天皇二十年，晋王杨广为灵朔道行军元帅，杨素为长史。晋王屈尊与杨素结交。到后来杨广做太子，都是由于杨素的谋划。

仁寿初年，杨素代高颎为尚书左仆射。高祖赐给杨素好马百匹，雌马二百匹，奴婢百口。这年，杨素为行军元帅，从云州出兵攻打突厥，连连打败突厥军。突厥退走。杨素率领骑兵跟踪追击，到夜晚追上突厥兵。杨素将与突厥兵再战，又怕突厥兵逃跑，便命令他的骑兵稍后于突厥兵。而他自己却带领两名骑兵，和两个投降的突厥人，与突厥兵并排而行，突厥兵未能发觉他们。等到突厥兵安顿人马休息而尚未安定的时候，杨素促令后面的骑兵突然发起攻击，把突厥兵打得大败。从此突厥人逃往远方，碛南再没有突厥人。因为杨素的战功，朝廷提升他的儿子玄感为柱国，玄纵为淮南郡公，赏赐杨素丝织物二万段。

到献皇后死的时候，陵墓制度大多是由杨素制定的。高祖很满意，下诏书说：

君是元首，臣是四肢，共同治理百姓，君臣的关系就像一体同身一样。上柱国、尚书左仆射、仁寿宫大监、越国公杨素，志向和气度宏大，善于观察机宜而目光深远，怀有辅佐时势的韬略，抱有治理国家的才能。在王业初定基础，霸图开始建立的时候，杨素就在朝任职，受命于祖庙而出师，消灭凶魁，平定了盘踞虢、郑一带的北齐，他多次接受朝廷的命令，扬旌旗于江南；每每领受军事，长驰驱到塞北。向南而吴、越一带被肃清，向北而猃狁被摧服。自从担任宰相，助理朝政，在朝廷上正色不阿，直言不讳。论他的文才则辞藻纵横，论他的武略则权谋奇计更迭而出。既能文又能武，只听朕命而用，凡受命出使之处，一天到晚都不懈怠。

献皇后忽离六宫而逝，已有多日，坟茔兆域的安置，委任杨素经营。然而安葬的事依礼而行，只是卜选安葬之地，以至探究葬地的吉凶，不依随旧制。杨素一心奉上，深明国体，要使死者和健在者都能获得安泰，使王业永存无穷。杨素以为有关阴阳的书，都是圣人所作，其中有关祸福的道理，特别需要审慎探究。于是他遍历山川平原，亲自占卜选择茔地，所选的茔地有一点不满意的地方，就要另外再寻求，一心要求得大吉，为此而孜孜不倦。杨素费尽心力，死者的神灵赞助他，终于寻得了风水宝地，营建陵墓。要论杨素这番心意，真是忠诚孝敬之极，难道能用平定敌寇乱贼，来比拟他的功业？杨素不只是朝廷宰相之器，实在是国家社稷之臣，如果不加褒赏，还用什么来劝励臣民？可另封他的一个儿子为义康郡公，封邑万户，子子孙孙袭封不绝。其余的杨氏子弟照旧。

并赐给杨素田三十顷，绢万段，米万石，金钵一只，当中装满金，银钵一只，当中装满珠，还赐给绫锦五百段。

当时杨素的贵宠一天天加隆，他的弟弟杨约、从父杨文思、思弟杨文纪，以及族父杨异，都在朝廷做了尚书列卿。他的儿子们没有汗马功劳，都位至柱国、刺史。杨素的家僮有好几千人，后庭穿着绫罗绸缎的妓妾有一千多。杨氏的宅第豪华奢侈，规格都比照隋帝的居所。有个叫鲍亨的人，善于写文章。还有个叫殷胄的人，擅长草书和隶书。这两个人都是江南的士人，因受高智慧的牵连而被没为杨素的家奴。杨素的亲戚故吏，都安置在清闲而显要的官位上。象杨素这样的贵盛，近古以来还不曾有过。隋炀帝初做太子的时候，忌讳蜀王杨秀，与杨素谋划，设法构成杨秀之罪，后来竟把他给废黜了。朝臣中如果有违背杨素意志的人，即使是出于为国家着想的一片至诚之心，如像贺若弼、史万岁、李纲、柳彧等人，杨素都要对他们暗中加害。如果有附会他的人，或者是他的亲戚，即使没有什么才能用处，也一定加以提拔。因此朝臣们一边倒，没有不畏惧而依附他的。只有兵部尚书柳述，以皇帝女婿的贵重身份，多次在高祖跟前当面批驳杨素。大理卿梁毗，上疏朝廷说，杨素作威作福。高祖因此渐渐疏远和疑忌杨素，后来下命令说：“尚书仆射是国家的宰辅，不可亲自过问具体事务，只需三五天到尚书省去一次，评论大事就行了。”表面上示以优礼和尊崇，实际上是削夺他的权力。一直到仁寿末年，杨素都不再具体处理省中事务。高祖赐给王公以下射具，赐给杨素的箭是第一等的，高祖亲手用外国进献的价值上万金的金精盘盛箭，赐给杨素。仁寿四年，杨素跟从高祖到仁寿宫，高祖对他一次又一次地宴飨和赏赐。

到高祖生病的时候，杨素与兵部尚书柳述、黄门侍郎元岩等人进入阁中侍候疾病。这时皇太子住进了大宝殿，担心高祖可能会死，必须预先有所防备，于是亲自写信，封好了送出去询问杨素。杨素录写了所应准备的各条事项回报太子。没想到宫人误把杨素的回信送到了高祖那里，高祖看信后大为怨恨。高祖所宠爱的陈贵人，又说太子对她无礼。于是，皇上发怒，想召曾为太子而后来被废为庶人的杨勇前来。太子杨广与杨素谋划，于是杨素假传诏令，追发文贴调东宫兵士进入宫台中值宿警卫，宫门和禁中出入，都由宇文述、郭衍控制，又令太子的亲信、黄门郎张衡前来侍候高祖的病。高祖就在这一天死了，因此人们对高祖的死因很有一些不同的看法。

汉王杨谅反，派遣部将茹茹天宝占据蒲州，烧断河桥，又派遣王聃子率兵几万人前来与茹茹天宝并力据守蒲州。杨素率领五千轻装精锐的骑兵袭击蒲州，暗中进兵到渭口，夜里渡过河去，待到将近黎明时候发起攻击。茹茹天宝被打败逃走，王聃子因害怕而举城投降。隋炀帝下诏召杨素回来。当初，杨素将要率军出发的时候，计算好打败反贼的日期，结果都如他所预计的那样实现了。于是，炀帝用杨素为并州道行军总管、河北安抚大使，率兵好几万讨伐杨谅。当时晋、绛、吕三州都为杨谅守城，杨素各派二千兵牵制他们，率大兵而去。杨谅派遣赵子开率兵十万，断绝道路，把军队屯据在名叫高壁的地方，布阵五十里。杨素命将领们带兵前往高壁，而自己率领一支奇兵暗中潜入霍山，攀缘岩谷而进，直捣赵子开的军营，一仗就把他打败了，杀伤了好几万人。杨谅任命的介州刺史梁修罗屯兵在介休，听说杨素到来，心中害怕，弃城而逃。杨素率兵前进到清源县，离并州三十里路的时候，杨谅率他的将领王世宗、赵子开、萧摩诃等，拥有兵众将近十万，前来拒战。杨素又把他们打败了，并抓获了萧摩诃。杨谅退兵保守并州。杨素进兵包围并州。杨谅势穷而投降，他的余党也全都被平定了。炀帝派遣杨素的弟弟修武公杨约带着自己的亲笔诏书前去慰劳杨素，诏书说：

我隋朝统治天下，到今天已经二十四年了，虽然有外族侵扰和叛乱的事情发生，而内难却不曾发生过，朝廷加强文治，偃息武功，天下安定。朕因丧失父皇，深怀忧伤，呼天叩地，也不可追及了。朕本是藩王，谬蒙圣恩立为太子，又以平庸浅薄之身，继承大业。天下是先皇的天下，所以朕战战兢兢，不敢有所失误，又何况身负国家政权和人民生死存亡的重大责任呢！

反贼杨谅包藏祸心，从小到大，皮肉似羊而心却像野兽一般凶残。他假托朝廷赋予的名誉，不尊奉皇帝，先图谋叛逆，违背君父的命令，构成莫大的罪行。他欺骗诱惑善良的人，委任奸诈邪僻的人，举兵内乱，流毒百姓。他私假威权署置官属，擅自谋开杀机，小的却想僭加大的之上，年少的却想凌辱年长的，至使民怨神怒，众叛亲离。他和他的下属所造过恶虽有不同，但最后都同归于叛乱。朕缺少兄弟，不忍心说起他的罪行，因此打开关门以待寇贼的到来，收敛起武器而不先发。朕听说："天生下人民，又为人民设置君主。"仰思先圣的意旨，就是常常考虑到人民。朕难道能够一味守丧，置人民的苦难而不救吗！大义灭亲，这是《春秋》所提倡的高尚道义。周公旦诛杀管、蔡二叔，汉景帝刘启戮杀吴、楚等七个藩王，他们所奉行的道义就在于此吧。事出迫不得已，所以授公以军事，前往太原问罪。逆子贼臣，哪一个朝代没有？但没想到今天，就近在自己的家国之中。所可叹息的是，叛乱荼毒人民才开始，就发兵问罪讨叛。由于朕不能使兄弟和睦，不能使百姓安定，恩泽还没能广施天下，就先打起仗来，叛乱的贼子只是一人，因战争而遭受灾难的却是百姓。这样做不只是敬畏天威，也辜负了先君的嘱咐，积德薄而积耻厚，朕有愧于天下之人。

公是先朝的功臣，功勋卓著。在皇室的基业刚开始建立、百事待举的时候，公便单身匹马而归我朝，可见公的忠诚和卓识兼备。公平定汴部、郑州，如风卷秋树的落叶一般；出征荆南、塞北，若野火燎原一样。公早就建立了特殊的功勋，并显示出忠诚的节操。至于对朝政发表意见，朝臣们都认为公允正确，于是辅佐朕身，以渡过困难时期。即使从前的周勃、霍光，又怎能超过公呢！叛贼竟然私据蒲州，断绝交通要道，公以少击多，如期平灭了叛贼。高壁的叛军依仗险要地形，抗拒官军，公用深谋，出其不意，扫除了云雾，使叛军冰消瓦解，又长驱北进，直捣叛军的巢窟。晋阳之南，叛乱的蚁合之徒好几万，杨谅自不量力，仍想与官军对抗。公以威势出外讨贼，义愤发于内心，舍身忘死以殉大义，亲自冲锋在前。只经过短暂的交锋，叛贼就鱼溃鸟散，僵尸遍野，丢弃的铠甲堆积如山。于是，杨谅只好孤守并州穷城，以抗拒官军。公督率勇士，四面围攻，使杨谅欲战不敢，求走无路，智穷力尽，只好投降。斩杀敌将，拔取敌旗，讨伐叛逆，柔服敌众，首恶已除，东方安定，公所建树的美功茂绩，正在于此。从前秦武安君平定赵国，汉淮阴侯平定齐国，难道能够比得上公这样的远征而不劳众、迅速克敌制胜吗？朕正在深忧守丧期间，不能亲自指挥六军，也未能去大学问道请教，于是使公辛劳于军阵之中。想到这里，不能不废寝忘食。公建立了使人们世世不忘的大功勋，并持有坚定不移的心志。古人说过这样的话："遇到迅疾的风才知道什么草强劲有力，世道混乱的时候就会显出忠臣。"公正可称得上这两句话。公的功勋应当铭刻在永存的鼎上，岂只是记载在竹帛上呢！公的功绩完满和谐，令人感叹不已。天气已渐冷，公应多加保重。军中事务繁多，特别操心劳累，因此派遣公的弟弟前往宣旨抚慰。朕迷塞不明，语无伦次。

杨素上表给炀帝致谢说：

臣自思空疏浅薄，志虑不远，出任州郡之职，不敢怕辛劳，至于卿相的尊荣，无由抱非分之想。然而遇到了昌隆幸运的时代，恰逢王业开始奠基，虽然我只是一条细小的流水奔赴大海，屡屡竭尽自己的诚心，也不过像那轻微的尘埃集于山岳之上，所能起的作用是十分细微的。只不过像光武帝的南阳同乡，汉高祖的丰、沛子弟那样，（因为是先帝的同乡，特蒙眷顾），所以赐臣高位重爵，使臣得荣显一时。接着又使臣任宰辅之职，出则总统军事，使臣承担文武重任，参与朝廷机谋。这些难道是因为臣有什么才能？实在是因为皇上的恩泽。我想要报答的恩德，真如那伟大的天一样。陛下得先帝之明鉴，涵养继承天位的圣德，察臣于疏远之地，用您的光辉照耀臣，在南方被降服之后，即奉旨辅佐太子。草木无知，尚且待时而枯荣，况臣是有心之人，实在是想报效陛下而无路。因此臣昼夜彷徨，睡觉吃饭都怀着惭愧警惧之心，常怕一旦死神降临，空负圣上的慈心。

反贼杨谅包藏祸心，由来已久，因此乘国丧之机以图侥幸，便肆意逞凶叛逆，兴兵于晋、代之地，动摇山东地区。陛下从普通臣民中提拔臣，授臣以军事，蒙陛下寄托臣以股肱重任，接受陛下所定平乱规划。萧王赤心待人，人都以死相报；汉皇包容大度，天下都争着归附；扫除妖寇，难道是臣的力量！屈蒙陛下使臣的弟弟带诏书来慰问，陛下崇高的意旨和峻伟的文笔，有如亲临，洪恩大泽，如同大海一般。臣又悲又喜又惭又惧，五情振荡，微贱的身躯即使死一百回，也不能一报陛下之恩。

这月杨素回京师，跟从炀帝到洛阳，炀帝任命杨素为营东京大监。因为杨素平定的杨谅之功，炀帝任命他的儿子杨万石、杨仁行、侄子杨玄挺，都做了仪同三司官，并赐杨素丝织物五万段，绮罗千匹，被俘获的杨谅的妓妾二十人。大业元年，升迁杨素为尚书令，赐给东京高级住宅一所，丝织物二千段。不久又命他为太子太师，其他官职如故。前后对杨素的各种赏赐，数也数不清。第二年，又任命杨素为司徒，并改封他为楚公，实食赋税二千五百户。就在这年，杨素死在所任官位上。炀帝赐谥号为"景武"，并赠给他光禄大夫、太尉公，以及弘农、河东、绛郡、临汾、文城、河内、汲郡、长平、上党、西河十郡太守的官称。又赐给名为辒车的卧车一辆，并赐持班剑用作仪仗的武士四十人，前后两顶羽盖、两支乐队，还赐给粮食五千石，丝织物五千段。由鸿胪官监护丧事。炀帝又下诏说："铭刻功迹的彝器，记载德行的丰碑，都是用来使名字和事迹永垂不朽，为后世树立美好的风范。已故楚景武公杨素，立下了丰功伟绩，为王室辛苦劳累，竭尽忠诚之节，以赞助朕身。他的崇高的道义已超过了汉高祖的三杰，功绩可比周武王的十位治国之臣。未能高寿，就骤然收起了他高雅的谈吐。春秋更迭，当年年祭祀，为传扬和铭记他的事迹，因此记载他的功德，可立碑于墓道，以表彰他的隆盛而美好的功绩。"杨素曾经写过一首长达七百字的五言诗赠送给番州刺史薛道衡，这首诗词气恢宏峻拔，风韵秀美高雅，也是一时的杰作。不久杨素就死了，薛道衡叹息说："人将死的时候，说的话总是充满善意。难道不就是说的这吗？"杨素有文集十卷。

杨素虽有拥立炀帝的谋策，以及平定杨谅的功劳，然而却特别被炀帝所猜忌。炀帝表面上对他施以特殊的礼遇，内心对他却很薄情。太史报告说隋的分野内将有大丧出现，因此把杨素改封到楚。因为楚与隋同分野，炀帝想用这种办法来压制丧气，使丧气由楚来承当。杨素卧病在床的时候，炀帝常令名医前来诊断，并赐给上等的药材。然而又秘密向医生打听杨素的病情，总是怕他不死。杨素也自知名声地位已经高到极点，因此不肯服药，对自己的病也不很在意，常对弟弟杨约说："我难道还有必要继续活下去吗？"杨素拥有财产，经营产业，东、西二京，住宅奢侈华丽，（对住宅如有不满意的地方），常常早晨毁了，晚上又修建起来，营建和修缮不停。至于各方都市之地，杨素所修建的邸店、水磨和良田美宅成百上千，当时的舆论因此看不起他。杨素的儿子杨玄感继承官爵，另外有《传》。后来其他各子都因受杨玄感谋反罪的牵连而被杀。

隋书卷七十

列传第三十五

杨玄感

杨玄感，司徒素之子也。体貌雄伟，美须髯。少时晚成，人多谓之痴，其父每谓所亲曰："此儿不痴也。"及长，好读书，便骑射。以交军功，位至柱国，与其父俱为第二品，朝会则齐列。其后高祖命玄感降一等，玄感拜谢曰："不意陛下宠臣之甚，许以公廷获展私敬。"初拜郢州刺史，到官，潜布耳目，察长吏能不。其有善政及赃污者，纤介必知之，往往发其事，莫敢欺隐。吏民敬服，皆称其能。后转宋州刺史，父忧去职。岁余，起拜鸿胪卿，袭爵楚国公，迁礼部尚书。性虽骄倨，而爱重文学，四海知名之士多趋其门。

自以累世尊显，有盛名于天下，在朝文武多是父之将吏，复见朝纲渐紊，帝又猜忌日甚，内不自安，遂与诸弟潜谋废帝，立秦王浩。及从征吐谷浑，还至大斗拔谷，时从官狼狈，玄感欲袭击行宫。其叔慎谓玄感曰："士心尚一，国未有衅，不可图也。"玄感乃止。

时帝好征伐，玄感欲立威名，阴求将领。谓兵部尚书段文振曰："玄感世荷国恩，宠逾涯分，自非立效边裔，何以塞责！若方隅有风尘之警，庶得执鞭行阵，少展丝发之功。明公兵革是司，敢布心腹。"文振因言于帝，帝嘉之，顾谓群臣曰："将门必有将，相门必有相，故不虚也。"于是赉物千段，礼遇益隆，颇预朝政。

帝征辽东，命玄感于黎阳督运。于时百姓苦役，天下思乱，玄感遂与武贲郎将王仲伯、汲郡赞治赵怀义等谋议，欲令帝所军众饥馁，每为逗遛，不时进发。帝迟之，遣使者逼促，玄感扬言曰："水路多盗贼，不可前后而发。"其弟武贲郎将玄纵、鹰扬郎将万硕并从幸辽东，玄感潜遣人召之。时将军来护儿以舟师自东莱将入海，趣平壤城，军未发。玄感无以动众，乃遣家奴伪为使者，从东方来，谬称护儿失军期而反。玄感遂入黎阳县，闭城大索男夫。于是取帆布为牟甲，署官属，皆准开皇之旧。移书傍郡，以讨护儿为名，各令发兵，会于仓所。以东光县尉元务本为黎州刺史，赵怀义为卫州刺史，河内郡主簿唐祎为怀州刺史。有众且一万，将袭洛阳。唐祎至河内，驰往东都告之。越王侗、民部尚书樊子盖等大惧，勒兵备御。修武县民相率守临清关，玄感不得济，遂于汲郡南渡河，从乱者如市。数日，屯兵上春门，众至十余万。子盖令河南赞治裴弘策拒之，弘策战败。瀍、洛父老竞致牛酒。玄感屯兵尚书省，每誓众曰："我身为上柱国，家累巨万金，至于富贵，无所求也。今者不顾破家灭族者，但为天下解倒悬之急，救黎元之命耳。"众皆悦，诣辕门请自效者，日有数千。与樊子盖书曰：

夫建忠立义，事有多途，见机而作，盖非一揆。昔伊尹放太甲于桐宫，霍光废刘贺于昌邑，此并公度内，不能一二披陈。

高祖文皇帝诞膺天命，造兹区宇，在璇玑以齐七政，握金镜以驭六龙，无为而至化流，垂拱而天下治。今上篡承宝历，宜固洪基，乃自绝于天，殄民败德。频年肆眚，盗贼于是滋多，所在修治，民力为之凋尽。荒淫酒色，子女必被其侵，耽玩鹰犬，禽兽皆离其毒。朋党相扇，货贿公行，纳邪佞之言，杜正直之口。加以转输不息，徭役无期，士卒填沟壑，骸骨蔽原野。黄河之北，则千里无烟，江淮之间，则鞠为茂草。

玄感世荷国恩，位居上将，先公奉遗诏曰："好子孙为我辅弼之，恶子孙为我屏黜之。"所以上禀先旨，下顺民心，废此淫昏，更立明哲。四海同心，九州响应，士卒用命，如赴私仇，民庶相趋，义形公道。天意人事，较然可知。公独守孤城，势何支久！愿以黔黎在念，社稷为心，勿拘小礼，自贻伊戚。谁谓国家一旦至此，执笔潸洏，言无所具。

遂进逼都城。

刑部尚书卫玄，率众数万，自关中来援东都。以步骑二万渡瀍、润挑战，玄感伪北。玄逐之，伏兵发，前军尽没。后数日，玄复与玄感战，兵始合，玄感诈令人大呼曰："官军已得玄感矣。"玄军稍怠。玄感与数千骑乘之，于是大溃，拥八千人而去。玄感骁勇多力，每战亲运长矛，身先士卒，暗呜叱咤，所当者莫不震慑。论者方之项羽。又善抚驭，士乐致死，由是战无不捷。玄军日蹙，粮又尽，乃悉众决战，阵于北邙，一日之间，战十余合。玄感弟玄挺中流矢而毙，玄感稍却。樊子盖复遣兵攻尚书省，又杀数百人。

帝遣武贲郎将陈棱攻元务本于黎阳，武卫将军屈突通屯河阳，左翊卫大将军宇文述发兵继进，右骁卫大将军来护儿复来赴援。玄感请计于前民部尚书李子雄，子雄曰："屈突通晓习兵事，若一渡河，则胜负难决，不如分兵拒之。通不能济，则樊、卫失援。"玄感然之，将拒通。子盖知其谋，数击其营，玄感不果进。通遂济河，军于破陵。玄感为两军，西抗卫玄，东拒屈突通。子盖复出兵，于是大战，玄感军频北。复请计于子雄，子雄曰："东都援军益至，我师屡败，不可久留。不如直入关中，开永丰仓以赈贫乏，三辅可指麾而定。据有府库，东面而争天下，此亦霸王之业。"会华阴诸杨请为乡导，玄感遂释洛阳，西图关中，宣言曰："我已破东都，取关西矣。"宇文述等诸军蹑之。至弘农宫，父老遮说玄感曰："宫城空虚，又多积粟，攻之易下。进可绝敌人之食，退可割宜阳之地。"玄感以为然，留攻之，三日城不下，追兵遂至。玄感西至阌乡，上槃豆，布阵亘五十里，与官军且战且行，一日三败。复阵于董杜原，诸军击之，玄感大败，独与十余骑窜林木间，将奔上洛。追骑至，玄感叱之，皆惧而返走。至葭芦戍，玄感窘迫，独与弟积善步行。自知不免，谓积善曰："事败矣。我不能受人戮辱，汝可杀我。"积善抽刀斫杀之，因自刺，不死，为追兵所执，与玄感首俱送行在所。磔其尸于东都市三日，复脔而焚之。余党悉平。其弟玄奖为义阳太守，将归玄感，为郡丞周琁玉所杀。玄纵弟万硕，自帝所逃归，至高阳，止传舍，监事许华与郡兵执之，斩于汲郡。万硕弟民行，官至朝请大夫，斩于长安。并具枭磔。公卿请改玄感姓为枭氏，诏可之。

初，玄感围东都也，梁郡人韩相国举兵应之，玄感以为河南道元帅。旬月间，众十余万，攻剽郡县。至于襄城，遇玄感败，兵渐溃散，为吏所执，传首东都。

译文：

　　杨玄感是司徒杨素的儿子。他体貌雄伟，长着一部很好看的大胡须。他少年时很晚才懂事，因此很多人都说他痴。他的父亲却常对亲近的人说："这个孩子不痴。"等到长大后，他喜欢读书，并喜欢骑马射箭。他凭借父亲的军功，获得了柱国的高位，同他的父亲都属第二品，朝会的时候与父亲站在同一行列中。后来高祖命杨玄感朝会的时候后退一列，玄感拜谢说："没想到陛下如此宠爱臣，允许臣在公廷上体现私敬。"开始时朝廷任命他做郢州刺史，他上任后，暗中布下耳目，探索下面官吏的好坏。这些耳目发现下面的官吏有政事处理得好的以及贪赃枉法的，那怕一丝一毫也一定报告杨玄感，因此玄感常常把这些官吏的表现公布出来，官吏们也就没有人敢于对他有什么欺骗隐瞒。吏民们敬服他，都称赞他能。后调任宋州刺史，因父亲去世而离职。过了一年多，他出来做官而被任命为鸿胪卿，并承袭父爵为楚国公，后又调升为礼部尚书。他的性情虽然倨傲，却十分爱好和重视文学，因此天下知名的文士多归附到他的门下。

　　杨玄感自以为杨家世世尊贵显耀，在天下享有盛名，在朝廷上的文武官员也多是他父亲原来的将吏，又发现朝廷纲纪渐渐混乱，而炀帝对杨家的猜忌又越来越厉害，因此他内心深感不安，于是就同他的弟弟们暗地谋划废掉炀帝，更立秦王杨浩为帝。到杨玄感随从炀帝出征吐谷浑，回来时走到名叫大斗拔谷的地方，这时从行的官吏们已十分疲劳狼狈，杨玄感便想乘机袭击炀帝的行宫。他的叔叔杨慎对他说："现在人心还一致，国政又没有出现大的问题，还不可采取行动。"玄感这才止而未发。

　　当时炀帝好出兵征伐，杨玄感想为自己立威名，便暗地谋求做将领。他对兵部尚书段文振说："玄感世世蒙受国恩，获得朝廷过分的荣宠，如果不能立志效命边疆，用什么来报答朝廷呢！如果边疆有军情，希望能服役于行伍之中，多少做一点微薄的贡献。明公是执掌军事的，因此谨向您表白我内心的想法。"段文振把杨玄感的话转告炀帝，炀帝称赞他，看看群臣说："将门必有将才，相门必有相才，这话不假。"于是赐给杨玄感丝织物一千段，对他的礼遇越来越隆，杨玄感因此也很能参与一些朝政。

炀帝征伐辽东，命杨玄感在黎阳督运粮草。这时老百姓为徭役所苦，天下人心思乱，于是玄感同武贲郎将王仲伯、汲郡赞治赵怀义等谋议，想让炀帝所率的军队饥饿，因此每次运送粮草都故意逗留，不及时送发。炀帝嫌他们运送粮草太迟慢，遣使者来催逼。杨玄感扬言说："水路多盗贼，不可前后相继发送。"杨玄感的弟弟武贲郎将杨玄纵、鹰扬郎将万硕都跟从炀帝在辽东，玄感暗地派人召他们回来。当时名叫来护儿的将军正准备率水军从东莱入海，前往平壤城，军队还没有出发。杨玄感正愁没有借口发动众人，于是就派他的家奴伪装成使者，从东方来，谎称来护儿坐失军期而造反。于是，杨玄感进入黎阳县城，关闭城门，大肆搜索成年男子。又取帆布做成盔甲，署置属官，都依照开皇年间的旧制。又写文告发送周围各郡，以讨伐来护儿为名，命令各郡发兵，到黎阳仓会师。杨玄感用东光县尉元务本做黎州刺史，赵怀义做卫州刺史，河内郡主簿唐祎做怀州刺史。这时杨玄感拥有军队将近一万人，将要袭击洛阳。唐祎到河内后，便飞马驰往东都洛阳报告。在洛阳城的越王杨侗、民部尚书樊子盖等大为恐惧，便率兵做防御准备。修武县的人民都相率前来守卫临清关，使杨玄感不能从这里渡河，于是便从汲郡南渡河，前来跟从杨玄感叛乱的人就像赶集市一样。过了几天，杨玄感把兵屯驻在上春门，已经拥有十多万人。樊子盖命令河南赞治裴弘策率兵抵御杨玄感，裴弘策被打败了。镵水、洛水一带的父老们都竞相送牛送酒来慰问杨玄感的军队。玄感把兵屯驻在尚书省，常发誓言以鼓动众人说："我身为上柱国，家中有上万金钱，至于说富贵，我已经无所求了。今天之所以不顾破家灭族的大灾难，只是为了替天下人解救危如倒悬的急难，拯救百姓的性命罢了。"众人听了都很高兴，到杨玄感的营门前来请求效命的人，每天都有好几千。杨玄感写信给樊子盖说：

要想建立忠义之名，有多种途径，应当见机而行，恐怕不应只遵循一种标准。从前伊尹把商帝太甲放逐到桐宫，霍光把汉帝刘贺废掉而让他回到昌邑，这都是公所知道的，类似的事情不能一一陈述。

高祖文皇帝大受天命，缔造了隋的天下，象北斗处天极以节制日月与金木水火土的运行，握英明之道以驾驭贤才能士，从容安静而使最好的教化流布全国，拱手垂衣不操劳细务而天下得到治理。当今皇上继承帝位，应该巩固大业，他竟自绝于天，残害人民而败坏德行。连年肆行过恶，盗贼因此越来越多。他到处大兴工程，致使民力耗尽。他荒淫酒色，臣民的女子就必然被他侵侮。他酷好玩弄鹰犬，致使禽兽都遭受他的毒害。他治下的官吏结党营私互相煽惑，致使贿赂公行。他纳用邪恶馋佞之言，而杜塞正直者之口。加上为战争转运粮草不停，徭役没个头，士卒大量死亡，骸骨布满原野。黄河以北，千里不见人烟；江淮之间，长满茂草。

玄感之家世世蒙受国恩，位居上将。我的先公曾接受先帝遗诏说："如果是好子孙您就为我辅佐他，坏子孙您就为我除掉他。"所以我上禀先帝遗旨，下顺天下民心，废掉这个荒淫昏乱之君，更立明哲的君主。四海同心，九州响应，士卒听命而行，如同前去报私仇一般，百姓竞相归附，正义之气显现于大路上。天意民心如何，已经清楚可知了。公独守此孤城，这种形势难道可以支持长久？愿以百姓为念，把国家社稷放在心上，不要被小礼所束缚，自己给自己留下忧患。谁知国家今天到了这步田地，握笔流泪，不知所云。

于是杨玄感率兵进逼东都洛阳城。

刑部尚书卫玄，率兵好几万人，从关中前来支援东都。卫玄用步兵和骑兵二万人渡过镤水、涧水来向杨玄感挑战。玄感假装败走。卫玄在后追赶，玄感布置的伏兵发起攻击，使卫玄的前军全部被消灭。此后过了几天，卫玄又与杨玄感作战，双方刚交手，玄感就诈令人大声呼喊道："官军已经抓获玄感了。"卫玄的军队听到这消息便有些懈怠了。玄感与好几千骑兵乘机袭来，于是卫玄的军队大溃败，只带得八千人逃走。杨玄感勇敢而又有力量，每次战斗都亲握长矛，身先士卒，叱咤怒吼，使敌方无人不害怕，人们把他比作项羽。又善于抚慰和使用部下，将士多乐于为他效死力，因此战无不胜。卫玄军的处境一天天窘迫，粮食也吃完了，于是带领全部军队同杨玄感决战，在北邙山上布阵，一天之内，与杨玄感交战十多次。玄感的弟弟玄挺被流矢射中而死，于是玄感率军稍退。樊子盖派兵攻尚书省，又杀了玄感好几百人。

炀帝派遣武贲郎将陈棱进攻守黎阳的元务本，派武卫将军屈突通屯兵河阳，左翊卫大将军宇文述发兵继后而进，右骁卫大将军来护儿又奔赴洛阳来增援。杨玄感向前民部尚书李子雄请教计策，李子雄说："屈突通熟悉军事，如果他一渡过黄河，那就胜负难定了,不如分出一部分兵力来抵御他。屈突通不得渡河,樊子盖、卫玄就失去了支援。"玄感赞同他的意见,将要分兵抵御屈突通。樊子盖得知杨玄感的计谋,多次派兵攻击玄感的营地,结果使玄感未能分兵前往。于是,屈突通渡过河来,把军队驻扎在破陵。杨玄感把部队分作两军,西抗卫玄,东拒屈突通。樊子盖又出兵,于是大战,玄感军连连被打败。玄感又向李子雄请教计策,李子雄说:"东都的援军越来越多,我军屡次被打败,不可久留此地。不如直入关中,开永丰仓以救济贫民,这样京师周围地区就很容易平定。占据了府库,再向东争夺天下,这是霸王之业。"正好华阴县各杨氏家族的人请求为入关做向导,于是杨玄感放弃洛阳,想西向谋取关中。他向军士们宣称:"我军已攻破了东都,现在要夺取关西之地了。"宇文述等各率官兵跟踪追赶。到达弘农宫的时候,当地父老拦住杨玄感劝说道:"现在宫城空虚,又多积粮,进攻它很容易拿下来,这样进可以断绝敌人的粮食,退可以割据宜阳之地。"玄感认为为这话说得不错,便留下来攻夺弘农宫城,攻了三天也未能攻下来,追兵赶到了。于是,杨玄感向西到达阌乡,上槃豆山,布阵横亘五十里,与官军边打边走,一天被打败多次。杨玄感又在董杜原布阵。官兵各军发起攻击,杨玄感大败,只与十几个骑兵逃窜到树林中,将奔上洛。追兵赶到,玄感大声呵斥,都害怕得返身退走。到达葭芦戍,玄感被困,只能同弟弟积善步行。杨玄感自知不免于死,便对积善说:"事情已经失败了。不能被别人杀戮和侮辱,你可以把我杀掉。"于是,积善抽刀砍杀了玄感,然后自杀,却没有死,被追兵抓住,把玄感的头和他一起送到军营所在地,把积善在东都肢解了,并陈尸三天,又剁成肉泥而后用火焚烧了。杨玄感的余党也全部被平定了。玄感的弟弟玄奖为义阳太守,将要去归附玄感的时候，被郡丞周璇玉所杀。玄纵的弟弟万硕，从炀帝那里逃回来，到达高阳，住在旅社里，监事许华和郡兵把他抓住，送到涿郡斩杀了。万硕的弟弟行民，做官做到朝请大夫，被斩杀在长安。被害的杨氏兄弟几人都被斩首示众并被肢解。公卿们向炀帝请求把玄感的姓改为"枭氏"，炀帝同意了。

当初，杨玄感包围东都的时候，有个叫韩相国的梁郡人举兵响应他，玄感命他为河南道元帅。一个月的时间，韩相国的兵力就发展到十多万人，攻打郡县。打到襄城的时候，遇到玄感战败，韩相国的兵也就逐渐溃散了。后来韩相国被官吏抓获，杀死后把他的头传送到东都。

隋书卷八十

列传第四十五

谯国夫人

谯国夫人者，高凉洗氏之女也。世为南越首领，跨据山洞，部落十余万家。夫人幼贤明，多筹略，在父母家，抚循部众，能行军用师，压服诸越。每劝亲族为善，由是信义结于本乡。越人之俗，好相攻击，夫人兄南梁州刺史挺，恃其富强，侵掠傍郡，岭表苦之。夫人多所规谏，由是怨隙止息，海南、儋耳归附者千余洞。梁大同初，罗州刺史冯融闻夫人有志行，为其子高凉太守宝娉以为妻。融本北燕苗裔。初，冯弘之投高丽也，遣融大父业以三百人浮海归宋，因留于新会。自业及融，三世为守牧，他乡羁旅，号令不行。至是，夫人诫约本宗，使从民礼。每共宝参决辞讼，首领有犯法者，虽是亲族，无所舍纵。自此政令有序，人莫敢违。

遇侯景反，广州都督萧勃征兵援台。高州刺史李迁仕据大皋口，遣召宝。宝欲往，夫人止之曰："刺史无故不合召太守，必欲诈君共为反耳。"宝曰："何以知之？"夫人曰："刺史被召援台，乃称有疾，铸兵聚众，而后唤君。今者若往，必留质，追君兵众。此意可见，愿且无行，以观其势。"数日，迁仕果反，遣主帅杜平虏率兵入灨石。宝知之，遽告，夫人曰："平虏，骁将也，领兵入灨石，即与官兵相拒，势未得还。迁仕在州，无能为也。若君自往，必有战斗。宜遣使诈之，卑辞厚礼，云身未敢出，欲遣妇往参。彼闻之喜，必无防虑。于是我将千余人，步担杂物，唱言输赕，得至栅下，贼必可图。"宝从之，迁仕果大喜，觇夫人众皆担物，不设备。夫人击之，大捷。迁仕遂走，保于宁都。夫人总兵与长城侯陈霸先会于灨石。还谓宝曰："陈都督大可畏，极得众心。我观此人必能平贼，君宜厚资之。"

及宝卒，岭表大乱，夫人怀集百越，数州晏然。至陈永定二年，其子仆年九岁，遣帅诸首领朝于丹阳，起家拜阳春郡守。后广州刺史欧阳纥谋反，召仆至高安，诱与为乱。仆遣使归告夫人，夫人曰："我为忠贞，经今两代，不能惜汝辄负国家。"遂发兵拒境，帅百越酋长迎章昭达。内外逼之，纥徒溃散。仆以夫人之功，封信都侯，加平越中郎将，转石龙太守。诏使持节册夫人为中郎将、石龙太夫人，赍绣幰油络驷马安车一乘，给鼓吹一部，并麾幢旌节，其卤簿一如刺史之仪。至德中，仆卒。后遇陈国亡，岭南未有所附，数郡共奉夫人，号为圣母，保境安民。

高祖遣总管韦洸安抚岭外，陈将徐璒以南康拒守。洸至岭下，逡巡不敢进。初，夫人以扶南犀杖献于陈主，至此，晋王广遣陈主遗夫人书，谕以国亡，令其归化，并以犀杖及兵符为信。夫人见杖，验知陈亡，集首领数千，尽日恸哭。遣其孙魂帅众迎洸，入至广州，岭南悉定。表魂为仪同三司，册夫人为宋康郡夫人。

未几，番禺人王仲宣反，首领皆应之，围洸于州城，进兵屯衡岭。夫人遣孙暄帅师救洸。暄与逆党陈佛智素相友善，故迟留不进。夫人知之，大怒，遣使执暄，系于州狱。又遣孙盎出讨佛智，战克，斩之。进兵至南海，与鹿愿军会，共败仲宣。夫人亲被甲，乘介马，张锦伞，领彀骑，卫诏使裴矩巡抚诸州，其苍梧首领陈坦、冈州冯岑翁、梁化邓马头、藤州李光略、罗州庞靖等皆来参谒。还令统其部落，岭表遂定。高祖异之，拜盎为高州刺史，仍赦出暄，拜罗州刺史。追赠宝为广州总管、谯国公，册夫人为谯国夫人。以宋康邑回授仆妾洗氏。仍开谯国夫人幕府，置长史以下官属，给印章，听发部落六州兵马，若有机急，便宜行事。降敕书曰："联抚育苍生，情均父母，欲使率土清净，兆庶安乐。而王仲宣等辄相聚结，扰乱彼民，所以遣往诛剪，为百姓除害。夫人情在奉国，深识正理，遂令孙盎斩获佛智，竟破群贼，甚有大功。今赐夫人物五千段。暄不进愆，诚合罪责，以夫人立此诚效，故特原免。夫人宜训导子孙，敦崇礼教，遵奉朝化，以副朕心。"皇后以首饰及宴服一袭赐之，夫人并盛于金箧，并梁、陈赐物各藏于一库。每岁时大会，皆陈于庭，以示子孙，曰："汝等宜尽赤心向天子。我事三代主，唯用一好心。今赐物具存，此忠孝之报也，愿汝皆思念之。"

时番州总管赵讷贪虐，诸俚獠多有亡叛。夫人遣长史张融上封事，论安抚之宜，并言讷罪状，不可以招怀远人。上遣推讷，得其赃贿，竟致于法。降敕委夫人招慰亡叛。夫人亲载诏书，自称使者，历十余州，宣述上意，谕诸俚獠，所至皆降。高祖嘉之，赐夫人临振县汤沐邑，一千五百户。赠仆为崖州总管、平原郡公。仁寿初，卒，赙物一千段，谥为诚敬夫人。

译文：

谯国夫人，是高凉洗氏的女儿，世代为南越人首领，跨据山洞，拥有部落十多万家。夫人自幼贤明，多谋略。她在父母家时，就能安抚部众，并能行军用兵，压服各南越部落。她常劝自己的亲族行善，因此在本乡取得了信义。越人风俗，喜欢互相攻击。夫人的哥哥南凉州刺史冼挺，依仗自己的富强，侵害和掠夺周围的郡民，岭南人都深受其苦。夫人对他多次规谏，因此止息了人们的仇怨情绪，并使海南、儋耳一带一千多洞前来归附她。梁朝大同初年，罗州刺史冯融听说夫人很有志向和德行，便为他的儿子高凉太守冯宝聘她为妻。冯融本是北燕的后代。当初，冯弘投奔高丽的时候，打发冯融的祖父冯业带着三百人从海路归附于宋，因此留居在新会。从冯业到冯融，三代都做州郡之长，但因为是异乡人寄居在此，所以号令常常行不通。到这时，（冯宝娶了夫人之后，）夫人告诫并约束本宗族的人，使他们服从州郡所制定的民礼。夫人常参与冯宝审理案件，部落首领有犯法的，即使是自己的亲族，也不饶恕或宽纵。从此以后政令井然有序，没有人敢违犯了。

　　遇梁朝侯景造反，广州都督萧勃征兵支援朝廷。高州刺史李迁仕占据大皋口，并派人召冯宝。冯宝想去，夫人劝止他说："刺史无故不应当召太守，他一定是想诈召你去同他一道谋反。"冯宝说："你怎么知道的？"夫人说："李刺史被召支援朝廷，他竟称病不往，却又铸造武器，聚结兵众，而后又唤你去。今天你如果去了，一定会被扣留为人质，再追调你的军队。他的这个意思是很清楚的，希望你姑且不要去，以静观形势的变化。"过了几天，李迁仕果然造起反来，派遣他的主帅杜平虏率兵进入灨石。冯宝知道这情况后，迅速告诉夫人。夫人说："杜平虏是一员勇将，领兵进入灨石，就将与官兵相对抗，这形势必然牵制住他使他不能回师高州。而李迁仕在高州，不可能有什么作为。你如果亲自前往高州，一定会发生战斗。应该先派使者到李迁仕那里，卑辞厚礼，诈称自己不敢离州而出，想派妇人前往参加行动。李迁仕听了这话一定会高兴，而对我不加防备。于是我率领一千多人，担着各种物品步行，宣称是为州里输送财物，这样到达李迁仕的军栅前，反贼就一定可以被擒拿了。"冯宝听从夫人的计谋，李迁仕果然大喜，看见夫人和众人都担着东西，于是不设防备。夫人发起攻击，获得大胜利。于是，李迁仕逃走，到宁都以求自保。夫人统帅军队与长城侯陈霸先在甗石会师。回来后夫人对冯宝说："陈都督这个人大可敬畏，他极得众人之心，我看此人一定能平灭反贼，你应该好好赞助他。"

等到冯宝死后，岭南大乱，夫人安抚百姓，使好几个州都安然无事。到陈永定二年，她的儿子冯仆九岁的时候，她打发冯仆率领各部落首领到丹阳朝见陈武帝，陈武帝命冯仆为阳春郡太守。后来广州刺史欧阳纥谋反，并召冯仆前往高安，引诱他一起叛乱。冯仆派使者回去报告夫人，夫人说："我们坚守忠贞，到今天已经两代人了，不能到你头上就辜负国家。"于是发兵拒守边境，并率百越酋长迎陈将章昭达前来。在内外交逼之下，欧阳纥的人马溃散了。冯仆因为母亲的功劳，被陈封为信都侯，又加平越中郎将，并转任石龙郡太守。朝廷下诏书派使者拿着节杖前来册封夫人为中郎将、石龙太夫人，赐给设有绣花车幔、带有丝质网状车饰、四马所驾安车一辆，乐队一支，并赐给指挥用的旗帜和象征权力的旌节，她的仪仗队也完全依照刺史的规格。陈后主至德年间，冯仆死。后遇陈朝灭亡，岭南无所归附，好几个郡的人共同尊奉夫人为首领，号称圣母，以保卫州郡的土地和安定境内人民。

隋高祖派遣总管韦洸前往安抚岭南，原陈朝将领徐璒在南康拒守。韦洸来到岭下，徘徊而不敢前进。当初，夫人曾把一支扶南产的犀杖献给陈后主，到这时，隋的晋王杨广打发被俘的陈后主给夫人写信，告诉她陈已亡国，让她归化隋朝，并用犀杖和兵符作为信物。夫人见到犀杖，证实陈已经亡了，便召集好几千首领，整日痛哭。夫人派遣她的孙子冯魂率众人去迎韦洸。韦洸进入广州，岭南地区便全都安定了。韦洸上表朝廷，任命冯魂为仪同三司官，册封夫人为宋康郡夫人。

不久，番禺人王仲宣造反，岭南首领们都响应他，把韦洸包围在州城中，并进兵屯驻衡岭。夫人派遣孙子冯暄率兵前往救韦洸。冯暄与叛党陈佛智一向很要好，因此军队迟留而不前进。夫人知道后，大怒，派遣使者前往抓获冯暄，把他关押在州的监狱中。夫人又派孙子冯盎带兵讨伐陈佛智，把陈佛智打败，并把他斩杀了。冯盎进兵到南海。与隋将鹿愿的军队会合，共同打败了王仲宣。夫人亲自身披甲衣，骑着披甲的马，张设锦伞，率领着使用弓弩的骑兵保卫奉朝廷诏书前来巡抚岭南各州的使者裴矩。苍梧首领陈坦、冈州的冯岑翁、梁化的邓马头、藤州的李光略、罗州的庞靖等人都来参见裴矩。夫人令他们回去统领各自的部落，于是岭南安定下来。隋高祖对夫人甚感惊异，于是任命冯盎为高州刺史，赦免并放出冯暄，还任命冯暄为罗州刺史。朝廷又追赠冯宝广州总管、谯国公，册封夫人为谯国夫人，而把宋康邑转授给冯仆的妾洗氏。谯国夫人仍然开设府署，设置长史以下属官，授给印章，听任夫人调发部落和六州的兵马，如果有紧急情况，可由夫人相机行事。高祖下书告诫说："朕抚育百姓，情义均平如父母，想要使全国的土地都得清净，人民安居乐业。而王仲宣等人却互相聚结，扰乱当地人民，所以派兵前往消灭，为百姓除害。夫人的心情在于报效国家，深识正理，于是命令孙子冯盎斩杀了陈佛智，终于打败了群贼，立下大功。今赐夫人丝织物五千段。冯暄拥兵不进,确实应加罪责,因夫人立有如此忠诚之功效,所以特加宽免。夫人应该训导子孙,努力崇奉礼教,遵奉朝廷的教化,以称朕的心意。"独孤皇后把自己的首饰和宴服一套赐给夫人。夫人把皇后的赏赐物都保存在金箧子中,连同梁、陈时期所得的赏赐物,各封藏在一个仓库中。每逢年节大会,就把这些赏赐物陈列在庭中,展示给子孙们看,说:"你们应尽赤心以向天子。我侍奉三代君主,只用一颗好心。现在我所得赏赐物都保存着,这是三代朝廷对于忠孝的报答,希望你们都经常想着这些赏赐物。"

当时番州总管赵讷贪婪暴虐,俚、獠各族多有背叛或逃亡的。夫人命长史张融密封上书朝廷,谈论对于岭南人民应加安抚的道理,并指陈赵讷的罪状,说明他不可安抚远方的人民。皇上派人追究赵讷的罪行,查获了他的赃财,最后依法处置了。朝廷降命委托夫人招抚叛亡者。夫人亲自带着诏书,自称使者,经历了十多个州,宣布皇上的旨意,让狸、獠各族的人都知道,所到之处,叛亡都归降了。高祖对夫人很称赞,将临振县一千五百户赐给夫人作为供她收取赋税的私邑。朝廷又赠赐冯仆为崖州总管、平原郡公。高祖仁寿初年,夫人死,朝廷赐给丝织物一千段,赐谥号为"诚敬夫人"。

隋书卷八十五

列传第五十

宇文化及

宇文化及，左翊卫大将军述之子也。性凶险，不循法度，好乘肥挟弹，驰骛道中，由是长安谓之轻薄公子。炀帝为太子时，常领千牛，出入卧内。累迁至太子仆。数以受纳货贿，再三免官。太子嬖昵之，俄而复职。又以其弟士及尚南阳公主。化及由此益骄，处公卿间，言辞不逊，多所陵轹。见人子女狗马珍玩，必请托求之。常与屠贩者游，以规其利。炀帝即位，拜太仆少卿，益恃旧恩，贪冒尤甚。大业初，炀帝幸榆林，化及与弟智及违禁与突厥交市。帝大怒，囚之数月。还至青门外，欲斩之而后入城，解衣辫发，以公主故，久之乃释，并智及并赐述为奴。述薨后，炀帝追忆之，遂起化及为右屯卫将军，智及为将作少监。

是时李密据洛口，炀帝惧，留淮左，不敢还都。从驾骁果多关中人，久客羁旅，见帝无西意，谋欲叛归。时武贲郎将司马德戡总领骁果，屯于东城，风闻兵士欲叛，未之审，遣校尉元武达阴问骁果，知其情，因谋构逆。共所善武贲郎将元礼、直合裴虞通互相扇惑曰："今闻陛下欲筑宫丹阳，势不还矣。所部骁果莫不思归，人人耦语，并谋逃去。我欲言之，陛下性忌，恶闻兵走，即恐先事见诛。今知而不言，其后事发，又当族灭我矣。进退为戮，将如之何？"虞通曰："上实尔，诚为公忧之。"德戡谓两人曰："我闻关中陷没，李孝常以华阴叛，陛下收其二弟，将尽杀之。吾等家属在西，安得无此虑也！"虞通曰："我子弟已壮，诚不自保，正恐旦暮及诛，计无所出。"德戡曰："同相忧，当共为计取。骁果若走，可与俱去。"虞通等曰："诚如公言，求生之计，无以易此。"因递相招诱。又转告内史舍人元敏、鹰扬郎将孟秉，符玺郎李覆、牛方裕，直长许弘仁、薛良，城门郎唐奉义，医正张恺等，日夜聚博，约为刎颈之交，情相款昵，言无回避，于座中辄论叛计，并相然许。时李孝质在禁，令骁果守之，中外交通，所谋益急。赵行枢者，乐人之子，家产巨万，先交智及，勋侍杨士览者，宇文甥，二人同告智及。智及素狂悖，闻之喜，即共见德戡，期以三月十五日举兵同叛，劫十二卫武马，虏掠居人财物，结党西归。智及曰："不然。当今天实丧隋，英雄并起，同心叛者已数万人，因行大事，此帝王业也。"德戡然之。行枢、薛良请以化及为主，相约既定，方告化及。化及性本驽怯，初闻大惧，色动流汗，久之乃定。

义宁二年三月一日，德戡欲宣言告众，恐以人心未一，更思谲诈以胁骁果，谓许弘仁、张恺曰："君是良医，国家任使，出言惑众，众必信。君可入备身府，告识者，言陛下闻说骁果欲叛，多酝毒酒，因享会尽鸩杀之，独与南人留此。"弘仁等宣布此言，骁果闻之，递相告语，谋叛逾急。德戡知计既行，遂以十日总召故人，谕以所为。众皆伏曰："唯将军命！"其夜，奉义主闭城门，乃与虞通相知，诸门皆不下钥。至夜三更，德戡于东城内集兵，得数万人，举火与城外相应。帝闻有声，问是何事。虎通伪曰："草坊被烧，外人救火，故喧嚣耳。"中外隔绝，帝以为然。孟秉、智及于城外得千余人，劫候卫武贲冯普乐，共布兵分捉郭下街巷。至五更中，德戡授虎通兵，以换诸门卫士。虎通因自开门，领数百骑，至成象殿，杀将军独孤盛。武贲郎将元礼遂引兵进，宿卫者皆走。虎通进兵，排左阁，驰入永巷，问："陛下安在？"有美人出，方指云："在西阁。"从往执帝。帝谓虎通曰："卿非我故人乎！何恨而反？"虎通曰："臣不敢反，但将士思归，奉陛下还京师耳。"帝曰："与汝归。"虎通因勒兵守之。

至旦，孟秉以甲骑迎化及。化及未知事果，战慄不能言，人有来谒之者，但低头据鞍，答云"罪过"。时士及在公主第，弗之知也。智及遣家僮庄桃树就第杀之，桃树不忍，执诣智及，久之乃见释。化及至城门，德戡迎谒，引入朝堂，号为丞相。令将帝出江都门以示群贼，因复将入。遣令狐行达弑帝于宫中，又执朝臣不同己者数十人及诸外戚，无少长害之，唯留秦孝王子浩，立以为帝。

十余日，夺江都人舟楫，从水路西归。至显福宫，宿公麦孟才、折冲郎将沈光等谋击化及，反为所害。化及于是入据六宫，其自奉养一如炀帝故事。每于帐中南面端坐，人有白事者，默然不对。下牙时，方收取启状，共奉义、方裕、良、恺等参决之。行至徐州，水路不通，复夺人车牛，得二千两，并载宫入珍宝。其戈甲戎器，悉令军士负之。道远疲极，三军始怨。德戡失望，窃谓行枢曰："君大谬误我。当今拨乱，必借英贤，化及庸暗，群小在侧，事将必败，当若之何？"行枢曰："在我等尔，废之何难！"因共李本、宇文导师、尹正卿等谋，以后军万余兵袭杀化及，更立德戡为主。弘仁知之，密告化及，尽收捕德戡及其支党十余人，皆杀之。引兵向东郡，通守王轨以城降之。

元文都推越王侗为主，拜李密为太尉，令击化及。密遣徐勣据黎阳仓。化及渡河，保黎阳县，分兵围勣。密壁清淇，与勣以烽火相应。化及每攻仓，密辄引兵救之。化及数战不利，其将军于弘达为密所擒，送于侗所，镬烹之。化及粮尽，渡永济渠，与密决战于童山，遂入汲郡求军粮，又遣使拷掠东郡吏民以责米粟。王轨怨之，以城归于李密。化及大惧，自汲郡将率众图以北诸州。其将陈智略率岭南骁果万余人，张童儿率江东骁果数千人，皆叛归李密。化及尚有众二万，北走魏县。张恺等与其将陈伯谋去之，事觉，为化及所杀。腹心稍尽，兵势日蹙，兄弟更无他计，但相聚酣宴，奏女乐。醉后，因尤智及曰："我初不知，由汝为计，强来立我。今所向无成，士马日散，负杀主之名，天下所不纳。今者灭族，岂不由汝乎？"持其两子而泣。智及怒曰："事捷之日，都不赐尤，及其将败，乃欲归罪。何不杀我以降建德？"兄弟数相斗阋，言无长幼，醒而复饮，以此为恒。其众多亡，自知必败，化及叹曰："人生故当死，岂不一日为帝乎？"于是鸩杀浩，僭皇帝位于魏县，国号许，建元为天寿，署置百官。

攻元宝藏于魏州，四旬不克，反为所败，亡失千余人。乃东北趣聊城，将招携海曲诸贼。时遣士及徇济北，求馈饷。大唐遣淮安王神通安抚山东，并招化及。化及不从，神通进兵围之，十余日不克而退。窦建德悉众攻之。先是，齐州贼帅王薄闻其多宝物，诈来投附。化及信之，与共居守。至是，薄引建德入城，生擒化及，悉虏其众。先执智及、元武达、孟秉、杨士览、许弘仁，皆斩之。乃以辒车载化及之河间，数以杀君之罪，并二子承基、承趾皆斩之，传首于突厥义成公主，枭于虏庭。士及自济北西归长安。

译文：

宇文化及是左翊卫大将军宇文述之子。他性情凶险，不遵法度，喜欢骑着肥马拿着弹弓，在道上奔驰，因此长安人称他为轻薄公子。隋炀帝做太子的时候，他曾掌领名为千牛的宫廷护卫官，出入太子的内室。后来他经过多次升迁做了太子仆。他却多次接受贿赂，一而再、再而三地被罢官。但由于太子特别宠爱他，所以他每次罢官后不久便又恢复了职位。又因为他的弟弟宇文士及娶了南阳公主，化及从此更加骄横。在公卿们当中，他说话言辞多不逊，许多公卿都受过他的侮辱。他看上了别人家的女子或狗马珍奇玩物，一定要托人求取。他曾与屠夫和商贩交游，通过他们以牟利。隋炀帝即位后，授他太仆少卿的官职。他依仗与炀帝的老交情，更加贪婪妄为。大业初年，炀帝驾临榆林，宇文化及和弟弟智及违背禁令与突厥人做买卖。炀帝得知后大怒，把他囚禁了好几个月。炀帝从榆林回京来到京城的青门外，想杀了宇文化及然后进城，命人解开他的衣服并把头发扎成辫子作为死囚的标志。后因南阳公主求情，炀帝考虑了很久才免了他的死罪，把他和智及一起赐给了宇文述做奴隶。宇文述死后，炀帝追忆起与宇文化及的旧情，于是又起用他做了右屯卫将军，起用智及做了将作少监。

当时李密占据了洛口，炀帝很害怕，留在淮南江都，不敢回京都大兴。随从帝驾号称骁果的禁卫军大多是关中人，久居在外，又发现炀帝没有西归的意思，便谋划叛帝西归。当时武贲郎将司马德戡总领骁果，屯驻在东城，听说士兵想反叛，不了解详情，便派遣校尉元武达暗中去向骁果打听。得知详情后，司马德戡便想利用骁果图谋叛变。他同他所要好的武贲郎将元礼、直阁裴虔通互相煽诱，司马德戡说："现在听说陛下打算在丹阳建造宫殿，可见他不打算回京都了。我所率领的骁果没有人不思西归，大家互相议论，都打算逃离。我想向陛下报告，但陛下性好猜忌，最讨厌听说士兵逃跑，那样我恐怕就会先被杀了。可是现在知而不言，以后事情暴露，我又当灭族之罪了。进退都是死，怎么办好呢？"裴虔通说："您以上说的都是实情，确实为您担忧。"司马德戡对他两人说："我听说关中已经陷落，李常孝已经拿他治下的华阴县叛变了。陛下派人把他的两个弟弟抓了起来，将全都杀掉。我们的家属都在关西，哪能没有恐遭杀身之祸的忧虑呢？"裴虔通说："我家子弟都已长大成人，如果他们不能自保而降叛，我正怕早晚要遭杀身之祸，真不知怎么办才好。"司马德戡说："我们的忧虑都相同，应当共同商量个对策。我想骁果们如果逃跑，我们可以和他们一起逃离。"裴虔通等人说："确实如您所说，求生之计没有比这更好的了。"接着他们便一个接一个地暗中互相招诱人叛逃。又转告内史舍人元敏，鹰扬郎将孟秉，符玺郎李覆、牛方裕，直长许弘仁、薛良，城门郎唐奉义，医正张恺等人，日夜聚在一起用博戏为掩护，互相结为生死之交，感情亲密，言无回避，坐在一起就讨论叛逆之计，并互相赞许对方的想法。当时李孝质在炀帝宫中，司马德戡令骁果守宫，于是内外互通情报，谋划叛逆的事更加紧进行。有个叫赵行枢的，原是乐人的儿子，家产万万，先结交了宇文智及。还有个勋侍名叫杨士览，是宇文氏的外甥。赵行枢和杨士览二人一同把司马德戡等人谋反的消息告诉了宇文智及。智及一向狂妄鲁莽，听到消息很高兴，就和赵行枢、杨士览一同去见司马德戡。司马德戡约他们三月十五日一起举兵叛变，劫持十二卫武马，掠夺居民财物，然后结伙西归。智及说："不能那样做。当今实在是天要亡隋。现在天下英雄并起，同心叛隋的已有好几万人，我们可借此机会行夺天下的大事，这是帝王的事业啊。"司马德戡认为他说得不错。赵行枢、薛良请以宇文化及为主帅。他们互相约定好了以后，才告诉宇文化及。宇文化及生性本驽钝怯懦，刚听说这事时大为恐惧，吓得变色流汗，过了很久心才定下来。

义宁二年三月一日，司马德戡想发表宣言号召众人叛变，又怕人心不一，就改变主意，想用诡诈的办法胁迫骁果起来反叛，便对许弘仁、张恺说："你们是良医，是国家所信任的人，如果由你们出来煽动众人，众人一定会相信你们的话。你们可进入备身府中，告诉你们所认识的人，就说陛下听说骁果要叛逃，酿了许多毒酒，想借宴享大家的机会把骁果们统统毒杀，只同出生南方的人留在这里。"于是许弘仁等把这话散布出去。骁果们听说这话，便一个接一个地暗中相告，于是谋划叛乱更加急切。司马德戡知道他的计谋已经产生了效果，于是在十日这天把老朋友们都召集起来，把所做的事情告诉他们。大家都伏在地下说："只听将军的命令！"当天夜里，城门郎唐奉义掌管关闭城门，于是告诉裴虔通，各城门在闭门后锁上的钥匙都不取下来。到夜里三更，司马德戡在东城内集合兵众，得到好几万人，举起火把与城外相呼应。炀帝听到动静，问是什么事。裴虔通谎称："草坊失火，外面的人救火，所以喧哗。"宫内外消息已经隔绝，炀帝听信了裴虔通的话。孟秉、宇文智及在城外召集了一千多人，劫持候卫武贲冯普乐，胁迫他共同布兵分头抓捕城外郭内街巷中的守卫人员。到了五更时候，司马德戡给了裴虔通一部分兵，用以把各宫门的卫士替换下来。裴虔通借机亲自打开宫门，带领几百骑兵，来到成象殿，杀死了将军独孤盛。武贲郎将元礼接着领兵进宫，在宫中值宿担任警卫的人都逃跑了。裴虔通进兵，顺序从宫的左阁，奔入嫔妃居住的永巷，问道："陛下在哪里？"有个美人出来，用手指着告诉他说："在西阁。"于是裴虔通便听从她的指点前去抓炀帝。炀帝对裴虔通说："卿难道不是我的老朋友吗？有什么值得痛恨的事情而造反呢？"裴虔通说："臣不敢造反，只因将士思归，想奉送陛下回京师去罢了。"炀帝说："那就和你们一同回去。"于是，裴虔通命令兵士守卫炀帝。

到天亮时，孟秉用甲队骑兵去迎宇文化及。化及还不知道事情的经过，吓得浑身战栗而不能说话。有人来拜见他，他只是低头依着马鞍，回答说："罪过。"当时宇文士及在公主府中，不知道外面的事。宇文智及派遣家僮庄桃树去公主府杀士及。庄桃树不忍心，把士及抓来见智及。士及过了很久才被释放。宇文化及来到城门前。司马德戡上前迎接拜见，把他引进朝堂，称他为丞相。司马德戡让宇文化及带着炀帝出江都城门让叛军官兵都看见，再把炀帝带进来，宇文化及派遣令狐行达把炀帝杀死在宫中，又把几十个不附和自己的朝臣和炀帝的外戚们抓起来，不论老幼都杀害了，只留下秦孝王之子杨浩，把他立为皇帝。

过了十多天，他们夺取了江都人的船，打算从水路西归。宇文化及来到显福宫，宿公麦孟才、折冲郎将沈光等阴谋击杀宇文化及，反被化及所害。于是，化及进宫占有了炀帝的六宫嫔妃，他给自己规定的各种享受全都依照炀帝的旧例。他常在丞相衙帐中面朝南正身而坐。有人向他报告事情，他默然不答。到下衙的时候，才收取向他报告的状文，同唐奉义、牛方裕、薛良、张恺等人共同商议做出处理决定。他们西行到徐州，再往西水路不通了，于是又夺取当地人的牛车，得二千多辆，把宫人和珍宝都装到牛车上。至于那些兵器、铠甲和其他军事器械，全令军士们背着。因为道路遥远，军士们都极其疲劳，三军开始怨恨。司马德戡对宇文化及的所作所为感到失望，于是私下对赵行枢说："是您的大错误了我。当今拨乱反正，一定要借助英贤的人物。化及平庸无能，又有一群小人在他身边，事情定将失败。您看该怎么办呢？"行枢说："事情全在我们这些人决定，废掉他有什么难的？"因此司马德戡和李本、宇文导师、尹正卿等人商议，打算用后军一万多兵力袭击并杀死宇文化及，更立司马德戡为主帅。许弘仁得知情况，秘密报告了宇文化及。化及把司马德戡和他的支党十多人全都抓起来杀掉了。宇文化及领兵向东郡进发。东郡通守王轨举城投降了宇文化及。

炀帝死后元文都推戴越王杨侗为帝，（并秘密派人劝降李密，）授予李密太尉的官职，令他进攻宇文化及。李密派徐勣据守黎阳仓。宇文化及渡过黄河，想保住黎阳县，分兵包围徐勣。李密在清淇县建造壁垒，用烽火与徐勣相呼应。每当宇文化及攻黎阳仓，李密就领兵来救援。宇文化及多次作战不利，他的将军于弘达被李密俘虏，押送到杨侗那里。杨侗命人烧起镬来把于弘达煮杀了。宇文化及的粮食吃完了，他率军渡过永济渠，要在童山与李密决战，于是进入汲郡寻求军粮，又派人拷打东郡吏民迫使他们交出粮食来。王轨心中怨恨，举城投降了李密。宇文化及大为恐惧，打算从汲郡率兵谋取北边各州。他的部将陈智略率领岭南骁果一万多人，张童儿率领江东骁果几千人，都背叛了宇文化及而投降了李密。宇文化及还剩下二万人，向北跑到魏县。张恺等人和宇文化及的部将陈伯谋划逃离，事情败露，被宇文化及杀了。宇文化及的心腹们渐渐都完了，军事形势又一天天困迫，兄弟们也想不出别的办法，就只管聚会饮酒，让宫女们演奏音乐歌舞取乐。宇文化及喝醉后，便借着酒力抱怨宇文智及说："我开始并不知道情况，都是你出的点子，强来立我为主。如今所向无成，兵马一天天离散，身负杀主之名，为天下所不容。现在遭灭族之灾，难道不是因为你吗？"说罢扶持着他的两个儿子哭泣。宇文智及发怒说："事情成功的时候，都不曾听见你抱怨过，到将要失败的时候，却想归罪于我。为什么不杀了我去投降窦建德呢？"兄弟们多次互相争吵，说话不分长幼，酒醒后再饮，就这样习以为常。兵士们大多逃亡了，宇文化及自知必败，感叹道："人生本来都是要死的，难道不能做一天皇帝吗？"于是他毒死了杨浩，在魏县僭位做了皇帝，建国号为许，年号为天寿，并设置文武百官。

宇文化及发兵攻打魏州的元宝藏，攻了四十天也没有攻克，反而被打败，损失了一千多人。于是他向东北奔聊城，将要招纳海曲等地的反贼。当时他派遣宇文士及向北掠取济北，以寻求粮饷。大唐派遣淮安王神通前往安抚山东吏民，并招降宇文化及。化及不从。神通进兵围攻化及，攻了十多天未能攻克而退兵。窦建德率全部人马进攻宇文化及。在此之前，齐州反贼头目王薄听说宇文化及有许多宝物，便诈降投附了化及。化及很信任他，与他一起居住并守卫聊城。到这时，王薄便引导窦建德进城，活捉了宇文化及，并把他的部众全都俘虏了。窦建德先抓了宇文智及、元武达、孟秉、杨士览、许弘仁，都杀了。于是用辚车载了宇文化及来到河间，列举他的杀君之罪，连同他的两个儿子承基、承祉都杀了，并把他们父子三人的头传送到突厥可汗之妻、隋宗室之女义成公主那里，在突厥王庭悬首示众。宇文士及则从济北西归到长安去了。

- 史记
- 汉书
- 后汉书
- 三国志
- 晋书
- 宋书
- 南齐书
- 梁书
- 陈书
- 魏书
- 北齐书
- 周书
- 隋书
- **南史**
- 北史
- 旧唐书
- 新唐书
- 旧五代史
- 新五代史
- 宋史
- 辽史
- 金史
- 元史
- 明史

南史

本　纪

南史卷一

宋本纪上第一

宋高祖

宋高祖武皇帝讳裕，字德舆，小字寄奴，彭城县绥舆里人，姓刘氏，汉楚元王交之二十一世孙也。彭城楚都，故苗裔家焉。晋氏东迁，刘氏移居晋陵丹徒之京口里。皇祖靖，晋东安太守。皇考翘，字显宗，郡功曹。帝以晋哀帝兴宁元年岁在癸亥三月壬寅夜生，神光照室尽明，是夕甘露降于墓树。及长，雄杰有大度，身长七尺六寸，风骨奇伟，不事廉隅小节，奉继母以孝闻。

尝游京口竹林寺，独卧讲堂前，上有五色龙章，众僧见之，惊以白帝，帝独喜曰："上人无妄言。"皇考墓在丹徒之候山，其地秦史所谓曲阿、丹徒间有天子气者也。时有孔恭者，妙善占墓，帝尝与经墓，欺之曰："此墓何如？"孔恭曰："非常地也。"帝由是益自负。行止时见二小龙附翼，樵渔山泽，同侣或亦睹焉。及贵，龙形更大。

帝素贫，时人莫能知，唯琅邪王谧独深敬焉。帝尝负刁逵社钱三万，经时无以还，被逵执，谧密以己钱代偿，由是得释。后伐荻新洲，见大蛇长数丈，射之，伤。明日复至洲，里闻有杵臼声，往觇之，见童子数人皆青衣，于榛中捣药。问其故，答曰："我王为刘寄奴所射，合散傅之。"帝曰："王神何不杀之？"答曰："刘寄奴王者不死，不可杀。"帝叱之，皆散，仍收药而反。又经客下邳逆旅，会一沙门谓帝曰："江表当乱，安之者，其在君乎？"帝先患手创，积年不愈，沙门有一黄药，因留与帝，既而忽亡，帝以黄散傅之，其创一傅而愈。宝其余及所得童子药，每遇金创，傅之并验。

初为冠军孙无终司马。晋隆安三年十一月，祆贼孙恩作乱于会稽，朝廷遣卫将军谢琰、前将军刘牢之东讨。牢之请帝参俯军事，命与数十人觇贼，遇贼众数千，帝便与战，所将人多死，而帝奋长力，所杀伤甚众。牢之子敬宣疑帝为贼所困，乃轻骑寻之；既而众骑并至，遂平山阴，恩遁入海。

四年五月，恩复入会稽，杀谢琰。十一月，牢之复东征，使帝戍句章，句章城小人少，帝每战陷阵，贼乃退还浃口。时东伐诸将，士卒暴掠，百姓皆苦之，惟帝独无所犯。

五年春，恩频攻句章，帝屡破之，恩复入海。三月，恩北出海盐，帝筑城于故海盐，贼日来攻城，城内兵少，帝乃选敢死士击走之。时虽连胜，帝深虑众寡不敌，乃一夜偃旗示以羸弱，观其懈，乃奋击，大破之。恩知城不可下，进向沪渎，帝弃城追之。海盐令鲍陋遣子嗣之以吴兵一千为前驱，帝以吴人不习战，命之在后，不从。是夜帝多设奇兵，兼置旗鼓，明日战，伏发，贼退，嗣之追奔陷没。帝且退且战，麾下死伤将尽，乃至向处止，令左右解取死人衣以示暇。贼疑尚有伏，乃引去。六月，恩浮海至丹徒，帝兼行与俱至，奔击大破之。恩至建邺，知朝廷有备，遂走郁洲。八月，晋帝以帝为下邳太守。帝又追恩至郁洲及海盐，频破之。恩自是饥馑，奔临海。

元兴元年，荆州刺史桓玄举兵东下，骠骑将军司马元显遣牢之拒之，帝又参其军事。玄至，帝请击之，牢之不许，乃遣子敬宣诣玄请和。帝与东海何无忌并固谏，不从。玄尅建邺，以牢之为会稽内史。牢之惧，招帝于广陵举兵，帝曰："人情去矣，广陵亦岂可得之？"牢之竟缢于新洲。何无忌谓帝曰："我将何之？"帝曰："可随我还京口。玄必守臣节，当与卿事之；不然，与卿图之。"

玄从兄修以抚军将军镇丹徒，以帝为中兵参军。孙恩自败后，惧见获，乃投水死于临海，余众推恩妹夫卢循为主。玄复遣帝东征。

二年，循奔永嘉，帝追破之。六月，加帝彭城内史。

十二月，桓玄篡位，迁晋帝于寻阳。桓修入朝，帝从至建邺，玄见帝，谓司徒王谧曰："昨见刘裕，风骨不恒，盖人杰也。"每游集，赠赐甚厚。玄妻刘氏，尚书令耽之女也，聪明有智鉴，尝见帝，因谓玄曰："刘裕龙行虎步，视瞻不凡，恐必不为人下，宜早为其所。"玄曰："我方平荡中原，非裕莫可，待关、陇平定，然后议之。"

修寻还京口，帝托以金创疾动，不堪步从，乃与无忌同船共还，建兴复计，及弟道规、沛国刘毅、平昌孟昶、任城魏咏之、高平檀凭之、琅邪诸葛长人、太原王元德、陇西辛扈兴、东莞童厚之，并同义谋。时桓修弟弘为青州刺史，镇广陵，道规为弘中兵参军，昶为州主簿，乃令毅就昶谋共袭弘。长人为豫州刺史刁逵左军府参军，谋据历阳相应，元德、厚之谋于建邺攻玄，克期齐发。

三年二月乙卯，帝托游猎，与无忌、咏之、凭之、毅从弟藩，凭之从子韶、祗、隆、道济，昶族弟怀玉等，集义徒凡二十七人，愿从者百余人。丙辰，候城门开，无忌等义徒服传诏服，称诏居前，义众驰入齐叫，吏士惊散，即斩修以徇。帝哭之甚恸，厚加敛恤。昶劝弘其日出猎，未明，开门出猎入，昶、道规、毅等率壮士五六十人，因开门直入。弘方噉粥，即斩之，因收众济江。

义军初克京城，修司马刁弘率文武佐吏来赴，帝登城谓曰："郭江州已奉乘舆反正于寻阳，我等并被密诏诛逆党，今日贼玄之首已当枭于大航。诸君非大晋之臣乎？"弘等信之而退。毅既至，帝命诛弘等。

毅兄迈先在建邺，事未发数日，帝遣同谋周安穆报之，使为内应。迈甚惧，安穆虑事发，驰归。时玄以迈为竟陵太守，迈便下船，欲之郡。是夜玄与迈书曰："北府人情云何？卿近见刘裕何所道？"迈谓玄已知其谋，晨起白之。玄惊，封迈为重安侯，又以不执安穆故杀之，诛元德、扈兴、厚之等。乃遣顿丘太守吴甫之、右卫将军皇甫敷北拒义军。

先是，帝造游击将军何澹之，左右见帝光曜满室，以告澹之，澹之以白玄，玄不以为意，至是，闻义兵起，甚惧。或曰："裕等甚弱，陛下何虑之深？"玄曰："刘裕足为一世之雄，刘毅家无儋石之储，樗蒱一掷百万，何无忌，刘牢之之外甥，酷似其舅，共举大事，何谓无成。"时众推帝为盟主，以孟昶为长史，总后事，檀凭之为司马，百姓愿从者千余人。军次竹里，移檄都下曰：

夫成败相因，理不常泰，狡焉肆虐，或遇圣明。自我大晋，屡遘阳九，隆安以来，皇家多故，贞良弊于豺狼，忠臣碎于虎口。逆臣桓玄敢肆陵慢，阻兵荆郢，肆暴都邑，天未忘难，凶力实繁，逾年之间，遂倾皇祚。主上播越，流幸非所，神器沈辱，七庙毁坠，虽夏后之离浞、豷，有汉之遭莽、卓，方之于兹，未足为喻。自玄篡逆，于今历载，弥年亢旱，人不聊生，士庶疲于转输，文武困于板筑，室家分析，父子乖离，岂惟大东有杼轴之悲，摽梅有顷筐之怨而已哉！仰观天文，俯察人事，此而可存，孰有可亡！凡在有心，谁不扼腕。裕等所以叩心泣血，不遑启处者也。

是故夕寐宵兴，搜奖忠烈，潜构崎岖，过于履虎，乘机奋发，义不图全。辅国将军刘毅、广武将军何无忌、镇北主簿孟昶、兖州主簿魏咏之、宁远将军刘道规、龙骧参军刘藩、振威将军檀凭之等，忠烈断金，精贯白日，荷戈俟奋，志在毕命。益州刺史毛璩，万里齐契，扫定荆楚。江州刺史郭昶之奉迎主上，宫于寻阳。镇北参军王元德等并率部曲，保据石头。扬武将军诸葛长人收集义士，已据历阳。征虏参军庾赜之等潜相连接，以为内应。同力协契，所在蠹起，即日斩伪徐州刺史安成王修、青州刺史弘。义众既集，文武争先，咸谓不有一统，则事无以辑。裕辞不获命，遂总军要，庶上凭祖宗之灵，下罄义夫之节，剪馘逋逆，荡清京华。公侯诸君，或世树忠贞，或身荷爵宠，而并俯眉猾竖，无由自效，顾瞻周道，宁不吊乎！今日之举，良其会也。裕以虚薄，才非古人，受任于既颓之运，接势于已替之机，丹诚未宣，感慨愤激。望霄汉以永怀，眄山川以增伫，投檄之日，神驰贼庭。

三月戊午，遇吴甫之于江乘，帝躬执长刀，大呼，即斩甫之。进至罗落桥，遇皇甫敷，檀凭之战败，死之，众退，帝进战弥厉，又斩敷首。初，帝建大谋，有工相者相帝与无忌等近当大贵，惟云凭之无相。至是，凭之战死，帝知其事必捷。

玄闻敷等没，使桓谦屯东陵口，卞范之屯覆舟山西。己未，义军进至覆舟东，张疑兵，以油帔冠诸树，布满山谷。帝先驰之，将士皆殊死战，无不一当百，呼声动天地。因风纵火，烟焰张天，谦等大败。玄始虽遣军，而走意已决，别遣领军殷仲文具舟石头，闻谦败，轻船南逸。

庚申，帝镇石头城，立留台百官，焚桓温主于宣阳门外，造晋新主于太庙。遣诸将追玄，命尚书王嘏率百官奉迎乘舆。司徒王谧与众议推帝领扬州，帝固辞，乃以谧为录尚书事、领扬州刺史，帝为镇军将军、都督八州诸军事、徐州刺史、领军将军。

初，晋陵人韦叟善相术，桓修令相帝当得州不，叟曰："当得边州刺史。"退而私于帝曰："君相贵不可言。"帝笑曰："若中，当相用为司马。"至是，叟诣帝曰："成王不负桐叶之信，公亦应不忘司马之言。今不敢希镇军司马，愿得领军佐。"于是用焉。

时诸葛长人失期，为刁逵执送，未至而玄败。玄经寻阳，江州刺史郭昶之为具乘舆法物。初，荆州刺史王绥以江左冠族，又桓氏之甥，素甚陵帝，至是，及其父尚书左仆射愉有自疑志，并及诛。

四月戊子，奉武陵王遵为大将军，承制，大赦，惟桓玄一祖后不免。桓玄之篡，王谧佐命，手解安帝玺绂。及义旗建，众谓谧宜诛，惟帝素德谧，保持之。刘毅尝因朝会，问谧玺绂所在，谧益惧。及王愉父子诛，谧从弟谌谓谧曰："王驹无罪而诛，此是剪除胜己，兄既桓氏党附，求免得乎？"驹，愉小字也。谧惧，奔曲阿。帝笺白大将军迎还，复其位。

玄挟天子走江陵，又浮江东下，与刘毅、何无忌、刘道规等遇于峥嵘洲，众军大破之。玄党殷仲文奉晋二皇后还建邺。玄复挟天子至江陵，因走南郡，太守王腾之、荆州别驾王康产奉天子入南郡府。

初，益州刺史毛璩遣从孙祐之与参军费恬送弟丧下州，璩弟子修之时为玄屯骑校尉，诱玄入蜀，至枚回洲，恬与祐之迎射之，益州督护冯迁斩玄，传首建邺。玄从子振逃于华容之涌中，招集逆党，袭江陵城，腾之、康产皆被杀。桓谦先匿沮川，亦聚众应振。为玄举哀，立丧庭。谦率众官奉玺绶于安帝。刘毅、何无忌进及桓振战，败绩于灵溪。

十月，帝领青州刺名，甲仗百人入殿。

义熙元年正月，毅等至江津，破桓谦、桓振，江陵平。三月甲午，晋帝至自江陵。庚子，诏进帝侍中、车骑将军、都督中外诸军、录尚书事。帝固让，旋镇丹徒。九月乙巳，加帝领兖州刺史。

卢循浮海破广州，获刺史吴隐之，即以循为广州刺史，以其党徐道复为始兴相。

二年三月，进帝督交、广二州。十月，论匡复勋，封帝豫章郡公，邑万户，赐绢三万匹。其余封赏各有差。

三年十二月，司徒、录尚书、扬州刺史王谧薨。

四年正月，征帝入辅，授侍中、车骑将军、开府仪同三司、扬州刺史、录尚书事，徐、兖二州刺史如故。表解兖州。先是，帝遣冠军刘敬宣伐蜀贼谯纵，无功而还。九月，帝以敬宣挫退，逊位，不许。十月，乃降为中军将军，开府如故。

五年二月，伪燕主慕容超大掠淮北。三月，帝抗表北讨，以丹阳尹孟昶监中军留府事。乃浮淮入泗，五月，至下邳，留船，步军进琅邪，所过筑城留守。

超大将公孙五楼请断大岘，坚壁清野以待，超不从。初谋是役，议者以为贼若严守大岘，军无所资，何能自反？帝曰："不然。鲜卑性贪，略不及远，既幸其胜，且爱其谷，必将引我，且亦轻战。师一入岘，吾何患焉。"及入岘，帝举手指天曰："吾事济矣。"众问其故，帝曰："师既过险，士有必死之志，余粮栖亩，军无匮乏之忧，胜可必矣。"

六月，超留羸老守广固，使其广宁王贺刺卢及公孙五楼悉力据临朐。去城四十里有巨蔑水，超告五楼急据之。比至，为龙骧将军孟龙符所保，五楼乃退。

大军分车四千两为二翼，方轨徐行，车张幰，御者执矟，以骑为游军，军令严肃。比及临朐，贼骑交至，帝命兖州刺史刘藩、并州刺史刘道怜等陷其阵。日向昃，战犹酣，帝用参军胡藩策，袭克临朐，贼乃大奔。超遁还广固，获其玉玺、豹尾、辇等，送于都。丙子，克广固大城，超固其小城。乃设长围以守之，馆谷于青土，停江、淮转输。

七月，超尚书郎张纲乞师于姚兴，自长安反，泰山太守申宣执送之。纲有巧思，先是，帝修攻具，城上人曰："汝不得张纲，何能为也。"及至，升诸楼军以示之，城内莫不失色。超既求救不获，纲反见虏，乃求称藩、割大岘为界，献马千匹，不听。

时姚兴遣使，声言将涉淮左，帝谓曰："尔报姚兴，我定青州，将过函谷，虏能自送，今其时矣。"录事参军刘穆之遽入曰："此言不足威敌，容能怒彼。若鲜卑未拔，西羌又至，公何以待之？"帝乃笑曰："此兵机也，非子所及。羌若能救，不有先声，是自强也。"

十月，张纲修攻具成，设飞楼县梯，木幔板屋，冠以牛皮，弓矢无所用之。刘毅遣上党太守赵恢以千余人来援，帝夜潜遣军会之。明旦，恢众五千，方道而进，每晋使将到，辄复如之。

六年二月丁亥，屠广固，超逾城走，追获之，斩于建康市。

杀其王公以下，纳生口万余，马二千匹。

初，帝之北也，徐道覆劝卢循乘虚而出，循不从，道覆乃至番禺说循曰："今日之机，万不可失。若克京都，刘公虽还，无能为也。"循从之。是月，寇南康、庐陵、豫章诸郡，郡守皆奔走。时帝将镇下邳，进兵河、洛，及征使至，即日班师。镇南将军何无忌与道复战，败死于豫章，内外震骇，朝议欲奉乘舆北走。帝次山阳，闻败，卷甲与数十人造江上征问，知贼尚未至。

四月癸未，帝至都。刘毅自表南征，帝以贼新捷锋锐，须严军偕进，使刘藩止之，毅不从。五月壬午，卢循败毅于桑落洲。及审帝凯入，相视失色，欲还寻阳，平江陵，据二州以抗朝廷。道覆请乘胜遂下，争之旬日，乃从。

于时北师始还，伤痍未复，战士才数千，贼众十余万，舳舻亘千里。孟昶、诸葛长人惧，欲拥天子过江，帝曰："今兵士虽少，犹足一战，若其克济，臣主同休；如其不然，不复能草间求活，吾计决矣。"初，帝征慕容超，惟孟昶劝行，丙辰，昶乃表天子，引罪，仰药而死。

时议者欲分兵屯守诸津，帝曰："贼众我寡，分其兵则人测虚实，一处失利，则沮三军之心，若聚众石头，则众力不分。"戊午，帝移镇石城。乙丑，贼大至，帝曰："贼若新亭直上，且将避之；若回泊蔡洲，成禽耳。"徐道覆欲自新亭焚舟而载，循多疑少决，每求万全，乃泊蔡洲以待军溃。帝登石头以望，见之，悦。庚辰，贼设伏于南岸，疑兵向白石。帝率刘毅、诸葛长人北拒焉，留参军徐赤特戍查浦，戒令勿战。帝既北，贼焚查浦而至张侯桥，赤特与战，大败，贼进屯丹阳郡。帝驰还石头，斩徐赤特。解甲久之，乃出阵于南塘。七月庚申，循自蔡洲退，将还归寻阳，帝遣辅国将军王仲德等追之。使建威将军孙处自海道袭番禺，戒之曰："我十二月必破祆寇，卿亦足至番禺，先倾其巢窟也。"

十月，帝率舟师南伐，使刘毅监太尉留府。是月，徐道覆寇江陵，荆州刺史刘道规大破之，道覆走还湓口。十一月，孙处至番禺，克其城，卢循父嘏奔始兴，处抚其人以守。十二月己卯，大军次大雷。庚辰，贼方江而下，帝躬提幡鼓，命众军齐力击之，军中多万钧神弩，所至莫不摧陷。帝自于中流蹙之，因风水之势，贼舰悉薄西岸，岸上军先备火具焚之，大败。循还寻阳，遂走豫章，悉力栅左里。丙申，大军次左里，将战，帝麾之，麾竿折，幡沉于水，众咸惧，帝笑曰："昔覆舟之役亦如此，今胜必矣。"攻其栅，循单舸走，众皆降。师旋，晋帝遣侍中黄门劳师于行所。

七年正月己未，振旅而归，改授大将军、扬州牧，给班剑二十人，本官并如故。固辞。凡南北征伐战亡者，并列上赗赠，尸丧未反者，遣主师迎接，致还本土。

二月，卢循至番禺，为孙处所破，收余众南走。刘藩、孟怀玉斩徐道覆于始兴。

自晋中兴以来，朝纲驰紊，权门兼并，百姓流离，不得保其产业。桓玄颇欲厘改，竟不能行。帝既作辅，大示轨则，豪强肃然，远近禁止。至是，会稽余姚虞亮复藏匿亡命千余人。帝诛亮，免会稽内史司马休之。

晋帝又申前诏，帝固辞。于是改授太尉、中书监，乃受命，奉送黄钺。

交州刺史杜惠度斩卢循父子，函七首送都。

先是，诸州郡所遣秀才、孝廉多非其人，帝乃表申明旧例，策试之。

荆州刺史刘道规疾患，求归，八年四月，改授豫州刺史，以豫州刺史刘毅代之。毅既有雄才大志，与帝俱兴复晋室，自谓京城、广陵功足相抗，虽权事推帝，而心不服也。厚自矜许，朝士素望者并多归之，与尚书仆射谢混、丹阳尹郗僧施并深相结。及镇江陵，豫州旧府多割以自随，请僧施为南蛮校尉。帝知毅终为异端，心密图之。毅至四，称疾笃，表求从弟兖州刺史藩以为副贰，帝伪许焉。九月，藩入朝，帝命收藩及谢混，并赐死。自表讨毅，又假黄钺，率诸军西征。以前镇军将军司马休之为平西将军、荆州刺史，兖州刺史道怜镇丹徒，豫州刺史诸葛长人监太尉留府事，加太尉司马丹阳尹刘穆之建威将军，配以实力。壬午，发建邺，遣参军王镇恶、龙骧将军蒯恩前袭江陵，克之，毅及党与皆伏诛。

十一月，帝至江陵，分荆州十郡为湘州，帝仍进督焉。以西阳太守朱龄石为益州刺史，使伐蜀。晋帝进帝太傅、扬州牧，加羽葆、鼓吹，班剑二十人。

九年二月乙丑，帝至自江陵。初，诸葛长人贪淫骄横，帝每优容之。刘毅既诛，长人谓所亲曰："昔年醢彭越，今年杀韩信，祸其至矣。"将谋作乱。帝克期至都，而每淹留不进。公卿以下，频日奉候于新亭，长人亦骤出。既而帝轻舟密至，已还东府矣。长人到门，引前，却人闲语，凡平生言所不尽者，皆与及之，长人甚悦。帝已密命左右丁旿自幔后出，于坐拉焉，死于床侧。舆尸付廷尉，并诛其弟黎人。旿骁勇有力，时人语曰，"勿跋扈，付丁旿"。

先是，山湖川泽皆为豪强所夺，百姓薪采渔钓，皆责税直，至是禁断之。时人居未一，帝上表定制，于是依界土断，惟徐、兖、青三州居晋陵者不在断例。诸流寓郡县，多所并省。

以帝领镇西将军、豫州刺史。帝固让太傅、扬州牧及班剑，奉还黄钺。

七月，朱龄石平蜀，斩谯纵，傅首建邺。

九月，晋帝以帝平齐、定卢循功，封帝次子义真为桂阳县公；并重申前命，授帝太傅、扬州牧，加羽葆、鼓吹，班剑二十人。将吏百僚敦劝，乃受羽葆、鼓吹、班剑，余固辞。

十年，息人简役，筑东府城，起府舍。

帝以荆州刺史司马休之宗室之重，又得江、汉人心，疑其有异志；而休之子谯王文思在都，招聚轻侠，帝执送休之，令自为其所。休之表废文思，并与帝书陈谢。

十一年正月，帝收休之子文宝、兄子文祖，并赐死，率众西讨。复假黄钺，领荆州刺史。以中军将军道怜监留府事。休之上表自陈，并罪状帝。休之府录事参军韩延之有干用才，帝未至江陵，密书招之。延之报书曰："承亲率戎马，远履西偏，阖境士庶，莫不惶骇。辱疏，知以谯王前事，良增欢息。司马平西体国忠贞，款怀待物，以公有匡复之勋，家国蒙赖，推德委诚，每事询仰。谯王往以微事见劾，犹自表逊位；况以大过而当默邪！来示云，'处怀期物，自有由来'。今伐人之君，啖人以利，真可谓'处怀期物'者矣。刘藩死于闾阖之门，诸葛毙于左右之手，甘言托方伯，袭之以轻兵，遂使席上靡款怀之士，阃外无自信诸侯，以为得算，良所耻也。吾虽鄙劣，尝闻道于君子，以平西之至德，宁可无授命之臣乎？假天长丧乱，九流浑浊，当与臧洪游于地下。不复多云。"帝视书欢息，以示将佐曰："事人当如此。"

三月，军次江陵。初，雍州刺史鲁宗之负力好乱，且虑不为帝容，常为谶曰："鱼登日，辅皇室。"与休之相结。至是，率其子竟陵太守轨会于江陵。帝济江，休之众溃，与轨等奔襄阳，江陵平。加领南蛮校尉。将拜南蛮，遇四废日，佐史郑鲜之等白迁日，不许。下书开宽大之恩。

四月，进军襄阳，休之等奔姚兴。晋帝复申前令，授太傅、扬州牧，剑履上殿，入朝不趋，赞拜不名，加前部羽葆、鼓吹，置左右长史、司马、从事中郎四人，封第三子义隆为北彭城县公。八月甲子，帝至自江陵，奉还黄钺，固辞太傅、州牧、前部羽葆、鼓吹，其余受命。

十二年正月，晋帝诏帝依旧辟士，加领平北将军、兖州刺史，增督南秦，凡二十二州。帝以平北文武寡少，不宜别置，于是罢平北府，以并大府。三月，加帝中外大都督。

初，帝平齐，仍有定关、洛意，遇卢循侵逼，故寝。及荆、雍平，乃谋外略。会姚兴死，子泓新立，兄弟相杀，关中扰乱。四月乙丑，帝表伐关、洛，乃戒严北讨，加领征西将军、司豫二州刺史。以世子为徐、兖二州刺史。帝欲以义声怀远，奉琅邪王北伐。五月，庐江霍山崩，获六钟，献之天子。癸巳，加领北雍州刺史，前后部羽葆、鼓吹，增班剑为四十人。八月丁巳，率大众进发，以世子为中军将军，监太尉留府事，尚书右仆射刘穆之为左仆射，领监军、中军二府军司，入居东府，总摄内外。九月，帝至彭城，加领北徐州刺史。十月，众军至洛，围金墉，降之。修复晋五陵，置守卫。

十二月壬申，晋帝加帝位相国、总百揆、扬州牧，封十郡为宋公，备九锡之礼，加玺绂、远游冠、绿綟绶，位在诸侯王上。策曰：

朕以寡昧，仰缵洪基，夷羿乘衅，荡覆王室，越在南鄙，迁于九江。宗祀绝飨，人神无位，提挈群凶，寄命江浦，则我祖宗之烈，奄坠于地，七百之祚，翦焉既倾，若涉巨海，罔知攸济。天未绝晋，诞育英辅，振厥驰维，再造区宇，兴亡继绝，俾昏作明，元勋至德，朕实攸赖。

今将授公典策，其敬听朕命：乃者，桓玄肆僭，滔天泯夏，拔本塞源，颠蹶六位，庶僚俯眉，四方莫恤。公精贯朝日，气陵虹蜺，奋其灵武，大歼群慝，克复皇邑，奉歆神祇。此公之大节始于勤王者也。授律群后，沂流长鹜，薄伐峥嵘，献捷南郢，大憝折首，群逆毕夷，三光旋采，旧物反正。此又公之功也。出藩入辅，弘兹保弼，阜财利用，繁殖黎元，编户岁滋，疆宇日启，导德明刑，四境有截。此又公之功也。鲜卑负众，僭盗三齐，介恃遐阻，仍为边害，公蒐乘秣马，夐入远疆，冲櫓四临，万雉俱溃，拓土三千，申威龙漠。此又公之功也。卢循袄凶，伺隙五岭，侵覆江、豫，矢及王城，国议迁都之规，家献徙卜之计，公乘辕南济，义形于色，运奇摅略，英谟不世，狡寇穷衄，丧旗宵遁，俾我畿甸，拯于将坠。此又公之功也。追奔逐北，扬斿江濆，偏旅浮海，指日遄至，番禺之功，俘级万数，左里之捷，鸟散鱼溃，元凶远窜，传首万里。此又公之功也。刘毅叛换，负衅西夏，陵上罔主，志肆奸暴，公御轨以刑，消之不日，罪人斯得，荆、衡宁晏。此又公之功也。谯纵怙乱，寇窃一隅，王化阻阂，三巴沦溺，公指命偏师，授以良图，陵波凭湍，致届井络，僭竖伏锧，梁、岷草偃。此又公之功也。马休、鲁宗、阻兵内侮，驱率二方，连旗称乱，公投袂星言，研其上略，江津之师，势逾风电，回旆沔川，实繁震慑，二叛奔迸，荆、雍来苏。此又公之功也。永嘉不竞，四夷擅华，五都倾荡，山陵幽辱，祖宗怀没世之愤，遗黎有《匪风》之思，公远齐阿衡纳隍之仁，近同小白灭亡之耻，鞠旅陈师，赫然大号，分命群师，北徇司、兖，许、郑风靡，巩、洛载清，百年榛秽，一朝扫涤。此又公之功也。

公有康宇内之勋，重之以明德。爰初发迹，则奇谟冠古，电击强祆，则锋无前对，聿宁东畿，大造黔首。若乃草昧经纶，化融于岁计，扶危静乱，道固于苞桑。蠲削烦苛，较若画一，淳风美化，盈塞区宇。是以绝域献琛，遐夷纳赆，王略所宣，九服率从。虽文命之东渐西被，咎繇之迈于种德，何以尚兹。

朕闻先王之宰世也，庸勋尊贤，建侯胙土，褒以宠章，崇其徽物，所以协辅皇室，永隆藩屏。故曲阜光启，遂荒徐宅，营丘表海，四履有闻。其在襄王，亦赖匡霸，又命晋文，备物光赐。惟公道冠前烈，勋高振古，而殊典未饰，朕甚懵焉！今进授相国，以徐州之彭城沛兰陵下邳淮阳山阳广陵、兖州之高平鲁泰山十郡封公为宋公，锡兹玄土，苴以白茅，爰定尔居，用建家社。昔晋、郑启藩，入作卿士，周、召保傅，出总二南，内外之任，公实兼之。今命使持节、兼太尉、尚书左仆射晋宁县五等男湛授相国印绶，宋公玺绂，使持节、兼司空、散骑常侍、尚书阳遂乡侯泰授宋公茅土，金虎符第一至第五左，竹使符第一至第十五。相国位无不总，礼绝朝班，居常之名，宜与事革。其以相国总百揆，去录尚书之号；上书所假节、侍中貂蝉、中外都督太傅太尉印绶、豫章公印策；进扬州刺史为牧，领征西将军、司豫北徐雍四州刺史如故。

公纪纲礼度，万国是式，乘介蹈方，罔有迁志，是用锡公大路、戎路各一，玄牡二驷；公抑末敦本，务农重积，采蘩实殷，稼穑惟阜，是用锡公衮冕之服，赤舄副焉；公闲邪纳正，移风改俗，陶钧品物，如乐之和，是用锡公轩县之乐、六佾之舞；公宣美王化，导扬休风，华夷企踵，远人胥萃，是用锡公朱户以居；公官方任能，网罗幽滞，九皋辞野，髦士盈朝，是用锡公纳陛以登；公当轴处中，率下以义，式遏寇仇，涤除苛慝，是用锡公虎贲之士三百人；公明罚恤刑，庶狱详允，放命干纪，罔有攸纵，是用锡公鈇钺各一；公龙骧凤矫，咫尺八纮，括囊四海，折冲无外，是用锡公彤弓一、彤矢百，玈弓十、玈矢千；公温恭孝思，致虔禋祀，忠肃之志，仪刑四方，是用锡公秬鬯一卣，圭瓒副焉。宋国置丞相以下，一遵旧仪。钦哉，其祗服往命，茂对天休，简恤庶邦，敬敷显德，以终我高祖之嘉命！

置宋国侍中、黄门侍郎、尚书左丞，即随大使奉迎。

柯罕房乞伏炽盘遣使谒帝，求效力讨姚泓，拜为平西将军、河南公。

十三年正月，帝以舟师进讨，留彭城公义隆镇彭城。军次陈留城，经张良庙，下令以时修饰栋宇致荐焉。晋帝追赠帝祖为太常，父为特进、左光禄大夫，让不受。二月，冠军将军檀道济等军次潼关。三月庚辰，帝率大军入河。五月，帝至洛阳，谒晋五陵。七月，至陕，龙骧将军王镇恶舟师自河浮渭。八月，扶风太守沈田子大破姚泓军于蓝田，王镇恶克长安，禽姚泓。始义熙九年，岁、镇、荧惑、太白聚东井，至是而关中平。九月，帝至长安。长安丰稔，帑藏盈积，帝先收其彝器、浑仪、土圭、记里鼓、指南车及秦始皇玉玺送之都；其余珍宝珠玉，悉以班赐将师。迁姚宗于江南，送泓斩于建康市。谒汉长陵，大会文武于未央殿。

十月，晋帝诏进宋公爵为王，加十郡益宋国，并前为二十郡。其相国、扬州牧、领征西将军、司豫北徐雍四州刺史如故。帝欲息驾长安，经略赵、魏，十一月，前将军刘穆之卒，乃归。

十二月庚子，发自长安，以桂阳公义真为雍州刺史，镇长安，留腹心将佐以辅之。

十四年正月壬戌，帝至彭城，解严息甲。以辅国将军刘遵考为并州刺史，领河东太守，镇蒲坂。帝解司州，领徐、冀二州刺史，固让进爵。时汉中成固县汉水崖际有异声如雷，俄顷岸崩，有铜钟十二，出自潜壤。巩县人宗曜于其田所获嘉禾，九穗同茎，帝以献，晋帝以归于我。帝冲让，乃止。

六月丁亥，受相国宋公九锡之命，下令赦国内殊死以下。诏崇豫章太夫人为宋公太妃，世子为中军将军副贰，相国府百官悉依天朝之制。又诏宋国所封十郡之外，悉得除用。

先是，安西中兵参军沈田子杀安西司马王镇恶，诸将杀安西长史王修，关中乱。十月，帝遣右将军朱龄石代安西将军桂阳公义真为雍州刺史。义真还，为赫连勃勃所追，大败，仅以身免，诸将师及龄石并没。

十二月，晋安帝崩，大司马琅邪王即帝位。

元熙元年正月，晋帝诏征帝入辅，又申前令，进公爵为王，以徐州之海陵北东海北谯北梁、豫州之新蔡、兖州之北陈留、司州之陈郡汝南颍川荥阳十郡，增宋国。七月，乃受命。赦国内五岁刑以下，迁都寿阳。九月，解扬州。十二月，晋帝命帝冕十有二旒，建天子旌旗，出警入跸，乘金根车，驾六马，备五时副车，置旄头云罕，乐儛八佾，设钟虡宫县。进王太妃为太后，王妃为王后，世子为太子，王子、王孙爵命之号，一如旧仪。

二年正月，帝表让殊礼。竟陵郡江滨自开，出古铜礼器十余枚，帝献之晋帝，让不受，于是归诸瑞物，藏于相府。四月，诏遣敦劝，兼征帝入辅。六月壬戌，帝至都。甲寅，晋帝禅位于宋。有司草诏既成，请书之，天子即便操笔，谓左右曰："桓玄之时，天命已改，重为刘公所延，将二十载。今日之事，本所甘心。"甲子，遣使奉策曰：

咨尔宋王，夫玄古权舆，悠哉邈矣，其详靡得而闻。爰自书契，隆逮三五，莫不以上圣君四海，止戈定大业。然则帝王者，宰物之通器，君道者，天下之至公也。昔在上叶，深鉴兹道，是以天禄既终，唐、虞弗得传其嗣，符命来格，舜、禹不获全其谦。所以经纬三才，澄序彝化，作范振古，垂风万叶，莫尚于兹。自是厥后，历代弥劭。汉既嗣德于放勋，魏亦方轨于重华，谅以协谋乎人鬼，而以百姓为心者也。

昔我祖宗钦明，辰居其极，而明晦代序，盈亏有期，翦商兆祸，非惟一世，曾是弗克，矧伊在今，天之所废，有自来矣。惟王体上圣之姿，包二仪之德，明齐日月，道合四时。乃者，社稷倾覆，王拯而存之，中原芜梗，又济而复之。自负固不宾，干纪放命，肆逆滔天，窃据万里，靡不润之以风雨，震之以雷霆。九伐之道既敷，八法之化自理，岂伊博施于人，济斯黔庶，固已义洽四海，道盛八荒者矣。至于上天垂象，四灵效征，图谶之文既明，人神之望已改，百工歌于朝，庶人颂乎野，亿兆抃踊，倾伫惟新。自非百姓乐推，天命攸集，岂伊在予所得独专。是用仰祗皇灵，俯顺群议，敬禅神器，授帝位于尔躬。大祚其穷，天禄永终。于戏！王其允执其中，敬遵典训，副率土之嘉愿，恢洪业于无穷。时膺休祐，以答三灵之眷望。

又遣使持节、兼太保、散骑常侍、光禄大夫谢澹，兼太尉、尚书刘宣范奉玺书，归皇帝玺绶，受终之礼，一如唐虞、汉魏故事。帝奉表陈让，晋帝已逊于琅邪王第，表不获通。于是陈留王虔嗣等二百七十人及宋台群臣并上表劝进，犹不许。太史令骆达陈天文符应曰："案晋义熙元年至元熙元年，太白昼见经天凡七，占曰：'太白经天，人更主，异姓兴。'义熙七年，五虹见于东方，占曰：'五虹见，天子黜，圣人出。'九年，镇星、岁星、太白、荧惑聚于东井。十三年，镇星入太微。占曰：'镇星守太微，有立王，有徙王。'元熙元年冬，黑龙四登于天，《易传》曰：'冬，龙见，天子亡社稷，大人受命。'冀州道人释法称告其弟子曰：'嵩神言，江东有刘将军，汉家苗裔，当受天命，吾以璧三十二、镇金一饼与之，刘氏卜世之数也。'汉建武至建安末一百九十六年而禅魏，魏自黄初至咸熙末四十六年而禅晋，晋自泰始至今百五十六年，三代揖让，咸穷于六。又汉光武社于南阳，汉末而其树死，刘备有蜀，乃应之而举；及晋季年，旧根始萌，至是而盛矣。"若此者有数十条。群臣又固请，乃从之。

永初元年夏六月丁卯，皇帝即位于南郊，设坛，柴燎告天曰：

皇帝臣裕敢用玄牡，昭告于皇皇后帝：

晋以卜世告终，历数有归，钦若景运，以命于裕。夫树君宰世，天下为公，德充帝王，乐推攸集。越俶唐虞，降暨汉魏，靡不以上哲格文祖，元勋陟帝位，故能大拯黔首，垂训无穷。晋自东迁，四维不振，宰辅焉依，为日已久。难棘隆安，祸成元兴，遂至帝主迁播，宗祀埋灭。裕虽地非齐、晋，众无一旅，仰愤时难，俯悼横流，投袂一起，则皇祀克复。及危而能持，颠而能扶，奸宄具歼，僭伪亦灭，诚兴废有期，否终有数。至于大造晋室，拨乱济时，因借时来，实尸其重。如以殊俗慕义，重译来庭，正朔所暨，咸服声教。至乃三灵垂象，山川告祥，人神协祉，岁月滋著。是以群公卿士，亿兆夷人，佥曰："皇灵降鉴于上，晋朝款诚于下，天命不可以久淹，宸极不可以暂旷。"遂逼群议，恭兹大礼。猥以寡德，托于兆人之上，虽仰畏天威，略是小节，顾深永怀，祗惧若贾。敬简元日，升坛受禅，告类上帝，用酬万国之情，克隆天保，永祚于有宋。惟明灵是飨！

礼毕，备法驾，幸建康宫，临太极前殿，大赦，改元。赐人爵二级。鳏寡孤独不能自存者，人谷五斛，逋租宿责勿收。其犯乡论清议，赃污淫盗，一皆荡涤。长徒之身，特皆原遣。亡官失爵、禁锢夺劳，一依旧准。封晋帝为零陵王，全食一郡，载天子旌旗，乘五时副车，行晋正朔，郊祀天地，礼乐制度，皆用晋典，上书不为表，答表不称诏，宫于故秣陵。追尊皇考为孝穆皇帝，妣为穆皇后，尊王太后为皇太后。诏曰："夫微禹之感，欢深后昆，爱人怀树，犹或勿翦。虽在异代，义无废绝，降杀之仪，一依前典。可降始兴公为县公，庐陵公为柴桑县公，始安公为荔浦县侯，长沙公为醴陵县侯，康乐公即降为县侯，奉王导、谢安、温峤、陶侃、谢玄之祀，其宣力义熙者，一仍本秩。"

庚午，以司空道怜为太尉，封长沙王，立南郡公义庆为临川王。又诏论战亡追赠及酬赏除复之科。乙亥，封皇子桂阳公义真为庐陵王，彭城公义隆为宜都王，义康为彭城王。丁丑，使使巡行四方，旌贤举善，问人疾苦，狱讼亏滥、政刑乖忒、伤化扰俗、未允人听者，皆具以闻。戊寅，诏增百官奉。己卯，改晋《泰始历》为《永初历》，社以子，腊以辰。

秋七月丁亥，原放劫贼余口没在台府者，诸流徙之家，并听还本。又以市税繁苦，优量减降。从征关、洛，殒身不反者，赡赐其家。己丑，陈留王曹虔嗣薨。辛卯，复置五校三将官，增殿中将军员二十人，余在员外。戊戌，征西大将军、开府仪同三司杨盛进号车骑大将军。甲辰，镇西将军李歆进号征西大将军，平西将军乞伏炽盘进号安西大将军，征东将军高句丽王高琏进号征东大将军，镇东将军百济王扶余映进号镇东大将军。置东宫冗从仆射、旅贲中郎将官。戊申，迁神主于太庙，车驾亲奉。壬子，诏改权制，率从宽简。

八月辛酉，诏旧郡县以北为名者悉除之，寓立于南者，听以南为号。戊辰，诏曰："彭城桑梓，敦本斯隆，宜同丰、沛。其沛郡、下邳各复租布三十年。"辛未，追谥妃臧氏为敬皇后，陵曰永宁。癸酉，立王太子义符为皇太子。乙亥，赦见罪人。

闰月壬午，置晋帝诸陵守卫，其名贤先哲，详加洒扫。丁酉，林邑国遣使朝贡。

九月壬子，置东宫殿中将军十人，员外二十人。壬申，置都官尚书。

是岁，魏明元皇帝泰常五年。西凉亡。

二年春正月辛酉，祀南郊，大赦。丙寅，断金银涂。以扬州刺史庐陵王义真为司徒，以尚书仆射徐羡之为尚书令、扬州刺史。己卯，禁丧事用铜钉。罢会稽郡府。

二月己丑，策试州郡秀、孝于延贤堂。倭国遣使朝贡。

三月乙丑，初限荆州府置将不得过二千人，吏不得过一万人。州置将不得过五百人，吏不得过五千人。兵士不在此限。

夏四月己卯，初禁淫祀，除诸房庙。其先贤以勋德立祠者，不在此例。戊申，听讼于华林园。

五月己酉，置东宫屯骑、步兵、翊军三校尉官。

秋七月己巳，地震。

九月己丑，零陵王殂，宋志也。车驾率百僚临于朝堂三日，如魏明帝服山阳公故事。使兼太尉持节护丧事，葬以晋礼。

冬十月己亥，以凉州胡师大沮渠蒙逊为镇军大将军、开府仪同三司、凉州刺史。

十一月辛亥，葬晋恭皇帝于冲平陵，车驾率百官瞻送。

三年春正月甲辰朔，诏刑罚无轻重悉原之。癸丑，以尚书令扬州刺史徐羡之为司空、录尚书事，刺史如故。进江州刺史王弘卫将军、开府仪同三司。以太子詹事傅亮为尚书仆射。

二月丙戌，有星孛于虚、危。

三月，上不豫，太尉长沙王道怜、司空徐羡之、尚书仆射傅亮、领军将军谢晦、护军将军檀道济并入侍医药。群臣请祈祷神祇，上不许，惟使侍中谢方明以疾告庙而已。丁未，以庐陵王义真为侍中、车骑将军、开府仪同三司、南豫州刺史。己未，上疾瘳，大赦。

夏四月乙亥，封仇池公杨盛为武都郡王。

五月，上疾甚，召太子，戒之曰："檀道济虽有干略，而无远志，非如兄韶有难御之气。徐羡之、傅亮当无异图。谢晦屡从征伐，颇识机变，若有异，必此人也。小却，可以会稽、江州处之。"又为手诏："朝廷不须复有别府，宰相带扬州，可置甲士千人。若大臣中任要，宜有爪牙，以备不祥人者，可以台见留队给之。有征讨，悉配以台见军队，行还复旧。后世若有幼主，朝事一委任宰相，母后不烦临朝。仗既不许入台殿门，要重人可详给班剑。"癸亥，上崩于西殿，时年六十。七月己酉，葬丹阳建康县蒋山初宁陵。群臣上谥曰武皇帝，庙号高祖。

上清简寡欲，严整有法度，未尝视珠玉舆马之饰，后庭无纨绮丝竹之音。初，朝廷未备音乐，长史殷仲文以为言，帝曰："日不暇给，且所不解。"仲文曰："屡听自然解之。"帝曰："政以解则好之，故不习耳。"宁州尝献虎魄枕，光色甚丽，价盈百金。时将北伐，以虎魄疗金创，上大悦，命碎分赐诸将。平关中，得姚兴从女，有盛宠，以之废事，谢晦谏，即时遣出。财帛皆在外府，内无私藏。宋台建，有司奏东西堂施局脚床，金涂钉，上不许。使用直脚床，钉用铁。广州尝献人筒细布，一端八丈，帝恶其精丽劳人，即付有司弹太守，以布还之，并制岭南禁作此布。帝素有热病，并患金创，末年尤剧，坐卧常须冷物，后有人献石床，寝之，极以为佳，乃欢曰："木床且费，而况石邪？"即令毁之。制诸主出适，遣送不过二十万，无锦绣金玉。内外奉禁，莫不节俭。性尤简易，尝著连齿木屐，好出神武门内左右逍遥，从者不过十余人。时徐羡之住西州，尝思羡之，便步出西掖门，羽仪络绎追随，已出西明门矣。诸子旦问起居，入阁脱公服，止著裙帽，如家人之礼焉。

微时躬耕于丹徒，及受命，耨耜之具颇有存者，皆命藏之，以留于后。及文帝幸旧宫，见而问焉，左右以实对，文帝色惭。有近侍进曰："大舜躬耕历山，伯禹亲事土木，陛下不睹列圣之遗物，何以知稼穑之艰难，何以知先帝之至德乎？"及孝武大明中，坏上所居阴室，于其处起玉烛殿，与群臣观之，床头有土障，壁上挂葛灯笼、麻绳拂，侍中袁𫖮盛称上俭素之德，孝武不答，独曰："田舍公得此，已为过矣。"故能光有天下，克成大业，盛矣哉！

译文：

宋高祖武皇帝姓刘名裕，字德舆，小字寄奴，彭城县绥舆里人，是汉代楚元王刘交的二十一世孙。彭城是楚国的都城，所以后裔居住在那里。晋朝东迁，刘姓迁徙到晋陵郡丹徒县的京口里居住。刘裕的祖父刘靖，仕晋朝任东安太守。父亲刘翘，字显宗，任郡功曹。武帝在晋哀帝兴宁元年癸亥岁三月壬寅那天夜晚出生，神奇的光芒把住宅全照亮，当天晚上甘露降生在坟墓的树上。待他长大，雄豪杰出有大度，身高七尺六寸，品格奇伟，不注重品行的端方不苟与小节，奉事继母以孝顺著称。

曾经到京口竹林寺游玩，独自躺在讲堂前面，上面出现了五色龙纹，众僧看见很吃惊，告诉刘裕，刘裕暗自高兴，说："上人不要乱说。"他父亲的坟墓在丹徒的侯山，这个地方就是秦朝史官所说曲阿、丹徒之间有天子气的地区。当时有一个姓孔名恭的人，善于观看墓地，武帝曾和他一起经过父亲的墓地，哄骗他说："这块墓地如何？"孔恭回答："它不是凡人的墓地。"武帝从此更加自负。行走驻足常见二条小龙在身旁，在山泽打柴捕鱼时，同伴也有看见的。待他逐渐尊贵，龙的形体也更大了。

武帝平素很贫穷，不为当时人赏识，只有琅邪人王谧极为敬重他。武帝曾经欠刁逵社钱三万，经过三个月还没有归还，被刁逵拘留，王谧暗地用自己的钱代为偿还，因此得到释放。后来在新洲割荻草，见到一条几丈长的大蛇，用箭把它射伤。第二天又到新洲，听到里面有杵臼的响声，前往察看，见几位童子都身穿青衣，在杂乱丛生的草木中捣药。就问他们为什么捣药，回答说："我王被刘寄奴射伤，合散敷伤口。"武帝问："你们的王很神灵，为什么不杀他？"答道："刘寄奴是王者，现在不能死，因此不能杀他。"武帝呵斥童子，他们都逃散，于是将药带回。又曾旅行经过下邳的旅馆，见到一个僧徒，对武帝说："江表将出现战乱，安定它的任务，就落在君肩上了。"武帝早先手上有创伤，连年不痊愈，僧徒有一种黄药，就留给他，转眼僧徒就不见了。武帝用黄药、散药敷伤口，只敷一次就痊愈。他将剩下的药和所得童子的药珍藏起来，每次遇到兵器创伤，敷上就见效。

起初担任将军孙无终的司马。晋隆安三年十一月，妖贼孙恩在会稽作乱，朝廷派遣卫将军谢琰、前将军刘牢之领兵东讨。刘牢之请武帝参与府中军事，命令他和数十人察看贼兵虚实，遇到数千名贼兵，武帝便和贼兵交战，他带领的人大多战死，而武帝挥舞长刀，杀伤的贼兵也很多。刘牢之的儿子刘敬宣怀疑武帝被贼兵围困，就带领轻装的骑兵前往寻找；接着许多骑兵同时赶到，就平定了山阴，孙恩逃回海岛。

隆安四年五月，孙恩再次领兵进入会稽郡境内，杀死谢琰。这年十一月，刘牢之再次率军东征，让武帝戍守句章。句章城小人少，武帝每次交战，都攻陷贼阵，贼兵就退回浃口。当时东伐诸将的部队，士卒都横暴抄掠，百姓因此饱受苦害，只有武帝的部队没有侵犯百姓。

隆安五年春天，孙恩频繁地进攻句章，武帝领兵屡次打败他，孙恩又逃回海岛。这年三月，孙恩引军北出海盐，武帝在海盐故城修筑城墙，贼兵天天来攻城，城内兵少，武帝组织敢死队把敌兵击退。当时虽然连续获胜，武帝深知敌众我寡，难以抵敌，就在一天晚上偃旗息鼓，显示出虚弱的样子，看到贼兵懈怠，突然发起猛攻，大败贼兵。孙恩知道海盐故城难以攻克，领兵进攻沪渎，武帝弃城追赶贼兵。海盐县令鲍陋派儿子鲍嗣之领吴兵一千人作为前驱，武帝以为吴兵不熟习作战，让他作为后军，不服从。当天夜晚武帝多设奇兵，兼备不少旗鼓，第二天两军交锋，伏兵突起，贼兵败退，鲍嗣之追击贼兵，被贼兵俘获。武帝领兵边战边退，部下死伤所剩无几，于是在原来的营地停下来，让身边人解取死去士兵的衣服，以表示悠闲。贼兵怀疑还有埋伏，于是退去。这年六月，孙恩乘船走海路到达丹徒，武帝领兵日夜兼程，和孙恩同时到达，追击孙恩，大败贼兵。孙恩领兵到达建邺，见朝廷有所防备，就进军郁洲。八月，晋朝皇帝授任武帝为下邳太守。武帝又追击孙恩到郁洲和海盐，不断击败贼兵。这时孙恩因士兵饥饿，逃奔临海。

元兴元年，荆州刺史桓玄起兵东下，骠骑将军司马元显派遣刘牢之抵拒他，武帝又参与刘牢之的军事。桓玄来到，武帝请求攻击，刘牢之不允许，而派他的儿子刘敬宣到桓玄营中求和。武帝和东海人何无忌都坚决劝谏，不听。桓玄领兵攻克建邺，委任刘牢之为会稽内史。刘牢之心中恐惧，招武帝在广陵起兵，武帝说："人情已经失去，广陵难道可以得到吗？"刘牢之无奈，在新洲上吊自杀。何无忌问武帝道："我到何处是好？"武帝回答说："可随我回京口。桓玄如果能遵守为臣的礼节，我和卿应当侍奉他。他如果不这样，我们就讨伐他。"

桓玄的从兄桓脩以抚军将军的名义镇守丹徒，授任武帝为中兵参军。孙恩从失败以后，害怕被官军俘获，在临海投水自尽，他的部众推举孙恩的妹夫卢循为主帅。桓玄又派武帝东征。

元兴二年，卢循领部众前往永嘉，武帝引军追击，败贼兵。六月，加武帝彭城内史。

这年十二月，桓玄篡夺帝位，将晋帝迁居寻阳。桓脩入朝，武帝随他到建邺，桓玄见到武帝，对司徒王谧说："昨天见到刘裕，品格不同于常人，可能是人杰啊！"每次游宴集会，赠送赏赐很丰厚。桓玄的妻子刘氏，是尚书令刘耽的女儿，聪明能鉴别人物，曾经见到武帝，于是对桓玄说："刘裕龙行虎步，视瞻不同凡人，恐怕不会为他人之下，应对他早作安排。"桓玄说："我将要荡平中原，没有刘裕不行，待关、陇地区平定以后，再作计议。"

桓脩不久要回京口，武帝以创伤复发不能步行为托词，和何无忌同船回去，于是商议复兴晋朝的大计，和弟弟刘道规、沛国人刘毅、平昌人孟昶、任成人魏之、高平人檀凭之、琅邪人诸葛长人、太原人王元德、陇西人辛扈兴、东莞人童厚之，共同商定义举。当时桓脩的弟弟桓弘任青州刺史，镇守广陵，刘道规是桓弘的中兵参军，孟昶是青州主簿，就让刘毅协同孟昶一同起兵袭击桓弘。诸葛长人是豫州刺史刁逵的左军府参军，谋划占据历阳响应，王元德、童厚之计划在建邺攻击桓玄，约定时间同时行动。

元兴三年二月乙卯，武帝托名游猎，与何无忌、魏之、檀凭之，刘毅的从弟刘藩，檀凭之的从子檀韶、檀祗、檀隆、檀道济，孟昶的族弟孟怀玉等，集聚义徒共二十七人，愿意随从的一百多人。丙辰这天早上，等候城门开启，何无忌等义徒穿着传达诏令的服装，称诏上前，义众奔驰入内，齐声呼叫，官吏士卒惊恐逃散，就将桓脩斩首示众。武帝临哭桓脩，很是悲伤，装敛抚恤非常优厚。孟昶劝桓弘在那天出猎，天还未亮，开门让猎人出，孟昶、刘道规、刘毅等率领壮士五六十人，乘着开门径直进去。桓弘还正在喝粥，当场被斩首，于是收集兵众，南渡长江。

义军刚攻克京城不久，桓脩的司马刁弘率领文武佐吏前来救援桓玄，武帝登上城墙对他说："郭江州已奉戴大晋皇帝在寻阳复位，我等受密诏诛灭叛党，今天逆贼桓玄的首级就要被悬挂在大船的木柱上。诸君不都是大晋的臣民吗？"刁弘等相信了武帝的话，下令退兵。待刘毅等人来到，武帝命令诛杀刁弘等人。

刘毅的哥哥刘迈起先在建邺，事情发生的前几天，武帝派遣同谋周安穆告知此事，让他做内应。刘迈非常害怕，周安穆考虑事变就要发生，骑马驰回。当时桓玄任命刘迈为竟陵太守，刘迈就上船，要到竟陵郡上任。当天晚上桓玄给刘迈的书信问："北府兵人心如何？卿近日见刘裕说些什么？"刘迈以为桓玄已知道这个计划，第二天早上就报告桓玄。桓玄大惊，封刘迈为重安侯，又因不拘执周安穆的缘故，将刘迈杀死，诛杀了王元德、辛扈兴、童厚之等人。于是派遣顿丘太守吴甫之、右卫将军皇甫敷领兵北上，抗击义军。

在这以前，武帝登门拜访游击将军何澹之，左右人等见武帝光芒照亮整个房室，就报告何澹之，澹之又转告桓玄，桓玄对此不放在心上。到这时，听说义军已起，非常恐惧。有人说："刘裕等人兵力很弱，陛下为何深为忧虑？"桓玄说："刘裕足以成为一代英雄，刘毅家中没有一点储积，赌博时一掷百万，何无忌是刘牢之的外甥，为人很像他的舅舅，共同举大事，为什么说不能成功呢？"当时众人公推武帝为盟主，以孟昶为长史，总领后方事务，檀凭之为司马，百姓愿意随从的有一千多人。军队驻扎在竹里，送檄文到京城说：

成功和失败互为因缘，依理不会经常安宁，狡诈的人恣行暴虐，也许会遇到圣明。我大晋皇朝，屡次遭受厄运，隆安年间以来，皇室多事，贞良的士人被豺狼陷害，忠慤的大臣身碎在虎口。叛臣桓玄竟敢放肆地怠慢欺凌皇上，拥兵荆、郢，施暴京城，上天没有消除祸难，凶逆的力量确实强大，一两年之间，就颠覆了皇位。皇上流亡，到了他不该去的地方，神异的器物被辱没，宗庙被废毁，就是夏朝逢遇浞、豷的祸难，汉代遭受王莽、董卓的变乱，都比不上这次灾难的严重。自从桓玄谋反篡位，到今天已经一年，近年天大旱，民不聊生，士庶为转运而疲劳，文武因修筑而困顿，家室分崩离析，妻离子散，难道只是像《大东》所说的杼轴的悲伤，像《摽有梅》所说的倾筐的怨恨吗？仰头观看天文，俯首察视人事，这样的世道如能存在下去，还有什么会灭亡呢？凡是有心志的人士，谁不愤怒得手握其腕呢？这就是刘裕等捶胸顿足悲痛饮泣，没有安息闲暇时间的原因。

所以早起晚睡，搜罗奖拔忠烈之士，暗中策划的艰难危险，就像脚踩着猛虎一样，但乘机奋起，为大义不计生死。辅国将军刘毅，广武将军何无忌、镇北主簿孟昶、兖州主簿魏亘之、宁远将军刘道规、龙骧将军刘藩、振威将军檀凭之等，忠诚节烈坚定不移，精诚之心可以遮蔽日光，手持干戈等待奋起，志在完成使命。益州刺史毛璩，在万里之外配合默契，平定荆楚。江州刺史郭昶之奉迎皇上，在寻阳建筑别宫。镇北参军王元德等都率领部属，占据保守石头城。扬武将军诸葛长人召集义士，已占据历阳。征虏将军庾赜之等暗中互相串联，作为内应。同心协力，各地纷纷起兵，当天就将伪徐州刺史安成王桓脩、青州刺史桓弘斩首。义军聚集以后，文职武将个个争先。众人都认为不统一指挥，事情就难以成功。刘裕再三推辞，众人不许，于是总统军事要务。庶几可以上仰祖宗的灵佑，下尽义士的节操，剪除逃亡的逆贼，荡涤平定京城。公侯诸君，或世代建树忠贞，或身受官爵宠遇，却都对奸贼竖子俯首帖耳，自己无法向朝廷效力，观看大道，难道不悲伤吗？今天的举动，是一个很好的机会啊！裕空虚浅薄，才能不如古人，受任在已经颓败的期运，接权在已经更替的时机，丹诚的心胸没有宣示，无比感慨激愤。望云霄天河而沉思，观山川而久立，投递檄文那天，将神速地奔向贼廷。

三月戊午这天，在江乘遇到吴甫之，武帝亲手拿长刀，跃马高声呼喊，上前斩吴甫之。进军到罗落桥，又遇到皇甫敷。檀凭之被打败，死在战场，士卒后退，武帝更加勇猛地进攻，又将皇甫敷斩首。起初，武帝等始立大计，有善于相面的人为他们相面，说武帝和何无忌等近期将要大贵，只有檀凭之没有大贵之相。到这时，檀凭之战死，武帝知道此事必然成功。

桓玄听到皇甫敷等覆没的消息，就让桓谦屯驻东陵口，卞范之屯驻覆舟山西。己未这天，义军行进到覆舟山东，设疑兵，把油披肩戴在树上，布满山谷。武帝先骑马持刀冲入敌阵，将士都殊死战斗，无不以一当百，呼声震天动地。又借风势放火，烟尘火焰遮天，桓谦等大败。桓玄虽然派军抵抗，但逃跑的主意已定，另派领军殷仲文在石头城准备舟船，得知桓谦已经失败，就乘坐轻便船只向南逃跑。

庚申这天，武帝镇守石头城，设置留台百官，在宣阳门外焚烧桓温的神主，在太庙重新设立晋朝皇室的神主。又派遣诸将领兵追击桓玄，命令尚书王嘏率领文武百官迎接晋朝皇帝。司徒王谧和众人商议推举武帝领扬州，武帝坚决推辞，就以王谧为录尚书事、领扬州刺史，武帝为镇军将军、都督八州诸军事、徐州刺史、领军将军。

起初，晋陵人韦叟精通相术，桓脩让他为武帝相面，看是否可得州官，韦叟说："可以任边州刺史。"退出私下对武帝说："你的相貌尊贵得很，不敢明说。"武帝笑着说："如果你能言中，当任用你为司马。"到这时，韦叟到武帝营中，说："周成王不违背桐叶封唐叔的诺言，公也应不忘封我为司马的话。如今不敢希冀镇军司马的职位，只想得领军佐。"于是武帝就任用了他。

当时诸葛长人因延误时间，被刁逵拘执，送往京城，还未到京而桓玄失败。桓玄途经寻阳时，江州刺史郭昶之为他准备了乘舆法物。起初，荆州刺史王绥因为是江南的衣冠华族，又是桓氏的外甥，平素常欺侮武帝，到这时，因为他的父亲尚书左仆射王愉有自疑的心志，父子都被诛杀。

四月戊子这天，奉戴武陵王司马遵为大将军，承制，大赦天下，只有桓玄一族不能赦免。桓玄篡夺帝位时，王谧辅佐他，亲手解取晋安帝的系玉玺的丝带。待树立义旗，众人说王谧应被杀死，只有武帝平素感激王谧，保全了他。刘毅曾经在朝会时，问王谧玉玺丝带在何处，王谧更加恐惧。待到王愉父子被杀，王谧的从弟王谌对王谧说："王驹无罪而被杀，这是剪除超过自己的人，兄长既属桓氏的同党和依附，要想免祸可能吗？"驹是王愉的小字。王谧害怕，逃奔到曲阿。武帝写信告诉大将军，派人将王谧接回京城，官复原职。

桓玄裹挟天子逃往江陵，又沿长江东下，和刘毅、何无忌、刘道规等的军队在峥嵘洲相遇，诸军大败桓玄。桓玄的同党殷仲文奉护晋朝二位皇后回到建邺。桓玄又裹挟天子到达江陵，再逃到南郡，太守王腾之、荆州别驾王康产奉护天子进入南郡府。

起初，益州刺史毛琚派遣从孙毛祐之和参军费恬护送弟丧到下州，毛琚的侄子毛修之当时是桓玄的屯骑校尉，劝诱桓玄西上入蜀，到达枚回洲，费恬和毛祐之迎上来放箭射他，益州督护冯迁斩桓玄，将首级传京城建邺。桓玄的从子桓振逃到华容的涌中，召集叛党，袭击江陵城，王腾之、王康产等都被杀害。桓谦起先躲藏在沮川，这时也聚集徒众响应桓振。为桓玄举哀，设立祭奠的庭堂。桓谦率领百官捧着玉玺丝带还给晋安帝。刘毅、何无忌进军和桓振交战，在灵溪被击败。

十月，武帝领青州刺史，带穿戴盔甲手持兵器的一百人登殿。

义熙元年正月，刘毅等领兵到达江陵，击败桓谦、桓振的军队，江陵平定。三月甲午这天，晋安帝从江陵返回。庚子这天，诏升进武帝为侍中、车骑将军、都督中外诸军、录尚书事。武帝坚决辞让，不久镇守丹徒。九月乙巳这天，加武帝领兖州刺史。

卢循乘船经海路南下，攻破广州城，俘获刺史吴隐之，就以卢循为广州刺史，以他的同党徐道覆为始兴国相。

义熙二年三月，升进武帝督交、广二州。十月，论赏匡复的功勋，封武帝豫章郡公，食邑一万户，赐绢三万匹。其余人封赏各有差等。

义熙三年十二月，司徒、录尚书、扬州刺史王谧去世。

义熙四年正月，征召武帝入朝担任辅佐，授任侍中、车骑将军、开府仪同三司、扬州刺史、录尚书事，依旧为徐、兖二州刺史。武帝上表，解除兖州刺史。在这以前，武帝派遣冠军将军刘敬宣讨伐蜀贼谯纵，出师无功而回。九月，武帝因为刘敬宣受挫折退兵，请求退位，朝廷不听许。十月，降为中军将军，依旧开府。

义熙五年二月，伪南燕君主慕容超出兵大肆掠夺淮北地区。三月，武帝上表北讨，以丹阳尹孟昶监中军留府事。于是乘船经淮水进入泗水，五月，到达下邳，留下船只，徒步行军进入琅邪郡，所过之处修筑城堡留兵守卫。

慕容超的大将公孙五楼请求阻断大岘，坚壁清野以待晋军，慕容超不听从。起初商议这次战役，有论者认为，贼兵如果坚守大岘，我军断绝补给，怎么能自己返回？武帝说："不对。鲜卑人本性贪婪，谋略不计长远，既庆幸它的胜利，又爱惜它的粮食，一定会引诱我军，并且会轻率出战。我军一进入大岘，我们还有什么忧虑呢？"待军队进入大岘，武帝举起手指着天说："我的事情成功了。"众人问他成功的原因，武帝回答说："军队既然已过险阻，士兵有必死的心志，余粮留在田亩，军队没有匮乏之忧，胜利是必定的。"

六月，慕容超留下羸弱老年守卫广固，派他的广宁王贺剌卢及公孙五楼全力据守临朐。离临朐四十里处有一条巨蔑水，慕容超命令公孙五楼立即占据它。待公孙五楼领兵赶到，晋龙骧将军孟龙符已经抢先占据，公孙五楼只好退回。

大军将四千辆车分为两翼，两车缓慢并行，车前挂上帷幔，驾车人手持长矛，以骑兵为流动军队，军令严肃。等到达临朐，贼骑兵竞相来到，武帝命令兖州刺史刘藩、并州刺史刘道怜等冲锋陷阵，太阳已经偏西，战斗仍很猛烈。武帝采用参军胡藩的策略，袭击攻克临朐，于是贼兵大溃退。慕容超逃回广固，缴获他的玉玺、豹尾、辇等，送回京城。丙子这天，攻克广固大城，慕容超退守小城。于是，设置长围困守，军队在青州住南燕馆舍，食南燕粮谷，停止了江、淮的物资转运。

七月，慕容超的尚书郎张纲向后秦姚兴请求出兵救援，从长安返回。泰山太守申宣将他拘执，送到武帝营中。张纲思想机巧，在这以前，武帝修造攻城器具，城上人说："你得不到张纲，能有什么作为呢？"待到张纲被押送到，就让张纲登上楼车让城内人看，城中人无不大惊失色。慕容超求救兵不得，张纲又被俘虏，于是请求归顺称藩，割大岘为边界，献马一千匹，武帝不答应。

当时姚兴派使者前来，声称将要涉足淮南，武帝对使者说："你回去报告姚兴，我平定青州，将要进函谷关，虏能自己前来送死，现在正是好时机。"录事参军刘穆之急忙进来说："此言不足以威胁敌人，只能激他发怒。如果鲜卑此城没有攻拔，西羌军队又到，公如何对付呢？"于是，武帝笑着说："这是兵机，不是你所能知晓的。羌人如果能救，不应先派人声明，这只是自强的策略。"

十月，张纲将攻城器具修造完毕，设置飞楼悬梯，木幔板屋，外面加上牛皮，弓箭对它不起作用。刘毅派遣上党太守赵恢带领一千多士兵前来援助，武帝夜晚暗地派遣军队和他会合。

第二天早晨，赵恢就率领五千士兵，并道而行。每次晋朝派使者来，都如法炮制。

义熙六年二月丁亥，屠广固城，慕容超翻越城墙逃跑，被追获，在建康街市斩首。杀死他的王公以下，俘获人口一万多，战马二千匹。

起初，武帝领兵北上，徐道覆劝卢循乘虚而出，卢循不听，徐道覆又到番禺劝说卢循："今天的时机，千万不可失去。如果能攻克京城，刘公就是回来，也不能有什么作为了。"卢循方才听从。这个月，卢循寇掠南康、卢陵、豫章诸郡，郡守都望风逃跑。当时武帝将要镇守下邳，准备进军黄河、洛水，待朝廷征召他的使者到达，当天就班师回京。镇南将军何无忌和徐道覆交战，在豫章兵败身死，京城内外震惊，朝臣商议要奉护皇帝北逃。武帝退到山阳，听到何无忌兵败的消息，脱下盔甲和数十人来到江上查问，知贼兵尚未来到。

四月癸未这天，武帝回到京城。刘毅自己上表南征。武帝认为贼兵新近取胜兵势锋锐，必须严整军队齐头并进，让刘藩劝他停止，刘毅不服从。五月壬午这天，卢循在桑落州击败刘毅的军队。待贼兵得知武帝凯旋回京的消息，都互相对视，大惊失色，打算回到寻阳，攻克江陵，据荆、江二州对抗朝廷。徐道覆请求乘胜东下追击官兵，争取了十几天，卢循方才听从。

当时北征的军队刚刚返回，伤痍还没有平复，战士才有数千人，贼兵十几万人，船舰连接千里。孟昶、诸葛长人害怕，要拥护天子北渡长江，武帝说："今天兵士虽然不多，但还可以决战一次，如果能胜利，臣主同喜庆；如果不胜，就不能在草莽中间苟活，我的计划决定了。"起初，武帝北征慕容超，只有孟昶支持他出兵，丙辰这天，孟昶就上表天子，引罪自责，服毒药而死。

当时议事的人想分兵屯守诸津，武帝说："贼兵众多我军寡少，如果分兵，别人就会知我虚实，一个地方失利，就会沮丧三军的斗志，如果聚守石头城，兵力可不分散。"戊午这天，武帝移镇石头城。乙丑这天，贼大兵来到，武帝说："贼兵如果从新亭直上，暂且要躲避它的兵锋，如果回头停泊在蔡洲，只会被我活捉。"徐道覆想从新亭焚烧舟船而上，卢循优柔寡断，常求万全，于是停泊在蔡洲等待官军溃散。武帝登上石头城，看到这种情况，大喜。庚辰这天，贼兵在南岸设下埋伏，疑兵趋向白石。武帝率领刘毅、诸葛长人北上阻击，留参军徐赤特戍守查浦，戒令他不要出战。武帝引军北上以后，贼兵焚烧查浦，到达张侯桥，徐赤特和贼兵交锋，大败，贼兵前进，屯驻丹阳郡。武帝骑马赶回石头城，斩徐赤特。解除盔甲修整一段时间后，就出兵在南塘布下阵势。七月庚申这天，卢循从蔡洲撤退，将要返回寻阳，武帝派遣辅国将军王仲德等领兵追赶。让建威将军孙处从海路袭击番禺，戒令他说："我十二月份必定击败妖贼，卿也完全能到达番禺，先颠覆他的巢窟。

十月，武帝率领水师南伐，让刘毅监太尉留府。这个月，徐道覆侵寇江陵，荆州刺史刘道规大败他的军队，徐道覆逃回溢口。十一月孙处领兵到达番禺，攻陷番禺城，卢循的父亲卢嘏逃奔始兴，孙处安抚当地百姓，守卫番禺。十二月己卯，大军进驻大雷。庚辰这天，贼兵方才沿江而下，武帝亲自举旗擂鼓，命令诸军齐心协力猛击贼兵，军中有许多万钧力的神弩，所到之处无不摧毁攻陷。武帝自己在中流迫近贼兵，因为风力和水的流速，贼舰全靠近西岸，岸上官军早先准备有火攻的器具，于是放火烧舰，贼兵大败。卢循逃回寻阳，又逃到豫章，全力在左里设栅垒防守。丙申这天，大军进驻左里。将要出战，武帝正在指挥，旗竿折断，旌旗沉到水中。众人都很恐惧。武帝笑着说："往昔覆舟那场战役也是这样，今天必定胜利。"领兵攻打贼兵栅垒，卢循单乘一条小船逃跑，士兵全部投降。军队撤回，晋皇帝派侍中黄门到军营慰劳军队。

义熙七年正月己未这天，班师回京，晋朝廷改授武帝为大将军、扬州牧，赐给班剑二十人，原官职依旧。武帝坚决推辞。凡是南北征战阵亡的将士，都将姓名登录上报，给予财物办理丧事，尸体没有运回的，派主帅前往迎接，送回本土。

二月，卢循回到番禺，被孙处击败，收集残兵南逃。刘藩、孟怀玉在始兴将徐道覆斩首。

从晋朝中兴以来，朝廷纲纪松弛紊乱，权门兼并贫弱，百姓流离失所，不能保有自己的产业。桓玄很想治理改革，终于未能实行。武帝担任宰辅以后，广泛宣传规则，豪强敬慎，无论远近都令行禁止。到这时，会稽郡余姚县人虞亮又藏匿亡命之徒一千多人。武帝诛杀虞亮，并将会稽内史司马休之免职。

晋帝又重申前诏，武帝又坚决推辞。于是改授为太尉、中书监，方接受诏命，奉还黄钺。

交州刺史杜惠度斩卢循父子，将七个头颅装在木函中送回京城。

先前，诸州郡所遣送到京城的秀才、孝廉多名不符实，武帝就上表申明旧例，加以策试。

荆州刺史刘道规患病，请求回京，义熙八年四月，改授为豫州刺史，以豫州刺史刘毅代替他为荆州刺史。刘毅有雄才大志，曾和武帝共同兴复晋室，自己以为京城、广陵的功劳足以相抗衡，虽将权力事务推给武帝，但内心不服。多骄傲自夸，朝士素有名望的多依附他，又和尚书仆射谢混、丹阳尹郗僧施等深相交结。待他镇守江陵，豫州的原府吏多交割职事后跟随他，又请求任郗僧施为南蛮校尉。武帝知道刘毅终究会制造事端，内心暗自思谋对策。刘毅到西方后，上表称自己病重，要求以他的从弟兖州刺史刘藩作他的副手，武帝假装答应。九月，刘藩入朝，武帝下令收捕刘藩与谢混，都赐自杀。然后自己上表，讨伐刘毅，又假授黄钺，率领诸军西征。以前镇军将军司马休之为平西将军、荆州刺史，兖州刺史刘道怜镇守丹徒，豫州刺史诸葛长人监太尉留府事，加太尉司马丹阳尹刘穆之建威将军，配给有实力的军队。壬午这天，从建邺出发，派遣参军王镇恶、龙骧将军蒯恩前往袭击江陵。攻克江陵以后，刘毅和他的党羽都被诛杀。

十一月，武帝到达江陵，分出荆州的十个郡，设置湘州，武帝进督湘州。以西阳太守朱龄石为益州刺史，派他领兵伐蜀。晋帝晋升武帝为太傅、扬州牧，加羽葆、鼓吹、班剑等仪仗二十人。

义熙九年二月乙丑这天，武帝从江陵返回。起初，诸葛长人贪婪、荒淫、骄傲、蛮横，武帝时常优待宽容他。刘毅被杀以后，诸葛长人对自己的亲信说："往年将彭越剁成肉浆，今年又屠杀韩信，灾祸就要降临了。"将要策划作乱。武帝让他如期到京，他常滞留不进。公卿以下的朝臣，连日来在新亭等候迎接武帝，诸葛长人也立即出迎。不久武帝乘坐轻舟秘密到京，已回到东府。诸葛长人到达府门前，武帝让人引他来前，屏人闲谈，凡平生没有说完的话，这次全说给他听，诸葛长人很高兴。武帝已密令左右丁旿从布幔后面出来，在座位上撕拉他，死在胡床旁边。把尸体交付廷尉，又杀了他的弟弟诸葛黎人。丁旿骁勇有力，当时人说："不要跋扈，当心交给丁旿。"

先前，山湖川泽都被豪强侵夺，百姓要打柴采药钓鱼，都要缴纳税金，从此禁止收税。当时人居地和籍贯很不统一，武帝上表定下制度，依据现在的居住地断定户籍，只徐、兖、青三州人居住在晋陵的，不在土断的范围内。诸流寓的侨郡县，多加以并省。

晋朝廷以武帝领镇西将军、豫州刺史。武帝坚决辞让太傅、扬州牧以及班剑，奉还黄钺。

七月，朱龄石平定蜀地，斩谯纵，头颅传送建邺。

九月，晋帝因武帝平齐地、定卢循的功勋，封武帝次子刘义真为桂阳县公；并重申以前诏命，授予武帝太傅、扬州牧，加羽葆、鼓吹、班剑等仪仗队二十人。将吏百官敦促奉劝，方接受羽葆、鼓吹、班剑等仪仗，其余坚决推辞。

义熙十年，息民简役，修筑东府城，建筑府署第舍。

武帝因荆州刺史司马休之是晋宗室重臣，又得江、汉地区民心，怀疑他有异志；而司马休之的儿子谯王司马文思在京城，招聚轻率任侠之士，武帝将他拘执起来，送给司马休之，让司马休之自己为他安排去处。司马休之上表请求废黜司马文思，并给武帝写书信表达谢罪的意思。

义熙十一年正月，武帝收捕司马休之的儿子司马文宝，侄子司马文祖，都赐自杀，然后率兵西讨。晋朝廷又假给黄钺，命武帝领荆州牧。以中军将军刘道怜监留府事。司马休之上表自我陈述，并宣示武帝罪状。司马休之府录事参军韩延之有干用才能，武帝未到江陵，暗中送书信招他。韩延之回信说："承蒙亲自率领兵马，远踏西偏，全境的士族庶民，没有不惶恐惊骇的。辱送书疏，知因谯王以前的事，深为叹息。平西将军司马休之治国忠贞，诚心待人，因为明公有匡复的功勋，为家国所蒙赖，推德送诚，每件事都询问仰仗。谯王过去因为小事被弹劾，还自行上表辞退爵位，何况如有大的罪过而会沉默吗？来信说："处心积虑期待人物，自然有其由来。'如今攻伐别人的君主，给别人惠利来引诱，真可以说是"处心积虑期待人物'了。刘藩死在阊阖门，诸葛长人毙命于左右之手，甜言蜜语欺诳方伯，然后用轻兵袭击他，于是使席上没有诚心之士，朝门外没有自信的诸侯，而自以为得计，实在可耻啊。我虽然鄙陋下劣，也曾经从君子那里听到道义，像平西将军这样最高尚的道德，难道可以没有为他献出生命的臣属吗？假如上天助长丧乱，九流都浑浊起来，我当与臧洪同游于九泉之下。不再多说。"武帝看书信叹息，并出示给将佐看，说："侍奉人就应当这样。"

三月，军队进驻江陵。起初，雍州刺史鲁宗之以力气自负，又好作乱，而且考虑不会为武帝所容，常散布预言吉凶的话："鱼登日，辅帝室。"和司马休之结好。到这时，率领他的儿子竟陵太守鲁轨在江陵会合。武帝渡过长江，司马休之的士兵溃散，和鲁轨等逃奔襄阳，江陵平定。加领南蛮校尉。将要拜受南蛮校尉，遇到四废日，佐史郑鲜之等告白迁移拜受日子，武帝不许。下书开宽大之恩。

四月，进军襄阳，司马休之等投奔姚兴。晋帝再申以前的诏令，授武帝太傅、扬州牧，佩剑穿履上殿，入朝不疾走，赞拜不称名，加前部羽葆、鼓吹，设置左右长史、司马、从事中郎四人，封爵第三子刘义隆为北彭城县公。八月甲子这天，武帝从江陵返回，奉还黄钺，坚决辞去太傅、州牧、前部羽葆、鼓吹，其余接受诏命。

义熙十二年正月，晋帝诏令武帝依旧辟士，加领平北将军、兖州刺史，增加都督南秦州军事，总共二十二州。武帝认为平北府文武寡少，不适宜另设，于是罢除平北府，人员并入大府。三月，加武帝中外大都督。

起初，武帝平定齐地，仍然有平定关中、洛阳的意图，遇到卢循侵逼京城，所以事情被搁置。待到荆、雍二州平定，就谋划对外经略。适逢姚兴死去,儿子姚泓刚立,兄弟之间互相残杀,关中地区纷扰混乱。四月乙丑这天,武帝上表攻伐关中、洛阳,于是戒严北讨,加领征西将军、司豫二州刺史。以世子为徐、兖二州刺史。武帝想用义名安抚远方的人,奉护琅邪王北伐。五月,庐江郡霍山崩塌,得到六个钟,献给天子。癸巳这天,加领北雍州刺史,前后部羽葆、鼓吹,增加班剑到四十人。八月丁巳,率领大军出发,以世子为中军将军,监太尉留府事,尚书右仆射刘穆之为左仆射,监领军、中军二府军司,进入东府居住,总摄内外。九月,武帝到达彭城,加领北徐州刺史。十月,诸军到达洛阳,包围金墉城,招降守军。派人修复西晋五帝陵墓,设置守卫。

十二月壬申,晋帝加武帝位相国、总理庶政、扬州牧,封十郡地为宋公,备九锡的礼节,加玉玺丝带、远游冠、缘苍艾色绶带,位在诸侯王以上。策说:

朕以寡德不明之身,仰继大基,夷羿乘着嫌隙,动摇颠覆王室,播越在南土,迁徙到九江。宗庙祭祀断绝祀飨,人和神失位,提携群凶,寄托性命于江边,我祖宗的英烈,全坠落在地,七百年的祚运,被剪除倾覆,如同要过大海,不知如何渡过。上天没有断绝晋朝,诞生培养了英贤的辅佐,重振已松弛的纲纪,再造境土疆域,兴亡国继绝世,使昏暗变为光明,元勋的最高尚的道德,实在为朕躬所依赖。

如今将授给公典策,希恭敬地听朕的诏命:从前,桓玄肆行僭越,罪恶滔天灭亡华夏,拔除根本堵塞源头,颠覆六位,众官驯服听命,四方没有救济。公精忠遮蔽朝阳,气概超越虹霓,奋发威灵神武,全部歼灭群凶,光复皇城,奉祀歆享神祇。这是公的大节开始在勤劳王事上。授命约束众诸侯，溯流长途奔驰，前往讨伐岬嵊洲，在南郢献捷，元凶断颈，众恶全平，日月星重放光采，旧人得返回原位。这又是公的功劳啊！出任藩卫，入为辅佐，宏大保卫辅弼，财富殷盛，物尽其用，黎民繁殖；编户逐年增加，疆域日益扩大，导行德政严明刑法，四境整顿治理。这又是公的功劳啊！鲜卑以兵多自负，暗中窃取三齐地区，依恃边远阻隔，频繁扰害边民，公检阅车马，进入遥远的疆土，战车四面临城，数万丈的城墙全都崩溃，拓广土地三千里，显声威于龙庭荒漠。这又是公的功劳啊！卢循妖恶凶狠，在五岭等待时机，侵略颠覆江、豫二州，弓矢射到王城，国家商议迁都的计划，百姓献徙居的方案，公乘车南回，正义之气见于神色，施展奇计，英明的谋划罕有，狡诈的贼寇挫败，丢弃旗帜连夜逃遁，使我的王畿服甸，将要丧失时得到拯救。这又是公的功劳啊！谯纵乘乱取利，寇窃西南一隅，王道教化被阻隔，三巴地区沦丧，公指派偏将，授给他良策，沿湍急的江流而上，使边界地区井井有条，僭越的竖子被杀，梁州、岷山百姓顺服。这又是公的功劳啊！司马休之和鲁宗之，拥兵甲内侵，驱使率领二州徒众，联合构乱，公挥袖星夜上言，研讨西上的方略，江津的军队，气势超过狂风雷电，回师汉川，被震慑的人众多，两个叛贼奔逃，荆、雍二州从疾苦中获得新生。这又是公的功劳啊！永嘉年间国力不强劲，四夷专擅华夏，五都倾覆荡毁，山陵隐微受辱，祖宗怀终身的愤恨，遗留的庶民有《匪风》的思想，公远可比阿衡纳隍的仁爱，近同情公子小白灭亡的耻辱，整旌陈师，愤怒大呼，分别命令众将，北上夺取司、兖二州，许、郑之地归顺，巩、洛再次清定，百年来的杂乱污秽，一下子扫除洗涤净尽。这又是公的功劳啊。

公有安定宇内的功勋，再加上完美的德行。起初发迹，则奇谋冠绝古人，猛击强妖，则兵锋没有敌手，迅速安定东畿，大量容纳百姓。在混乱的时势下策划治理，教化融合在岁计中，拯扶危亡终止混乱，治道的根基非常稳固。削除烦苛之政，比较选择然后整齐划一，淳朴的风气美好的教化，塞满区间宇内。所以绝远的地域派人献珍宝，远方的夷族入贡献财礼。王法所宣布，九服之内都顺从。就是大禹教化的东侵西流，咎繇的勉行其德，怎能与此相比呢？

朕听说先王的主宰社会，用有功勋的人，尊礼贤士，封爵授土，以宠显褒奖，予以尊崇的标志器物，以此让他们协力辅佐王室，永远增高藩屏。所以曲阜开启土地，于是包有徐地，面向大海，四境所至都有传闻。在周襄王时，也依赖匡扶的霸主，又授命晋文公，光荣地赐给完备的物品。公道德为前代英烈之冠，功高震惊古人，而不曾文饰非常的仪节，朕太糊涂不明了。今进位授予相国，以徐州的彭城、沛、兰陵、下邳、淮阳、山阳、广陵和兖州的高平、鲁、泰山等十郡，封公为宋公，赐给这黑土，用白茅包上，确定你的住处，以建立大社。往昔晋、郑开藩，入朝担任卿士，周公、召公职为保、傅，外出总管周南、召南地区，内外的重任，公实兼负着。今天诏命使持节、兼太尉、尚书左仆射晋宁县五等男爵袁湛授给相国印、绶带，宋公玉玺、丝带，使持节、兼司空、散骑常侍、尚书阳遂乡侯范泰授给宋公茅土，金虎符第一至第五左，竹使符第一至第十左。相国的职位无所不管，礼仪超过朝官排列的位次，守常的官名，应该随事改变。现以相国总理庶务，除去录尚书的官号；上送所假节、侍中的貂蝉、中外都督太傅太尉印和绶带、豫章公印和策；进扬州刺史为牧，依旧为领征西将军，司、豫、北徐、雍四州刺史。

公的纲纪礼仪法度，是万国的榜样，行动耿介正直，没有改变之心，因此赐给公大路车、戎路车各一辆，黑色公马八匹；公抑制末业敦励根本，务农重积蓄，采白蒿实在殷勤，耕种收获丰富，因此赐给公绣龙的衣服和冠冕，再加上红色鞋子；公杜止邪恶引进正直，移风易俗，调节物品，像音乐一样和谐，因此赐给公三面悬挂的乐器，六列的舞女；公宣扬称美王化，引导弘扬善美的风气，华夏蛮夷踮起脚跟，远方的人都萃集于此，因此赐给公红漆门户的房子居住；公授予方正的人官职，任用贤能，搜罗失意不得仕进的人，以致深远的水泽淤地的人能离开原野，英俊之士充塞朝廷，因此赐给公从檐下的陛级登朝堂的待遇；公官居要职处在中枢，以道义率领群下，使寇仇不得为虐作恶，荡涤消除暴虐邪恶，因此赐给公勇士三百人；公明法慎刑，断案详审公允，违命犯纪的人，没有放纵的，因此赐给公斧、钺各一；公龙腾凤举，从咫尺之近到八极之远，囊括四海，在极大的范围击退敌军，因此赐给公朱红色的弓一张，朱红色的箭一百支，黑色的弓十张，黑色的箭一千支；公温良恭敬有孝顺的心思，祭祀最恭敬，忠诚严肃的心志，可以作四方的表率，因此赐给公郁金草合黍酿造的酒一尊，再加上玉石做的酒器。宋国设置丞相以下的官员，一概依照过去的礼仪。恭敬啊！恭敬地服从上面的诏令，很好的答受上天的美命，诚实地管理庶民邦土，敬施明德，以完成我高祖的美命！

设置宋国侍中、黄门侍郎、尚书左丞，就随大使奉迎。

柺罕俘获乞伏炽盘，派遣使者谒见武帝，请求效力讨伐姚泓，拜授他为平西将军、河南公。

义熙十三年正月，武帝率领水军前往讨伐，留彭城公刘义隆镇守彭城。大军进驻陈留城，经过张良庙，下令维修栋梁屋檐，按时节供时物而祭。晋帝追赠武帝的祖父为太常,父亲为特进、左光禄大夫,辞让不受。二月,冠军将军檀道济等的军队进驻潼关。三月庚辰这天,武帝率领大军进入黄河。五月,武帝到达洛阳,拜谒晋五座皇陵。七月,到达陕县,龙骧将军王镇恶的水军从黄河进入渭水。八月,扶风太守沈田子在蓝田大败姚泓的军队,王镇恶攻陷长安,活捉姚泓。起初,义熙九年,岁星、土星、火星、金星聚集在东井,至此关中地区平定。九月,武帝到达长安。长安附近丰收,国库充满,武帝先收取他的青铜祭器、浑天仪、土圭、记里鼓、指南车以及秦始皇的玉玺,送回京城;其余的珍宝珠玉,全部颁赐给将帅。迁姚氏宗族到江南,将姚泓押送到建康,在集市斩首。拜谒汉朝的长陵,在未央殿大宴文武。

十月,晋帝下诏进宋公为宋王,增加十郡土地扩大宋国,加上以前共二十郡。武帝的相国、扬州牧、领征西将军、司豫北徐雍四州刺史等官职依旧保留。武帝打算在长安停留,治理赵、魏地区,十一月,前将军刘穆之死,于是班师南回。十二月庚子这天,从长安出发,委任桂阳公刘义真为雍州刺史,镇守长安,留心腹将佐辅助他。

义熙十四年正月壬戌这天,武帝到达彭城,解除非常的戒备措施,脱下戎装。以辅国将军刘遵考为并州刺史,领河东太守,镇守蒲坂。武帝解除司州刺史,领徐、冀二州刺史,坚决辞让晋升为王爵。当时汉中郡成固县汉水岸边有像雷那样的奇异响声,不久岸塌,有铜钟十二只,从埋藏的泥土中发掘出来。巩县人宗曜在他的地里获得一株生长得特别茁壮的禾苗,一茎九穗,武帝献给晋帝,晋帝让武帝保存,武帝谦让,方罢。

六月丁亥,接受相国宋公九锡的诏命,下令赦免国内死刑以下的罪犯。诏尊豫章太夫人为宋公太妃,世子为中军将军的副职，相国府的百官全依照晋朝廷的制度。又下诏宋国所封十郡以上的人士，全可除任为官员。

在这以前，安西将军中兵参军沈田子杀死安西司马王镇恶，诸将又杀死安西将军长史王脩，关中大乱。十月，武帝派遣右将军朱龄石代替安西将军桂阳公刘义真为雍州刺史。刘义真返回途中，被赫被连勃勃追击，大败，仅自身幸免于难，诸将帅及朱龄石都遇害。

十二月，晋安帝驾崩，大司马琅邪王司马德文登上帝位。

元熙元年正月，晋帝诏令征武帝入辅朝政，又申明以前诏令，进公爵为王，以徐州的海陵、北东海、北谯、北梁，豫州的新蔡，兖州的北陈留，司州的陈郡、汝南、颍川、荥阳等十郡，并入宋国版土。七月，武帝接受诏令，赦免国内五年徒刑以下的罪犯，将都城迁到寿阳。九月，解除扬州牧职务。十二月，晋帝诏命武帝冕上设十二旒，树立天子的旌旗，出称警，入称跸，乘坐金根车，驾六匹马，备五时副车，设旄头云罕旗，乐舞八列，将钟磬等乐器四面悬挂在架子上。进王太妃为太后，王妃为王后，进子为太子，王子、王孙爵命的称号，一律按照旧仪。

元熙二年正月，武帝上表辞让特殊的礼仪。竟陵郡江岸自行开裂，出土古代铜礼器十多件，武帝献给晋帝，晋帝辞让不接受，于是归到祥瑞物中，藏在相国府。四月，诏令派使者敦劝，兼征武帝入朝辅佐。六月壬戌，武帝回到都城。甲寅这天，晋帝将皇帝位禅让给宋。有关部门将诏令起草完毕，请皇帝书写，晋帝马上拿起笔，对身边人说："桓玄作乱的时候，天命已经改变，又为刘公延长将近二十年。今天的事，本来是我心甘情愿的。"甲子这天，派遣使者奉策说：

唉！你宋王，远古起始，距今十分悠远，它的详情不能知晓。从有文字开始，下到三皇五帝，没有不用上圣君临四海，平息干戈定大业的。但是帝王是主宰万物的通称，君道在天下是最公正的。过去在前世，深明此道，所以天赐的福禄结束，唐尧、虞舜不能传给他的后代，天赐祥瑞的降临，虞舜、大禹不能保全他们的谦让。所以条理天地人的秩序，澄清整齐日常的教化，自古以来作为表率，垂良好风范到万代，没有能超过它的。从此以后，历代更加劝勉。汉朝已继承了唐尧的遗德，魏朝也依照虞舜的做法，诚因人鬼合谋，而以百姓为意念啊！

往昔我祖宗恭敬贤明，像北极星在天上，但是明暗顺次代替，盈满亏损有一定期限，从剪商到祸事的朕兆，已不只是一代，以前曾经不胜，何况今天！上天的所废弃，是有来由的。王体现上圣的姿态，包含天地的道德，明可比日月，道合于四时。从前，社稷倾倒颠覆，王拯救而保存它，中原荒芜梗阻，又成功地光复了它。自负和本来不顺服的，犯纪违命的，放肆地叛逆罪恶滔天的，窃据万里的，没有不像风雪滋润，像雷霆震慑。制裁违命诸侯的九种办法既已施行，管理百姓的八种方法的教化自然实行，不仅博施于人，救济这庶民百姓，本已恩义普及四海，道德兴盛八荒了。至于上天垂示象兆，四灵显现征候，符命兆验的文字已经明显，人神的愿望也已更改。百官在朝廷讴歌，庶人在田野赞颂，成千上万的人手舞足蹈，向往等待建立新朝。如果不是百姓乐意推戴，天命所聚集，难道我能够独自专断？因此上承皇上灵命，下顺百姓心愿，敬禅让神圣的器物，授皇帝位给你。大运已经穷尽，天授的福禄永远终结。呜呼！王做事应公允不偏不倚，恭敬地遵守典训，符合百姓良好的愿望，弘扬大业到永远，时常蒙受上天的祐护，以报答天地人的垂爱关注。

又派遣使持节、兼太保、散骑常侍，光禄大夫谢澹，兼太尉、尚书刘宣范奉送用印章封制的策书和皇帝的玉玺绶带。承受帝位的礼仪，一概依照唐虞、汉魏禅让的旧例。武帝上表辞让，晋帝已经退回琅邪王第宅，表不能传到晋帝手中。于是陈留王曹虔嗣等二百七十人及宋国台府群臣共同上表劝登帝位，还不允许。太史令骆达陈述天相符瑞说："考察晋义熙元年到元熙元年，白天看见金星行天共七次，占候说：'金星行天，人更主，异姓兴。'义熙七年，五道彩虹出现在东方，占候说：'五虹现，天子黜，圣人出。'义熙九年，土星、岁星、金星、火星聚集在东井。十三年，土星进入太微。占候说：'土星守太微，有立王，有徙王。'元熙元年冬天，黑龙四次登上天，《易传》说：'冬，龙现，天子亡社稷，大人受命。'冀州道士释法称告诉他的弟子说：'嵩山的神说，江东有刘将军，是汉家后代，当承受天命，吾把璧三十二块，镇金一饼给他，这就是刘氏传国的世数啊！'东汉建武初年到建安末年共一百九十六年而禅让给魏，魏从黄初初年到咸熙末年共四十六年而禅让给晋，晋从秦始初年至今一百五十六年，三代的让位于贤，都竭止于六。另外，汉光武帝在南阳立社，汉末社里的树枯死，刘备据有蜀汉，树应运复活；到晋朝末年，旧根又开始萌生，到现在又茂盛了。"类似的有数十条。群臣又坚决请求，于是听从。

永初元年夏六月丁卯这天，皇帝在南郊登上帝位，设置祭坛，烧柴祭告上天说：

皇帝臣裕敢用黑色公牛为牺牲，明告于皇皇后帝：
晋朝因传国的世数告终，朝代更替的次序有其归宿，钦敬上天赐给帝位的命运，禅位于裕。立国君主宰人世，天下为公，道德可作帝王,就为百姓乐意推戴,为天命所聚集。远起唐、虞之世,下至汉、魏两朝,无不用上哲感通有文德的祖先,因头功登上帝位,所以能大力拯救百姓,把典训永远留传下去。晋朝从东迁以后,礼义廉耻等四维不张,依赖宰辅重臣,为时已久。灾难丛生在隆安年间,祸患形成在元兴年间,于是导致君主播迁,宗庙祭祀堙废毁灭。裕虽然地位不如齐、晋,兵众没有一旅,为当时的祸难激愤,悼伤混乱的局势,挥袖一起,则皇室祭祀得以恢复。遇到危险能够支持,颠覆能够扶正,奸宄全部歼灭,僭越伪君也被消除。确实兴废有期运,闭塞和通泰有气数。至于对晋室有大成就,拨乱反正,挽救时势,凭借时运的来临,实际主持其重要事务。加上不同风俗地区的人仰慕道义,络绎不绝地前来朝贡,历法所颁行之处,都慑服声威听从教化。至于天地人垂示征象,山川告知吉祥,人神同安,随岁月的增加更为显著。所以群公卿士,亿万庶人,都说:"神灵的皇天降明察在上,晋朝皇帝述退挚之心于下,天命不可长久滞留,北极的位置不能出现短暂的空缺。"于是为群众议论所逼迫,恭敬地行此大礼。卑贱少德之人,托身在万民之上,虽然上害怕皇天的声威,忽略这些小节,但思念长远,敬畏得如同要废坠。恭敬地选择元日,登坛接受禅命,告祭上帝,以酬答万国的盛情,隆盛上天所保佑,永远降福禄于有宋。望明神飨食!

祭礼完毕,备皇帝的车驾,进入建康宫,登临太极前殿,大赦天下,改元。赐国人爵二级。鳏寡孤独不能自己生存的,每人赐给谷五斛,以前欠下的租税债务统统勾销。被乡党或社会公正评论为德行亏缺、有贪污奸淫盗窃行为的,一律给予清除。长期服劳役的人,特许全部免罪放回,丢失官爵、禁锢不得做官、削夺功劳的士人，一律依照过去的标准实行。封晋帝为零陵王，以零陵一郡为食邑，树天子旌旗，乘五时副车，行晋朝历法。郊祀天地，礼乐制度，都依照晋朝的典制，上书不称表，答表不称诏，宫殿设在过去的秣陵。追尊皇父为孝穆皇帝，母为穆皇后，尊王太后为皇太后。下诏说："感谢建树巨大功勋的人，怜悯他们的子孙，爱人思他种的树，还不予剪除。虽然不在同代，义理上不应废除断绝，贬降的原则，一律依照从前的典章制度。可降始兴公爵为县公，庐陵公为柴桑县公，始安公为荔浦县侯，长沙公为醴陵县侯，康乐公就降为县侯，奉王导、谢安、温峤、陶侃、谢玄的祭祀，凡是在义熙年间效力的，一律保留原秩级。"

庚午这天，拜司空刘道怜为太尉，封爵长沙王，立南郡王刘义庆为临川王。又下诏议论阵亡将士的追赠和酬谢赏赐免除徭役的具体规定。乙亥这天，封皇子桂阳公刘义真为庐陵王，彭城公刘义隆为宜都王，刘义康为彭城王。丁丑这天，派遣使者巡示四方，表彰贤士举选善人，询问百姓疾苦，狱讼缺滥不实、政治刑罚有错误过失、损伤教化扰乱风俗、人们表示不满的，都详细奏闻。戊寅这天，诏令增加百官俸禄。己卯这天，改晋朝的泰始历为永初历，社祭日在子，腊祭日在辰。

秋七月丁亥，释放被流放的劫贼的家属被罚没在台府为奴婢的人，诸被流放的人家，都听许他们返回故乡。又因市税繁苛，予以从宽减降。随从征伐关中与河洛、身死没有返葬的，赡养赏赐家属。己丑这天，陈留王曹虔嗣死。辛卯这天，又置五校三将官，增加殿中将军员额二十人，其余的在定员之外。戊戌这天，征西大将军、开府仪同三司杨盛进官号车骑大将军。甲辰这天，镇西将军李歆进官号征西大将军，平西将军乞伏炽盘进官号安西大将军，征东将军高句丽王高琏进官号征东大将军，镇东将军百济王扶余映进官号镇东大将军。设置东宫冗从仆射、旅贲中郎将官。戊申这天，迁神主到太庙，皇帝乘车驾亲自奉送。壬子这天，诏令改革临时制定的制度措施，一律从宽从简。

八月辛酉，诏令旧郡县以北方地名命名的，全部改除，侨立在南方的，允许用南方的称号。戊辰这天，诏令说："彭城是家乡，注重根本则应优待，应该像汉朝的丰、沛一样。沛郡、下邳各免征租布三十年。"辛未这天，追谥妃臧氏为敬皇后，陵名永宁。癸酉这天，立王太子刘义符为皇太子。乙亥这天，赦免现存罪犯。

闰月壬午日，设置晋皇帝诸陵的守卫，令名贤先哲的坟墓勤加洒扫。丁酉这天，林邑国派使者前来朝贡。

九月壬子日，设置东宫殿中将军十人，员外二十人。壬申这天，设置都官尚书。

这一年，是魏明元皇帝泰常五年。西凉灭亡。

永初二年春正月辛酉日，在南郊行祭天之礼，大赦天下。丙寅这天，禁止用金银镀物。以扬州刺史庐陵王刘义真为司徒，以尚书仆射徐羡之为尚书令、扬州刺史。己卯，禁止丧事用铜钉。罢会稽郡府。

二月己丑日，在延贤堂策试州郡察举的秀才孝廉。倭国派使者朝贡。

三月乙丑这天，初次限制荆州府设置将佐不得超过二千人，官吏不得超过一万人。其他州设置将佐不能超过五百人，官吏不能超过五千人。兵士不在这个限制之内。

夏四月己卯日，初次禁止不合礼制的祭祀，拆除诸房庙。先贤因为功勋恩德而建立祠堂的，不在本规定之内。戊申这天，在华林园听断狱讼。

五月己酉日，设置东宫屯骑、步兵、翊军三校尉官职。

秋七月己巳日，地震。

九月己丑日，零陵王被杀，这是宋武帝的旨意。武帝率百官在朝堂临哭三天，象魏明帝为山阳公服丧的旧仪制。派兼太尉持节监护丧事，用晋朝的礼仪埋葬。

冬十月己亥日，拜授凉州胡人首领大沮渠蒙逊为镇军大将军、开府仪同三司、凉州刺史。

十一月辛亥日，将晋恭皇帝埋葬在冲平陵，武帝率领百官瞻视送葬。

永初三年春正月甲辰朔日，诏令刑罚无论轻重全予以免除。癸丑这天，以尚书令扬州刺史徐羡之为司空、录尚书事，依旧为扬州刺史。晋升江州刺史王弘为卫将军、开府仪同三司。拜授太子詹事傅亮为尚书仆射。

二月丙戌，有彗星进入虚、危二宿。

三月，皇上有病，太尉长沙王刘道怜、司空徐羡之、尚书仆射傅亮、领军将军谢晦、护军将军檀道济都入宫侍奉医药。群臣请求向天神地祇祈祷，皇上不许，只让侍中谢方明将疾病告祭太庙。丁未这天，以庐陵王刘义真为侍中、车骑将军、开府仪同三司、南豫州刺史。己未，皇上病痊愈，大赦天下。

夏四月乙亥日，封仇池公杨盛为武都郡王。

五月，皇上病重，召见太子，告诫他说："檀道济虽然有才干谋略，但没有远大志向，不像他的哥哥檀韶有难以驾驭的气势。徐羡之、傅亮当不会有野心。谢晦屡次随从征伐，很懂得随机应变，如果有异心，必定是此人。少退，可让他在会稽或江州任职。"又亲手写诏书："朝廷不要再有别府，宰相带扬州刺史，可以设置甲士一千人。如果大臣中有担任要职，应该设置爪牙，以防备凶人的，可从台省现留队中拨给。有征讨事，全配给台省的现有军队，回来后仍回原队。后世如果有幼主，朝事一律委任宰相，母后不得临朝听政。兵器不许进入台殿门，重要的人可给木剑。"癸亥，皇上在西殿驾崩，享年六十岁。七月己酉日，埋葬在丹阳建康县蒋山初宁陵。群臣上谥号武皇帝，庙号高祖。

皇上为人清简寡欲，严整有法度，不曾看珠玉和车马的饰物，后宫没有纨绮等织物和丝竹音乐。起初，朝廷没有预备音乐，长史殷仲文提及此事，武帝说："每天忙得没有闲暇时间，而且也不懂。"殷仲文说："常听自然就懂了。"武帝说："正因为懂了就会爱好它，所以不学习啊！"宁州曾经贡献琥珀枕头，光泽非常美好，价值满百金。当时将要北伐，以为琥珀可治疗金属造成的创伤，皇上非常高兴，命令打碎分别赐给诸将。平定关中时，得到姚兴的从女，宠爱很盛，因为她荒废政事，谢晦劝谏，当时就被送出。财帛都放在外府，内庭没有私藏。宋国台府建立后，有关部门奏请在东西堂坐榻下装上曲折形的高脚，钉上镀金的钉子，皇上不允许。于是装上直形的高脚，钉上铁钉。广州曾经献进筒中细布，一端长八丈，武帝嫌它过于精丽劳费人工，就让有关部门弹劾太守，把布还给他，并下令岭南禁止织这种布。武帝平素患有热病，并受有金伤，晚年更加严重，坐卧都需要凉物，后来有人献了一张石床，睡在上面，觉得很舒服，于是感叹道："木床尚且花费不少，何况石床呢？"马上下令砸毁它。下令诸位公主出嫁，遣送的费用不能超过二十万，没有锦绣金玉。朝廷内外遵守禁令，没有不节俭的。本性喜爱简易，曾经穿着连齿木屐，好出官到神武门内左右两边游玩，跟随的不过十几人。当时徐羡之居住在西州，武帝曾想念他，便徒步出西掖门，仪仗队络绎不绝的追赶跟随，已经出西明门了。诸子早上请安问起居,入阁后脱去公服,只穿裙带帽,像普通人家的礼节。

卑贱时曾经在丹徒躬自耕种,待受天命当了皇帝,耕种的农具多有保存下来的,下令全部收藏,留给后代。待文帝临幸故宫,见到这些农具就问从何而来,身边的人将实情相告,文帝感到惭愧。有一个亲近的侍者上前说:"大舜躬自在历山耕种,大禹亲自从事土木工程,陛下不见诸位圣贤的遗物,怎能知道耕种收获的艰难,怎能知道先帝的最崇高的道德呢?"到孝武帝大明年间,毁坏皇上所居住的暗室,在那个地方建造玉烛殿,和群臣一起观看,床头有土屏障,墙壁上挂着葛灯笼、麻绳拂,侍中袁顗极力称赞皇上节俭朴素的美德,孝武帝不应声,独自说:"老农民能这样,已经很过分了。"所以能光照天下,成就大业,值得赞美啊!

南史卷十

陈本纪下第十

陈叔宝

后主讳叔宝，字元秀，小字黄奴，高祖宣帝嫡长子也。梁承圣二年十一月戊寅，生于江陵。明年，魏平江陵，高祖宣帝迁于长安，留后主于穰城。天嘉三年，归建邺，立为安成王世子。光大二年，累迁侍中。

太建元年正月甲午，立为皇太子。十四年正月甲寅，高祖宣帝崩。乙卯，始兴王叔陵构逆伏诛。丁巳，太子即皇帝位于太极前殿，大赦，在位文武及孝悌力田为父后者，并赐爵一级，孤老鳏寡不能自存者，赐谷人五斛、帛二匹。癸亥，以侍中、丹阳尹、长沙王叔坚为骠骑将军、开府仪同三司、扬州刺史。乙丑，尊皇后为皇太后。丁卯，立皇弟叔重为始兴王，奉昭烈王祀。己巳，立妃沈氏为皇后。辛未，立皇弟叔俨为寻阳王，叔慎为岳阳王，叔达为义阳王，叔熊为巴山王，叔虞为武昌王。甲戌，设无碍大会于太极前殿。

三月癸亥，诏内外众官九品以上，各荐一人。又诏求忠谠，无所隐讳。己巳，以新除翊左将军永阳王伯智为尚书仆射。

夏四月丙申，立皇子永康公胤为皇太子，赐天下为父后者爵一级，王公以下赉帛各有差。庚子，诏："镂金银薄、庶物化生、土木人、彩华之属，及布帛短狭轻疏者，并伤财废业，尤成蠧患。又僧尼道士，挟邪左道，不依经律，人间淫祀袄书诸珍怪事，详为条制，并皆禁绝。"

秋七月辛未，大赦。是月，自建邺至荆州，江水色赤如血。

八月癸未，天有声如风水相激。乙酉夜，又如之。

九月丙午，设无碍大会于太极前殿，舍身及乘舆御服，大赦。辛亥夜，天东北有声如虫飞，渐移西北。丙寅，以骠骑将军、开府仪同三司、扬州刺史长沙王叔坚为司空，征南将军、江州刺史豫章王叔英即本号开府仪同三司。

至德元年春正月壬寅，大赦，改元。以征南将军、江州刺史豫章王叔英为中卫大将军；以司空、骠骑将军、开府仪同三司、扬州刺史长沙王叔坚为江州刺史；征东将军、开府仪同三司、东扬州刺史司马消难进号车骑将军。癸卯，立皇子深为始安王。

秋八月丁卯，以骠骑将军、开府仪同三司长沙王叔坚为司空。

九月丁巳，天东南有声如虫飞。

冬十一月丁酉，立皇弟叔平为湘东王，叔敖为临贺王，叔宣为阳山王，叔穆为西阳王，叔俭为南安王，叔澄为南郡王，叔兴为沅陵王，叔韶为岳山王，叔纯为新兴王。

十二月丙辰，头和国遣使朝贡。司空、长沙王叔坚有罪免。戊午夜，天开，自西北至东南，其内有青黄杂色，隆隆若雷声。

二年春正月丁卯，分遣大使，巡省风俗。癸巳，大赦。

夏五月戊子，以吏部尚书江总为尚书仆射。

秋七月壬午，皇太子加元服，在位文武赐帛各有差。孝悌力田为父后者，赐爵一级；鳏寡癃老不能自存者，人谷五斛。

冬十一月丙寅，大赦。是月，盘盘、百济国并遣使朝贡。

三年春正月戊午朔，日有蚀之。庚午，镇左将军长沙王叔坚即本号开府仪同三司。

三月辛酉，前丰州刺史章大宝举兵反。

夏四月庚戌，丰州义军主陈景详斩大宝，传首建邺。

冬十月己丑，丹丹国遣使朝贡。

十一月己未，诏修复仲尼庙。辛巳，幸长干寺，大赦。

十二月癸卯，高丽国遣使朝贡。

是岁，梁明帝殂。

四年春正月甲寅，诏王公以下各荐所知，无隔舆皂。

二月丙申，立皇弟叔谟为巴东王，叔显为临江王，叔坦为新会王，叔隆为新宁王。

夏五月丁巳，立皇子庄为会稽王。

秋九月甲午，幸玄武湖，肄舻舰阅武。丁未，百济国遣使朝贡。

冬十月癸亥，以尚书仆射江总为尚书令，吏部尚书谢伷为尚书仆射。

十一月己卯，大赦。

祯明元年春正月戊寅，大赦，改元。乙未，地震。

秋九月庚寅，梁太傅安平王萧岩、荆州刺史萧瓛，遣其都官尚书沈君公诣荆州刺史陈慧纪请降。辛卯，岩等帅其文武官男女济江。甲午，大赦。

冬十一月丙子，以萧岩为平东将军、开府仪同三司、东扬州刺史。丁亥，以骠骑大将军、开府仪同三司豫章王叔英为兼司徒。

十二月丙辰，以前镇卫大将军、开府仪同三司、东扬州刺史鄱阳王伯山为镇卫大将军、开府仪同三司。

二年春正月辛巳，立皇子恮为东阳王，恬为钱唐王。

夏四月戊甲，有群鼠无数，自蔡洲岸入石头，渡淮至于青塘两岸，数日自死，随流出江。是月，郢州南浦水黑如墨。

五月甲午，东冶铸铁，有物赤色，大如数升，自天坠镕所，有声隆隆如雷，铁飞出墙外，烧人家。

六月戊戌，扶南国遣使朝贡。庚子，废皇太子胤为吴兴王，立扬州刺史始安王深为皇太子。辛丑，以太子詹事袁宪为尚书仆射。丁巳，大风自西北激涛水入石头城，淮渚暴溢，漂没舟乘。

冬十月己亥，立皇子蕃为吴王。己酉，幸莫府山，大校猎。

十一月丁卯，诏克日于大政殿讯狱。丙子，立皇弟叔荣为新昌王，叔匡为太原王。

初隋文帝受周禅，甚敦邻好，高祖宣帝尚不禁侵掠。太建未，隋兵大举，闻高祖宣帝崩，乃命班师，遣使赴吊，修敌国之礼，书称姓名顿首。而后主益骄，书末云："想彼统内如宜，此宇宙清泰。"隋文帝不说，以示朝臣。清河公杨素以为主辱，再拜请罪，及襄邑公贺若弼并奋求致讨。后副使袁彦聘隋，窃图隋文帝状以归，后主见之，大骇曰："吾不欲见此人。"每遣间谍，隋文帝皆给衣马，礼遣以归。

后主愈骄，不虞外难，荒于酒色，不恤政事，左右嬖佞珥貂者五十人，妇人美貌丽服巧态以从者千余人。常使张贵妃、孔贵人等八人夹坐，江总、孔范等十人预宴，号曰"狎客"。先令八妇人襞采笺，制五言诗，十客一时继各，迟则罚酒。君臣酣饮，从夕达旦，以此为常。而盛修宫室，无时休止。税江税市，征取百端。刑罚酷滥，牢狱常满。

覆舟山及蒋山柏林，冬月常多采醴，后主以为甘露之瑞。前后灾异甚多。有神自称老子，游于都下，与人对语而不见形，言吉凶多验，得酒辄醮之，经三四年乃去。船下有声云"明年乱"。视之，得婴儿长三尺而无头。蒋山众鸟鼓两翼以拊膺，曰"奈何帝！奈何帝！"又建邺城无故自坏。青龙出建阳门，并涌雾，赤地生黑白毛，大风拔朱雀门，临平湖草旧塞，忽然自通。后主又梦黄衣人围城，乃尽去绕城橘树。又见大蛇中分，首尾各走。夜中索饮，忽变为血。有血沾阶至于坐床头而火起。有狐入其床下，捕之不见。以为祆，乃自卖于佛寺为奴以禳之。于郭内大皇佛寺起七层塔，未毕，火从中起，飞至石头，烧死者甚众。又采木湘州，拟造正寝，筏至牛渚矶，尽没水中，既而渔人见筏浮于海上。起齐云观，国人歌曰："齐云观，寇来无际畔。"始北齐末，诸省官人多称省主，未几而灭。至是举朝亦有此称，识者以为省主，主将见省之兆。

隋文帝谓仆射高颎曰："我为百姓父母，岂可限一衣带水不拯之乎？"命大作战船。人请密之，隋文帝曰："吾将显行天诛，何密之有！使投柿于江，若彼能改，吾又何求"及纳梁萧瓛、萧岩，隋文愈忿，以晋王广为元帅，督八十总管致讨。乃送玺书，暴后主二十恶。又散写诏书，书三十万纸，遍喻江外。

诸军既下，江滨镇戍相继奏闻。新除湘州刺史施文庆、中书舍人沈客卿掌机密，并抑而不言。

初萧岩、萧瓛之至也，德教学士沈君道梦殿前长人，朱衣武冠，头出栏上，攘臂怒曰："那忽受叛萧误人事。"后主闻之，忌二萧，故远散其众，以岩为东扬州刺史，瓛为吴州刺史。使领军任忠出守吴兴郡，以襟带二州。使南平王嶷镇江州，永嘉王彦镇南徐州。寻召二王赴期明年元会，命缘江诸防船舰，悉从二王还都为威势，以示梁人之来者，由是江中无一斗船。上流诸州兵，皆阻杨素车不得至。都下甲士尚十余万人。及闻隋军临江，后主曰："王气在此，齐兵三度来，周兵再度至，无不摧没。虏今来者必自败。"孔范亦言无渡江理。但奏伎纵酒，作诗不辍。

三年春正月乙丑朔，朝会，大雾四塞，入人鼻皆辛酸。后主昏睡，至晡时乃罢。是日，隋将贺若弼自北道广陵济，韩擒趋横江济，分兵晨袭采石，取之。进拔姑孰，次于新林。时弼攻下京口，缘江诸戍望风尽走，弼分兵断曲阿之冲而入。丙寅，采石戍主徐子建至告变。戊辰，乃下诏曰："犬羊陵纵，侵窃郊畿，蠡蛊有毒，宜时扫定，朕当亲御六师，廓清八表，内外并可戒严。"于是以萧摩诃为皇畿大都督，樊猛为上流大都督，樊毅为下流大都督，司马消难、施文庆并为大监军，重立赏格，分兵镇守要害，僧尼道士尽皆执役。

庚午，贺若弼攻陷南徐州。辛未，韩擒又陷南豫州。隋军南北道并进。辛巳，贺若弼进军钟山，顿白土冈之东南，众军败绩。弼乘胜进军宫城，烧北掖门。是时，韩擒率众自新林至石子冈，镇东大将军任忠出降擒，仍引擒经朱雀航趣宫城，自南掖门入。城内文武百司皆遁出，唯尚书仆射袁宪、后克舍人夏侯公韵侍侧。宪劝端坐殿上，正色以待之。后主曰："锋刃之下，未可及当，吾自有计。"乃逃于井。二人苦谏不从，以身蔽井，后主与争久之方得入。沈后居处如常。太子深年十五，闭阁而坐，舍人孔伯鱼侍焉。戎士叩阁而入，深安坐劳之曰："戎旅在涂，不至劳也。"既而军人窥井而呼之，后主不应。欲下石，乃闻叫声。以绳引之，惊其太重，及出，乃与张贵妃、孔贵人三人同乘而上。隋文帝闻之大惊。开府鲍宏曰："东井上于天文为秦，今王都所在，投井其天意邪？"先是江东谣多唱王献之《桃叶辞》，云："桃叶复桃叶，度江不用楫，但度无所苦，我自接迎汝。"及晋王广军于六合镇，其山名桃叶，果乘陈船而度。丙戌，晋王广入据台城，送后主于东宫。

三月己巳，后主与王公百司，同发自建邺，之长安。隋文帝权分京城人宅以俟，内外修整，遣使迎劳之，陈人讴咏，忘其亡焉。使还奏言："自后主以下，大小在路，五百里累累不绝。"隋文帝嗟欢曰："一至于此。"及至京师，列陈之舆服器物于庭，引后主于前，及前后二太子、诸父诸弟众子之为王者，凡二十八人；司空司马消难、尚书令江总、仆射袁宪、骠骑萧摩诃、护军樊毅、中领军鲁广达、镇军将军任忠、吏部尚书姚察、侍中中书令蔡征、左卫将军樊猛，自尚书郎以上二百余人，文帝使纳言宣诏劳之。次使内史令宣诏让后主，后主伏地屏息不能对，乃见宥。隋文帝诏陈武、文、宣三帝陵，总给五户分守之。

初，武帝始即位，其夜奉朝请史普直宿省，梦有人自天而下，导从数十，至太极殿前，北面执玉策金字曰："陈氏五帝三十二年。"及后主在东宫时，有妇人突入，唱曰"毕国主"。有鸟一足，集其殿庭，以嘴画地成文，曰："独足上高台，盛草变为灰，欲知我家处，朱门当水开。"解者以为独足盖指后主独行无众，盛草言荒秽，隋承火运，草得火而灰。及至京师，与其家属馆于都水台，所谓上高台当水也。其言皆验。或言后主名叔宝，反语为"少福"，亦败亡之征云。

既见宥，隋文帝给赐甚厚，数得引见，班同三品。每预宴，恐致伤心，为不奏吴音。后监守者奏言："叔宝云，'既无秩位，每预朝集，愿得一官号'。"隋文帝曰："叔宝全无心肝。"监者又言："叔宝常耽醉，罕有醒时。"隋文帝使节其酒，既而曰："任其性；不尔，何以过日。"未几，帝又问监者叔宝所嗜。对曰："嗜驴肉。"问饮酒多少？对曰："与其子弟日饮一石。"随文帝大惊。及从东巡，登芒山，侍饮，赋诗曰："日月光天德，山川壮帝居，太平无以报，愿上东封书。"并表请封禅，隋文帝优诏谦让不许。后从至仁寿宫，常侍宴，及出，隋文帝目之曰："此败岂不由酒；将作诗功夫，何如思安时事。当贺若弼度京口，彼人密启告急，叔宝为饮酒，遂不省之。高颎至日，犹见启在床下，未开封。此亦是可笑，盖天亡也。昔苻氏所征得国，皆荣贵其主。苟欲求名，不知违天命，与之官，乃违天也。"

隋文帝以陈氏子弟既多，恐惊下为过，皆分置诸州县，每岁赐以衣服以安全之。

后主以隋仁寿四年十一月壬子，终于洛阳，时年五十二。赠大将军，封长城县公，谥曰炀。葬河南洛阳之芒山。

论曰：陈高祖宣帝器度弘厚，有人君之量。文帝知冢嗣仁弱，早存太伯之心，及乎弗念，咸已委托矣。至于缵业之后，拓土开疆，盖德不逮文，智不及武，志不大已，晚致吕梁之败，江左日蹙，抑此之由也。后主因削弱之余，钟灭亡之运，刑政不树，加以荒淫。夫以三代之隆，历世数十，及其亡也，皆败于妇人。况以区区之陈，外邻明德，覆车之迹，尚且追踪叔季，其获支数年，亦为幸也。虽忠义感慨，致悯并隅，何救《麦秀》之深悲，适足取笑乎千祀。嗟乎！始梁末童谣云："可怜巴马子，一日行千里。不见马上郎，但见黄尘起。黄尘污人衣，皂荚相料理。"及僧辩灭，群臣以谣言奏闻，曰：僧辩本乘巴马以击侯景，马上郎，王字也，尘谓陈也；而不解皂荚之谓。既而陈灭于隋，说者以为江东谓杀羊角为皂荚，隋氏姓杨，杨，羊也，言终灭于隋。然则兴亡之兆，盖有数云。

译文：

陈后主名叔宝，字元秀，小字黄奴，是陈高祖宣帝陈顼的嫡长子。南朝梁元帝承圣二年十一月戊寅日，出生在江陵。第二年，西魏平定江陵，高祖宣帝陈顼被俘去长安，后主留在穰城。陈文帝天嘉三年，陈顼回到建邺，陈叔宝被立为安成王陈顼的世子。陈废帝光大二年，升任侍中。

高祖宣帝太建元年正月甲午日，被立为皇太子。太建十四年正月甲寅日，高祖宣帝驾崩。乙卯日，始兴王陈叔陵作乱反叛被杀。丁巳日，皇太子在太极前殿即皇帝位，大赦天下，在位的文武官员以及孝悌力田和民户的嫡长子一律赐给爵位一级，孤老鳏寡不能维持生活的，每人赐谷五斛，帛二匹。癸亥日，用侍中、丹阳尹、长沙王陈叔坚做骠骑将军、开府仪同三司、扬州刺史。乙丑日，尊奉高祖宣帝柳皇后为皇太后。丁卯日，立皇弟陈叔重做始兴王，奉祀始兴昭烈王陈道谈神庙。己巳日，立皇妃沈氏为皇后。辛未日，立皇弟陈叔俨为寻阳王，陈叔慎为岳阳王，陈叔达为义阳王，陈叔熊为巴山王，陈叔虞为武昌王。甲戌日，在太极前殿举行宽容盛大的无碍法会。

三月癸亥日，诏命朝廷内外九品以上众官员，各举荐一人。又下诏访求忠直的谏言，不得有任何隐讳。己巳日，用新任的翊左将军永阳王陈伯智做尚书仆射。

夏四月丙申日，立皇子永康公陈胤做皇太子，赏赐天下民户为嫡长子的每人晋爵一级，王公以下按等级赐给不同数量的丝帛。庚子日，颁诏书说："雕镂黄金制作银薄、用各种财物制造玩物、土木偶人、五彩丝绸一类的奢侈物品，以及布帛尺寸、幅面、重量、质量不足的，都是损耗财物荒废正业，成为祸害。再有僧尼道士，利用旁门邪道，不遵守佛经戒律，人间泛滥的祭祀妖书和各种怪事，官府应当详细制定条令制度，这一切都要加以禁绝。"

秋七月辛未日，大赦天下。这个月，从建邺到荆州，江水色红得像血。

八月癸未日，天上发出如同风水相冲激的声响。乙酉夜，又发出同样的声响。

九月丙午日，在太极前殿又举行无碍大法会，皇帝舍身和銮舆御服等，大赦天下。辛亥夜，天北方发出如同虫飞一样的声音，逐渐移向西北。丙寅日，任命骠骑将军、开府仪同三司、扬州刺史长沙王陈叔坚为司空，征南将军、江州刺史豫章王陈叔英按照本号授予开府仪同三司。

后主至德元年春正月壬寅日，大赦天下，改换年号。任命征南将军、江州刺史豫章王陈叔英为中卫大将军；司空、骠骑将军、开府仪同三司、扬州刺史陈叔坚为江州刺史；征车将军、开府仪同三司、东扬州刺史司马消难进号车骑将军。癸卯日，立皇子深为始安王。

秋八月丁卯日，任命骠骑将军、开府仪同三司长沙王陈叔坚为司空。

九月丁巳日，天东南方有声响如同虫子飞。

冬十一月丁酉，立皇弟陈叔平为湘东王，陈叔敖为临贺王，陈叔宣为阳山王，陈叔穆为西阳王，陈叔俭为南安王，陈叔澄为南郡王，陈叔兴为沅陵王，陈叔韶为岳山王，陈叔纯为新兴王。

十二月丙辰日，头和国派使臣来朝贡。司空、长沙王陈叔坚有罪除爵免官。戊午夜，天空裂开，从西北到东南，从里面现出青黄杂色，发出隆隆像雷鸣的声音。

二年春正月丁卯日，分别派出大使，巡察各地风俗。癸巳日，大赦天下。

夏五月戊子日，用吏部尚书江总做尚书仆射。

秋七月壬午日，皇太子行加冠礼，在位文武官员按等级赐给不等的丝帛。孝悌致力于耕作的民户嫡长子，赐爵位一级；鳏寡病弱不能维持生活的，每人赐谷五斛。

冬十一月丙寅，大赦天下。这个月里，盘盘国，百济国都派遣使臣来朝贡。

三年春正月戊午初一日，出现日食。庚午日，镇左将军长沙王陈叔坚按照本号授予开府仪同三司。

三月辛酉日，前丰州刺史章大宝举兵造反。

夏四月庚戌日，丰州义军主陈景详斩章大宝，把人头送到建邺。

冬十月己丑日，丹丹国派使臣来朝贡。

十一月己未日，颁诏修复孔子庙。辛巳日，皇帝到长干寺，大赦天下。

十二月癸卯，高丽派使臣来朝贡。

这年，梁明帝萧岿死。

四年春正月甲寅日，诏令王公以下官员各举荐所了解的人才，不排斥出身卑贱的人。

二月丙申日，立皇弟陈叔谟为巴东王，陈叔显为临江王，陈叔坦为新会王，陈叔隆为新宁王。

夏五月丁巳日，立皇子陈庄为会稽王。

九月甲午日，皇帝去玄武湖，检阅战船演武。丁未日，百济国派使臣来朝贡。

冬十月癸亥日，任命尚仆射江总为尚书令，吏部尚书谢伷为尚书仆射。

十一月己卯日，大赦天下。

祯明元年春正月戊寅日，大赦天下，改换年号。乙未日，发生地震。

秋九月庚寅日，梁太傅安平王萧岩、荆州刺史萧瓛，派他们的都官尚书沈君公拜见荆州刺史陈慧纪请求归降。辛卯日，萧岩等率领文武官员及男女渡江。甲午日，大赦天下。

冬十一月丙子日，任命萧岩为平东将军、开府仪同三司、东扬州刺史。丁亥日，任命骠骑大将军、开府仪同三司豫章王陈叔英兼任司徒。

十二月丙辰日，任命前镇卫大将军、开府仪同三司、东扬州刺史鄱阳王陈伯山为镇卫大将军、开府仪同三司。

二年春正月辛巳日，立皇子陈蕃为东阳王，陈恬为钱塘王。

夏四月戊申日，有无数成群的老鼠，从蔡洲岸进入石头城，渡过秦淮河到青塘两岸，过几天自己死亡，随水流进大江去。这个月，郢州南浦水黑如墨汁。

五月甲午日，东冶铸造铁器，有个红色的物件，大有几升，从天上落进熔炉里，发出雷鸣般的隆隆声，铁水飞溅出墙外，烧了民家住户。

六月戊戌日，扶南国派使臣来朝贡。庚子日，废皇太子陈胤为吴兴王，立扬州刺史始安王陈深为皇太子。辛丑日，任命太子詹事袁宪为尚书仆射。丁巳日，大风从西北吹来激起波涛，水打进石头城，秦淮河水暴满溢出，漂没车船。

冬十月己亥日，立皇子陈蕃为吴王。己酉日，皇帝到莫府山，大规模打猎。

十一月丁卯日，诏令限定日期在大政殿审讯狱案。丙子日，立皇弟陈叔荣为新昌王，陈叔匡为太原王。

当初隋文帝杨坚接受北周的禅让，很重视同邻国修好，陈高祖宣帝还不能制止对外的侵夺。陈高祖宣帝太建末年，隋朝大军南下，听说陈高祖宣帝驾崩，便下令撤回军队，派遣使臣到南朝来吊唁，采用平等国家之间的礼数，书信上自己称名并用顿首的字样。可是陈后主更加骄傲起来，在回信最后写道："想到北国的境内会是安定的，这里的天地广大清明安泰。"隋文帝看了信不高兴，拿信给朝臣们看。清河公杨素认为这是对隋国君主的侮辱，两次叩拜请求给自己处分，同时和襄邑公贺若弼等全都奋起请求讨伐陈国。后来陈国副使袁彦到隋朝聘问，偷着画下隋文帝的相貌带回来，陈后主见了隋文帝的画像，大惊道："我不想看到这个人。"陈朝每次派间谍北来，隋文帝都赠给衣服马匹，按礼节把他们送回来。

后主更加骄傲，不忧虑外来的祸难，过分沉湎在酒色里，不过问国家政事，左右亲幸的侍从冠上佩带貂尾的有五十人，形容美貌服饰华丽陪从在身边的女人有一千多。经常让张贵妃、孔贵人等八个人夹着自己坐着，江总、孔范等十人参加宴席，号称"狎客"。事先让八个女人折叠好采笺，写作五言诗，十个客人相继和诗，迟了就罚酒。君臣畅饮，从夜里直到天明，把这当作常事。又大事修筑宫室，没有停工的时候。还从江上市上收税，征税的名目上百种。刑罚残酷过度，牢狱里经常押满囚犯。

覆舟山和蒋山上的柏树林，冬月里从木皮上常流出甘甜的汁液，陈后主认为这是天降甘露的祥瑞。前后出现的各种灾异情况很多。有神人自称是老子，在京城里游荡，和人谈话但是看不到身形，他预言吉凶的事情常常应验，得到酒便喝干，过了三四年才不见。还有在船底下有说话声说："明年大乱"。往船下看，发现个婴儿长三尺但是没有头。蒋山上很多鸟鼓动两翅拍打胸脯，还喊道"奈何帝！奈何帝！"还有建邺城无故自己塌坏。还有青龙腾出建阳门，井里喷涌出雾气，地上长出黑草白草，大风卷起朱雀门，临平湖过去被水草堵住不流，忽然间水自通流出。陈后主又梦到穿黄衣的人来围城，于是把绕城四周的桔树全都砍掉。又出现一条大蛇从中分成两段，头和尾各自爬走。夜里要水喝，忽然水变成了血。有血沾湿台阶又浸到床头忽然变成火烧起来。有狐狸钻到陈后主床下，捕捉时便不见了。认为这都是神灵，于是陈后主便到佛寺去卖身为奴以便禳除灾祸。在外城里的大皇佛寺修造七层塔，没等完工，火从塔中烧起，大火飞到石头城，烧死很多人。又去湘州采购木材，打算修建正殿，木排到达牛渚矶时，全都沉入水中，不久，打鱼人发现木排都漂在大海上。修造齐云观，都城里的人唱歌说："齐云观，敌人到来无边无沿。"当初北齐末年，各省署的官员多称省主，不久北齐便灭亡了。到这时陈朝也有这种称号，有懂事的人认为省主，是意味着国主将被免除的预兆。

隋文帝对仆射高颎说："我身为百姓的父母，难道隔着一条衣带宽的江水就不去拯救吗？"下令建造大战船。有人请求秘密制造，隋文帝说："我将要公开替上天去讨伐陈国，为什么要保密！假如扔块木片到长江里，陈后主就能改恶从善，我还有什么要求。"当陈后主接纳萧瓛萧岩之后，隋文帝更加愤恨，命令晋王杨广做元帅，统领八十个总管带兵攻打。这时送来隋文帝的诏书，揭发陈后主二十条罪状。又另外抄写诏书，写出三十万张，用来普遍通告江南的百姓。

隋朝的各路大军南下，长江沿岸陈朝的镇守官员接连送来警报。新任湘州刺史施文庆、史书舍人沈客卿掌握机要大权，把警报全压下不上奏。

当初萧岩、萧瓛到来后，德教学士沈君道梦见殿前有个高大的人，穿红衣戴武士帽，头高过木栏之上，挥动手臂发怒说："怎么轻易地接受叛变的萧氏，这是要误大事的。"陈后主听到后，忌恨二萧，所以向远处疏散萧氏的人众，用萧岩做东扬州刺史，萧瓛做吴州刺史。派领军任忠出去镇守吴兴郡，以便控制东扬州和吴州。又派南平王陈嶷镇守江州，永嘉王陈彦镇守南徐州。不久召二王来赴明年元旦的朝会，下令沿江各处江防用的战船，全都随从二王还都以壮声势，借此向归降的梁人示威，从此江里再没有一条战船。上流各州驻军。都在堵截杨素的部队而不能前来。京城里屯驻的甲士还有十多万人。当听说隋军已经临近长江，陈后主还说："帝王之气在此，齐兵来攻三次，周兵来攻两次，都被打退了。隋兵今天也必定自找失败。"孔范也说隋兵没有渡江的道理。只是听歌伎奏乐纵情饮酒，作诗不停。

三年春正月乙丑初一日，举行朝会，大雾弥漫四方，进到人鼻孔里的都是又辣又酸的气味。后主大醉昏睡，到午后申时才醒过来。这天隋将贺若弼从北道广陵渡江，韩擒虎奔赴横江渡江，分兵在凌晨时袭击采石，攻克。隋军挺进又攻占姑孰，进军到新林。这时贺若弼又攻下京口，陈朝沿江驻军全都望风而逃，贺若弼分兵闯过曲阿的要冲深入。丙寅日，采石戍主徐子建到来报告形势的急变。戊辰日，下诏书说："犬羊一般的隋军欺凌狂放，侵入帝京郊区，如同螫蜂毒蝎害人，应当立时扫灭平定，我将要亲率六军，肃清天下，京城内外全都应当戒严。"于是用萧摩诃做皇都大都督，樊猛做上流大都督，樊毅做下流大都督，司马消难、施文庆都做大监军，重重地立下奖赏的规格，分兵镇守要害地点，僧尼道士全都负担各种差役。

庚午日，贺若弼攻陷南徐州。辛未日，韩擒虎又攻陷南豫州。隋军南北两路齐头并进。辛巳日，贺若弼进军到钟山，驻屯在白土冈的东南方，陈朝各军战败。贺若弼乘胜攻打宫城，火烧北掖门。这时，韩擒虎率领众军从新林到石子冈，镇东大将军任忠出城向韩擒虎投降，然后引导韩擒虎经过朱雀航袭取宫城，从南掖门攻入。城内的文武百官都出城逃命，只有尚书仆射袁宪、后阁舍人夏侯公韵在皇帝左右。袁宪劝陈后主端坐殿上，以庄重的表情等待隋军的到来。后主说："刀锋剑刃之下，不可抵挡，我自有办法。"就逃到井里去。袁宪、夏侯公韵二人苦劝不听，他们用身子挡住井口，后主和他们争执很久才进到井里。沈皇后坐在宫里如往常一样。太子陈深十五岁，闭上阁门独坐，舍人孔伯鱼在旁服侍。隋兵推开阁门进来，陈深安然地坐着慰劳说："行军在路，不过于劳累吧！"不久隋军往井里观察并且呼唤，陈后主不敢应声。隋军想往井里扔石头，才听到下边的叫喊声。隋军拿来绳子拉上他来，大家都惊奇感到陈后主太沉重，当拉上来一看，才知道是陈后主和张贵妃、孔贵人三个人同拉一根绳子上来的。隋文帝听到后大吃一惊。开府鲍宏说："东井星宿在天上是秦地的分野，如今是王都所在的地方，陈后主投井怕是天意吧！"先前江东歌谣多唱王献之的《桃叶辞》，说："桃叶又桃叶，渡江不用桨，放心过江无困难，我自前来迎接你。"当隋朝晋王杨广驻军在六合镇，那里的山名叫桃叶，后来果真是乘陈朝的船过江的。丙戌日，晋王杨广进兵占据宫城，把陈后主押送到东宫。

三月己巳日，陈后主和王公百官一同从建邺出发，往长安去。隋文帝暂时腾出京城人家的住宅等待他们，内外加以修整，又派出使臣去迎接慰劳他们，陈朝人却讴歌咏诗，竟忘记了他们是亡国的俘虏。使臣回来报告说："自陈后主以下，大小官员在路上，足有五百里络绎不绝。"隋文帝叹息说："竟到了这样的下场。"当陈人到了长安，把陈朝皇帝的车服器物陈列在庭中，导引在前面领着陈后主，以及前后两个皇太子，陈后主的叔父兄弟儿子为王的，总计二十八人；还有司空司马消难、尚书令江总、仆射袁宪、骠骑萧摩诃、护军樊毅、中领军鲁广达、镇军将军任忠、吏部尚书姚察、侍中中书令蔡征、左卫将军樊猛，自尚书郎以上官员二百多人，隋文帝让纳言宣读慰劳诏书。接着让内史令宣读谴责陈后主的诏书，陈后主跪伏在地屏住气不能回答，于是得到了宽恕。隋文帝下诏说陈武帝、文帝、高祖宣帝三个帝陵，总共给五个守陵户分别守陵。

当初，陈武帝即位后，当夜奉朝请史普在官中省里值宿，梦见有人从天而降，导引和随从有几十个人，来到太极殿前，面朝北手执写着金字的玉版说："陈氏五个皇帝在位三十二年。"当后主在东宫时，有个女人突然闯进宫来，唱着说："毕国主"。有鸟长着一条腿，飞落在殿庭，用嘴在地上写画文字，说："独脚上高台，盛草变成灰，要知我家处，红门对水开。"解诗的人们认为独脚不外是指陈后主独断专行没人帮助，盛草的意思是荒秽腐败，隋朝承继五行中的火运，草遇到火便烧成灰。来到京城长安，陈后主和他的家属都住在都水台，就是说上高台对着水。歌里说的都应验了。有的人说陈后主名叔宝，叔字的反切读法就是"少福"这也是败亡的预兆。

陈后主得到宽恕之后，隋文帝对陈后主的供给赏赐很丰厚，多次受到接见，班位和三品官相等。每次参加御宴，怕陈后主伤心，因此从来不演奏吴地的歌曲。以后负责监视的官员启奏说："陈叔宝说，'已经失去了秩位，每次参加朝廷的集会，希望能得到一个官号'。"隋文帝说："陈叔宝是个全无心肝的人。"监视的官员又说："陈叔宝经常昏睡，很少有清醒的时候。"隋文帝下令减少酒的供给，不久又说："顺着他的性子吧，不然，他怎么过日子。"过不久，隋文帝问监视的人陈叔宝有什么嗜好。回答说:"爱吃驴肉。"又问能喝多少酒?回答说:"陈叔宝和他的子弟们每天能喝一石。"隋文帝听了大惊。后来陪从隋文帝东去巡狩,登上芒山,陈叔宝陪酒,作诗说:"日月光照显示上天的恩德,山川壮丽衬映帝王之所居,安享太平无法报答,愿意献上东封泰山的奏书。"并且撰写表章请求祭祀泰山,隋文帝下了宽慰的诏书表示谦让没答应祭祀泰山。后来又随从隋文帝到仁寿宫,时常陪宴,当退席走出来,隋文帝目送着陈后主说:"这次陈朝败亡难道还不是因为皇帝嗜酒?作诗的工夫,不如用来考虑安国宁民的大事。当贺若弼打到了京口,陈人秘密上启告急,陈叔宝因为贪酒,便不加理睬。高颎打进宫中的那天,看见告急的文书在床下,还没开封。这也是可笑的事,不外是上天要灭亡陈朝。往日苻氏对待被征服的国家,都让亡国之主享受荣华富贵。这只是为了沽名钓誉,却不知这是违背天意的做法,要是给陈叔宝官职,便是违背天意了。"

隋文帝认为陈氏子弟人数过多,恐怕留在京城里出差错,就把陈氏子弟分别安置到各个州县去,每年赐给衣服使他们安全生活。

陈后主在隋文帝仁寿四年十一月壬子日,死在洛阳,当年五十二岁。死后赠大将军,封长城县公。谥号是炀。葬在河南洛阳的芒山。

史臣评论说:"陈高祖宣帝陈顼为人器量博大宽厚,有帝王的气概。文帝知道太子柔弱,早就有仿效吴太伯让位给兄弟的心意,当他病重不愈的时候,便把国事全委托给高祖宣帝了。当高祖宣帝继承王业之后,力求开疆拓土,由于德行不及文帝,智略不及武帝,空有无边的大志,后来遭到吕梁的失败,江南地方日渐削弱，或许就是这种原因造成的吧！陈后主即位是陈国力量日见削弱之后，继承的是走向灭亡的命运，刑法政治方面没有建树，再加上他的荒淫无道。那古代夏商周三朝兴盛的时候，都经过几十代人传世守国，当衰亡的时候，都是因为国君迷恋女色而失败。更何况区区弱小的陈国，外面邻接的是英明盛德的隋朝，内部走的是前代翻车的旧路，而且陈后主继承的是衰乱将亡的世道，他能够在位支撑几年，也算是万幸了。虽然有忠义慷慨的臣子，在井边表现出极端悲恸之情，又怎么能够挽救《麦秀》歌里表达的亡国之痛呢，恰好足以被后人取笑千年。呜呼！当初梁朝末年的童谣说："可怜巴马子，一日行千里。不见马上郎，只见黄尘起。黄尘污人衣，皂荚来清洗。"当王僧辩死后，群臣把童谣上奏给皇帝，说："王僧辩本来是骑着巴蜀地方的战马去攻打侯景的，马上郎，是王字，尘说的是陈，但是当时不理解皂荚的意思。不久陈朝被隋灭掉了，解说的人认为江南人把羖羊角叫作皂荚，隋朝皇帝姓杨，杨，就是羊，歌谣说的是陈朝终于被姓杨的隋朝灭掉。由此看来一个国家兴盛或衰亡的预兆，本来是有定数的。

列 传

南史卷十三

列传第三

刘义庆

义庆幼为武帝所知,年十三袭封南郡公。永初元年,袭封临川王。元嘉中为丹阳尹。有百姓黄初妻赵杀子妇遇赦,应避孙仇。义庆议以为"周礼父母之仇,避之海外,盖以莫大之冤,理不可夺。至于骨肉相残,当求之法外。礼有过失之宥,律无仇祖之文。况赵之纵暴,本由于酒,论心即实,事尽荒耄。岂得以荒耄之王母,等行路之深仇,宜共天同域,无亏孝道"。六年,加尚书左仆射。八年,太白犯左执法,义庆惧有灾祸,乞外镇。文帝诏谕之,以为"玄象茫昧,左执法尝有变,王光禄至今平安。日蚀三朝,天下之至忌,晋孝武初有此异。彼庸主耳,犹竟无他"。义庆固求解仆射,乃许之。

九年,出为平西将军、荆州刺史,加都督。荆州居上流之重,资实兵甲居朝廷之半,故武帝诸子遍居之。义庆以宗室令美,故特有此授。性谦虚,始至及去镇,迎送物并不受。十二年,普使内外群臣举士,义庆表举前临沮令新野庾实、前征奉朝请武陵龚祈、处士南阳师觉授。义庆留心抚物,州统内官长亲老不随在官舍者，一年听三吏饷家。先是，王弘为江州，亦有此制。在州八年，为西土所安。撰《徐州先贤传》十卷奏上之。又拟班固《典引》为《典叙》，以述皇代之美。

改授江州，又迁南兖州刺史，并带都督。寻即本号加开府仪同三司。性简素，寡嗜欲，爱好文义，文辞虽不多，足为宗室之表。历任无浮淫之过；唯晚节奉沙门颇致费损。少善骑乘，及长，不复跨马，招聚才学之士，远近必至。太尉袁淑文冠当时，义庆在江州请为卫军咨议。其余吴郡陆展、东海何长瑜、鲍照等，并有辞章之美，引为佐吏国臣。所著《世说》十卷，撰《集林》二百卷，并行于世。文帝每与义庆书，常加意斟酌。

鲍照字明远，东海人，文辞赡逸。尝为古乐府，文甚遒丽。元嘉中，河济俱清，当时以为美瑞。照为《河清颂》，其序甚工。照始尝谒义庆未见知，欲贡诗言志，人止之曰："卿位尚卑，不可轻忤大王。"照勃然曰："千载上有英才异士沉没而不闻者，安可数哉？大丈夫岂可遂蕴智能，使兰艾不辨，终日碌碌，与燕雀相随乎？"于是奏诗，义庆奇之。赐帛二十匹，寻擢为国侍郎，甚见知赏。迁秣陵令。文帝以为中书舍人。上好为文章，自谓人莫能及，照悟其旨，为文章多鄙言累句。咸谓照才尽，实不然也。临海王子顼为荆州，照为前军参军，掌书记之任。子顼败，为乱兵所杀。

义庆在广陵有疾，而白虹贯城，野麇入府，心甚恶之。因陈求还，文帝许解州，以本号还朝。二十一年，薨于都下，追赠司空，谥曰康王。子哀王晔嗣，为元凶所杀。晔子绰嗣，升明三年见杀，国除。

译文：

刘义庆自幼被宋武帝知遇，年龄十三岁时袭父封爵为南郡公。

永初元年，又袭爵为临川王。元嘉年间任丹阳尹。有百姓黄初的妻子赵氏杀害儿媳，后被赦免，应该避孙子的杀母仇恨。刘义庆议论此事，认为"《周礼》说杀父母的仇，应该躲避到海外，盖因莫大的冤仇，照理不可削夺。至于骨肉相残杀的事体，应当到礼法之外探究。礼有对过失的宽宥，法没有仇祖的条文。何况赵氏的放纵暴虐，原本是因为酒，以实情议论动机，事情实在是年老昏耄迷乱所造成。难道能把年老昏耄的祖母，等同于路人的深仇？应该可以同在某地域居住，这对孝道无所亏缺。"永初六年，加尚书左仆射。八年，金星侵犯室女星座的左执法星，刘义庆怕有灾祸，乞求外镇。文帝下诏解释劝说他，认为："天象茫远，不可揣摩，左执法星以前曾经有异变，王光禄至今平安无事。日食三天，是天下最忌讳的事，晋孝武帝初年出现此灾异。他是位平庸的君主，结果也没有什么变故。"刘义庆坚决请求解除仆射的职务，方才允许。

永初九年，放外任为平西将军、荆州刺史，加都督。荆州居上游的重要地位，物资兵甲占朝廷的一半，所以武帝几个儿子普遍担任过荆州刺史之职。刘义庆因为是宗室中的佼佼者，所以特别有这一授任。他秉性谦虚，开始到任直至离职，迎送的物品一概不接受。永初十二年，普遍让京城内外的群臣荐贤举士，刘义庆上表，举荐前临沮县令新野人庾实，前奉朝请武陵人龚祈，处士南阳人师觉授。刘义庆留心安抚接纳人物，州统辖的官长中父母亲年迈没有跟随到官舍的，一年允许三吏馈赠家属。在这以前，王弘任江州刺史，也实行过这种制度。他在州任八年，西土人士都很满意。撰写了《徐州先贤传》十卷，奏上。又仿照班固的《典引》撰写《典叙》，以叙述皇代的佳美。

后来改授江州，又迁任南兖州刺史，都兼都督。不久就以本官号加开府仪同三司。本性简约朴素，嗜好欲望很少，爱好文章义理，文章虽然数量不多，足以成为宗室的代表。经历的职任没有浮货淫乱的罪过，只是晚年侍奉佛僧浪费资财很多。少年时擅长骑马，待到年长，不再跨马鞍，招纳聚集文人学士，不论远近都招至。太尉袁淑的文章为当时的冠冕，刘义庆在江州时请他担任卫军咨议。其余如吴郡人陆展、东海人何长瑜、鲍照等人，都有擅长辞章的美才，引用为佐吏和国臣。他所著的《世说新语》十卷，撰写的《集林》二百卷，都流行在社会上。文帝每次写给刘义庆的书信，常特意斟酌文字。

鲍照字明远，东海人，文辞富赡超绝。曾经写古乐府诗，文辞很刚健美丽。元嘉年间，黄河、济水都很清，当时人以为这是祥瑞。鲍照撰写了《河清颂》，他写的序颇具工力。鲍照起初曾经拜见刘义庆，但没有被赏识，想要献诗以表明心志，有人制止他说："卿地位还卑贱，不能轻率冒犯大王。"鲍照勃然大怒，说："千年万载英才异士沉没而名声无闻的，不可胜数。大丈夫难道能永远蕴藏才智，使美恶贤愚不分，整天忙忙碌碌，追随平庸的人群吗？"于是将诗奏上，刘义庆很是珍奇。赐给帛二十匹，不久拔擢为国侍郎，很受赏识。迁任秣陵县令。文帝授任为中书舍人。皇上爱撰写文章，自以为别人比不上，鲍照领悟他的心思，写文章多言辞粗俗句子重复。人们都说鲍照才思枯竭，其实不是这样。临海王刘子顼任荆州刺史，鲍照任前军参军，并掌管书记的职责。后来刘子顼失败，鲍照被乱军杀死。

刘义庆在广陵生病，当时白虹贯城，野獐进入府署，心中十分厌恶。于是上书请求回京，文帝允许他解除州职，以本官号回朝。元嘉二十一年，死在京城。追赠司空，谥为康王。他的儿子哀王刘晔承袭封爵，后来被元凶刘劭杀害。刘晔的儿子刘绰承袭爵位，升明三年被杀，王国削除。

南史卷十九

列传第九

谢灵运

谢灵运，安西将军弈之曾孙而方明从子也。祖玄，晋车骑将军。父瑍，生而不慧，位秘书郎，早亡。灵运幼便颖悟，玄甚异之。谓亲知曰："我乃生瑍，瑍儿何为不及我？"

灵运少好学，博览群书，文章之美，与颜延之为江左第一。纵横俊发过于延之，深密则不如也。从叔混特知爱之。袭封康乐公，以国公例除员外散骑侍郎，不就。为琅邪王大司马行参军。性豪侈，车服鲜丽，衣物多改旧形制，世共宗之，咸称谢康乐也。累迁秘书丞，坐事免。

宋武帝在长安，灵运为世子中军咨议、黄门侍郎，奉使慰劳武帝于彭城，作《撰征赋》。后为相国从事中郎，世子左卫率，坐辄杀门生免官。宋受命，降公爵为侯，又为太子左卫率。

灵运多愆礼度，朝廷唯以文义处之，不以应实相许。自谓才能宜参权要，既不见知，常怀愤惋。庐陵王义真少好文籍，与灵运情款异常。少帝即位，权在大臣，灵运构扇异同，非毁执政，司徒徐羡之等患之，出为永嘉太守。郡有名山水，灵运素所爱好。出守既不得志，遂肆意游遨，遍历诸县，动逾旬朔。理人听讼，不复关怀，所至辄为诗咏以致其意。

在郡一周，称疾去职，从弟晦、曜、弘微等并与书止之，不从。灵运父祖并葬始宁县，并有故宅及墅，遂移籍会稽，修营旧业。傍山带江，尽幽居之美。与隐士王弘之、孔淳之等放荡为娱，有终焉之志。每有一首诗至都下，贵贱莫不竞写，宿昔间士庶皆遍，名动都下。作《山居赋》，并自注以言其事。

文帝诛徐羡之等，征为秘书监，再召不起。使光禄大夫范泰与书敦奖，乃出。使整秘阁书遗阙，又令撰晋书，粗立条流，书竟不就。寻迁侍中，赏遇甚厚。灵运诗书皆兼独绝，每文竟，手自写之，文帝称为二宝。既自以名辈，应参时政，至是唯以文义见接，每侍上宴，谈赏而已。王昙首、王华、殷景仁等名位素不逾之，并见任遇，意既不平，多称疾不朝直。穿池植援，种竹树果，驱课公役，无复期度。出郭游行，或一百六七十里，经旬不归。既无表闻，又不请急。上不欲伤大臣，讽旨令自解。灵运表陈疾，赐假东归。将行，上书劝伐河北。而游娱宴集，以夜续昼。复为御史中丞传隆奏免官，是岁，元嘉五年也。

灵运既东，与族弟惠连、东海何长瑜、颍川荀雍、泰山羊璿之以文章赏会，共为山泽之游，时人谓之四友。惠连幼有奇才，不为父方明所知。灵运去永嘉还始宁，时方明为会稽，灵运造方明，遇惠连，大相知赏。灵运性无所推，唯重惠连，与为刎颈交。时何长瑜教惠连读书，亦在郡内，灵运又以为绝伦。谓方明曰："阿连才悟如此，而尊作常儿遇之；长瑜当今仲宣，而饴以下客之食。尊既不能礼贤，宜以长瑜还灵运。"载之而去。荀雍字道雍，官至员外散骑郎。璿之字曜瑶，为临川内史，被司空竟陵王诞所遇，诞败坐诛。长瑜才亚惠连，雍、璿之不及也。临川王义庆招集文士，长瑜自国侍郎至平西记室参军。尝于江陵寄书与宗人何勖，以韵语序义庆州府僚佐云："陆展染白发，欲以媚侧室，青青不解久，星星行复出。"如此者五六句。而轻薄少年遂演之，凡人士并为题目，皆加剧言苦句，其文流行。义庆大怒，白文帝，除广州所统曾城令。及义庆薨，朝士并诣第叙哀，何勖谓袁淑曰："长瑜便可还也。"淑曰："国新丧宗英，未宜以流人为念。"庐陵王绍镇寻阳，以长瑜为南中郎行参军，掌书记之任。行至板桥，遇暴风溺死。

灵运因祖父之资，生业甚厚，奴僮既众，义故门生数百，凿山浚湖，功役无已。寻山陟岭，必造幽峻，岩嶂数十重，莫不备尽。登蹑常着木屐，上山则去其前齿，下山去其后齿。尝自始宁南山伐木开径，直至临海，从者数百。临海太守王琇惊骇，谓为山贼，末知灵运乃安。又要琇更进，琇不肯。灵运赠琇诗曰："邦君难地崄，旅客易山行。"在会稽亦多从众，惊动县邑。太守孟顗事佛精恳，而为灵运所轻，尝谓顗曰："得道应须慧业，丈人生天当在灵运前，成佛必在灵运后。"顗深恨此言。又与王弘之诸人出千秋亭饮酒，裸身大呼，顗深不堪，遣信相闻。灵运大怒曰："身自大呼，何关痴人事。"

会稽东郭有回踵湖，灵运求决以为田，文帝令州郡履行。此湖去郭近，水物所出，百姓惜之，顗坚执不与。灵运既不得回踵，又求始宁休崲湖为田，顗又固执。灵运谓顗非存利人，政虑决湖多害生命，言论伤之。与顗遂隙。因灵运横恣，表其异志，发兵自防，露板上言。灵运驰诣阙上表，自陈本末。文帝知其见诬，不罪也。不欲复使东归，以为临川内史。

在郡游放，不异永嘉，为有司所纠。司徒遣使随州从事郑望生收灵运。灵运兴兵叛逸，遂有逆志。为诗曰："韩亡子房奋，秦帝鲁连耻，本自江海人，忠义感君子。"追讨禽之，送廷尉，廷尉论正斩刑。上爱其才，欲免官而已。彭城王义康坚执，谓不宜恕。诏以"谢玄勋参微管，宜宥及后嗣，降死徙广州"。

后秦郡府将宋齐受使至涂口，行达桃墟村，见有七人下路聚语，疑非常人，还告郡县，遣兵随齐掩讨禽之。其一人姓赵名钦，云"同村薛道双先与灵运共事，道双因同村成国报钦云：'灵运犯事徙广州，给钱令买弓箭刀盾等物，使道双要合乡里健儿于三江口篡之。若得志如意后，功劳是同。遂合部党要谢不得，及还饥馑，缘路为劫。'"有司奏收之，文帝诏于广州弃市。临死作诗曰："龚胜无余生，李业有终尽，嵇公理既迫，霍生命亦殒。"所称龚胜、李业，犹前诗子房、鲁连之意也。时元嘉十年，年四十九。所著文章传于世。

译文：

谢灵运，是安西将军谢弈的曾孙，是谢方明的侄子。祖父谢玄，是晋车骑将军。父谢瑍，生来不聪明，做官秘书郎，早死。谢灵运幼年时便聪明过人，谢玄认为他很出众。对亲近相识的人说："我生了瑍儿，可是瑍儿怎么不及我？"

谢灵运少年时便好学，广泛阅览各种书籍，写的文章辞藻华美，和颜延之的文章都是江南第一流的作品。文章纵横流畅、俊逸新颖超过了颜延之，但深奥周密不如颜延之。族叔谢混特别了解并喜爱他。谢灵运承袭祖父的封爵为康乐公，按照国公的惯例规定授予员外散骑侍郎，没有就职。做琅邪王的大司马行参军。谢灵运喜欢豪华奢侈的生活，车马服饰新美华丽，衣物也多改变旧有的样式加以创新，世人全都模仿他，人们全都称他谢康乐。调做秘书丞，由于犯事被免官。

宋武帝刘裕在长安时，谢灵运做世子中军谘议、黄门侍郎，曾奉命出使去彭城慰劳宋武帝，写作《撰征赋》一篇。后来做相国从事中郎，世子左卫率，由于犯了随意杀死门生罪被免官。刘宋皇朝建立后，爵位由公降为侯，又做太子左卫率。

谢灵运的行为多有违背礼仪和法度之处，朝廷只是在有关文义的职位上安置他，不给他有实权的官职。谢灵运认为自己的才干应当担任朝中执掌权要的大臣，既然不受重视，心中常怀有怨恨不平的情绪。庐陵王刘义真年轻时喜好文籍，和谢灵运的交情不比寻常。宋少帝刘义符即位后，朝中权力掌握在大臣手中，谢灵运散布不同的见解，诽谤执政的人物，司徒徐羡之等人都有点怕他，调他出京做永嘉太守。永嘉郡中有名山秀水，这些都是谢灵运平素喜爱的。出京做郡守后既感到不得志，于是便尽情地四出遨游玩乐，走遍了全郡各个县，每出去一次就超过十天或一个月。对于管理官吏和办理公务的事，他不再关心，他每到一处便作诗歌咏，借此抒发自己的心意和志趣。

在郡满一年，便请病假离职，从弟谢晦、谢曜和谢弘微等都写信来劝导他，不听。谢灵运的祖父、父亲都安葬在始宁县，县里还有谢家的旧宅和别墅，于是谢灵运便移居到会稽郡，修葺营建原有的房舍。谢家的住宅依山临江，充分显示出幽雅山居美丽的景致。谢灵运和隐士王弘之、孔淳之等人纵情游乐，有在这里终老一生的心愿。每当写作一首诗传到京城来，不论贵贱人物莫不争着抄写，一夜之间在文士和平民中间就传遍，名声震动了京城。谢灵运又写作一篇《山居赋》，并且自己做出注解用来说明赋中写到的事情。

宋文帝杀掉徐羡之等大臣之后，召谢灵运做秘书监，两次下召令他都不赴任。宋文帝让光禄大夫范泰写信劝导和鼓励，谢灵运才去就职。文帝让他整理宫中秘阁藏书的遗失缺漏，又命令他写作晋朝的历史。他粗略地草拟出条例和目录，书没有写成。不久升做侍中，受到的赏赐和待遇都很优厚。谢灵运作的诗写的字都是绝好的杰作，每当作完文章，亲手把它写下来，宋文帝称他的诗和字是二宝。过去谢灵运认为自己是名流，应该参与国家大政，到这时他还只能以文才被接待，每当侍从皇帝宴会时，只是谈论赏析诗文而已。王昙首、王华、殷景仁等名望和地位一向都超不过他，可是都受到朝廷的信任和重用，为此谢灵运心中不平，经常装病不上朝值差。谢灵运在住宅里挖池塘植树木，栽竹子种果树，驱使民众充当公家的劳役，一切都没有固定的日期和限度。谢灵运离城出游，有时走出一百多里或六七十里，过十天也不返回。既不上表报告，又不告病请假。皇帝不想伤害大臣，传话让他自己辞职。于是谢灵运便上表陈述有病，皇帝准奏让他东归。刚要出发的时候，他又上书劝说皇帝征伐河北。谢灵运游乐宴会，以夜继日。又被御史中丞傅隆启奏免除官职，这年，正是宋文帝元嘉五年。

谢灵运东归到会稽之后，和本家兄弟谢惠连、东海何长瑜、颍川荀雍、泰山羊璿之经常聚会欣赏文章，一同游览山水，当时人称他们为四友。谢惠连少年时便有出众的才华，不被他父亲谢方明所了解。谢灵运离开永嘉回到始宁，当时谢方明正做会稽郡守，谢灵运去拜望谢方明，遇见谢惠连，极其赞赏谢惠连，谢灵运本性从不推崇别人，唯独推崇谢惠连，和他成为生死之交。当时何长瑜正教谢惠连读书，也在会稽郡任职，谢灵运认为他也是杰出无比的人才。谢灵运对谢方明说："阿连兄弟有如此聪明才智，可是大人竟把他当作一般孩子看待；何长瑜是当今的王粲，可是大人竟用下客的饭食待他。大人既不能礼遇贤士，应该把何长瑜还给侄儿灵运。"便同何长瑜一起乘船离去。荀雍，字道雍，官做到员外散骑侍郎。羊璿之字曜璠，做临川内史，受到司空竟陵王刘诞的相知和恩遇，刘诞失败后羊璿之被杀。何长瑜的才智不如谢惠连，但是荀雍、羊璿之又不及何长瑜。临川王刘义庆召集文士，何长瑜的官职从国侍郎做到平西记室参军。何长瑜曾经在江陵寄信给本家人何勖，用韵语的形式记述刘义庆府中僚佐的情况说："陆展染黑白发，想着取媚小妾，黑色不能持久，点点白茬又露。"像这样的有五六句。有些轻薄少年便加以铺叙，一些士人都来给它加上题目，全用些刻薄挖苦的言辞，使它到处流传。刘义庆知道后大怒，向文帝报告，把何长瑜贬到广州管下的曾城做县令。刘义庆死后，朝中人士都到宅里来吊唁致哀，何勖对袁淑说："何长瑜就可以回京了。"袁淑说："国家新死了宗室的英才，还不是想起流放者的时候。"庐陵王刘绍镇守寻阳，用何长瑜做南中郎行参军，掌书记的职务。何长瑜走到板桥，遇到暴风落水淹死。

  谢灵运继承了祖父的资产，家业丰厚，奴僮很多，义从故吏门生也有几百人，开山淘湖，工程劳役没有停止过。每次登山爬岭，一定要到最幽静奇险的去处观赏，重岩叠嶂几十里，没有不全去看过的。登山时经常穿着特制的带齿的木底鞋，上山时取下鞋的前齿，下山时取下鞋的后齿。又曾经亲自带着人从始宁南山伐树开路，直到临海，随从的人员有几百人。临海太守王琇听到信后很惊骇，认为是山贼，事后知道是谢灵运才安下心来。谢灵运便邀请王琇一同前进，王琇不肯应邀。谢灵运写诗赠给王琇说："太守害怕险峻，来客乐于山行。"谢灵运在会稽也有很多从人，经常惊动县邑的长官。太守孟顗精勤诚恳拜佛，遭到谢灵运的轻蔑，曾经对孟顗说："得到成佛必须要有慧根，大人升天将在灵运之前,但是成佛要落在灵运之后。"孟𫖮对这话怀恨在心。谢灵运又会同王弘之等人到千秋亭饮酒,脱光衣服大喊大叫,孟𫖮极为不满,派人去朝廷报告,谢灵运大怒说:"我自己大喊,和傻子白痴有什么相干。"

会稽东城外有回踵湖,谢灵运请求打开口子放水改湖造田,文帝下令让州郡照办。这湖距离城郭很近,水中所出物产,百姓都很珍惜,孟𫖮坚决不同意把湖给谢灵运改田。谢灵运得不到回踵湖之后,又请求要始宁的休崲湖改田,孟𫖮又固执不给。谢灵运认为孟𫖮并非心存利民的想法,正是借口怕决湖之后将会伤害众多人命,制造言论来中伤谢灵运。因此他和孟𫖮结下了怨恨。因为谢灵运横行放肆,孟𫖮上表说谢灵运心怀异志,出兵自加防备,封书送上朝廷。谢灵运亲自骑马前去朝廷上表,陈述自己和孟𫖮争执的缘由。文帝知道谢灵运受到诬告,没有给他加罪。文帝不想让他再回东方去,便用他做临川内史。

谢灵运在临川郡里遨游,和在永嘉时没有不同,遭到有关官员的纠弹,司徒遣使随州从事郑望生去收捕谢灵运。谢灵运便起兵叛逃,从此产生了反逆的心思。作诗说:"韩国被灭张良奋起复仇,秦始皇称帝鲁仲连感到受辱,我本是寄身江海的人士,无限感佩古代的忠义君子。"郡中追击并擒获谢灵运,并交朝中廷尉,廷尉判处斩刑。文帝爱惜他的才华,打算只免除他的官职就罢了。彭城王刘义康坚持执行廷尉的判决,认为不该宽恕。诏书说:"谢玄的功勋和管仲相等,应该宽恕他的后代,减去死刑把他流放到广州。"

后来秦郡府将宋齐接受使命到涂口去,路过桃墟村时,发现有七个人聚在路边一起说话,宋齐怀疑他们不是好人,回头报告给郡县长官,派兵跟随宋齐去袭击并把他们活捉。其中一个人姓赵名钦,他供说:"同村人薛道双先前曾给谢灵运做事,薛道双托同村人成国告诉赵钦说:'谢灵运犯事被流放去广州,谢灵运出钱让买弓箭刀盾等兵器,并让薛道双集合乡里中健壮的汉子在三江口劫下谢灵运。如果得手成功之后,都有同样的功劳赏赐。'于是我便集合同伙的人前去拦截谢灵运没成,回来后都很饿,顺便打算在路上抢劫。"主管官员上奏并把这伙人收监,文帝下诏命令把这些人在广州处决。谢灵运临刑前作诗说:"龚胜不贪生,李业忠节尽,嵇康守理死,霍原恨殒命。"诗里称赞龚胜、李业,是和先前在诗中称道张良和鲁仲连是同样的心意。当时是元嘉十年,谢灵运年纪四十九岁。谢灵运所作的文章流传在世上。

南史卷五十三

列传第四十三

昭明太子萧统

昭明太子统字德施，小字维摩，武帝长子也。以齐中兴元年九月生于襄阳。武帝既年垂强仕，方有冢嗣；时徐元瑜降；而续又荆州使至，云："萧颖胄暴卒。"时人谓之三庆。少日而建邺平，识者知天命所集。

天监元年十一月，立为皇太子。时年幼，依旧居于内，拜东宫官属，文武皆入直永福省。五年六月庚戌，出居东宫。

太子生而聪睿，三岁受《孝经》《论语》，五岁遍读五经，悉通讽诵。性仁孝，自出宫，恒思恋不乐。帝知之，每五日一朝，多便留永福省，或五日三日乃还宫。八年九月，于寿安殿讲《孝经》，尽通大义。讲毕，亲临释奠于国学。

年十二，于内省见狱官将谳事。问左右曰："是皂衣何为者？"曰："廷尉官属。"召视其书，曰："是皆可念，我得判否？"有司以统幼，绐之曰："得。"其狱皆刑罪上，统皆署杖五十。有司抱具狱，不知所为，具言于帝，帝笑而从之。自是数使听讼，每有欲宽纵者，即使太子决之。建康县谳诬人诱口，狱翻，县以太子仁爱，故轻当杖四十。令曰："彼若得罪，便合家孥戮，今纵不以其罪罪之，岂可轻罚而已，可付冶十年。"

十四年正月朔旦，帝临轩，冠太子于太极殿。旧制太子著远游冠、金蝉翠緌缨，至是诏加金博山。太子美姿容，善举止，读书数行并下，过目皆忆。每游宴祖道，赋诗至十数韵，或作剧韵，皆属思便成，无所点易。帝大弘佛教，亲自讲说。太子亦素信三宝，遍览众经。乃于宫内别立慧义殿，专为法集之所。招引名僧，自立《二谛》《法身义》。普通元年四月，甘露降于慧义殿，咸以为至德所感。时俗稍奢，太子欲以己率物，服御朴素，身衣浣衣，膳不兼肉。

三年十一月，始兴王憺薨。旧事以东宫礼绝傍亲，书翰并依常仪。太子以为疑，命仆刘孝绰议其事。孝绰议曰："案张镜撰《东宫仪记》，称'三朝发哀者，逾月不举乐；鼓吹寝奏，服限亦然。'。寻傍绝之义，义在去服，服虽可夺，情岂无悲。铙歌辍奏，良亦为此。既有悲情，宜称兼慕，卒哭之后，依常举乐，称悲竟，此理例相符。谓犹应称兼慕，请至卒哭。"仆射徐勉、左率周舍、家令陆襄并同孝绰议。太子令曰："张镜《仪记》云，'依《士礼》，终服月称慕悼'。又云，'凡三朝发哀者，逾月不举乐'。刘仆议云，'傍绝之义，义在去服，服虽可夺，情岂无悲。卒哭之后，依常举乐，称悲竟，此理例相符'。寻情悲之说，非止卒哭之后，缘情为论，此自难一也。用张镜之'举乐'，弃张镜之'称悲'。一镜之言，取舍有异，此自难二也。陆家令止云'多历年所'，恐非事证。虽复累稔所用，意常未安。近亦尝以此问外，由来立意，谓犹应有慕悼之言。张岂不知举乐为大，称悲事小。所以用小而忽大，良亦有以。至如元正六佾，事为国章，虽情或未安，而礼不可废。铙吹军乐，比之亦然，书疏方之，事则成小。差可缘心。声乐自外，书疏自内，乐自他，书自己。刘仆之议，即情未安。可令诸贤更共详衷。司农卿明山宾、步兵校尉朱异议，称"慕悼之解，宜终服月"。于是付典书遵用，以为永准。

七年十一月，贵嫔有疾，太子还永福省，朝夕侍疾，衣不解带。及薨，步从丧还宫，至殡，水浆不入口，每哭辄恸绝。武帝敕中书舍人顾协宣旨曰："毁不灭性，圣人之制，不胜丧比于不孝。有我在，那得自毁如此。可即强进饮粥。"太子奉敕，乃进数合，自是至葬，日进麦粥一升。武帝又敕曰："闻汝所进过少，转就羸瘦。我比更无余病，政为汝如此，胸中亦填塞成疾。故应强加饘粥，不俟我恒尔悬心。"虽屡奉敕劝逼，终丧日止一溢，不尝荣果之味。体素壮，腰带十围，至是减削过半。每入朝，士庶见者莫不下泣。

太子自加元服，帝便使省万机，内外百司奏事者填塞于前。太子明于庶事，每所奏谬误巧妄，皆即辩析，示其可否，徐令改正，未尝弹纠一人。平断法狱，多所全宥，天下皆称仁。性宽和容众，喜愠不形于色。引纳才学之士，赏爱无倦。恒自讨论坟籍，或与学士商榷古今，继以文章著述，率以为常。于时东宫有书几三万卷，名才并集，文学之盛，晋、宋以来未之有也。

性爱山水，于玄圃穿筑，更立亭馆，与朝士名素者游其中。尝泛舟后池，番禺侯轨盛称此中宜奏女乐。太子不答，咏左思招隐诗云："何必丝与竹，山水有清音。"轨渐而止。出宫二十余年，不畜音声。未薨少时，敕赐太乐女伎一部，略非所好。

普通中，大军北侵，都下米贵。太子因命菲衣减膳。每霖雨积雪，遣腹心左右周行闾巷，视贫困家及有流离道路，以米密加振赐，人十石。又出主衣绢帛，年常多作襦袴，各三千领，冬月以施寒者，不令人知。若死亡无可敛，则为备棺椁。每闻远近百姓赋役勤苦，辄敛容变色。常以户口未实，重于劳扰。吴兴郡屡以水灾不熟，有上言当漕大渎以泻浙江。中大通二年春，诏遣前交州刺史王弈假节发吴、吴兴、信义三郡人丁就役。太子上疏曰："伏闻当遣王弈等上东三郡人丁开漕沟渠，导泄震泽，使吴兴一境无复水灾，暂劳永逸，必获后利。未萌虽睹，窃有愚怀。所闻吴兴累年失收，人颇流移，吴郡十城，亦不全熟，唯信义去秋有稔，复非恒役之民。即日东境谷稼犹贵，劫盗屡起，在所有司，皆不闻奏。今征戍未归，强丁疏少，此虽小举，窃恐难合。吏一呼门，动为人蠹。又出丁之处，远近不一，比得齐集，已妨蚕农。去年称为丰岁，公私未能足食，如复今兹失业，虑恐为弊更深。且草窃多伺候人间虚实，若善人从役，则抄盗弥增。吴兴未受其益，内地已离其弊。不审可得权停此功，待优实以不？"武帝优诏以喻焉。

太子孝谨天至，每入朝，未五鼓便守城门开。东宫虽燕居内殿，一坐一起，恒向西南面台。宿被召当入，危坐达旦。

三年三月，游后池，乘雕文舸摘芙蓉。姬人荡舟，没溺而得出，因动股，恐贻帝忧，深诫不言，以寝疾闻。武帝敕看问，辄自力手书启。及稍笃，左右欲启闻，犹不许，曰："云何令至尊知我如此恶。"因便呜咽。四月乙巳，暴恶，驰启武帝，比至已薨，时年三十一。帝临哭尽哀，诏敛以衮冕，谥曰昭明。五月庚寅，葬安宁陵，诏司徒左长史王筠为哀册文。朝野惋愕，都下男女奔走宫门，号泣满路。四方甿庶及疆徼之人，闻丧皆哀恸。

太子性仁恕，见在宫禁防捉荆子者，问之，云以清道驱人。太子恐复致痛，使捉手板代之。频食中得蝇虫之属，密置桦边，恐厨人获罪，不令人知。又见后阁小儿摊戏，后属有狱牒摊者法，士人结流徒，庶人结徒。太子曰："私钱自戏，不犯公物，此科太重。"令注刑止三岁，士人免官。狱牒应死者必降长徒，自此以下莫不减半。

所著文集二十卷，又撰古今典诰文言为《正序》十卷，五言诗之善者为《英华集》二十卷，《文选》三十卷。

薨后，长子东中郎将南徐州刺史华容公欢封豫章郡王，次子枝江公誉封河东郡王，曲江公察封岳阳郡王，警封武昌郡王，鉴封义阳郡王，各二千户。女悉同正主。蔡妃供侍一同常仪，唯别立金华宫为异。帝既废嫡立庶，海内噂嗒，故各封诸子大郡以慰其心。岳阳王察流涕受拜，累日不食。

初，丁贵嫔薨，太子遣人求得善墓地，将斩草，有卖地者因阉人俞三副求市，若得三百万，许以百万与之。三副密启武帝，言太子所得地不如今所得地于帝吉，帝末年多忌，便命市之。葬毕，有道士善图墓，云"地不利长子，若厌伏或可申延"。乃为蜡鹅及诸物埋墓侧长子位。有宫监鲍邈之、魏雅者，二人初并为太子所爱，邈之晚见疏于雅，密启武帝云："雅为太子厌祷。"帝密遣检掘，果得鹅等物。大惊，将穷其事。徐勉固谏得止，于是唯诛道士，由是太子迄终以此惭慨，故其嗣不立。后邵陵王临丹阳郡，因邈之与乡人争婢，议以为诱略之罪牒宫，简文追感太子冤，挥泪诛之。邈之兄子僧隆为宫直，前未知邈之侄，即日驱出。

先是人间谣曰："鹿子开城门，城门鹿子开，当开复未开，使我心徘徊。城中诸少年，逐欢归去来。"鹿子开者，反语为来子哭，云帝哭也。欢前为南徐州，太子果薨，遣中书舍人臧厥追欢于崇正殿解发临哭。欢既嫡孙，次应嗣位，而迟疑未决。帝既新有天下，恐不可以少主主大业，又以心衔故，意在晋安王，犹豫自四月上旬至五月二十一日方决。欢止封豫章王还任。往谣言

"心徘徊"者，未定也。"城中诸少年，逐欢归去来"，复远徐方之象也。欢字孟孙，位云麾将军、江州刺史。薨，谥安王。子栋嗣。

论曰：甚矣，谗佞之为巧也！夫言附正直，迹在恭敬，悦目会心，无施不可。至乃离父子，间兄弟，废楚嫡，疏汉嗣，可为太息，良非一涂。以昭明之亲之贤，梁武帝之爱之信，谤言一及，至死不能自明，况于下此者也。综处秦政之疑，怀负尺之志，肆行狂悖，卒致奔亡。庐陵多财为累，雄心自立，未及骋暴，早没为幸。南康为政有方，居丧以礼，惜乎早夭，不拯危季。邵陵少而险躁，人道顿亡，晚致勤王，其殆优矣。武陵地居势胜，卒致倾覆，才轻志大，能无及乎？

译文：

昭明太子萧统字德施，小字维摩，是梁武帝的长子。齐中兴元年九月在襄阳出生。当时梁武帝年近四十，方有继嗣；徐元瑜投降；接着荆州使者来到，说："萧颖胄突然死亡。"当时人认为这是三件喜庆的事。又过了几天建邺平定，有识之士知道这是天命所集聚。

天监元年十一月，立为皇太子。当时尚年幼，依旧住在宫内，拜授东宫官属，文武职都进入永福省值勤。天监五年六月，方才在东宫居住。

太子天生聪明睿智，三岁时开始听讲《孝经》《论语》，五岁时遍读五经，全能够朗读。秉性仁爱孝顺，从出宫当天起，常思恋父母，闷闷不乐。皇帝知道后，每五天朝见一次，大多顺便留在永福省，或留五天，或留三天，方才回东宫。天监八年九月,在寿安殿讲论《孝经》,全通晓它的大义。讲论完毕,亲自到国学设酒祭祀。

十二岁那年,在内省看见法官将要平议罪案,问身边人说:"这穿黑色衣服的人是干什么的?"身边人回答:"是廷尉的官属。"召来看他的文书,说:"这都可以诵读,我能不能判决?"有关部门的负责人因为萧统年幼,骗他说:"能!"其案都属于刑罪上,萧统全签署杖打五十。有关部门的负责人抱持狱案文书,不知该如何办,就报告武帝,武帝笑着说,就按签署的办。从此多次让萧统旁听诉讼,每有要从宽处理的,就让他决断。建康县平议案件,诬蔑人诱供,案翻,县令因为太子仁爱,故意从轻,判决仗打四十。太子下令说:"他如果有罪,就要全家杀戮。今天纵使不按他的罪状处理,难道可以轻罚了事,可交付冶工服刑役十年。"

天监十四年正月初一早上,皇帝亲临堂前在太极殿为太子举行冠礼。旧制度太子头戴远游冠,金黄色的蝉翠绿色的缨带,到此时诏令加上金博山。太子姿容佳美,举止文雅,读书数行俱下,过目不忘。每逢游宴饯行,赋诗到十几韵,或者作难写的韵,都专注地思索便成,不用改动。武帝大力弘扬佛教,亲自讲说佛经。太子也崇信佛教,博览群经。就在宫内另建慧义殿,专门作为佛法集会的所在。招引名僧,自立"二谛"、"法身义"。普通元年四月,甘露降在慧义殿,都认为是最高尚的道德所感应。当时的风俗逐渐奢侈,太子想自身作表率,服装用具朴素,身穿水洗衣服,膳食不兼有两种肉菜。

普通三年十一月,始兴王萧憺死。旧例东宫断绝旁系亲戚的礼节,书札都说依照平常的礼仪。太子心中怀疑,令太子仆刘孝绰议论此事。刘孝绰议论道:"查张镜撰写的《东宫仪记》,

说'三天发哀的，超过一个月不奏乐；鼓吹停奏，服丧的期限也是如此。'追寻旁亲绝礼的本义，本义在于除服，丧服虽可除去，心情岂能不悲伤。铙歌停奏，确实因为这个原因。既然有悲伤的感情，应该称兼有慕悼，百天卒哭以后，照常奏乐，称作悲伤终止，此理和旧例相符合。我以为还应兼有慕悼，到卒哭之日为止。"仆射徐勉、左率周舍、家令陆襄都同意刘孝绰的议论。太子下令说："张镜的《仪记》说'依照《士礼》，终服之月称慕悼'。又说'凡是三天发哀的，超过一个月不奏乐'。刘仆议论说，'旁亲绝礼的本义，本义在于除服，丧服虽可除去，心情岂能不悲伤。百天卒哭以后，照常奏乐，称作悲伤终止，此理和旧例相符合'。寻思情感悲伤的说法，不止在卒哭以后，由感情而议论，这是自难之一，引用张镜的'奏乐'，放弃张镜的'称悲'，同样是张镜的话，取舍有不同，这是自难之二。陆家令只说：'多经历年所'，恐怕不是事实例证。虽然连年所遵用，意下常不以为允妥。近日来也曾就这个问题问外面的人，它的由来和立意，以为还应有慕悼的话。张镜难道不知道奏乐为大，称悲事小，所以采用小的而忽略大的，一定有它的原因。至于像元正时六列的乐舞，事情属于国家典章，虽然心情有不安，但是礼不可废。铙吹军乐，比仿它也应如此，书疏依照它，事情则成就其小。尚可抒发心情。声乐从外，书疏从内，乐从他人，书从自己。刘仆的议论，近情欠妥，可让诸贤再详述己见。"司农卿明山宾、步兵校尉朱异议论，说："慕悼的解除，应该在终服之月。"于是写入典书遵照实行，作为长远的准则。

普通七年十一月，贵嫔患病，太子回到永福省，早晚侍候，晚上不解衣带。待到贵嫔去世，徒步送丧回宫，直到殡葬，水汤不进口，每次哭起来常悲痛欲绝。武帝敕令中书舍人顾协传达旨意说:"因悲痛而消瘦但不危及生命,这是圣人传下来的条规,不能坚持到除服和不孝是相同的。有我在,怎能这样自我毁灭,可马上勉强饮粥。"太子奉敕令,就进食数合,从此日到安葬,一天喝麦粥一升。武帝又敕令说:"听说你进食过少,逐渐羸弱消瘦。我近来没有别的病,只因为你这样,胸中也堵塞成病。所以要勉强增食稠粥,不要我常为你悬心。"虽然屡次奉敕令劝说逼迫,一直到除丧那天,每天只进食一溢粮,不尝蔬菜水果。身体平素很强壮,腰带长十围,至此减少大半。每次入朝,士族庶民见到他没有不流泪的。

太子自从行冠礼以后,武帝便让他料理庶务,内外百司奏事者充塞朝堂。太子明晓众事,有所奏谬误巧妄的,都马上予以辩析,明示可否,慢慢让他改正,不曾弹劾纠举一人。平断案狱,多加宽宥保全,天下人都称太子仁爱。秉性宽厚和顺,能容人,喜怒之情不表现在脸色上。引诱接纳有才学的士人,赏识珍爱不知疲倦。常自己探讨古代典籍,或者与学士商榷古今,继而撰写文章著述,大率形成习惯。当时东宫有书近三万卷,著名的人才聚集,文学的盛况,是从晋、宋以来没有过的。

他本性喜爱山水,在玄圃穿渠堆山,又建立亭台馆阁,与朝士素来有名望的人在其中游玩。曾经在后池乘小舟漂浮,番禺侯轨极力陈说这里适宜演奏女乐。太子不回答,诵左思的《招隐诗》:"何必丝与竹,山水有清音。"轨惭愧不言。出宫二十多年,不集聚奏乐唱歌的人。死前,敕令赐给太乐的女妓一部,约略非他所爱好。

普通年间,大军北伐,京城中米价昂贵。太子因而命令节衣缩食。每逢霖雨积雪天气,就派遣心腹左右巡行街巷,视贫困人家以及流浪在道路上的人,暗中赈赐粮食,一人十石。又拿出主衣的绢帛，常年制作许多短衣短裤，各有三千领，冬天施舍给寒冷的人，不让人知晓。如果死亡没有殓，就为他准备棺材。每次听说远近百姓赋役辛勤劳苦，马上流露出同情的神色。他常认为：百姓的户口不实，比劳役扰乱更为严重。吴兴郡连年因为水灾而绝收，有人上言说应该挖掘大的沟渠以流泻浙江的水。中大通二年春天，诏令派遣前交州刺史王奕假节，征发吴、吴兴、信义三郡人丁，服劳役挖渠。太子上书说："听说要派遣王奕等人，征发东三郡人丁开漕运沟渠，导泄震泽，让吴兴郡境内不再有水灾，一劳永逸，以后必定得到惠利。事情尚未发生难以看得清楚，但我私下也有愚陋的想法。听说吴兴郡连年失收，百姓多流移在外，吴郡的十个县，也没有全收，只有信义去年秋季丰收，也不是长期劳役的农民家庭。近日东部境土粮食昂贵，强盗屡起，当地有关部门，都不上奏。如今征发的戍卒尚未返回。强壮的男丁稀少，此次虽然是较小的举动，人丁怕也难以如数征发。吏在门口一呼，动辄对人造成侵害。又出丁的地方，远近不一，等到集合齐，已经妨害了农桑。去年号称丰收，公私都不能足食丰衣，如果今天再让百姓失业，考虑造成的弊害更深。况且草寇窃贼多观察民间虚实，如果良民服役，那么抄掠盗窃的事必然增加。吴兴郡尚未收到它的利益，内地已受它的弊害。不知能不能暂停这项工程，待丰收充实的年份再兴此功？"武帝下诏进行教谕。

太子的孝顺谨慎属于天性，每次上朝，时间不到五鼓就等待城门开启。退朝后在东宫内殿闲居，一坐一起，常面向西南的朝廷。晚上受召要进宫，就端坐到天亮。

中大通三年三月，在后池游玩，乘坐雕纹小船采摘芙蓉花。宫女摇荡小船，太子落水，虽被救出，但大腿受伤，怕给武帝带来忧虑，告诫身边人不准将此事说出，以生病上奏武帝。武帝派人探视询问病情，常自己动手写书启奏。待到伤势转重，身边人要启奏武帝知道，他还不允许，说："为什么要至尊知道我病得这么严重。"于是低声哭泣。四月乙巳那天，病情突然加重，身边人骑马启奏武帝，待武帝来到，已死，享年仅三十一岁。武帝驾临痛哭极尽哀伤之情，诏令用衮衣和冠冕装敛，谥号昭明。五月庚寅，埋葬在安宁陵。诏令司徒左长史王筠撰写哀册文。朝野人等都惋惜惊愕，京城男女奔走宫门，号哭流泪的人布满道路。各地的庶人农夫以及边境上的人，听到丧事都很哀痛。

太子本性仁爱宽恕，他看到宫禁卫队有拿荆条的，问他们，说用荆条清道驱赶百姓。太子怕被驱赶的人疼痛，使他们拿手板代替它。饭菜中常有蝇虫之类，他暗中放在盘边，怕厨师得罪，不让人知道。又见到后阁的小孩赌博游戏，以后看到处理赌博的法律条文：士人赌博的结案后流放到边疆服劳役，庶人结案后在原地服劳役。太子说："私钱自己玩，不侵犯公物，这个处罚太重。"令改刑限三年，士人免官。狱书应该处死的必定降为长期徒刑，死罪以下的都予以减半。

他著有文集二十卷，又撰写古今典诰文言取名《正序》十卷，选五言诗的嘉美者辑为《英华集》二十卷，《文选》三十卷。

太子死后，他的长子东中郎将、南徐州刺史、华容公萧欢封为豫章郡王，次子枝江公萧誉封为河东郡王，曲江公萧詧封为岳阳郡王，萧警封为武昌郡王，萧鉴封为义阳郡王，食邑各二千户。他的女儿和公主待遇完全相同。蔡妃的供给待遇和常仪相同，只是另立了金华宫。武帝废嫡子立庶子后，海内议论纷纷，所以封诸子于大郡作为安慰。岳阳王萧詧流涕拜受，连日吃不下饭。

起初，丁贵嫔死，太子派人找到风水好的墓地，就要斩除荒草，有卖地的人通过宦官俞三副请求卖一块地，如果卖得三百万，答应将一百万给俞三副。于是俞三副暗地启奏武帝，说太子所得那块地不如现在所得这块地对武帝吉利，武帝晚年多忌讳，便诏令买这块地。埋葬完毕，有一位道士善于看墓地，说"此墓地对长子不利，如果用巫术诅咒制服也许可以排解。"于是用蜡鹅和其他物品埋在墓侧长子的位置。有宫监鲍邈之、魏雅二人，起初都被太子垂爱，鲍邈之后来被魏雅疏远了，暗中启奏武帝说："魏雅替太子用诅咒巫术祈祷。"武帝暗地派人检查挖掘，果然发现鹅等物。武帝大惊，要彻底查处此事。徐勉坚决劝谏方才作罢，于是只把道士杀死，因此太子死前都因此事惭愧愤慨，所以他的后嗣不能继立为皇帝。后来邵陵王出任丹阳郡，通过鲍邈之和乡人争夺婢女，论为诱略的罪，文书送入宫中，简文帝追思太子的冤枉，含泪将鲍邈之杀死。鲍邈之的侄子鲍僧降担任宫直，以前简文帝不知是鲍邈之的侄子，知道的当天就驱逐出宫。

先前民间有歌谣说："鹿子开城门，城门鹿子开，当开复未开，使我心徘徊。城中诸少年，逐欢归去来。""鹿子开"，谐音是"来子哭"，说皇帝要哭。萧欢以前任南徐州刺史，太子果然病死。派遣中书舍人臧厥将萧欢追回在崇正殿解开头发，和众人一起举哀。萧欢既然是嫡孙，按次序应该继承帝位，却迟疑不决。皇帝刚享有天下，恐怕不能以少年君主主持帝业，又因心中含恨的缘故，意在立晋安王为继嗣，从四月上旬犹豫到五月二十一日，方才下决心。萧欢只封为豫章王，回到任所。以前的歌谣说"心徘徊",就是未定的意思。"城中诸少年,逐欢归去来",是再回徐州的象征。萧欢字孟孙,任职云麾将军、江州刺史。死,谥安王。他的儿子萧栋继承爵位。

评论说:厉害啊,说坏话谄媚的巧妙。言语依附正直,行迹在于恭敬,悦目会心,没有不可散布的。至于离间别人父子兄弟,废黜楚王之嫡长,疏远汉室的继嗣,令人叹息,确不是一种途径。以昭明太子的嫡亲和贤能,梁武帝对他的垂爱和信赖,毁谤的话一出口,到死不能自我分辨明白,何况不如他的人呢!萧综处在秦嬴政的可疑地位,怀有负尺的志向,行为放肆狂悖,终于导致逃亡。庐陵王因多财连累,有自立的雄心,尚未能肆行暴虐,早死可以说是万幸。南康王处理政务有方术,行丧服以礼办事,可是过早的夭折,不能拯救危亡的乱世。邵陵王年少,阴险暴躁,丧失人道,晚年能够出兵勤劳王师,这是他的优点。武陵王处在形胜地区,最终败死,他才轻志大,灾祸能不降临吗?

南史卷六十九

列传第五十九

傅縡

傅縡字宜事，北地灵州人也。父彝，梁临沂令。縡幼聪敏，七岁诵古诗赋至十余万言。长好学，能属文。太清末，丁母忧，在兵乱中，居丧尽礼，哀毁骨立，士友以此称之。后依湘州刺史萧循。循颇好士，广集坟籍，縡肆志寻阅，因博通群书。王琳闻其名，引为府记室。琳败，随琳将孙玚还都。时陈文帝使颜晃赐玚杂物，玚托縡启谢，词理周洽，文无加点。晃还言之文帝，召为撰史学士。再迁骠骑安成王中记室，撰史如故。

縡笃信佛教，从兴皇寺慧朗法师受《三论》，尽通其学。寻以本官兼通直散骑侍郎使齐，还，累迁太子庶子、仆。

后主即位，迁秘书监、右卫将军，兼中书通事舍人，掌诏诰。縡为文典丽，性又敏速，虽军国大事，下笔辄成，未尝起草，沈思者亦无以加，甚为后主所重。然性木强，不持检操，负才使气，陵侮人物，朝士多衔之。会施文庆、沈客卿以佞见幸，专制衡轴，而縡益疏。文庆等因共谮之，后主收縡下狱。縡素刚，因愤恚，于狱中上书曰："夫人君者，恭事上帝，子爱黔黎,省嗜欲,远谄佞,未明求衣,日旰忘食,是以泽被区宇,庆流子孙。陛下顷来酒色过度,不虔郊庙之神,专媚淫昏之鬼。小人在侧,宦竖弄权,恶忠直若仇雠,视百姓如草芥。后宫曳绮绣,厩马余菽粟,兆庶流离,转尸蔽野,货贿公行,帑藏损耗,神怒人怨,众叛亲离。恐东南王气,自斯而尽。"书奏,后主大怒。顷之稍解,使谓曰:"我欲赦卿,卿能改过不?"縡对曰:"臣心如面,臣面可改,则臣心可改。"后主于是益怒,令宦者李善度穷其事,赐死狱中。有集十卷。

縡虽强直有才,而毒恶傲慢,为当世所疾。及死,有恶蛇屈尾来上灵床,当前受祭酹,去而复来者百余日。时时有弹指声。

译文:

傅縡字宜事,是北地灵州人。父亲名彝,是梁朝临沂县令。他幼年时便聪明敏慧,七岁时读过的古诗赋已经多达十多万字。长大后好学,善于作文。梁武帝太清末年,母亲去世,在兵荒马乱中,服丧尽礼,哀痛悲伤瘦得只剩一把骨头,士人朋友因此称赞他的孝行。后来傅縡依附湘州刺史萧循。萧循很喜欢交接士人,广泛收集古书,傅縡可以随意阅读,于是博览通达群书。王琳听说傅縡的名声,提拔他做府记室。王琳失败后,傅縡随从王琳的部将孙玚回到京城建康。当时陈文帝陈蒨派颜晃给孙玚送去礼品杂物,孙玚托傅縡代写回信表示谢意,信的内容周备融洽,文章不加点改。颜晃回朝对陈文帝讲了傅縡的文才,文帝召傅縡为撰史学士。又调骠骑将军安成王陈顼中记室,撰史学士职务不变。

傅縡诚心信奉佛教,跟兴皇寺的慧朗法师学习《三论》,全面通晓佛学道理。不久以本官兼任通直散骑侍郎的身份出使去北齐,回来之后又升任太子庶子、太子仆。

陈后主即位后，升迁为秘书监、右卫将军，兼任中书通事舍人，掌管草拟诏书事务。傅縡写的文章典雅华丽，禀性又敏慧迅捷，即使是军国大事的文件，下笔便立即成篇，从不起草，就是思想深密细致的人也不能超过他，很受陈后主的重用。然而傅縡的性格刚直不挠，不注意检点，自负有才任性，轻易地便欺陵侮犯别人，朝中士人对他多含恨在心。在这时施文庆、沈客卿由于谄佞受到陈后主的宠信，他们独揽朝中大权，使傅縡日益遭到皇帝的疏远。施文庆等一起合谋谗毁傅縡，陈后主把傅縡收系下狱。傅縡平素刚直，因此极为愤慨，他在狱中给皇帝上书说："做国君的，应当恭敬奉事上帝，像儿子一样爱护百姓，节制嗜欲，远离谄佞之人，天未明便穿上朝服上朝，天晚了忘记吃饭，因此皇帝的恩泽才能覆盖于天地，福禄才能流传给子孙。陛下近年来酒色过度，不敬郊庙神灵，专心向淫昏的邪鬼讨好。小人在国君身边，宦官小臣掌握权势，憎恶忠直的臣子如同仇敌，把百姓看成是草芥。后宫缤妃拖着锦绣衣裳，厩中的马有吃不完的豆谷，万民流离失所，流亡人的尸体盖满郊野，收贿行贿公开通行，官府的积蓄耗费一空，神灵愤怒人间怨恨，造成了目前众叛亲离的危险局面。我担心东南地方帝王的灵气，从此将要灭绝。"书奏上之后，陈后主大怒。过不久怒气才稍微平息，派人去对傅縡说："我打算宽恕你，只是你能不能改过。"傅縡回答说："我的心如同我的面貌，如果我的面貌能改变，那么我的心也可以改变。"陈后主因此更加恼怒，派宦官李善度追究傅縡的案子，最后赐死在狱里。有文集十卷。

傅縡虽然刚直有才学，但是为人恶毒傲慢，遭到当代人的忌恨。他死了之后，有条恶蛇蜷曲着尾巴爬上灵床，受灵前的祭奠，爬走又爬回，持续百多天。时时还发出弹手指头的声响。

南史卷七十二

列传第六十二

祖冲之

祖冲之字文远,范阳遒人也。曾祖台之,晋侍中。祖昌,宋大匠卿。父朔之,奉朝请。

冲之稽古,有机思,宋孝武使直华林学省,赐宅宇车服。解褐南徐州从事、公府参军。

始元嘉中,用何承天所制历,比古十一家为密。冲之以为尚疏,乃更造新法,上表言之。孝武令朝士善历者难之,不能屈。会帝崩不施行。

历位为娄县令,谒者仆射。初,宋武平关中,得姚兴指南车,有外形而无机杼,每行,使人于内转之。昇明中,齐高帝辅政,使冲之追修古法。冲之改造铜机,圆转不穷,而司方如一,马钧以来未之有也。时有北人索驭驎者亦云能造指南车,高帝使与冲之各造,使于乐游苑对共校试,而颇有差僻,乃毁而焚之。晋时杜预有巧思,造欹器,三改不成。永明中,竟陵王子良好古,冲之造欹器献之,与周庙不异。文惠太子在东宫,见冲之历法,启武帝施行。文惠寻薨又寝。

转长水校尉，领本职。冲之造《安边论》，欲开屯田，广农殖。建武中，明帝欲使冲之巡行四方，兴造大业，可以利百姓者，会连有军事，事竟不行。

冲之解钟律博塞，当时独绝，莫能对者。以诸葛亮有木牛流马，乃造一器，不因风水，施机自运，不劳人力。又造千里船，于新亭江试之，日行百余里。于乐游苑造水碓磨，武帝亲自临视。又特善算。永元二年卒，年七十二。著《易老庄义》，释《论语》《孝经》，注《九章》，造《缀述》数十篇。子暅之。

暅之字景烁，少传家业，究极精微，亦有巧思。入神之妙，般、倕无以过也。当其诣微之时，雷霆不能入。尝行遇仆射徐勉，以头触之，勉呼乃悟。父所改何承天历时尚未行，梁天监初，暅之更修之，于是始行焉。位至太舟卿。

暅之子皓，志节慷慨，有文武才略。少传家业，善算历。大同中为江都令，后拜广陵太守。

侯景陷台城，皓在城中，将见害，乃逃归江西。百姓感其遗惠，每相蔽匿。广陵人来嶷乃说皓曰："逆竖滔天，王室如燬，正是义夫发愤之秋，志士忘躯之日。府君荷恩重世，又不为贼所容。今逃窜草间，知者非一，危亡之甚，累棋非喻。董绍先虽景之心腹，轻而无谋，新克此州，人情不附，袭而杀之，此一壮士之任耳。今若纠率义勇，立可得三二百人。意欲奉戴府君，剿除凶逆，远近义徒，自当投赴。如其克捷，可立桓、文之勋；必天未悔祸，事生理外，百代之下，犹为梁室忠臣。若何？"皓曰："仆所愿也，死且甘心。"为要勇士耿光等百余人袭杀景兖州刺史董绍先，推前太子舍人萧勔为刺史，结东魏为援。驰檄远近，将讨景。景大惧，即日率侯子鉴等攻之。城陷，皓见执，被缚射之，箭遍体，然后车裂以徇。城中无少长，皆埋而射之。"

译文：

祖冲之字文远，范阳郡遒县人。他的曾祖祖台之，是晋朝侍中。祖父祖昌，是宋朝大匠卿。父亲祖朔之，是奉朝请。

祖冲之研习古事，思维机智灵巧，宋孝武帝让他在华林学中值勤，赐给住宅和车服。离家出仕，任南徐州从事、公府参军。

早先，元嘉年间，使用何承天所制作的历法，比古代十一家历法精密。祖冲之认为何承天的历法仍然比较粗疏，于是重新制作历法，上表奏请此事。孝武帝让朝士中精通历法的人驳难祖冲之，不能让他屈服。逢皇帝去世而没有颁布执行。

他历职为娄县县令，谒者仆射。起初，宋武帝平定关中地区，得到后秦姚兴的指南车，有外形却没有内部机械，让人在里面转动它。昇明年间，齐高帝辅政，让祖冲之追究古代方法修造。祖冲之重新改造铜制机械，指南车运转不停，而指的方向始终如一，这是从马钧以来没有过的。当时有个北方人名叫索驭驎的也说能制造指南车，高帝让他和祖冲之各自制造，然后在乐游苑一同比试，索驭驎的指南车多有误差，于是被毁坏然后焚烧。晋朝人杜预有精巧的心思，制造倾斜易覆的器具，三次改造而不成。永明年间，竟陵王萧子良好古，祖冲之制造倾斜易覆的器具献给他，和周庙的没有差别。文惠太子在东宫时，看见祖冲之的历法，启奏武帝颁行。文惠太子不久去世，事情又被搁置下来。

转任长水校尉，领原职。祖冲之撰写了《安边论》，想开创屯田，扩大农业种植面积。建武年间，明帝想让祖冲之巡视四方，兴造可以惠利百姓的大业，适逢接连有军事行动，事情最终也没有实行。

祖冲之知晓钟律和博戏，在当时可称独家绝手，没有人能和他匹敌。他因为诸葛亮造有木牛流马，就自己制造一器，不用风力和水力，装上机械自行运转，不需要人力。又制造了千里船，在新亭江上试验，一天可行百余里。还在乐游园制造了水碓磨，武帝亲自前往观看。又特别善于计算。永元二年病死，享年七十二岁。著有《易老庄义》，《释〈论语〉〈孝经〉》，《〈九章算术〉注》，制作《缀述》数十篇。他的儿子暅之。

祖暅之字景烁，少年进传习父业，探究极为精微，也有灵巧的心思。出神入化的机妙，公输般和倕也不能超过他。当他研究到达精微处时心神十分专注，就连雷霆也听不见。有一次走路边走边想，遇到仆射徐勉，头碰到徐勉身上，徐勉呼叫，他才醒悟。他父亲修改的何承天的历法当时尚没有颁行，梁朝天监初年，他又加以修订，于是开始颁行。他累官至太舟卿。

祖暅之的儿子祖皓，为人慷慨有志向气节，又有文武才能和谋略。少年时传习家学，精通算术和历法。大同年间任江都县令，后拜广陵太守。

侯景攻陷台城时，祖皓正在城内。他估计留在城内将被杀害，就逃回长江西。百姓感激他以前留下的恩惠，就帮助他荫蔽躲藏。广陵人来嶷劝说祖皓道："逆贼竖子罪恶滔天，王室像被焚烧一样，正是义夫发愤之时，志士忘身之日。府君世代蒙受朝廷重恩，又不被逆贼宽容。如今逃窜到草莽中间，知道的不是一人，危亡的严重性，超过把棋子一个个摞起来时刻有可能倒塌的情况。董绍先虽说是侯景的心腹，但是轻率而没有谋略，刚攻克此州，人心还没有归附，袭击然后杀死他，这是一位壮士可以完成的任务。今天如果召集义勇之士，马上可以得到二三百人。我想奉戴府君，剿灭凶逆的人，远近的义故门徒，自然会来投奔参战。如果能够取胜，可以建立齐桓公、晋文公那样的功勋；如果天意不让消除祸难，事情的发展出于意料，百代以后，仍然是梁朝的忠臣。你怎么办？"祖皓说："这正是我的心愿，就是死了也甘心。"于是邀约勇士耿光等一百多人袭击广陵城，杀死侯景的兖州刺史董绍先，推举前太子舍人萧憕憕为刺史，交结东魏政权作为外援。派人散发檄文到各地，将要讨伐侯景，侯景十分恐慌，当天就率领侯子鉴等将佐进攻广陵。城被攻陷，祖皓被俘，将他手脚捆绑起来，放乱箭射他。全身被箭布满，然后又车裂示众。城中居民不论老幼，都被活埋或射死。

- 史记
- 汉书
- 后汉书
- 三国志
- 晋书
- 宋书
- 南齐书
- 梁书
- 陈书
- 魏书
- 北齐书
- 周书
- 隋书
- 南史
- **北史**
- 旧唐书
- 新唐书
- 旧五代史
- 新五代史
- 宋史
- 辽史
- 金史
- 元史
- 明史

北史

本　纪

北史卷六

齐本纪上第六

高祖神武帝

齐高祖神武皇帝姓高氏，讳欢，字贺六浑，勃海蓨人也。六世祖隐，晋玄菟太守。隐生庆，庆生泰，泰生湖，三世仕慕容氏。及慕容宝败，国乱，湖率众归魏，为右将军。湖生四子。第三子谧，仕魏，位至侍御史，坐法徙居怀朔镇。谧生皇考树生，性通率，不事家业，住居白道南，数有赤光紫气之异，邻人以为怪，劝徙居以避之。皇考曰："安知非吉？"居之自若。

及神武生而皇妣韩氏殂，养于同产姊婿镇狱队尉景家。神武既累世北边，故习其俗，遂同鲜卑。长而深沈有大度，轻财重士，为豪侠所宗。目有精光，长头高权，齿白如玉，少有人杰表。家贫，及娉武明皇后，始有马，得给镇为队主。镇将辽西段长常奇神武貌，谓曰："君有康济才，终不徒然。"便以子孙为托。及贵，追赠长司空，擢其子宁而用之。

神武自队主转为函使。尝乘驿过建兴，云雾昼晦，雷声随之，半日乃绝，若有神应者。每行道路，往来无风尘之色。又尝梦履众星而行，觉而内喜。为函使六年，每至洛阳，给令史麻祥使。祥尝以肉啗神武，神武性不立食，坐而进之，祥以为慢己，笞神武四十。

及自洛阳还，倾产以结客。亲故怪问之，答曰："吾至洛阳，宿卫羽林相率焚领军张彝宅，朝廷惧其乱而不问，为政若此，事可知也。财物岂可常守邪？"自是乃有澄清天下之志。与怀朔省事云中司马子如及秀容人刘贵、中山人贾显智为奔走之友，怀朔户曹史孙腾、外兵史侯景亦相友结。刘贵尝得一白鹰，与神武及尉景、蔡俊、子如、贾显智等猎于沃野，见一赤兔，每搏辄逸，遂至迴泽。泽中有茅屋，将奔入，有狗自屋中出噬之，鹰兔俱死。神武怒，以鸣镝射之，狗毙。屋中乃有二人出，持神武襟甚急。其母两目盲，曳杖，呵其二子，曰："何故触大家！"出瓮中酒，烹羊以待客。因自言善暗相，遍扣诸人，言皆贵，而指麾俱由神武。又曰："子如历位显，智不善终。"饮竟，出行数里，还更访之，则本无人居，乃向非人也。由是诸人益加敬异。

孝昌元年，柔玄镇人杜洛周反于上谷，神武乃与同志从之。丑其行事，私与尉景、段荣、蔡俊图之，不果而逃，为其骑所追。文襄及魏永熙后皆幼，武明后于牛上抱负之。文襄屡落牛，神武弯弓将射之以决去，后呼荣求救，赖荣透下取之以免。遂奔葛荣，又亡归尔朱荣于秀容。

先是刘贵事荣，盛言神武美，至是始得见。以憔悴故，未之奇也。贵乃为神武更衣，复求见焉。因随荣之厩，厩有恶马，荣命剪之，神武乃不加羁绊而剪，竟不蹄啮。已而起曰："御恶人亦如此马矣。"荣遂坐神武于床下，屏左右而访时事。神武曰："闻公有马十二谷，色别为群，将此竟何用也？"荣曰："但言尔意。"神武曰："方今天子愚弱，太后淫乱，孽宠擅命，朝政不行。以明公雄武，乘时奋发，讨郑俨、徐纥而清帝侧，霸业可举鞭而成。此贺六浑之意也。"荣大悦，语自日中至夜半乃出。自是每参军谋。

后从荣徙据并州，抵扬州邑人庞苍鹰，止团焦中。每从外归，主人遥闻行响动地。苍鹰母数见团焦上赤气赫然属天。又苍鹰尝夜欲入，有青衣人拔刀叱曰："何故触王？"言讫不见。始以为异，密觇之，唯见赤蛇蟠床上，乃益惊异，因杀牛分肉，厚以相奉。苍鹰母求以神武为义子。及得志，以其宅为第，号为南宅。虽门巷开广，堂宇崇丽，其本所住团焦，以石垩涂之，留而不毁。至文宣时，遂为宫。

既而荣以神武为亲信都督。于时魏明帝衔郑俨、徐纥，逼灵太后，未敢制，私使荣举兵内向。荣以神武为前锋。至上党，明帝又私诏停之。及帝暴崩，荣遂入洛。因将篡位，神武谏恐不听，请铸像卜之，铸不成，乃止。孝庄帝立，以定策勋，封铜鞮伯。及尔朱荣击葛荣，令神武喻下贼别称王者七人。后与行台于晖破羊侃于太山。寻与元天穆破邢杲于济南。累迁第三镇人酋长。

尝在荣帐内，荣尝问左右曰："一日无我，谁可主军？"皆称尔朱兆。荣曰："此正可统三千骑以还。堪代我主众者，唯贺六浑耳。"因诫兆曰："尔非其匹，终当为其穿鼻。"乃以神武为晋州刺史。于是大聚敛，因刘贵货荣下要人，尽得其意。时州库角无故自鸣，神武异之，无几而孝庄诛荣。

及尔朱兆自晋阳将举兵赴洛，召神武，神武使长史孙腾辞以绛蜀、汾胡欲反，不可委去，兆恨焉。腾复命，神武曰："兆举兵犯上，此大贼也，吾不能久事之。"自是始有图兆计。及兆入洛，执庄帝以北，神武闻之大惊，又使孙腾伪贺兆，因密觇孝庄所在，将劫以举义，不果。乃以书喻之，言不宜执天子以受恶名于海内。兆不纳，杀帝而与尔朱世隆等立长广王晔，改元建明，封神武为平阳郡公。

及费也头纥豆陵步藩入秀容，逼晋阳，兆征神武。神武将往，贺拔焉过儿请缓行以弊之。神武乃往往逗留，辞以河无桥，不得渡。步藩军盛，兆败走。初，孝庄之诛尔朱荣，知其党必有逆谋，乃密敕步藩，令袭其后。步藩既败兆等，以兵势日盛，兆又请救于神武。神武内图兆，复虑步藩后之难除，乃与兆悉力破之，藩死。兆深德神武，誓为兄弟。时世隆、度律、彦伯共执朝政，天光据关右，兆据并州，仲远据东郡，各拥兵为暴，天下苦之。

葛荣众流入并、肆者二十余万，为契胡陵暴，皆不聊生，大小二十六反，诛夷者半，犹草窃不止。兆患之，问计于神武。神武曰："六镇反残，不可尽杀，宜选王素腹心者，私使统焉，若有犯者，罪其帅，则所罪者寡。"兆曰："善！谁可行也？"贺拔允时在坐，请神武。神武拳殴之，折其一齿，曰："生平天柱时，奴辈伏处分如鹰犬，今日天下安置在王，而阿鞠泥敢诬下罔上，请杀之。"兆以神武为诚，遂以委焉。神武以兆醉，恐醒后或致疑贰，遂出，宣言"受委统州镇兵，可集汾东受令"。乃建牙阳曲川，陈部分。有款军门者，绛巾袍，自称梗杨驿子，愿厕左右。访之，则以力闻，尝于并州市扼杀人者，乃署为亲信。兵士素恶兆而乐神武，于是莫不皆至。

居无何，又使刘贵请兆，以并、肆频岁霜旱，降户掘黄鼠而食之，皆面无谷色，徒污人国土。请令就食山东，待温饱而处分之。兆从其议。其长史慕容绍宗谏曰："不可，今四方扰扰，人怀异望，况高公雄略，又握大兵，将不可为。"兆曰："香火重誓，何所虑邪？"绍宗曰"亲兄弟尚难信，何论香火！"时兆左右已受神武金，因潜绍宗与神武旧隙，兆乃禁绍宗而催神武发。

神武乃自晋阳出滏口。路逢尔朱荣妻乡郡长公主自洛阳来，马三百匹，尽夺易之。兆闻，乃释绍宗而问焉。绍宗曰："犹掌握中物也。"于是自追神武，至襄垣。会漳水暴长，桥坏，神武隔水拜曰："所以借公主马，非有他故，备山东盗耳。王受公主言，自来赐追，今渡河而死，不辞，此众便叛。"兆自陈无此意，因轻马渡，与神武坐幕下，陈谢，遂授刀引头，使神武斫己。神武大哭，曰："自天柱薨背，贺六浑更何所仰！愿大家千万岁，以申力用。今旁人构间至此，大家何忍复出此言？"兆投刀于地，遂刑白马而盟，誓为兄弟，留宿夜饮。尉景伏壮士欲执兆，神武啮臂止之，曰："今杀之，其党必奔归聚结。兵饥马瘦，不可相支。若英雄崛起，则为害滋甚。不如且置之。兆虽劲捷，而凶狡无谋，不足图也。"旦日，兆归营，又召神武，神武将上马诣之，孙腾牵衣乃止。兆隔水肆骂，驰还晋阳。兆心腹念贤领降户家累别为营，神武伪与之善，观其佩刀，因取之以杀其从者，尽散。于是士众咸悦，倍愿附从。

初，魏真君中，内学者奏言上党有天子气，云在壶关大王山。太武帝于是南巡以厌当之，累石为三封，斩其北凤皇山以毁其形。后上党人居晋阳者号上党坊，神武实居之。及是行，舍大王山，六旬而进。将出滏口，倍加约束，纤毫之物，不听侵犯。将过麦地，神武辄步牵马。远近闻之，皆称高仪同将兵整肃，益归心焉。遂前行屯邺北，求粮于相州刺史刘诞，诞不供。有军营租米，神武自取之。

魏普泰元年二月，神武军次信都，高乾、封隆之开门以待，遂据冀州。是月，尔朱度律废元晔而立节闵帝。欲羁縻神武，三月，乃白节闵帝，封神武为勃海王，征使入觐。神武辞。四月癸巳，又加授东道大行台、第一镇人酋长。庞苍鹰自太原来奔，神武以为行台郎，寻以为安州刺史。

神武自向山东，养士缮甲，禁兵侵掠，百姓归心。乃诈为书，言尔朱兆将以六镇人配契胡为部曲，众皆愁。又为并州符，征兵讨步落稽。发万人将遣之，孙腾、尉景伪请留五日，如此者再。神武亲送之郊，雪涕执别。人号恸，哭声动地。神武乃喻之，曰："与尔俱失乡客，义同一家，不意在上乃尔征召！直向西已当死，后军期又当死，配国人又当死，奈何？"众曰："唯有反耳！"神武曰："反是急计，须推一人为主。"众愿奉神武。神武曰："尔乡里难制，不见葛荣乎？虽百万众，无刑法，终自灰灭。今以吾为主，当与前异，不得欺汉儿，不得犯军令，生死任吾，则可。不尔，不能为取笑天下。"众皆顿颡，死生唯命。神武曰若不得已。明日，椎牛飨士，喻以讨尔朱兆之意。封隆之进曰："千载一时，普天幸甚。"神武曰："讨贼，大顺也，拯时，大业也，吾虽不武，以死继之，何敢让焉。"

六月庚子，建义于信都，尚未显背尔朱氏。及李元忠与高乾平殷州，斩尔朱羽生首来氏。世隆等秘表不通。八月，尔朱兆攻陷殷州，李元忠来奔。

孙腾以为朝廷隔绝，不权立天子，则众望无所系。十月壬寅，奉章武王融子勃海太守朗为皇帝，年号中兴，是为废帝。时度律、仲远军次阳平，尔朱兆会之。神武用窦泰策，纵反间，度律、仲远不战而还，神武乃败兆于广阿。十一月，攻邺，相州刺史刘诞婴城固守。神武起土山，为地道，往往建大柱，一时焚之，城陷入地。麻祥时为汤阴令，神武呼之曰麻都，祥惭而逃。

永熙元年正月壬午，拔邺城，据之。废帝进神武大丞相、柱国大将军、太师。是时，青州建义大都督崔灵珍、大都督耿翔皆遣使归附，行汾州事刘贵弃城来降。

闰三月，尔朱天光自长安，兆自并州，度律自洛阳，仲远自东郡，同会邺，众号二十万，挟洹水而军。节闵以长孙承业为大行台，总督焉。神武令封隆之守邺，自出顿紫陌。时马不满二千，步兵不至三万，众寡不敌。乃于韩陵为圆阵，连牛驴以塞归道。于是将士皆为死志，四面赴击之。尔朱兆责神武以背己。神武曰："本勠力者，共辅王室，今帝何在？"兆曰："永安枉害天柱，我报仇耳。"神武曰："我昔日亲闻天柱计，汝在户前立，岂得言不反邪？且以君杀臣，何报之有？今日义绝矣。"乃合战，大败之。尔朱兆对慕容绍宗叩心曰："不用公言，以至于此。"将轻走，绍宗反旗鸣角，收聚散卒，成军容而西上。高季式以七骑追奔，度野马岗，与兆遇。高昂望之不见，哭曰："丧吾弟矣！"夜久，季式还，血满袖。斛斯椿倍道先据河桥。初，普泰元年十月，岁星、荧惑、镇星、太白聚于觜、参，色甚明。太史占云，当有王者兴。是时，神武起于信都，至是而破兆等。

四月，斛斯椿执天光、度律以送洛阳。长孙承业遣都督贾显智、张欢入洛阳，执世隆、彦伯斩之。兆奔并州。仲远奔梁，遂死焉。时凶蠹既除，朝廷庆悦。初，未战之前月，章武人张绍夜中忽被数骑将逾城至一大将军前，敕绍为军导向邺，云佐受命者除残贼。绍回视之，兵不测，整疾无声。将至邺，乃放焉。及战之日，尔朱氏军人见阵外士马四合，盖神助也。

既而神武至洛阳，废节闵及中兴主而立孝武。孝武既即位，授神武大丞相、天柱大将军、太师，世袭定州刺史，增封并前十五万户。神武辞天柱，减户五万。壬辰，还邺，魏帝饯于乾脯山，执手而别。

七月壬寅，神武帅师北伐尔朱兆。封隆之言，侍中斛斯椿、贺拔胜、贾显智等往事尔朱，普皆反噬，今在京师宠任，必构祸隙。神武深以为然。乃归天光、度律于京师，斩之。遂自滏口入。尔朱兆大掠晋阳，北保秀容，并州平。神武以晋阳四塞，乃建大丞相府而定居焉。

尔朱兆既至秀容，分兵守险，出入寇抄。神武扬声讨之，师出止者数四，兆意怠。神武揣其岁首当宴会，遣窦泰山精骑驰之，一日一夜行三百里，神武以大军继之。

二年正月，窦泰奄至尔朱兆庭。军人因宴休惰，忽见泰军，惊走，追破之于赤洪岭。兆自缢，神武亲临，厚葬之。慕容绍宗以尔朱荣妻子及余众自保乌突城，降，神武以义故待之甚厚。

神武之入洛也，尔朱仲远部下都督桥宁、张子期自滑台归命，神武以其助乱，且数反复，皆斩之。斛斯椿由是内不自安，乃与南阳王宝炬及武卫将军元毗、魏光、王思政构神武于魏帝。舍人元士弼又奏神武受敕大不敬，故魏帝心贰于贺拔岳。初，孝明之时，洛下以两拔相击，谣言"铜拔打铁拔，元家世将末"，好事者以二拔谓拓拔、贺拔，言俱将衰败之兆。

时司空高乾密启神武，言魏帝之贰。神武封呈，魏帝杀之。又遣东徐州刺史潘绍业密敕长乐太守庞苍鹰，令杀其弟昂。昂先闻其兄死，以稍刺柱，伏壮士执绍兴于路，得敕书于袍领，遂来奔。神武抱其首哭曰："天子枉害司空。"遽使以白武幡劳其家属。时干次弟慎在光州，为政严猛，又纵部下取纳，魏帝使代之。慎闻难，将奔梁，其属曰："公家勋重，必不兄弟相及。"乃弊衣推鹿车归勃海，逢使者，亦来奔。于是魏帝与神武隙矣。

阿至罗房正光以前常称藩，自魏朝多事，皆叛。神武遣使招纳，便附款。先是，诏以寇贼平，罢行台，至是以殊俗归降，复授神武大行台，随机处分。神武赉其粟帛，议者以为徒费无益，神武不从，抚慰如初。其酋帅吐陈等感恩，皆从指麾，救曹泥，取万俟受洛干，大收其用。河西费也头纥豆陵伊利居苦池河，恃险拥众，神武遣长史侯景屡招不从。

天平元年正月壬辰，神武西伐费也头纥豆陵伊利于河西，灭之，迁其部落于河东。

二月，永宁寺九层浮屠灾。既而人有从东莱至，云及海上人咸见之于海中，俄而雾起，乃灭。说者以为天意若曰："永宁见灾，魏不宁矣，飞入东海，勃海应矣。"

魏帝既有异图，时侍中封隆之与孙腾私言，隆之丧妻，魏帝欲妻以从妹。腾亦未之信，心害隆之，泄其言于斛斯椿。椿以白魏帝。又孙腾带仗入省，擅杀御史。并亡来奔。称魏帝挝舍人梁续于前，光禄少卿元子干攘臂击之，谓腾曰："语尔高王，元家儿拳正如此。"领军娄昭辞疾归晋阳。魏帝于是以斛斯椿兼领军，分置督将及河南、关西诸刺史。华山王鸷在徐州，神武使邸珍夺其管龠。建州刺史韩贤、济州刺史蔡俊皆神武同义，魏帝忌之，故省建州以去贤，使御史中尉綦俊察俊罪，以开府贾显智为济州，俊拒之。

魏帝逾怒，五月，下诏，云将征句吴，发河南诸州兵，增宿卫，守河桥。六月丁巳，密诏神武曰："宇文黑獭自平破秦、陇，多求非分，脱有变非常，事资经略。但表启未全背戾，进讨事涉忽忽。遂召群臣，议其可否。佥言假称南伐，内外戒严，一则防黑獭不虞，二则可威吴楚。"时魏帝将伐神武，神武部署将帅，虑疑，故有此诏。神武乃表曰："荆州绾接蛮左，密迩畿服，关陇恃远，将有逆图。臣今潜勒兵马三万，拟从河东而渡；又遣恒州刺史库狄干、瀛州刺史郭琼、汾州刺史斛律金、前武卫大将军彭乐拟兵四万，从其来违津渡；遣领军将军娄昭、相州刺史窦泰、前瀛州刺史尧雄、并州刺史高隆之拟兵五万，以讨荆州；遣冀州刺史尉景、前冀州刺史高敖曹、济州刺史蔡俊、前侍中封隆之拟山东兵七万、突骑五万，以征江左。皆约勒所部，伏听处分。"魏帝知觉其变，乃出神武表，命群官议之，欲止神武诸军。

神武乃集在并僚佐，令其博议。还以表闻，仍以信誓自明忠款曰："臣为嬖佞所间，陛下一旦赐疑，令猖狂之罪，尔朱时计。臣若不尽诚竭节，敢负陛下，则使身受天殃，子孙殄绝。陛下若垂信赤心，使干戈不动，佞臣一二人，愿斟量废出。"

辛未，帝复录在京文武议意，以答神武。使舍人温子升草敕，子升逡巡未敢作，帝据胡床拔剑作色，子升乃为敕曰：

前持心血，远以示王，深冀彼此共相体悉，而不良之徒，坐生间贰。近孙腾仓卒向彼，致使闻者疑有异谋。故遣御史中尉綦俊，具申朕怀。今得王启，言誓恳恻，反复思之，犹所未解。以朕眇身，遇王武略，不劳尺刃，坐为天子。所谓生我者父母，贵我者高王。今若无事背王，规相攻讨，则使身及子孙，还如王誓，皇天后土，实闻此言。

近虑宇文为乱，贺拔胜应之，故纂严，欲与王俱为声援。宇文今日使者相望，观其所为，更无异迹。贺拔在南，开拓边境，为国立功，念无可责。君若欲分讨，何以为辞？东南不宾，为日已久，先朝已来，置之度外，今天下户口减半，未宜穷兵极武。

朕既暗昧，不知佞人是谁，可列其姓名，令朕知也。如闻厍狄干语王云："本欲取懦弱者为主，无事立此长君，使其不可驾驭。今但作十五日行，自可废之，更立余者。"如此议论，自是王间勋人，岂出佞臣之口？去岁封隆之背叛，今年孙腾逃走，不罪不送，谁不怪王？腾既为祸始，曾无愧惧，王若事君尽诚，何不斩送二首？王虽启图西去，而四道俱进，或欲南度洛阳，或欲东临江左，言之者犹应自怪，闻之者宁能不疑？王若守诚不贰，晏然居北，在此虽有百万之众，终无图彼之心。王脱信邪弃义，举旗南指，纵无匹马只轮，犹欲奋空拳而争死。朕本寡德，王已立之，百姓无知，或谓实可。若为他所图，则彰朕之恶；假令还为王杀，幽辱齑粉，了无遗恨。何者？王既以德见推，以义见举，一朝背德舍义，便是过有所归。

本望君臣一体，若合符契，不图今日，分疏到此！古语云："越人射我，笑而道之；吾兄射我，泣而道之。"朕既亲王，情如兄弟，所以投笔拊膺，不觉歔欷。

初，神武自京师将北，以为洛阳久经丧乱，王气衰尽，虽有山河之固，土地褊狭，不如邺，请迁都。魏帝曰："高祖定鼎河洛，为永永之基，经营制度，至世宗乃毕。王既功在社稷，宜遵太和旧事。"神武奉诏。至是，复谋焉。遣兵千骑镇建兴，益河东及济州兵，于白沟舣船，不听向洛，诸州和籴粟，运入邺城。魏帝又敕神武曰："王若厌伏人情，杜绝物议，唯有归河东之兵，罢建兴之戍，送相州之粟，追济州之军，令蔡俊受代，使邸珍出徐，止戈散马，各事家业。脱须粮廪，别遣转输。则谗人结舌，疑悔不生。王高枕太原，朕垂拱京洛，终不举足渡河，以干戈相指。王若马首南向，问鼎轻重，朕虽无武，欲止不能，必为社稷宗庙，出万死之策。决在于王，非朕能定，为山止篑，相为惜之。"

魏帝时以任祥为兼尚书左仆射，加开府。祥弃官走至河北，据郡待神武。魏帝乃敕文武官,北来者任去留。下诏罪状神武,为北伐经营。神武亦勒马宣告曰:"孤遇尔朱擅权,举大义于四海,奉戴主上,义贯幽明。横为斛斯椿谗构,以诚节为逆首。昔赵鞅兴晋阳之甲,诛君侧恶人。今者南迈,诛椿而已。"以高昂为前锋,曰:"若用司空言,岂有今日之举!"司马子如答神武曰:"本欲立小者,正为此耳。"

魏帝征兵关右,召贺拔胜赴行在所,遣大行台长孙承业、大都督颍川王斌之、斛斯椿共镇武牢,汝阳王暹镇石济,行台长孙子彦帅前恒农太守元洪略镇陕,贾显智率豫州刺史斛斯元寿伐蔡俊。神武使窦泰与左厢大都督莫多娄贷文逆显智,韩贤逆暹。元寿军降泰。贷文与显智遇于长寿津,显智阴约降,引军退。军司元玄觉之,驰还请益师。魏帝遣大都督侯几绍赴之,战于滑台东,显智以军降,绍死之。

七月,魏帝躬率大众屯河桥。神武至河北十余里,再遣口申诚款,魏帝不报。神武乃引军度河。魏帝问计于群臣,或云南依贺拔胜,或云西就关中,或云守洛口死战,未决。而元斌之与斛斯椿争权不睦,斌之弃椿径还,绐帝云神武兵至。即日,魏帝逊于长安。

己酉,神武入洛,停于永宁寺。八月甲寅,召集百官谓曰:"为臣奉主,匡救危乱。若处不谏争,出不陪随,缓则耽宠争荣,急便窜失,臣节安在!"遂收开府仪同三司叱列延庆、兼尚书左仆射辛雄、兼吏部尚书崔孝芬、都官尚书刘廞、兼度支尚书杨机、散骑常侍元士弼,并杀之,诛其贰也。士弼籍没家口。

神武以万机不可旷废,乃与百僚议,以清河王亶为大司马,居尚书下舍而承制决事焉。王称警跸,神武丑之。神武寻至弘农,遂西克潼关,执毛洪宾;进军长城,龙门都督薛崇礼降。神武退舍河东，命行台尚书长史薛瑜守潼关；大都督厍狄温守封陵；于蒲津西岸筑城守华州，以薛绍宗为刺史；高昂行豫州事。神武自发晋阳至此，凡四十启，魏帝皆不答。

九月庚寅，神武还至洛阳，乃遣僧道荣奉表关中，又不答。乃集百僚沙门耆老，议所推立。以为自孝昌衰乱，国统中绝，神主靡依，昭穆失序，永安以孝文为伯考，永熙迁孝明于夹室，业丧祚短，职此之由。遂议立清河王世子善见。议定，白清河王。王曰："天子无父，苟使儿立，不惜余生。"乃立之，是为孝静帝。魏于是始分为二。

神武以孝武既西，恐逼崤陕，洛阳复在河外，接近梁境，如向晋阳，形势不能相接，依议迁邺。护军祖莹赞焉。诏下三日，车驾便发，户四十万，狼狈就道。神武留洛阳部分，事毕还晋阳。自是军国政务，皆归相府。先是童谣曰："可怜青雀子，飞来邺城里，羽翮垂欲成，化作鹦鹉子。"好事者窃言，雀子谓魏帝清河王子，鹦鹉谓神武也。

初，孝昌中，山胡刘蠡升自称天子，年号神嘉，居云阳谷，西土岁被其寇，谓之胡荒。

二年正月，西魏渭州刺史可朱浑道元拥众内属，神武迎纳之。壬戌，神武袭击刘蠡升，大破之。己巳，魏帝褒诏，以神武为相国，假黄钺，剑履上殿，入朝不趋，神武固辞。

三月，神武欲以女妻蠡升太子，候其不设备，辛酉，潜师袭之。其北部王斩蠡升首以送，其众复立其子南海王。神武进击之，又获南海王，及其弟西海王、北海王、皇后、公卿已下四百余人，胡、魏五万户。壬申，神武朝于邺。

四月，神武请给迁人廪各有差。

九月甲寅，神武以州、郡、县官多乖法，请出使问人疾苦。

三年正月甲子，神武帅库狄干等万骑袭西魏夏州。身不火食，四日而至，缚稍为梯，夜入其城，擒其刺史费也头斛拔俄弥突，因而用之。留都督张琼以镇守，迁其部落五千户以归。西魏灵州刺史曹泥与其婿凉州刺史刘丰遣使请内属。周文围泥，水灌其城，不没者四尺。神武命阿至罗发骑三万，径度灵州，绕出西军后，获马五十匹，西师乃退。神武率骑迎泥、丰生，拔其遗户五千以归，复泥官爵。魏帝诏加神武九锡，固让乃止。

二月，神武令阿至罗逼西魏秦州刺史建忠王万俟普拨，神武以众应之。六月甲午，普拨与其子太宰受洛干、幽州刺史叱干宝乐、右卫将军破六韩常及督将三百余人，拥部来降。

八月丁亥，神武请均斗尺，班于天下。

九月辛亥，汾州胡王迢触、曹贰龙聚众反，署立百官，年号平都，神武讨平之。

十二月丁丑，神武自晋阳西讨，遣兼仆射行台、汝阳王暹、司徒高昂等趣上洛，大都督窦泰入自潼关。

四年正月癸丑，窦泰军败自杀。神武军次蒲津，以冰薄不得赴救，乃班师。高昂攻克上洛。

二月乙酉，神武以并、肆、汾、建、晋、东雍、南汾、秦、陕九州霜旱，人饥流散，请所在开仓振给。

六月壬申，神武如天池，获瑞石，隐起成文曰"六王三川"。

十月壬辰，神武西讨，自蒲津济，众二十万。周文军于沙苑。神武以地厄少却，西人鼓噪而进。军大乱，弃器甲十有八万，神武跨橐驼，候船以归。

元象元年三月辛酉，神武固请解丞相，魏帝许之。

四月庚寅，神武朝于邺。壬辰，还晋阳，请开酒禁，并振恤宿卫武官。

七月壬午，行台侯景、司徒高昂围西魏将独孤信于金墉，西魏帝及周文并来赴救。大都督库狄干帅诸将前驱，神武总众继进。

八月辛卯，战于河阴，大破西魏军，俘获数万。司徒高昂、大都督李猛、宋显死之。西师之败，独孤信先入关，周文留其都督长孙子彦守金墉，遂烧营以遁。神武遣兵追奔至崤，不及而还。初，神武知西师来侵，自晋阳率众驰赴，至孟津，未济，而军有胜负。既而神武渡河，子彦亦弃城走。神武遂毁金墉而还。

十一月庚午，神武朝于京师。十二月壬辰，还晋阳。

兴和元年七月丁丑，魏帝进神武为相国、录尚书事，固让乃止。

十一月乙丑，神武以新宫成，朝于邺。魏帝与神武燕射，神武降阶下称贺。又辞勃海王及都督中外诸军事，诏不许。十二月戊戌，神武还晋阳。

二年十二月，阿至罗别部遣使请降，神武帅众迎之，出武州塞，不见，大猎而还。

三年五月，神武巡北境，使使与蠕蠕通和。

四年五月辛巳，神武朝于邺。请令百官，每月面敷政事；明扬仄陋，纳谏屏邪，亲理狱讼，褒黜勤怠；牧守有愆，节级相坐；椒掖之内，进御以序；后园鹰犬，悉皆弃之。六月甲辰，神武还晋阳。

九月，神武西征，十月己亥，围西魏仪同三司王思政于玉壁城，欲以致敌，西师不敢出。

十一月癸未，神武以大雪，士卒多死，乃班师。

武定元年二月壬申，北豫州刺史高慎据武牢西叛。三月壬辰，周文率众援高慎，围河桥南城。戊申，神武大败之于芒山，禽西魏督将以下四百余人，俘斩六万计。是时军士有盗杀驴者，军令应死，神武弗杀，将至并州决之。明日，复战，奔西军，告神武所在，西师尽锐来攻。众溃，神武失马，赫连阳顺下马，以授神武，与苍头冯文洛扶上，俱走。从者步骑六七人。追骑至，亲信都督尉兴庆曰："王去矣，兴庆腰边百箭，足杀百人。"神武勉之曰："事济，以尔为怀州；若死，则用尔子。"兴庆曰："儿小，愿用兄。"许之。兴庆斗，矢尽而死。西魏太师贺拔胜以十三骑逐神武，河州刺史刘洪徽射中其二。胜稍将中神武，段孝先横射胜马殪，遂免。豫、洛二州平，神武使刘丰追奔徇地，至恒农而还。

七月，神武贻周文书，责以杀孝武之罪。

八月辛未，魏帝诏神武为相国、录尚书事、大行台，余如故，固辞乃止。是月，神武命于肆州北山筑城，西自马陵戍，东至土隥，四十日罢。

十二月己卯，神武朝于京师，庚辰，还晋阳。

二年三月癸巳，神武巡行冀、定二州，因朝京师。以冬春亢旱，请蠲县责，振穷乏，宥死罪以下。又请授老人板职各有差。四月丙辰，神武还晋阳。

十一月，神武讨山胡，破平之，俘获一万余户，分配诸州。

三年正月甲午，开府仪同三司尔朱文畅、开府司马任冑、都督郑仲礼、中府主簿李世林、前开府参军房子远等谋贼神武，因十五日夜打簇，怀刃而入。其党薛季孝以告，并伏诛。丁未，神武请于并州置晋阳宫，以处配口。

三月乙未，神武朝邺。丙午，还晋阳。

十月丁卯，神武上言，幽、安、定三州北接奚、蠕蠕，请于险要修立城戍以防之。躬自临履，莫不严固。乙未，神武请释芒山俘桎梏，配以人间寡妇。

四年八月癸巳，神武将西伐，自邺会兵于晋阳。殿中将军曹魏祖曰："不可，今八月西方王，以死气逆生气，为客不利，主人则可。兵果行，伤大将。"神武不从。自东西魏构兵，邺下每先有黄黑蚁阵斗。占者以为黄者东魏戎衣色，黑者西魏戎衣色，人间以此候胜负。是时黄螘尽死。

九月，神武围玉壁以挑西师，不敢应。西魏晋州刺史韦孝宽守玉壁。城中出铁面，神武使元盗射之，每中其目。用李业兴孤虚术，萃其北，北，天险也。乃起土山，凿十道，又于东面凿二十一道，以攻之。城中无水，汲于汾，神武使移汾，一夜而毕。孝宽夺据土山。顿军五旬，城不拔，死者七万人，聚为一冢。有星坠于神武营，众驴并鸣，士皆恐惧。神武有疾。

十一月庚子，舆疾班师。庚戌，遣太原公洋镇邺。辛亥，征世子澄至晋阳。有恶鸟集于亭树，世子使斛律光射杀之。己卯，神武以无功，表解都督中外诸军事，魏帝优诏许焉。是时，西魏言神武中弩，神武闻之，乃勉坐见诸贵。使斛律金敕勒歌，神武自和之，哀感流涕。

侯景素轻世子，尝谓司马子如曰："王在，吾不敢有异；王无，吾不能与鲜卑小儿共事。"子如掩其口。至是，世子为神武书，召景。景先与神武约，得书，书背微点，乃来。书至，无点，景不至。又闻神武疾，遂拥兵自固。神武谓世子曰："我虽疾，尔面更有余忧色，何也？"世子未对。又问曰："岂非忧侯景叛邪？"曰："然。"神武曰："景专制河南十四年矣，常有飞扬跋扈志，顾我能养，岂为汝驾御也。今四方未定，勿遽发哀。库狄干鲜卑老公，斛律金敕勒老公，并性遒直，终不负汝。可朱浑道元、刘丰生远来投我，必无异心。贺拔焉过儿朴实无罪过，潘相乐本作道人，心和厚，汝兄弟当得其力。韩轨少戆，宜宽借之。彭相乐心腹难得，宜防护之。少堪敌侯景者，唯有慕容绍宗，我故不贵之，留以与汝，宜深加殊礼，委以经略。"

五年正月朔，日蚀。神武曰："日蚀其为我邪？死亦何恨。"丙午，陈启于魏帝。是日，崩于晋阳，时年五十二。秘不发丧。六月壬午，魏帝于东堂举哀三日，制缌衰，诏凶礼依汉大将军霍光、东平王苍故事，赠假黄钺、使持节、相国、都督中外诸军事、齐王玺绂、辒辌车、黄屋左纛、前后羽葆鼓吹、轻车介士、兼备九锡殊礼，谥献武王。八月甲申，葬于邺西北漳水之西，魏帝临送于紫陌。天保初，追崇为献武帝，庙号太祖，陵曰义平。天统元年，改谥神武皇帝，庙号高祖。

神武性深密高岸，终日俨然，人不能测，机权之际，变化若神。至于军国大略，独运怀抱，文武将吏，罕有预之。经驭军众，法令严肃，临敌制胜，策出无方。听断昭察，不可欺犯，知人好士，全护勋旧。性周给，每有文教，常殷勤款悉，指事论心，不尚绮靡。擢人授任，在于得才，苟其所堪，乃至拔于厮养，有虚声无实者，稀见任用。诸将出讨，奉行方略，罔不克捷，违失指画，多致奔亡。邪尚俭素，刀剑鞍勒无金玉之饰。少能剧饮，自当大任，不过三爵。居家如官。仁恕爱士。始范阳卢景裕以明经称，鲁郡韩毅以工书显，咸以谋逆见禽，并蒙恩置之第馆，教授诸子。其文武之士，尽节所事见执获而不罪者甚多，故遐迩归心，皆思效力。至南和梁国，北怀蠕蠕，吐谷浑、阿至罗咸所招纳，获其力用，规略远矣。

论曰：昔魏氏失驭，中原荡析，齐神武爰从晋部，大号冀方，屡战而蔀凶徒，一麾以清京洛，尊主匡国，功济天下。既而魏武帝规避权逼，历数既尽，适所以速关、河之分焉。

译文：

齐高祖神武皇帝，姓高，名欢，字贺六浑，是勃海郡蓨县地方的人。六世祖高隐，曾任晋朝的玄菟太守。高隐生高庆、高庆生高泰、高泰生高湖，这三代都在慕容氏建立的前、后燕国做官。到了后燕皇帝慕容宝被北魏军队所击败，国中大乱，高湖就率领一批部众归顺了北魏，并出任右将军的官职。高湖一共生了四个儿子。第三个儿子高谧，在北魏做官，做到了侍御史，后来因为犯法被治罪，流放到北边的怀朔镇居住。高谧生了高欢的父亲高树生。高树生性情豁达粗率，不从事振兴家庭产业的活动。定居在白道南面，那里屡次出现红光、紫气这一类的怪现象，邻居们都觉得很惊讶，劝他搬家躲避。高树生说："你们怎么知道这不会是好的征兆呢？"仍然照旧居住在那里。

到高欢生下来的时候，他的母亲韩氏就去世了，于是把他寄养在同母的姐夫在镇狱队做事的尉景家中。由于家里已经有好几代定居在北边，所以到高欢这一代已经完全浸染了当地的风俗习惯，言行举止都同鲜卑人一样了。高欢长大以后，性情深沉，度量宽广，不惜钱财结交朋友，为豪强、侠士所推崇。他目光炯炯有神，长脸盘、高颧骨，牙齿洁白如玉，从小就有非凡的相貌。家里很穷，直到娶了后来被追谥为武明皇后的娄氏，才有了马匹，因而能够到镇上找了一个队主的差使。镇将辽西人段长经常觉得高欢相貌非凡，对他说："你有安国兴邦的才能，终究不会老是这样下去的。"于是就嘱托他照顾自己的子孙。到了高欢发迹以后，追赠段长为司空，并提拔了其子段宁，加以重用。

高欢后来由队主升为函使。曾经因公事乘驿传外出路过建兴，白天里突然云雾大集，就像黑夜一样，还有雷声随着隆隆不断，整整半天过后才恢复正常，好像有神灵操纵一般。他每次外出办事，来来去去，都没有疲倦的神态。又有一次梦见脚踩着群星行走，醒来后心里暗自高兴。共当了六年函使，每次到洛阳，都在令史麻祥手下当差。有一次麻祥拿肉给高欢吃，高欢没有站着吃东西的习惯，就坐下来进食。麻祥认为这是对自己不敬，就打了高欢四十板子。

高欢最后一次从洛阳回来，就大量破费家产，结纳天下的豪客。亲戚朋友们感到奇怪，问他原因。高欢回答说："我到了洛阳，恰好碰上宿卫的羽林军纠集在一起焚烧了领军张彝的住宅，朝廷害怕他们作乱，不加追究。政事到了这样的地步，以后的状况可想而知，财物这东西难道能够死守一辈子吗？"从此高欢就立下了澄清天下的大志。高欢与怀朔的省事云中人司马子如，以及秀容人刘贵、中山人贾显智结为能奔走相助的朋友，另外怀朔镇的户曹史孙腾，外兵史侯景也和他们交结在一起。有一次刘贵弄到一头白鹰，就与高欢、尉景、蔡俊、司马子如、贾显智等人一同到沃野镇打猎。见到一只红色的兔子，白鹰每次去扑它，都被它逃脱了，于是追到一片大的沼泽地中。沼泽中央有一间草屋，兔子正要窜进去，屋中跑出一只狗来咬它，连兔子带鹰都被咬死了。高欢大怒，用响箭一箭射去，把狗射死。于是屋里出来两个人，紧抓住高欢的衣襟不放。他们的母亲双目失明，拖着拐杖走出来，呵斥她的两个儿子说："为什么触犯这位大人物！"说着抱出了一坛酒，又煮羊肉招待客人。于是这位老妇人自称能不用眼看可以相面，她把几个人一一摸了一遍，说他们日后都会富贵，而且都将服从高欢的指挥。又说："司马子如经历的官位最显达，贾显智得不到善终。"喝完了酒，一群人出来走了几里，又返回去再次探访，结果那里本来就没有人烟房屋，才明白刚才见到的都不是凡间的人。从此几人对高欢更加尊敬仰慕。

北魏孝明帝孝昌元年，柔玄镇人杜洛周在上谷造反，高欢就和那些志趣相投的人一起去投奔他。后又看不惯杜洛周的所作所为，就暗中与尉景、段荣、蔡俊图谋搞掉他，但事情没有成功，只好仓皇逃走，被杜洛周的骑兵紧追不舍。当时高欢的长子、即后来被追谥为齐文襄帝的高澄，以及后来成为北魏孝武帝皇后的女儿年纪都还很小，高欢的妻子娄氏骑在牛背上，紧紧地抱着他们。高澄几次从牛背上掉下来，高欢弯弓搭箭，打算射死他，以便专心逃命。娄氏呼叫段荣，求他救命。幸亏段荣从马上跳下来救起高澄，才使他免于一死。于是一行人去投奔与杜洛周同时造反的葛荣，不久又跑到秀容去转投契胡酋长尔朱荣。

在此以前刘贵已经投奔了尔朱荣，曾在尔朱荣面前极力赞扬高欢的才能。直到这时，尔朱荣才见到高欢。由于高欢长途奔波，形容憔悴，尔朱荣并没看出他有什么出众的地方。于是刘贵为高欢换了一套新衣服，再次求见。见过之后跟着尔朱荣到了马圈，圈中有一匹顽劣的马，尔朱荣命令高欢为它剪毛。高欢不用绳索辔头捆马，就直接为它剪了毛，那马居然也没有踢咬他。高欢剪完之后，起身对尔朱荣说："驾驭坏人，也就和驾驭这匹马一样。"于是尔朱荣就把高欢带入卧室，让他坐在床边，命令左右侍从回避，向高欢咨询访问的事。高欢说："听说您的马匹有十二山谷，按颜色分为大群放牧，要这些马究竟准备做什么呢？"尔朱荣说："尽管讲你的想法吧。"高欢说："现在的天子愚昧孱弱，太后淫乱，得宠的小人专权发号施令，朝政不上轨道。凭着明公您的雄才勇略，抓住这个机会奋发而起，讨伐小人郑俨、徐纥以清君侧，一举马鞭就可以建立霸业。这就是我贺六浑的想法。"尔朱荣听了大为高兴，一直从中午交谈到半夜，高欢才从卧室出来。自此以后尔朱荣经常让高欢参与军事机密的策划。

后来高欢随同尔朱荣迁徙部落，占领了并州，去访问扬州人庞苍鹰，住在一个圆形的草屋里面。每次高欢从外边回来，主人都远远地听见动地的脚步声。庞苍鹰的母亲还几次看见草屋上有一道红气，赫然直冲天空。又有一次庞苍鹰半夜里想进入草屋，看见一个穿青衣的人拔出刀来呵斥说："为什么惊动大王？"说完突然就不见了。庞苍鹰这才觉得事情很奇怪，暗中向草屋里偷看，发现一条红色的蛇盘踞在床上，更觉得惊讶奇特，于是杀牛割肉，对高欢厚加款待。庞苍鹰的母亲请求高欢做她的义子。到了高欢显贵以后，就把庞家作为自己的府第，称为南宅。虽然屋门和小巷都加以扩建，堂厅庭院修饰华丽，但高欢最初住过的圆形草屋，只用石灰粉刷了一遍，保存下来未加拆毁。到高欢的次子高洋建立了北齐，又把这个地方作为行宫。

不久尔朱荣让高欢做他的亲信都督。正值当时魏孝明帝痛恨郑俨、徐纥专权，碍于灵太后胡氏的面子和势力，不敢加以控制，就暗中命令尔朱荣发兵开往京城。尔朱荣委派高欢为前锋。军队开到上党，孝明帝又暗中下诏命令停止前进。到了孝明帝暴卒以后，尔朱荣就统兵开入洛阳，并想趁这个机会篡取皇位，高欢意图劝阻，怕尔朱荣不听，就请求用铸铜像的办法来占卜吉凶。铜像没有铸成，尔朱荣只好中止了篡位的计划。魏孝庄帝即位后，高欢因为有参与定策拥戴的功劳，受封为铜鞮伯。尔朱荣发兵讨伐葛荣，命令高欢去谕降小股起义军中单独称王的七个人。后来随同行台于晖在太山大破羊侃的军队，不久又跟从元天穆在济南击败邢杲。积累战功，升为第三镇民酋长。

有一次高欢坐在尔朱荣的牙帐内，尔朱荣问左右的人说："一旦我不在了，谁能够统率全军？"大家都说尔朱荣的侄子尔朱兆可以承担此任。尔朱荣说："尔朱兆最多只能统领三千骑兵。真正能代替我主掌全军的，只有贺六浑一个人。"因而告诫尔朱兆说："你不能和高欢相比，最终一定要受他驱使。"于是委任高欢为晋州刺史。高欢到任后大量搜刮财物，通过刘贵贿赂尔朱荣手下的当权要人，都讨得他们的欢心。当时州中仓库的号角无缘无故就自己响了起来，高欢暗地感到奇怪。过了不久孝庄帝就杀掉了尔朱荣。

到尔朱兆从晋阳准备发兵夺赴洛阳的时候，派人征召高欢。高欢派长史孙腾复命，推辞说绛蜀、汾胡等部族图谋作乱，不能丢下这里随同入洛。尔朱兆怀恨在心。孙腾回来报告情况，高欢说："朱尔兆擅自兴兵、犯上作乱，是国家的大奸贼，我不能长久侍奉他。"从此开始有了图谋反对尔朱兆的计划。等到尔朱兆进入洛阳，俘虏了孝庄帝北还，高欢听说以后大为震惊，又派孙腾前去假装向尔朱兆称贺，趁机暗中探访孝庄帝被拘禁的地方，打算劫持孝庄帝，发动反对尔朱兆的义举，没有成功。于是高欢就写信劝尔朱兆，认为不应该关押天子，在天下蒙受坏名声。尔朱兆不听，杀害了孝庄帝，又与尔朱世隆等人共同拥立长广王元晔为皇帝，改元建明，加封高欢为平阳郡公。

此后费也头部落的纥豆陵步藩出兵占领秀容，逼近晋阳。尔朱兆征调高欢前来救援。高欢准备出发，部下贺拔焉过儿请求故意迟缓行动，这样就对尔朱兆不利。于是，高欢一再找原因逗留不进，推辞说河上没有桥，军队渡不过去。纥豆陵步藩的军队力量强大，尔朱兆败走。起初，魏孝庄帝杀掉尔朱荣时，知道他的党羽肯定要有造反的计划，就暗中命令纥豆陵步藩，让他在尔朱氏军队的背后发动袭击。到纥豆陵步藩打败了尔朱兆后，军队势力日益强盛。尔朱兆再一次向高欢请求救援。高欢正在暗中图谋对付尔朱兆，又考虑到纥豆陵步藩以后也不好消灭，于是就同尔朱兆合兵，同心协力打败了纥豆陵步藩的军队，纥豆陵步藩死于阵中。尔朱兆非常感激高欢，与他订立誓约，结拜为兄弟。当时尔朱家族的尔朱世隆、尔朱度律、尔朱彦伯在洛阳共同执掌朝政，尔朱天光占据关西地区，尔朱兆占据并州，尔朱仲远占据东郡，各自拥有重兵，实行暴政，天下百姓痛苦不堪。

葛荣的余部流落进入并州、肆州的有二十几万人，被当地的契胡人欺压侮辱，都感到无法生存，大小共造反二十六次，被杀掉了将近一半，但小规模的盗窃仍然不断。尔朱兆为此十分头疼，向高欢征询计策。高欢说："这些人都是六镇造反部队的残余，不可能全部杀掉，应该选派大王的一位心腹之人，委托他去统领他们。如果有人犯法，就惩罚他的主帅。这样就用不着惩罚很多人。"尔朱兆说："好主意！谁能去承担这个任务呢？"贺拔允当时正在座参与计议，请求派高欢前往。高欢一拳打去，打掉了贺拔允的一枚牙齿，骂道："过去天柱大将军（译者按：即尔朱荣）在世的时候，你们这班奴才听他号令，就像鹰犬一样唯唯诺诺。现在天下大事都由大王处分，而你贺拔阿鞠泥胆敢欺下罔上，请大王把他杀掉。"尔朱兆觉得高欢十分忠诚，最终就委派他承担此任。高欢看到尔朱兆已经喝醉了，怕他酒醒后又产生猜疑，就出来宣布说："我已经受委派统领六镇残余部队，这些人可以在汾河东面集合，等待命令。"于是就到阳曲川建立了牙帐，统一整编部署军队。有一个在军营门口求见的人，穿戴着红色的头巾和袍子，自称是梗阳地方管理驿传人的儿子，愿在高欢左右出力。经察访，此人以力大闻名，曾经在并州的闹市上把人掐死。于是高欢选拔他作为自己的亲信侍从。六镇兵士一贯厌恶尔朱兆，乐意接受高欢统领，听到命令，无不纷纷赶到。

过了不久，高欢又派刘贵向尔朱兆报告，说并州、肆州一带连年遭受霜冻和旱灾，六镇的降户有的挖掘黄鼠来吃，全都面有菜色，白白地糟踏了这块土地。希望让这些人到太行山以东找饭吃，使他们得到温饱，然后再加以调遣使用。尔朱兆同意了这个计划。他的长史慕容绍宗进谏说："不行。现在天下纷乱不已，人们各怀打算，况且高欢此人富有雄才大略，而且又手握重兵，以后局面将控制不住了。"尔朱兆说："我们结拜为兄弟，立过重誓，有什么可担心的！"慕容绍宗说："现在亲生兄弟也不能完全信任，何况是结拜兄弟！"当时尔朱兆的左右侍从都已经受了高欢的金钱贿赂，于是就挑拨说这因为慕容绍宗过去同高欢关系不好。尔朱兆就把慕容绍宗关押起来，并催促高欢赶快出发。

高欢于是从晋阳出滏口。路上碰到尔朱荣的妻子乡郡长公主从洛阳来，驱赶着三百匹马，高欢把三百匹马全抢了过来。尔朱兆听说此事，就释放了慕容绍宗，问他该怎么办。慕容绍宗说："高欢不过是掌中之物，可赶快去追擒回来。"于是尔朱兆亲自率兵追到高欢，一直追到襄垣。恰好漳河水猛涨，渡桥被冲坏了。高欢隔着河向尔朱兆下拜，说："我之所以暂借公主的马匹，并没有别的原因，只是为了防备太行山以东的盗贼。大王听了公主的陈诉，亲自屈驾前来追赶，我现在就渡过河来甘愿受死，但这些部队就会因此而叛变。"尔朱兆也表明自己并没有捉拿高欢问罪的意图，并且轻装骑马渡过漳河，与高欢一同坐在帐篷下，向高欢道歉，又给他一把刀，伸直脖颈，让高欢把自己砍死。高欢大哭起来，说："自从天柱大将军过世，我贺六浑还能指望谁呢？只希望大王您千秋万岁，我好为大王效力。现在别人挑拨我们的关系到了这种程度，大王您怎么还忍心说这样的话呢？"尔朱兆感动得把刀扔在地上，于是就杀了一匹白马，再次缔结兄弟的盟誓。尔朱兆还留宿在高欢的营地，夜里继续饮酒。

尉景在外面埋伏了一批壮士，想趁机擒获尔朱兆。高欢咬臂出血，竭力阻止，说：“现在把尔朱兆干掉，他的党羽一定会回去聚到一起。而我们将士饥饿，战马瘦弱，无法同他们抗衡。如果再有英雄豪杰趁机举事，那样造成的乱子就更大了。不如暂时放过他。尔朱兆虽然勇力过人，但却凶狠粗暴没有谋略，不难对付。”第二天早上，尔朱兆回到自己的营地，又召请高欢过河去会面。高欢准备上马前往，孙腾拉着衣服苦谏，就没有去。尔朱兆隔着漳河大骂了一通，就率众奔回晋阳。尔朱兆的心腹念贤率领着一部分降户及其家口单独驻扎为一个营地，高欢假装与他友好，观看他的佩刀，因而趁机拿刀杀掉了他的随从，其余的人作鸟兽散。于是军士们都十分振奋，更加愿意跟着高欢。

起初，北魏太平真君年间，宫内的学者上奏说上党一带有天子气，具体地点在壶关大王山。于是，魏太武帝就从平城南巡，来镇遏这股天子气。到达之后，堆积石头建了三个祭坛祭天，又挖掉了北面的凤凰山，毁坏地貌。后来晋阳城中的上党人居住地区叫上党坊，高欢就在那里住过。到这次东进，又通过大王山行军，共走了六十天。部队就要走出滏口的时候，高欢下令对军士严加管束，民间一丝一毫的小东西都不准侵犯。部队将要穿过麦地，高欢亲自牵马步行。远近的老百姓听说此事，都赞扬高欢统兵严明有纪律，对他更加仰慕归心。于是高欢率军继续前进，屯扎在邺城的北面，向相州刺史刘诞要粮食，刘诞不予供应。附近正好有屯积的军用粮食，高欢就自行夺取。

北魏普泰元年二月，高欢的军队抵达信都，高乾、封隆之在城中开门迎接，于是就占据了冀州地区。这个月，尔朱度律废掉了长广王元晔，拥立节闵帝元恭。尔朱度律想和高欢拉关系，就在三月奏准节闵帝，封高欢为勃海王，召他入朝觐见。高欢托故不去。四月癸巳日，又加授高欢东道大行台，第一镇民酋长的职务。庞苍鹰从太原前来投奔高欢，高欢任命他为行台郎，不久又升为安州刺史。

高欢自从进入太行山以东地区以后，休养士卒，修缮兵器，禁止军队骚扰掠夺民间财物，得到老百姓的拥护。于是高欢伪造了一封书信，说尔朱兆打算将六镇人分别配隶给契胡族人做部曲家丁，六镇人闻讯十分发愁。又假造了一份并州来的公文，要征集军队讨伐步落稽。高欢调集了一万名士兵，准备派遣。孙腾、尉景假装恳求高欢，让这些士兵再多留五天。如此一再恳求了好几次。最后出发时高欢亲自到郊外送行，洒泪和他们告别。士兵们十分伤心悲痛，哭声震天动地。于是，高欢就引导他们说："我和你们一样都是离乡背井的人，情义就像一家人一样，没有料到上司突然来征调你们！现在西去作战就要送命；迟误了军期，按军律又应该处死；配给契胡人作部曲，最终也会被虐待致死；这该怎么办呢？"大家说："看来只能造反了！"高欢说："造反倒是一个应急救命的办法，但必须推举一个人做首领。"大家奉戴高欢。高欢说："你们这些人和我都是同乡，不好管制。还记得葛荣失败的教训吗？虽然有一百万以上的军队，但没有立下刑罚法度进行管理，最终自行灰飞烟灭。现在你们推戴我当首领，就都要与以前不同：不准欺负汉族老百姓，不准违犯军令，生杀大权由我操纵。否则的话，我不能因为你们而被天下人耻笑。"大家都再三叩头，表示生死都交给高欢掌握。高欢做出迫不得已的样子接受了推戴。第二天，杀牛摆宴，犒劳军士，晓谕他们讨伐尔朱兆的计划。封隆之上前称贺说："这真是千载难遇的好时机，天下百姓太幸运了！"高欢说："讨伐奸贼，是顺乎天意的事情，救民于水火，也是流芳百世的业绩。我虽然没有这种能力，但也要不惜生命努力去做，怎么敢推辞呢？"

六月庚子日，高欢在信都正式拉起旗帜，但还没有明确表示背离尔朱氏。直到李元忠和高乾打下殷州，斩了守将尔朱羽生的首级前来进见，高欢才拍着大腿说："今天造反算是造定了！"于是任命李元忠为殷州刺史。这时，军威已经振作起来，于是就向北魏朝廷上表，列举声讨尔朱氏的罪状。尔朱世隆等人把这份上表扣押下来不上奏。八月，尔朱兆攻占了殷州，李元忠逃奔回来。

孙腾提出建议，认为朝廷为尔朱氏所控制，音讯不通，如果不暂时另立一个皇帝，就无法号召大家。十月壬寅日，拥立章武王元融的儿子、勃海太守元朗为皇帝，年号中兴，这就是北魏废帝，当时尔朱度律、尔朱仲远率军进驻阳平，尔朱兆前来与他们会合。高欢采纳了大将窦泰的计策，在他们中间挑拨离间。尔朱度律和尔朱仲远果然不战而退，于是高欢就在广阿打败了尔朱兆的军队。十一月，进攻邺城。相州刺史刘诞据城顽固抵抗。高欢就在城外建造土山，向城中挖掘地道，地道内竖立许多大的柱子，然后把这些柱子一起烧毁，城内的地面顿时塌陷下来。麻祥此时正做汤阴县令，高欢见到他，戏称他为麻长官。麻祥惭愧逃走。

永熙元年正月壬午日，攻邺城，并占据了它。魏废帝进高欢的官位为大丞相、柱国大将军、太师。这时，青州建义大都督崔灵珍、大都督耿翔都派遣使节表示归附高欢。行汾州事刘贵也丢弃城池前来投降。

闰三月，尔朱天光从长安出发，尔朱兆从并州出发，尔朱度律从洛阳出发，尔朱仲远从东郡出发，一同率兵到邺城城下会合，军队人数号称二十万。魏节闵帝任命长孙承业为大行台，总督这些军队。高欢命令封隆之留守邺城，自己率军到城外的紫陌驻扎。当时高欢手下马匹不满二千，步兵不到三万，与敌军相比众寡悬殊。于是在韩陵列成圆阵，把牛、驴拴在一起堵住退路。全军将士都做好了战死的准备，从四面奋勇出击。尔朱兆指责高欢背叛了自己。高欢说："我们原来戮力同心，是为了辅佐皇室。但现在皇帝在哪儿呢？"尔朱兆说："孝庄帝无故杀害天柱大将军，我不过是为了天柱大将军报仇罢了。"高欢说："当初我亲耳听见天柱大将军定计，你那时也在门前站着，难道能说天柱大将军不是谋反吗？况且君主杀死臣下，哪还有报仇的道理？今天我们已经恩断义绝了。"于是双方交战，尔朱氏的军队大败。尔朱兆对着慕容绍宗捶胸顿足地说："当初不听你的话，以致有今日！"准备轻装逃走，慕容绍宗举着战旗回过身来，吹起号角，把逃散的士卒聚集在一起，排成行军的阵容，列队向西开去。高欢的大将高季式带着七个战士骑马穷追，一直追过了野马岭，与尔朱兆的军队遭遇。他的哥哥高昂等了半天不见他回来，大哭道："我弟弟一定战死了！"直到夜深的时候，高季式才返回军营，袍袖上浸透了鲜血。北魏的大臣斛斯椿兼程赶路，先占据了河桥。早先节闵帝普泰元年十月的时候，岁星、荧惑星、镇星、太白星都聚集到觜星、参星一带，闪闪发亮。太史官占卜的结果，说是表明有王者兴起。当时恰好是高欢在信都独立扯起旗帜的时候。至此果然打败了尔朱兆等人。

四月，斛斯椿擒拿了尔朱天光、尔朱度律送回洛阳。长孙承业也派都督贾显智、张欢率兵赶回洛阳，逮捕了尔朱世隆、尔朱彦伯，并把他们杀掉。尔朱兆逃回并州。尔朱仲远投奔梁朝，后来就死在那里。至此尔朱氏的势力已被推翻，朝廷内外无不欢庆欣悦。起初，交战前一个月，章武人张绍半夜里突然被几个骑马的将领带出城外，到了一个大将军面前命令他引导军队开往邺城，说是帮助承受天命的人剿灭乱贼。张绍回头看了看，只见军士多得数不清，行军既整齐速度又快，并且毫无声音。将抵达邺城的时候，张绍才得到释放。到交战那一天，尔朱氏军队的士兵只看到阵外有无数的军士骑着战马从四面杀来。看来是有神灵在暗中帮助高欢。

随后高欢到达洛阳，废掉了节闵帝元恭及废帝元朗，拥立孝武帝元修。孝武帝即位以后，加授高欢大丞相、天柱大将军、太师，世袭定州刺史的头衔，封户增加到十五万户。高欢辞掉了天柱大将军的称号，又辞掉五万封户。壬辰日，高欢由洛阳返回邺城，魏孝武帝亲自到乾脯山为他送行，两人把手告别。

七月壬寅日，高欢率军队北伐尔朱兆。封隆之认为，侍中斛斯椿、贺拔胜、贾显智这几个人过去依附尔朱氏，后来又都背叛搞垮了尔朱氏。现在他们在京城受到皇帝的宠爱重用，以后一定会乘机挑拨离间，制造祸乱。高欢非常同意他的话。于是先把被关押的尔朱天光、尔朱度津送回京城杀掉，然后率兵从滏口进入并州。尔朱兆在晋阳大肆劫掠，又北撤据守秀容。并州被平定。高欢认为晋阳四面都有险阻屏障，于是就在晋阳建造大丞相府，定居下来。

尔朱兆撤回秀容以后，分兵把守险要关口，并不时派兵出来侵扰抄掠。高欢放出风来说要去讨伐他，军队出发又停止前进，这样搞了好几次。尔朱兆的戒备逐渐就松懈下来。高欢估计尔朱兆在新年的时候肯定要举行大宴会，就派窦泰为先锋，率领精锐骑兵急行军，一天一夜走了三百里，高欢率领大部队随后开拔。

永熙二年正月，窦泰的军队突然杀到尔朱兆的大本营。尔朱兆部下的军士因举行宴会，正在懒散地休息，突然见到窦泰的军队，大吃一惊，仓惶逃散。窦泰穷追不舍，在赤洪岭大破尔朱兆的军队。尔朱兆上吊自杀。高欢亲自前来祭奠，并厚葬了他。

慕容绍宗保护着尔朱荣的妻子儿女,率领残部据守乌突城,投降后,高欢认为慕容绍宗是个重信义的人,对待他十分尊敬客气。

高欢进入洛阳的时候,尔朱仲远的部下都督桥宁、张子期从滑台前来投降。高欢认为他们昔日助纣为虐,又责备他们反复无常,把他们都杀掉了。斛斯椿从这件事发生后心里就有些害怕,于是同南阳王元宝炬以及武卫将军元毗、魏光、王思政等人在魏孝武帝面前说高欢的坏话。中书舍人元士弼又上奏说高欢领受制敕时有大不敬的表现。因此魏孝武帝又逐渐对占据关中地区的贺拔岳发生了兴趣,想依靠他。起初,魏孝明帝的时候,洛阳城里的人用两个拔互相撞击,并有谣言流传说:"铜拔打铁拔,元家世将末。"好事的人说"二拔",就是指拓跋氏和贺拔氏,谣言的意思是说这两家都有衰败的征兆。

当时司空高乾暗中写信给高欢,说魏孝武帝对他有猜疑之心。高欢把这封信封起来上奏,孝武帝就杀掉了高乾,又派东徐州刺史潘绍业暗中带命令给长乐太守庞苍鹰,让他杀掉高乾的弟弟高昂。高昂事先得知兄长被杀的消息愤怒得一长矛刺在厅柱上。随后布置在路上埋伏壮士,抓住了潘绍业,从他的衣领中查出了密藏的敕书,就前来投奔高欢。高欢抱着他的头大哭说:"天子竟然无故杀害了司空!"马上派使者拿着白虎旗去向高乾的家属吊唁。这时高乾的二弟高慎在光州做官,为政严厉粗暴,又纵容部下搜刮民间财物,孝武帝派人代替他的官职。高慎听说兄长已经被杀,想逃亡到梁朝,他的下属说:"你的一家为国立过大功,一定不会兄弟互相株连。"于是就换了破衣服,推着鹿车,想回到勃海郡老家。半路上碰到高欢的使者,就也来投奔高欢。从此魏孝武帝与高欢就有了隔阂。

阿至罗部族在魏孝明帝正光年间之前经常表示臣属于北魏,

自从北魏王朝出现动荡局面以后，就纷纷背叛。高欢派使者进行招纳，这些部族表示归降。在此之前，朝廷的诏书因为各地叛乱已告平定，曾宣布罢去行台的官职。至此因为边疆的部族归降，就又授给高欢大行台的头衔，让他根据情况加以处分行事。高欢赐给他们大批粮食布帛。很多人认为这是白费钱财毫无益处，但高欢不予理睬，坚持抚慰的政策。部族酋帅吐陈等人感激高欢的恩德，都愿意听从调遣，先后援救曹泥，讨伐万俟受洛干，发挥了很大作用。黄河以西的费也头部族首领纥豆陵伊利居住在苦池河一带，依仗险阻，收集部众，高欢几次派长史侯景前去招纳，都不降附。

天平元年正月壬辰日，高欢发兵西征黄河以西费也头部族的纥豆陵伊利，灭掉了这一部族，把部族成员都迁到黄河以东。

二月，洛阳永宁寺的九层高佛塔发生火灾。不久有人从东莱前来，说在海上看见了永宁寺的佛塔，过一会儿起了雾，佛塔就消失了。有人对这两件事发表评论，认为天意是在表示："永宁寺发生火灾，象征着大魏王朝不再有安宁的日子；佛塔飞入东海，象征着勃海王高欢将要应运而起。"

魏孝武帝既已有了图谋高欢的计划，恰好侍中封隆之与孙腾私下交谈，说自己死了妻子，皇帝要把堂妹嫁给他。孙腾并不相信，但心里一直嫉妒封隆之，就把他的话透露给了斛斯椿。斛斯椿又报告了孝武帝。随后孙腾又带兵器进入尚书省，并擅自杀害御史。封、孙二人都害怕受处罚，一齐逃到高欢那里，向高欢禀报说魏孝武帝曾当面下令责打中书舍人梁续，光禄少卿元子干也挥拳一同帮着打，并对孙腾说："告诉你们高大王，元家子弟的拳头都像我这样！"领军娄昭因有病辞职，回到晋阳。于是，魏孝武帝委派斛斯椿兼任领军，同时分别任命了一大批都督将领以及河南、关西地区的州刺史。华山王元鸷被派到徐州,高欢派邸珍前去夺取了城门锁钥。建州刺史韩贤,济州刺史蔡俊都曾和高欢一同起兵,魏孝武帝对他们不信任,就省掉了建州的建置,乘机罢免韩贤,又让御史中丞綦俊伺察蔡俊的过失,派开府仪同三司贾显智为济州刺史代替蔡俊,蔡俊抗命不纳。

魏孝武帝更加愤怒。五月,下了一道诏书,说打算南征吴、越,命令调发河南各州的军队,增加宿卫力量,把守河桥。六月丁巳,给高欢下了一道机密诏书说:"宇文黑獭(译者按:即宇文泰)自从平定了秦、陇一带,经常有非分的要求,万一发生什么大的变乱,就需要花力气去对付。不过他上表的口气还没有完全显示出背叛的迹象,现在就去征讨未免有些操之过急。于是召集各位大臣,商量应该怎么办为好。大家一致建议假装南伐,内外部队一同备战,这样一则可以防备宇文黑獭有什么不测的举动,二则能够威吓吴、楚一带的南方人。"当时魏孝武帝准备讨伐高欢,高欢也加紧委派将帅,孝武帝怕高欢产生怀疑,所以发了这道密诏。于是,高欢上表说:"荆州一带西连群蛮,距离京城很近,关陇的宇文泰则凭借着距离京城较远,将要发动叛乱行为。臣现在暗中部署了三万兵马,计划从河东渡河西征。又派恒州刺史库狄干、瀛州刺史郭琼、汾州刺史斛律金、前武卫大将军彭乐,计划率兵四万,从来违津渡河西征。派领军将军娄昭、相州刺史窦泰、前瀛州刺史尧雄、并州刺史高隆之,计划率兵五万,讨伐荆州。派冀州刺史尉景、前冀州刺史高敖曹、济州刺史蔡俊、前侍中封隆之,计划率领太行山以东地区的军队七万、精锐骑兵五万,讨伐江东。现在将领们都部署好了军队,等待着陛下的命令。"魏孝武帝知道高欢已经察觉了情况的变化,就出示高欢的表奏,命令百官发表意见,希望阻止高欢发兵。

高欢也召集在并州的僚属，让他们各自发表意见。随即又上表奏闻议论的情况，并正式发誓，表明自己的忠心说："臣为陛下宠信的奸佞之臣所挑拨，使陛下产生了怀疑的想法，认为臣犯有猖狂之罪，就像尔朱氏过去的情况一样。臣如果不竭尽忠心和臣节，胆敢有负于陛下，那就让臣身受天诛，子孙灭绝。陛下如果能相信臣的赤胆忠心，打算避免刀兵相见的情况，那么也希望酌情罢免或放逐几个左右的奸臣。"

辛未日，魏孝武帝又概括了在京文武百官商议的意见，答复高欢。命令中书舍人温子升起草答敕。温子升犹豫不敢下笔。孝武帝坐在胡床上拔出宝剑，发了脾气，温子升才起草了答敕。答敕这样写道：

不久前写下了浸透我的心血的诏书，远道拿去给大王看，深切希望彼此之间能够互相体谅理解。可是一些居心不良的家伙，却一再制造隔阂和争端。最近孙腾又突然逃奔晋阳，以至于使听说的人更加怀疑要发生异常事变。所以派御史中尉綦俊前往，详细阐述朕的想法。现在看了大王的启奏，词句誓言恳切悱恻，但我反复考虑，还有些不明白的地方。以我渺小的出身，幸而遇到大王的武功谋略，因此才能够不费一刀一枪，登上天子宝位。正所谓"生我者父母，贵我者高大王"。现在我如果无缘无故背弃大王，打算对大王加以进攻讨伐，那就让我和我的子孙都受灾祸，正如大王的誓言一样。皇天后土，都可以为我作证。

最近担心宇文泰作乱，贺拔胜响应，因此我才下令戒严，打算和大王彼此互相声援。现在宇文泰的使者接踵而至，看他的所做所为，并没有不轨的迹象。贺拔胜在南边，开拓边境，为国立功，也没有可以责备的地方。大王如果想分兵讨伐他们，以什么作为借口呢？至于东南的梁朝没有臣服，时间已经很久，先朝的各位皇帝都把那里划在本国疆界之外。现在天下户口减耗，比以前折损了差不多一半，都不应该穷兵黩武。

我的头脑愚笨，不知道大王所指的奸臣是谁？大王不妨写出他们的姓名，让我知道。我倒听说库狄干对大王讲："本来打算扶立一个懦弱的人做君主，不知为什么却立了一个年长的皇帝，以至于不受我们控制，现在只要行军十五天，就可以去洛阳把他废掉，再立别人。"像这样的话，是大王左右的勋臣所说，难道也出自我身边的"奸臣"之口吗？去年封隆之背弃了我，今年孙腾又逃到晋阳，大王对他们既不加罪，又不送还，谁不责怪大王？孙腾是制造祸乱的元凶，居然一点不觉得惭愧害怕。大王如果事君竭忠尽力，为什么不斩下封、孙二人的首级送来？大王虽然上表说打算西征，但却分兵四路出发，有的向南经过洛阳，有的向东开往江南，说的人自己就应该觉得奇怪，听到的人那能不产生怀疑呢？大王如果坚守臣节，忠心不二，可以完全放心地待在北面，这里就算有百万大军，也绝不会有图谋大王的意思。大王如果听信奸邪挑拨，背信弃义，发兵南下，那么洛阳的战士就算没有一匹马、一辆车，也要赤手空拳，战斗到死。我本来没有什么德行，但已经为大王所立，老百姓不知道情况，有的就认为的确应当立。我如果受了别人的算计，那么我的过失还能暴露出来。假定我还是为大王所杀，就算是被拘禁、受折辱，粉身碎骨，我也一点不感到遗憾。为什么呢？大王原来是本着德行和道义的原则推戴我的，一旦大王自己背离了德行和道义，天下人就知道是谁对谁错了。

本来希望君臣亲如一体，能够协调得完全一致，没有料到到了今天，和大王隔绝疏远到这般地步！古话说：'越国的人向我射箭，可以笑着对人谈起；我的兄长向我射箭，就只能哭着向人诉说。'我本来很依恋大王，对大王有兄弟般的感情，所以写到这里就禁不住扔笔捶胸，伤感流泪。

起初，高欢将要从京城北还的时候，认为洛阳一再遭受兵火战乱，王气衰尽，虽然四周有山河险阻，但地方狭窄短小，不如邺城作为都城合适，于是请求迁都。魏孝武帝说："高祖孝文皇帝定都洛阳，作为万世相传的基业，经营筹划有关制度，直到世宗宣武皇帝才最后完成。大王既然为国家立过大功，应该遵从高祖太和年间所定的旧制。"高欢表示服从。到这时，又开始考虑迁都的事。派遣一千名骑兵镇守建兴，又增加河东和济州的守军，在白沟一带拦截船只，不让驶往洛阳。各州平价收购的粮食，都运到邺城。魏孝武帝下敕给高欢说："大王如果顺应民情，打算杜绝流言蜚语，就应该撤回河东的军队，罢掉建兴的戍兵，送还相州的粮食，追回济州的军士，让蔡俊办理交代，邸珍退回徐州，收起武器，解散兵马，各干各的事情。如果需要粮食供应，我另外派人运输过去。这样谗言也就无从出口，猜疑怨悔之情自然不会产生。大王在太原高枕无忧，我在洛阳垂拱而治，也决不会渡过黄河，对大王兴动刀兵。大王如果率军南下，窥伺帝位，我尽管没有武略，无法阻止大王南进，但为了社稷宗庙，也一定会想办法殊死抵抗。事态发展的关键在于大王，非我所能决定。大王如果臣节不终，就像堆积山丘只差一筐土那样，太让人觉得可惜了。"

当时魏孝武帝任命任祥为兼尚书左仆射，加授开府仪同三司的散官。任祥丢掉官位，跑到河北，在郡里等着迎接高欢。于是魏孝武帝下敕给文武百官，凡是原为高欢部下的，都由自己决定去留。又下诏书宣布高欢的罪状，为北伐作准备。高欢也召集部队，发布宣告说："我遇到尔朱氏专权的情况，就举起义旗讨伐，四海响应，于是拥立了当今主上，忠义之心贯于天地之间。现在无故受到斛斯椿的挑拨诬陷，以致主上把忠诚的臣下当作逆乱的元凶。过去春秋时晋国的赵鞅在晋阳兴兵，讨伐国君身边的坏人。今天我也从晋阳南伐，目的不过只是杀掉斛斯椿而已。"选派高昂为前锋，对他说："要是早听从你的兄长高司空的意见，哪会用得着今天这次行动！"司马子如也在给高欢的一封回信中写道："我本来主张拥立一个年幼的皇帝，就是为了防止今天这种情况发生啊。"

魏孝武帝向关西地区征兵，又将贺拔胜召到身边，派大行台长孙承业，大都督颍川王元斌之，以及斛斯椿一同镇守武牢，汝阳王元暹镇守石济，行台长孙子彦率领前恒农太守元洪略镇守陕州，贾显智率领豫州刺史斛斯元寿讨伐蔡俊。高欢派窦泰和左箱大都督莫多娄贷文迎战贾显智，韩贤迎战元暹。斛斯元寿率军向窦泰投降。莫多娄贷文与贾显智在长寿津遭遇，贾显智暗中约定投降，率军后撤。军司元玄觉察了贾显智的企图，奔回洛阳请求增加兵力。魏孝武帝派大都督侯几绍统军前往。双方在滑台以东交战，贾显智率军投降，侯几绍战死。

七月，魏孝武帝亲自统帅大军屯扎在河桥。高欢到了黄河以北十几里的地方，又一次派人口头表达忠诚的态度，魏孝武帝不予答复。于是，高欢率军渡河。魏孝武帝向大臣们询问该怎么办。有人建议往南投奔贺拔胜，有人建议向西进入关中，还有人建议把守洛口死战，没有做出决定。而元斌之与斛斯椿二人因相互争夺权力关系不好，元斌之丢下斛斯椿跑回来，向魏孝武帝谎报说高欢的军队已到。这一天，魏孝武帝就出发向长安逃跑。

己酉日，高欢进入洛阳，暂时住在永宁寺。八月甲寅日，召集留下来的朝廷百官，对他们说："做臣子的侍奉君主，应当能够匡扶挽救危难的局面。如果君主在位不进行谏争，君主出奔又不护驾从行，事态和缓时就只知享乐争名利，事态紧急时便逃得无影无踪，那还有什么臣节可言呢！"于是就逮捕了开府仪同三司叱列延庆、兼尚书左仆射辛雄、兼吏部尚书崔孝芬、都官尚书刘廞、兼度支尚书杨机、散骑常侍元士弼，把他们统统杀掉，以惩罚他们怀有二心的行为。还籍没了元士弼的家属为官奴。

高欢认为国家大政不能耽搁废置，就和众位僚属商议，让清河王元亶任大司马，住在尚书省下舍代表皇帝处理政务。而清河王出入就用起了天子仪仗，高欢觉得很可耻。不久高欢到达弘农，于是向西夺取了潼关，活捉守将毛洪宾，又向长城进军，龙门都督薛崇礼投降。高欢随后撤回黄河以东，命令行台尚书长史薛瑜镇守潼关，大都督库狄温镇守封陵，在蒲津的西岸建筑城堡，以镇守华州，任命薛绍宗为刺史。又任命高昂代行豫州刺史事务。高欢自从从晋出出兵时起，到这时一共向魏孝武帝上了四十份奏启，均未得到答复。

九月庚寅日，高欢又返回洛阳，派遣和尚道荣前往关中上表，魏孝武帝又不答复。于是就召集文武百官、僧侣、长者，商议推选谁当皇帝。大家认为自从孝明帝孝昌年间以来，国家发生动乱，皇帝承袭的统系从中断绝，列祖列宗的神主没有依靠，祭祀的秩序混乱，以至于孝庄帝奉孝文帝为皇伯考，孝武帝又把孝明帝的牌位迁入夹室。最近拥立的几个皇帝一事无成，在位短促，都是由于上述情况造成的。于是商议拥立清河王元亶的世子元善见。商议已定，就去告诉清河王。清河王说："虽然有天子没有父亲的说法，但如果我的儿子能立为皇帝，我就是现在死了也不感到遗憾。"于是就拥立元善见，这就是后来的东魏孝静帝。北魏王朝从此分裂为东魏和西魏两部分。

高欢认为孝武帝既已西逃，国都就不宜距关中太近，而且洛阳在黄河以南，与梁朝的疆土也比较接近。如果迁都到晋阳，又有些僻远，不易控制大局，于是就按照以前的打算迁都到邺城。护军祖莹拥护这个计划。迁都诏书下了才三天，皇帝的车驾就出发了，洛阳的四十万户居民也仓皇上路。高欢留在洛阳处理善后工作，事务完毕之后返回晋阳。从此国家的军政大事，全都取决于晋阳的丞相府。在此之前有童谣唱道："可怜那小青雀飞进邺城，羽毛快长成的时候却变成了小鹦鹉。"好事的人暗中传说：小青雀就是指东魏孝静帝，清河王的儿子。而鹦鹉则是指后来追谥为北齐神武皇帝的高欢。

起初，魏孝明帝孝昌年间，山胡人刘蠡升自称为天子，定年号为神嘉，盘踞在云阳谷一带。西部边疆一带每年都受其侵扰，人们称之为"胡荒"。

天平二年正月，西魏渭州刺史可朱浑道元率部下前来降附，高欢亲自前去迎接。壬戌日，高欢发兵袭击刘蠡升，大败他的军队。己巳日，魏孝静帝下诏褒奖，拜高欢为相国，赐给他黄钺，可以带剑穿鞋上殿、入朝时不必疾速行走。高欢坚决推辞。

三月，高欢准备把女儿嫁给刘蠡升的太子，乘他不加防备，在辛酉日突然发兵偷袭。刘蠡升的北部王斩了刘蠡升的首级前来奉送，其余部又拥立了刘蠡升的儿子南海王。高欢继续进攻，又擒获了南海王，以及他的弟弟西海王、北海王、皇后、公卿大臣以下一共四百多人，还有胡人、北魏百姓一共五万户。壬申，高欢到邺城入朝。

四月，高欢请求发给迁徙的百姓口粮，多少不等。

九月甲寅日，高欢因为州、郡、县的地方官吏大都有枉法行为，请求由朝廷派遣使节，询问民间的疾苦。

天平三年正月甲子日，高欢率领库狄干等一万多骑兵袭击西魏夏州。路上不埋锅造饭，只吃干粮疾驰了四天，到达夏州，捆扎长矛做成云梯，半夜攻入城内，活捉了刺史、费也头部族的斛拔俄弥突，又重新对他加以任用。留下都督张琼在那里镇守，迁徙费也头部族的五千户百姓返回并州。西魏灵州刺史曹泥和他的女婿、凉州刺史刘丰派来使节，请求降附。西魏丞相宇文泰把曹泥包围在灵州，放水灌城，还差四尺没有淹入城中。高欢命令阿至罗部族征发三万名骑兵，直接越过灵州，绕到西魏军队后方出击，缴获战马五十匹。西魏军队被迫撤退。

高欢率骑兵迎接曹泥和刘丰，救出剩下的五千户百姓返回并州，又恢复了曹泥的官职爵位。魏孝静帝下诏，加授高欢九锡的殊礼。高欢坚决辞让，于是作罢。

二月，高欢命令阿至罗部族进攻西魏的秦州刺史，建忠王万俟普拨，并亲自率军接应。六月甲午日，万俟普拨和他的儿子，西魏太宰万俟受洛干，豳州刺史叱干宝乐、右卫将军破六韩常，以及都督将领共三百多人，率领部族前来降附。

八月丁亥日，高欢奏请统一斗尺度量的标准，颁布于天下。

九月辛亥日，汾州的胡族王迢触、曹贰龙聚众谋反，部署建立各级官吏，年号为平都。高欢讨伐平定了他们。

十二月丁丑日，高欢从晋阳发兵西征，派遣兼仆射行台、汝阳王元湛和司徒高昂等率兵奔赴上洛，大都督窦泰率兵经潼关西进。

天平四年正月癸丑日，窦泰兵败自杀。高欢的军队到达蒲津，因为冰太薄，无法过河救援，只好撤退班师。高昂攻占了上洛。

二月己酉日，高欢因为并州、肆州、汾州、建州、晋州、东雍州、南汾州、秦州、陕州这九个州遭受了霜灾和旱灾，百姓因饥饿而流亡，奏请流亡所到的地区都打开仓库赈济。

六月壬申日，高欢到天池巡视，得到一块祥瑞的石头，石头上隐隐约约可以看出"六王三川"的字样。

十月壬辰日，高欢率军西征，从蒲津渡过黄河，军队一共二十万。宇文泰在沙苑布置军队迎战。高欢看到地势狭窄，下令军队稍微后退，西魏军队乘机鸣鼓呐喊冲过来。高欢的军队大乱，丢弃的兵器甲胄有十八万副。高欢骑着骆驼逃走，等到一只船逃回河东。

元象元年三月辛酉日，高欢坚决要求解除自己的丞相职务，魏孝静帝答应了他的请求。

四月庚寅日，高欢到邺城入朝。壬辰日，动身返回晋阳，奏请解除酿酒的禁令，并给宿卫军队的武官发放钱粮补助。

七月壬午日，行台侯景、司徒高昂把西魏大将独孤信包围在金墉城，西魏文帝和宇文泰都亲自前来救援。大都督库狄干率领诸将作为先锋前往迎敌，高欢亲统大军随后进发。

八月辛卯日，在河阴交战，大破西魏军队，俘虏了几万人，司徒高昂及大都督李猛、宋显都在战斗中战死。西魏军队败逃时，独孤信先逃入关内，宇文泰留下都督长孙子彦坚守金墉，自己也烧掉营垒逃走。高欢派兵追赶到崤山，没有追上，只好返回。起初，高欢知道西魏军队前来进犯，从晋阳率军奔赴救援，到达孟津，尚未渡河，而两军已交战，决出了胜负。随后高欢渡过黄河，长孙子彦也丢下金墉城逃走了。于是，高欢毁掉金墉城，率军北还。

十一月庚午日，高欢到京师入朝，十二月壬辰日，返回晋阳。

兴和元年七月丁丑日，魏孝静帝进拜高欢为相国、录尚书事。高欢执意辞让，于是作罢。

十一月乙丑日，高欢因为新的皇宫落成，专门到邺城朝贺。魏孝静帝与高欢一同宴饮射箭，高欢走下台阶，向孝静帝道贺。

又要求辞去勃海王的爵位和都督中外诸军事之职，孝静帝下诏不准。十二月戊戌日，高欢返回晋阳。

兴和二年十二月，阿至罗族的一个分支部落派遣使节请求降附，高欢率部队前去迎接。出了武州的关塞，没有见到前来降附的部落，就大规模地打了一次猎，然后返回。

兴和三年五月，高欢到北部边境巡视，派遣使节与盘踞漠北的柔然族通好讲和。

兴和四年五月辛巳日，高欢到邺城入朝。奏请下令给文武百官，让他们每月都要当面向皇帝报告政事。还奏请严格推行官员考核制度，听取谏言，斥逐奸邪，亲自处理刑狱事务，褒赏勤劳的官员，惩罚懒惰的官员。地方官有了过失，上级也要连坐。皇帝后宫的嫔妃，要按照一定级别程序入侍。后宫园林中的鹰犬，一律除去。六月甲辰日，高欢返回晋阳。

九月，高欢率军西征。十月己亥日，把西魏的仪同三司、大将王思政包围在玉璧城内，目的在引诱敌军。西魏军队不敢出兵援救。

十一月癸未日，高欢因为天降大雪，很多士卒都被冻死，于是下令解围撤军。

武定元年二月壬申日，北豫州刺史高慎占据虎牢城，向西魏投降。三月壬辰日，西魏宇文泰率军队接应高慎，包围了河桥的南城。戊申日，高欢在芒山大败西魏军队，活捉了都督将领四百多人，一共俘虏和杀敌六万人左右。当时有一个偷杀毛驴的军士，按照军令应当处死。高欢没有马上杀掉他，打算回并州后再行处罚。第二天再次交战的时候，这个军士逃到西魏军营之中，告诉他们高欢所在的具体地方。于是西魏军队集中全部精锐前来进攻。高欢身边的部队抵挡不住，四下溃散。高欢丢掉了战马，赫连阳顺下马把自己的马交给高欢，与军中的奴隶冯文洛一同把高欢扶上马一齐逃走。随从的步兵骑兵只有六七个人。西魏骑兵前来追赶，高欢的亲信都督尉兴庆说："大王先走，我腰边带着一百支箭，足可以射死一百人。"高欢勉励他说："如果你掩护成功，就让你当怀州刺史；你如果战死，就把这一职务授给你的儿子。"尉兴庆说："我的儿子还小，希望把这一职务授给我的兄长。"高欢答应。尉兴庆奋力狙击，箭射完以后战死。西魏太师贺拔胜率领十三名骑兵追杀高欢，河州刺史刘洪徽回身射死了其中两个人。贺拔胜的长矛正要戳到高欢身上，段孝先从旁边一箭射死了贺拔胜的战马，高欢才幸免于难。豫州、洛州最终被高欢平定，高欢派刘丰追击略地，一直到了恒农才折回来。

七月，高欢给宇文泰写了一封书信，指责他杀害魏孝武帝的罪行。

八月辛未日，魏孝静帝下诏拜高欢为相国、录尚书事、大行台，其余官职同以前一样。高欢坚决推让，才作罢。这个月，高欢下令在肆州北面的山上建城，西起马陵戍，东到土隥，四十天后完工。

十二月己卯日，高欢到京城入朝。庚辰日，返回晋阳。

武定二年三月癸巳日，高欢出发到冀州、定州巡回视察，并顺路到京城入朝。因为由冬到春一直干旱，奏请减免各地所欠税收，赈济穷困的百姓，赦免死罪以下的罪犯行为。又奏请授给各地高龄老人一些大小不等的官衔。四月丙辰日，高欢回到晋阳。

十一月，高欢出兵讨伐山胡，打败其军队，平定了山胡聚居的地区，共俘虏了一万多户居民，分配到各个州居住。

武定三年正月甲午日，开府仪同三司尔朱文畅、开府司马任胄、都督郑仲礼、中府主簿李世林、前开府参军房子远等人暗中策划刺杀高欢，打算趁正月十五日晚上放焰火的时候，带刀入府行刺。他们的同党薛季孝告发了这个阴谋。于是都被逮捕杀掉。丁未日，高欢奏请在并州设置晋阳宫，用以安置分配居住的山胡族人。

三月乙未日，高欢到邺城入朝。丙午日，返回晋阳。

十月丁卯日，高欢上奏，说幽州、安州、定州三个州的北面与奚族、柔然族人邻境，请求在这三个州险要的地方修筑城堡，派兵戍守，以防备受到入侵。高欢亲自去督察这一工程，城堡都修筑得非常坚实牢固。乙未日，高欢又奏请释放在芒山之战中俘获的西魏战俘，让他们同民间在战乱中失去丈夫的寡妇匹配成亲。

武定四年八月癸巳日，高欢准备西征，从邺城到晋阳大会诸军。殿中将军曹魏祖劝阻说："不能西征。今年八月西方有王气，出现死气迎战生气的天象。这表明作战的客方将会遇到不利，对主方有利。如果一定要出兵，只怕会折损大将。"高欢没有听从他的劝告。自从东魏西魏交兵以来，邺城一带经常在战事以前，就有大片的黄色和黑色两种蚂蚁列阵交战。占卜的人说：黄色是东魏军衣的颜色，黑色是西魏军衣的颜色。所以老百姓都通过蚂蚁交战来事先预测东西魏两方的胜负。这次出征以前，黄蚁都战败死掉了。

九月，高欢率军包围了玉壁城，引诱西魏军队前来交战，西魏军队不敢应战。西魏晋州刺史韦孝宽坚守玉壁。城头上竖了一个铁制面具，高欢命令大将元盗向它射箭，大都射中了它的眼睛。采用李业兴的算命推步法进行占卜，结果决定集中力量进攻北面。城的北面十分险要，于是在城外修筑土山，挖了十条地道，同时又从东面挖了二十一条地道，全力进攻。城中没有水，平时都从汾河打水。高欢下令改挖汾河河道，一夜之间就告完工。韦孝宽从城中派兵夺占了土山。东魏军队在玉壁城下进攻了五十天，还没有攻下来，牺牲的战士已有七万人，聚在一起埋了一个大坟。有流星落在高欢的军营中，军中的毛驴齐声鸣叫起来，士卒都感到震耳欲聋，十分害怕。高欢自己也得了病。

十一月庚子日，高欢抱病乘着轿子，率领军队班师。庚戌日，派遣次子太原公高洋到邺城镇守。辛亥日，征召长子、勃海王世子高澄来到晋阳。有一群丑恶的鸟聚在亭边的树上，世子高澄让大将斛律光用弓箭把它们射死。己卯日，高欢因为西征无功而还，上表请求免去自己都督中外诸军事的头衔。魏孝静帝下诏慰问勉励，答应了他的请求。当时，西魏散布谣言说高欢在玉壁城下中了弩箭。高欢听说之后，就带病勉强坐起来，接见各位公卿贵族。高欢让斛律金演员敕勒民歌，自己跟着伴唱，悲从中来，忍不住流下了眼泪。

侯景一向看不起世子高澄，曾经对司马子如说："高大王如果活着，我不敢有异心。大王如果逝世，我可不能和这个鲜卑小孩子一同共事！"司马子如慌忙捂住了他的嘴。这时，高澄用高欢的名义写了一封信，征召侯景。侯景从前曾与高欢单独约定，接到高欢的书信，如果信背面有一个小点，才按要求前去。这封信送到侯景手中，侯景看信背面没有小点，就没有应召前往。又听说高欢得了病，于是就集结兵马，加强防守。高欢对高澄说："我虽然得了病，可你脸上还有多余的担忧神色，这是为什么呢？"高澄不知如何回答。高欢又问："是不是担心侯景发动叛乱？"高澄说："是。"高欢说："侯景专权统辖河南地区，已经有十四年了，经常有飞扬跋扈、不受制于人的志向，只有我才能笼络住他，他怎么会听从你的驾驭呢？现在天下还不安定，我死之后，不要立即发丧。库狄干是鲜卑族老臣，斛律金是敕勒族老臣，这两个人性情诚实朴直，一定不会做对不起你的事情。可朱浑道元、刘丰生都从边远地方前来投奔我，也肯定不会有异心。贺拔焉过儿性情朴实，没有犯过错误，潘相乐过去当过道人，心地宽和厚道，你们兄弟一定会得到他们的帮助。韩轨稍微有些倔犟，应该加以宽容谅解。彭相乐心计过人，应当对他加以暗中提防。差不多可以和侯景对抗的，只有慕容绍宗一人。我故意没有提拔他，留下来给你使用，应当对他加以特别的优礼，交给他一方面的军政大权。"

武定五年正月的头一天，发生了日食。高欢说："日食难道是因为我的缘故吗？就算死了又有什么悔恨！"丙午日，向魏孝静帝上了临终的奏启。这一天，高欢在晋阳逝世，终年五十二岁。暂时保守秘密不发丧。到六月壬午日，魏孝静帝才正式在东堂开始三天的哀悼活动。缝制了麻布丧衣，下诏按西汉大将军霍光，东汉东平王刘苍的丧葬礼节行事。追赠高欢假黄钺、使持节、相国、都督中外诸军事的头衔，追授给他齐王的玉玺绶带又追赐辒车、黄屋左纛、前后羽葆鼓吹、轻车介士等等仪仗，兼备了九锡的殊礼，追谥为献武王。八月甲申日，在邺城西北漳河的西岸下葬，魏孝静帝亲自护送灵柩走到紫陌。到北齐天保初年，追崇高欢为献武皇帝，庙号太祖，陵墓的名字为义平陵。北齐后主天统元年，又改谥为神武皇帝、改庙号为高祖。

高欢的为人，深沉严密，思虑高远，平日相貌端庄严肃，心思深不可测。长于机虑权谋，变化运用如神。至于国家的军政方略，完全由他一人思考决定，文武官员，将帅僚吏，都很少能参与决策。统帅军队，法令严明。临敌作战，出奇制胜，策略灵活，变化莫测。听取汇报，处理政务，十分精明细致，绝不会受下属的欺骗蒙蔽。善于用人，赏识人才，对有功的勋旧大臣能加以保全周护。性情细密敏捷，对文教事业十分关心，经常加以细致的查询,办事务求实际,不搞虚浮的点缀。提拔官员、任命职务,都以有无才能作为标准,如果真是才堪任用,就算出身是奴隶仆役也一样提拔。相反那些徒有虚名,并无真才实学的人,极少被任用。将领出征作战,如果按高欢事先制定的战略意图作战,没有不打胜仗的;如果不按高欢的指示办事,就大多遭致损兵折将。他一贯崇尚俭朴,日常使用的刀剑鞍辔都不带有金玉装饰。年轻时有很大酒量,自从承担国家重任以后,每次喝酒都不超过三杯。在家里的日常举动也都和在官位上一样。仁慈宽恕,爱赏士人。当初范阳人卢景裕以精通经书出名,鲁郡人韩毅因擅长书法著称,都因策划反对高欢被逮捕,但高欢不加处罚,而让他们住自己的宅第,开馆教授几个儿子读书。其余的文士武将,因为尽忠侍奉自己的主人,高欢擒获他们也不加罪,这样的例子非常多。所以远近地方的人都被高欢折服,愿意为他效力。至于南面与梁朝通好,北面结纳柔然,吐谷浑、阿至罗等部族也都被招降安抚,得到他们的帮助,可见高欢统治国家的方略、眼光和度量都是非常远大的。

史臣说:当年北魏王朝控制不住天下的局面,中原陷入分崩离析的状态。高欢在山西地区开始创业,在河北地区正式树起旗帜。几次大战,剪除了叛逆势力;马鞭一挥,京城洛阳地区即告平定。尊奉天子、匡扶国家,为天下百姓立了大功。过不久魏孝武帝为躲避高欢权势的逼迫进入关中,北魏王朝的气数正要断绝,这就更加快了东魏、西魏的分裂。

列传

北史卷十四

列传第二

冯淑妃

冯淑妃名小怜,大穆后从婢也。穆后爱衰,以五月五日进之,号曰"续命"。慧黠能弹琵琶,工歌舞。后主惑之,坐则同席,出则并马,愿得生死一处。命淑妃处隆基堂,淑妃恶曹昭仪所常居也,悉令反换其地。

周师之取平阳,帝猎于三堆,晋州亟告急,帝将还,淑妃请更杀一围,帝从其言。识者以为后主名纬,杀围言非吉征。及帝至晋州,城已欲没矣。作地道攻之,城陷十余步,将士乘势欲入。帝敕且止,召淑妃共观之。淑妃妆点,不获时至。周人以木拒塞,城遂不下。旧俗相传,晋州城西石上有圣人迹,淑妃欲往观之。帝恐弩矢及桥,故抽攻城木造远桥,监作舍人以不速成受罚。帝与淑妃度桥,桥坏,至夜乃还。称妃有功勋,将立为左皇后,即令使驰取袆翟等皇后服御。仍与之并骑观战,东偏少却,淑妃怖曰:"军败矣!"帝遂以淑妃奔还。至洪洞戍,淑妃方以粉镜自玩,后声乱唱贼至,于是复走。内参自晋阳以皇后衣至,帝为按辔,命淑妃著之,然后去。帝奔邺,太后后至,帝不出迎;淑妃将至,凿城北门出十里迎之。复以淑妃奔青州。后主至长安,请周武帝乞淑妃,帝曰:"朕视天下如脱屣,一老妪岂与公惜也!"仍以赐之。

及帝遇害,以淑妃赐代王达,甚嬖之。淑妃弹琵琶,因弦断,作诗曰:"虽蒙今日宠,犹忆昔时怜。欲知心断绝,应看胶上弦。"达妃为淑妃所譖,几致于死。隋文帝将赐达妃兄李询,令着布裙配春。询母逼令自杀。

译文:

冯淑妃名小怜。她原是大穆皇后的陪嫁婢女。穆后的宠爱一天天衰落,就在五月五日把她进献给后主高纬,起名叫"续命"。此人聪明机敏,能弹琵琶,精于歌舞。后主迷恋着她,坐和她坐在一张席上,出和她并马而行。决心和她生死永在一起。后主让淑妃住在隆基堂,淑妃厌恶那是曹昭仪过去常住的地方,就让她把住处全部换过。

北周的军队占据了平阳,后主正在三堆打猎,晋州数次告急。后主想回来,淑妃请求再打一次围猎。后主就听从了她的话。有见识的人认为,后主名"纬",杀一"围"的话不是什么吉利兆头。(此后晋州失守,北齐又组织反攻。)后主到了晋州,城已经快要攻陷了。北齐军挖地道夺城,城墙陷塌十多步远。将士们正要乘势攻进城去,后主立即下令暂且停止。他想把淑妃叫来,和她一道看这个热闹。淑妃化妆打扮不能按时到来,周军抓紧时间用木料塞住缺口,城再也攻不下来了。旧日相传晋州城西的石上有圣人的足迹,淑妃想去观看,后主怕对方的弓弩把箭射到必经的桥上,就抽调攻城的材料另造一座远桥。造桥的官员因为不能很快把桥造成,还受到了处罚。后主和淑妃走到新造桥上,桥又坏了,两人到了夜晚回来,于是宣布淑妃有功勋要立她为左皇后,就下令让人骑马回京取画有雉鸡图案的专供皇后服用的服饰、仪仗、车马。仍然和淑妃一道,并排骑马观战。齐军的东翼有一部稍事退却,淑妃吓得直喊:"军队败了!"后主就和淑妃跑了回来。到了洪洞军所,淑妃正拿着铅粉、镜子摆弄,后面又叫着贼军到了,于是继续往回跑。太监们从晋阳把皇后的衣服拿到了,后主就拉紧马鞍缓慢地走着,让淑妃把皇后衣服穿了然后离去。后主奔往邺城,太后在后面来到,后主却不出去迎接;淑妃要来到了,后主凿开城北门,出城十里来迎接她。然后和淑妃一道奔往青州。后主被周俘虏到长安后,向周武帝请求把淑妃还给他,周武帝说:"我看天下就像一只脱了的鞋子,我难道会为你可惜一个老婆子吗!"于是便把淑妃赏赐给他。

等到后主遇害,就把淑妃赏赐给了北周代王宇文达,宇文达非常宠爱她。淑妃弹琵琶,把弦弄断了,她就为这事作诗说:"虽蒙今日宠,犹忆昔时怜。欲知心断绝,应看膝上弦。"宇文达的妃子被淑妃进谗言几乎致死。隋文帝杀了宇文达后,把淑妃赏给了宇文达妃子的哥哥李询。李询分派她穿上布裙去舂米,李询的母亲逼迫她自杀了。

北史卷四十八

列传第三十六

尔朱荣

尔朱荣字天宝，北秀容人也。世为部落酋帅，其先居尔朱川，因为氏焉。

高祖羽健，魏登国初为领人酋长，率契胡武士从平晋阳，定中山，拜散骑常侍。以居秀容川，诏割方三百里封之，长为世业。道武初，以南秀容川原沃衍，欲令居之。羽健曰："家世奉国，给侍左右，北秀容既在剗内，差近京师，岂以沃塉，更迁远地？"帝许之。所居处曾有狗舐地，因而穿之得甘泉，因名狗舐泉。

曾祖郁德、祖代勤，继为酋长。代勤，太武敬哀皇后舅也。既以外亲，兼数征伐有功，给复百年，除立义将军。曾围山而猎，部人射虎，误中其髀，代勤仍令拔箭，竟不推问，曰："此既过误，何忍加罪。"部内咸感其意。位肆州刺史，封梁郡公，以老致仕，岁赐帛百匹以为常。卒，谥曰庄。孝庄初，追赠太师、司徒公、录尚书事。

父新兴，太和中继为酋长。曾行马群，见一白蛇，头有两角，咒之，求畜牧蕃息。自是牛羊驼马，日觉滋盛，色别为群，谷量之。朝廷每有征讨，辄献私马，兼备资粮，助裨军用。孝文嘉之。及迁洛，特听冬朝京师，夏归部落。每入朝，诸公王朝贵，竞以珍玩遗之，新兴亦报以名马。位散骑常侍、平北将军、秀容第一领人酋长。新兴每春秋二时，恒与妻子阅畜牧于川泽，射猎自娱。明帝时，以年老，启求传爵于荣。卒，谥曰简。孝庄初，赠太师、相国、西河郡王。

荣洁白美容貌，幼而神机明决。及长，好射猎，每设围誓众，便为军阵之法，号令严肃，众莫敢犯。秀容界有池三所，在高山上，清深不测，相传曰祁连池，魏言天池也。父新兴曾与荣游池上，忽闻箫鼓音，谓荣曰："古老相传，闻此声，皆至公辅。吾年老暮，当为汝耳。"荣袭爵，后除直寝、游击将军。

正光中，四方兵起，遂散畜牧，招合义勇。以讨贼功，进封博陵郡公，其梁郡前爵听赐第二子。时荣率众至肆州，刺史尉庆宾闭城不纳。荣怒，攻拔之，乃署其从叔羽生为刺史，执庆宾还秀容。自是兵威渐盛，朝廷亦不能罪责。及葛荣吞杜洛周，荣恐其南逼邺城，表求东援相州，帝不许。荣以山东贼盛，虑其西逸，乃遣兵固守滏口以防之。于是北捍马邑，东塞井陉。

寻属明帝崩，事出仓卒，荣乃与元天穆等密议，入匡朝廷。抗表云："今海内草草，异口一言，皆云大行皇帝鸩毒致祸，举潘嫔之女以诳百姓，奉未言之儿而临四海。求以徐纥、郑俨之徒，付之司败。更召宗亲，推其明德。"于是将赴京师。灵太后甚惧，诏以李神轨为大都督，将于太行杜防。荣抗表之始，遣从子天光、亲信奚毅及仓头王相入洛，与从弟世隆密议废立。天光乃见庄帝，具论荣心，帝许之。天光等还北，荣发晋阳，犹疑所立，乃以铜铸孝文及咸阳王禧等五王子孙像，成者当奉为王。唯庄帝独就。师次河内，重遣王相密迎庄帝与帝兄彭城王劭、弟始平王子正。武泰元年四月，庄帝自高渚度，至荣军，将士咸称万岁。

及庄帝即位，诏以荣为使持节、都督中外诸军事、大将军、开府、尚书令、领军将军、领左右、太原王。及度河，太后乃下发入道，内外百官皆向河桥迎驾。

荣惑武卫将军费穆之言，谓天下乘机可取。乃谲朝士共为盟誓，将向河阴西北三里，至南北长堤，悉命下马西度，即遣胡骑四面围之。妄言丞相高阳王欲反，杀百官王公卿士二千余人，皆敛手就戮。又命二三十人拔刀走行宫，庄帝及彭城王、霸城王俱出帐。荣先遣并州人郭罗察共西部高车叱列杀鬼在帝左右，相与为应。及见事起，假言防卫，抱帝入帐，余人即害彭城、霸城二王。乃令四五十人迁帝于河桥，沈灵太后及少主于河。时又有朝士百余人后至，仍于堤东被围。遂临以白刃，唱云能为禅文者出，当原其命。时有陇西李神俊、顿丘李谐、太原温子升并当世辞人，皆在围中，耻是从命，俯伏不应。有御史赵元则者，恐不免死，出作禅文。荣令人诫军士，言元氏既灭，尔朱氏兴，其众咸称万岁。荣遂铸金为己像，数四不成。时荣所信幽州人刘灵助善卜占，言今时人事未可。荣乃曰："若我作不吉，当迎天穆立之。"灵助曰："天穆亦不吉，唯长乐王有王兆耳。"荣亦精神恍惚，不自支持，遂便愧悔，至四更中，乃迎庄帝，望马首叩头请死。其士马三千余骑，既滥杀朝士，乃不敢入京，即欲向北为移都之计。持疑经日，始奉驾向洛阳宫。及上北芒，视城阙，复怀畏惧，不肯更前。武卫将军泛礼苦执不听。复前入城，不朝成，北来之人，皆乘马入殿。诸贵死散，无复次序，庄帝左右，唯有故旧数人。荣犹执移都之议，上亦无以拒焉。又在明光殿重谢河桥之事，誓言无复二心。庄帝自起止之，因复为荣誓，言无疑心。荣喜，因求酒一遍。及醉熟，帝欲诛之，左右苦谏乃止。

即以床舆向中常侍省。荣夜半方寤,遂达旦不眠,自此不复禁中宿矣。

荣女先为明帝嫔,欲上立为后,帝疑未决。给事黄门侍郎祖莹曰:"昔文公在秦,怀嬴入侍。事有反经合义,陛下独何疑焉?"上遂从之,荣意甚悦。

于时人间犹或云荣欲迁都晋阳,或云欲肆兵大掠,迭相惊恐,人情骇震。京邑士子,十不一存,率皆逃窜,无敢出者,直卫空虚,官守废旷。荣闻之,上书谢愆。无上王请追尊帝号;诸王、刺史,乞赠三司;其位班三品,请赠令仆;五品之官,各赠方伯;六品已下及白身,赠以镇郡。诸死者无后,听继,即授封爵。均其高下,节级别科,使恩洽存亡,有慰生死。诏如所表。又启帝,遣使巡城劳问,于是人情遂安,朝士逃亡者,亦稍来归阙。荣又奏请番直,朔望之日,引见三公、令、仆、尚书、九卿及司州牧、河南尹、洛阳河阴执事之官,参论国政,以为常式。

五月,荣还晋阳,乃令元天穆向京,为侍中、太尉公、录尚书事、京畿大都督,兼领军将军,封上党王。树置复心在列职,举止所为,皆由其意。七月,诏加荣柱国大将军。

时葛荣向京师,众号百万,相州刺史李神俊闭门自守。荣率精骑七千,马皆有副,倍道兼行,东出滏口。而与葛荣众寡非敌。葛荣闻之,喜见于色,乃令其众办长绳,至便缚取。自邺以北,列阵数十里,箕张而进。荣潜军山谷为奇兵,分督将已上三人为一处,处有数百骑,令所在扬尘鼓噪,使贼不测多少。又以人马逼战,刀不如棒,密勒军士,马上各赍袖棒一枚,至战时,虑废腾逐,不听斩级,使以棒棒之而已。乃分命壮勇,所当冲突,号令严明,将士同奋。荣身自陷阵,出于贼后,表里合击,大破之。于阵禽葛荣,余众悉降。荣恐其疑惧,乃普令各从所乐，亲属相随，任所居止。于是群情喜悦，登即四散，数十万众，一朝散尽。待出百里之外，乃始分道押领，随便安置，咸得其宜。获其渠帅，量才授用，新附者咸安。时人服其处分机速。乃槛车送葛荣赴阙。诏加荣大丞相、都督河北畿外诸军事。

初，荣将讨葛荣，军次襄垣，遂大猎，有双兔起于马前，荣弯弓誓之曰："中则禽葛荣，不中则否。"既而并应弦而殪，三军咸悦。及后，命立碑于其所，号双兔碑。又将战夜，梦一人从葛荣索千牛刀，葛荣初不肯与，此人自称己是道武皇帝，葛荣乃奉刀，此人手持授荣。寤而喜，自知必胜。

又诏以冀州之长乐、相州之南赵、定州之博陵、沧州之浮阳、平州之辽西、燕州之上谷、幽州之渔阳七郡，各万户，通前满十万，为太原国邑。又加位太师。

建义初，北海王元颢南奔梁，梁立为魏王，资以兵将。时邢杲以三齐应颢。朝廷以颢孤弱，永安二年春，诏元天穆先平齐地，然后征颢。颢乘虚径进，荥阳、武牢并不守，车驾出居河北。荣闻之，驰传朝行宫于上党之长子，舆驾于是南趣。荣为前驱，旬日之间，兵马大集。天穆克平邢杲，亦度河以会。车驾幸河内。荣与颢相持于河上，无船不得即度。议欲还北，更图后举，黄门郎杨侃、高道穆等并固执以为不可。属马渚杨云有小船数艘，求为乡导。荣乃令都督尔朱兆等率精骑夜济。颢奔，车驾度河，入居华林园。诏加荣天柱大将军，增封通前二十万户，加前后部羽葆鼓吹。

荣寻还晋阳，遥制朝廷，亲戚复心，皆补要职，百僚朝廷动静，莫不以申。至于除授，皆须荣许，然后得用。庄帝虽受制权臣，而勤政事，朝夕省纳，孜孜不已。数自理冤狱，亲览辞讼。又选司多滥，与吏部尚书李神俊议正纲纪，而荣乃大相嫌责。曾关补定州曲阳县令,神俊以阶县不奏,别更拟人。荣大怒,即遣其所补者往夺其任。荣使入京,虽复微蔑,朝贵见之,莫不倾靡。及至阙下,未得通奏,恃荣威势,至乃忿怒。神俊遂上表逊位。荣欲用世隆摄选,上亦不违。荣曾启北人为河内诸州,欲为掎角势,上不即从。天穆入见论事,上犹未许。天穆曰:"天柱既有大功,为国宰相,若请普代天下官属,恐陛下亦不得违。如何启数人为州,便停不用?"帝正色曰:"天柱若不为人臣,朕亦须代;如其犹存臣节,无代天下百官理。"荣闻,大怒曰:"天子由谁得立?今乃不用我语!"皇后复嫌内妃嫔,甚有妒恨之事。帝遣世隆语以大理,后曰:"天子由我家置立,今便如此。我父本日即自作,今亦复决?"世隆曰:"兄止自不为,若本自作,臣今亦得封王。"帝既外迫强臣,内逼皇后,恒怏怏不以万乘为贵。

先是,葛荣枝党韩娄仍据幽、平二州,荣遣都督侯深讨斩之。时万俟丑奴、萧宝夤拥众幽、泾,荣遣其从子天光为雍州刺史,令率都督贺拔岳、侯莫陈悦等入关讨之。天光至雍州,以众少未进,荣大怒,遣其骑兵参军刘贵驰驿诣军,加天光杖罚。天光等大惧,乃进讨,连破之,禽丑奴、宝夤,并槛车送阙。天光又禽王庆云、万俟道乐,关中悉平。于是天下大难便尽。庄帝恒不虑外寇,唯恐荣为逆,常时诸方未定,欲使与之相持,乃告捷之日,乃不甚喜,谓尚书令、临淮王彧曰:"即今天下便是无贼?"临淮见帝色不悦,曰:"臣恐贼平以后,方荣圣虑。"帝畏余人怪,还以他语解之,曰:"其实抚宁荒余,弥成不易。"

荣好射猎,不舍寒暑,法禁严重,若一鹿出,乃有数人殒命。曾有一人,见猛兽便走,谓曰:"欲求活邪!"遂即斩之。自此猎如登战场。曾见一猛兽在穷谷中,乃令余人重衣空手搏之，不令复损，于是数人被杀，遂禽得之。持此为乐焉。列围而进，虽阻险不得回避，其下甚苦之。

太宰、元天穆从容言荣勋业，宜调政养人。荣便攘肘谓天穆曰："太后女主，不能自正，推奉天子者，此是人臣常节。葛荣之徒，本是奴才，乘时作乱，譬如奴走，禽获便休。顷来受国大宠，未能混一海内，何宜今日便言勋也？如闻朝士犹自宽纵，今秋欲共兄戒勒士马，校猎嵩原，令贪污朝贵，入围搏虎。仍出鲁阳，历三荆，悉拥生蛮，北填六镇。回军之际，因平汾胡。明年简练精骑，分出江、淮，萧衍若降，乞万户侯；如其不降，径度数千骑，便往缚取。待六合宁一，八表无尘，然后共兄奉天子巡四方，观风俗，布政教，如此乃可称勋耳。今若止猎，兵士懈怠，安可复用也？"

及见四方无事，用遣人奏曰："参军许周劝臣取九锡，臣恶其此言，已发遣令去。"荣时望得殊礼，故以意讽朝廷。帝实不欲与之，因称其忠。荣见帝年长明悟，为众所归，欲移自近，皆使由己。每因醉云，入将天子，拜谒金陵后，还复恒朔。而侍中朱元龙辄从尚书索太和中迁京故事，于是复有移都消息。

荣乃暂来向京，言看皇后娩难。帝惩河阴之事，终恐难保，乃与城阳王徽、侍中杨侃、李彧、尚书右仆射元罗谋，皆劝帝刺杀之。唯胶东侯李侃晞、济阴王晖业言荣若来，必有备，恐不可图。又欲杀其党与，发兵拒之。帝疑未定，而京师人怀忧惧，中书侍郎邢子才之徒，已避之东出。荣乃遍与朝士书，相任留。中书舍人温子升以书呈帝，帝恒望其不来，及见书，以荣必来，色甚不悦。武卫将军奚毅，建义初往来通命，帝每期之甚重，然以为荣通亲，不敢与之言情。毅曰："若必有变，臣宁死陛下难，不能事契胡。"帝曰："朕保天柱无异心，亦不忘卿忠款。"

三年八月，荣将四五千骑，发并州向京。时人皆言其反，复道天子必应图之。九月初，荣至京。有人告云，帝欲图之。荣即具奏。帝曰："外人亦言王欲害我，岂可信之？"于是荣不自疑，每入谒帝，从人不过数十，皆不持兵仗。帝欲止，城阳王曰："纵不反，亦何可耐？况何可保耶？"又北人语讹，语"尔朱"为"人主"。上又闻其在北言，我姓人主。先是，长星出中台，扫大角。恒州人高荣祖颇明天文，荣问之曰："是何祥也？"答曰："除旧布新象也。昔长星扫大角，秦以之亡。"荣闻之悦。又荣下行台郎中李显和曾曰："天柱至，那无九锡，安须王自索也？亦是天子不见机！"都督郭罗察曰："今年真可作禅文，何但九锡。"参军褚光曰："人言并州城上有紫气，何虑天柱不应。"荣下人皆陵侮帝左右，无所忌惮，其事皆上闻。奚毅又见，求闻。帝即下明光殿与语。帝又疑其为荣，不告以情。乃知毅赤诚，乃召城阳王徽及杨侃、李彧，告以毅语。

荣小女嫁与帝兄子陈留王，小字伽邪，荣尝指之曰："我终当得此女婿力。"徽又云："荣虑陛下终为此患，脱有东宫，必贪立孩幼。若皇后不生太子，则立陈留以安天下。"并言荣指陈留语状。帝即有图荣意，夜梦手持一刀自害，落十指节，都不觉痛。恶之，以告城阳王徽及杨侃。徽解梦曰："蝮蛇螫手，壮士解腕。割指节与解腕何异？去患乃是吉祥。"闻者皆言善。

九月十五日，天穆到京，驾迎之。荣与天穆并从入西林园燕射。荣乃奏曰："近来侍官皆不习武，陛下宜将五百骑出猎，因省辞讼。"先是奚毅言荣因猎挟天子移都，至是，其言相符。

至十八日，召中书舍人温子升告以杀荣状，并问以杀董卓事。子升具通本，上曰："王允若即赦凉州人，必不应至此。"良久，语子升曰："朕之情理，卿所具知，死犹须为，况必不死!宁与高贵卿公同日死,不与常道乡公同日生。"上谓杀荣、天穆,即赦其党,便应不动。应诏王道习曰:"纵朱世隆、司马子如、朱元龙比来偏被委付,具知天下虚实,谓不宜留。"城阳王及杨侃曰:"若世隆不全,仲远、天光岂有来理?"帝亦谓然,无复杀意。城阳曰:"荣数征伐,腰间有刀,或能狠戾伤人。临事,愿陛下出。"乃伏侃等十余人于明光殿东。其日,荣与天穆并入,坐食未讫,起出。侃等从东阶上殿,见荣、天穆出至中庭,事不果。

十九日是帝忌日,二十日荣忌日,二十一日,暂入,即向陈留王家,饮酒极醉。遂言病动,频日不入。上谋颇泄,世隆等以告荣。荣轻帝,不谓能反。预帝谋者皆惧。

二十五日,旦,荣、天穆同入,其日大欲革易。上在明光殿东序中西面坐,荣与天穆并御床西北小床上南坐,城阳入,始一拜,荣见光禄卿鲁安等持刀从东户入,即驰向御坐,帝拔千牛刀手斩之,时年三十八。得其手板上有数牒启,皆左右去留人名,非其腹心,悉在出限。帝曰:"竖子!若过今日,便不可制。"时又天穆与荣子菩提亦就戮,于是内外喜叫,声满京城。既而大赦。

荣虽威名大振,而举止轻脱,正以驰射为伎艺,每入朝见,更无所为,唯戏上下马。于西林园宴射,恒请皇后出观,并召王公妃主,共在一堂。每见天子射中,辄自起舞叫,将相卿士,悉皆盘旋,乃至妃主妇人,亦不免随之举袂。及酒酣耳热,必自匡坐唱虏歌,为《树梨普梨》之曲。见临淮王或从容闲雅,爱尚风素,固令为敕勒舞。日暮罢归,便与左右连手蹋地,唱《回波乐》而出。性甚严暴,愠喜无恒,弓箭刀矟,不离于手,每有瞋嫌,即行忍害,左右恒有死忧。曾欲出猎,有人诉之,披陈不已,发怒,即射杀之。曾见沙弥重骑一马,荣即令相触,力穷不复能动,遂使傍人以头相击,死而后已。

节闵帝初,世隆等得志,乃诏赠假黄钺、相国、录尚书、都督中外诸军事、晋王,加九锡,给九旒銮辂,武贲班剑三百人,辒辌车,准晋太宰、安平献王故事,谥曰武。又诏百官议荣配飨,司直刘季明曰:"晋王若配永安,则不能终臣节。以此论之,无所配。"世隆作色曰:"卿合配?"季明曰:"下官预在议限,据理而言,不合上心,诛翦唯命。"众为之危,季明自若。世隆意不已,乃配享孝文庙庭。

论曰:魏自宣武之后,政道颇亏。及明皇幼冲,女主南面,始则于忠专恣,继以元叉权重,居官者肆其聚敛,乘势者极其陵暴,于是四海嚣然,已有群飞之渐。逮于灵后反政,宣淫于朝,倾覆之征,于此至矣。

尔朱荣缘将帅之列,借部众之威,属天下暴虐,人神怨愤,遂有匡颓拯弊之志,援主逐恶之功。及夫禽葛荣,诛元颢,戮邢杲,揃韩娄、丑奴、宝夤,咸枭马市,然则荣之功烈,亦已茂矣。而始则希觊非望,睥睨宸极,终乃灵后、少帝,沈流不反,河阴之下,衣冠涂地,其所以得罪人神者焉。

译文:

尔朱荣字天宝,是北秀容地方的人。家中世代相传,做契胡部落的军事首领。尔朱荣的祖先曾经在尔朱川定居,于是就以尔朱作为姓氏。

尔朱荣的高祖父尔朱羽健,在北魏道武帝登国初年,正做契胡部落的领民酋长,率领契胡武士随从道武帝平定晋阳,攻取中山,官拜散骑常侍。因为他当时居住在秀容川,就下诏割出秀容川一带三百里的土地封给他,作为子孙相传的产业。道武帝正式即位后,因为南秀容川的土地肥沃平坦,打算让尔朱羽健迁居到那里。尔朱羽健说:"我们家世代为国家服务,侍从于皇帝左右,听使调遣。北秀容一带现已在我治理之下,这地方离京城也还比较近。我怎么能只考虑土地的肥瘠,就搬到远离陛下的地方呢?"于是,道武帝就准许他仍然住在原地。尔朱羽健的住处附近曾经有狗用舌头舐地,因而在那地方挖出了一股甘泉,所以就给它命名为狗舐泉。

曾祖父尔朱郁德,祖父尔朱代勤,相继担任部落领民酋长。尔朱代勤是北魏太武帝敬哀皇后的舅父。因为他是皇帝的外戚,又屡次出征作战立有功劳,太武帝下令免除他家里一百年的赋役,并拜他为立义将军。有一次尔朱代勤率众围山打猎,部落中的人射老虎,误射中尔朱代勤的大腿。尔朱代勤只让人把箭拔出来,并不加以追究,说:"这既然是无心而犯的过错,我怎么忍心加罪呢?"部落中的人都为他的宽厚所感动。后来做到肆州刺史,加封梁郡公。因年老退休,皇帝每年赏赐他一百匹丝绸,后来形成了常制。死后,谥号称为庄。北魏孝庄帝初年时,又追赠尔朱代勤为太师、司徒公、录尚书事。

父亲尔朱新兴,在北魏孝文帝太和年间继任酋长。有一次赶着马群出行,在路上看见一条白蛇,头上还长有两只角。便向它祈祷,希望保佑牲畜不断繁衍生息。从此之后部落中的牛羊驼马等牲畜,一天比一天多,以至于后来把它们按颜色专门分群,每群都以山谷作为计量单位。北魏朝廷每遇到对外战事,尔朱新兴就献上自己的私有马匹,并兼备资财粮草,帮助解决军队的费用。孝文帝因此对他十分嘉赏。到迁都洛阳以后,特旨准许他冬天到京城朝见,夏天回本部落休养。每次入朝,朝中的王侯公卿等贵族争相送给他各种奇珍异宝,尔朱新兴也以良种骏马回赠。官至散骑常侍,平北将军,秀容第一领民酋长。每年春秋两季,尔朱新兴都要带着妻子儿女到临水的草原上检阅放牧情况,并举行狩猎活动作为娱乐。北魏孝明帝时,尔朱新兴已经年老,奏请把爵位传给儿子尔朱荣。死后,谥号为简。孝庄帝初年,追赠太师、相国、西河郡王。

尔朱荣皮肤白皙,相貌俊秀,从小就聪颖过人,多谋善断。长大之后,喜欢骑射狩猎,每次打猎设围,部署部众,都按照行军打仗的阵法排列,号令严明,大家都不敢违犯。秀容的边境上有三个水池,位于高山之上,水色清流透明,没人知道到底有多深。相传名字叫祁连池,北魏称为天池。尔朱新兴曾带着尔朱荣在池上游览,忽然听到箫鼓的声音,就对尔朱荣说:"上年纪的人相传,听到这种声音的人,将来会做到三公宰相的高位。我已经年纪老了,今天这声音大概是为你而发的吧!"尔朱荣承袭了父亲的爵位,后来又官拜直寝、游击将军。

孝明帝正光年间,北魏王朝境内兵革四起,于是尔朱荣就散发家中的畜牧产业,招纳义勇组织军队。凭着讨伐各地起义队伍的功劳,进封为博陵郡公,原来家传的爵位梁郡公恩准赐给他的第二个儿子承袭。当时尔朱荣率领军队到了肆州,刺史尉庆宾紧闭城门不予接纳。尔朱荣大怒,就攻占了肆州,任命他的堂叔尔朱羽生为肆州刺史,把尉庆宾抓回了秀容。自此之后尔朱荣的兵力日渐强大,北魏朝廷也无力加以惩罚。到了葛荣吞并杜洛周起义军以后,尔朱荣担心葛荣会南下进逼邺城,上表请求东进到相州一带增援,孝明帝没有答应。尔朱荣见到太行山以东的起义军力量不断壮大,怕他们向西发展,就派遣部队坚守滏口,加以防御。于是尔朱荣的军队在北面捍卫住马邑,东面把守着井陉要道。

过了不久孝明帝逝世,死得非常突然。尔朱荣就和北魏帝室亲属元天穆等人暗中商议,准备兴兵入洛,匡扶朝廷。他上了一份口气强硬的奏章,说:"现在天下百姓人心惶惶,众口一词,都说先皇帝是中毒致死的。朝廷先拿潘嫔生的女儿冒充太子欺骗百姓;随后又立了一个还不会说话的幼儿君临天下。我们要求把徐纥、郑俨这些佞幸之徒都抓起来,交给司法官员论罪。然后再召集宗室亲王,重新推选一个有德之君为天下之主。"于是就准备开赴京师。皇太后胡氏闻讯十分害怕,下诏委任李神轨为大都督,准备在太行山一带布防。尔朱荣在一开始上表的时候,就派侄子尔朱天光、亲信奚毅及家人王相进入洛阳,和在洛阳做官的堂弟尔朱世隆一同暗中商议废立皇帝的计划。尔朱天光随即拜见了长乐王元子攸,也就是后来的北魏孝庄帝,向他陈述尔朱荣准备拥立他为皇帝的打算,孝庄帝表示同意。尔朱天光等人北返之后,尔朱荣就从晋阳统兵南下。临行对拥立计划又有些犹疑,就专门用铜铸造孝文帝以及咸阳王元禧等五位亲王子孙们的塑像,塑像能铸成的,就推奉他为皇帝。结果只有孝庄帝一人的塑像铸成。军队行进到河内,再一次派王相暗中前去迎接孝庄帝,以及孝庄帝的哥哥彭城王元劭和弟弟始平王元子正。武泰元年四月,孝庄帝从高渚渡过黄河,到达尔朱荣的军营,全军将士一同高呼万岁。

到孝庄帝正式即位以后,下诏进拜尔朱荣为使持节、都督中外诸军事、大将军、开府、尚书令、领军将军、领左右,加封太原王。尔朱荣的军队渡过黄河,皇太后胡氏便慌忙剃发躲入道观,朝廷内外的文武官员都前往河桥迎接孝庄帝。

尔朱荣受了武卫将军费穆的蛊惑,以为可以乘此机会夺取天下。于是就诓骗在朝百官,说要一同举行盟誓,要他们出发到河阴西北三里左右的地方，有一道南北走向的长堤，让他们都下马走到堤的西边，然后就派遣契胡骑兵从四面包围起来。他诬陷丞相高阳王元雍企图谋反，并杀掉文武百官、王公贵族一共二千多人。这些人毫无防备，束手就戮。尔朱荣派二三十名军士持刀奔向孝庄帝临时居住的行宫。孝庄帝与元劭、元子正兄弟三人一同走出帐外观看。尔朱荣事先已派并州人郭罗察和西部高车人叱列杀鬼在孝庄帝左右侍奉，准备相机与外边互为策应。至此时见到外边已开始行动，便假称防护保卫，抱持着孝庄帝进入帐内。外边的军士就杀害了元劭和元子正。尔朱荣随后命令四五十名军士把孝庄帝挟持到河桥，并把皇太后胡氏以及她扶立的幼帝元钊都沉到黄河里淹死。这时又有一百多名朝官随后赶到，仍然在大堤东面被包围起来。于是就以钢刀相威胁，宣布说能写禅位给尔朱荣诏书的人可以出来，饶了他的性命。当时陇西人李神俊、顿丘人李谐，太原人温子升都是当代著名的文章高手，均被包围在里面。这些人耻于从命，都伏在地上不做声。有一个叫赵元则的御史，害怕自己不免一死，就出来写了禅位诏书。尔朱荣随即让人晓谕军士，说元魏王朝已经灭亡，尔朱氏将要代为皇帝。部下的军士都齐呼万岁。于是尔朱荣就用黄金浇铸自己的塑像，铸了好几次也没有铸成。当时尔朱荣信任的一个幽州人叫刘灵助的，善于占卜，对尔朱荣说现在做皇帝，人事方面的条件还不具备。尔朱荣就说："要是我做皇帝不吉利，那就把元天穆接来，立他好了。"刘灵助说："元天穆也不吉利。只有长乐王才有做皇帝的天命。"尔朱荣也感到精神恍惚，心理上支持不住，就有了惭愧追悔的意思。到夜里四更左右，又把孝庄帝接回来，对着孝庄帝的马头下拜叩头，请求以死赎罪。尔朱荣带来的军队共有三千多骑兵，既已滥杀了大批朝官，就不敢进入京城洛阳，而想裹胁孝庄帝一同北还，作迁都的打算。这样犹豫不决了好几天，才簇拥着孝庄帝向洛阳的皇宫进发。及至走到北芒山，看见了洛阳的城墙，尔朱荣又害怕起来，不肯往前走。武卫将军泛礼苦苦相劝，也不听从。最后总算进入了洛阳城中，但也没有正式恢复朝会和戍卫制度。北来的军士，都骑着马直接闯入大殿。原来的高官贵族或是被杀，或是已经逃窜，朝廷中毫无秩序章法可言。孝庄帝身边也只剩下少数几个从前的亲信大臣。尔朱荣仍然坚持迁都的意见，孝庄帝也无力与他抗衡。尔朱荣又在明光殿再次就河桥迁驾的事情向孝庄帝谢罪，发誓说自己对孝庄帝绝无二心。孝庄帝亲自站起来劝阻他，并且自己也向尔朱荣发誓，说对尔朱荣信任如故，没有疑心。尔朱荣高兴起来，就请求君臣一起喝一次酒。不久尔朱荣就喝醉睡熟了，孝庄帝打算趁机杀掉他，左右的人苦苦劝阻，方才作罢。于是就把尔朱荣连床抬到了中常侍省。尔朱荣一直睡到半夜才醒来，感到后怕，于是直到清晨再也无法入睡。此后尔朱荣也再不敢在禁中留宿了。

尔朱荣的女儿原先是孝明帝的妃嫔，尔朱荣想要孝庄帝立她为皇后，孝庄帝犹豫不决。给事黄门侍郎祖莹说："春秋时晋文公流亡秦国，晋怀公的妻子怀嬴前去侍奉。有的事情虽然不合经书上的原则，但事实上却合乎道义。陛下有什么可犹豫的呢？"孝庄帝就听从了他的意见，尔朱荣心里大为高兴。

这段时间民间仍然传言尔朱荣打算迁都到晋阳，还有人说尔朱荣将要纵容军士大行劫掠，就这样互相惊吓，搞得人心惶惶，气氛十分紧张。京城洛阳里的士人，十家没有一家留下来的，大都或逃亡或躲避，不敢出来露面。朝廷中几乎无人当直戍卫，官位职守也出现很多空缺。尔朱荣听说这种情况，上书谢罪。奏请追尊孝庄帝的哥哥元劭皇帝帝号，遇害的诸王、刺史都追赠三公的品位，三品官追赠尚书令、仆射，五品官追赠刺史，六品以下直到没有官位的人都追赠郡守。死者没有了后嗣的，准许过继后嗣，然后再以封爵相授。总的原则是按照原来的官品高低，分级分类赠恤，使皇恩普及于每个人，死者都能得到安慰。孝庄帝下诏就按尔朱荣的奏请去办。尔朱荣另外又启奏孝庄帝，请求派使节巡视洛阳城，慰问百姓。于是人情逐渐安定下来，逃亡的朝官也慢慢都回到朝中。尔朱荣又奏请由大臣们轮流值班处理政务，每月的初一和十五两天，皇帝专门接见三公、尚书令、仆射、各部尚书、九卿，以及司州牧、河南尹和洛阳、河阴的有关行政官员，在一起商量国家大政，并从此定为长期的制度。

五月，尔朱荣返回晋阳。同时派元天穆前去京城，担任侍中、太尉公、录尚书事、京畿大都督，兼领军将军，加封上党王。朝廷各主要机构都安插了尔朱荣的心腹，这些人平时一举一动，都完全遵从尔朱荣的旨意。七月，孝庄帝下诏加授尔朱荣柱国大将军的头衔。

这时河北以葛荣为首的六镇起义部队开始向洛阳进发，人数号称一百万。相州刺史李神俊紧闭城门坚守不出。于是，尔朱荣亲自率领七千名精锐骑兵，每人都有正副两匹马，日夜兼程急行军，向东开出滏口。可是他的部队与葛荣军队相比，实在是众寡悬殊，难以抗衡。葛荣听说了这一情况，高兴得喜形于色，就命令自己部下的军士每人准备一条长绳，打算把尔朱荣的军队手到擒来，一一捆捉。葛荣的军队在邺城以北列了几十里的长阵，张开两翼向前推进。尔朱荣在四周的山谷中埋伏部队，作为奇兵，把督将以上的将领每三个人分派在一处，每处都只有几百名骑兵，让各处一起飞扬尘土，呐喊鼓噪，使敌军无法知道到底有多少军队。又考虑到骑兵贴身近战，与刀相比用棒作兵器更方便，于是暗中下令给军士，让他们在马上各自携带一只袖棒。交战的时候为了不至于妨碍奔驰追逐，不要求斩下敌军的首级，只要用袖棒把他们打倒就可以了。于是分派精锐军士，哪一部分在何处作战，号令严明，将领士卒的情绪都十分高涨。尔朱荣一马当先，亲自率军从葛荣军队后面绕出来，冲锋陷阵。这样各小股军队协同作战，内外一同进击，大败葛荣的军队，当场在阵中活捉葛荣，他的部众也全部投降了。尔朱荣担心他们有猜疑畏惧的心情，就广泛下令，让他们各自找喜欢去的地方，准许让亲属追随，自选安身之地。于是投降的军士都十分高兴，顿时四下奔散。数十万的军队，片刻之间就散光了。等到这些人都走出一百里开外，才派人分路押送统领，找合适的地方加以安置，各路都处理得很好。对擒获的葛荣部将，尔朱荣根据他们的才能加以委用，使投降的人感到安心。当时的人都十分佩服尔朱荣对投降部队的处理既敏捷又妥善。于是用囚车把葛荣押送洛阳。孝庄帝下诏，加授尔朱荣大丞相，都督河北畿外诸军事。

起初，尔朱荣将要出兵征讨葛荣，部队开到襄垣，举行了一次大规模围猎。有两只兔子从马前窜过，尔朱荣弯弓搭箭，对天祈祷说："如果射中，就表明能生擒葛荣；射不中则不能。"结果两只兔子都应弦而死，全军将士大为振奋。到战役结束以后，尔朱荣命令在围猎的地方专门立了一块碑以示纪念，叫作双兔碑。另外交战头一天夜里，尔朱荣梦见有一个人向葛荣索要他的千牛刀。葛荣开始不肯给，这个人就声称自己是北魏开国皇帝道武帝，葛荣便把刀奉上，这个人又把刀亲手转交给尔朱荣。尔朱荣梦醒之后，十分高兴，知道这场战役肯定会打胜。

北魏朝廷又下诏把冀州的长乐郡、相州的南赵郡、定州的博陵郡、沧州的浮阳郡、平州的辽西郡、燕州的上谷郡，幽州的渔阳郡总共七个郡，每郡一万户，再加上以前所封户数，总共达十万户，作为尔朱荣封国太原国的食邑。同时加授尔朱荣太师的头衔。

孝庄帝改元建义之初，北魏北海王元颢逃亡到南方投奔梁朝。梁朝立他为魏王，并资助他兵将。当时河间人邢杲在山东地区造反，响应元颢。北魏朝廷认为元颢势单力弱，不足为虑。永安二年春天下诏，派元天穆率军先去平定山东，然后再讨伐元颢。元颢趁洛阳一带兵力空虚，长驱直入，荥阳、虎牢都被攻占，孝庄帝逃到黄河以北。尔朱荣闻讯，乘驿传急驰到上党郡长子县的行宫朝见孝庄帝，孝庄帝才转而向南进发。尔朱荣亲自充当前驱，十来天的时间里，各地兵马纷纷前来集合。元天穆平定了邢杲的起义，也渡过黄河前来会合。孝庄帝进入河内。尔朱荣与元颢隔黄河相持，但没有船，一下子过不去。和诸位大臣、僚属商量，打算暂且收军北撤，以后再另作讨伐元颢的打算。黄门郎杨侃、高道穆等人坚决反对，认为不能这样做。恰好马渚地方有几户姓杨的人家报告说有几艘小船，请求担任向导。于是，尔朱荣命令都督尔朱兆等人率领精锐骑兵在夜里渡过黄河。元颢猝不及防，仓惶逃走。孝庄帝渡过黄河，进入洛阳的华林园。下诏加授尔朱荣为天柱大将军，增加封户，与以前合计共达二十万户。又赐给他前后部羽葆鼓吹的仪仗。

尔朱荣随后回到晋阳，在那里对北魏朝廷实行遥控。很多自己的亲戚、心腹，都在朝廷中充任显要的职务。在朝百官的一举一动，这些人没有不向尔朱荣汇报的。至于任命官员，都必须经过尔朱荣的批准，然后才能上任。孝庄帝虽然被权臣所控制，但却勤于政事，从早到晚听取汇报，处理政务，孜孜不倦。并且屡次亲自审理冤狱，过问刑法诉讼。又因为官吏选拔没有标准、比较粗滥，与吏部尚书李神俊一起商量，打算严肃选拔官吏的纲纪。尔朱荣对孝庄帝的这些举动都非常不满，屡加责难。有一次尔朱荣批文委任一个人做定州曲阳县的县令，李神俊认为此人级别太低，不够资格，就没有奏闻，而另外拟定人选。尔朱荣知道后大怒，就派他委任的人前去任所强行夺取了官位。每次尔朱荣的使节到洛阳，就算本来是一个地位很低下的人，朝中的达官贵人见到他，也没有不低声下气、献媚讨好的。等到了皇宫门口，一时没有得到通报入见，仗着尔朱荣的权威声势，甚至就当场发起脾气来。李神俊便向孝庄帝上表，请求辞职。尔朱荣打算启用他的堂弟尔朱世隆来掌管官员的选任事务，孝庄帝也不好反对。又有一次尔朱荣奏请选用一些北边部族的人充任河内地区各州的长官，希望与他自己构成掎角呼应之势，孝庄帝没有马上答应。元天穆入宫晋见孝庄帝论及此事，孝庄帝仍然不同意。元天穆说："天柱大将军既然为国家立有大功，做到宰相的高位，就算是请求全部更换天下所有的官员吏属，恐怕陛下也不能不答应。为什么只启奏几个人任州官，陛下就不同意呢？"孝庄帝板起面孔说："天柱大将军如果不想再做臣子，那么朕也应该被他更换。如果他还要保持臣节，那就没有更换天下百官的道理。"尔朱荣听说之后，大怒说："当今天子是靠谁的力量才登上皇位的？现在居然连我的话都不听了！"尔朱荣的女儿孝庄帝皇后又对孝庄帝聘娶妃嫔不满，做出很多妒忌的举动。孝庄帝派尔朱世隆向她晓谕做妻子的道理，尔朱皇后说："天子本来是由我们家扶上皇位的，现在便这样做。要是当时我父亲自己做了皇帝，今天还有这些事吗？"尔朱世隆说："只不过大哥自己不想做罢了，要是他自己做了皇帝，那么臣现在也早封为亲王了。"孝庄帝在外面被权臣所挟制，在皇宫里又受到皇后的逼迫，整天闷闷不乐，感觉不到做皇帝的尊贵。

在此之前，葛荣的分枝余部韩娄仍然占据着幽州和平州。尔朱荣派遣都督侯深进讨，杀掉了韩娄。当时万俟丑奴、萧宝夤聚众占据了关中的豳州、泾州地区，尔朱荣派自己的堂侄尔朱天光出任雍州刺史，让他率领都督贺拔岳、侯莫陈悦等人的部队入关进行征讨。尔朱天光率军到雍州，顾虑部队人数太少，不敢再前进。尔朱荣闻讯大怒，派遣自己属下的骑兵参军刘贵乘驿传急驰到军中，传令用仗责打尔朱天光，以示惩罚。尔朱天光等将领大为害怕，于是发兵进讨，连连打败敌军，活捉了万俟丑奴和萧宝夤，一并装在囚车里送往洛阳。尔朱天光另外还擒获了王庆云、万俟道乐等，关中地区完全被平定。至此北魏境内的起兵、割据势力都被消灭了。孝庄帝实际上一直不为外地的祸患担忧，而只害怕尔朱荣谋反。平时四方的战事没有结束，希望借此牵制尔朱荣的力量，内外抗衡。等到境内完全平定，报捷的那一天，孝庄帝便显得不很高兴，对尚书令、临淮王元彧说："现在天下果真是没有盗贼了吗？"临淮王看到孝庄帝的神色不高兴，就说："臣恐怕盗贼平定之后，才有真值得陛下担心的事呢？"孝庄帝又怕周围其他人产生疑虑，就岔开话题进行掩饰，说："实际上安抚、稳定这些经过兵火战乱的地区，的确是更不容易啊。"

尔朱荣酷爱骑射围猎，不管天气冷热，都要经常举行。围猎时的法规、纪律非常严厉，如果有一只鹿从围中逃出，就要有好几个人因而丢掉性命。一次有一个兵士，见到猛兽冲来，吓得拔腿便跑。尔朱荣对他说："你想逃命吗？"马上将他斩首。从此之后军士参加围猎，就像上了战场一样。又有一次见到一只猛兽被困在深谷当中，就让周围的军士多穿几层衣服，空手去擒拿这只猛兽，不准让它受到伤损。结果一连死了好几个人，才把这只猛兽擒住。尔朱荣把这种行为当成乐趣。围猎时军士围成圈子，缓慢前进，前面有障碍、危险，都不准避开。他的部下为此吃了很多苦头。

太宰元天穆有一次婉转地规劝尔朱荣，吹捧他的功勋业绩。建议他应该调理政事、爱惜士卒。尔朱荣一听，就挥起胳膊对元天穆说："当年胡太后是个女流之辈，自己行为又不端正。在这样的情况下另行推举拥戴一名天子，这是身为人臣应当做的事情。葛荣那些人，本来就是奴隶出身，趁着时局不稳造起反来，就好像奴隶趁看管不严偷跑了一样，抓回来就算完事了。近来承蒙国家给我极大的荣誉、地位，但还没有能统一天下，今天怎么就能谈得上功勋业绩呢？前不久又听说朝中官员仍然行为放纵，不加检点，因此今年秋天打算和老兄一起检阅军队，到嵩山周围的原野上进行围猎演习，让那些贪赃枉法、行为不端的朝中贵人们，都到围猎的圈子里面徒手捉拿老虎。然后兵出鲁阳，横扫荆、楚地区，把那些不开化的蛮族统统抓来，送到北边，充实六镇的人口。军队返回的时候，顺便再讨平汾河沿岸的胡人。是年选拔操练精锐骑兵，分路开往江、淮流域。梁朝皇帝萧衍如果投降，就替他讨一个万户侯的爵位；要不是投降，就直接差遣几千骑兵，过江把他抓回来。等到天下已经统一、四方没有战乱，然后再和老兄一同簇拥着天子巡视各地，观察风土人情，推广政令教化。像这样才能称得上是功勋。现在如果中止围猎，军士就会情绪松懈、武艺废弛，以后怎么能再靠他们打仗呢？"

等到尔朱荣看见境内已经没有战事，就派人向孝庄帝上奏说："参军许周建议臣九锡之礼，臣讨厌他说这样的话，已经把他打发走了。"此时尔朱荣实际上很盼望得到九锡的殊礼，所以把这个意思暗示给北魏朝廷。孝庄帝其实也不想满足他的要求，因而假装不明白,称赞尔朱荣的忠心。尔朱荣见到孝庄帝年纪已经长大,聪明机智,为很多人所归心,就打算把他引到自己的身边,使他一举一动都能由自己控制。每次喝醉时都谈到,将要入京拥戴着天子,拜谒北魏先代皇帝陵墓之后,一同回到山西北部的恒州、朔州地区。而侍中朱元龙也向尚书省索要孝文帝太和年间由平城迁都洛阳的有关制度典故,这样迁都的传闻再次传播开来。

尔朱荣于是临时打算去京城洛阳,说是要探望将要分娩的尔朱皇后。孝庄帝想起两年前河阳发生的事情,担心最终将自身难保,就和城阳王元徽、侍中杨侃、李彧、尚书右仆射元罗一同商量,这几个人都劝孝庄帝趁机先下手刺杀尔朱荣。只有胶东侯李侃晞、济阴王元晖业说尔朱荣如果前来,必定有防备,恐怕难以算计他。又有人主张先杀掉尔朱荣在朝的党羽,然后发兵抵御。孝庄帝心中迟疑未定,而这时说城中的人都已预感到情况不妙,心怀恐惧,中书侍郎邢子才等一些人已经为躲避灾祸向东逃出了洛阳。于是,尔朱荣一一给朝中官员写信,希望他们留在京城。中书舍人温子升把收到的信呈送给孝庄帝。孝庄帝一直盼望尔朱荣不要来,等看到信,知道尔朱荣一定会来,神色非常不高兴。武卫将军奚毅曾经在孝庄帝即位之初往来传递消息,孝庄帝常常对他寄予很大的期望,但又考虑到他和尔朱荣有亲戚关系,不敢向他吐露真实的心情。"奚毅说:"如果一定会发生什么事变,臣宁可为陛下尽节死难,也绝不会去侍奉契胡人。"孝庄帝说:"我担保天柱大将军没有不轨的意图,但也不会忘记你对我的一片忠心。"

永安三年八月,尔朱荣率领着四五千骑兵,从并州出发向京城开来。当时的人都说尔朱荣要谋反,又说天子一定会准备对付他。九月初,尔朱荣抵达京城。有人向他报告说,孝庄帝正在密谋对付他。尔朱荣就把听到的情况原原本本上奏。孝庄帝说："外边的人也传说大王想谋害我。这类话难道能信以为真吗？"于是尔朱荣就不再有疑心，每次入宫拜见孝庄帝，随从的人不过几十，又都不带兵器。孝庄帝因而想中止刺杀计划，城阳王元徽说："就算他不想谋反，又怎么能忍耐呢？何况怎么能保证他一定不会谋反呢？"另外当时北边地方的人语音不标准，把"尔朱"往往说成"人主"。孝庄帝又听说尔朱荣在北边自称，我姓人主。在此之前，有一个长尾巴的彗星从中台一带出现，扫过大角星。恒州人高荣祖颇通晓天文，尔朱荣就问他："这是什么征兆呢？"高荣祖回答说："这是除旧布新的征兆。过去长尾巴的彗星扫过大角星，秦朝就因此而灭亡了。"尔朱荣听了以后非常高兴。尔朱荣的部属，行台郎中李显和有一次曾对人说："天柱大将军到了京城，哪能不给九锡之礼，怎么还用得着大王本人自己索取呢？这也是天子太不会见机行事了！"都督郭罗察说："今年连禅位的诏书也可以写出来，岂但九锡之礼呢？"参军褚光说："听人说并州城头上有紫气出现，还怕天柱大将军不会上应天象吗？尔朱荣的部下都对孝庄帝左右的人，常加凌辱，根本没有顾忌害怕，因此上面这些话都传到孝庄帝耳朵里。奚毅又入宫拜见，请求单独谈话。孝庄帝就走下明光殿同他讲话。又怀疑他会站在尔朱荣一边，不告诉他实情。等到完全了解了奚毅的一片赤诚，才召来城阳王元徽以及杨侃、李彧，告诉他奚毅说的话。

尔朱荣小女儿嫁给了孝庄帝哥哥的儿子陈留王，小名叫伽邪的。尔朱荣曾经指着他对人说："我最终一定会得到这个女婿的助力。"城阳王元徽又上奏说："尔朱荣害怕陛下最终会成为他篡位的障碍，如果要立太子，一定会为自己的目的立年幼的皇子。万一皇后没有生太子，就要拥立陈留王以暂时安抚天下。"同时陈述了尔朱荣指着陈留王说的那些话。孝庄帝既已有了图谋尔朱荣的意图，有一次夜里梦见手里拿着一把刀自残，砍掉自己的十个手指，但都不觉得痛。醒来以后觉得不吉利，就告诉了城阳王元徽和杨侃。元徽解释这个梦说："一旦手被蝮蛇咬了，真正的壮士就会砍掉自己的手腕。割指头和砍手腕难道不是一个意思吗？去掉病患，是吉祥的事情。"听到的人都认为他说得对。

九月十五日，元天穆也到了京城，孝庄帝亲自前去迎接。尔朱荣和元天穆一同随从孝庄帝到了西林园宴饮射箭。于是，尔朱荣上奏说："近年以来，侍从御驾的官员都荒废了武艺，陛下应该带五百人骑马出去打猎，顺便处理地方上的诉讼案件。"先前奚毅曾经报告尔朱荣将要趁打猎之机挟持天子迁都。至此，他的话得到了验证。

到了十八日，孝庄帝召见中书舍人温子升，告诉他刺杀尔朱荣的计划，并且向他询问历史上王允刺杀董卓的经过。温子升把那段历史作了详细的报告，孝庄帝说："要是当时王允马上赦免凉州董卓的部曲，一定不会死于后来的混乱局面。"说完之后沉默了半天，又对温子升说："我的情形处境，你都是知道的。就算死也一定要这样做，何况肯定不会死！我宁可像三国时曹魏的高贵乡公那样与权臣抗争以致捐躯，也不愿意像继位的常道乡公那样忍受屈辱、苟且偷生。"孝庄帝认为杀掉尔朱荣、元天穆之后，马上宣布赦免他的党羽，这些人就不会发动叛乱。应诏王道习说："尔朱世隆、司马子如、朱元龙这几个人近来因尔朱荣的缘故被委托重用，完全了解朝廷内外的虚实情况，我认为不应该留下他们的性命。"城阳王元徽和杨侃说："如果尔朱世隆得不到保全，那样尔朱仲远、尔朱天光这些人怎么会有来降附的道理呢？"孝庄帝也认为如此，就不再有杀掉尔朱世隆等人的打算。城阳王说："尔朱荣多次外出征伐，腰里总是佩带着钢刀，说不定凶恶本性发作起来会伤害周围的人。到行动的时候，希望下陛离开现场。"于是就让杨侃等十几个人埋伏在明光殿东面。这一天，尔朱荣与元天穆一同入宫，坐下来吃东西还没吃完，就起身出去了。杨侃等人从东面的台阶奔上明光殿，见尔朱荣和元天穆已经走到了殿外的庭院当中，刺杀行动没有成功。

十九日是孝庄帝的忌日，二十日是尔朱荣的忌日，二十一日，尔朱荣进宫只停留了片刻，就到陈留王家里去了，在那里喝酒喝得烂醉如泥。此后尔朱荣自称得了病，好几天没有进宫。孝庄帝的计划颇有些泄露，尔朱世隆等人把听到的风声报告了尔朱荣。尔朱荣看不起孝庄帝，不认为他会对自己下手。参与孝庄帝计划的人都害怕起来。

二十五日清晨，尔朱荣与元天穆一同入宫，这一天想要任免一批重要官吏。孝庄帝在明光殿的东墙边西向而坐，尔朱荣和元天穆都在孝庄帝所坐床西北方向的小床上面南而坐。城阳王元徽走进殿来，刚拜了一拜，尔朱荣就看见光禄卿鲁安等人拿着刀从东门冲进来，就奔向孝庄帝的御帝，孝庄帝拔出佩带的千牛刀迎面刺去，亲手杀死了尔朱荣。尔朱荣死时三十八岁。死时他手里拿的手板被呈交上来，上面有几份启奏，内容都是孝庄帝左右侍从或去或留的名单，凡不是尔朱荣心腹的人，都在逐出之列。孝庄帝说："这小子！要是让他活过今天，以后就没有办法制服他了。"元天穆和尔朱荣的儿子尔朱菩提也同时被杀。于是宫内宫外的人欢呼叫嚷，声音很快传遍了京城。不久孝庄帝发布了大赦的命令。

尔朱荣虽然大权在握,威名远扬,可是平时的行为举止粗放轻浮。以骑马射箭作为自己的专门特长,每次入宫朝见皇帝,也不做别的事情,只进行表演上马下马的骑术游戏。在西林园宴饮射箭,都一定要请皇后出来观看,并同时召集诸王的王妃、公主,共同坐在一堂之上。每当见到天子射中目标,尔朱荣就自己手舞足蹈起来,大嚷大叫。文武百官都跟着他起舞,以至于王妃、公主这些妇女,也不免跟着他跳起来。到了酒喝得半醉,头晕耳热之际,尔朱荣一定要正襟危坐,唱起北边游牧民族的歌曲,诸如《树梨曲》《普梨曲》之类。看到临淮王元彧神态从容不迫、温文尔雅,喜欢闲适、清静,就强迫他跳敕勒族的舞蹈。傍晚宴会结束,准备回去的时候,就与左右侍从一起手拉着手,跳跃跺脚,唱着《回波乐》的曲子跳出门去。尔朱荣性情十分严酷残暴,喜怒无常,弓箭刀槊总是不离手,一旦对谁发起脾气,顺手就抓起手里的兵器对他加以残害,所以左右侍从总是怀有随时可能丧命的恐惧。有一次正打算出去打猎,有一个人前来陈事情,啰唆起来说个没完。尔朱荣发起脾气来,一箭就把他射死了。还有一次看见两个和尚同骑一匹马,尔朱荣就把他们叫过来,勒令两个人用头相顶角力。两个人力气用光,累得不能动弹,又让旁边的人抓着他们的头互相碰撞,直到把他们撞死才算完事。

到了北魏节闵帝元恭初年,尔朱世隆等人掌握了朝廷大权,于是颁诏追赠尔朱荣假黄钺、相国、录尚书事、都督中外诸军事的头衔,追封晋王,追加九锡殊礼,赐给九旒銮辂、武贲班剑三百人、辒辌车,丧礼按西晋太宰、安平献王司马孚的规格行事,谥号称为武。又诏令百官商议尔朱荣配享北魏前代皇帝灵位的有关事宜。司直刘季明说:"如果让晋王配享孝庄帝,可是他对孝庄帝却不能始终保持臣节。从这一点来看，就没有哪位皇帝可以让他去配享。"尔朱世隆沉下脸来说："难道你可以去配享吗？"刘季明说："下官既然参与了商议这件事的行列，所以才根据实际情理发言。要是不合上面的意旨，那么要杀要砍悉听尊便。"在场的人都为他捏了一把汗，可是刘季明却泰然自若。由于尔朱世隆坚持要让尔朱荣配享，于是决定让尔朱荣去配享孝文帝的灵位。

史臣说：北魏王朝自从宣武帝元恪即位以后，政治上开始渐渐衰败。到孝明帝以幼儿的身份继承皇位，胡太后临朝听政，开始是于忠专权恣横，随后又是元叉把持朝纲，做官的都肆无忌惮地大行聚敛，有权的也穷凶极恶地搜刮百姓。于是境内各地群情骚动，已经出现变乱的迹象。及至胡太后再度掌权之后，公开在朝廷中淫乱，北魏王朝灭亡的迹象，到此已达到顶点了。

尔朱荣以武将的身份，凭借着部众的威势，遇到朝廷内外政治暴虐，人神共愤，于是立下拯危扶弊的志向，打算建立救主除恶的功勋。等到他活捉葛荣，诛杀元颢，擒斩邢杲，剿灭韩娄，万俟丑奴、萧宝夤的首级都挂在洛阳的马市，看来尔朱荣立下的功绩，的确相当卓著了。但他一开始就有非分的野心，企图找机会篡取皇位，最后导致胡太后和她所立的小皇帝，都被扔进河里淹死，朝廷的百官公卿，都在河阴惨遭屠杀，这就是尔朱荣最后获罪于人和神的原因。

- 史记
- 汉书
- 后汉书
- 三国志
- 晋书
- 宋书
- 南齐书
- 梁书
- 陈书
- 魏书
- 北齐书
- 周书
- 隋书
- 南史
- 北史
- **旧唐书**
- 新唐书
- 旧五代史
- 新五代史
- 宋史
- 辽史
- 金史
- 元史
- 明史

旧唐书

本　纪

旧唐书卷二

本纪第二

太宗上

太宗文武大圣大广孝皇帝讳世民，高祖第二子也。母曰太穆顺圣皇后窦氏。隋开皇十八年十二月戊午，生于武功之别馆。时有二龙戏于馆门之外，三日而去。高祖之临岐州，太宗时年四岁。有书生自言善相，谒高祖曰："公贵人也，且有贵子。"见太宗，曰："龙凤之姿，天日之表，年将二十，必能济世安民矣。"高祖惧其言泄，将杀之，忽失所在，因采"济世安民"之义以为名焉。太宗幼聪睿，玄鉴深远，临机果断，不拘小节，时人莫能测也。

大业末，炀帝于雁门为突厥所围，太宗应募救援，隶屯卫将军云定兴营。将行，谓定兴曰："必赍旗鼓以设疑兵。且始毕可汗举国之师，敢围天子，必以国家仓卒无援。我张军容，令数十里幡旗相续，夜则钲鼓相应，虏必谓救兵云集，望尘而遁矣。不然，彼众我寡，悉军来战，必不能支矣。"定兴从焉。师次崞县，突厥候骑驰告始毕曰：王师大至。由是解围而遁。及高祖之守太原，太宗时年十八。有高阳贼帅魏刀儿，自号历山飞，来攻太原，高祖击之，深入贼阵。太宗以轻骑突围而进，射之，所向皆披靡，拔高祖于万众之中。适会步兵至，高祖与太宗又奋击，大破之。

时隋祚已终，太宗潜图义举，每折节下士，推财养客，群盗大侠，莫不愿效死力。及义兵起，乃率兵略徇西河，克之。拜右领大都督，右三军皆隶焉，封敦煌郡公。

大军西上贾胡堡，隋将宋老生率精兵二万屯霍邑，以拒义师。会久雨粮尽，高祖与裴寂议，且还太原，以图后举。太宗曰："本兴大义以救苍生，当须先入咸阳，号令天下；遇小敌即班师，将恐从义之徒一朝解体。还守太原一城之地，此为贼耳，何以自全！"高祖不纳，促令引发。太宗遂号泣于外，声闻帐中。高祖召问其故，对曰："今兵以义动，进战则必克，退还则必散。众散于前，敌乘于后，死亡须臾而至，是以悲耳。"高祖乃悟而止。八月己卯，雨霁，高祖引师趣霍邑。太宗恐老生不出战，乃将数骑先诣其城下，举鞭指麾，若将围城者，以激怒之。老生果怒，开门出兵，背城而阵。高祖与建成合阵于城东，太宗及柴绍阵于城南。老生麾兵疾进，先薄高祖，而建成坠马，老生乘之，高祖与建成军咸却。太宗自南原率二骑驰下峻坂，冲断其军，引兵奋击，贼众大败，各舍仗而走。悬门发，老生引绳欲上，遂斩之，平霍邑。

至河东，关中豪杰争走赴义。太宗请进师入关，取永丰仓以赈穷乏，收群盗以图京师，高祖称善。太宗以前军济河，先定渭北。三辅吏民及诸豪猾诣军门请自效者日以千计，扶老携幼，满于麾下。收纳英俊，以备僚列，远近闻者，咸自托焉。师次于泾阳，胜兵九万，破胡贼刘鹞子，并其众。留殷开山、刘弘基屯长安故城。太宗自趣司竹，贼帅李仲文、何潘仁、向善志等皆来会，顿于阿城，获兵十三万。长安父老赍牛酒诣旌门者不可胜纪，劳而遣之，一无所受。军令严肃，秋毫无所犯。寻与大军平京城。高祖辅政，受唐国内史，改封秦国公。会薛举以劲卒十万来逼渭滨，太宗亲击之，大破其众，追斩万余级，略地至于陇坻。

义宁元年十二月，复为右元帅，总兵十万徇东都。及将旋，谓左右曰："贼见吾还，必相追蹑。"设三伏以待之。俄而隋将段达率万余人自后而至，度三王陵，发伏击之，段达大败，追奔至于城下。因于宜阳、新安置熊、谷二州，戍之而还。徙封赵国公。高祖受禅，拜尚书令、右武候大将军，进封秦王，加授雍州牧。

武德元年七月，薛举寇泾州，太宗率众讨之，不利而旋。九月，薛举死，其子仁杲嗣立。太宗又为元帅以击仁杲，相持于折墌城，深沟高垒者六十余日。贼众十余万，兵锋甚锐，数来挑战，太宗按甲以挫之。贼粮尽，其将牟君才、梁胡郎来降。太宗谓诸将军曰："彼气衰矣，吾当取之。"遣将军庞玉先阵于浅水原南以诱之，贼将宗罗睺军来拒，玉军几败。既而太宗亲御大军，奄自原北，出其不意。罗睺望见，复回师相拒。太宗将骁骑数十入贼阵，于是王师表里齐奋，罗睺大溃，斩首数千级，投涧谷而死者不可胜计。太宗率左右二十余骑追奔，直趣折墌以乘之。仁杲大惧，婴城自守。将夕，大军继至，四面合围。诘朝，仁杲请降，俘其精兵万余人、男女五万口。

既而诸将奉贺，因问曰："始大王野战破贼，其主尚保坚城，王无攻具，轻骑腾逐，不待步兵，径薄城下，咸疑不克，而竟下之，何也？"太宗曰："此以权道迫之，使其计不暇发，以故克也。罗睺恃往年之胜，兼复养锐日久，见吾不出，意在相轻。今喜吾出，悉兵来战，虽击破之，擒杀盖少。若不急蹑，还走投城，仁杲收而抚之，则便未可得矣。且其兵众皆陇西人，一败披退，不及回顾，败归陇外，则折墌自虚，我军随而迫之，所以惧而降也。此可谓成算，诸君尽不见耶？"诸将曰："此非凡人所能及也。"获贼兵精骑甚众，还令仁杲兄弟及贼帅宗罗睺、翟长孙等领之。太宗与之游猎驰射，无所间然。贼徒荷恩慑气，咸愿效死。时李密初附，高祖令密驰传迎太宗于豳州。密见太宗天姿神武，军威严肃，惊悚叹服，私谓殷开山曰："真英主也。不如此，何以定祸乱乎？"凯旋，献捷於太庙。拜太尉、陕东道行台尚书令，镇长春宫，关东兵马并受节度。寻加左武候大将军、凉州总管。

宋金刚之陷浍州也，兵锋甚锐。高祖以王行本尚据蒲州，吕崇茂反于夏县，晋、浍二州相继陷没，关中震骇，乃手敕曰："贼势如此，难与争锋，宜弃河东之地，谨守关西而已。"太宗上表曰："太原王业所基，国之根本，河东殷实，京邑所资。若举而弃之，臣窃愤恨。愿假精兵三万，必能平殄武周，克复汾、晋。"高祖于是悉发关中兵以益之，又幸长春宫亲送太宗。

二年十一月，太宗率众趣龙门关，履冰而渡之，进屯柏壁，与贼将宋金刚相持。寻而永安王孝基败于夏县，于筠、独孤怀恩、唐俭并为贼将寻相、尉迟敬德所执，将还浍州。太宗遣殷开山、秦叔宝邀之于美良川，大破之，相等仅以身免，悉虏其众，复归柏壁。于是诸将咸请战，太宗曰："金刚悬军千里，深入吾地，精兵骁将，皆在于此。武周据太原，专倚金刚以为捍。士卒虽众，内实空虚，意在速战。我坚营蓄锐以挫其锋，粮尽计穷，自当遁走。"

三年二月，金刚竟以众馁而遁，太宗追之至介州。金刚列阵，南北七里，以拒官军。太宗遣总管李世勣、程咬金、秦叔宝当其北，翟长孙、秦武通当其南。诸军战小却，为贼所乘。太宗率精骑击之，冲其阵后，贼众大败，追奔数十里。敬德、相率众八千来降，还令敬德督之，与军营相参。屈突通惧其为变，骤以为请。太宗曰："昔萧王推赤心置人腹中，并能毕命，今委任敬德，又何疑也。"于是刘武周奔于突厥，并、汾悉复旧地。诏就军加拜益州道行台尚书令。

七月，总率诸军攻王世充于洛邑，师次谷州。世充率精兵三万阵于慈涧，太宗以轻骑挑之。时众寡不敌，陷于重围，左右咸惧。太宗命左右先归，独留后殿。世充骁将单雄信数百骑夹道来逼，交抢竞进，太宗几为所败。太宗左右射之，无不应弦而倒，获其大将燕颀。世充乃拔慈涧之镇归于东都。太宗遣行军总管史万宝自宜阳南据龙门，刘德威自太行东围河内，王君廓自洛口断贼粮道。又遣黄君汉夜从孝水河中下舟师袭回洛城，克之。黄河已南，莫不响应，城堡相次来降。大军进屯邙山。九月，太宗以五百骑先观战地，卒与世充万余人相遇，会战，复破之，斩首三千余级，获大将陈智略，世充仅以身免。其所署筦州总管杨庆遣使请降，遣李世勣率师出轘辕道安抚其众。荥、汴、洧、豫九州相继来降。世充遂求救于窦建德。

四年二月，又进屯青城宫。营垒未立，世充众二万自方诸门临谷水而阵。太宗以精骑阵于北邙山，令屈突通率步卒五千渡水以击之，因诫通曰："待兵交即放烟，吾当率骑军南下。"兵才接，太宗以骑冲之，挺身先进，与通表里相应。贼众殊死战，散而复合者数焉。自辰及午，贼众始退。纵兵乘之，俘斩八千人，于是进营城下。世充不敢复出，但婴城自守，以待建德之援。太宗遣诸军掘堑，匝布长围以守之。吴王杜伏威遣其将陈正通、徐绍宗率精兵二千来会于军所。伪郑州司马沈悦以武牢降，将军王君廓应之，擒其伪荆王王行本。

会窦建德以兵十余万来援世充，至于酸枣。萧瑀、屈突通、封德彝皆以腹背受敌，恐非万全，请退师谷州以观之。太宗曰："世充粮尽，内外离心，我当不劳攻击，坐收其敝。建德新破孟海公，将骄卒惰，吾当进据武牢，扼其襟要。贼若冒险与我争锋，破之必矣。如其不战，旬日间世充当自溃。若不速进，贼入武牢，诸城新附，必不能守。二贼并力，将若之何？"通又请解围就险以候其变，太宗不许。于是留通辅齐王元吉以围世充，亲率步骑三千五百人趣虎牢。

建德自荥阳西上，筑垒于板渚，太宗屯武牢，相持二十余日。谍者曰："建德伺官军刍尽，候牧马于河北，因将袭武牢。"太宗知其谋，遂牧马河北以诱之。诘朝，建德果悉众而至，陈兵汜水，世充将郭士衡阵于其南，绵亘数里，鼓噪，诸将大惧。太宗将数骑升高丘以望之，谓诸将曰："贼起山东，未见大敌。今度险而嚣，是无政令；逼城而阵，有轻我心。我按兵不出，彼乃气衰，阵久卒饥，必将自退，追而击之，无往不克。吾与公等约，必以午时后破之。"建德列阵，自辰至午，兵士饥倦，皆坐列，又争饮水，逡巡敛退。太宗曰："可击矣！"亲率轻骑追而诱之，众继至。建德回师而阵，未及整列，太宗先登击之，所向皆靡。俄而众军合战，嚣尘四起。太宗率史大奈、程咬金、秦叔宝、宇文歆等挥幡而入，直突出其阵后，张我旗帜。贼顾见之，大溃。追奔三十里，斩首三千余级，虏其众五万，生擒建德于阵。太宗数之曰："我以干戈问罪，本在王世充，得失存亡，不预汝事，何故越境，犯我兵锋？"建德股栗而言曰："今若不来，恐劳远取。"高祖闻而大悦，手诏曰："隋氏分崩，崤函隔绝。两雄合势，一朝清荡。兵既克捷，更无死伤。无愧为臣，不忧其父，并汝功也。"

乃将建德至东都城下。世充惧，率其官属二千余人诣军门请降，山东悉平。太宗入据宫城，令萧瑀、窦轨等封守府库，一无所取，令记室房玄龄收隋图籍。于是诛其同恶段达等五十余人，枉被囚禁者悉释之，非罪诛戮者祭而诔之。大飨将士，班赐有差。高祖令尚书左仆射裴寂劳于军中。

六月，凯旋。太宗亲披黄金甲，陈铁马一万骑，甲士三万人，前后部鼓吹，俘二伪主及隋氏器物辇辂献于太庙。高祖大悦，行饮至礼以享焉。高祖以自古旧官不称殊功，乃别表徽号，用旌勋德。十月，加号天策上将、陕东道大行台，位在王公上。增邑二万户，通前三万户。赐金辂一乘，衮冕之服，玉璧一双，黄金六千斤，前后部鼓吹及九部之乐，班剑四十人。

于时海内渐平，太宗乃锐意经籍，开文学馆以待四方之士。行台司勋郎中杜如晦等十有八人为学士，每更直阁下，降以温颜，与之讨论经义，或夜分而罢。

未几，窦建德旧将刘黑闼举兵反，据洺州。十二月，太宗总戎东讨。五年正月，进军肥乡，分兵绝其粮道，相持两月。黑闼窘急求战，率步骑二万，南渡洺水，晨压官军。太宗亲率精骑，击其马军，破之，乘胜蹂其步卒，贼大溃，斩首万余级。先是，太宗遣堰洺水上流使浅，令黑闼得渡。及战，乃令决堰，水大至，深丈余，贼徒既败，赴水者皆溺死焉。黑闼与二百余骑北走突厥，悉虏其众，河北平。时徐圆朗阻兵徐、兖，太宗回师讨平之，于是河、济、江、淮诸郡邑皆平。十月，加左右十二卫大将军。

七年秋，突厥颉利、突利二可汗自原州入寇，侵扰关中。有说高祖云："只为府藏子女在京师，故突厥来，若烧却长安而不都，则胡寇自止。"高祖乃遣中书侍郎宇文士及行山南可居之地，即欲移都。萧瑀等皆以为非，然终不敢犯颜正谏。太宗独曰："霍去病，汉廷之将帅耳，犹且志灭匈奴。臣忝备藩维，尚使胡尘不息，遂令陛下议欲迁都，此臣之责也。幸乞听臣一申微效，取彼颉利。若一两年间不系其颈，徐建移都之策，臣当不敢复言。"高祖怒，仍遣太宗将三十余骑行划。还日，固奏必不可移都，高祖遂止。八年，加中书令。

九年，皇太子建成、齐王元吉谋害太宗。六月四日，太宗率长孙无忌、尉迟敬德、房玄龄、杜如晦、宇文士及、高士廉、侯君集、程知节、秦叔宝、段志玄、屈突通、张士贵等于玄武门诛之。甲子，立为皇太子，庶政皆断决。太宗乃纵禁苑所养鹰犬，并停诸方所进珍异，政尚简肃，天下大悦。又令百官各上封事，备陈安人理国之要。己巳，令曰："依礼，二名不偏讳。近代已来，两字兼避，废阙已多，率意而行，有违经典。其官号、人名、公私文籍，有'世民'两字不连续者，并不须讳。"罢幽州大都督府。辛未，废陕东道大行台，置洛州都督府；废益州道行台，置益州大都督府。壬午，幽州大都督庐江王瑗谋逆，废为庶人。乙酉，罢天策府。

七月壬辰，太子左庶子高士廉为侍中，右庶子房玄龄为中书令，尚书右仆射萧瑀为尚书左仆射，吏部尚书杨恭仁为雍州牧，太子左庶子长孙无忌为吏部尚书，右庶子杜如晦为兵部尚书，太子詹事宇文士及为中书令，封德彝为尚书右仆射。

八月癸亥，高祖传位于皇太子，太宗即位于东宫显德殿。遣司空、魏国公裴寂柴告于南郊。大赦天下。武德元年以来责情流配者并放还。文武官五品已上先无爵者赐爵一级，六品已下加勋一转。天下给复一年。癸酉，放掖庭宫女三千余人。甲戌，突厥颉利、突利寇泾州。乙亥，突厥进寇武功，京师戒严。丙子，立妃长孙氏为皇后。己卯,突厥寇高陵。辛巳,行军总管尉迟敬德与突厥战于泾阳,大破之,斩首千余级。癸未,突厥颉利至于渭水便桥之北,遣其酋帅执失思力入朝为觇,自张形势,太宗命囚之。亲出玄武门,驰六骑幸渭水上,与颉利隔津而语,责以负约。俄而众军继至,颉利见军容既盛,又知思力就拘,由是大惧,遂请和,诏许焉。即日还宫。乙酉,又幸便桥,与颉利刑白马设盟,突厥引退。

九月丙戌,颉利献马三千匹、羊万口,帝不受,令颉利归所掠中国户口。丁未,引诸卫骑兵统将等习射于显德殿庭,谓将军已下曰:"自古突厥与中国,更有盛衰。若轩辕善用五兵,即能北逐獯鬻;周宣驱驰方、召,亦能制胜太原。至汉、晋之君,逮于隋代,不使兵士素习干戈,突厥来侵,莫能抗御,致遣中国生民涂炭于寇手。我今不使汝等穿池筑苑,造诸淫费,农民恣令逸乐,兵士唯习弓马,庶使汝斗战,亦望汝前无横敌。"于是每日引数百人于殿前教射,帝亲自临试,射中者随赏弓刀、布帛。朝臣多有谏者,曰:"先王制法,有以兵刃至御所者刑之,所以防萌杜渐,备不虞也。今引裨卒之人,弯弧纵矢于轩陛之侧,陛下亲在其间,正恐祸出非意,非所以为社稷计也。"上不纳。自是后,士卒皆为精锐。壬子,诏私家不得辄立妖神,妄设淫祀,非礼祠祷,一皆禁绝。其龟易五兆之外,诸杂占卜,亦皆停断。长孙无忌封齐国公,房玄龄邢国公,尉迟敬德吴国公,杜如晦蔡国公,侯君集潞国公。

冬十月丙辰朔,日有蚀之。癸亥,立中山王承乾为皇太子。癸酉,裴寂食实封一千五百户,长孙无忌、王君廓、尉迟敬德、房玄龄、杜如晦一千三百户,长孙顺德、柴绍、罗艺、赵郡王孝恭一千二百户,侯君集、张公谨、刘师立一千户,李世勣、刘弘基九百户，高士廉、宇文士及、秦叔宝、程知节七百户，安兴贵、安修仁、唐俭、窦轨、屈突通、萧瑀、封德彝、刘义节六百户，钱九陇、樊世兴、公孙武达、李孟常、段志玄、庞卿恽、张亮、李药师、杜淹、元仲文四百户，张长逊、张平高、李安远、李子和、秦行师、马三宝三百户。

十一月庚寅，降宗室封郡王者并为县公。

十二月癸酉，亲录囚徒。

是岁，新罗、龟兹、突厥、高丽、百济、党项并遣使朝贡。

贞观元年春正月乙酉，改元。辛丑，燕郡王李艺据泾州反，寻为左右所斩，传首京师。庚午，以仆射窦轨为益州大都督。

三月癸巳，皇后亲蚕。尚书左仆射、宋国公萧瑀为太子少师。丙午，诏："齐故尚书仆射崔季舒、给事黄门侍郎郭遵、尚书右丞封孝琰等，昔仕邺中，名位通显，志存忠谠，抗表极言，无救社稷之亡，遂见龙逢之酷。其季舒子刚、遵子云、孝琰子君遵，并以门遭时谴，淫刑滥及。宜从褒奖，特异常伦，可免内侍，量才别叙。"

夏四月癸巳，凉州都督、长乐王幼良有罪伏诛。

六月辛巳，尚书右仆射、密国公封德彝薨。壬辰，太子少师宋国公萧瑀为尚书左仆射。

是夏，山东诸州大旱，令所在赈恤，无出今年租赋。

秋七月壬子，吏部尚书、齐国公长孙无忌为尚书右仆射。

八月戊戌，贬侍中、义兴郡公高士廉为安州大都督。户部尚书裴矩卒。是月，关东及河南、陇右沿边诸州霜害秋稼。

九月辛酉，命中书侍郎温彦博、尚书右丞魏徵等分往诸州赈恤。中书令、郢国公宇文士及为殿中监。御史大夫、检校吏部尚书、参预朝政、安吉郡公杜淹署位。

十二月壬午，上谓侍臣曰："神仙事本虚妄，空有其名。秦始皇非分爱好，遂为方士所诈，乃遣童男女数千人随徐福入海求仙药，方士避秦苛虐，因留不归。始皇犹海侧踟蹰以待之，还至沙丘而死。汉武帝为求仙，乃将女嫁道术人，事既无验，便行诛戮。据此二事，神仙不烦妄求也。"尚书左仆射、宋国公萧瑀坐事免。戊申，利州都督义安王孝常、右武卫将军刘德裕等谋反，伏诛。

是岁，关中饥，至有鬻男女者。

二年春正月辛丑，尚书右仆射、齐国公长孙无忌为开府仪同三司。徙封汉王恪为蜀王，卫王泰为越王，楚王祐为燕王。复置六侍郎，副六尚书事，并置左右司郎中各一人。前安州大都督、赵王元景为雍州牧，蜀王恪为益州大都督，越王泰为扬州大都督。

二月丙戌，靺鞨内属。

三月戊申朔，日有蚀之。丁卯，遣御史大夫杜淹巡关内诸州。出御府金宝，赎男女自卖者还其父母。庚午，大赦天下。

夏四月己卯，诏骸骨暴露者，令所在埋瘗。丙申，契丹内属。初诏天下州县并置义仓。夏州贼帅梁师都为其从父弟洛仁所杀，以城降。

五月，大雨雹。

六月庚寅，皇子治生，宴五品以上，赐帛有差，仍赐天下是日生者粟。辛卯，上谓侍臣曰："君虽不君，臣不可以不臣。裴虔通，炀帝旧左右也，而亲为乱首。朕方崇奖敬义，岂可犹使宰民训俗。"诏曰：

天地定位，君臣之义以彰；卑高既陈，人伦之道斯著。是用笃厚风俗，化成天下。虽复时经治乱，主或昏明，疾风劲草，芬芳无绝，剖心焚体，赴蹈如归。夫岂不爱七尺之躯，重百年之命？谅由君臣义重，名教所先，故能明大节于当时，立清风于身后。至如赵高之殒二世，董卓之鸩弘农，人神所疾，异代同愤。况凡庸小竖，有怀凶悖，遐观典策，莫不诛夷。辰州刺史、长蛇县男裴虔通，昔在隋代，委质晋藩，炀帝以旧邸之情，特相爱幸。遂乃志蔑君亲，潜图弑逆，密伺间隙，招结群丑，长戟流矢，一朝穷发。天下之恶，孰云可忍！宜其夷宗焚首，以彰大戮。但年代异时，累逢赦令，可特免极刑，除名削爵，迁配驩州。

秋七月戊申，诏："莱州刺史牛方裕、绛州刺史薛世良、广州都督府长史唐奉义、隋武牙郎将高元礼，并于隋代俱蒙任用，乃协契宇文化及，构成弑逆。宜依裴虔通，除名配流岭表。"太宗谓侍臣曰："天下愚人，好犯宪章，凡赦宥之恩，唯及不轨之辈。古语曰：'小人之幸，君子之不幸。''一岁再赦，好人喑哑。'凡养稂莠者伤禾稼，惠奸宄者贼良人。昔文王作罚，刑兹无赦。又蜀先主尝谓诸葛亮曰：'吾周旋陈元方、郑康成间，每见启告理乱之道备矣，曾不语赦也。'夫小人者，大人之贼，故朕有天下已来，不甚放赦。今四海安静，礼义兴行，非常之恩，施不可数，将恐愚人常冀侥幸，唯欲犯法，不能改过。"

八月甲戌朔，幸朝堂，亲览冤屈。自是，上以军国无事，每日视膳于西宫。癸巳，公卿奏曰："依礼，季夏之月，可以居台榭。今隆暑未退，秋霖方始，宫中卑湿，请营一阁以居之。"帝曰："朕有气病，岂宜下湿。若遂来请，糜费良多。昔汉文帝将起露台，而惜十家之产。朕德不逮于汉帝，而所费过之，岂谓为民父母之道也。"竟不许。是月，河南、河北大霜，人饥。

九月丙午，诏曰："尚齿重旧，先王以之垂范；还章解组，朝臣于是克终。释菜合乐之仪，东胶西序之制，养老之义，遗文可睹。朕恭膺大宝，宪章故实，乞言尊事，弥切深衷。然情存今古，世踵浇季，而策名就列，或乖大体。至若筋力将尽，桑榆且迫，徒竭夙兴之勤，未悟夜行之罪。其有心惊止足，行堪激励，谢事公门，收骸闾里，能以礼让，固可嘉焉。内外文武群官年高致仕、抗表去职者，参朝之日，宜在本品见任之上。"丁未，谓侍臣曰："妇人幽闭深宫，情实可愍。隋氏末年，求采无已，至于离宫别馆，非幸御之所，多聚宫人，皆竭人财力，朕所不取。且洒扫之余，更何所用？今将出之，任求伉俪，非独以惜费，亦人得各遂其性。"于是遣尚书左丞戴胄、给事中杜正伦等，于掖庭宫西门简出之。

冬十月庚辰，御史大夫、安吉郡公杜淹卒。戊子，杀瀛州刺史卢祖尚。

十一月辛酉，有事于圆丘。

十二月壬午，黄门侍郎王珪为侍中。

三年春正月辛亥，契丹渠帅来朝。戊午，谒太庙。癸亥，亲耕籍田。辛未，司空、魏国公裴寂坐事免。

二月戊寅，中书令、邢国公房玄龄为尚书左仆射，兵部尚书、检校侍中、蔡国公杜如晦为尚书右仆射，刑部尚书、检校中书令、永康县公李靖为兵部尚书，右丞魏徵为守秘书监，参预朝政。

夏四月辛巳，太上皇徙居大安宫。甲午，太宗始于太极殿听政。

五月，周王元方薨。

六月戊寅，以旱，亲录囚徒。遣长孙无忌、房玄龄等祈雨于名山大川，中书舍人杜正伦等往关内诸州慰抚。又令文武官各上封事，极言得失。己卯，大风折木。

秋八月己巳朔，日有蚀之。薛延陀遣使朝贡。

九月癸丑，诸州置医学。

冬十一月丙午，西突厥、高昌遣使朝贡。庚申，以并州都督李世勣为通汉道行军总管，兵部尚书李靖为定襄道行军总管，以击突厥。

十二月戊辰，突利可汗来奔。癸未，杜如晦以疾辞位，许之。癸丑，诏建义以来交兵之处，为义士勇夫殒身戎阵者各立一寺，命虞世南、李伯药、褚亮、颜师古、岑文本、许敬宗、朱子奢等为之碑铭，以纪功业。

是岁，户部奏言：中国人自塞外来归及突厥前后内附、开四夷为州县者，男女一百二十余万口。

译文：

太宗文武大圣大广孝皇帝名世民，高祖第二子。母亲是太穆顺圣皇后窦氏。隋代开皇十八年十二月戊午，出生于高祖在武功县的别墅里。当时有两条龙在别墅门外游戏，三天才离开。高祖到岐州任刺史，太宗当时四岁。有个书生自称擅长算命，晋见高祖说："您是贵人，而且有贵子。"见到太宗，说："龙凤的姿貌，天庭隆起的仪表，年近二十，必定能济世安民。"高祖怕他把这话泄露出去，准备杀掉他，书生忽然不见，于是取"济世安民"的意思作为名字。太宗年幼时聪明多智，见解深远，处事果断，不拘小节，当时人都摸不透他。

大业末年，隋炀帝在雁门被突厥围困，太宗应募前去救援，隶属于屯卫将军云定兴的部队。临出发时，对定兴说："一定要携带旗鼓，用来虚设队伍，迷惑敌人。始毕可汗全国的军队，敢于来围困天子，一定以为国家仓促间派不出援兵。我方部署队伍，让数十里旗帜相连，夜晚则钲鼓声相应，敌人必定会以为救兵云集，望见我军的行尘而逃去。要不然，敌众我寡，敌人全军来战，我方一定支持不住。"定兴听从太宗的意见。部队在崞县宿营，突厥的侦察骑兵跑回去报告始毕说：隋朝的大军已到，突厥因此解围而去。高祖守太原的时候，太宗十八岁。有高阳盗贼首领魏刀儿，自己起个号叫历山飞，来攻太原，高祖袭击敌人，深入贼阵。太宗用轻骑兵突围进入贼阵，箭射贼兵，所到之处，敌皆倒退，于是把高祖从上万贼兵的围困中救出。这时正好遇上步兵开到，高祖与太宗又奋力进击，大破敌兵。

这时隋朝气数已尽，太宗暗中图谋起义，常屈己下人，舍财养客，群盗大侠，无不愿效死力。等到义军一起，便率兵夺取西河，攻下了它。拜右领军大都督，右三军都归他统领，封敦煌郡公。

起义大军西上贾胡堡，隋将宋老生率领精兵二万屯驻霍邑，以抵挡义军。正遇上连天阴雨，军粮用尽，高祖与裴寂商议，暂且领兵回太原，再谋划以后的行动。太宗说："原本兴立大义是为了拯救百姓，应当先攻入咸阳，号令天下；遇到小敌就回师，恐怕随从起义的人将会一朝解体。回去守太原一城之地，这不过是贼寇罢了，怎么能保全自己！"高祖不接受，催促他带兵出发。于是，太宗在营帐外啼哭，声音传入营帐中。高祖召太宗进帐，询问原因，回答说："现在部队凭借正义而出动，前进、战斗就必定胜利，退回就一定会散伙。大家散伙于前，敌人趁机追击于后，死亡将顷刻而至，因此悲伤。"高祖醒悟，停止退兵。八月己卯，雨过天晴，高祖领兵直趋霍邑。太宗怕老生不出战，于是率领数名骑兵先到霍邑城下，拿着马鞭指点比画，好像要围城的样子，以激怒老生。老生果然发怒，开门出兵，背城列阵。

高祖与建成一起列阵于城东，太宗和柴绍列阵于城南。老生指挥兵士迅速前进，先逼近高祖，这时建成忽然坠马，老生趁机进攻，高祖与建成的部队都往后退。太宗自城南高地率领两名骑兵急驰而下，冲断了老生的部队，又领兵奋力进击，敌军大败，各扔掉兵器逃跑。城上的闸门放下，老生手拉绳子想上城，于是被砍死，霍邑平定。

部队到河东，关中豪杰争着跑来参加义军。太宗请求进兵入关，夺取永丰仓用来救济穷苦百姓，收编各路盗贼以便谋取京师，高祖认为这个建议很好。太宗带领先锋部队渡过黄河，先平定渭北。三辅的官吏百姓以及各式强宗豪族，到营门请求让自己效力的每日有上千人，扶老携幼，拥挤于将旗之下。太宗收纳优秀人才，用以充任朝廷官吏，远近听到消息的人，无不自求托身于此。部队在泾阳宿营，有优秀兵士九万名，击破贼寇胡人刘鹞子，兼并了他的部下。留下殷开山、刘弘基屯驻长安旧城。太宗自己奔赴司竹，盗贼首领李仲文、何潘仁、向善志等都来相见，停留于阿城，获得兵士十三万人。长安父老牵牛担酒到营门劳军的不可胜数，太宗都加以慰问，然后送走他们，东西一概不收。军令严肃，秋毫无犯。接着与大军一起平定京城。高祖任宰相时，太宗当唐国内史，改封秦国公。恰巧薛举率精壮的士兵十万逼近渭水边，太宗亲自迎击，大破敌兵，追杀万余人，夺取的土地一直到了陇坻。

义宁元年十二月，太宗又任右元帅，统兵十万前去夺取东都。到了准备回师的时候，对部下说："贼寇见我回去，必定会追赶。"设三处埋伏等待敌军。没多久隋将段达率领一万多人尾随而至，走过三王陵，发伏兵出击，段达大败，太宗的部队追击逃敌一直到了东都城下。于是在宜阳、新安设置熊、谷两州，派兵防守而后回京。改封赵国公。高祖接受隋帝禅让，太宗拜尚书令、右武候大将军，进封秦王，加授雍州牧。

武德元年七月，薛举侵犯泾州，太宗率兵讨伐，出战不利而回师。九月，薛举死亡，他的儿子仁杲继位。太宗又任元帅带兵攻打仁杲，双方相持于折墌城，各挖深沟筑高垒，对抗六十余日。贼寇有十多万人，军队的锋芒甚锐，多次来挑战，太宗按兵不动以挫折它的锐气。贼寇的粮食用完，他们的将领车君才、梁胡郎前来投降。太宗对手下的将军们说："敌军已经气衰，我应该征服它了。"派将军庞玉先在浅水原南列阵以引诱敌人，敌将宗罗睺率全军出战，庞玉的部队几乎被打败。接着太宗亲自统领大军，忽然从浅水原北出现，出其不意。罗睺望见后，又回师抵抗。太宗率领数十名骁勇的骑兵冲入贼阵，于是朝廷的军队里外一起奋战，罗睺溃不成军，斩敌兵首级数千，落入涧谷而死的人更多得没法统计。太宗率领左右二十多名骑兵追击逃敌，直趋折墌城下以便乘机破城。仁杲非常害怕，环城固守。快到傍晚的时候，大军到达，四面合围。第二天早晨，仁杲请求投降，俘获他的精兵一万多人、随军的男女五万名。

接着将领们向太宗表示祝贺，于是问道："开始大王在野外击破贼寇，他们的主子保有坚固的城池，大王没有攻城的器具，靠轻骑兵奔驰追逐，不等候步兵，直逼城下，大家都怀疑不能攻克这个城，却竟然攻下了，这是为什么呢？"太宗说："这是用随机应变的方法逼迫敌人，使他们的计谋来不及形成，所以能攻克。罗睺依恃往年的胜利，加上养精蓄锐的日子很长，见我们不出战，便有相轻之意。现在高兴我们出战，于是率领全部人马迎击，我们虽然击破敌人，但擒获、杀死的人不多。如不急追，使敌人还跑回城里，仁杲收聚、安抚这些败卒，那我们就得不到这个城了。而且罗睺的部下都是陇西人，一打败仗，溃散后退，来不及回头，便逃归陇西，那么折墌城自然空虚，我军随着逼近它，所以就害怕而投降。这可说是既定的计划，诸位都没看到吗？"将领们说："这不是我们这些凡人所能赶得上的。"获得敌军精壮的骑兵甚多，还让仁杲兄弟及敌军首领宗罗睺、翟长孙等统领。太宗和他们一起骑马打猎，没有什么隔阂的样子。这帮贼寇蒙受恩惠，屏息丧气，全愿舍命效力。当时李密刚归附朝廷，高祖命他乘驿车到豳州迎接太宗。李密见太宗容貌精明而威武，军威严肃，惊畏叹服，私下对殷开山说："真是英明的主子。不像这样，怎么能平定祸乱呢？"太宗凯旋回京，到太庙进献战利品。拜为太尉、陕东道行台尚书令，坐镇长春宫，关东的兵马都归他指挥调度。接着加授左武侍候大将军、凉州总管。

宋金刚攻陷浍州的时候，军队的锋芒甚锐。高祖因为王行本还占据蒲州，吕崇茂在夏县反叛，晋州、浍州相继陷落，关中震惊，就亲自写诏书说："贼寇的势力像这样，难以同他们争斗以决胜负，应该放弃河东，谨慎防守关西。"太宗进上奏章说："太原是王业的奠基之地，国家的根本，河东富足，京城依托于它。如果攻下而又放弃它们，臣私下感到愤恨。愿陛下借给精兵三万，必定能消灭刘武周，克复汾州、晋州。"于是，高祖全部征调关中的军队以增强太宗的兵力，又亲临长春宫送太宗。

二年十一月，太宗率领部队奔赴龙门关，踩着冰过河，进驻柏壁，与贼将宋金刚相持。接着永安王李孝基在夏县打败仗，于筠、独孤怀恩、唐俭都被贼将寻相、尉迟敬德抓获。敌军将回浍州，太宗派殷开山、秦叔宝在美良川拦击，大破敌军，寻相等只独自逃脱，他们的部下全被俘虏。殷开山、秦叔宝又回到柏壁。于是将领们全来请战，太宗说："金刚孤军千里，深入我们的地方,精兵骁将,都集中在这里。武周据有太原,专依靠金刚保卫自己。敌人士卒虽多,内实空虚,意在速战。我们加固营垒、养精蓄锐以挫折敌人的锋芒,一朝粮尽计穷,敌人自当逃走。"

三年二月,金刚竟因士卒饥饿而逃跑,太宗追赶他们到介州。金刚列阵,南北七里,以抵挡官军。太宗派总管李世勣、程咬金、秦叔宝在其阵北抵敌,翟长孙、秦武通在其阵南抵敌。各军作战略退却,被贼寇钻了空子。太宗率领精壮骑兵攻打敌人,冲击敌军阵后,贼寇大败,太宗追击逃兵跑了数十里地。敬德、寻相率领八千人前来投降,太宗还让敬德统领这些兵士,与军营的人相杂。屈突通害怕他们有变故,急忙告诉太宗。太宗说:"从前萧王推赤心置他人腹中,他人全能尽力效命,现在委任敬德,又有什么可怀疑的呢?"于是刘武周逃奔突阙,并州、汾州全恢复原有的辖地。高祖下令往军中加拜太宗为益州道行台尚书令。

七月,总领各军往洛邑攻打王世充,部队在谷州宿营,世充率领精兵三万在慈涧列阵,太宗用轻骑兵挑逗敌人出战。当时众寡不敌,官军陷于重围,太宗旁边的人都感到害怕。太宗命令旁边的人先回去,独自留下来殿后。这时世充骁将单雄信的数百名骑兵从道路两边直逼太宗,他们交互争先,竞相向前,太宗几乎被他们打败。太宗左右开弓,敌兵无不应弦落马,俘获敌军的大将燕颀。于是,世充撤去慈涧的据点回到东都。太宗派行军总管史万宝自宜阳往南占据龙门,刘德威自太行向东包围河内,王君廓自洛口截断贼寇的运粮通道。又派黄君汉率水军夜晚从孝水河顺流而下袭击回洛城,攻克了它。黄河以南,无不响应,城堡一个接一个前来投降。大军进驻邙山。九月,太宗带五百名骑兵先去观察地形,突然与世充率领的一万多人相遇,双方会战,又破敌军,斩首级三千余,俘获大将陈智略,世充只独自脱身。他所委任的筠州总管杨庆派使者要求投降，太宗派李世勣率军出轘辕道安抚杨庆的部队。荥、汴、洧、豫等九州相继前来投降。于是，世充向窦建德求救。

四年二月，太宗又进驻青城宫。营垒还没有建立起来，世充的部队二万人即出方诸门临谷水列阵。太宗率精壮骑兵在北邙山列阵，命令屈突通率步兵五千渡过谷水攻击敌军，于是告诫屈突通说："等两军交战就放烟为号，我当率骑兵南下。"军队刚交战，太宗率领兵冲击敌人，挺身走在队伍前方，与屈突通里外相应。贼军拚死战斗，多次散而复合。自辰时到午时，敌人才开始后退。太宗趁势纵兵追击，俘虏和杀死敌军八千人，于是部队在洛阳城下扎营。世充不敢再出来，只环城固守，以等待建德的援兵。太宗派各部队在营外挖壕沟，营四周布满长围子以利防守。吴王杜伏威派他的将领陈正通、徐召宗率精兵二千前来同太宗的部队会合。伪郑州司马沈悦献虎牢关投降，将军王君廓同他里应外合，擒获了关里的伪荆王王行本。

正好窦建德领兵十多万前来援救世充，到了酸枣。萧瑀、屈突通、封德彝都认为腹背受敌，恐怕不是万全之策，要求退兵到谷州以观察敌军。太宗说："世充粮尽，内外离心，我们合当不费力攻击，坐等他自己破败而得利。建德新破孟海公，将骄兵惰，我们应该进兵据守虎牢，扼制要害之地。贼寇如果冒险与我们决战，击破他们是必然的。如果贼寇不战，十日间世充当自崩溃。如果不迅速进兵，贼寇一入虎牢，各城新归附我们，必定无法守住。那时世充、建德两贼协力，我们将怎么办呢？"屈突通又要求解东都之围移军险要之地以等待敌军的变化，太宗不允许。于是留下屈突通辅助齐王元吉包围世充，亲自率领步、骑兵三千五百人奔赴虎牢。

建德由荥阳西上，筑营垒于板渚，太宗驻虎牢，双方相持二十余日。间谍报告说："建德等候官军草料用尽，侦察到官军在黄河北边放马，就将袭击虎牢。"太宗知道敌人的计划，于是在黄河北边放马以引诱敌人。第二天早晨，建德果然倾巢出动，列军汜水，世充的将领郭士衡也列于建德之南，绵延数里，击鼓呼叫，将领们非常害怕。太宗带数名骑兵登上高地瞭望敌阵，对将领们说："这些贼寇起于山东，未遇见大敌。现在他们要通过险要之地而喧闹，这是军中没有规矩法度的表现；逼近城堡而列阵，这是有轻我之心。我们按兵不出，敌军的锐气就会渐衰，列阵时间一长，兵士饥饿，必将自己退兵，那时追击敌人，无往不克。我与诸位相约，一定在午时后破敌。"建德列阵，自辰时至午时，兵士饥饿疲倦，都坐在队列里，又争水喝，不一会收兵退走。太宗说："可以出击了！"亲自率领轻骑兵追赶并引诱敌人，大部队也接着赶到。建德把军队掉转过来列阵，还来不及整理队伍，太宗就先上前进攻，所到之处，敌皆倒退。一会儿众军合战，喊声四起，尘土飞扬。太宗率领史大奈、程咬金、秦叔宝、宇文歆等挥旗进入敌阵，直接冲杀到敌军阵后，张开我军的旗帜。贼寇回头见到旗帜，溃不成军。太宗追击逃兵跑了三十里地，斩敌军首级三千余，俘获敌兵五万名，在阵中活捉了建德。太宗责备他说："我兴师问罪，目标本在王世充。得失存亡，不干你事，为什么越过自己的境域，触犯我军的锋芒？"建德吓得两腿发抖说道："现在我如果不来，怕还要有劳您到远方去拿我。"高祖听到胜利的消息非常高兴，亲自写诏书说："隋朝分崩离析，崤山函谷关隔绝不通。两个豪杰势力相联，一时就把他们清除。军队既打胜仗，又没有死伤。无愧是臣子的表率，不让自己的父亲忧虑，这些都是你的功劳。"

于是带着建德到东都城下。世充害怕,率领他的部属二千多人到营门要求投降,山东全部平定。太宗进驻东都宫城,命令萧瑀、窦轨等封闭和防守仓库,一无所取,命令记室房玄龄收集隋朝的地图和户籍。于是诛杀和窦、王一起作恶的段达等五十余人,无辜被囚禁的人一律释放,无罪被杀害的人都加以祭奠并作悼辞。大宴将士,分等级颁赏。高祖派尚书左仆射裴寂到军中慰问。

六月,凯旋回京。太宗身披黄金甲,队伍中有披甲的骑兵、战马一万,带甲的步兵三万人,前后部鼓吹乐,俘获的两个伪皇帝和隋朝的器物、辇车献到太庙。高祖非常高兴,在太庙行饮至礼犒劳太宗。高祖认为自古以来已有的官号同太宗的特殊功勋不相称,于是另立徽号,以表彰太宗的功德。十月,加号天策上将,领陕东道大行台,地位在王公之上。增加封邑二万户,连以前的共三万户。赐给用黄金作装饰的大车一辆,衮冕服,玉璧一双,黄金六千斤,前后部鼓吹乐及九部乐,持木剑的仪仗队四十人。

当时海内逐渐平定,于是太宗专心研读经籍,开设文学馆以接待四方的士人。行台司勋郎中杜如晦等十八人任学士,常轮流在馆里值班,太宗和颜悦色,同他们讨论经义,有时到夜半才休息。

没多久,窦建德的旧将刘黑闼起兵反叛,占据洺州。十二月,太宗统兵东讨。五年正月,进军肥乡,分兵截断敌人的运粮道路,双方相持两个月。黑闼窘迫惶急,求战心切,率领步、骑兵两万,往南渡过洺水,清晨逼近官军。太宗亲自率领精壮骑兵,攻打敌人的马军,击破它,然后乘胜践踏敌人的步兵,贼寇大败,斩首级一万多。在这以前,太宗派人在洺水上游筑坝挡水,使河变浅,让黑闼能够渡河。等到战斗打响,就下令决坝,结果大水流到,河深丈余,敌军溃败后,往河里跑的人全被淹死。黑闼与二百多骑兵北走突厥,他的部下全被俘虏,河北平定。当时徐圆朗拥兵于徐、兖二州，太宗回师讨平他，于是黄河、济水、长江、淮水各郡邑全部平定。十月，加授太宗左右十二卫大将军。

七年秋，突厥颉利、突利两可汗由原州入侵，袭扰关中。有人劝说高祖道："只因为财宝女子在京师，所以突厥人来，如果烧掉长安城而不以它为首都，那么胡寇自然不来。"于是，高祖派中书侍郎宇文士及巡视山南可居之地，准备迁都。萧瑀等都认为这样做不对，但终不敢冒犯天子，正言劝谏。太宗独自进谏说："霍去病，汉朝的一个将帅罢了，尚且立志消灭匈奴。臣充诸侯王之数，还使边患不息，于是让陛下准备迁都，这都是臣的责任。现在有幸请求陛下听任臣效些微之劳，拿住那颉利。如果一两年间不能把绳子套在他颈上，慢慢再立迁都之策，臣当不敢再说什么。"高祖发怒，仍派太宗带领三十多名骑兵去巡视栈道。回来的时候，坚决奏请一定不能迁都，于是高祖打消迁都的念头。八年，加授太宗中书令。

九年，皇太子建成、齐王元吉图谋杀害太宗。六月四日，太宗率领长孙无忌、尉迟敬德、房玄龄、杜如晦、宇文士及、高士廉、侯君集、程知节、秦叔宝、段志玄、屈突通、张士贵等在玄武门杀建成、元吉。甲子，太宗立为皇太子，各种政务都由他裁定。于是，太宗放走禁苑中所养的鹰犬，并命各地停止讲献珍异之物，政治崇尚简约严肃，天下人非常高兴。又命令百官各上密封的奏章，细述安民治国的要旨。己巳，发布命令说："依照礼的规定，两个字的名字不单个避讳。近代以来，两个字都单个避讳，名号、词语、书籍等废弃、空缺已多。随意而行，有违经典。凡官号、人名、公私文书，有'世民'两字不相连的，都不须避讳。"撤销幽州大都督府。辛未，废除陕东道大行台，设置洛州都督府；废除益州道行台，设置益州大都督府。壬午，幽州大都督庐江王李瑗图谋叛逆，废为平民。乙酉，撤销天策府。

七月壬辰，太子左庶子高士廉任侍中，右庶子房玄龄任中书令，尚书右仆射萧瑀任尚书左仆射，吏部尚书杨恭仁任雍州牧，太子左庶子长孙无忌任吏部尚书，右庶子杜如晦任兵部尚书，太子詹事宇文士及任中书令，封德彝任尚书右仆射。

八月癸亥，高祖传位给皇太子，太宗在东宫显德殿即位。派司空、魏国公裴寂在南郊烧柴祭告上天。大赦天下的罪人。武德元年以来究问得实被流放到边远地区的人全部放回。文武官五品以上原先无爵的赐给最低一等爵，六品以下各加勋官一级。天下免除徭役一年。癸酉，放走后宫里的宫女三千多人。甲戌，突厥颉利、突利侵犯泾州。乙亥，突厥进犯武功，京师戒严。丙子，立妃子长孙氏为皇后。己卯，突厥侵犯高陵。辛巳，行军总管尉迟敬德同突厥在泾阳作战，大破敌军，斩首级一千多。癸未，突厥颉利可汗到了渭水便桥北边，派他的酋长执失思力入朝窥探，擅自察看地形，太宗下令囚禁他。太宗亲自出玄武门，乘六匹马驾的车疾驱到渭水上，与颉利隔着河谈话，指责他负约。一会儿各个部队接着开到，颉利见军容壮盛，又知道思力被囚禁，因此很害怕，要求讲和，太宗允许。当日回宫。乙酉，又亲临便桥，与颉利杀白马订盟，突厥退兵。

九月丙戌，颉利献马三千匹、羊一万头，皇帝不收，让颉利送回所掠夺的中国户口。丁未，领进各卫的骑兵统领等在显德殿庭练习射箭，对将军以下的人说："自古以来突厥与中国，互有盛衰，像轩辕善于使用五种兵器，就能在北方驱逐獯鬻；周宣王使方叔、召虎为自己效力，也能在太原克敌制胜。到了汉、晋的君主，以至于隋代，不让兵士平时练习各种兵器，突厥来犯，不能抵御，致扔下中国百姓在敌寇手中遭难。我现在不让你们挖池筑苑，建造各种过度浪费钱财的设施。农民可恣意让他们安乐，兵士只有练习射箭骑马，希望使你们能战斗，也盼望在你们面前没有敢于横行的敌人。"于是每天领进数百人在殿前教他们射箭，皇帝亲自考试，射中的人立刻赏给弓刀、布匹、丝织品。朝臣多有进谏的，他们说："先代的圣王制定法律，有带兵器到天子住处的处死刑，这是制止刚萌生的不良现象扩展，防备不测之事的办法。现在领进偏将士卒一类人，在皇宫旁边弯弓放箭，正怕灾祸产生于不意之中，这不是为国家考虑的办法。"皇上不接受。从这以后，士兵都变精锐了。壬子，天子命令私家不得随便立妖神，滥设祭祀，不符合礼制规定的祭祀，一律禁止。除龟卜和它的五种兆形、《易经》和它的卜筮术外，各种形形色色的占卜术，也全禁止。长孙无忌封齐国公，房玄龄封邢国公，尉迟敬德封吴国公，杜如晦封蔡国公，侯君集封潞国公。

冬十月丙辰初一，日食。癸亥，立中山王承乾为皇太子。癸酉，赐给裴寂封邑一千五百户，长孙无忌、王君廓、尉迟敬德、房玄龄、杜如晦一千三百户，长孙顺德、柴绍、罗艺、赵郡王李孝恭一千二百户，侯君集、张公谨、刘师立一千户，李世勣、刘弘基九百户，高士廉、宇文士及、秦叔宝、程知节七百户，安兴贵、安修仁、唐俭、窦轨、屈突通、萧瑀、封德彝、刘义节六百户，钱九陇、樊世兴、公孙武达、李孟常、段志玄、庞卿恽、张亮、李药师、杜淹、元仲文四百户，张长逊、张平高、李安远、李子和、秦行师、马三宝三百户。

十一月庚寅，皇族封郡王的都降为县公。

十二月癸酉，亲自讯察、记录囚徒的罪状。

这一年，新罗、龟兹、突厥、高丽、百济、党项都派使者来朝见天子，进献方物。

贞观元年春正月乙酉，更改年号。辛丑，燕郡王李艺占据泾州反叛朝廷，接着被他的部下杀死，首级传送到京师。庚午，任命仆射窦轨为益州大都督。

三月癸巳，皇后亲自养蚕。尚书左仆射、宋国公萧瑀任太子少师。丙午，发布诏令："齐国的前尚书仆射崔季舒、给事黄门侍郎郭遵、尚书右丞封孝琰等，从前在邺中做官，名位显达，志操忠直，上表极言直谏，不能挽救国家的危亡，于是像关龙逢那样遇害。季舒的儿子崔刚，郭遵的儿子郭云，孝琰的儿子君遵，都因家遭当世责难，而身受滥施的刑罚。应当给予褒奖，特别不同于一般人，可免除他们的内侍之官，另外量才进用。"

夏四月癸巳，凉州都督、长乐王李幼良有罪被处死刑。

六月辛巳，尚书右仆射、密国公封德彝逝世。壬辰，太子少师宋国公萧瑀任尚书左仆射。

这年夏天，山东各州大旱，下令各州救济，百姓不用出今年的租赋。

秋七月壬子，吏部尚书、齐国公长孙无忌任尚书右仆射。

八月戊戌，贬侍中、义兴郡公高士廉为安州大都督。户部尚书裴矩去世。这一月，关东及河南、陇右沿边各州秋庄稼受霜害。

九月辛酉，命令中书侍郎温彦博、尚书右丞魏徵等分别到各州救济百姓。中书令、郢国公宇文士及任殿中监。御史大夫、检校吏部尚书、参与朝政、安吉郡公杜淹就任。

十二月壬午，皇上对随侍左右的臣子说："神仙的事本来虚妄，不过空有其名。秦始皇不安本分地爱好神仙，于是被方士欺骗，便派童男童女数千人随徐福入海求仙药。方士为躲避秦朝暴政，留在那里不回来，始皇还在海边徘徊等待他们，后来回到沙丘便死了。汉武帝为求神仙，就把女儿嫁给有道术的人，后来事情既无效验，便杀掉方士。根据这两件事，神仙是不必劳神去妄求的。"尚书左仆射、宋国公萧瑀因事获罪被免职。戊申，利州都督义安王李孝常、右武卫将军刘德裕等图谋造反，被处死刑。

这一年，关中饥荒，以至于有卖儿鬻女的。

二年春正月辛丑，尚书右仆射、齐国公长孙无忌任开府仪同三司。改封汉王恪为蜀王，卫王泰为越王，楚王崦为燕王。又设置六部侍郎，辅助六部尚书治理政事，并设置左右司郎中各一人。前安州大都督、赵王元景任雍州牧，蜀王恪任益州大都督，越王泰任扬州大都督。

二月丙戌，靺鞨成为唐的属国。

三月戊申初一，日食。丁卯，派御史大夫杜淹巡视关内各州。取出皇宫府库里的黄金和宝物，赎回自己卖身为奴的男女，送还给他们的父母。庚午，大赦天下的罪人。

夏四月己卯，命令死人的骸骨暴露在外的，让所在的地方负责掩埋。丙申，契丹成为唐的属国。首次命令天下的州县都设置义仓。夏州的盗贼首领梁师都被他的堂弟洛仁杀死，并献城投降。

五月，天下大雹子。

六月庚寅，皇子李治诞生，设宴招待五品以上官吏，分等第赐给他们丝织物，还赐给全国在这一天出生的人粮食。辛卯，皇上对随侍左右的人说："君主虽然不像君主，臣子不可以不像臣子。裴虔通，本是炀帝的侍从之臣，却亲自当叛乱的首领。朕正推崇、鼓励恭敬信义，怎么还可以让他继续统治人民、训导风俗呢？"发布诏令说：

天与地确定位置，君臣之间应有的关系也就明白了；地卑天高的位置既已确立，人与人之间应有的等级关系也就清楚了。所以能使风俗淳厚，天下教化成功。虽然又时常经历太平或动乱的年代，君主有昏有明，但疾风中有劲草，芬芳的品德不绝，不少人为君主剖胸焚身，赴汤蹈火，视死如归。难道他们不爱惜七尺的身躯，不重视百年的生命？实由于君臣之间应有的关系非常重，在礼教中被置于首要地位，所以他们能在当世显示临难不苟的节操，于身后树立清正高洁的风范。至于像赵高的杀害秦二世、董卓的毒死弘农王，是人与神所憎恶的，连其他时代的人都共同感到气愤。更何况平庸小子，有凶暴悖逆之心！远观前代帝王的策命，这种人没有不杀掉的。辰州刺史、长蛇县男裴虔通，过去在隋代，侍奉晋王杨广，炀帝因原先在王府的交情，特别加以宠幸。于是就心无君亲，暗中图谋弑君，秘密窥测可乘之机，招纳、勾结各种恶人，长戟流矢，竟一朝私自往宫中发射。这是天下的恶事，谁说可以忍受！应当诛戮虔通的同宗，焚烧他的首级，用以表明他的犯上行为是一种大耻辱。但发生的年代不与当今同时，又多次遇到发布赦令，可特别免去他的死刑，从官籍中除名并削去爵位，流放驩州。

秋七月戊申，发布诏令："莱州刺史牛方裕、绛州刺史薛世良、广州都督府长史唐奉义、隋武牙郎将高元礼，在隋代都蒙炀帝任用，却协同宇文化及，构成弑君之罪。应当按照裴虔通的样子，除名流放岭南。"太宗对随侍左右的臣子说："天下的愚人，好触犯法令，所有赦免罪人的恩惠，只能给予不守法度之辈。古语说：'小人的幸运，是君子的不幸。''一年两次赦免罪人，好人成了哑巴。''凡养着杂草，会妨害禾苗的生长，施恩惠给为非作歹的人，会伤害好人。'从前文王设刑罚，该用刑的都不赦免。又蜀先主曾对诸葛亮说：'我周旋于陈元方、郑康成之间，常听见他们告诉我治乱之道，内容相当全面，而不曾谈到赦免罪人。'小人，是君子的祸害，所以朕自得天下以来，不大发布赦令。现今四海安静，礼仪得到振兴和推行，非常的恩惠，施给不可频繁，怕愚人常会冀求侥幸，只想犯法，不能改过。"

八月甲戌初一，太宗到朝堂，亲自过问冤狱。从这以后，皇上因为国家、军队无事，每天到西宫侍奉太上皇，问寒问暖。癸巳，公卿大臣进言："按照礼的规定，季夏六月，可以住在台上的高屋里。现在盛暑未退，秋天的多雨季节即将开始，宫中地势低而潮湿，请营造一座楼阁居住。"皇帝说："朕有气力衰竭的病，哪里适合住在低而湿的地方。如果答应你们的请求，要耗费的钱财实在不少。从前汉文帝准备建露台，而舍不得相当于十户人家财产的花销。朕品德赶不上汉文帝，而所费的钱超过他，难道说作百姓父母的方法就是这样？"竟不答应。这一月，河南、河北有大霜害，百姓饥饿。

九月丙午，发布诏令说："尊崇老年人，看重旧臣，先代的圣王以此为后人留下了榜样；送回官印，解下绶带，去职退休，于是朝臣能有一个好结局。放置芹藻祭祀先师合奏众乐的礼仪，设立东胶西序一类学校的制度，奉养老人的道理，前代的遗文里都可以看到。朕恭敬地接受帝位，效法先代旧事，尊敬、侍奉老人，向他们求教，这样做也十分符合自己内心深处的意愿。但情况有今古的不同，时代进入风俗浮薄的末世，却出仕就职，或许违背原则。至于像筋力将尽，暮年逼近，而仍居官位，徒然极尽起早的辛劳，不明白夜行的过错，他们中有的人心中惊恐，知止知足，行为堪激励后辈，主动辞去官职，归死乡里，能以礼相让，精神本来可嘉。内外文武官吏凡年老退休、上表辞官的，入朝参见天子之时，位次应在本品现任官之上。"丁未，对随侍左右的臣子说："妇女被幽闭于深宫，那情况实在可怜。隋朝末年，选女入宫，没有停止的时候，至于建在各地的离宫别馆，不是天子临幸游息之处，也多集聚宫女，全耗尽了人民的财力，这是我所不取的。而且宫女除洒水扫地之外，还能用在什么地方？现在准备遣返宫女，听任她们寻求配偶。不但因为吝惜费用，也使这些人能够各按照自己的本性生活。"于是派尚书左丞戴胄、给事中杜正伦等在妃嫔居住的掖庭宫西门选择宫女，遣返她们。

冬十月庚辰，御史大夫、安吉郡公杜淹去世。戊子，杀瀛州刺史卢祖尚。

十一月辛酉，在圆丘祭天。

十二月壬午，黄门侍郎王珪任侍中。

三年春正月辛亥，契丹首领来朝见天子。戊午，在太庙祭祀。癸亥，天子亲耕籍田。辛未，司空、魏国公裴寂因事获罪被免职。

二月戊寅，中书令、邢国公房玄龄任尚书左仆射，兵部尚书、检校侍中、蔡国公杜如晦任尚书右仆射，刑部尚书、检校中书令、永康县公李靖任兵部尚书，右丞魏徵任守秘书监，参与朝政。

夏四月辛巳，太上皇迁居大安宫。甲午，太宗开始在太极殿处理政务。

五月，周王元方逝世。

六月戊寅，由于天旱，亲自讯察、记录囚徒的罪状。派长孙无忌、房玄龄等在名山大川祈雨，派中书舍人杜正伦等到关内各州安抚、慰问。又下令文武官吏各上密封的奏章，毫无保留地谈出自己对政治得失的看法。己卯，大风吹折树木。

秋八月己巳初一，日食。薛延陀派使者入朝拜见天子，进献方物。

九月癸丑，各州设立培养医师的学校。

冬十一月丙午，西突厥、高昌派使者入朝拜见天子，进献方物。庚申，任命并州都督李世勣为通汉道行军总管，兵部尚书李靖为定襄道行军总管，领兵攻打突厥。

十二月戊辰，突利可汗投奔中国。癸未，杜如晦因病辞官，皇上答应。癸丑，下令在自树立义旗以来交战的地方，为那些丧生于战阵的义士勇夫各立一座寺庙，命令虞世南、李伯药、褚亮、颜师古、岑文本、许敬宗、朱子奢等为他们撰写碑铭，以记载他们的功业。

这一年，户部报告：中国人自塞外归来和突厥人前后归附中国以及开辟四境异族地区而建立的州县所增加的人口，合计共有男女一百二十多万。

旧唐书卷三

本纪第三

太宗下

四年春正月乙亥，定襄道行军总管李靖大破突厥，获隋皇后萧氏及炀帝之孙正道，送至京师。癸巳，武德殿北院火。

二月己亥，幸温汤。甲辰，李靖又破突厥于阴山，颉利可汗轻骑远遁。丙午，至自温汤。甲寅，大赦，赐酺五日。民部尚书戴胄以本官检校吏部尚书，参预朝政。太常卿萧瑀为御史大夫，与宰臣参议朝政。御史大夫、西河郡公温彦博为中书令。

三月庚辰，大同道行军副总管张宝相生擒颉利可汗，献于京师。甲申，尚书右仆射、蔡国公杜如晦薨。甲午，以俘颉利告于太庙。

夏四月丁酉，御顺天门，军吏执颉利以献捷。自是西北诸蕃咸请上尊号为"天可汗"，于是降玺书册命其君长，则兼称之。

秋七月甲子朔，日有蚀之。上谓房玄龄、萧瑀曰："隋文何等主？"对曰："克己复礼，勤劳思政，每一坐朝，或至日昃。五品已上，引之论事。宿卫之人，传餐而食。虽非性体仁明，亦励精之主也。"上曰："公得其一，未知其二。此人性至察而心不明。夫心暗则照有不通，至察则多疑于物。自以欺孤寡得之，谓群下不可信任，事皆自决，虽劳神苦形，未能尽合于理。朝臣既知上意，亦复不敢直言，宰相已下，承受而已。朕意不然。以天下之广，岂可独断一人之虑？朕方选天下之才，为天下之务，委任责成，各尽其用，庶几于理也。"因令有司："诏敕不便于时，即宜执奏，不得顺旨施行。"

八月丙午，诏三品已上服紫，五品已上服绯，六品七品以绿，八品九品以青；妇人从夫色。甲寅，兵部尚书、代国公李靖为尚书右仆射。

九月庚午，令收瘗长城之南骸骨，仍令致祭。壬午，令自古明王圣帝、贤臣烈士坟墓无得刍牧，春秋致祭。

冬十月壬辰，幸陇州，曲赦陇、岐二州，给复一年。辛丑，校猎于贵泉谷。甲辰，校猎于鱼龙川，自射鹿，献于大安宫。

十一月甲子，至自陇州，戊寅，制决罪人不得鞭背，以明堂孔穴针灸之所。兵部尚书侯君集参议朝政。

十二月辛亥，开府仪同三司、淮安王神通薨。甲寅，高昌王麹文泰来朝。

是岁，断死刑二十九人，几致刑措。东至于海，南至于岭，皆外户不闭，行旅不赍粮焉。

五年春正月癸酉，大蒐于昆明池，蕃夷君长咸从。丙子，亲献禽于大安宫。己卯，幸左藏库，赐三品已上帛，任其轻重。癸未，朝集使请封禅。

二月己酉，封皇弟元裕为邶王，元名为谯王，灵夔为魏王，元祥为许王，元晓为密王。庚戌，封皇子愔为梁王，贞为汉王，恽为郯王，治为晋王，慎为申王，嚣为江王，简为代王。

夏四月壬辰，代王简薨。以金帛购中国人因隋乱没突厥者男女八万人，尽还其家属。

六月甲寅，太子少师、新昌县公李纲薨。

秋八月甲辰，遣使毁高丽所立京观，收隋人骸骨，祭而葬之。戊申，初令天下决死刑必三覆奏，在京诸司五覆奏，其日尚食进蔬食，内教坊及太常不举乐。

九月乙丑，赐群官大射于武德殿。

冬十月，右卫大将军、顺州都督、北平郡王阿史那什钵苾卒。

十二月壬寅，幸温汤。癸卯，猎于骊山。丙午，赐新丰高年帛有差。戊申，至自温汤。

六年春正月乙卯朔，日有蚀之。

二月丙戌，置三师官员。戊子，初置律学。

三月戊辰，幸九成宫。

六月己亥，酆王元亨薨。辛亥，江王嚣薨。

冬十月乙卯，至自九成宫。

十二月辛未，亲录囚徒，归死罪者二百九十人于家，令明年秋末就刑。其后应期毕至，诏悉原之。

是岁，党项羌前后内属者三十万口。

七年春正月戊子，诏曰："宇文化及弟智及、司马德戡、裴虔通、孟景、元礼、杨览、唐奉义、牛方裕、元敏、薛良、马举、元武达、李孝本、李孝质、张恺、许弘仁、令狐行达、席德方、李覆等，大业季年，咸居列职，或恩结一代，任重一时；乃包藏凶慝，罔思忠义，爰在江都，遂行弑逆，罪百阎、赵，衅深枭獍。虽事是前代，岁月已久，而天下之恶，古今同弃，宜置重典，以励臣节。其子孙并宜禁锢，勿令齿叙。"是日，上制《破阵乐舞图》。辛丑，赐京城酺三日。丁卯，雨土。乙酉，薛延陀遣使来朝。庚寅，秘书监、检校侍中魏徵为侍中。癸巳，直太史、将仕郎李淳风铸浑天黄道仪，奏之，置于凝晖阁。

夏五月癸未，幸九成宫。

八月，山东、河南三十州大水，遣使赈恤。

冬十月庚申，至自九成宫。

十一月丁丑，颁新定《五经》。壬辰，开府仪同三司、齐国公长孙无忌为司空。

十二月丙辰，狩于少陵原，诏以少牢祭杜如晦、杜淹、李纲之墓。

八年春正月癸未，右卫大将军阿史那吐苾卒。辛丑，右屯卫大将军张士贵讨东、西五洞反獠，平之。壬寅，命尚书右仆射李靖、特进萧瑀、杨恭仁、礼部尚书王珪、御史大夫韦挺、鄜州大都督府长史皇甫无逸、扬州大都督府长史李袭誉、幽州大都督府长史张亮、凉州大都督李大亮、右领军大将军窦诞、太子左庶子杜正伦、绵州刺史刘德威、黄门侍郎赵弘智使于四方，观省风俗。

二月乙巳，皇太子加元服。丙午，赐天下酺三日。

三月庚辰，幸九成宫。

五月辛未朔，日有蚀之。丁丑，上初服翼善冠，贵臣服进德冠。

七月，始以云麾将军阶为从三品。陇右山崩，大蛇屡见。山东、河南、淮南大水，遣使赈恤。

八月甲子，有星孛于虚、危，历于氐，十一月上旬乃灭。

九月丁丑，皇太子来朝。

冬十月，右骁卫大将军、褒国公段志玄击吐谷浑，破之，追奔八百余里。甲子，至自九成宫。

十一月辛未，右仆射、代国公李靖以疾辞官，授特进。丁亥，吐谷浑寇凉州。己丑，吐谷浑拘我行人赵德楷。

十二月辛丑，命特进李靖、兵部尚书侯君集、刑部尚书任城王道宗、凉州都督李大亮等为大总管，各帅师分道以讨吐谷浑。壬子，越王泰为雍州牧。乙卯，帝从太上皇阅武于城西。

是岁，龟兹、吐蕃、高昌、女国、石国遣使朝贡。

九年春三月，洮州羌叛，杀刺史孔长秀。壬午，大赦。每乡置长一人，佐二人。乙酉，盐泽道总管高甑生大破叛羌之众。庚寅，敕天下户立三等，未尽升降，置为九等。

夏四月壬寅，康国献狮子。

闰月丁卯，日有蚀之。癸巳，大总管李靖、侯君集、李大亮、任城王道宗破吐谷浑于牛心堆。

五月乙未，又破之于乌海，追奔至柏海。副总管薛万均、薛万彻又破之于赤水源，获其名王二十人。庚子，太上皇崩于大安宫。壬子，李靖平吐谷浑于西海之上，获其王慕容伏允。以其子慕容顺光降，封为四平郡王，复其本国。

秋七月甲寅，增修太庙为六室。

冬十月庚寅，葬高祖太武皇帝于献陵。戊申，祔于太庙。辛丑，左仆射、魏国公房玄龄加开府仪同三司，余如故。

十二月甲戌，吐谷浑西平郡王慕容顺光为其下所弑，遣兵部尚书侯君集率师安抚之，仍封顺光子诺曷钵为河源郡王，使统其众。右光禄大夫、宋国公萧瑀依旧特进，复令参预朝政。

十年春正月壬子，尚书左仆射房玄龄、侍中魏徵上梁、陈、齐、周、隋五代史，诏藏于秘阁。癸丑，徙封赵王元景为荆王，鲁王元昌为汉王，郑王元礼为徐王，徐王元嘉为韩王，荆王元则为彭王，滕王元懿为郑王，吴王元轨为霍王，豳王元凤为虢王，陈王元庆为道王，魏王灵夔为燕王，蜀王恪为吴王，越王泰为魏王，燕王祐为齐王，梁王愔为蜀王，郯王恽为蒋王，汉王贞为越王，申王慎为纪王。

夏六月，以侍中魏徵为特进，仍知门下省事。壬申，中书令温彦博为尚书右仆射。甲戌，太常卿、安德郡公杨师道为侍中。己卯，皇后长孙氏崩于立政殿。

冬十一月庚寅，葬文德皇后于昭陵。

十二月壬申，吐谷浑河源郡王慕容诺曷钵来朝。乙亥，亲录京师囚徒。

是岁，关内、河东疾病，命医赍药疗之。

十一年春正月丁亥朔，徙郐王元裕为邓王，谯王元名为舒王。癸巳，加魏王泰为雍州牧、左武候大将军。庚子，颁新律令于天下。作飞山宫。甲寅，房玄龄等进所修《五礼》，诏所司行用之。

二月丁巳，诏曰：

夫生者天地之大德，寿者修短之一期。生有七尺之形，寿以百龄为限，含灵禀气，莫不同焉，皆得之于自然，不可以分外企也。是以《礼记》云："君即位而为椑。"庄周云："劳我以形，息我以死。"岂非圣人远鉴，通贤深识？末代已来，明辟盖寡，靡不矜黄屋之尊，虑白驹之过，并多拘忌，有慕遐年。谓云车易乘，羲轮可驻，异轨同趣，其蔽甚矣。

有隋之季，海内横流，豺狼肆暴，吞噬黔首。朕投袂发愤，情深拯溺，扶翼义师，济斯涂炭。赖苍昊降鉴，股肱宣力，提剑指麾，天下大定。此朕之宿志，于斯已毕。犹恐身后之日，子子孙孙，习于流俗，犹循常礼，加四重之榇，伐百祀之木，劳扰百姓，崇厚园陵。今预为此制，务从俭约，于九嵕之山，足容棺而已。积以岁月，渐而备之。木马涂车，土桴苇籥，事合古典，不为时用。

又佐命功臣，或义深舟楫，或谋定帷幄，或身摧行阵，同济艰危，克成鸿业，追念在昔，何日忘之！使逝者无知，咸归寂寞；若营魂有识，还如畴曩，居止相望，不亦善乎！汉氏使将相陪陵，又给以东园秘器，笃终之义，恩意深厚，古人岂异我哉！自今已后，功臣密戚及德业佐时者，如有薨亡，宜赐茔地一所，及以秘器，使窀穸之时，丧事无阙。所司依此营备，称朕意焉。

甲子，幸洛阳宫，命祭汉文帝。

三月丙戌朔，日有蚀之。丁亥，车驾至洛阳。丙申，改洛州为洛阳宫。辛亥，大蒐于广城泽。癸丑，还宫。

夏四月甲子，震乾元殿前槐树。丙寅，诏河北、淮南举孝悌淳笃，兼闲时务；儒术该通，可为师范；文辞秀美，才堪著述；明识政体，可委字人：并志行修立，为乡闾所推者，给传诣洛阳宫。

六月甲寅，尚书右仆射、虞国公温彦博薨。丁巳，幸明德宫。己未，定制诸王为世封刺史。戊辰，定制勋臣为世封刺史。改封任城王道宗为江夏郡王，赵郡王孝恭为河间郡王。己巳，改封许王元祥为江王。

秋七月癸未，大霖雨。谷水溢入洛阳宫，深四尺，坏左掖门，毁宫寺十九所；洛水溢，漂六百家。庚寅，诏以灾命百官上封事，极言得失。丁酉，车驾还宫。壬寅，废明德宫及飞山宫之玄圃院，分给遭水之家，仍赐帛有差。丙午，修老君庙于亳州，宣尼庙于兖州，各给二十户享祀焉。凉武昭王复近墓二十户充守卫，仍禁刍牧樵采。

九月丁亥，河溢，坏陕州河北县，毁河阳中潬。幸白司马坂以观之，赐遭水之家粟帛有差。

冬十一月辛卯，幸怀州。乙未，狩于济源。丙午，车驾还宫。

十二月辛酉，百济王遣其太子隆来朝。

十二年春正月乙未，吏部尚书高士廉等上《氏族志》一百三十卷。壬寅，松、丛二州地震，坏人庐舍，有压死者。

二月乙卯，车驾还京。癸亥，观砥柱，勒铭以纪功德。甲子，夜郎獠反，夔州都督齐善行讨平之。乙丑，次陕州，自新桥幸河北县，祀夏禹庙。丁卯，次柳谷顿，观盐池。戊寅，以隋鹰扬郎将尧君素忠于本朝，赠蒲州刺史，仍录其子孙。

闰二月庚辰朔，日有蚀之。丙戌，至自洛阳宫。

夏五月壬申，银青光禄大夫、永兴县公虞世南卒。

六月庚子，初置玄武门左右飞骑。

秋七月癸酉，吏部尚书、申国公高士廉为尚书右仆射。

冬十月己卯，狩于始平，赐高年粟帛有差。乙未，至自始平。己亥，百济遣使贡金甲雕斧。

十二月辛巳，右武候将军上官怀仁大破山獠于壁州。

十三年春正月乙巳朔，谒献陵。曲赦三原县及行从大辟罪。丁未，至自献陵。戊午，加房玄龄为太子少师。

二月丙子，停世袭刺史。

三月乙丑，有星孛于毕、昴。

夏四月戊寅，幸九成宫。甲申，阿史那结社尔犯御营，伏诛。壬寅，云阳石燃者方丈，昼如灰，夜则有光，投草木于上则焚，历年而止。

自去冬不雨至于五月。甲寅，避正殿，令五品以上上封事，减膳罢役，分使赈恤，申理冤屈，乃雨。

六月丙申，封皇弟元婴为滕王。

秋八月辛未朔，日有蚀之。庚辰，立右武候大将军、化州都督、怀化郡王李思摩为突厥可汗，率所部建牙于河北。

冬十月甲申，至自九成宫。

十一月辛亥，侍中、安德郡公杨师道为中书令。

十二月丁丑，吏部尚书、陈国公侯君集为交河道行军大总管，帅师伐高昌。乙亥，封皇子福为赵王。壬午，巂州都督王志远有罪伏诛。诏于洛、相、幽、徐、齐、并、秦、蒲等州并置常平仓。己丑，吐谷浑河源郡王慕容诺曷钵来逆女。壬辰，狩于咸阳。

是岁，滁州言："野蚕食槲叶，成茧大如柰，其色绿，凡六千五百七十石。"高丽、新罗、西突厥、吐火罗、康国、安国、波斯、疏勒、于阗、焉耆、高昌、林邑、昆明及荒服蛮酋，相次遣使朝贡。

十四年春正月庚子，初命有司读时令。甲寅，幸魏王泰宅。赦雍州及长安狱大辟罪已下。

二月丁丑，幸国子学，亲释奠，赦大理、万年系囚，国子祭酒以下及学生高第精勤者加一级，赐帛有差。庚辰，左骁卫将军、淮阳王道明送弘化公主归于吐谷浑。壬午，幸温汤。辛卯，至自温汤。乙未，诏以梁皇侃、褚仲都，周熊安生、沉重，陈沈文阿、周弘正、张讥，隋何妥、刘焯、刘炫等前代名儒，学徒多行其义，命求其后。

三月戊午，置宁朔大使，以护突厥。

夏五月壬戌，徙封燕王灵夔为鲁王。

六月乙酉，大风拔木。己丑，薛延陀遣使求婚。乙未，滁州野蚕成茧，凡收八千三百石。

八月庚午，新作襄城宫。癸巳，交河道行军大总管侯君集平高昌，以其地置西州。

九月癸卯，曲赦西州大辟罪。乙卯，于西州置安西都护府。

冬十月己卯，诏以赠司空、河间元王孝恭，赠陕东道大行台尚书右仆射、郧节公殷开山，赠民部尚书、渝襄公刘政会等配飨高祖庙庭。

闰月乙未，幸同州。甲辰，狩于尧山。庚戌，至自同州。丙辰，吐蕃遣使献黄金器千斤以求婚。

十一月甲子朔，日南至，有事于圆丘。

十二月丁酉，交河道旋师。吏部尚书、陈国公侯君集执高昌王麴智盛，献捷于观德殿，行饮至之礼，赐酺三日。乙卯，高丽世子相权来朝。

十五年春正月丁卯，吐蕃遣其国相禄东赞来逆女。丁丑，礼部尚书、江夏王道宗送文成公主归吐蕃。辛巳，幸洛阳宫。

三月戊申，幸襄城宫。庚午，废襄城宫。

夏四月辛卯，诏以来年二月有事泰山，所司祥定仪制。

五月壬申，并州僧道及老人等抗表，以太原王业所因，明年登封已后，愿时临幸。上于武成殿赐宴，因从容谓侍臣曰："朕少在太原，喜群聚博戏，暑往寒逝，将三十年矣。"时会中有旧识上者，相与道旧以为笑乐。因谓之曰："他人之言，或有面谀。公等朕之故人，实以告朕，即日政教，于百姓何如？人间得无疾苦耶？"皆奏："即日四海太平，百姓欢乐，陛下力也。臣等余年，日惜一日，但眷恋圣化，不知疾苦。"因固请过并州。上谓曰："飞鸟过故乡，犹踯躅徘徊；况朕于太原起义，遂定天下，复少小游观，诚所不忘。岱礼若毕，或冀与公等相见。"于是赐物各有差。丙子，百济王扶余璋卒。诏立其世子扶余义慈嗣其父位，仍封为带方郡王。

六月戊申，诏天下诸州，举学综古今及孝悌淳笃、文章秀异者，并以来年二月总集泰山。己酉，有星孛于太微，犯郎位。丙辰，停封泰山，避正殿以思咎，命尚食减膳。

秋七月甲戌，孛星灭。

冬十月辛卯，大阅于伊阙。壬辰，幸嵩阳。辛丑，还宫。

十一月壬戌，废乡长。壬申，还京师。癸酉，薛延陀以同罗、仆骨、回纥、靺鞨、霫之众度漠，屯于白道川。命营州都督张俭统所部兵压其东境；兵部尚书李勣为朔方行军总管，右卫大将军李大亮为灵州道行军总管，凉州都督李袭誉为凉州道行军总管，分道以御之。

十二月戊子朔，至自洛阳宫。甲辰，李勣及薛延陀战于诺真水，大破之，斩首三千余级，获马五千匹，薛延陀跳身而遁。勣旋破突厥思结于五台县，虏其男女千余口，获羊马称是。

十六年春正月辛未，诏在京及诸州死罪囚徒，配西州为户；流人未达前所者，徙防西州。兼中书侍郎、江陵子岑文本为中书侍郎，专知机密。

夏六月辛卯，诏复隐王建成曰隐太子，改封海陵剌王元吉曰巢剌王。

秋七月戊午，司空、赵国公无忌为司徒，尚书左仆射、梁国公玄龄为司空。

九月丁巳，特进、郑国公魏徵为太子太师，知门下省事如故。

冬十一月丙辰，狩于岐山。辛酉，使祭隋文帝陵。丁卯，宴武功士女于庆善宫南门。酒酣，上与父老等涕泣论旧事，老人等递起为舞，争上万岁寿，上各尽一杯。庚午，至自岐州。

十二月癸卯，幸温汤。甲辰，狩于骊山，时阴寒晦冥，围兵断绝。上乘高望见之，欲舍其罚，恐亏军令，乃回銮入谷以避之。

是岁，高丽大臣盖苏文弑其君高武，而立武兄子藏为王。

十七年春正月戊辰，右卫将军、代州都督刘兰谋反，腰斩。

太子太师、郑国公魏徵薨。戊甲,诏图画司徒、赵国公无忌等勋臣二十四人于凌烟阁。

三月丙辰,齐州都督齐王祐杀长史权万纪、典军韦文振,据齐州自守,诏兵部尚书李勣、刑部尚书刘德威发兵讨之。兵未至,兵曹杜行敏执之而降,遂赐死于内侍省。丁巳,荧惑守心前星,十九日而退。

夏四月庚辰朔,皇太子有罪,废为庶人。汉王元昌、吏部尚书侯君集并坐与连谋,伏诛。丙戌,立晋王治为皇太子,大赦,赐酺三日。丁亥,中书令杨师道为吏部尚书。己丑,加司徒、赵国公长孙无忌太子太师,司空、梁国公房玄龄太子太傅;特进、宋国公萧瑀太子太保,兵部尚书、英国公李绩为太子詹事,仍同中书门下三品。庚寅,上亲谒太庙,以谢承乾之过。癸巳,魏王泰以罪降爵为东莱郡王。

五月乙丑,手诏举孝廉茂才异能之士。

六月己卯朔,日有蚀之。壬午,改葬隋恭帝。丁酉,尚书右仆射高士廉请致仕,诏以为开府仪同三司、同中书门下三品。

闰月戊午,薛延陀遣其兄子突利设献马五万匹、牛驼一万、羊十万以请婚,许之。丙子,徙封东莱郡王泰为顺阳王。

秋七月庚辰,京城讹言云:"上遣枨枨取人心肝,以祠天狗。"递相惊悚。上遣使遍加宣谕,月余乃止。丁酉,司空、太子太傅、梁国公房玄龄以母忧罢职。

八月,工部尚书、郧国公张亮为刑部尚书,参预朝政。

九月癸未,徙庶人承乾于黔州。

冬十月丁巳,房玄龄起复本职。

十一月己卯,有事于南郊。壬午,赐天下酺三日。以凉州获瑞石,曲赦凉州,并录京城及诸州系囚,多所原宥。

十八年春正月壬寅，幸温汤。

夏四月辛亥，幸九成宫。

秋八月甲子，至自九成宫。丁卯，散骑常侍清苑男刘洎为侍中，中书侍郎江陵子岑文本、中书侍郎马周并为中书令。

九月，黄门侍郎褚遂良参预朝政。

冬十月辛丑朔，日有蚀之。甲辰，初置太子司议郎官员。甲寅，幸洛阳宫。安西都护郭孝恪帅师灭焉耆，执其王突骑支送行在所。

十一月壬寅，车贺至洛阳宫。庚子，命太子詹事、英国公李勣为辽东道行军总管，出柳城，礼部尚书、江夏郡王道宗副之；刑部尚书、郧国公张亮为平壤道行军总管，以舟师出莱州，左领军常何、泸州都督左难当副之。发天下甲士，召募十万，并趣平壤，以伐高丽。

十二月辛丑，庶人承乾死。

十九年春二月庚戌，上亲统六军发洛阳。乙卯，诏皇太子留定州监国；开府仪同三司、申国公高士廉摄太子太傅，与侍中刘洎、中书令马周、太子少詹事张行成、太子右庶子高季辅五人同掌机务；以吏部尚书、安德郡公杨师道为中书令。赠殷比干为太师，谥曰忠烈，命所司封墓，葺祠堂，春秋祠以少牢，上自为文以祭之。

三月壬辰，上发定州，以司徒、太子太师兼检校侍中、赵国公长孙无忌，中书令岑文本、杨师道从。

夏四月癸卯，誓师于幽州城南，因大飨六军以遣之。丁未，中书令岑文本卒于师。癸亥，辽东道行军大总管、英国公李勣攻盖牟城，破之。

五月丁丑，车驾渡辽。甲申，上亲率铁骑与李勣会围辽东城，因烈风发火弩，斯须城上屋及楼皆尽，麾战士令登，乃拔之。

六月丙辰，师至安市城。丁巳，高丽别将高延寿、高惠真帅兵十五万来援安市，以拒王师。李勣率兵奋击，上自高峰引军临之，高丽大溃，杀获不可胜纪。延寿等以其众降，因名所幸山为驻跸山，刻石纪功焉。赐天下大酺二日。

秋七月，李勣进军攻安市城，至九月不克，乃班师。

冬十月丙辰，入临渝关，皇太子自定州迎谒。戊午，次汉武台，刻石以纪功德。

十一月辛未，幸幽州。癸酉，大飨，还师。

十二月戊申，幸并州。侍中、清苑男刘洎以罪赐死。

是岁，薛延陀真珠毘伽可汗死。

二十年春正月，上在并州。丁丑，遣大理卿孙伏伽、黄门侍郎褚遂良等二十二人，以六条巡察四方，黜陟官吏。庚辰，曲赦并州，宴从官及起义元从，赐粟帛、给复有差。

三月己巳，车驾至京师。己丑，刑部尚书、郧国公张亮谋反，诛。

闰月癸巳朔，日有蚀之。

夏四月甲子，太子太师、赵国公长孙无忌，太子太傅、梁国公房玄龄，太子太保、宋国公萧瑀各辞调护之职，诏许之。

六月，遣兵部尚书、固安公崔敦礼，特进、英国公李勣击破薛延陀于郁督军山北，前后斩首五千余级，虏男女三万余人。

秋八月甲子，封皇孙忠为陈王。己巳，幸灵州。庚午，次泾阳顿。铁勒回纥、拔野古、同罗、仆骨、多滥葛、思结、阿跌、契苾、跌结、浑、斛薛等十一姓各遣使朝贡，奏称："延陀可汗不事大国，部落乌散，不知所之。奴等各有分地，不能逐延陀去，归命天子，乞置汉官。"诏遣会灵州。

九月甲辰，铁勒诸部落俟斤、颉利发等遣使相继而至灵州者数千人，来贡方物，因请置吏，咸请至尊为可汗。于是北荒悉平，为五言诗勒石以序其事。辛亥，灵州地震有声。

冬十月，前太子太保、宋国公萧瑀贬商州刺史。丙戌，至自灵州。

二十一年春正月壬辰，开府仪同三司、申国公高士廉薨。丁酉，诏以来年二月有事泰山。甲寅，赐京师酺三日。

二月壬申，诏以左丘明、卜子夏、公羊高、穀梁赤、伏胜、高堂生、戴圣、毛苌、孔安国、刘向、郑众、杜子春、马融、卢植、郑康成、服子慎、何休、王肃、王辅嗣、杜元凯、范甯等二十一人，代用其书，垂于国胄，自今有事于太学，并命配享宣尼庙堂。丁丑，皇太子于国学释菜。

夏四月乙丑，营太和宫于终南之上，改为翠微宫。

五月戊子，幸翠微宫。

六月癸亥，司徒、赵国公无忌加授扬州都督。

秋七月庚子，建玉华宫于宜君县之凤凰谷。庚戌，至自翠微宫。

八月壬戌，诏以河北大水，停封禅。辛未，骨利干国遣使贡名马。丁酉，封皇子明为曹王。

冬十一月癸卯，徙封顺阳王泰为濮王。

十二月戊寅，左骁卫大将军阿史那社尔、右骁卫大将军契苾何力、安西都护郭孝恪、司农卿杨弘礼为昆山道行军大总管，以伐龟兹。

是岁，堕婆登、乙利、鼻林送、都播、羊同、石、波斯、康国、吐火罗、阿悉吉等远夷十九国，并遣使朝贡。又于突厥之北至于回纥部落，置驿六十六所，以通北荒焉。

二十二年春正月庚寅，中书令马周卒。司徒、赵国公无忌兼检校中书令，知尚书门下二省事。己亥，刑部侍郎崔仁师为中书侍郎，参知机务。戊戌，幸温汤。戊申，还宫。

二月，前黄门侍郎褚遂良起复黄门侍郎。中书侍郎崔仁师除名，配流连州。癸丑，西番沙钵罗叶护率众归附，以其俟斤屈裴禄为忠武将军，兼大俟斤。戊午，以结骨部置坚昆都督。乙亥，幸玉华宫，乙卯，赐所经高年笃疾粟帛有差。己卯，搜于华原。

四月甲寅，碛外蕃人争牧马出界，上亲临断决，然后咸服。丁巳，右武候将军梁建方击松外蛮，下其部落七十二所。

五月庚子，右卫率长史王玄策击帝那伏帝国，大破之，获其王阿罗那顺及王妃、子等，虏男女万二千人、牛马二万余以诣阙。使方士那罗迩娑婆于金飚门造延年之药。吐蕃赞普击破中天竺国，遣使献捷。

六月癸酉，特进、宋国公萧瑀薨。

秋七月癸卯，司空、梁国公房玄龄薨。

八月己酉朔，日有蚀之。

九月己亥，黄门侍郎褚遂良为中书令。

十月癸亥，至自玉华宫。

十一月戊戌，眉、邛、雅三州獠反，右卫将军梁建方讨平之。庚子，契丹帅窟哥、奚帅可度者并率其部内属。以契丹部为松漠都督，以奚部置饶乐都督。

十二月乙卯，增置殿中侍御史、监察御史各二员，大理寺置平事十员。

闰月丁丑朔，昆山道总管阿史那社尔降处密、处月，破龟兹大拨等五十城，虏数万口，执龟兹王诃黎布失毕以归，龟兹平，西域震骇。副将薛万彻胁于阗王伏阇信入朝。癸未，新罗王遣其相伊赞千金春秋及其子文王来朝。

是岁，新罗女王金善德死，遣册立其妹真德为新罗王。

二十三年春正月辛亥，俘龟兹王诃黎布失毕及其相那利等，献于社庙。

二月丙戌，置瑶池都督府，隶安西都护府。丁亥，西突厥肆叶护可汗遣使来朝。

三月丙辰，置丰州都督府。自去冬不雨，至于此月己未乃雨。辛酉，大赦。丁卯，敕皇太子于金液门听政。是月，日赤无光。

四月己亥，幸翠微宫。

五月戊午，太子詹事、英国公李勣为叠州都督。辛酉，开府仪同三司、卫国公李靖薨。己巳，上崩于含风殿，年五十二。遗诏皇太子即位于柩前，丧纪宜用汉制。秘不发丧。庚午，遣旧将统飞骑劲兵从皇太子先还京，发六府甲士四千人，分列于道及安化门，翼从乃入；大行御马舆，从官侍御如常。壬申，发丧。

六月甲戌朔，殡于太极殿。

八月丙子，百僚上谥曰文皇帝，庙号太宗。庚寅，葬昭陵。上元元年八月，改上尊号曰文武圣皇帝。天宝十三载二月，改上尊号为文武大圣大广孝皇帝。

史臣曰：臣观文皇帝，发迹多奇，聪明神武。拔人物则不私于党，负志业则咸尽其才。所以屈突、尉迟，由仇敌而愿倾心膂；马周、刘洎，自疏远而卒委钧衡。终平泰阶，谅由斯道。尝试论之：础润云兴，虫鸣螽跃。虽尧、舜之圣，不能用梼杌、穷奇而治平；伊、吕之贤，不能为夏桀、殷辛而昌盛。君臣之际，遭遇斯难，以至抉目剖心，虫流筋擢，良由遭值之异也。以房、魏之智，不逾于丘、轲，遂能尊主庇民者，遭时也。

或曰：以太宗之贤，失爱于昆弟，失教于诸子，何也？曰：然，舜不能仁四罪，尧不能训丹朱，斯前志也。当神尧任谗之年，建成忌功之日，苟除畏逼，孰顾分崩，变故之兴，间不容发，方惧"毁巢"之祸，宁虞"尺布"之谣？承乾之愚，圣父不能移也。若文皇自定储于哲嗣，不骋志于高丽；用人如贞观之初，纳谏比魏徵之日。况周发、周成之世袭，我有遗妍；较汉文、汉武之恢弘，彼多惭德。迹其听断不惑，从善如流，千载可称，一人而已！

赞曰：昌、发启国，一门三圣。文定高位，友于不令。管、蔡既诛，成、康道正。贞观之风，到今歌咏。

译文：

贞观四年春正月乙亥，定襄道行军总管李靖大破突厥，俘获隋朝皇后萧氏和炀帝的孙子正道，送到京师。癸巳，武德殿北院发生火灾。

二月己亥，到温泉。甲辰，李靖又在阴山击败突厥，颉利可汗轻装骑马远逃。丙午，自温泉回到长安。甲寅，发布大赦令，赐臣民会饮五天。民部尚书戴胄兼任检校吏部尚书，参与朝政。太常卿萧瑀任御史大夫，和宰相一起参议朝政。御史大夫、西河郡公温彦博任中书令。

三月庚辰，大同道行军副总管张宝相活捉颉利可汗，送往京师。甲申，尚书右仆射、蔡国公杜如晦逝世。甲午，到太庙向祖先报告俘获颉利的喜讯。

夏四月丁酉，皇上临顺天门，军中的官吏押解颉利向天子献战利品。自这以后西北各藩属都请求皇上用"天可汗"的尊号，于是皇上下诏书册封各藩属的君长，就兼用这个称号。

秋七月甲子初一，日食。皇上对房玄龄、萧瑀说："隋文帝是个怎么样的君主？"回答说："约束自己，使言行符合于礼，辛勤思考政事，每次一坐到朝廷上，有时直到太阳偏西。领着五品以上官吏议论政事，让皇宫的卫士给送饭吃。虽然不能说品性仁爱、贤明，也可算是一个励精图治的君主了。"皇上说："你们看到他的一个方面，而不了解他的另一个方面。这人本性极其明察而内心并不贤明。内心昏昧那么览察整理就不能都通达，极其明察就会临事多疑。自己靠欺骗孤儿寡母得到天下，认为众臣不可信任，凡事都自己决定，虽然使精神劳累、身体受苦，处事也未能都符合道理。朝廷的臣子既然了解皇上的这种心理，也就不敢直言，自宰相以下，接受皇帝的命令罢了。朕的意思不认为这样做对。以天下事物之广，难道可以凭一个人的思考独自决断？朕将选用天下的人才，治理天下的事务，信任人才，要求他们完成任务，使他们各尽其用，这样做也许可以达到政治的清明安定。"因此命令官吏："天子的诏令如果不适合于时世，就应当坚持上报，不得顺旨施行。"

八月丙午，下诏规定三品以上官员穿紫色衣服，五品以上官员穿红色衣服，六品、七品官穿绿色衣服，八品、九品官穿青色衣服；妇人衣服的颜色随从丈夫。甲寅，兵部尚书、代国公李靖任尚书右仆射。

九月庚午，使命收埋长城南边的死人骸骨，并让祭奠死者。壬午，命令不得在自古至今的圣明君主、贤臣义士的坟墓上放牧，每年春秋两季在他们的坟上祭奠。

冬十月壬辰，到陇州，因特殊情况赦免陇、岐两州的罪犯，免除徭役一年。辛丑，在贵泉谷立栅栏围猎野兽。甲辰，在鱼龙川围猎野兽，亲自射鹿，献给大安宫。

十一月甲子，自陇州回到长安。戊寅，命令判决处置罪犯不得鞭打背部，免得连及针灸穴位。兵部尚书侯君集参议朝政。

十二月辛亥，开府仪同三司、淮安王神通逝世。甲午，高昌王麹文泰前来朝见天子。

这一年，判死刑的共二十九人，几乎达到刑罚弃置不用的地步。东到海，南到五岭，都夜不闭户，来往的旅客用不着携带粮食。

五年春正月癸酉，在昆明池打猎，藩属和四境异族君长都跟随。丙子，亲自到大安宫献猎获的禽兽。己卯，亲临左藏库，赐给三品以上官员丝织品，听任自取，不限轻重。癸未，朝集使请求行封禅礼。

二月己酉，封皇弟元裕为邻王，元名为谯王，灵夔为魏王，元祥为许王，元晓为密王。庚戌，封皇子愔为梁王，贞为汉王，恽为郯王，治为晋王，慎为申王，嚣为江王，简为代王。

夏四月壬辰，代王简去世。用黄金和丝织品赎回由于隋末动乱沦入突厥的中国男女八万人，全部送还给他们的家属。

六月甲寅，太子少师、新昌县公李纲逝世。

秋八月甲辰，派遣使者到高丽，毁掉高丽人所立的京观，收集隋代战死者的骸骨，祭奠并埋葬它们。戊甲，首次命令天下判死刑必须经过三次按验、上奏，在京各司要经过五次按验、上奏，判死刑这一天，尚食局供应膳食只有蔬菜，内教坊和太常寺不奏乐。

九月乙丑，赐群臣在武德殿举行射礼。

冬十月，右卫大将军、顺州都督、北平郡王阿史那什钵苾去世。

十二月壬寅，到温泉。癸卯，在骊山打猎。丙午，分等第赏给新丰县年高的人丝织品。戊申，自温泉回到长安。

六年春正月乙卯初一，日食。

二月丙戌，设置三师的官职。戊子，开始设立律学。

三月戊辰，到九成宫。

六月己亥，酆王元亨逝世。辛亥，江王嚣逝世。

冬十月乙卯，自九成宫回到长安。

十二月辛未，亲自讯察、记录囚徒的罪状，释放犯死罪的二百九十个人回家，命令他们明年秋末自动前来受刑。后来死囚们全按期归来，天子下诏宽赦所有人的罪过。

这一年，党项羌前后归属于中国的共三十万人。

七年春正月戊子，发布诏令说："宇文化及的弟弟智及、司马德戡、裴虔通、孟景、元礼、杨览、唐奉义、牛方裕、元敏、薛良、马举、元武达、李孝本、李孝质、张恺、许弘仁、令狐行达、席德方、李覆等，大业末年，全任各种官职，有的家中一代人都蒙受隋帝的恩惠，有的整整一个时代担负重任，却包藏邪恶之心，不思忠义，就在江都，干出弑君的勾当。罪恶是阉乐、赵高的百倍，超过了生而食母的枭和生而食父的獍。虽然事情发生在前代，时间已久，而天下的恶人，为古今所共弃，应当处以重法，用来劝勉臣子保持节操。这些人的子孙都应当禁锢，不允许录用。"这一天，皇上制作《破阵乐舞图》。辛丑，赐京城臣民会饮三天。丁卯，天上落下泥土。乙酉，薛延陀派使者来朝见天子。庚寅，秘书监、检校侍中魏徵任侍中。癸巳，直太史、将仕郎李淳风铸造浑天黄道仪，进献给天子，放置于凝晖阁。

夏五月癸未，到九成宫。

八月，山东、河南三十州发生大水灾，皇上派使臣救济。

冬十月庚申，自九成宫回到长安。

十一月丁丑，颁行新编定的《五经》。壬辰，开府仪同三司、齐国公长孙无忌任司空。

十二月丙辰，在少陵原打猎，命令用羊、猎二牲在杜如晦、杜淹、李纲的坟上祭奠。

八年春正月癸未，右卫大将军阿史那吐绊去世。辛丑，右屯卫大将军张士贵讨伐东、西五洞反叛的獠族人，平定了他们。壬寅，命令尚书右仆射李靖、特进萧瑀、杨恭仁、礼部尚书王珪、御史大夫韦挺、鄘州大都督府长史皇甫无逸、扬州大都督府长史李袭誉、幽州大都督府长史张亮、凉州大都督李大亮、右领军大将军窦诞、太子左庶子杜正伦、绵州刺史刘德威、黄门侍郎赵弘智出使四方，观察风俗民情。

二月乙巳，皇太子加冠。丙午，赐全国臣民会饮三天。

三月庚辰，到九成宫。

五月辛未初一，日食。丁丑，皇上开始戴翼善冠，贵臣戴进德冠。

七月，首次定武散官云麾将军的阶位为从三品。陇右山崩，大蛇屡次出现。山东、河南、淮南发生大水灾，天子派使臣救济。

八月甲子，有一颗彗星出现于虚、危宿之间，经过氐宿，到十一月上旬才消失。

九月丁丑，皇太子来拜见天子。

冬十月，右骁卫大将军、褒国公段志玄攻打吐谷浑，击破它，追踪逃敌走了八百多里。甲子，皇上自九成宫回到长安。

十一月辛未，右仆射、代国公李靖因病辞官，授特进。丁亥，吐谷浑侵犯凉州。己丑，吐谷浑拘禁我国使者赵德楷。

十二月辛丑，命令特进李靖、兵部尚书侯君集、刑部尚书任城王道宗、凉州都督李大亮等为大总管，各率兵分路讨伐吐谷浑。壬子，越王泰任雍州牧。乙卯，皇帝跟随太上皇在城西检阅军队。

这一年，龟兹、吐蕃、高昌、女国、石国派使者入朝拜见天子，进献方物。

九年春三月，洮州羌族反叛，杀死刺史孔长秀。壬午，发布大赦令。每个乡各设置长一人，乡佐二人。乙酉，盐泽道总管高甑生大破反叛的羌族民众。庚寅，下诏说天下的住户分成三等，不能完全显示出住户资产的增减情况，现改定为九等。

夏四月壬寅，康国进献狮子。

闰四月丁卯，日食。癸巳，大总管李靖、侯君集、李大亮、任城王道宗在牛心堆击败吐谷浑。

五月乙未，又在乌海击败吐谷浑，追击逃敌到了柏海。副总管薛万均、薛万彻又在赤水源击破吐谷浑，抓获吐谷浑有名的王二十人。庚子，太上皇在永安宫逝世。壬子，李靖在西海上平定了吐谷浑，俘虏了吐谷浑王慕容伏允。由于慕容伏允的儿子慕容顺光投降唐朝，被封为西平郡王，吐谷浑国又得到恢复。

秋七月甲寅，增修太庙，扩大为六个室。

冬十月庚寅，安葬高祖太武皇帝于献陵。戊申，在太庙合祭高祖和祖先。辛丑，左仆射、魏国公房玄龄加授开府仪同三司，其他官位封爵不变。

十二月甲戌，吐谷浑西平郡王慕容顺光被他的下属杀害，天子派兵部尚书侯君集率兵安抚吐谷浑，封顺光的儿子诺曷钵为河源郡王，让他统领吐谷浑军民。右光禄大夫、宋国公萧瑀依旧任特进，又命令他参与朝政。

十年春正月壬子，尚书左仆射房玄龄、侍中魏徵进上梁、陈、齐、周隋五代史，天子命令将这些书藏在秘阁。癸丑，改封赵王元景为荆王，鲁王元昌为汉王，郑王元礼为徐王，徐王元嘉为韩王，荆王元则为彭王，滕王元懿为郑王，吴王元轨为霍王，酆王元凤为虢王，陈王元庆为道王，魏王灵夔为燕王，蜀王恪为吴王，越王泰为魏王，燕王祐为齐王，梁王愔为蜀王，郯王恽为蒋王，汉王贞为越王，申王慎为纪王。

夏六月，任命侍中魏徵为特进，仍执掌门下省事务。壬申，中书令温彦博任尚书右仆射。甲戌，太常卿、安德郡公杨师道任侍中。己卯，皇后长孙氏在立政殿逝世。

冬十一月庚寅，安葬文德皇后于昭陵。

十二月壬申，吐谷浑河源郡王慕容诺曷钵来朝见天子。乙亥，亲自讯察、记录京师囚徒的罪状。

这一年，关内、河东疾病流行，命令医师携带药品前去治疗。

十一年春正月丁亥初一，改封郐王元裕为邓王，谯王元名为舒王。癸巳，加封魏王泰为雍州牧、左武候大将军。庚子，将新定的律令颁发到全国。建造飞山宫。甲寅，房玄龄等进上他们所写的《五礼》，皇上命令主管礼仪的部门施行。

二月丁巳，发布诏令说：

生是天地的大德大恩，寿是或长或短的一个期限。生有七尺的身躯，寿以百岁为限度，包藏灵性、禀受天地之气的人类，无不一样。生与寿都得之于自然，是不能够分外企求的。所以《礼记》说："君主即位就制作棺木。"庄周说："躯体使我劳累，死亡使我休息。"这难道不是圣人的远见，通达事理的贤人的深识？近代以来，明君不多，无不自负帝王尊贵，想到光阴迅速，犹如白驹过隙，因而全都有不少拘限禁忌，思慕长生。认为仙人的云车容易乘坐，羲和驾驭的太阳之车可以停留，车轨不同趋向一致，他们的受蒙蔽已经很厉害了。

隋朝末年，天下大乱，豺狼恣行暴虐，吞噬百姓。朕挥袖而起，发愤努力，对拯救危难一往情深，护持义军，救民于涂炭之中。依赖苍天明察下情，辅佐之臣效劳出力，朕提剑指挥，终于使天下得到大安定。这是朕平素的志向，现在已经实现。但仍怕朕死后的日子，子子孙孙，习惯于流行的风俗，仍然遵循通常的礼仪，加四层的棺材，砍伐百年的巨木，骚扰百姓，增高增大陵园。现在预先写下这一诏令，丧事务必遵从俭省的原则，陵园在九嵕山，地宫不过足以容纳棺木而已。岁月累积，逐渐齐备。葬具有木马泥车，瓦制的鼓，芦苇截成的笛，这样做符合古代的典章制度，却不被当代采用。

另外辅助朕立国的功臣，有的对朕的情义之深，犹如过大河所需的船和桨，有的在军队的帐幕中定下计谋，有的亲自冲锋陷阵，与朕一起渡过艰难危险，成就大业。追念往事，没有一天就能够忘掉！假如死去的人没有知觉，那就尽可各居东西，都归于孤单冷清；如果魂魄有知，那就还像从前一样，居处相望，不也是很好的吗！汉朝让将相葬在天子陵墓附近，又供给他们东园制作的棺木，重视送终，恩义深厚，古人怎么不同于我呢！从今以后，功臣近亲和德行、事业有助于当世的人，如果逝世，应当赐给坟地一处，及所用的棺木，使埋葬的时候，丧事充满。有关主管部门照此筹措准备，就合朕的心意了。

甲子，往洛阳官，命令祭奠汉文帝。

三月丙戌初一，日食。丁亥，车驾抵达洛阳。丙申，改洛州为洛阳官。辛亥，在广城泽举行大规模的狩猎活动。癸丑，回洛阳官。

夏四月甲子，雷击乾元殿前槐树。丙寅，命令河北、淮南推荐孝顺父母、敬爱兄长、淳厚朴实兼熟悉当代事务的人；博通儒术、可作为学习榜样的人；文辞秀美、才能可以担负著述任务的人；明了施政的要领、可委以抚养百姓任务的人。这些人都必须是志向、操守修治树立，为乡里所推崇的，官府供给驿车送他们到洛阳宫。

六月甲寅，尚书右仆射、虞国公温彦博逝世。丁巳，到明德宫。己未，订立制度，诸王任世袭刺史。戊辰，订立制度，功臣任世袭刺史。改封任城王道宗为江夏郡王，赵郡王孝恭为河间郡王。己巳，改封许王元祥为江王。

秋七月癸未，长时间下大雨。谷水泛滥，流入洛阳宫，深四尺，冲坏左掖门，冲毁宫观十九处；洛水泛滥，冲走六百家。庚寅，由于水灾命令群臣各上密封的奏章，毫无保留地谈出自己对政治得失的看法。丁酉，车驾回洛阳宫。壬寅，放弃明德宫和飞山宫的玄圃院，分给遭水淹的人家居住，还分等第赐给他们丝织品。丙午，在亳州修建老君庙，在兖州修建宣尼庙，每个庙各给二十户人家负责祭祀。免除靠近凉武昭王陵墓的二十户人家的徭役，让他们负责陵墓的守卫，仍然禁止在墓地放牧打柴。

九月丁亥，黄河泛滥，冲坏陕州河北县，冲毁河阳县中潬。亲临白司马坂观察水情，分等第赐给遭水淹的人家粮食和丝织品。

冬十一月辛卯，到怀州。乙未，在济源打猎。丙午，车驾回洛阳宫。

十二月辛酉，百济王派他的太子隆来朝见天子。

十二年春正月乙未，吏部尚书高士廉等进上《氏族志》一百三十卷。壬寅，松、丛两州地震，毁坏百姓房屋，有人被压死。

二月乙卯，车驾自洛阳回长安。癸亥，观看砥柱，刻铭文记载功德。甲子,夜郎獠反叛,被夔州都督齐善行讨平。乙丑,车驾在陕州停留,皇上自新桥到河北县,祭夏禹庙。丁卯,车驾在柳谷顿停留,皇上观看盐池。戊寅,认为隋鹰扬郎将尧君素忠于自己的朝廷,赠给蒲州刺史的官号,还录用他的子孙。

闰二月庚辰初一,日食。丙戌,自洛阳宫回到了长安。

夏五月壬申,银青光禄大夫、永兴县公虞世南去世。

六月庚子,开始设立玄武门左右飞骑。

秋七月癸酉,吏部尚书、申国公高士廉任尚书右仆射。

冬十月己卯,在始平打猎,分等第赐给那里的高龄老人粮食和丝织品。乙未,自始平回到长安。己亥,百济派使者进献黄金甲和刻有花纹的斧子。

十二月辛巳,右武候将军上官怀仁在壁州大破山獠。

十三年春正月乙巳初一,晋谒亮祖献陵。因特殊原因赦免三原县及随从出行人员中犯有死罪的人。丁未,自献陵回到长安。戊午,加授房玄龄太子少师。

二月丙子,取消世袭刺史。

三月乙丑,有彗星出现于毕、昴宿之间。

夏四月戊寅,到九成宫。甲申,阿史那结社尔进犯禁卫军营帐,被处死刑。壬寅,云阳县一块石头能燃烧,有一丈见方大小,白天像灰,晚上便有光,将草木扔到它上面就会燃烧,这种现象历时一年才消失。

自去年冬天不下雨一直持续到今年五月。甲寅,不居正殿,命令五品以上官员各上密封的奏章,减少肴馔,免除徭役,分派使者到各地救济百姓,为受冤屈的人昭雪,于是天下起了雨。

六月丙申,封皇弟元婴为滕王。

秋八月辛未初一,日食。庚辰,立右武候大将军、化州都督、怀化郡王李思摩为突阙可汗，让他率领部属在黄河北边建立官署。

冬十月甲申，自九成宫回到长安。

十一月辛亥，侍中、安德郡公杨师道任中书令。

十二月丁丑，吏部尚书、陈国公侯君集任交河道行军大总管，率军讨伐高昌。乙亥，封皇子福为赵王。壬午，巂州都督王志远有罪被处死刑。下令在洛、相、幽、徐、齐、并、秦、薄等州设立常平仓。己丑，吐谷浑河源郡王慕容诺曷钵前来迎亲。壬辰，在咸阳打猎。

这一年，滁州报告："野蚕吃槲树的叶子，结的茧大得像沙果，绿色，共收得六千五百七十石。"高丽、新罗、西突厥、吐火罗、康国、安国、波斯、疏勒、于阗、焉耆、高昌、林邑、昆明及边远地区的异族首领，相继派使者入朝拜见天子，进献方物。

十四年春正月庚子，首次命令官吏宣读按季节制定的政令。甲寅，到魏王泰的宅第。赦免雍州和长安监狱中犯死罪以下的囚犯。

二月丁丑，到国子学，亲自祭奠先师孔子，赦免大理寺、万年县在押的囚犯，国子祭酒以下学官及在学生徒成绩优异学习勤奋的，提升一级，赐给丝织品，多少不等。庚辰，左骁卫将军、淮阳王道明送弘化公主远嫁吐谷浑。壬午，天子到温泉。辛卯，自温泉回到长安。乙未，发布诏令说梁皇侃、褚仲都，周熊安生、沈重，陈沈文阿、周弘正、张讥、隋何妥、刘焯、刘炫等前代名儒，他们的学生多能实行老师的道义，命令寻找这些名儒的后代。

三月戊午，设置安朔大使，用来监视突厥。

夏五月壬戌，改封燕王灵夔为鲁王。

六月乙酉，大风把树连根拔起。己丑，薛延陀派使者前来求婚。乙未，滁州野蚕结茧，共收得八千三百石。

八月庚午，新建成襄城宫。癸巳，交河道行军大总管侯君集平定高昌，在那里设置西州。

九月癸卯，因特殊原因赦免西州的死刑罪犯。乙卯，在西州设立安西都护府。

冬十月己卯，下令让赠司空、河间元王孝恭，赠陕东道大行台尚书右仆射、郧国公殷开先，赠民部尚书、渝襄公刘政会等在高祖庙陪从受祭。

闰十月乙未，到同州。甲辰，在尧山打猎。庚戌，自同州回到长安。丙辰，吐蕃派使者进献总重约一千斤的黄金器物，向唐求婚。

十一月甲子初一，冬至，在圆丘祭天。

十二月丁酉，交河道的军队归来。吏部尚书、陈国公侯君集押解高昌王麹智盛，到观德殿献战利品，天子行饮至礼犒劳将士，赐他们会饮三天。乙卯，高丽太子相权来拜见天子。

十五年春正月丁卯，吐蕃派他的国相禄东赞前来迎亲。丁丑，礼部尚书、江夏王道宗送文成公主远嫁吐蕃。辛巳，往洛阳宫。

三月戊申，到襄城宫。庚午，放弃襄城宫。

夏四月辛卯，命令在明年二月封泰山，有关主管部门详细制定封禅的礼仪制度。

五月壬申，并州的和尚、道士及老人等上书，说成就王业有赖于太原，明年封泰山之后，愿陛下降临太原。皇上在武成殿设宴招待来洛阳上书的并州父老，于是很从容地对随侍左右的人说："朕年幼时在太原，喜欢好多人聚在一块赌博，岁月流逝，快三十年了。"当时宴会上有过去认识皇上的人，皇上和他们在一起叙故旧之情，感到快乐。于是对他们说："别人的话，或许是当面阿谀奉承。你们是朕的老朋友，请如实告诉朕，现在的政治教化，百姓认为怎么样？民间能没有疾苦吗？"大家都奏道："现在天下太平，百姓欢乐，这是陛下的功劳。我们这些人剩下的日子，一天比一天更加爱惜，只眷恋圣人的教化，不知道疾苦。"于是坚决请求皇上到并州去。皇上对他们说："飞鸟经过故乡，还要徘徊不前；何况朕在太原起义，终于安定天下，又是幼时游览的地方，确实是朕所不能忘的。泰山的封禅礼如果结束，希望与你们相见。"于是赐给他们礼物，各有差别。丙子，百济王扶余璋去世。下令立他的嫡长子扶余义慈承继父位，仍封为带方郡王。

六月戊申，命令天下各州，推荐学问综贯古今和孝顺父母、敬爱兄长、淳厚朴实以及文辞优异的人，都在明年二月汇集泰山。己酉，有彗星出现于太微垣，侵犯郎位。丙辰，取消封泰山，不居正殿，自思过错，命令尚食局减少肴馔。

秋七月甲戌，彗星消失。

冬十月辛卯，在伊阙大规模检阅军队。壬辰，到嵩阳。辛丑，回洛阳宫。

十一月壬戌，废除乡长。壬申，还京师。癸酉，薛延陀率领同罗、仆骨、回纥、靺鞨、霫的士兵越过沙漠，屯驻于白道川。命令营州都督张俭带领所统率的部队逼近敌人的东境；兵部尚书李勣任朔方行军总管，右卫大将军李大亮任灵州道行军总管，凉州都督李袭誉任凉州道行军总管，率兵分道抵御敌人。

十二月戊子初一，自洛阳宫回到了长安。甲辰，李勣在诺真水同薛延陀打仗，大破敌军，斩首级三千多，获得马一万五千匹，薛延陀跃身逃脱。李勣接着在五台县打败突厥思结，俘获敌军男女一千余口，得到的羊、马数量和这相当。

十六年春正月辛未，命令将在京城和各州的死刑罪犯，发配到西州为住户；被流放的人还没有抵达流放地的，改送到西州戍边。任命兼中书侍郎、江陵子岑文本为中书侍郎，专门执掌机要事务。

夏六月辛卯，命令恢复隐王建成为隐太子，改封海陵剌王元吉为巢剌王。

秋七月戊午，司空、赵国公元忌任司徒，尚书左仆射、梁国公玄龄任司空。

九月丁巳，特进、郑国公魏徵任太子太师，仍执掌门下省事务。

冬十一月丙辰，在岐山打猎。辛酉，派人到隋文帝陵墓祭奠。丁卯，在庆善宫南门设宴招待武功县士女。酒喝得高兴，皇上与武功父老等谈论往事，甚至于哭泣落泪。老人等交替起身为皇上跳舞，竞相向皇上敬酒祝寿，皇上各喝完每个人敬的一杯酒。庚午，自岐州回到长安。

十二月癸卯，到温泉。甲辰，在骊山打猎，当时天色阴冷晦暗，围猎野兽的部队失去联络，皇上登高望见他们，想免掉对他们应有的处罚，又怕损害军令的严肃性，于是掉转马走入谷中以避开他们。

这一年，高丽大臣盖苏文杀死高丽君主高武，而立高武哥哥的儿子高藏为王。

十七年春正月戊辰，右卫将军、代州都督刘兰图谋造反，被腰斩。太子太师、郑国公魏徵逝世。戊申，命令画司徒、赵国公无忌等二十四个功臣的像于凌烟阁。

三月丙辰，齐州都督齐王祐杀死齐州长史权万纪、典军韦文振，占领齐州，据城自守，命令兵部尚书李勣、刑部尚书刘德威派兵讨伐。军队还没有开到，齐州兵曹杜行敏逮住齐王祐投降，于是解送入京，赐死于内侍省。丁巳，火星出现在心宿前头那颗星星的位置上，十九天才隐没。

夏四月庚辰初一，皇太子有罪，废为平民。汉王元昌、吏部尚书侯君集都犯有与太子同谋的罪，被处死刑。丙戌，立晋王治为皇太子，发布大赦令，赐天下会饮三天。丁亥，中书令杨师道任吏部尚书。己丑，加授司徒、赵国公长孙无忌太子太师，司空、梁国公房玄龄太子太傅；特进、宋国公萧瑀太子太保，兵部尚书、英国公李太子詹事，又任同中书门下三品。庚寅，皇上亲自晋谒太庙，就承乾的罪过向祖先道歉。癸巳，魏王泰因有罪降爵为东莱郡王。

五月乙丑，亲自写诏书命令推荐孝顺廉洁、才能优秀杰出的士人。

六月己卯初一，日食。壬午，改葬隋恭帝。丁酉，尚书右仆射高士廉请求退休，皇上命他任开府仪同三司、同中书门下三品。

闰六月戊午，薛延陀派他哥哥的儿子突利设进献马五万匹、牛和骆驼一万头、羊十万只，向唐求婚，天子答应。丙子，改封东莱郡子泰为顺阳王。

秋七月庚寅，京城有谣言说："皇上派枨枨取人心肝，用来祭天狗。"百姓一批接一批，都很惊恐不安。皇上派使者到处宣传解说，过了一个多月风波才止息。丁酉，司空、太子太傅、梁国公房玄龄因母丧罢职。

八月，工部尚书、勋国公张亮任刑部尚书，参与朝政。

九月癸未，流放平民承乾到黔州。

冬十月丁巳，房玄龄服丧未满，又被起用担任原来的职务。

十一月己卯，在南郊祭天。壬午，赐天下会饮三日。由于凉州获得吉祥之石，赦免凉州的罪犯，并讯察京城及各州在押囚犯的罪状，受到宽赦的人不少。

十八年春正月壬寅，到温泉。

夏四月辛亥，到九成宫。

秋八月甲子，自九成宫回到长安。丁卯，散骑常侍、清苑县男刘洎任侍中；中书侍郎、江陵县子岑文本，中书侍郎马固，同任中书令。

九月，黄门侍郎褚遂良参与朝政。

冬十月辛丑初一，日食。甲辰，开始设立太子司议郎的官职。甲寅，往洛阳宫。安西都护郭孝恪率兵灭焉耆，捉住焉耆王突骑支，送往天子所在的地方。

十一月壬寅，车驾抵达洛阳宫。庚子，命令太子詹事、英国公李勣任辽东道行军总管，自柳城出兵，礼部尚书、江夏郡王道宗辅助他；刑部尚书、勋国公张亮任平壤道行军总管，率水师自莱州出发，左领军常何、泸州都督左难当辅助他。征集天下的兵士，又招募到兵士十万名，同趋平壤，征讨高丽。

十二月辛丑，平民承乾去世。

十九年春二月庚戌，皇上亲自统率六军自洛阳出发。乙卯，命令皇太子留在定州代天子处理国政；开府仪同三司、申国公高士廉代理太子太傅，与侍中刘洎、中书令马周、太子少詹事张行成、太子右庶子高季辅五人共同掌管机要事务；任用吏部尚书、安德郡公杨师道为中书令。追赠殷代比干为太师，定谥号为忠烈。命令有关主管部门给他的墓添土，并修葺祠堂，每年春秋二季用猪、羊二牲祭奠，皇上亲自写祭文。

三月壬辰，皇上从定州出发，司徒、太子太师兼检校侍中、赵国公长孙无忌，中书令岑文本、杨师道随从。

夏四月癸卯，在幽州城南誓师，于是大宴六军将士而后派他们出征。丁未,中书令岑文本死于军中。癸亥,辽东道行军大总管、英国公李勣进攻太平城,击破了它。

五月丁丑,车驾渡过辽水。甲申,皇上亲自率领精锐的骑兵与李勣合围辽东城,借助大风接连发射带引火物的箭,不一会儿城上的房屋和城楼全被烧光,于是指挥战士登城,随即拿下了这座城堡。

六月丙辰,部队到达安市城下。丁巳,高丽偏将高延寿、高惠真率兵十五万来援救安市,抵抗天子的军队。李勣率兵奋力进击,皇上从高山上领兵俯冲敌阵,高丽军大败,杀死和俘获的敌兵多得没法计算。延寿等带领剩下的兵士投降。于是将天子所到的山改名为驻跸山,并在那里刻石记功。赐天下会饮两天。

秋七月,李勣进军攻打安市城,到九月仍没有攻下,于是班师回朝。

冬十月丙辰,进入临渝关,皇太子自定州来关上迎接和晋见天子。戊午,在汉武台停留,刻石记载功德。

十一月辛未,到幽州。癸酉,大宴将士,接着军队撤回。

十二月戊申,到并州。侍中、清苑县男刘洎因有罪被赐死。

这一年,薛延陀真珠毗伽可汗去世。

二十年春正月,皇上在并州。丁丑,派大理卿孙伏伽、黄门侍郎褚遂良等二十二人,用汉代制定的六条标准巡察四方,升降官吏。庚辰,因特殊情况赦免并州的罪犯,设宴招待随从的官员和一开始就随从起义的战士,分等第赐给他们粮食、丝织品和免除徭役的待遇。

三月己巳,车驾抵达京师。己丑,刑部尚书、郧国公张亮图谋造反,被处死。

闰三月癸巳初一,日食。

夏四月甲子，太子太师、赵国公长孙无忌，太子太傅、梁国公房玄龄，太子太保、宋国公萧瑀各辞去调理保护太子的职务，天子同意。

六月，派兵部尚书、固定县公崔敦礼，特进、英国公李勣在郁督军山北击破薛延陀，前后斩敌军首级五千余，俘获男女三万多人。

秋八月甲子，封皇孙李忠为陈王。己巳，往灵州。庚午，在泾阳顿停留。铁勒回纥、拔野古、同罗、仆骨、多滥葛、思结、阿跌、契苾、跌结、浑、斛薛等十一个部落各派使者来朝见天子，贡献方物，进奏说："薛延陀的可汗不侍奉大国，部落如鸟兽散，不知道往哪儿去了。我等各有自己的地盘，不能跟随薛延陀走，现归顺天子，请求在我们那儿建立汉族的官制。"天子命令他们派人到灵州聚会。

九月甲辰，铁勒各部落的俟斤、颉利发等派使者相继到灵州的有数千人，他们前来贡献方物，接着要求设置官吏，都请天子做他们的可汗。于是北部边远地区全部平定，天子写了一首五言诗刻在石上记叙这事。辛亥，灵州发生地震，可听到声音。

冬十月，从前的太子太保、宋国公萧瑀贬任商州刺史。丙戌，天子自灵州回到长安。

二十一年春正月壬辰，开府仪同三司、申国公高士廉逝世。丁酉，下令在明年二月封泰山。甲寅，赐京师会饮三日。

二月壬申，下诏说左丘明、卜子夏、公羊高、穀梁赤、伏胜、高堂生、戴圣、毛苌、孔安国、刘向、郑众、杜子春、马融、卢植、郑康成、服子慎、何休、王肃、王辅嗣、杜元凯、范宁等二十一人，世上使用他们的书，恩惠及于公卿大夫的子弟，从今以后太学祭祀，全让他们在宣尼庙堂陪从受祭。丁丑，皇太子在国学放置芹藻祭奠先师。

夏四月乙丑,在终南山上营造太和宫,改名为翠微宫。

五月戊子,到翠微宫。

六月癸亥,司徒、赵国公元忌加授扬州都督。

秋七月庚子,在宜君县的凤凰谷建玉华宫。庚戌,自翠微宫回到长安。

八月壬戌,下诏说河北发生大水灾,取消原定明年举行的封禅典礼。辛未,骨利干国派使者进献名马。丁酉,封皇子明为曹王。

冬十一月癸卯,改封顺阳王泰为濮王。

十二月戊寅,任命左骁卫大将军阿史那社尔、右骁卫大将军契苾何力、安西都护郭孝恪、司农卿杨弘礼为昆山道行军大总管,领兵讨伐龟兹。

这一年,堕婆登、乙利、鼻林送、都播、羊同、石、波斯、康国、吐火罗、阿悉吉等远方异族的十九个国家,都派使者入朝拜见天子,进献方物。又在突厥的北边到回纥部落之间,设立驿站六十六处,使北部荒远地区的道路得以畅通。

二十二年春正月庚寅,中书令马周去世。司徒、赵国公无忌兼检校中书令,执掌尚书、门下两省事务。己亥,刑部侍郎崔仁师任中书侍郎,参与执掌机要事务。戊戌,到温泉。戊申,回宫。

二月,前任黄门侍郎褚遂良服丧未满,又被起用为黄门侍郎。中书侍郎崔仁师从官籍中除名,流放连州。癸丑,西部异族首领沙钵罗叶护率领他的臣民归附唐朝,任命他的俟斤屈裴禄为忠武将军,兼大俟斤。戊午,在结骨部落居住区设置坚昆都督。乙亥,往玉华宫,乙卯,赐给所经之地高龄有重病的人粮食和丝织品,多少不等。己卯,在华原打猎。

四月甲寅,漠北异族人为牧马越出疆界而相争,皇上亲自裁决，然后各方都心服。丁巳，右武候将军梁建方进攻松外蛮，拿下它的部落七十二个。

五月庚子，右卫率长史王玄策进攻帝那伏帝国，大破敌兵，捉到国王阿罗那顺及王妃、王子等，俘获男女一万二千人、牛马两万头而后还朝。派方士那罗迩娑婆在金飙门制造延长寿命的药。吐蕃赞普击破中天竺国，派使者来献战利品。

六月癸酉，特进、宋国公萧瑀逝世。

秋七月癸卯，司空、梁国公房玄龄逝世。

八月己酉初一，日食。

九月己亥，黄门侍郎褚遂良任中书令。

十月癸亥，天子自玉华宫回到长安。

十一月戊戌，眉、邛、雅三州的獠人反叛，右卫将军梁建方将他们平定。庚子，契丹首领窟哥、奚首领可度者都率部归附唐朝。在契丹部落居住区设立松漠都督，在奚部落居住区设立饶乐都督。

十二月乙卯，增设殿中侍御史、监察御史各二人，大理寺设平事十人。

闰十二月丁丑初一，昆山道总管阿史那社尔逼降处密、处月，攻破龟兹大拨等五十座城，俘获数万人，捉拿龟兹王诃黎布失毕回朝，龟兹平定，西域各国震惊。副将薛万彻胁迫于阗王伏阇信入朝。癸未，新罗王派他的宰相伊赞千金春秋和他的儿子文王为朝见天子。

这一年，新罗女王金善德去世，派使者册封她的妹妹真德为新罗王。

二十三年春正月辛亥，俘获的龟兹王诃黎布失毕和他的宰相那利等，被献到祭土神的庙里。

二月丙戌，设立瑶池都督府，隶属于安西都护府。丁亥，西突厥肆叶护可汗派使者来朝见天子。

三月丙辰，设立丰州都督府。自去年冬天不下雨，到了这月己未才下雨。辛酉，发布大赦令。丁卯，命令皇太子在金液门处理政务。这一月，太阳发赤无光。

四月己亥，皇上到翠微宫。

五月戊午，太子詹事、英国公李勣任叠州都督。辛酉，开府仪同三司、卫国公李靖逝世。己巳，皇上在含风殿去世，享年五十二。遗诏命皇太子在灵柩前即位，说丧事应当按照汉代的制度办理。不公布天子逝世的消息。庚午，派先帝旧将统率飞骑营的精壮士兵随从皇太子先回京，派出六府披甲的士兵四千人，分列于道路及安化门，以这些士兵为护卫侍从，而后天子的车驾才入京；辞世的天子所用的车马，以及侍从护卫的官吏，都和平日一样。壬申，公布天子逝世的消息。

六月甲戌初一，停柩于太极殿。

八月丙子，百官进献谥号为文皇帝，庙号太宗。庚寅，葬于昭陵。上元元年八月，改进献尊号为文武圣皇帝。天宝十三载二月，改进献尊号为文武大圣大广孝皇帝。

史官说：臣观文皇帝，创业立功，才能出众，聪慧多智，精明威武。选拔人物不对自己的同伙有所偏私，胸有志向、事业的人都能充分发挥自己的才能。所以屈突通、尉迟恭，由仇敌变而为愿意竭尽心力；马周、刘洎，自关系疏远而最终委以宰相的重任。终于使天下太平，实因为这个道理。臣学试谈一下这样的事：柱子下的石墩湿润，空中就会云起雨落，昆虫叫唤，螽斯就会跳跃。纵然尧、舜圣明，不可能任用梼杌、穷奇而使天下太平；伊尹、吕尚贤能，不可能辅助夏桀、殷辛而使国家昌盛。君臣之间，遇合是困难的，以至于伍子胥挖眼，比干剖心，齐桓公尸体腐烂生蛆，虫子爬到门外，齐湣王被抽筋而死，这实在是由于遇到的人不同造成的。以房玄龄、魏徵的才智而论，没有超过孔丘、孟轲，之所以能使君主尊贵、百姓受到保护，是因为遇到了机会。

有人问：凭太宗的贤明，却对兄弟没有爱，对儿子们有失教诲，为什么？回答是：对，舜不能爱四个被惩处的恶人，尧不能教育好丹朱，这是过去的记载中说的。当高祖神尧皇帝任用谗人的日子，建成嫉妒太宗的功劳的时候，如果能消除畏惧，谁还顾及国家的分崩离析，那时变故的发生，迫在眉睫，太宗正害怕"毁巢"的灾祸，哪里考虑到"兄弟二人不能相容"的歌谣？承乾的愚昧，是圣明的父亲不能改变的。假如文皇帝自己选定贤明的太子，不随心所欲地攻打高丽，任用人才像贞观初年那样，接受谏言同于魏徵在世的时候，那么，较之周武王、周成王的王位世代相袭，我有美德遗留于世；同汉文帝、汉武帝的气度恢宏相比，他们多半会因为自己的行事有缺欠而内愧于心。推求太宗的听言断事不迷惑，从善如流，千载之间，可说是只有一人而已！

赞辞：姬昌、姬发开国，一个家族三位圣人。文王奠定帝位，武王的兄弟不善。管叔、蔡叔被杀之后，成王、康王走上正确道路。贞观的风尚，至今为人所歌咏。

列 传

旧唐书卷五十一

列传第一

长孙氏

太宗文德顺圣皇后长孙氏，长安人，隋右骁卫将军晟之女也。晟妻，隋扬州刺史高敬德女，生后。少好读书，造次必循礼则。年十三，嫔于太宗。隋大业中，常归宁于永兴里，后舅高士廉媵张氏，于后所宿舍外见大马，高二丈，鞍勒皆具，以告士廉。命筮之，遇《坤》之《泰》，筮者曰："至哉坤元，万物资生，乃顺承天。坤厚载物，德合无疆。牝马地类，行地无疆。变而之《泰》，内阳而外阴，内健而外顺，是天地交而万物通也。《象》曰：后以辅相天地之宜而左右人也。龙，《乾》之象也。马《坤》之象也。变而为《泰》，天地交也。繇协于《归妹》，妇人之兆也。女处尊位，履中居顺也。此女贵不可言。"

武德元年，册为秦王妃。时太宗功业既高，隐太子猜忌滋甚。后孝事高祖，恭顺妃嫔，尽力弥缝，以存内助。及难作，太宗在玄武门，方引将士入宫授甲，后亲慰勉之，左右莫不感激。九年，册拜皇太子妃。

太宗即位，立为皇后，赠后父晟司空、齐献公。后性尤俭约，凡所服御，取给而已。太宗弥加礼待，常与后论及赏罚之事，对曰："牝鸡之晨，惟家之索。妾以妇人，岂敢豫闻政事。"太宗固与之言，竟不之答。时后兄无忌夙与太宗为布衣之交，又以佐命元勋，委以腹心，出入卧内，将任之朝政。后固言不可，每乘间奏曰："妾既托身紫宫，尊贵已极，实不愿兄弟子侄布列朝廷。汉之吕、霍，可为切骨之戒，特愿圣朝勿以妾兄为宰执。"太宗不听，竟用无忌为左武候大将军、吏部尚书、右仆射。后又密遣无忌苦求逊职，太宗不获已而许焉，改授开府仪同三司，后意乃怿。有异母兄安业，好酒无赖。献公之薨也，后及无忌并幼，安业斥还舅氏，后殊不以介意，每请太宗厚加恩礼，位至监门将军。及预刘德裕逆谋，太宗将杀之，后叩头流涕为请命曰："安业之罪，万死无赦。然不慈于妾，天下知之，今置以极刑，人必谓妾恃宠以复其兄，无乃为圣朝累乎！"遂得减死。

后所生长乐公主，太宗特所钟爱，及将出降，敕所司资送倍于长公主。魏徵谏曰："昔汉明帝时，将封皇子，帝曰：'朕子安得同于先帝子乎！'然谓长主者，良以尊于公主也，情虽有差，义无等别。若令公主之礼有过长主，理恐不可，愿陛下思之。"太宗以其言退而告后，后叹曰："尝闻陛下重魏徵，殊示知其故。今闻其谏，实乃能以义制主之情，可谓正直社稷之臣矣。妾与陛下结发为夫妇，曲蒙礼待，情义深重，每言必候颜色，尚不敢轻犯威严，况在臣下，情疏礼隔，故韩非为之说难，东方称其不易，良有以也。忠言逆于耳而利于行，有国有家者急务，纳之则俗宁，杜之则政乱，诚愿陛下详之，则天下幸甚。"后因请遣中使赍帛五百匹，诣徵宅以赐之。太子承乾乳母遂安夫人常白后曰："东宫器用阙少，欲有奏请。"后不听，曰："为太子,所患德不立而名不扬,何忧少于器物也。"

八年,从幸九成宫,染疾危惙,太子承乾入侍,密启后曰:"医药备尽,尊体不瘳,请奏赦囚徒,并度人入道,冀蒙福助。"后曰:"死生有命,非人力所加。若修福可延,吾素非为恶;若行善无效,何福可求。赦者国之大事,佛道者示存异方之教耳,非惟政体靡弊,又是上所不为,岂以吾一妇人而乱天下法?"承乾不敢奏,以告左仆射房玄龄,玄龄以闻,太宗及侍臣莫不歔欷。朝臣咸请肆赦,太宗从之,后闻之固争,乃止。将大渐,与太宗辞诀,时玄龄以谴归第,后固言:"玄龄事陛下最久,小心谨慎,奇谋秘计,皆所预闻,竟无一言漏泄,非有大故,愿勿弃之。又妾之本宗,幸缘姻戚,既非德举,易履危机,其保全永久,慎勿处之权要,但以外戚奉朝请,则为幸矣。妾生既无益于时,今死不可厚费。且葬者藏也,欲人之不见。自古圣贤,皆崇俭薄,惟无道之世,大起山陵,劳费天下,为有识者笑。但请因山而葬,不须起坟,无用棺椁,所须器服,皆以木瓦,俭薄送终,则是不忘妾也。"十年六月己卯,崩于立政殿,时年三十六。其年十一月庚寅,葬于昭陵。

后尝撰古妇人善事,勒成十卷,名曰《女则》,自为之序。又著论驳汉明德马皇后,以为不能抑退外戚,令其当朝贵盛,乃戒其龙马水车,此乃开其祸源而防其末事耳。且戒主守者曰:"此吾以自防闲耳。妇人著述无条贯,不欲至尊见之,慎勿言。"崩后,宫司以闻,太宗览而增恸,以示近臣曰:"皇后此书,足可垂于后代。我岂不达天命而不能割情乎!以其每能规谏,补朕之阙,今不复闻善言,是内失一良佐,以此令人哀耳!"

上元元年八月,改上尊号曰文德顺圣皇后。

译文：

太宗文德顺圣皇后长孙氏，长安人，隋右骁卫将军长孙晟的女儿。长孙晟的妻子，是隋扬州刺史高敬德的女儿，生了皇后。皇后幼时好读书，就是在最匆忙的时刻，也必定依照礼法的规定办事。十三岁时，嫁给太宗。隋大业年间，曾回到长安永兴里的娘家省亲，皇后舅舅高士廉的妾张氏，在皇后所住房子的外面见到一匹大马，高两丈，鞍子、马络头俱全，就把这事告诉士廉。士廉让占卜吉凶，卜到的卦是由坤卦变成泰卦，负责占卜的人说："坤卦的象辞说：坤的德高到了极点，万物依靠它而生长，并且以和顺承奉上天。坤厚实能载万物，各种德会聚，广远无边。雌马属于阴道地类，能行走于广远无边之地。变而为泰卦，泰卦的象辞说：内在阳刚而外表阴柔，内在刚健而外表柔顺。此卦的含义是天地气相交通而使万物生长顺畅。泰卦的象辞说：君主辅助天地生养万物，使各得其宜，以帮助百姓。龙，是乾卦的形象。马，是坤卦的形象。变而为泰卦，指的是天地气相交通。泰卦的爻辞符合归妹卦的意思，是妇女的征兆。依照王弼的注释，这爻辞说的是妇女处于尊位，履行不偏不倚的中道，保持和顺。这女子的尊贵，不能用言语表达。"

武德元年，册封为秦王妃。这时太宗建立的功业已高，隐太子对他的猜忌更厉害。皇后尽孝服侍高祖，对妃嫔们恭顺，竭力弥补缝合，成为太宗的内助。等到事变发生，太宗在玄武门，正领将士们入宫授给兵器盔甲，皇后便亲自到现场慰问勉励，将士们无不感动奋发。九年，册封为皇太子妃。

太宗即位，立为皇后，追赠皇后的父亲长孙晟为司空、齐献公。皇后的禀性特别节俭，所有使用的物品，只求够用而已。太宗对他更加以礼相待，常同她谈到赏罚的事情，回答说："'牝鸡报晓，国家将灭亡。'妾作为妇人，怎敢参与政事。"太宗坚持同她谈政事，皇后竟不回答。当时皇后的哥哥无忌从前和太宗是贫贱之交，又因为是辅佐太宗立国的元勋，太宗把他当成心腹，让他出入卧室，准备将朝廷政事交托给他。皇后坚持说不可以，常找机会对太宗说："妾已托身皇宫，尊贵到极点，实不愿自己的兄弟子侄遍列于朝廷。汉代的吕、霍两家，可作为深刻的教训。特别希望圣朝不要任用妾身的哥哥当宰相。"太宗不听，竟任用无忌为左武候大将军、吏部尚书、右仆射。皇后又暗中让无忌自己竭力要求让位，太宗不得已而答应，改授开府仪同三司，皇后心里才高兴。皇后有一个同父异母的哥哥安业，嗜酒贪杯，奸诈刁滑。齐献公去世的时候，皇后和无忌都年幼，安业将他们赶回他们的舅舅家里，皇后很不把这事放在心上，常请求太宗对他厚加礼遇，安业官做到了监门将军。等到安业参与刘德裕的叛乱活动，太宗准备杀他，皇后却叩头流泪为他请求活命说："论安业的罪恶，处死一万次也不该赦免。但他对妾不仁慈，天下人都知道，现在处以极刑，人们必定会以为妾依仗天子的宠爱对哥哥进行报复，这岂不是要成为圣朝的一个过失吗！"于是安业得以减罪免死。

皇后的亲生女儿长乐公主，太宗特别钟爱，等到将出嫁的时候，便命令有关主管部门给她陪嫁多于长公主一倍。魏徵进谏道："从前汉明帝的时候，准备封皇子，皇帝说：'朕的儿子怎么能同先帝的儿子一样呢！'之所以称为长公主，实因为她比公主更尊贵，情况虽然和汉明帝的时候有所不同，道理却无差别。如果让公主出嫁时的礼品超过长公主，按道理恐怕是不可以的，希望陛下考虑。"太宗下朝后把他的话告诉皇后，皇后赞叹道："曾听说陛下看重魏徵，颇不知其中的缘故。现在听到他的谏词，确实能用礼仪来制止君主的私情,可说是一位正直的国家栋梁之臣。妾与陛下共髻束发,结为夫妻,委屈陛下以礼相待,情义深重,妾每次进言都一定察颜观色,尚且不敢轻易冒犯威严,更何况臣下,感情疏远等级相隔,所以韩非认为劝说君主很困难,东方朔也说不容易,实在是有原因的。忠言逆于耳而利于行,是君主急须办理的事务,采纳它社会就安宁,拒绝它政治就混乱,真诚地希望陛下审慎对待,那么天下人就很幸运了。"于是,皇后请求派宫中的太监带丝织物五百匹,到魏徵的住宅赐给魏徵。太子承乾的奶妈遂安夫人常禀告皇后说:"东宫的器物用品缺乏,请求增置一些。"皇后不听,说:"作为太子,所忧虑的应是道德不能建立,声名不能传扬,用不着忧虑什么缺少器物。"

贞观八年,随从太宗到九成宫,皇后染病,情势危急,太子承乾入宫侍奉,秘密启奏皇后说:"医生药品全用尽,您的身体仍不见痊愈,请向天子进言,要求赦免罪犯,并举行仪式,度俗人出家,入于佛道,希冀能以此获得福佑。"皇后说:"死生命定,不是人力所能超越的。如果修德以求福能够延长生命,那么我平素不做恶事;如果行善不起作用,那么还有什么福应该去追求呢!发布赦令是国家的大事,佛道这东西只不过向人们表示有异方的宗教存在罢了,不仅施政的要领没有弊病,(无须发布赦令,佛教的所谓功德,)又是皇上所不做的,岂能由于我一个妇人的缘故而破坏天下的法度?"承乾不敢向天子进言,把这事告诉左仆射房玄龄,玄龄报告天子,太宗及近臣无不哀泣叹息。朝臣都要求发布赦令,太宗听从,皇后听到消息后坚决反对,于是取消赦令。病危时,与太宗诀别,当时玄龄因有过错解职归家,皇后坚持说:"玄龄侍奉陛下最久,小心谨慎,各种奇计秘谋,他都参与策划或知道内情,竟然没有一个字泄露,不是有大罪过，希望不要抛弃他。又妾的本族，因为是天子的姻亲而受到宠信，既然不是因为有德而被任用，就很容易陷于灾难之中，要让他们长久保全，千万不要将他们置于权贵的地位，只以外戚的身份参加朝会，就是很幸运的了。妾活着的时候既无益于世，现在死去不应该多破费。而且葬是藏的意思，无非要人们看不见罢了。自古以来圣人贤人，都崇尚薄葬，只有没仁义德政的时代，才大造陵墓，耗费天下的人力物力，为有见识的人所讥笑。妾只要求依山而葬，不须起坟，不用棺椁，所需随葬物品，都用陶、木材料做成，能节俭送终，就是不忘记妾了。"十年六月己卯，在立政殿逝世，当时三十六岁。这一年十一月庚寅，葬于昭陵。

皇后曾搜集古代妇女的善事，编成十卷，书名叫《女则》，亲自为它作序。又曾写论文驳斥汉代明德马皇后，认为她不能抑制、贬退外戚，让他们在当朝居于极尊贵的地位，却就他们车马的奢侈发出警告，这不过是开通灾祸之源，却对一些非根本性的事作防备罢了。而且告诫管事的人说："这书是我用来自我防范的。妇人的著述没有条理，不想让天子见到，千万不要把这事说出去。"逝世后，宫中管事的人报告天子，太宗看到书后更增加悲伤，把它拿给近臣们看，说道："皇后这书，足可留传后世。我不是不懂天命而不能割舍私情，因为她常能以正言相劝，补朕的过失，现在不再听到她的善言，这是我家里失去一个好助理，所以令人悲哀啊！"

上元元年八月，改进了皇后的尊号为文德顺圣皇后。

旧唐书卷五十四

列传第四

窦建德

窦建德，贝州漳南人也。少时，颇以然诺为事。尝有乡人丧亲，家贫无以葬，时建德耕于田中，闻而叹息，遽辍耕牛，往给丧事，由是大为乡党所称。初，为里长，犯法亡去，会赦得归。父卒，送葬者千余人，凡有所赠，皆让而不受。

大业七年，募人讨高丽，本郡选勇敢尤异者以充小帅，遂补建德为二百人长。时山东大水，人多流散，同县有孙安祖，家为水所漂，妻子馁死。县以安祖骁勇，亦选在行中。安祖辞贫，白言漳南令，令怒笞之。安祖刺杀令，亡投建德，建德舍之。是岁，山东大饥，建德谓安祖曰："文皇帝时，天下殷盛，发百万之众以伐辽东，尚为高丽所败。今水潦为灾，黎庶穷困，而主上不恤，亲驾临辽，加以往岁西征，疮痍未复，百姓疲弊，累年之役，行者不归，今重发兵，易可摇动。丈夫不死，当立大功，岂可为逃亡之虏也。我知高鸡泊中广大数百里，莞蒲阻深，可以逃难，承间而出虏掠，足以自资。既得聚人，且观时变，必有大功于天下矣。"安祖然其计。建德招诱逃兵及无产业者，得数百人，令安祖率之，入泊中为群盗，安祖自称将军。鄃人张金称亦结聚得百人，在河阻中。蓨人高士达又起兵得千余人，在清河界中。时诸盗往来漳南者，所过皆杀掠居人，焚烧舍宅，独不入建德之闾。由是郡县意建德与贼徒交结，收系家属，无少长皆杀之。建德闻其家被屠灭，率麾下二百人亡归士达。士达自称东海公，以建德为司兵。后安祖为张金称所杀，其兵数千人又尽归于建德。自此渐盛，兵至万余人，犹往来高鸡泊中。每倾身接物，与士卒均执勤苦，由是能致人之死力。

十二年，涿郡通守郭绚率兵万余人来讨士达。士达自以智略不及建德，乃进为军司马，咸以兵授焉。建德既初董众，欲立奇功以威群贼，请士达守辎重，自简精兵七千人以拒绚，诈为与士达有隙而叛之。士达又宣言建德背亡，而取虏获妇人给为建德妻子，于军中杀之。建德伪遣人遗绚书请降，愿为前驱，破士达以自效。绚信之，即引兵从建德至长河界，期与为盟，共图士达。绚兵益懈而不备，建德袭之，大破绚军，杀略数千人，获马千余匹，绚以数十骑遁走，遣将追及于平原，斩其首以献士达。由是建德之势益振。

隋遣太仆卿杨义臣率兵万余人讨张金称，破之于清河，所获贼众皆屠灭，余散在草泽间者复相聚而投建德。义臣乘胜至平原，欲入高鸡泊中，建德谓士达曰："历观隋将，善用兵者唯义臣耳。新破金称，远来袭我，其锋不可当。请引兵避之，令其欲战不得，空延岁月，将士疲倦，乘便袭击，可有大功。今与争锋，恐公不能敌也。"士达不从其言，因留建德守壁，自率精兵逆击义臣，战小胜，而纵酒高宴，有轻义臣之心。建德闻之曰："东海公未能破贼而自矜大，此祸至不久矣。隋兵乘胜，必长驱至此，人心惊骇，吾恐不全。"遂留人守壁，自率精锐百余据险，以防士达之败。后五日，义臣果大破士达，于阵斩之，乘势追奔，将围建德。守兵既少，闻士达败，众皆溃散。建德率百余骑亡去，行至饶阳，观其无守备，攻陷之，抚循士众，人多愿从，又得三千余兵。

初，义臣既杀士达，以为建德不足忧。建德复还平原，收士达败兵之死者，悉收葬焉。为士达发丧，三军皆缟素。招集亡卒，得数千人，军复大振，始自称将军。初，群盗得隋官及山东士子皆杀之，唯建德每获士人，必加恩遇。初得饶阳县长宋正本，引为上客，与参谋议。此后隋郡长吏稍以城降之，军容益盛，胜兵十余万人。

十三年正月，筑坛场于河间乐寿界中，自称长乐王，年号丁丑，署置官属。七月，隋遣右翊卫将军薛世雄率兵三万来讨之，至河间城南，营于七里井。建德闻世雄至，选精兵数千人伏河间南界泽中，悉拔诸城伪遁，云亡入豆子䴚中。世雄以为建德畏己，乃不设备。建德觇知之，自率敢死士一千人袭击世雄。会云雾昼晦，两军不辨，隋军大溃，自相踏藉，死者万余，世雄以数百骑而遁，余军悉陷。于是建德进攻河间，频战不下。其后城中食尽，又闻炀帝被弑，郡丞王琮率士吏发丧，建德遣使吊之，琮因使者请降，建德退舍具馔以待焉。琮率官属素服面缚诣军门，建德亲解其缚，与言隋亡之事，琮俯伏悲哀，建德亦为之泣。诸贼帅或进言曰："琮拒我久，杀伤甚众，计穷方出，今请烹之。"建德曰："此义士也。方加擢用，以励事君者，安可杀之。往往泊中共为小盗，容可恣意杀人，今欲安百姓以定天下，何得害忠良乎？"因令军中曰："先与王琮有隙者，今敢动摇，罪三族。"即日授琮瀛州刺史。始都乐寿，号曰金城宫，自是郡县多下之。

武德元年冬至日，于金城宫设会，有五大鸟降于乐寿，群鸟数万从之，经日而去，因改年为五凤。有宗城人献玄圭一枚，景城丞孔德绍曰："昔夏禹膺箓，天锡玄圭。今瑞与禹同，宜称夏国。"建德从之。先是，有上谷贼帅王须拔自号漫天王，拥众数万，入掠幽州，中流矢而死。其亚将魏刀儿代领其众，自号历山飞，入据深泽，有徒十万。建德与之和，刀儿因弛守备，建德袭破之，又尽并其地。

二年，宇文化及僭号于魏县，建德谓其纳言宋正本、内史侍郎孔德绍曰："吾为隋之百姓数十年矣，隋为吾君二代矣。今化及杀之，大逆无道，此吾仇矣，请与诸公讨之，何如？"德绍曰："今海内无主，英雄竞逐，大王以布衣而起漳浦，隋郡县官人莫不争归附者，以大王仗顺而动，义安天下也。宇文化及与国连姻，父子兄弟受恩隋代，身居不疑之地，而行弑逆之祸，篡隋自代，乃天下之贼也。此而不诛，安用盟主！"建德称善。即日引兵讨化及，连战大破之。化及保聊城，建德纵撞车抛石，机巧绝妙，四面攻城，陷之。建德入城，先谒隋萧皇后，与语称臣。悉收弑炀帝元谋者宇文智及、杨士览、元武达、许弘仁、孟景，集隋文武官对而斩之，枭首辕门之外。化及并其二子同载以槛车，至大陆县斩之。

建德每平城破阵，所得资财，并散赏诸将，一无所取。又不啖肉，常食唯有菜蔬、脱粟之饭。其妻曹氏不衣纨绮，所使婢妾才十数人。至此，得宫人以千数，并有容色，应时放散。得隋文武官及骁果尚且一万，亦放散，听其所去。又以隋黄门侍郎裴矩为尚书左仆射，兵部侍郎崔君肃为侍中，少府令何稠为工部尚书，自余随才拜授，委以政事。其有欲往关中及东都者亦恣听之，仍给其衣粮，以兵援之，送出其境。攻陷洺州，虏刺史袁子干。迁都于洺州，号万春宫。遣使往灌津，祠窦青之墓，置守冢二十家。又与王世充结好，遣使朝隋越王侗于洛阳。后世充废侗自立，乃绝之，始自尊大，建天子旌旗，出警入跸，下书言诏。追谥隋炀帝为闵帝，封齐王暕子政道为郧公。然犹依倚突厥。隋义城公主先嫁突厥，及是遣使迎萧皇后，建德勒兵千余骑送之入蕃，又传化及首以献公主。既与突厥相连，兵锋益盛。

九月，南侵相州，河北大使淮安王神通不能拒，退奔黎阳。相州陷，杀刺史吕珉。又进攻卫州，陷黎阳，左武卫大将军李世勣、皇妹同安长公主及神通并为所虏。滑州刺史王轨为奴所杀，携其首以奔建德，曰："奴杀主为大逆，我何可纳之。"命立斩奴，而返轨首于滑州。吏人感之，即日而降。齐、济二州及衮州贼帅徐圆朗皆闻风而下。建德释李世勣，使其领兵以镇黎州。

三年正月，世勣舍其父而逃归，执法者请诛之，建德曰："勣本唐臣，为我所虏，不忘其主，逃还本朝，此忠臣也，其父何罪！"竟不诛。舍同安长公主及神通于别馆，待以客礼。高祖遣使与之连和，建德即遣公主与使俱归。尝破赵州，执刺史张昂、荆州刺史陈君宾、大使张道源等，以侵轶其境，建德将戮之。其国子祭酒凌敬进曰："夫犬各吠非其主，今邻人坚守，力屈就擒，此乃忠确士也。若加酷害，何以劝大王之臣乎？"建德盛怒曰："我至城下，犹迷不降，劳我师旅，罪何可赦？"敬又曰："今大王使大将军高士兴于易水抗御罗艺，兵才至，士兴即降，大王之意复为可不？"建德乃悟，即命释之。其宽厚从谏，多此类也。

又遣士兴进围幽州，攻之不克，退军于笼火城，为艺所袭，士兴大溃。先是，其大将王伏宝多勇略，功冠等伦，群帅嫉之。或言其反，建德将杀之，伏宝曰："我无罪也，大王何听谗言，白轩左右手乎？"既杀之，后用兵多不利。

九月，建德自帅师围幽州，艺出兵与战，大破之，斩首千二百级。艺兵频胜而骄，进袭其营，建德列阵于营中，填堑而出，击艺败之。建德薄其城，不克，遂归洺州。其纳言宋正本好直谏，建德又听谗言杀之。是后人以为诫，无复进言者，由此政教益衰。

先，曹州济阴人孟海公拥精兵三万，据周桥城以掠河南之地。其年十一月，建德自率兵渡河以击之。时秦王攻王世充于洛阳，建德中书舍人刘斌说建德曰："今唐有关内，郑有河南，夏居河北，此鼎足相持之势也。闻唐兵悉众攻郑，首尾二年，郑势日蹙而唐兵不解。唐强郑弱，其势必破郑，郑破则夏有齿寒之忧。为大王计者，莫若救郑，郑拒其内，夏攻其外，破之必矣。若却唐全郑，此常保三分之势也。若唐军破后而郑可图，则因而灭之，总二国之众，乘唐军之败，长驱西入，京师可得而有，此太平之基也。"建德大悦曰："此良策矣。"适会世充遣使乞师于建德，即遣其职方侍郎魏处绘入朝，请解世充之围。

四年二月，建德克周桥，虏海公，留其将范愿守曹州，悉发海公及徐圆郎之众来救世充。军至滑州，世充行台仆射韩洪开城纳之，遂进逼元州、梁州、管州，皆陷之，屯于荥阳。三月，秦王入武牢，进薄其营，多所伤杀，并擒其将殷秋、石瓒。时世充弟世辨为徐州行台，遣其将郭士衡领兵数千人从之，合众十余万，号为三十万，军次成皋，筑宫于板渚，以示必战。又遣间使约世充共为表里。经二月，迫于武牢，不得进。秦王遣将军王君廓领轻骑千余抄其粮运，获其大将张青特，虏获甚众。

建德数不利，人情危骇，将帅已下破孟海公，皆有所获，思归洺州。凌敬进说曰："宜悉兵济河，攻取怀州河阳，使重将居守。更率众鸣鼓建旗，逾太行，入上党，先声后实，传檄而定。渐趋壶口，稍骇蒲津，收河东之地，此策之上也。行此必有三利：一则入无人之境，师有万全；二则拓土得兵；三则郑围自解。"建德将从之，而世充之使长孙安世阴赍金玉啗其诸将，以乱其谋。众咸进谏曰："凌敬书生耳，岂可与言战乎？"建德从之，退而谢敬曰："今众心甚锐，此天赞我矣。因此决战，必将大捷。已依众议，不得从公言也。"敬固争，建德怒，扶出焉。其妻曹氏又言于建德曰："祭酒之言可从，大王何不纳也？请自滏口之道，乘唐国之虚，连营渐进，以取山北，又因突厥西抄关中，唐必还师以自救，此则郑围解矣。今顿兵武牢之下，日月淹久，徒为自苦，事恐无功。"建德曰："此非女子所知也。且郑国悬命朝暮，以待吾来，既许救之，岂可见难而退，示天下以不信也？"于是悉众进逼武牢，官军按甲挫其锐。

及建德结阵于汜水，秦王遣骑挑之，建德进军而战，窦抗当之。建德少却，秦王驰骑深入，反覆四五合，然后大破之。建德中枪，窜于牛口渚，车骑将军白士让、杨武威生获之。先是，军中有童谣曰："豆入牛口，势不得久。"建德行至牛口渚，甚恶之，果败于此地。

建德所领兵众，一时奔溃，妻曹氏及其左仆射齐善行将数百骑遁于洺州。余党欲立建德养子为主，善行曰："夏王平定河朔，士马精强，一朝被擒如此，岂非天命有所归也？不如委心请命，无为涂炭生人。"遂以府库财物悉分士卒，各令散去。善行乃与建德右仆射裴矩、行台曹旦及建德妻率伪官属举山东之地，奉传国等八玺来降。七月，秦王俘建德至京师，斩于长安市，年四十九。自起军至灭，凡六岁，河北悉平。其年，刘黑闼复盗据山东。

译文：

窦建德，贝州漳南县人。年幼时，常干一些重许诺的义举。曾有一个同乡亲人去世，家里贫穷无埋葬，当时建德正在田里犁地，听到这事后不禁叹息，突然中止犁地，把耕牛送去充作办丧事的费用，由此大为乡里所称道。起初，建德当里长，因犯法逃亡，遇上朝廷发布大赦令，又回到家乡。他父亲去世，送葬的有一千多人。所有送给他的礼物，他都推辞不受。

大业七年，朝廷募兵讨伐高丽，本郡挑选特别勇敢的人充当军队的小头目，于是委任建德做二百人长。当时山东发生大水灾，百姓流散逃亡，同县有一个叫孙安祖的人，家被水淹，妻子饿死。县里认为安祖骁勇，也选中他从军出征。安祖以家贫为由推辞，亲自向漳南县令报告，县令发怒鞭打他。安祖刺杀县令，逃到建德这里，建德安排他住下。这一年，山东发生大饥荒，建德对安祖说："隋文帝的时候，天下繁盛，朝廷征集百万大军征讨辽东，尚且被高丽打破。现今大水成灾，百姓穷困，而皇上不加抚恤，却亲自驾临辽水；加上往年西征，国家所受的创伤尚未平复，百姓疲弊，连年的兵役徭役，应征的人只去不回，现在又再次征兵，天下轻易就可以摇动。大丈夫不死，当建立大功业，岂可做一名逃亡的贼寇！我知道高鸡泊中广大，方圆数百里，有蒲草阻隔，可以避难，再趁机出来抢掠，足可以自己供给自己。你在那里可以聚集民众，观察时世的变化，将来一定会为天下人立大功。"安祖赞成他的计划。建德招聚、引诱逃兵和没有产业的百姓，得到数百人，让安祖统率，入泊中当强盗，安祖自称将军。当时鄃县人张金称也聚集百人，居于黄河的险阻之处；蓚县人高士达又起兵反隋，有千余人，在清河县境内。当时各路盗贼往来于漳南的，所到之处都杀掠居民，焚烧住宅，唯独不进入建德的居里。因此郡县官猜测建德同盗贼交结，于是逮捕他的家属，不论长幼，全部杀死。建德听到他的家被杀绝的消息后，率领手下二百人投奔士达。士达自称东海公，让建德任司兵。后来安祖被张金称杀死，他的部队数千人又全归属建德。从此声势渐盛，军队达到一万多人，仍活动于高鸡泊中。建德常竭尽全力待人，和士兵一样干劳苦的工作，因此能使他人为他尽死力。

十二年，涿郡通守郭绚率领一万多名士兵来征讨士达。士达自认为智谋赶不上建德，于是让建德升任军司马，把军队全交给他指挥。建德初次统领全部人马，想立奇功以使盗贼们畏服，于是请士达看守军用物资，自己挑选精兵七千人抵御郭绚，假装成与士达有嫌隙而背叛他的样子。士达又宣称建德背叛自己，带兵逃走，而且找来一个虏获的妇女，伪称是建德的妻子，在军中把她杀了。建德派人给郭绚送信，假装请求投降，说自己愿充当前锋，击破士达，以此为郭绚效力。郭绚相信他的话，便领兵跟随建德到达长河县境，期望与他订立盟约，共同对付士达。郭绚的军队更加松懈，毫无防备，建德乘机袭击，大破郭绚的部队，杀死、劫掠数千人，获得马一千多匹，郭绚带领数十名骑兵逃走，建德派手下将领在平原追上他，砍下了他的头献给士达。从此建德的势力更加兴盛。

隋朝派太仆卿杨义臣率士兵一万多人讨伐张金称，在清河击破他，将所俘获的贼寇全部杀死，其余逃散在荒野之间的又聚集一起，投奔建德。义臣乘胜到平原，想进入高鸡泊中，建德对士达说："遍观隋朝将领，善于用兵的只有义臣一人而已。现在他新破金称，从远方来袭击我们，锋芒正锐不可当。我请求领兵避开他，让他想打又打不成，白白拖延岁月，那时战士疲倦，我们乘便袭击，便可建立大功。现在同他争斗以决胜负，恐怕您不是对手。"士达不听他的话,于是留建德守营,自己率精兵迎击义臣,战斗取得小胜,士达便设盛宴狂饮,有轻视义臣之心。建德知道这事后说:"东海公没有能破敌却骄傲自大,这样灾祸临头就不会很远了。隋军乘胜,一定会顺利地前进到这里,那时人心惊恐,我们怕不能自全。"于是留人守营,自己率领精锐士兵一百多人占据险要之地,以预防士达的失败。过了五天,义臣果然大破士达,在阵上杀死他,并乘势追击逃敌,准备围攻建德。建德的守兵既少,得知士达失败,又全部溃散。建德带领一百多名骑兵逃跑,走到饶阳县,发现城里不设防,便攻陷了它,安抚士人百姓,人们多愿跟从,又得到士兵三千多名。

起初,义臣杀了士达后,认为建德不值得忧虑。于是建德又回到平原,收集士达已战死的败兵的尸体,都加以埋葬。公布士达逝世的消息,部队全穿白色丧服。召集已逃散的士达士兵,得到数千人,军队再次振兴,开始自称将军。起初,各路盗贼获得隋朝官吏及山东士人都杀掉,只有建德每次得到士人,必定以德惠相待。最初得到饶阳县长宋正本,待为上宾,让他参与军政大事的谋议。这以后隋朝的郡县长官逐渐献城投降,建德军容更盛,有优秀的士兵十余万。

十三年正月,建德在河间乐寿县境内筑坛场祭祀,自称长乐王,年号丁丑,设置官职并任命官吏。七月,隋朝派右翊卫将军薛世雄率领三万军队前来讨伐,到达河间城南,扎营于七里井。建德得知世雄的军队已到,挑选精兵数千人埋伏于河间南境的沼泽地中,全部从各城撤出军队,假装逃跑,放出话说,已逃入豆子䴖中。世雄以为建德害怕自己,于是不设防。建德侦察到这一情况,亲自率领敢于赴死的战士一千人袭击世雄。正好遇上白昼大雾,天色昏暗,敌我两军无从分辨,隋军惊逃溃散,自相践踏，死的人有一万多，世雄带领数百名骑兵逃走，余下的军队全部被俘。于是建德进攻河间，打了多次未能攻下。以后城中粮食用完，又听说炀帝被杀，郡丞王琮率领城中的士卒官吏公布炀帝逝世的消息，建德派使者去吊唁，王琮通过使者请求投降，于是建德撤走围城的军队、备好食物等待王琮。王琮率领郡中佐吏穿白色衣服反绑双手到营门投降，建德亲自给他解开绳子，同他谈到隋亡的事，王琮俯伏在地，非常悲哀，建德也为此而哭泣。贼将们有的向建德进言说："王琮抵抗我们很久，杀伤我们的士兵甚多，无计可施才出来投降，现在我们要求对他处以烹刑。"建德说："这是一位义士，将加以提拔任用，借此鼓励侍奉君主的人，怎么可以杀死他？从前在高鸡泊中一起当小强盗，也许可以任意杀人，现在要安抚百姓，平定天下，怎么能杀害忠良呢？"于是在军中发布命令说："从前与王琮有嫌隙的，现在如果胆敢有所动作，罪及父母、兄弟、妻子。"当天便任命王琮为瀛州刺史。开始在乐寿建都，称为金城宫。从这以后隋朝的郡县多降附建德。

武德元年冬至，同僚属在金城宫聚会，有五只大鸟降落到乐寿，各种鸟数万只跟随它们，历时一天才离去，于是改年号为五凤。有一个宗城人进献玄圭一枚，景城县丞孔德绍说："从前夏禹亲受图箓，应运而兴，上天赐给玄圭。现在的祥瑞和夏禹的时候一样，国名应当改为夏。"建德听从。在这之前，有上谷盗贼首领王须拔自称漫天王，拥有徒众数万，进入幽州劫掠，中流箭身亡。他的副将魏刀儿代他统领徒众，自称历山飞，进据深泽县，有兵士十万。建德同他讲和，于是刀儿放松防备，建德击破他，又兼并他的所有土地。

二年，宇文化及在魏县僭越称帝，建德对自己的纳言宋正本、内史侍郎孔德绍说:"我当隋朝的百姓已经数十年了,隋作我的君主已经两代了。现在化及杀死隋帝,大逆不道,这是我的仇敌,请和诸位一起讨伐他,怎么样?"德绍说:"当今海内没有君主,英雄相互竞争,大王以平民的身份兴起于漳水之滨,隋朝的郡县官吏之所以都争相归附,是因为大王坚持顺理而行,用仁义安定天下。宇文化及与天子联姻,父子兄弟都蒙受隋朝的恩惠,身处于不被怀疑的地位,而干弑君谋逆的勾当,篡隋自代,是危害天下的坏人。这样的人不诛杀,要盟主做什么!"建德说他的意见很好。当天就领兵讨伐化及,连续作战都大破敌军。化及守聊城,建德派出撞车抛射石块,打击敌人,装置灵巧绝妙,四面攻城,打下了它。建德入城,先晋见隋朝萧皇后,同她谈话自称臣。全部收捕弑杀炀帝的主谋宇文智及、杨士览、元武达、许弘仁、孟景等,召集隋朝文武官吏,当着他们的面将这些人处斩,首级挂在营门外示众。化及和他的两个儿子都装进囚车,到大陆县处斩。

建德每次平定城池攻破敌阵,所得资财,都分赏给手下的将领,自己一无所取。又不吃肉,平常的食品只有蔬菜、糙米饭,他的妻子曹氏不穿用细绢和有花纹的丝织品做成的衣服,使用的奴婢、侍妾才十几人。到这时候,得到的宫女以千计算,都有姿色,立时释放。得到的隋朝文武官员及骁勇敢死之士将近一万,也全释放,随他们愿意上那儿都可以。又让隋黄门侍郎裴矩任尚书左仆射,兵部侍郎崔君肃任侍中,少府令何稠任工部尚书,其余也随才授职,委以政事。有想到关中及东都去的也听便,还供给他们衣服、粮食,派士兵帮助他们,送他们出自己的国境。攻陷洺州,俘获刺史袁子干。迁都到洺州,称万春宫。派使者往灌津,到窦青的墓上祭祀,为他设置了二十户守墓的人家。又同王世充建立友好关系,派使者到洛阳朝见隋朝越王杨侗。后来王世充废掉杨侗，自立为帝，才同他断绝关系。开始自尊自大，立天子旌旗，像天子那样出入称警跸，发布文书称诏。为隋炀帝追定谥号为闵帝，封齐王杨暕的儿子政道为郧公。但仍依靠突厥。隋朝义城公主早先嫁到突厥，到这时候派使者来迎接萧皇后，建德带领一千多名骑兵送她入突厥，又递送化及的首级献给公主。这以后与突厥联合，兵势更盛。

九月，南侵相州，唐河北大使淮安王李神通不能抵御，逃到黎阳。相州沦陷，杀死刺史吕珉。又进攻卫州，打下黎阳，唐左武卫大将军李世勣、皇妹同安长公主及神通都被俘获。滑州刺史王轨被他的奴仆杀死，这个奴仆携带王轨的头投奔建德，建德说："奴仆杀死主人是大逆不道，我怎么可以接纳这样的人呢？"命令立刻杀掉这个奴仆，而把王轨的头送回滑州。滑州的官吏百姓感激他，当天就投降。齐、济二州及兖州的盗贼首领徐圆朗都闻风降附。建德释放李世勣，派他领兵镇守黎州。

三年正月，李世勣丢下他的父亲逃回唐朝，负责执法的官吏要求杀世勣的父亲，建德说："世勣原是唐朝的臣子，被我俘获，不忘自己的主人，逃回本朝，这是忠臣，他的父亲有什么罪呢！"竟然不杀世勣的父亲。安排同安长公主和神通住在客馆里，以客礼相待。唐高祖派使者来同建德和好、联合，建德就送公主和使者一起回唐。曾攻破赵州，捉住刺史张昂、荆州刺史陈君宾、大使张道源等，由于他们侵突建德的辖境，建德准备杀掉他们。建德的国子祭酒凌敬进言说："狗对不是自己的主人的人总要吠叫，现在邻居们坚持防守，力尽就擒，这些人都很忠诚、刚强。如果残酷地加以杀害，用什么来劝励大王的臣子呢？"建德非常生气地说："我到城下，他们仍坚持错误不投降，使我的军队吃苦受累，这罪怎么可以赦免？"凌敬又说："现在大王如果派大将军高士兴在易水抵抗罗艺，敌兵刚到，士兴就投降，大王的意思以为可不可以呢？"于是，建德醒悟，便下令释放他们。他的宽厚和听谏，多类似这样。

又派士兴前去围攻幽州，没有能攻下，退兵到笼火城，被罗艺袭击，士兴的军队奔逃溃散。在这之前，建德的大将王伏宝勇猛多谋，功劳的同辈之上，许多将领嫉妒他。有人告他造反，建德要杀他，伏宝说："我没有罪，大王为什么听信谗言，自己砍去左右手呢？"建德既杀了伏宝，以后作战多失利。

九月，建德亲自领兵包围幽州，罗艺出兵与建德作战，大破建德的军队，斩首级一千二百。罗艺的军队屡战屡胜，骄傲轻敌，进袭建德的营地。建德在营中列阵，填掉部分营外的壕沟，领兵冲出，回击罗艺，打败了他。建德逼近幽州城，未能攻下它，于是回到洺州。建德的纳言宋正本好直言进谏，建德又听信谗言杀了他。这以后人们以此为戒，不再进言，从此政治教化更显衰落。

起初，曹州济阴人孟海公拥有精兵三万，占据周桥城，以它为据点劫掠黄河以南之地。这一年十一月，建德亲自率兵渡过黄河攻打海公。当时秦王在洛阳攻打王世充，建德的中书舍人刘斌劝建德说："现在唐占有关内，郑占有河南，夏居于河北，这是三方鼎足相持的形势。听说唐军出动全部人马攻打郑国，前后两年，郑国的势力日减而唐军仍不解除对它的围困。唐强郑弱，那趋势必定会击破郑国，郑被击破，那么夏就会有唇亡齿寒的忧患。为大王考虑，不如援救郑国，郑在内部抵抗，夏从外面进攻，击破唐军是必然的。如果逼唐退兵，保全郑国，这就可以长久地保持天下三分的形势了。如果唐军被击破后而郑可谋取，那就接着灭掉它，再统领两国的军队，利用唐军的失败，长驱西入，京师就可以得到，这是使天下太平的基础。"建德非常高兴地说:"这是好计策啊!"刚巧遇上世充派使者来向建德求救兵,便派他的职方侍郎魏处绘入唐,要求解除对世充的围困。

四年二月,建德攻克周桥,俘获海公,留下他的将领范愿守曹州,全部征集海公及徐圆朗的军队来救世充。军队到滑州,世充的行台仆射韩洪打开城门接纳他们进城,于是进逼元州、梁州、管州,全攻下它们,屯兵于荥阳。三月,秦王入虎牢关,进逼建德的营垒,多所杀伤,并抓获建德的将领殷秋、石瓒。当时世充的弟弟世辨任徐州行台,派他的将领郭士衡领兵数千人跟随建德,两方的军队合起来共有十余万,号称三十万,驻扎在成皋,又在板渚筑宫室,借以表示一定要同唐决战。又派使者约世充相互呼应、配合。经过两个月,因被虎牢关阻迫,不能前进。秦王派将军王君廓率领轻骑兵千余名走近路袭击建德的运粮队伍,捉住他的大将张青特,其他俘获也很不少。

建德屡次失利,人们的情绪惊惧不安,将帅以下新破孟海公,都各自掠夺到一些东西,想回洺州。凌敬向建德进言说:"我们应当全军渡过黄河,攻取怀州河阳县,派重要将领镇守。然后再率领部队,击鼓立旗,越过太行,进入上党,先树立声威,挫折敌方士气,然后进军,无须作战,传递檄文即可使所到之地平定。进而逐渐趋向壶口,惊动蒲津,取得河东之地,这是上策。依此而行必定有三大好处:一是进入无人之境,军队不会受到任何伤害;二是可以扩展领土,得到士兵;三是对郑的围困能自动解除。"建德准备听从凌敬的建议,而世充的使者长孙安世暗中送黄金宝玉引诱建德的将领,让他们扰乱建德的谋划。将领们都进谏说:"凌敬不过是个书生,怎么可以同他讨论作战的事呢?"建德听从他们的意见,下朝后谢绝凌敬说:"现在大家的意志坚决,这是上天助我。因此决战,必将大胜。已依从众人的议论,不能听你的话了。"凌敬坚决争辩,建德发怒,命令手下人将他扶出。建德的妻子曹氏又对建德说:"祭酒的话可以听从,大王为什么不采纳呢?请由滏口的道路进兵,趁唐国在那儿空虚无备,军营相连逐渐推进,以夺取山北之地,又利用突厥的军队向西抄掠关中,唐朝必定回师自救,这样对郑的围困也就解除了。现在驻军于虎牢关下,时间很长,只是自己苦自己,恐怕不会有什么功效。"建德说:"这不是女人所能知道的事。而且郑国性命不保,朝朝暮暮等待我们来,我们既已答应援救,怎么可以见难而退,向天下人表明我们不讲信用呢?"于是全军出动进逼虎牢,官军按兵不动,挫折了建德的锐气。

等到建德在汜水列阵,于是秦王派骑兵挑战,建德进兵攻打唐军,窦抗领兵抵挡他。建德略往后退,秦王率骑兵深入敌阵,反复交战四五次,然后大破建德的军队。建德中枪,逃窜到牛口渚,车骑将军白士让、杨武威活捉了他。在这之前,军中有童谣说:"豆入牛口,势力不能长久。"建德走到牛口渚,很厌恶这个名称,果然败于这个地方。

建德所率领的部队,一时间奔逃溃散,他的妻子曹氏和左仆射齐善行带领数百名骑兵逃回洺州。建德的余党想立建德的养子做君主,善行说:"夏王平定河北,兵马精强,顷刻间被擒就像这样,难道不是天命已有所归属了吗?不如倾心于唐,请求保全生命,不要使百姓再受苦受难。"于是把仓库里的财物全分给士兵,让他们各自散去。善行就同建德的右仆射裴矩、行台曹旦及建德的妻子,率领伪夏国官员献上山东的土地及夏皇帝的传国玺等八个印章投降唐朝。七月,秦王带着被俘的建德到京师,在长安的市场上将他处斩,当时他四十九岁。建德从起兵到灭亡,共六年。河北全部平定。这一年,刘黑闼又窃据山东反叛朝廷。

旧唐书卷六十七

列传第十七

李 勣

李勣，曹州离狐人也。隋末，徙居滑州之卫南。本姓徐氏，名世勣，永徽中，以犯太宗讳，单名勣焉。家多僮仆，积粟数千钟，与其父盖皆好惠施，拯济贫乏，不问亲疏。

大业末，韦城人翟让聚众为盗，勣往从之，时年十七，谓让曰："今此土地是公及勣乡壤，人多相识，不宜自相侵掠。且宋、郑两郡，地管御河，商旅往还，船乘不绝，就彼邀截，足以自相资助。"让然之，于是劫公私船取物，兵众大振。隋遣齐郡通守张须陀率师二万讨之，勣与频战，竟斩须陀于阵。

初，李密亡命在雍丘，浚仪人王伯当匿于野，伯当共勣说翟让奉密为主。隋令王世充讨密，勣以奇计败世充于洛水之上，密拜勣为东海郡公。时河南、山东大水，死者将半，隋帝令饥人就食黎阳，开仓赈给。时政教已紊，仓司不时赈给，死者日数万人。勣言于密曰："天下大乱，本是为饥，今若得黎阳一仓，大事济矣。"密乃遣勣领麾下五千人自原武济河掩袭，即日克之，开仓恣食，一旬之间，胜兵二十万余。经岁余，宇文化及于江都弑逆，拥兵北上，直指东郡。时越王侗即位于东京，赦密之罪，拜为太尉，封魏国公，授勣右武候大将军，命讨化及。密遣勣守仓城，勣于城外掘深沟以固守；化及设攻具，四面攻仓，阻堑不得至城下，勣于堑中为地道出兵击之，大败而去。

武德二年，密为王世充所破，拥众归朝。其旧境东至于海，南至于江，西至汝州，北至魏郡，勣并据之，未有所属，谓长史郭孝恪曰："魏公既归大唐，今此人众土地，魏公所有也。吾若上表献之，即是利主之败，自为己功，以邀富贵，吾所耻也。今宜具录州县名数及军人户口，总启魏公，听公自献，此则魏公之功也。"乃遣使启密。使人初至，高祖闻其无表，惟有启与密，甚怪之。使者以勣意闻奏，高祖大喜曰："徐世勣感德推功，实纯臣也。"诏授黎阳总管、上柱国、莱国公。寻加右武候大将军，改封曹国公，赐姓李氏，赐良田五十顷，甲第一区。封其父盖为济阴王，盖固辞王爵，乃封舒国公，授散骑常侍、陵州刺史。令勣总统河南、山东之兵以拒王世充。及李密反叛伏诛，高祖以勣旧经事密，遣使报其反状。勣表请收葬，诏许之。勣服衰绖，与旧僚吏将士葬密于黎山之南，坟高七仞，释服而散，朝野义之。

寻而窦建德擒化及于魏县，复进军攻勣，力屈降之。建德收其父，从军为质，令勣复守黎阳。三年，自拔归京师。四年，从太宗伐王世充于东都，累战大捷。又东略地至武牢，伪郑州司兵沈悦请翻武牢。勣夜潜兵应接，克之，擒其伪刺史荆王行本。又从太宗平窦建德，降王世充，振旅而还。论功行赏，太宗为上将，勣为下将，与太宗俱服金甲，乘戎辂，告捷于太庙。其父自洺州与裴矩入朝，高祖见之大喜，复其官爵。勣又从太宗破刘黑阆、徐圆朗，累迁左监门大将军。圆朗重据兖州反，授勣河南大总管以讨之，寻获圆朗，斩首以献，兖州平。

七年，诏与赵郡王孝恭讨辅公祏，孝恭领舟师巡江而下，勣领步卒一万渡淮，拔其寿阳，至硖石。公祏之将陈正通率兵十万屯于梁山，又遣其大将冯惠亮帅水军十万，锁连大舰以断江路，仍于江西结垒，分守水陆，以御王师。勣攻其垒，寻克之。惠亮单舸而遁。勣乘胜逼，正通大溃，以十余骑奔于丹阳。公祏弃城夜遁，勣纵骑追斩之于武康，江南悉定。

八年，突厥寇并州，命勣为行军总管，击之于太谷，走之。太宗即位，拜并州都督，赐实封九百户。贞观三年，为通汉道行军总管，至云中，与突厥颉利可汗兵会，大战于白道。突厥败，屯营于碛口，遣使请和。诏鸿胪卿唐俭往赦之。勣时与定襄道大总管李靖军会，相与议曰："颉利虽败，人众尚多，若走渡碛，保于九姓，道遥阻深，追则难及。今诏使唐俭至彼，其必弛备，我等随后袭之，此不战而平贼矣。"靖扼腕喜曰："公之此言，乃韩信灭田横之策也。"于是定计。靖将兵逼夜而发，勣勒兵继进。靖军既至，贼营大溃，颉利与万余人欲走渡碛。勣屯军于碛口，颉利至，不得渡碛，其大酋长率其部落并降于勣，虏五万余口而还。

时高宗为晋王，遥领并州大都督，授勣光禄大夫，行并州大都督府长史。父忧解，寻起复旧职。十一年，改封英国公，代袭蕲州刺史，时并不就国，复以本官遥领太子左卫率。勣在并州凡十六年，令行禁止，号为称职。太宗谓侍臣曰："隋炀帝不能精选贤良，安抚边境，惟解筑长城以备突厥，情识之惑，一至于此。朕今委任李世勣于并州，遂使突厥畏威遁走，塞垣安静，岂不胜远筑长城耶？"

十五年，征拜兵部尚书，未赴京，会薛延陀遣其子大度设帅骑八万南侵李思摩部落。命勣为朔州行军总管，率轻骑三千追及延陀于青山，击大破之，斩其名王一人，俘获首领，虏五万余计，以功封一子为县公。勣时遇暴疾，验方云须灰可以疗之，太宗乃自翦须，为其和药。勣顿首见血，泣以恳谢，帝曰："吾为祖稷计耳，不烦深谢。"

十七年，高宗为皇太子，转勣太子詹事兼左卫率，加位特进，同中书门下三品。太宗谓曰："我儿新登储贰，卿旧长史，今以宫事相委，故有此授。虽屈阶资，可勿怪也。"太宗又尝闻宴，顾勣曰："朕将属以幼孤，思之无越卿者，公往不遗于李密，今岂负于朕哉！"勣雪涕致辞，因噬指流血。俄而沉醉，乃解御服复之，其见委信如此。

十八年，太宗将亲征高丽，授勣辽东道行军大总管，攻破盖牟、辽东、白崖等数城，又从太宗摧殄驻跸阵，以功封一子为郡公。二十年，延陀部落扰乱，诏勣将二百骑便发突厥兵讨击。至乌德鞬山，大战，破之。其大首领梯真达官率众来降，其可汗咄摩支南窜于荒谷遣通事舍人萧嗣业招慰部领，送于京师，碛北悉定。

二十二年，转太常卿，仍同中书门下三品；旬日，复除太子詹事。二十三年，太宗寝疾，谓高宗曰："汝于李勣无恩，我今将责出之。我死后，汝当授以仆射，即荷汝恩，必致其死力。"乃出为叠州都督。高宗即位，其月，召拜洛州刺史，寻加开府仪同三司，令同中书门下，参掌机密。是岁，册拜尚书左仆射。永徽元年，抗表求解仆射，仍令以开府仪同三司依旧知政事。四年，册拜司空。初，贞观中，太宗以勋庸特著，尝图其形于凌烟阁，至是，帝又命写形焉，仍亲为之序。显庆三年，从幸东都，在路遇疾，帝亲临问。麟德初，东封泰山，诏勣为封禅大使，乃从驾。次滑州，其姊早寡，居勣旧间，皇后亲自临问，赐以衣服，仍封为东平郡君。勣又坠马伤足，上亲降问，以所乘赐之。

乾封元年，高丽莫离支男生为其弟男建所逐，保于国内城，遣子献诚诣阙乞师。总章元年，命勣为辽东道行军总管，率兵二万略地至鸭绿水。贼遣其弟来拒战，勣纵兵击败之，追奔二百里，至于平壤城。男建闭门不敢出。贼中诸城骇惧，多拔人众遁走，降款者相继。勣又引兵围平壤，辽东道副大总管刘仁轨、郝处俊、将军薛仁贵并会于平壤，掎角围之。经月余，克其城，虏其王高藏及男建、男产，裂其诸城，并为州县，振旅而旅。令勣便道以高藏及男建献于昭陵，礼毕，备军容入京城，献太庙。

二年，加太子太师，增食实封通前一千一百户。其年寝疾，诏以勣弟晋州刺史弼为司卫正卿，使得视疾。寻薨，年七十六。帝为之举哀，辍朝七日，赠太尉、扬州大都督，谥曰贞武，给东园秘器，陪葬昭陵，令司平太常伯杨昉摄同文正卿监护。及葬日，帝幸未央古城，登楼临送，望柳车恸哭，并为设祭。皇太子亦从驾临送，哀恸悲感左右。诏百官送至故城西北，所筑坟一准卫、霍故事，象阴山、铁山及乌德鞬山，以旌破突厥、薛延陀之功。光宅元年，诏勣配享高宗庙庭。

勣前后战胜所得金帛，皆散之于将士。初得黎阳仓，就食者数十万人。魏徵、高季辅、杜正伦、郭孝恪皆客游其所，一见于众人中，即加礼敬，引之卧内，谈谑忘倦，及平武牢，获伪郑州长史戴胄，知其行能，寻释放，竟推荐，咸至显达，当时称其有知人之鉴。又，初平王世充，获其故人单雄信，依例处死，勣表称其武艺绝伦，若收之于合死之中，必大感恩，堪为国家尽命，请以官爵赎之。高祖不许。临将就戮，勣对之号恸，割股肉以啖之，曰："生死永诀，此肉同归于土矣。"仍收养其子。每行军用师，颇任筹算，监敌应变，动合事机。与人图计，识其臧否，闻其片善，扼腕而从，事捷之日，多推功于下，以是人皆为用，所向多克捷。洎勣之死，闻者莫不凄怆。

与弟弼特存友爱，闺门之内，肃若严君。自遇疾，高宗及皇太子送药，即取服之；家中召医巫，皆不许入门。子弟固以药进，勣谓曰："我山东一田夫耳，攀附明主，滥居富贵，位极三台，年将八十，岂非命乎？修短必是有期，宁容浪就医人求活！"竟拒而不进。忽谓弼曰："我似得小差，可置酒以申宴乐。"于是堂上奏女妓，檐下列子孙。宴罢，谓弼曰："我自量必死，欲与汝一别耳。恐汝悲哭，诳言似差可，未须啼泣，听我约束。我见房玄龄、杜如晦、高季辅辛苦作得门户，亦望垂裕后昆，并遭痴儿破家荡尽。我有如许豚犬，将以付汝，汝可防察，有操行不伦、交游非类，急即打杀，然后奏知。又见人多埋金玉，亦不须尔。惟以布装露车，载我棺柩，棺中敛以常服，惟加朝服一副，死倘有知，望著此奉见先帝。明器惟作马五六匹，下帐用幔皂为顶，白纱为裙，其中著十个木人，示依古礼刍灵之义，此外一物不用。姬媵已下，有儿女而愿住自养者听之，余并放出。事毕，汝即移入我堂，抚恤小弱。违我言者，同于戮尸。"此后略不复语，弼等遵行遗言。

勣少弟感，幼有志操。李密之败也，陷于王世充，世充逼令以书召勣，感曰："家兄立身，不亏名节，今已事主，君臣分定，决不以感造次改图。"卒不肯，世充怒，遂害焉，时年十五。

勣长子震，显庆初官至梓州刺史，先勣卒。

译文：

李勣，曹州离狐人。隋朝末年，移居滑州卫南县。本姓徐，名世勣，永徽年间，因触犯太宗的名讳，改用单名勣。家多奴仆，积粮数十万斗，同他的父亲徐盖都好施恩惠，救济贫苦的人，不问关系亲疏。

大业末年，韦城人翟让聚众强盗，李勣去跟随他，当时才十七岁，对翟让说："眼前这片土地是您和我的家乡，人多相识，不应当自相侵夺。宋、郑两郡，辖区中有御河，商旅往来，船车不绝，到那儿拦截财物，足可以自己供给自己。"翟让认为他的话对。于是拦劫公私船只夺取财物，兵马非常兴旺。隋朝派齐郡通守张须陀率兵二万讨伐，李勣与他多次交战，竟然在阵上杀死须陀。

起初，李密逃亡到雍丘，浚仪人王伯当藏匿于民间，伯当同李勣一起劝尽翟让拥戴李密为首领。隋朝命令王世充讨伐李密，李勣设奇计在洛水上击败王世充，于是李密拜李勣为东海郡公。当时河南、山东发生大水灾，死的人将近一半，隋朝皇帝命令饥民到黎阳仓去，官府将开仓救济，就地供应食粮。当时隋朝的政治教化已经紊乱，主管仓库的官吏不按时开仓赈济，饿死的人每天有数万。李勣对李密说："天下大乱，本是因为饥饿，现在如果得到黎阳一仓，大事便成功了。"于是，李密派李勣率领他所指挥的五千名士兵渡过黄河突袭黎阳仓，当天就攻下了它，开仓听任饥民取粮，十天之间，募到优秀的士兵二十万多。一年多后，宇文化及在江都弑君，聚集军队北上，直指东郡。当时越王杨侗在东京即帝位，赦免李密的罪过，拜为太尉，封魏国公，授给李勣右武候大将军的官职，命令他们讨伐化及。李密派李勣守仓城，李勣在城外挖深沟固守；化及置办攻城器具，四面攻仓，由于被壕沟所阻不能到达城下，李勣在壕沟中挖地道从那里出兵偷袭敌军，化及大败而去。

武德二年，李密被王世充击败，收聚余众归附唐朝。李密原先的辖区，东到海，南到长江，西到汝州，北到魏郡，都由李勣控制，还无所归属，他对长史郭孝恪说："魏公已经归附大唐，现在这些人民土地，本属魏公所有，我如果上表把它们献给大唐，就是借主人的失败得利，自己制造功劳，以邀求富贵，这是我以为羞耻的。现在应当一一记录州县的名称数量及军民的户口，一并报告魏公，让他自己献给朝廷，这样就是魏公自己的功劳了。"于是派使者报告李密。使者初到京师，高祖听说李勣没有奏表，只有书信给李密，非常奇怪。使者把李勣的想法告诉天子，高祖十分高兴地说："徐世勣感怀主人的恩德、推辞功劳，确实是一个纯笃忠厚的臣子。"下诏封他为黎阳总管、上柱国、莱国公。接着加授右武候大将军，改封曹国公，赐姓李氏，赐给良田五十顷，上等宅第一所。封他的父亲李盖为济阴王，李盖坚决辞地去王爵，于是改封舒国公，授散骑常侍、陵州刺史。命令李勣统领河南、山东的军队抵抗王世充。等到李密反叛朝廷被杀，高祖认为李勣从前曾经侍奉李密，派使者向他通报李密造反的情况。李勣上表要求收葬李密，天子下诏同意。他披麻戴孝，同李密原先的僚属将士一起将李密葬在黎山的南边，坟高五丈，等除丧后才散去，朝廷民间都认为李勣讲义气。

接着窦建德在魏县捉住宇文化及，又进后攻打李勣，李勣力尽被俘投降了建德。建德带走他的父亲，放在军中充作人质，命令李勣继续镇守黎阳。武德三年，李勣自己脱身回到长安。四年，随从太宗在东都讨伐王世充，屡次作战都取得大胜利。又往东夺取土地到了虎牢关，伪郑州司兵沈悦请求献虎牢关反正，李勋夜晚埋伏军队接应，攻下了虎牢，抓获关中的伪郑州刺史荆王王行本。又跟随太宗平定窦建德，降伏王世充，整顿部队而后还朝。论功行赏，太宗为上将，李勋为下将，与太宗一起披金甲，乘兵车，到太庙报捷。李勋的父亲自洺州和裴矩一起入朝，高祖见到后十分高兴，恢复他的官爵。李勋又随从太宗破刘黑闼、徐圆郎，连续升迁为左监门大将军。圆朗又占据兖州造反，朝廷任命李勋为河南大总管领兵讨伐，接着俘获圆朗，砍下他的首级献给朝廷，于是兖州平定。

七年，天子命令他与赵郡王孝恭一起讨伐辅公祏，孝恭率领水军沿长江而下，李勋率领步兵一万渡过淮水，攻下敌人占据的寿阳城，到了硖石。公祏的将领陈正通率兵十万屯驻梁山，公祏又派他的大将冯惠亮带领水军十万，用铁链把大战船连接起来，截断了长江的航道，还在长江西岸筑垒，分守水陆两路，以抗御官军。李勋攻击敌军在长江西岸的营垒，打下了它。惠亮独自乘坐一只轻便的小船逃跑。李勋乘胜进逼，正通的部队奔逃离散，正通带领十多名骑兵逃往丹阳。公祏连夜弃城逃跑，李勋纵马追击，在武康砍死了他，于是江南全部平定。

八年，突厥侵犯并州，任命李勋为行军总管，在太谷攻击敌人，赶跑了他们。太宗即位，拜并州都督，赐给封邑九百户。贞观三年，任通汉道行军总管，到云中，与突厥颉利可汗的军队相遇，大战于白道。突厥打败，在沙漠通道的入口处扎营，派使者要求讲和。天子命令鸿胪卿唐俭前去赦免突厥的罪过。李勋当时与定襄道大总管李靖的军队会合，他同李靖商议说："颉利虽然打败，人马尚多，如果他们越过沙漠，归依九姓铁勒，那么道路遥远艰险，我们就很难追上他们了。现在天子下令派使臣唐俭到突厥那里，突厥必定放松戒备，我们这些人随后袭击，这就可以不战而平定贼寇了。"李靖握住自己的手腕高兴地说："您的这些话，就是韩信消灭田横的策略。"于是，两人定下计策。李靖领兵连夜出发，李勣统率部队随后前进。李靖的军队开到后，贼寇便奔逃离散，颉利与一万多人相越过沙漠。李勣屯兵于沙漠通道，颉利兵到，无法越过沙漠，他的大酋长都率领自己的部落投降李勣，俘获五万多人而回。

当时高宗晋王，遥领并州大都督，拜李勣光禄大夫，行并州大都督府长史。因父丧离职，接着服丧未满，又起用担任原来的职务。十一年，改封英国公，世袭蕲州刺史，当时世袭刺史都不到州郡就任。又以并州长史遥领太子左卫率。李勣在并州共十六年，令行禁止，可谓称职。太宗对随侍左右的人说："隋炀帝不能精选贤良之才，安抚边境，只知道靠筑长城来防备突厥，认识的糊涂，竟然到了这样。朕现在委任李勣守并州，于是使突厥害怕他的声威而逃走，边塞安静，这岂不是远胜过筑长城吗？"

十五年，被征调入朝任兵部尚书，尚未启程赴京，正遇上薛延陀可汗派他的儿子大度设率领骑兵十万南侵李思摩部落。天子任命李勣为朔州行军总管，率领轻骑兵三千在青山追上薛延陀的骑兵，进攻并大破敌军，杀死薛延陀有名的王一人，俘获它的首领，以及敌兵五万多，因立功李勣的一个儿子被封为县公。李勣当时得急病，验方说可用胡须烧成的灰治疗，于是太宗自己剪掉胡子，为他和药。李勣叩头见血，哭泣流泪，诚恳地向天子表示感谢。皇帝说："我这是为国家考虑，不必麻烦你深谢。"

十七年，高宗当皇太子，改封李勣为太子詹事兼左卫率，加授特进、同中书门下三品。太宗对他说："我的儿子刚当上太子，卿原是他手下的长史，现在把东官的事情托付给卿，所以有这项任命。虽然以卿的阶位、声望，这项任命使卿受屈，但不要相怪。"太宗又曾在闲暇时设宴,看着参加宴会的李勣说:"朕将把年幼的太子托付给大臣,想起来没有比卿更合适的人。你过去不遗弃李密,现在岂会有负于朕呢!"李勣拭泪立誓,于是咬破自己的手指,鲜血直流。一会儿大醉,太宗脱下自己的衣服给他盖上,李勣受太宗付托、信赖就像这样。

十八年,太宗准备亲自征讨高丽,任命李勣为辽东道行军大总管,率军攻破盖牟、辽东、白崖等数城,又随从太宗摧毁了驻跸山的敌军营阵,因有功他的一个儿子被封为郡公。二十年,薛延陀部落发生内乱,天子命令李勣带领二百名骑兵并乘便征集突厥的军队前往讨伐。到乌德鞬山,与敌大战,击败他们。薛延陀大首领梯真达官率部投降,薛延陀可汗咄摩支往南逃入荒谷,派通事舍人萧嗣业去招抚他的部属,送往京师,于是漠北全部平定。

二十二年,转任太常卿,依旧同中书门下三品;过了十天,又拜太子詹事。二十三年,太宗卧病,对高宗说:"你对于李勣没什么恩惠,我现在准备把他贬为外官。我死后,你应当授给他仆射的职务,这样,他就蒙受了你的恩惠,必定要为你尽死力。"于是让李勣出任叠州都督。高宗即位,当月,征召他入朝,拜洛州刺史,接着加授开府仪同三司,又命他任同中书门下三品,参与执掌机要事务。这一年,又拜尚书左仆射。永徽元年,上表请求免除自己的仆射职务,天子命他以开府仪同三司的身份依旧执掌政事。四年,拜司空。起初,贞观年间,太宗因为他功勋卓著,曾在凌烟阁上为他画像,到这时候,皇帝又命令把他的像画在凌烟阁上,还亲自为画像作序。显庆三年,随从天子到东都,在路上得病,皇帝亲自慰问。麟德初年,东封泰山,天子命令李勣为封禅大使,于是随从车驾东行,途中在滑州停留,李勣的姊姊很早守寡,住在李勣的旧屋里,皇后亲临她的住所慰问,还封她为东平郡君。李勣又坠马伤脚,皇上亲自下问,把自己乘坐的马赐给他。

乾封元年,高丽莫离支男生被他的弟弟男建驱逐,依附于国内城,派儿子献诚入朝求派援兵。总章元年,任命李勣为辽东道行军总管,率兵两万夺取土地一直到了鸭绿水。男建派他的弟弟前来抵抗,李勣发兵击败他,追击逃敌走了二百里,抵达平壤城。男建关闭城门不敢出战,敌寇的各座城座堡都惊恐不安,不少人自城中脱身逃走,来投降的人连续不断。他又领兵包围平壤,辽东道副大总管刘仁轨、郝处俊、将军薛仁贵也都到平壤城下会合,分道围攻平壤。经一个多月,攻克了这座城,俘获高丽王高藏及男建、男产,分割高丽各城,全立为唐的州县,整顿部队而后还朝。天子命令李勣顺路把高藏及男建献到昭陵,在那里献俘的礼仪完成后,整顿军容使其完备而后进入京城,到太庙献俘。

二年,加拜太子太师,增赐封邑,包括从前已有的共一千一百户。这一年李勣卧病,天子任命他的弟弟晋州刺史李弼为司卫正卿,使他得以在长安照看哥哥的病。接着去世,享年七十六。皇帝为他哀悼哭祭,停止办公七天,赠给太尉、扬州大都督,定谥号为贞武,供给棺木,让他葬在昭陵附近,命令司平太常伯杨寯协助同文正卿督办丧事。到下葬的日子,皇帝到未央古城,登楼给他送葬,望着灵车痛哭,并为他安排祭奠。皇太子也随从皇帝给李勣送葬,他悲痛到极点,使在旁侍候的人为之感动。命令百官送到旧城西北,所起的坟都依照卫青、霍去病的旧事,仿象阴山、铁山及乌德鞬山,以表彰他击破突厥、薛延陀的功劳。光宅元年,天子下诏让李勣在高宗庙陪从受祭。

李勣前后打胜仗所得的黄金、丝织品,都分给将士。刚得到黎阳仓的时候,到那里要粮吃的有数十万人。魏徵、高季辅、杜正伦、郭孝恪都来黎阳作客，李勣在群众中一发现他们，就以礼相待，表示敬意，常领他们到房内，谈笑忘倦，等到平定虎牢关，抓获伪郑州长史戴胄，知道他的品行、才能，很快就予以释放，这些人全得到了的推荐，都做到了高官，当时的人称赞他有知人之明。又，刚平定王世充的时候，抓到了李勣的老朋友单雄信，依例被处死刑，李勣上表说雄信武艺绝伦，如果让他从应处死刑的人中摆脱出来，一定感恩戴德，为国家效死力，请求用自己的官爵赎雄信的罪。高祖不允许。临受刑的时候，李勣对着雄信痛哭，割下自己的大腿肉让他吃，说："生死永别，我这肉和你一起入土。"于是收养雄信的儿子。李勣每次指挥作战，很会筹划，临敌应变，往往不失时机。与别人一起商量计策，善于辨别它的好坏，听到别人有一点好意见，就自己握住自己的手腕，兴奋地接受，战斗取得胜利的时候，多把功劳让给部下，因此人们都愿为他效力，军队所到之处，多能获胜。李勣逝世的时候，听到消息的人无不悲伤。

李勣同弟弟李弼非常友爱，在家门之内，他严肃犹如父亲。自从得病以后，高宗及皇太子送药，他就拿来服用；家里人请医生、巫师，他都不许入门。后辈坚决给他送药吃，李勣对他们说："我不过是山东的一个农夫，依附英明的君主，得到了不当得到的富贵，地位达到了三公的顶点，年龄将近八十，这难道不是命运的安排吗？寿命的长短必有固定的期限，岂能随意到医生那里求活命？"竟拒不服药。有一天，忽然对李弼说："我的病好像好一些了，可设宴娱乐一下。"于是堂上女乐工奏乐，檐下罗列子孙。宴会结束，对李弼说："我自己估计必死无疑，想借此同你诀别罢了。怕你悲伤哭泣，骗你说病好像好一些了，现在不要啼哭，听我立下规矩。我看房玄龄、杜如晦、高季辅都辛辛苦苦建成家业，也希望把他们传留给后代子孙，结果全被愚蠢的儿子败尽。我有这些犬子，要托付给你，你应该加以防备和督察，有操行不端、交结邪人的，立即打死，然后报我知道。又见人死后多埋黄金、宝玉，也不须如此。只用没有帷盖的上面覆盖着白布的车，载我的棺木，棺中殓尸用平时穿的衣服，只再加上朝服一套，死后如果有知觉，希望穿上它去拜见先帝。随葬的器物只须制作五六匹马，地宫里施用的帷帐，顶用黑布，四周用白纱，帐中放十个木偶，表示遵循古礼的用草人草马殉葬之义，此外一物不用。姬妾以下，有子女愿意留下自己的养育的听便，其余的全部放她们离开。丧事办完后，你就搬到我家里居住，抚养、帮助幼子弱女。如果违背我的话，就如同戮我的尸一般。"这以后就什么话也不再说了，李弼等遵行他的遗言。

李勣最小的弟弟李感，自幼就有志向、操守。李密失败的时候，被王世充抓获，世充逼迫他写信招呼李勣投奔世充。李感说："家兄立身行事，决不让自己的名誉、气节受到损害。他现在已侍奉唐天子，君臣的名分已定，决不会由于我的缘故而轻易改变计划。"终不肯写信，世充很生气，于是将他杀害，死时才十五岁。

李勣的长子李震，显庆初年做到了梓州刺史的官，先于李去世。

旧唐书卷六十八

列传第十八

秦叔宝

秦叔宝名琼，齐州历城人。大业中，为隋将来护儿帐内。叔宝丧母，护儿遣使吊之，军吏怪曰："士卒死亡及遭丧者多矣，将军未尝降问，独吊叔宝何也？"答曰："此人勇悍，加有志节，必当自取富贵，岂得以卑贱处之。"

隋末群盗起，从通守张须陀击贼帅卢明月于下邳。贼众十余万，须陀所统才万人，力势不敌，去贼六七里立栅，相持十余日，粮尽将退，谓诸将士曰："贼见兵却，必轻来追我。其众既出，营内即虚，若以千人袭营，可有大利。此诚危险，谁能去者？"人皆莫对，唯叔宝与罗士信请行。于是须陀委栅遁，使二人分领千兵伏于芦苇间。既而明月果悉兵追之，叔宝与士信驰至其栅，栅门闭不得入，二人超升其楼，拔贼旗帜，各杀数人，营中大乱。叔宝、士信又斩关以纳外兵，因纵火焚其三十余栅，烟焰涨天。明月奔还，须陀又回军奋击，大破贼众。明月以数百骑遁去，余皆虏之。由是勇气闻于远近。

又击孙宣雅于海曲，先登破之。以前后累勋授建节尉。从须陀进击李密于荥阳，军败，须陀死之，叔宝以余众附裴仁基。会仁基以武牢降于李密，密得叔宝大喜，以为帐内骠骑，待之甚厚。密与化及大战于黎阳童山，为流矢所中，堕马闷绝。左右奔散，追兵且至，唯叔宝独捍卫之，密遂获免。叔宝又收兵与之力战，化及乃退。后密败，又为王世充所得，署龙骧大将军。叔宝薄世充之多诈，因其出抗官军，至于九曲，与程咬金、吴黑闼、牛进达等数十骑西驰百许步，下马拜世充曰："虽蒙殊礼，不能仰事，请从此辞。"世充不敢逼，于是来降。

高祖令事秦府，太宗素闻其勇，厚加礼遇。从镇长春宫，拜马军总管。又从征于美良川，破尉迟敬德，功最居多。高祖遣使赐以金瓶，劳之曰："卿不顾妻子，远来投我，又立功效。朕肉可为卿用者，当割以赐卿，况子女玉帛乎？卿当勉之。"寻授秦王右三统军。又从破宋金刚于介休。录前后勋，赐黄金百斤、杂彩六十段，授上柱国。从讨王世充，每为前锋。太宗将拒窦建德于武牢，叔宝以精骑数十先陷其阵。世充平，进封翼国公，赐黄金百斤、帛七千段。从平刘黑闼，赏物千段。

叔宝每从太宗征伐，敌中有骁将锐卒，炫耀人马，出入来去者，太宗颇怒之，辄命叔宝往取。叔宝应命，跃马负枪而进，必刺之万众之中，人马辟易，太宗以是益重之，叔宝亦以此颇自矜尚。

六月四日，从诛建成、元吉。事宁，拜左武卫大将军，食实封七百户。其后每多疾病，因谓人曰："吾少长戎马，所经二百余阵，屡中重疮。计吾前后出血亦数斛矣，安得不病乎？"十二年卒，赠徐州都督，陪葬昭陵。太宗特令所司就其茔内立石人马，以旌战阵之功焉。十三年，改封胡国公。十七年，与长孙无忌等图形于凌烟阁。

译文：

秦叔宝名琼，齐州历城人。大业中，在隋将来护儿军中做事。叔宝母亲去世，护儿派使者去吊唁，宫中官佐奇怪地问道："士兵死亡和遭遇丧事的人很多，将军不曾下问，唯独到叔宝家中吊唁，这是为什么呢？"回答说："这人勇猛强悍，加上有志向操守，必定能凭借自己的力量获取富贵，怎么能把他当成一个地位卑贱的人来对待呢？"

隋朝末年，群盗蜂起，叔宝跟随通守张须陀在下邳攻打盗贼首领卢明月。贼寇的徒众十多万，须陀的部队才一万人，远非势均力敌，须陀在离贼寇六七里远的地方立营，与贼寇相持十多日，粮食用完，准备退兵，对部下的将士们说："贼寇见兵退走，一定会轻易地来追我们。敌人的部队既出击，营内自然空虚，如果用一千人的兵力偷袭敌营，就可获得大胜利。这确实危险，谁可以去呢？"别人都不说话，只有叔宝和罗士信要求执行这一任务。于是须陀充营而逃，派他们两人各带一千名士兵埋伏在芦苇中。接着明月果然带领全军追击，叔宝和士信迅速跑到敌人的营地，营门紧闭无法进入，两人偷偷越过营栅，爬上敌人的营楼，拔掉敌军的旗帜，各杀死敌兵数名，营中大乱。叔宝、士信又砍断门闩放进在营外的士兵，接着纵火焚烧敌人的三十多座营垒，烟焰弥漫天空。明月急忙奔回，须陀又回师奋力进击，大破敌兵。明月率领数百名骑兵逃跑，其余全被俘虏。从此他的勇气远近闻名。

又在沿海的偏僻地区攻打孙宣雅，捷足先登击破了敌军。由于前后多次立功被任命为建节尉。跟随须陀在荥阳进击李密，军队打败仗，须陀去世，叔宝率领残余部队依附裴仁基。恰巧仁基献虎牢关投降李密，李密得到叔宝后非常高兴，让他在军中任骠骑将军，待他很不薄。李密同宇文化及在黎阳童山大战，被流箭射中，坠马晕倒。跟随左右的士卒逃散，追兵就要到达，叔宝独自保卫他，于是李密免于遭难。叔宝又收拢士卒与敌奋战，以及终于退兵。后来李密失败，叔宝又被王世充得到，世充任命他为龙骧大将军。叔宝鄙薄王世充的狡诈，趁他带兵出来抵抗官军，到了九曲的时候，与程咬金、刘黑闼、牛进达等数十人骑马西走百余步，然后下马拜辞世充说道："虽然蒙受您的特殊礼遇，但自思不能侍奉您，请就此告辞。"世充不敢逼他们留下，于是来投降官军。

　　高祖让叔宝在秦王府做事，太宗素闻叔宝勇猛，厚加礼遇。随从秦王坐镇长春宫，拜马军总管。又随从秦王出征美良川，击破尉迟敬德。这次战役功劳数他最多。高祖派使者赐给金瓶，慰问他说："卿不顾妻儿，从远方来投奔我，又立下功劳。朕的肉如果能为卿所用，也当割下赐给卿，更何况女子、玉器、丝织品呢！卿应当努力。"接着任秦王右三统军。又随从秦王在介休击破宋金刚。综合前后立下的功劳，赐给黄金百斤、各种颜色的丝织品六千段，加授上柱国。随从讨伐王世充，常担任前锋。太宗率兵在虎牢关抵抗窦建德的时候，叔宝带领数十名精壮骑兵首先攻陷敌阵。世充被平定后，进封翼国公，赐给黄金百、丝织品七千段。随从平定刘黑闼，赏给织物一千段。

　　叔宝每次随从太宗出征，敌军中有骁勇的将领、精锐的士卒，在阵上出入来去，自我炫耀的，太宗看到后往往很生气，总是命令叔宝去收拾他们。叔宝应命，跃马扛枪进击，一定能在万众之中刺杀敌人，使他们的人马惊退，太宗因此更加看重他，叔宝也因此常自我夸耀。

　　武德九年六月四日，随从太宗诛杀建成、元吉。诸事安定之后，拜左武卫大将军，赐给封邑七百户。这以后常多疾病，于是对人说："我自幼生长于戎马之中，经历的战斗有二百多次，屡受重创。合计我前后流的血也有数十斗之多，怎能不病呢？"贞观十二年去世，赠徐州都督，让他葬在昭陵附近。太宗特令有关主管部门在他的坟墓内立石人石马，以表彰他的战功。十三年，改封胡国公。十七年，和长孙无忌等功臣一样，他的像也被画在凌烟阁上。

旧唐书卷八十九

列传第三十九

狄仁杰

狄仁杰字怀英，并州太原人也。祖孝绪，贞观中尚书左丞。父知逊，夔州长史。仁杰儿童时，门人有被害者，县吏就诘之，众皆接对，唯仁杰坚坐读书。吏责之，仁杰曰："黄卷之中，圣贤备在，犹不能接对，何暇偶俗吏，而见责耶！"后以明经举，授汴州判佐。时工部尚书阎立本为河南道黜陟使，仁杰为吏人诬告，立本见而谢曰："仲尼云：'观过知仁矣。'足下可谓海曲之明珠，东南之遗宝。"荐授并州都督府法曹。其亲在河阳别业，仁杰赴并州，登太行山，南望见白云孤飞，谓左右曰："吾亲所居，在此云下。"瞻望伫立久之，云移乃行。仁杰孝友绝人，在并州，有同府法曹郑崇质，母老且病，当充使绝域。仁杰谓曰："太夫人有危疾，而公远使，岂可贻亲万里之忧！"乃诣长史蔺仁基，请代崇质而行。时仁基与司马李孝廉不协，因谓曰："吾等岂独无愧耶？"由是相待如初。

仁杰，仪凤中为大理丞，周岁断滞狱一万七千人，无冤诉者。时武卫大将军权善才坐误斫昭陵柏树，仁杰奏罪当免职。高宗令即诛之，仁杰又奏罪不当死。帝作色曰："善才斫陵上树，是使我不孝，必须杀之。"左右瞩仁杰令出，仁杰曰："臣闻逆龙鳞，忤人主，自古以为难，臣愚以为不然。居桀、纣时则难，尧、舜时则易。臣今幸逢尧、舜，不惧比干之诛。昔汉文时有盗高庙玉环，张释之廷诤，罪止弃市。魏文将徙其人，辛毗引裾而谏，亦见纳用。且明主可以理夺，忠臣不可以威惧。今陛下不纳臣言，瞑目之后，羞见释之、辛毗于地下。陛下作法，悬之象魏，徒流死罪，俱有等差。岂有犯非极刑，即令赐死？法既无常，则万姓何所措其手足！陛下必欲变法，请从今日为始。古人云：'假使盗长陵一抔土，陛下何以加之？'今陛下以昭陵一株柏杀一将军，千载之后，谓陛下为何主？此臣所以不敢奉制杀善才，陷陛下于不道。"帝意稍解，善才因而免死。居数日，授仁杰侍御史。

时司农卿韦机兼领将作、少府二司，高宗以恭陵玄宫狭小，不容送终之具，遣机续成其功。机于埏之左右为便房四所，又造宿羽、高山、上阳等宫，莫不壮丽。仁杰奏其太过，机竟坐免官。左司郎中王本立恃宠用事，朝廷憎惧，仁杰奏之，请付法寺，高宗特原之。仁杰奏曰："国家虽乏英才，岂少本立之类，陛下何惜罪人而亏王法？必欲曲赦本立，请弃臣于无人之境，为忠贞将来之诫。"本立竟得罪，繇是朝廷肃然。

寻加朝散大夫，累迁度支郎中。高宗将幸汾阳宫，以仁杰为知顿使。并州长史李冲玄以道出妒女祠，俗云盛服过者必致风雷之灾，乃发数万人别开御道。仁杰曰："天子之行，千乘万骑，风伯清尘，雨师洒道，何妒女之害耶？"遽令罢之。高宗闻之，叹曰："真大丈夫也！"

俄转宁州刺史，抚和戎夏，人得欢心，郡人勒碑颂德。御史郭翰巡察陇右，所至多所按劾，及入宁州境内，耆老歌刺史德美者盈路。翰既授馆，召州吏谓之曰："入其境，其政可知也。愿成使君之美，无为久留。"州人方散。翰荐名于朝，征为冬官侍郎，充江南巡抚使。吴、楚之俗多淫祠，仁杰奏毁一千七百所，唯留夏禹、吴太伯、季札、伍员四祠。

转文昌右丞，出为豫州刺史。时越王贞称兵汝南事败，缘坐者六七百人，籍没者五千口，司刑使逼促行刑。仁杰哀其诖误，缓其狱，密表奏曰："臣欲显奏，似为逆人申理；知而不言，恐乖陛下存恤之旨。表成复毁，意不能定。此辈咸非本心，伏望哀其诖误。"特敕原之，配流丰州。豫囚次于宁州，父老迎而劳之曰："我狄使君活汝辈耶！"相携哭于碑下，斋三日而后行。豫囚至流所，复相与立碑颂狄君之德。

初，越王之乱，宰相张光辅率师讨平之。将士恃功，多所求取，仁杰不之应。光辅怒曰："州将轻元帅耶？"仁杰曰："乱河南者，一越王贞耳。今一贞死而万贞生。"光辅质其辞，仁杰曰："明公董戎三十万，平一乱臣，不戢兵锋，纵其暴横，无罪之人，肝脑涂地，此非万贞何耶？且凶威胁从，势难自固，及天兵暂临，乘城归顺者万计，绳坠四面成蹊。公奈何纵邀功之人，杀归降之众？但恐冤声腾沸，上彻于天。如得尚方斩马剑加于君颈，虽死如归。"光辅不能诘，主甚衔之。还都，奏仁杰不逊，左授复州刺史。入为洛州司马。

天授二年九月丁酉，转地官侍郎、判尚书、同凤阁鸾台平章事。则天谓曰："卿在汝南时，甚有善政，欲知谮卿者乎？"仁杰谢曰："陛下以臣为过，臣当改之；陛下明臣无过，臣之幸也。臣不知谮者，并为善友，臣请不知。"则天深加叹异。

未几，为来俊臣诬构下狱。时一问即承者例得减死，来俊臣逼胁仁杰，令一问承反。仁杰叹曰："大周革命，万物唯新，唐朝旧臣，甘从诛戮。反是实！"俊臣乃少宽之。判官王德寿谓仁杰曰："尚书必得减死。德寿意欲求少阶级，凭尚书牵杨执柔，可乎？"仁杰曰："若何牵之？"德寿曰："尚书为春官时，执柔任其司员外，引之可也。"仁杰曰："皇天后土，遣仁杰行此事！"以头触柱，流血被面，德寿惧而谢焉。既承反，所司但待日行刑，不复严备。仁杰求守者得笔砚，拆被头帛书冤，置绵衣中，谓德寿曰："时方热，请付家人去其绵。"德寿不之察。仁杰子光远得书，持以告变。则天召见，览之而问俊臣，俊臣曰："仁杰不免冠带，寝处甚安，何由伏罪？"则天使人视之，俊臣遽命仁杰巾带而见使者。乃令德寿代仁杰作谢死表，附使者进之。则天召仁杰，谓曰："承反何也？"对曰："向若不承反，已死于鞭笞矣。""何为作谢死表？"曰："臣无此表。"示之，乃知代署也。故得免死，贬彭泽令。武承嗣屡奏请诛之，则天曰："朕好生恶杀，志在恤刑。涣汗已行，不可更返。"

万岁通天年，契丹寇陷冀州，河北震动，征仁杰为魏州刺史。前刺史独孤思庄惧贼至，尽驱百姓入城，缮修守具。仁杰既至，悉放归农亩，谓曰："贼犹在远，何必如是。万一贼来，吾自当之，必不关百姓也。"贼闻之自退，百姓咸歌诵之，相与立碑以纪恩惠。俄转幽州都督。神功元年，入为鸾台侍郎、同凤阁鸾台平章事，加银青光禄大夫，兼纳言。仁杰以百姓西戍疏勒等四镇，极为凋弊，乃上疏曰：

臣闻天生四夷，皆在先王封疆之外，故东拒沧海，西隔流沙，北横大漠，南阻五岭，此天所以限夷狄而隔中外也。自典籍所纪，声教所及，三代不能至者，国家尽兼之矣。此则今日之四境，已逾于夏、殷者也。诗人矜薄伐于太原，美化行于江、汉，则是前代之远裔，而国家之域中。至前汉时，匈奴无岁不陷边，杀掠吏人。后汉则西羌侵轶汉中，东寇三辅，入河东上党，几至洛阳。由此言之，则陛下今日之土宇，过于汉朝远矣。若其用武荒外，邀功绝域，竭府库之实，以争硗确不毛之地，得其人不足以增赋，获其土不可以耕织。苟求冠带远夷之称，不务固本安人之术，此秦皇、汉武之所行，非五帝、三皇之事业也。若使越荒外以为限，竭资财以骋欲，非但不爱人力，亦所以失天心也。昔始皇穷兵极武，以求广地，男子不得耕于野，女子不得蚕于室，长城之下，死者如乱麻，于是天下溃叛。汉武追高、文之宿愤，借四帝之储实，于是定朝鲜，讨西域，平南越，击匈奴，府库空虚，盗贼蜂起，百姓嫁妻卖子，流离于道路者万计。末年觉悟，息兵罢役，封丞相为富民侯，故能为天所祐也。昔人有言："与覆车同轨者未尝安。"此言虽小，可以喻大。

近者国家频岁出师，所费滋广，西戍四镇，东戍安东，调发日加，百姓虚弊。开守西域，事等石田，费用不支，有损无益，转输靡绝，杼轴殆空。越碛逾海，分兵防守，行役既久，怨旷亦多。昔诗人云："王事靡盬，不能艺稷黍。"岂不怀归，畏此罪罟。念彼恭人，涕零如雨。"此则前代怨思之辞也。上不是恤，则政不行而邪气作；邪气作，则虫螟生而水旱起。若此，虽祷祀百神，不能调阴阳矣。方今关东饥馑，蜀、汉逃亡，江、淮以南，征求不息。人不复业，则相率为盗，本根一摇，忧患不浅。其所以然者，皆为远戍方外，以竭中国，争蛮貊不毛之地，乖子养苍生之道也。

昔汉元纳贾捐之之谋而罢珠崖郡，高祖宣帝用魏相之策而弃车师之田，岂不欲慕尚虚名，盖悼劳人力也。近贞观年中，克平九姓，册李思摩为可汗，使统诸部者，盖以夷狄叛则伐之，降则抚之，得推亡固存之义，无远戍劳人之役。此则近日之令典，经边之故事。窃见阿史那斛瑟罗，阴山贵种，代雄沙漠，若委之四镇，使统诸蕃，封为可汗，遣御寇患，则国家有继绝之美，荒外无转输之役。如臣所见，请捐四镇以肥中国，罢安东以实辽西，省军费于远方，并甲兵于塞上，则恒、代之镇重，而边州之备实矣。况绥抚夷狄，盖防其越逸，无侵侮之患则可矣，何必穷其窟穴，与蝼蚁计校长短哉！

且王者外宁必有内忧，盖为不勤修政故也。伏惟陛下弃之度外，无以绝域未平为念。但当敕边兵谨守备，蓄锐以待敌，待其自至，然后击之，此李牧所以制匈奴也。当今所要者，莫若令边城警守备，远斥候，聚军实，蓄威武。以逸待劳，则战士力倍；以主御客，则我得其便；坚壁清野，则寇无所得。自然贼深入必有颠踬之虑，浅入必无虏获之益。如此数年，可使二虏不击而服矣。

仁杰又请废安东，复高氏为君长，停江南之转输，慰河北之劳弊，数年之后，可以安人富国。事虽不行，识者是之。寻检校纳言，兼右肃政台御史大夫。

圣历初，突厥侵掠赵、定等州，命仁杰为河北道元帅，以便宜从事。突厥尽杀所掠男女万余人，从五回道而去。仁杰总兵十万追之不及。便制仁杰河北道安抚大使。时河朔人庶，多为突厥逼胁，贼退后惧诛，又多逃匿。仁杰上疏曰：

臣闻朝廷议者，以为契丹作梗，始明人之逆顺，或因迫胁，或有愿从，或受伪官，或为招慰，或兼外贼，或是土人，迹虽不同，心则无别。诚以山东雄猛，由来重气，一顾之势，至死不回。近缘军机，调发伤重，家道悉破，或至逃亡，别屋卖田，人不为售，内顾生计，四壁皆空。重以官典侵渔，因事而起，取其髓脑，会无心愧。修筑池城，缮造兵甲，州县役使，十倍军机。官司不矜，期之必取，枷杖之下，痛切肌肤。事迫情危，不循礼义，愁苦之地，不乐其生。有利则归，且图赊死，此乃君子之愧辱，小人之常行。人犹水也，壅之则为泉，疏之则为川，通塞随流，岂有常性。昔董卓之乱，神器播迁，及卓被诛，部曲无赦，事穷变起，毒害生人，京室丘墟，化为禾黍。此由恩不普洽，失在机先。臣一读此书，未尝不废卷叹息。今以负罪之伍，必不在家，露宿草行，潜窜山泽。赦之则出，不赦则狂，山东群盗，缘兹聚结。臣以边尘暂起，不足为忧，中土不安，以此为事。臣闻持大国者不可以小道，理事广者不可以细分。人主恢弘，不拘常法，罪之则众情恐惧，恕之则反侧自安。伏愿曲赦河北诸州，一无所问。自然人神道畅，率土欢心，诸军凯旋，得无侵扰。

制从之。军还，授内史。

圣历三年，则天幸三阳宫，王公百僚咸经侍从，唯仁杰特赐宅一区，当时恩宠无比。是岁六月，左玉钤卫大将军李楷固、右武威卫将军骆务整讨契丹余众，擒之，献俘于含枢殿。则天大悦，特赐楷固姓武氏。楷固、务整，并契丹李尽忠之别帅也。初，尽忠之作乱，楷固等屡率兵以陷官军，后兵败来降，有司断以极法。仁杰议以为楷固等并有骁将之才，若恕其死，必能感恩效节。又奏请授其官爵，委以专征。制并从之。及楷固等凯旋，则天召仁杰预宴，因举觞亲劝，归赏于仁杰。授楷固左玉钤卫大将军，赐爵燕国公。

则天又将造大像，用功数百万，令天下僧尼每日人出一钱，以助成之。仁杰上疏谏曰：

臣闻为政之本，必先人事。陛下矜群生迷谬，溺丧无归，欲令像教兼行，睹相生善。非为塔庙必欲崇奢，岂令僧尼皆须檀施？得筏尚舍，而况其余。今之伽蓝，制过宫阙，穷奢极壮，画缋尽工，宝珠殚于缀饰，瑰材竭于轮奂。工不使鬼，止在役人，物不天来，终须地出，不损百姓，将何以求？生之有时，用之无度，编户所奉，常若不充，痛切肌肤，不辞棰楚。游僧一说，矫陈祸福，翦发解衣，仍惭其少。亦有离间骨肉，事均路人，身自纳妻，谓无彼我。皆托佛法，诖误生人。里陌动有经坊，阛阓亦立精舍。化诱倍急，切于官征；法事所须，严于制敕。膏腴美业，倍取其多；水碾庄园，数亦非少。逃丁避罪，并集法门，无名之僧，凡有几万，都下检括，已得数千。且一夫不耕，犹受其弊，浮食者众，又劫人财。臣每思惟，实所悲痛。

往在江表，像法盛兴，梁武、简文，舍施无限。及其三淮沸浪，五岭腾烟。列刹盈衢，无救危亡之祸；缁衣蔽路，岂有勤王之师！比年已来，风尘屡扰，水旱不节，征役稍繁。家业先空，疮痍未复，此时兴役，力所未堪。伏惟圣朝，功德无量，何必要营大像，而以劳费为名。虽敛僧钱，百未支一。尊容既广，不可露居，覆以百层，尚忧未遍，自余廊庑，不得全无。又云不损国财，不伤百姓，以此事主，可谓尽忠？臣今思惟，兼采众议，咸以为如来设教，以慈悲为主，下济群品，应是本心，岂欲劳人，以存虚饰。当今有事，边境未宁，宜宽征镇之徭，省不急之费。设令雇作，皆以利趋，既失田时，自然弃本。今不树稼，来岁必饥，役在其中，难以取给。况无官助，义无得成，若费官财，又尽人力，一隅有难，将何救之！

则天乃罢其役。是岁九月，病卒，则天为之举哀，废朝三日，赠文昌右相，谥曰文惠。

仁杰常以举贤为意，其所引拔桓彦范、敬晖、窦怀贞、姚崇等，至公卿者数十人。初，则天尝问仁杰曰："朕要一好汉任使，有乎？"仁杰曰："陛下作何任使？"则天曰："朕欲待以将相。"对曰："臣料陛下若求文章资历，则今之宰臣李峤、苏味道亦足为文吏矣。岂非文士龌龊，思得奇才用之，以成天下之务者乎？"则天悦曰："此朕心也。"仁杰曰："荆州长史张柬之，其人虽老，真宰相才也。且久不遇，若用之，必尽节于国家矣。"则天乃召拜洛州司马。他日，又求贤，仁杰曰："臣前言张柬之，犹未用也。"则天曰："已迁之矣。"对曰："臣荐之为相，今为洛州司马，非用之也。"又迁为秋官侍郎，后竟召为相。柬之果能兴复中宗，盖仁杰之推荐也。

仁杰尝为魏州刺史，人吏为立生祠。及去职，其子景晖为魏州司马功参军，颇贪暴，为人所恶，乃毁仁杰之祠。长子光嗣，圣历初为司府丞，则天令宰相各举尚书郎一人，仁杰乃荐光嗣。拜地官员外郎，莅事称职，则天喜而言曰："祁奚内举，果得其人。"开元七年，自汴州刺史转扬州大都督府长史，坐赃贬歙州别驾卒。

初，中宗在房陵，而吉顼、李昭德皆有匡复谠言，则天无复辟意。唯仁杰每从容奏对，无不以子母恩情为言，则天亦渐省悟，竟召还中宗，复为储贰。初，中宗自房陵还宫，则天匿之帐中，召仁杰以庐陵为言。仁杰慷慨敷奏，言发涕流，遽出中宗谓仁杰曰："还卿储君。"仁杰降阶泣贺，既已，奏曰："太子还宫，人无知者，物议安审是非？"则天以为然，乃复置中宗于龙门,具礼迎归,人情感悦。仁杰前后匡复奏对,凡数万言,开元中,北海太守李邕撰为《梁公别传》,备载其辞。中宗返正,追赠司空;睿宗追封梁国公。

译文:

狄仁杰字怀英,并州太原人。祖父孝绪,是贞观年间的尚书左丞。父亲知逊,夔州长史。仁杰还是小孩的时候,他家有一个看门人被害,县里有小吏来问情况,大家都去接待和回答问题,只有仁杰坐着不动,继续读书。小吏责备他,仁杰说:"书卷之中,圣人贤人全在,我尚且不能接待应对,哪有闲空陪世俗小吏,受他的责问呢!"后来仁杰考中明经,朝廷授给汴州佐史的职位。当时工部尚书阎立本任河南黜陟使,仁杰被官史诬告,立本召见并向他表示歉意说:"仲尼说:'考察一个人犯的是什么错误,就能知道他有没有仁德了。'足下可说是海角的明珠,东南方遗失的宝物。"向朝廷推荐他,授并州都督府法曹参军。他的父母居住在河阳县的别墅里,仁杰赴并州,登上太行山,往南望见一片白云独自在空中飘荡,于是对随从的人说:"我父母所住的地方,就在这片云下。"他长时间站在那儿瞻望白云,等云移开才继续赶路。仁杰孝顺、友爱,超越常人,在并州的时候,有同府的法曹参军郑崇质,母亲年老多病,自己必须充当使者到极远的地方去。仁杰对他说:"太夫人有危险的病,而您却出使远方,怎么可以把万里离别的忧愁留给老母呢!"于是到并州长史蔺仁基那里,要求替代崇质执行任务。当时仁基同司马李孝廉不和,(被仁杰的行为所感动,)于是说道:"我们这些人难道不觉得惭愧吗!"从此两人抛弃嫌隙,相待如初。

仁杰仪凤年间任大理丞,一年里断各种长期不决的积案,涉及一万七千人，没有一个受冤上诉的。当时武卫大将军权善才犯下误砍昭陵柏树的罪，仁杰报告说他的罪应当免职。高宗命令立即处以死刑，仁杰又报告说他的罪不该处死。皇帝脸上变色说道："善才砍陵上树，这是让我不孝，必须杀死。"天子左右的人用眼睛示意仁杰出去，仁杰说："臣听说不顺从皇帝，违背君主的旨意，自古以来都认为很难，臣愚昧以为不是这样。生活于桀、纣的时代就难，尧、舜的时代就容易。臣现在有幸遇到尧、舜的时代，不害怕像比干那样被杀。从前汉文帝的时候有人盗窃高庙的玉环，张释之在朝廷上当众谏争，判的罪只是在闹市上处死。魏文帝准备迁徙他的人民，辛毗拉住他的衣袖进谏，也被采纳。而且贤明的君主可以用道理使他改变，忠臣却不能用权势使他害怕。现在陛下不采纳臣的意见，臣闭眼之后，差见释之、辛毗于地下。陛下制定法律，悬挂在宫廷门外的阙楼上，服劳役、流放、死罪，全有差别。哪有犯的罪不应处以极刑，即下令赐死的？法律既不固定，那么老百姓又该怎么办好呢！陛下如果一定要改变法律，臣请求从今天开始，古人说：'（盗窃高庙玉环就诛灭整个家族，）假如有人盗挖长陵，陛下又怎么加刑？'现在陛下因为昭陵一株柏树而杀掉一个将军，千年以后，人们会认为陛下是怎么样的君主？这就是臣之所以不敢遵旨杀掉善才，使陛下陷于不行德政的过失的原因。"皇帝的想法逐渐消除，善才因而免死。过了数日，高宗任命仁杰为侍御史。

当时司农卿韦机兼掌管将作监、少府监两个部门，高宗认为恭陵的地宫狭小，不能容纳送终的器物，派韦机继续完成这项工程。韦机在墓道的两侧建便房四所，又造宿羽、高山、上阳等宫，都很壮丽。仁杰向天子进言，说这样做太过分，韦机终于获罪免官。左司郎中王本立依恃天子的宠幸专权，朝廷官员恐惧，仁杰向天子报告，要求将他交给司法部门治罪，高宗却特别赦免了他的罪。仁杰向天子进言说："国家虽缺少英才，却不缺少本立一类人，陛下为什么爱惜罪人而让王法受损？一定要特赦本立，那就请先把我流放到无人地区，作为对忠贞之臣将来的警告。"本立终于获罪，从此朝廷上无不恭谨严肃。

接着加授仁杰朝散大夫，经多次升迁，任度支郎中。高宗准备到洛阳宫，任命仁杰为知顿使。并州长史李冲玄认为天子赴洛阳途经妒女祠，而世俗传盛装经过这座祠庙，必定招来风雷之灾，于是征集数万人为天子另辟道路。仁杰说："天子出行，千车万骑，有风神为天子清除尘土，雨神往道上洒水，哪里会有什么妒女的危害？"立即命令取消这项工程。高宗听到这件事后，赞叹道："狄仁杰是真正的大丈夫啊！"

不久仁杰转任宁州刺史，他安抚、调和戎汉各族，州民心里高兴，大家刻碑歌颂他的功德。御史郭翰巡察陇右地区，所到之地，被审查、弹劾的人不少，等到进入宁州境内，歌颂刺史美德的老人充满于道路。郭翰在客馆里住下后，召集州中官吏对他们说道："进入一个州的境域，它的政治如何就能知道。我愿意成全使君的好事，不在这儿久留。"州里的百姓才散去。郭翰向朝廷推荐仁杰，朝廷征召他入朝，拜冬官侍郎，充任江南巡抚使。吴、楚的习俗多好滥设祠庙，仁杰奏请朝廷，毁弃祠庙一千七百座，只留下夏禹、吴太伯、季札、伍员四座祠庙。

仁杰转任文昌右丞，又出为豫州刺史。当时越王李贞在汝南起兵失败，受牵连获罪的有六七百人，财产被没收入官的有五千人，司刑使催逼行刑。仁杰哀怜这些人被连累，延缓办理他们的案子，秘密上表报告天子说："臣要明白上报，又像是在为叛逆者申冤；知道情况不说，又怕违背陛下安抚的旨意。表章写成又毁掉，主意不能拿定。这些人参与叛乱都不是出于本心，希望陛下对他们的受连累给予怜悯。"天子特下诏宽赦他们的罪，发配到丰州。豫州的囚犯赴丰州途中住宿于宁州，宁州父老迎接并慰劳他们说："是我们的狄使君救了你们的命吧！"囚犯们一起在狄仁杰颂德碑下痛哭，斋戒三天而后上路。豫州的囚犯到达流放地后，又一起立碑歌颂狄君的恩德。

起初，越王叛乱，宰相张光辅领兵讨伐并平定了叛乱。将士们依仗有功，多向地方索取财物，仁杰不答应他们。光辅发怒，说道："州将轻视元帅吗？"仁杰说："搞乱河南的人，一个越王李贞罢了。现在一个李贞死亡而一万个李贞诞生。"光辅质问他这话的意思，仁杰说："明公统领兵士三十万，平定一个乱臣，不收敛军队的锋芒，放任它凶暴强横，使无罪的人，肝脑涂地，这不是一万个李贞又是什么呢？而且恶人威慑被迫跟从的人，其势难以自保，等到国家的军队突然降临，登城归顺的人以万计算，放绳子从城上下来投降的人很多，四面踩成了小路。您为什么放任邀功求赏之徒，杀死归降的人？只怕怨恨沸腾，上通于天吧。如能得到天子的尚方斩马剑加在您的颈上，我虽死不怕，视作归家一般。"光辅无法反诘，心里很恨他。回都城后，向天子进言说仁杰言辞不逊，仁杰被降为复州刺史。又入都任洛州司马。

天授二年九月丁酉，转任地官侍郎，兼地官尚书、同凤阁鸾台平章事。则天对他说："卿在汝南的时候，很有妥善的政令，想知道诬陷卿的人吗？"仁杰推辞道："陛下认为臣有过错，臣当改正；陛下知道臣没有过错，这是臣的幸运。臣不知道诬陷的人，都是好朋友，臣请求不要让臣知道。"则天深为赞叹、惊异。

没多久，仁杰被来俊臣诬陷下狱。当时一问就承认的人照例可减罪免死,来俊臣逼迫、威胁仁杰,让他一问就承认造反。仁杰叹道:"大周实施变革以应天命,万象更新,唐朝旧臣,甘愿听会诛戮。造反是实情!"于是,俊臣对他略微宽松一些。判官王德寿对仁杰说:"尚书一定可以减罪免死。德寿想找一个小的升迁阶梯,托尚书牵连杨执柔,可以吗?"仁杰说:"怎么样牵连他呢?"德寿说:"尚书在春官任职的时候,执柔任这个部门的员外郎,拉上他是可以。"仁杰说:"天神地神在上,让仁杰干这等事!"用头触柱,血流满面,德寿害怕,向他表示歉意。仁杰既已承认造反,主管部门只等待时间执行刑罚,不再严加防备。仁杰求看守给他笔砚,拆下被头的丝织物写冤情,又把它放到绵衣里,对德寿说:"天气正热,请求把绵衣交给家里人撤去丝绵。"德寿未加检查。仁杰的儿子光远得到信后,拿着它向朝廷报告这一非常事变。则天召见光远,看了仁杰的信后问俊臣,俊臣说:"没有让仁杰脱去官吏的帽子、腰带,住处也很舒服,(如果不是确有造反的事,)为什么会服罪?"则天派人上监狱看仁杰,俊臣马上命令仁杰戴帽束带然后见使者。于是,俊臣让德寿代仁杰作谢死表,让使者捎去进献给天子。则天召见仁杰,对他说:"为什么承认造反。"回答说:"前些时如果不承认造反,早已在鞭打中丧命了。""为什么作谢死表?"回答说:"臣没写过这表。"把表拿给他看,才知道是别人代为签名的。因此仁杰得以免死,贬为彭泽县令。武承嗣屡次进言,请求杀掉仁杰,则天说:"朕爱惜生灵,憎恶杀戮,志在减轻刑罚。朕的号令已发出,不能再收回。"

万岁通天年间,契丹入侵,攻陷冀州,河北震动,征召仁杰任魏州刺史。前任刺史独狐思庄惧怕贼寇到来,全把百姓赶进城里,修造守城器具。仁杰到任后,都把百姓放回去种地,对他们说:

"贼寇还在远方,何必像这样。万一贼寇来,我自己抵挡他们,一定不牵连百姓。"贼寇听说这事后自己退走,百姓全歌颂这件事,一起立碑记载仁杰的恩惠。不久转任幽州都督。神功元年,入朝任鸾台侍郎、同凤阁鸾台平章事,加拜银青光禄大夫,兼纳言。仁杰认为百姓西守疏勒等四镇,极为凋敝,于是上疏说:

臣听说上天生养东夷、西戎、南蛮、北狄,都在先代贤王的疆界之处,因此东有沧海拦阻,西有沙漠阻隔,北有大沙漠横亘,南有五岭作屏障,这些都是上天用来限制夷狄使中外相隔的险阻。从典籍所记载,声威、教化所达到,三代所不能到的地方,国家都兼而有之了。这也就是说今天国家的四境,已超过夏、殷代了。诗歌作者夸耀征伐太原,赞美教化推行到江、汉流域,就是说前代的边远地区,现在已是国家的境内之地了。到前汉的时候,匈奴没有一年不攻陷边地,杀掠官吏百姓。后汉则有西羌袭击汉中,往东劫掠三辅地区,进入河东上党,几乎到了洛阳。由此说来,那么陛下今天的领土,已超过汉朝很远了。至于使用武力于荒远地区,追求功名于僻远地域,耗尽仓库中的财物,用以争夺贫瘠不毛之地,得到人民不足以增加赋税收入,获取土地不能够在那里种田织布,姑且追求使远方族成为文明之邦的名声,不致力于使国家的根本稳固、人民安定的实务,这是秦始皇、汉武帝所做的,不是五帝、三皇的事业。如果让越出荒远地区,以此作为疆界,耗尽资财,放纵欲望,这要不仅不爱惜民力,也是违背天意的做法。从前秦始皇使用全部武力,追求扩大领土,使男人不能在田野里耕种,女人不能在家里养蚕,长城之下,死的人多如乱麻,于是天下崩溃离叛。汉武帝回溯高祖、文帝的旧恨,凭籍四代皇帝积蓄的财物,于是安定朝鲜,讨伐西域，平定南越，攻打匈奴，导致仓库空虚，盗贼蜂起，百姓嫁妻卖子，流转于道路的以万计算。晚年觉悟，停止用兵，免除摇役，封丞相为富民侯，所以能为上天所保佑。从前人有这样一句话："与倾覆的车子走同一条路不会平安。"这话虽说的是小事，可以比喻大事。

近来国家连年出兵，耗费愈广，往西守卫四镇，往东守卫安东，征调兵士日多，百姓匮乏疲困。开辟和防守西域，如同得到一块石头很多无法耕种的田，费用难以负担，有损无益，不停地往边地运输粮食，老百姓家中差不多已被搜括一空。逾越沙漠，分兵防守，服役既久，怨恨久别故乡的人也增多。从前的诗歌作者说："为王服役没有休息的时候，不能回家种小米高粱。"难道我不想回家，只怕落网受刑罚。想起那敬谨服役的人，涕泪齐下如落雨。"这就是前代抒发怨恨、思念之情的话。上级如果对此不加体恤，那么政令就无法推行，邪气就会兴起；邪气兴起，那么虫害就会产生，水旱灾就会形成。如果这样，就是祈祷祭祀众神，也不能使阴阳调和。当今关东饥荒，蜀汉地区人民逃亡，长江、淮河以南，赋税的征收从未停息。人民不能恢复常业，就会相随作盗贼，国家的根基一动摇，忧患是不会少的。之所以这样，都是因为远戍荒远之地，耗尽了中国的人力物力，争夺异族的不毛之地，违背了应像养育子女那样养育百姓的道理的缘故。

从前汉元帝采纳贾捐之的谋议而撤销珠崖郡，汉高祖宣帝采用魏相的计策而舍弃车师的田地，难道他们不仰慕虚名，实出于害怕耗费民力的缘故。近时贞观年中，攻克平定九姓，册封李思摩为可汗，让他统领各部族，这样做的原因是，夷狄反叛就应当讨伐它们，投降就应当安抚它们，这符合将灭亡的就摧毁它、能存在的就巩固它的道理，可使固定不再有远戍荒远之地、使百姓劳苦的兵役徭役。这就是近时的好规章，治理边疆的旧例。臣私下看阿史那斛瑟罗，是阴山的贵族，当代称雄沙漠，如果把四镇托付给他，让他统领众附属国，封他为可汗，派他制止异族入侵的祸患，那么国家就会有恢复已灭绝的世纪的美名，荒远地区就不会有长途运粮的劳役。照臣的看法，请放弃四镇以使中国富裕，撤销安东都护府以便充实辽西，在远方省下军费，把军队集中在塞上，那么恒、代州的镇守就会加强，而沿边各州的防备也会得到充实了。况且安抚夷狄，大体是防止它们逾越边界，没有越境侵犯期侮的灾祸就可以了，何必穷尽它们藏身的洞穴，同蝼蛄蚂蚁较量长短呢！

而且为王的人外部安宁一定会有内部的忧患，这是因为外部安宁容易导致不再勤于治理政事的缘故。臣俯伏思惟，望陛下置边事于度外，不以边远地区尚未平定为念。只应命令边兵谨慎设防，养精蓄锐以等待敌人，等敌人自己来，然后攻击他们，这是李牧制服匈奴的办法。当今首要的事，不如让边城警觉设防，往远处派侦察人员，积聚军事物资，蓄养军队的声势。以逸待劳，那么战士的威力就加倍；以主人抵御客人，那么我军就能得到各种便利；加固防御工事，清除四野的财物，那么敌人就会一无所得。像这样，自然敌人深入我方领土必定会有倾跌的忧虑，浅入又一定得不到掳掠人口财物的好处。这样经过数年，可使突厥、吐蕃两个敌人不战自服。

仁杰又请求废除安东都护府，恢复高姓之人作那里的君主，停止江南的粮食运输，抚慰河北的疲劳百姓，认为这样做，数年以后，就可以使民安国富。这事虽然没有实行，但有见识的人认为他的意见正确。接着仁杰任检校纳言，兼右肃政台御史大夫。

圣历初年，突厥侵略赵、定等州，朝廷任命仁杰为河北道元帅，允许他见机行事，不必等待上奏。突厥全部杀掉所掳掠的男女一万多人，从五回道撤走。仁杰统领军队十万追击，未能赶上。于是，天子命令仁杰为河北道安抚大使。当时河朔百姓，多受突厥逼迫威胁而降贼，贼寇退走后害怕被处死，又多逃跑隐藏起来。仁杰上疏说：

臣听说朝廷上议政的人，以为契丹的干扰，才显示出人的逆顺，有的因受逼迫威胁，有的是自愿跟从，有的接受伪官，有的被招抚，有的身为外来盗贼，有的则是当地寇盗，形迹虽然各异，他们的心却无差别。确实山东人勇猛，一向重情义，一次受人看顾，至死不相违。最近由于军队的机要事务，征兵调粮失之过重，百姓家业无不破败，有的至于逃亡，拆屋卖田，而田产又卖不出去，自视家中的生计，可谓四壁之内空无所有。加上利用朝廷的法令侵吞百姓的财物，又借重大事变而兴起，贪吏取人髓脑，却不感到心中有愧。修筑城壕城墙，修造兵器铠甲，州县官役使百姓，更等于军队机要事务的十倍。官府不怜悯百姓，规定期限，到期必取，上枷锁，施棍棒，疼痛入于百姓的肌肤。事情紧迫情势危急，就不再遵循礼仪，处于愁苦的境地，就不会以生为乐。有利便归附，姑且谋求缓死，这是君子感到羞愧耻辱的，却是小人的经常行为。人民犹如水，堵塞它就成为地下水，疏通它就成为河流，不论疏通堵塞，它都随宜而流，哪里有常性！从前董卓的祸乱，人民流离迁徙，等到董卓被杀，他的部队没有被赦免，事物发展到极端，于是变故发生，百姓受毒害，京师的房屋化为废墟，长满小米黍子。这是由于恩惠没有普遍施给的缘故，错在事物初露苗头时未能发现。臣一读这记载，没有不放下书叹息的。现在担负罪名的一群人,必定不会待在家里,露中宿草里行,隐藏流窜于山野沼泽。赦免他们就露面,不赦免他们便放肆妄为,山东的许多盗贼,就是因此而集结的。臣认为边地战争忽然爆发,不值得忧虑,中原不安定,这才是大事。臣听说主持大国家不能用小道理,治理的事务很广不可以细分。君主胸怀广阔,不会被常法拘束,如果治这些人的罪那么就会群情恐惧,宽恕他们则反复无常的人会感到心安。希望特别赦免河北各州,一概不加问罪。这样,自然人与神的思想顺畅,境内百姓欢心,军队凯旋,就能够不受侵扰。

天子听从他的建议。军队撤回,授给他内史的官职。

圣历三年,则天到三阳宫,王公百官都曾随从,唯独特别赐给仁杰宅第一处,当时蒙受的恩宠无人可比。这年六月,左玉钤卫大将军李楷固、右武威卫将军骆务整讨伐契丹余部,擒获他们,在含枢殿献俘。则天非常高兴,特赐楷固姓武氏。楷固、务整,都是契丹李尽忠的部将。起初,尽忠作乱,楷固等多次领兵击破官军,后来兵败投降,有关主管部门判以极刑。仁杰发表意见,认为楷固等都有骁将的才干,如果宽赦他们的死罪,一定会感戴恩德效忠天子。又进言请求授给他们官爵,委以自行率兵征讨的重任。天子都听从仁杰的建议。等到楷固等获胜回朝,则天召仁杰参加宴会,于是举杯亲自劝饮,把功劳归于仁杰。授给楷固左玉钤卫大将军,又赐给燕国公的爵位。

则天又准备造大佛像,工程费用需数百万,下令全国的和尚尼姑每天每人出一钱,帮助建成佛像,仁杰上疏进谏说:

臣听说处理政务的根本,一定要把人世上的事情放到首先的位置。陛下怜悯众生迷误，精神陷溺于险地无所归依，想让佛教并行，使百姓见到佛的相貌而生善心。但不是造塔庙一定要崇尚奢侈，怎么能让和尚尼姑都必须布施？佛的教法犹如木筏，用它渡到涅槃彼岸后，尚且应当舍弃，更何况其他。现今的佛寺，规模超过皇宫，极其奢侈壮丽，雕画穷尽工巧，装饰佛殿用尽各种宝珠，高大华美的建筑耗尽大量珍材异木。工程不能用鬼神来完成，只有役使百姓，物资不能从天上掉下，终究须地里出产，不靠损害百姓，将如何找到这些物资？生产它有一定的时候，使用它没有限度，平民所当进献，常苦于不能供应，痛苦入于百姓肌肤，受杖刑也在所不辞。游方和尚一游说，诈称什么祸福，（百姓受蒙骗），剪下头发解下衣服布施，仍惭愧布施的东西少。也有的和尚离间他人骨肉，（引诱他们出家，）使他们视亲骨肉如同路人；还有的和尚亲自纳他人之女为妻，而说什么彼我无别。这都是依托佛法，贻误百姓。里巷常常有佛寺，市场里也立佛寺。佛教教化诱导众生所急需之物，往往被人们视作比官府征收赋税还急迫；作佛事所需物品，也被看成比天子的诏令还紧急。肥美的土地产业，佛寺大量夺取；水碾庄园，也有不少为它拥有。逃亡的壮丁、躲避惩罚的罪人，都聚集于佛门，没有名籍的僧人，共有几万，都城检查，已得数千。而且一个男子不种地，天下尚且受其害，何况不事生产的和尚很多，又劫夺民财呢？臣每想起这事，确实感到悲痛。

从前在南朝的时候，佛法兴盛，梁武帝、简文帝，施舍给佛寺的财物无限。等到三淮波浪翻滚，五岭烟尘腾涌，佛塔满街，不能挽救国家危亡的灾祸；僧徒蔽路，哪里有救援王朝的军队！近年以来，屡受战事干扰，水旱失调，赋税徭役渐多。百姓家产先空，创伤尚未平复，这时候兴建工程，百姓实在无力承受。臣思量圣朝，已功德无量，何必要营造大佛像，造成劳民费财的名声！虽然收僧人的钱，但数量不及全部费用的百分之一。佛像既广大，又不可居于露天中，用百层高的殿堂覆盖，还担心不能完全盖上，其余堂前廊屋等，也不能都没有。有人说造大佛像不耗费国财，不伤害百姓，这样服侍君主，能说是尽忠吗？臣现在思考，兼采纳众人的意见，都认为如来佛设施教化，以慈悲为主旨，下救助众生，应是如来的本心，哪里要劳民伤财，以设置浮华无实用的装饰！当今天下有事，边境不安宁，应该宽缓地方的徭役，节省不紧急的费用。假如雇工造佛像，百姓都因有利可图而前往受雇，（就会丧失农时，）农时既失，自然也就要抛弃农业了。现在不种植庄稼，来年必定饥饿，那么工程正在进行，也就难以取得粮食供应了。况且没有官府的帮助，按理说工程无法完成，假如耗费官府的财物，又用尽民力，那么一方有难，将怎么去救援呢！

则天于是取消这项工程。这年九月，仁杰病逝，则天为他举行哀悼活动，停止办公三天，追赠他为文昌右相，定谥号为文惠。

仁杰常把推荐贤才放在心上，他所引荐提拔的桓彦范、敬晖、窦怀贞、姚崇等，官做到公卿的有数十人。起初，则天曾问仁杰说："朕要一个好汉使用，有吗？"仁杰说："陛下准备做什么使用呢？"则天说："朕想让他作将相。"回答说："臣料想陛下如果追求文辞资历，那么当今的宰相李峤、苏味道，也足可称为有文采的官吏了。难道不是因为文士局促拘谨，想得到奇才任用，以完成天下的事务吗？"则天高兴地说："这正是朕的心思。"仁杰说："荆州长史张柬之，人虽年老，却是真正的宰相之才。而且长期不遇，如果任用他，必定会尽忠于国家。"于是，则天征召柬之拜为洛州司马。另外有一天，则天又向仁杰求问贤才，仁杰说："臣前些时候提到张柬之，还没有任用呢。"则天说："已提拔他了。"回答说："臣推荐他做宰相，现在只任洛州司马，不能算是任用。"则天又提拔柬之为秋官侍郎，后来终于任命他为宰相。柬之果然能使中宗复位，这是由于仁杰的推荐啊。

仁杰曾任魏州刺史，百姓官吏在他在任时就为他建立祠庙。等他离任，他的儿子景晖任魏州司功参军，十分贪婪残暴，为百姓所憎恶，于是百姓毁掉仁杰的祠庙。仁杰长子光嗣，圣历初年当司府丞，则天让宰相各推举一个任尚书郎，于是仁杰推荐光嗣。朝廷拜光嗣地官员外郎，到任称职，则天很高兴，说道："祁奚推荐亲友，果然得到合适人选。"开元七年，光嗣自汴州刺史转任扬州大都督府长史，因受贿获罪贬任歙州别驾而去世。

起初，中宗在房陵，吉顼、李昭德都有挽救唐室的正直言论，但则天没有让中宗复位的意思。只有仁杰常从容进言，无不以母子的恩情为话题，则天也逐渐醒悟，终于召还中宗，让他又提任太子。起初，中宗自房陵回官，则天将他藏在帷帐里，召见仁杰同他谈起庐陵王。仁杰慷慨陈辞，话说出眼泪也流下，则天忽然让中宗出来，对仁杰说："还给卿太子。"仁杰走下台阶哭贺，行礼完毕，进言说："太子回官，人们都不知道，社会舆论哪能考究其中的是非？"则天认为他的意见对，于是又把中宗安置在龙门，设置礼仪迎接他回官，人们无不感动欢悦。仁杰前后进奏挽救唐室的言论，共数万字，开元年间，北海太守李邕撰写《梁公别传》，全部记载了他的这些话。中宗复位，追赠仁杰为司空；睿宗又追封仁杰为梁国公。

旧唐书卷九十六

列传第四十六

姚 崇

姚崇，本名元崇，陕州硖石人也。父善意，贞观中，任巂州都督。元崇为孝敬挽郎，应下笔成章举，授濮州司仓，五迁夏官郎中。时契丹寇陷河北数州，兵机填委，元崇剖析若流，皆有条贯。则天甚奇之，超迁夏官侍郎，又寻同凤阁鸾台平章事。

圣历初，则天谓侍臣曰："往者周兴、来俊臣等推勘诏狱，朝臣递相牵引，咸承反逆，国家有法，朕岂能违。中间疑有枉滥，更使近臣就狱亲问，皆得手状，承引不虚，朕不以为疑，即可其奏。近日周兴、来俊臣死后，更无闻有反逆者，然则以前就戮者，不有冤滥耶？"元崇对曰："自垂拱已后，被告身死破家者，皆是枉酷自诬而死。告者特以为功，天下号为罗织，甚于汉之党锢。陛下令近臣就狱问者，近臣亦不自保，何敢辄有动摇？被问者若翻，又惧遭其毒手，将军张虔勖、李安静等皆是也。赖上天降灵，圣情发寤，诛锄凶竖，朝廷乂安。今日已后，臣以微躯及一门百口保见在内外官更无反逆者。乞陛下得告状，但收掌，不须推问。若后有征验，反逆有实，臣请受知而不告之罪。"则天大悦曰："以前宰相皆顺成其事，陷朕为淫刑之主。闻卿所说，甚合朕心。"其日，遣中使送银千两以赐元崇。

时突厥叱利元崇构逆，则天不欲元崇与之同名，乃改为元之。俄迁凤阁侍郎，依旧知政事。

长安四年，元之以母老，表请解职侍养，言甚哀切，则天难违其意，拜相王府长史，罢知政事，俾获其养。其月，以令元之兼知夏官尚书事、同凤阁鸾台三品。元之上言："臣事相王，知兵马不便。臣非惜死，恐不益相王。"则天深然其言，改为春官尚书。是时，张易之请移京城大德僧十人配定州私置寺，僧等苦诉，元之断停，易之屡以为言，元之终不纳。由是为易之所谮，改为司仆卿，知政事如故，使充灵武道大总管。

神龙元年，张柬之、桓彦范等谋诛易之兄弟，适会元之自军还都，遂预谋，以功封梁县侯，赐实封二百户。则天移居上阳宫，中宗率百官就合起居，王公已下皆欣跃称庆，元之独呜咽流涕。彦范、柬之谓元之曰："今日岂是啼泣时！恐公祸从此始。"元之曰："事则天岁久，乍此辞违，情发于衷，非忍所得。昨预公诛凶逆者，是臣子之常道，岂敢言功；今辞违旧主悲泣者，亦臣子之终节，缘此获罪，实所甘心。"无几，出为亳州刺史，转常州刺史。

睿宗即位，召拜兵部尚书、同中书门下三品，寻迁中书令。时玄宗在东宫，太平公主干预朝政，宋王成器为闲厩使，岐王范、薛王业皆掌禁兵，外议以为不便。元之同侍中宋璟密奏请令公主往就东都，出成器等诸王为刺史，以息人心。睿宗以告公主，公主大怒。玄宗乃上疏以元之、璟等离间兄弟，请加罪，乃贬元之为申州刺史。再转扬州长史、淮南按察使，为政简肃，人吏立碑纪德。俄除同州刺史。先天二年，玄宗讲武在新丰驿，召元之代郭元振为兵部尚书、同中书门下三品，复迁紫微令。避开元尊号，又改名崇，进封梁国公。固辞实封，乃停其旧封，特赐新封一百户。

先是，中宗时，公主外戚皆奏请度人为僧尼，亦有出私财造寺者，富户强丁，皆经营避役，远近充满。至是，崇奏曰："佛不在外，求之于心。佛图澄最贤，无益于全赵；罗什多艺，不救于亡秦。何充、苻融，皆遭败灭；齐襄、梁武，未免灾殃。但发心慈悲，行事利益，使苍生安乐，即是佛身。何用妄度奸人，令坏正法？"上纳其言，令有司隐括僧徒，以伪滥还俗者万二千余人。

开元四年，山东蝗虫大起，崇奏曰："《毛诗》云：'秉彼蟊贼，以付炎火。'又汉光武诏曰'勉顺时政，劝督农桑，去彼螟蜮，以及蟊贼。'此并除蝗之义也。虫既解畏人，易为驱逐。又苗稼皆有地主，救护必不辞劳。蝗既解飞，夜必赴火，夜中设火，火边掘坑，且焚且瘗，除之可尽。时山东百姓皆烧香礼拜，设祭祈恩，眼看食苗，手不敢近。自古有讨除不得者，祇是人不用命，但使齐心戮力，必是可除。"乃遣御史分道杀蝗。汴州刺史倪若水执奏曰："蝗是天灾，自宜修德。刘聪时除既不得，为害更深。"仍拒御史，不肯应命。崇大怒，牒报若水曰："刘聪伪主，德不胜妖；今日圣朝，妖不胜德。古之良守，蝗虫避境，若其修德可免，彼岂无德致然！今坐看食苗，何忍不救，因以饥馑，将何自安？幸勿迟回，自招悔吝。"若水乃行焚瘗之法，获蝗一十四万石，投汴渠流下者不可胜纪。

时朝廷喧议，皆以驱蝗为不便，上闻之。复以问崇。崇曰："庸儒执文，不识通变。凡事有违经而合道者，亦有反道而适权者。昔魏时山东有蝗伤稼，缘小忍不除，致使苗稼总尽，人至相食；后秦时有蝗，禾稼及草木俱尽，牛马至相噉毛。今山东蝗虫所在流满，仍极繁息，实所稀闻。河北、河南，无多贮积，倘不收获，岂免流离，事系安危，不可胶柱。纵使除之不尽，犹胜养以成灾。陛下好生恶杀，此事请不烦出敕，乞容臣出牒处分。若除不得，臣在身官爵，并请削除。"上许之。

黄门监卢怀慎谓崇曰："蝗是天灾，岂可制以人事？"外议咸以为非。又杀虫太多，有伤和气。今犹可复，请公思之。"崇曰："楚王吞蛭，厥疾用瘳；叔敖杀蛇，其福乃降。赵宣至贤也，恨用其犬；孔丘将圣也，不爱其羊。皆志在安人，思不失礼。今蝗虫极盛，驱除可得，若其纵食，所在皆空。山东百姓，岂宜饿杀！此事崇已面经奏定讫，请公勿复为言。若救人杀虫，因缘致祸，崇请独受，义不抑关。"怀慎既庶事曲从，竟亦不敢逆崇之意，蝗因此亦渐止息。

是时，上初即位，务修德政，军国庶务，多访于崇，同时宰相卢怀慎、源乾曜等，但唯诺而已。崇独当重任，明于吏道，断割不滞。然纵其子光禄少卿彝、宗正少卿异广引宾客，受纳馈遗，由是为时所讥。时有中书主书赵诲为崇所亲信，受蕃人珍遗，事发，上亲加鞫问，下狱处死。崇结奏其罪，复营救之，上由是不悦。其冬，曲赦京城，敕文特标诲名，令决杖一百，配流岭南。崇自是忧惧，频面陈避相位，荐宋璟自代。俄授开府仪同三司，罢知政事。

居月余，玄宗将幸东都，而太庙屋坏，上召宋璟、苏颋问其故，璟等奏言："陛下三年之制未毕，诚不可行幸。凡灾变之发，皆所以明教诫。陛下宜增崇大道，以答天意，且停幸东都。"上又召崇问曰："朕临发京邑，太庙无故崩坏，恐神灵诫以东行不便耶？"崇对曰："太庙殿本是苻坚时所造，隋文帝创立新都，移宇文朝故殿造此庙，国家又因隋氏旧制，岁月滋深，朽蠹而毁。山有朽坏，尚不免崩，既久来枯木，合将摧折，偶与行期相会，不是缘行乃崩。且四海为家，两京相接，陛下以关中不甚丰熟，转运又有劳费，所以为人行幸，岂是无事烦劳？东都百司已作供拟，不可失信于天下。以臣愚见，旧庙既朽烂，不堪修理，望移神主于太极殿安置，更改造新庙，以申诚敬。车驾依前径发。"上曰："卿言正合朕意。"赐绢二百匹，令所司奉七庙神主于太极殿，改新庙，车驾乃幸东都。因令崇五日一参，仍入合供奉，甚承恩遇。后又除太子少保，以疾不拜。九年薨，年七十二，赠扬州大都督，谥曰文献。

崇先分其田园，令诸子侄各守其分，仍为遗令以诫子孙，其略曰：

古人云：富贵者，人之怨也。贵则神忌其满，人恶其上；富则鬼瞰其室，虏利其财。自开辟已来，书籍所载，德薄任重而能寿考无咎者，未之有也。故范蠡、疏广之辈，知止足之分，前史多之。况吾才不逮古人，而久窃荣宠，位逾高而益惧，恩弥厚而增忧。往在中书，遘疾虚惫，虽终匪懈，而诸务多阙。荐贤自代，屡有诚祈，人欲天从，竟蒙哀允。优游园沼，放浪形骸，人生一代，斯亦足矣。田巴云："百年之斯，未有能至。"王逸少云："俯仰之间，已为陈迹。"诚哉此言。

比见诸达官身亡以后，子孙既失覆荫，多至贫寒，斗尺之间，参商是竞。岂唯自玷，仍更辱先，无论曲直，俱受嗤毁。庄田水碾，既众有之，递相推倚，或致荒废。陆贾、石苞，皆古之贤达也，所以预为定分，将以绝其后争，吾静思之，深所叹服。

昔孔丘亚圣，母墓毁而不修；梁鸿至贤，父亡席卷而葬。昔杨震、赵咨、卢植、张奂，皆当代英达，通识今古，咸有遗言，属以薄葬。或濯衣时服，或单帛幅巾，知真魂去身，贵于速朽，子孙皆遵成命，迄今以为美谈。凡厚葬之家，例非明哲，或溺于流俗，不察幽明，咸以奢厚为忠孝，以俭薄为悭惜，至今亡者致戮尸暴骸之酷，存者陷不忠不孝之讪。可为痛哉，可为痛哉！死者无知，自同粪土，何烦厚葬，使伤素业。若也有知，神不在柩，复何用违君父之令，破衣食之资。吾身亡后，可殓以常服，四时之衣，各一副而已。吾性甚不爱冠衣，必不得将入棺墓，紫衣玉带，足便于身，念尔等勿复违之。且神道恶奢，冥涂尚质，若违吾处分，使吾受戮于地下，于汝心安乎？念而思之。

今之佛经，罗什所译，姚兴执本，与什对翻。姚兴造浮屠于永贵里，倾竭府库，广事庄严，而兴命不得延，国亦随灭。又齐跨山东，周据关右，周则多除佛法而修缮兵戎，齐则广置僧徒而依凭佛力。及至交战，齐氏灭亡，国既不存，寺复何有？修福之报，何其蔑如！梁武帝以万乘为奴，胡太后以六宫入道，岂特身戮名辱，皆以亡国破家。近日孝和皇帝发使赎生，倾国造寺，太平公主、武三思、悖逆庶人、张夫人等皆度人造寺，竟术弥街，咸不免受戮破家，为天下所笑。经云："求长命得长命，求富贵得富贵"，"刀寻段段坏，火坑变成池"。比来缘精进得富贵长命者为谁？生前易知，尚觉无应，身后难究，谁见有征。且五帝之时，父不葬子，兄不哭弟，言其致仁寿、无夭横也。三王之代，国祚延长，人用休息，其人臣则彭祖、老聃之类，皆享遐龄。当此之时，未有佛教，岂抄经铸像之力，设斋施物之功耶？《宋书西域传》，有名僧为《白黑论》，理证明白，足解沈疑，宜观而行之。

且佛者觉也，在乎方寸，假有万像之广，不出五蕴之中，但平等慈悲，行善不行恶，则佛道备矣。何必溺于小说，惑于凡僧，仍将喻品，用为实录，抄经写像，破业倾家，乃至施身亦无所吝，可谓大惑也。亦有缘亡人造像，名为追福，方便之教，虽则多端，功德须自发心，旁助宁应获报？递相欺诳，浸成风俗，损耗生人，无益亡者。假有通才达识，亦为时俗所拘。如来普慈，意存利物，损众生之不足，厚豪僧之有余，必不然矣。且死者是常，古来不免，所造经像，何所施为？

夫释迦之本法，为苍生之大弊，汝等各宜警策，正法在心，忽效儿女子曹，终身不悟也。吾亡后必不得为此弊法。若未能全依正道，须顺俗情，从初七至终七，任设七僧斋。若随斋须布施，宜以吾缘身衣物充，不得辄用余财，为无益之枉事，亦不得妄出私物，徇追福之虚谈。

道士者，本以玄牝为宗，初无趋竞之教，而无识者慕僧家之有利，约佛教而为业。敬寻老君之说，亦无过斋之文，抑同僧例，失之弥远。汝等勿拘鄙俗，辄屈于家。汝等身没之后，亦教子孙依吾此法云。

十七年，重赠崇太子太保。

崇长子彝，开元初光禄少卿。次子异，坊州刺史。少子弈，少而修谨，开元末，为礼部侍郎、尚书右丞。天宝元年，右相牛仙客薨，彝男闳为侍御史、仙客判官，见仙客疾亟，逼为仙客表，请以弈及兵部侍郎卢奂为宰相代己。其妻因中使奏之，玄宗闻而怒之，闳决死，弈出为永阳太守，奂为临淄太守。玄孙合，登进士第，授武功尉，迁监察御史，位终给事中。

译文：

姚崇，本名元崇，陕州硖石人。父亲善意，贞观年间，任嶲州都督。元崇曾任孝敬皇帝挽郎，应下笔成章科考试，朝廷授给他濮州司仓参军的官职，后经五次升迁任夏官郎中。当时契丹来犯，攻陷河北好几个州郡，军事要务堆积，元崇剖析决断，如水分流，都有条理。则天很稀罕他的才干，越级提拔他为夏官侍郎，又接着任命他为同凤阁鸾台平章事。

圣历初年，则天对随侍左右的人说："过去周兴、来俊臣等审问关押于奉诏令特设的监狱中的犯谋反罪的囚犯，朝臣们交互牵扯株连，全承认犯有造反叛逆罪，国家有法律，朕哪能违反。这中间曾怀疑无辜受害、滥施刑罚的情况，又派近臣到狱中亲自询问，都得到囚犯们的亲笔供词，承认犯罪是实，朕不再怀疑，就批准了周兴、来俊臣的报告。近日周兴、来俊臣死后，再没有听说有造反叛逆的人，这样看来，以前被处死的，岂不是有受冤枉被滥杀的吗？"元崇回答说："自垂拱以后，被告身亡家破的，全冤遭酷刑被迫认罪而死。告发的人特别把这当成立功，天下称为'罗织'，比汉代的党锢之祸更厉害。陛下派近臣到狱中询问，近臣也不能自保，怎敢对已断的案子有所动摇？被审问的人如果翻案，又害怕遭酷吏毒打，将军张虔勖、李安静等都是这样。依赖上天降福，陛下醒悟，诛灭凶恶小人，使朝廷平安无事。自今日之后，臣以微贱之躯及一家百口担保现任内外官吏再没有造反叛逆的人。请求陛下以后得到控告状词，只是收存保管，不必推究审问。如果后来有证据，说明造反叛逆是实情，臣请求接受知而不告的罪名。"则天非常高兴地说："以前的宰相都顺应促成这事，贻误朕成为滥用刑罚的君主。听卿所说的话，很合朕的心意。"这一天，则天派宦官送一千两银子赐给元崇。

当时突厥叱利元崇图谋叛逆，则天不愿元崇和他同名，于是改名元之。不久转任凤阁侍郎，依旧执掌朝廷政事。

长安四年，元之因为母亲年老，上表请求解职侍奉老母，言辞极其悲伤，则天不好违背他的心意，于是任命他为相王府长史，不再执掌朝廷政事，使他得以奉养老母。这一月，则天又让元之兼任夏官尚书、同凤阁鸾台三品。元之进言道："臣服侍相王，不便于又执掌兵马。臣不是爱惜生命，害怕不利于相王。"则天认为他的话很对，让他改任春官尚书。这时候，张易之请求把十位京城的大德僧人移派到他在定州私设的寺庙里，僧人不愿前往，极力诉说，元之决定停办这事，易之多次提出，元之终不接受。因此易之向则天进谗言诋毁元之，则天改命元之为司仆卿，依旧执掌朝廷政事。后来又让他出任灵武道大总管。

神龙元年，张柬之、桓彦范等谋划诛杀张易之兄弟，元之正好由灵武军中回都城，于是参与谋划，因立功被封为梁县侯，并赐给他封户二百。则天传位给太子，移居上阳宫，中宗率领百官迁到皇宫作息，王公以下无不欢欣鼓舞，互相祝贺，唯独元之呜咽流泪。彦范、柬之对元之说："今天哪里是哭泣的时候！恐怕您的灾祸要从现在开始临头了。"元之说："我侍奉则天的时间很长，突然这样分离，感情发自内心，想忍也忍不住。过去和你们一起诛灭凶恶的逆臣，这是当臣子的人平常应该做的。哪里敢说有什么功劳；现在离开原先的君主而悲伤哭泣，也是臣子应有的最后礼节，由此而得罪，确实心甘情愿。"没多久，元之出任亳州刺史，又转任常州刺史。

睿宗即位，征召元之入朝，拜为兵部尚书、同中书门下三品，接着又升任中书令。当时玄宗在东宫，太平公主干预朝政，宋王李成器任闲厩使，岐王李范、薛王李业都掌管禁军，朝外的议论认为这样不利。元之同侍中宋璟秘密地向天子进言，请求让太平公主迁往东都居住，派成器诸王到地方任刺史，以安定人心。睿宗把这事告诉太平公主，公主大怒。于是，玄宗上疏说元之、宋璟等离间皇室兄弟，要求给他们加罪，于是贬元之为申州刺史。又转任扬州长史、淮南按察使。元之处理政务追求简约严肃，百姓官吏曾立碑记载他的功德。不久任同州刺史。先天二年，玄宗在新丰驿讲习武事，征召元之代替郭元振任兵部尚书、同中书门下三品，又升任紫微令。元之因避开元尊号，又改名为崇，天子进封他为梁国公。姚崇坚持不接受封户，于是玄宗取消他原先的封户，但又特别赐给他新的封户一百。

在这之前，中宗的时候，公主外戚都上报天子请求度人出家当和尚尼姑，也有拿出私人财产建造佛寺的，富户壮丁，都营造寺庙以逃避徭役，和尚尼姑远近充斥。到这时候，姚崇进言说："佛不在身外，只须求之于内心。佛图澄最有德行，对保全后赵并无益处；鸠摩罗什多才多艺，不能挽救后秦的灭亡。何充、苻融奉佛，都遭到败灭；齐襄帝、梁武帝佞佛，也没有能免除灾祸。只要慈悲发自内心，行事有利于他人，使百姓安乐，也就是佛了。何须妄度奸诈之徒出家，让他们败坏佛法？"皇上采纳他的意见，命令有关主管部门审查僧徒，因有名无实被勒令还俗的有一万二千人。

开元四年，山东发生大蝗灾，姚崇进言说："《毛诗》说：'抓住那害虫，放到火里烧死。'又汉光武帝的诏书说：'努力顺应时令，鼓励、督促农民耕田织布，除掉那蝗螟，以及其他害虫。'这说的都是除灭蝗虫的意思。蝗虫既然知道怕人，也就容易驱逐。又禾苗都各有主人，救护一定不辞劳苦。蝗虫既然会飞，夜间必定要扑火，晚上设置火堆，在火堆边挖坑，边烧边埋，蝗虫是可以除尽的。这时山东百姓都烧香拜神，设祭祈福，眼看蝗虫吃禾苗，手不敢靠近。自古以来蝗虫不能除灭，不过由于人们不肯效命出力，只要使大家齐心合力，蝗虫一定是可以除灭的。"于是分派御史到各道督促捕蝗。汴水刺史倪若水坚持进言说："蝗虫是上天降下的灾祸，自然应当靠修养德行来消除。从前刘聪的时候捕杀蝗虫没有成功，为害反而更加厉害。"于是抵制御史，不肯从命。姚崇大怒，发公文告诉倪若水说："刘聪是伪皇帝，德不能压过邪；今日朝廷圣明，邪不能压过德。古时的好太守，蝗虫不进入他的辖境，如果说修养德行可免除蝗害，那岂不等于说蝗害是由于没有德行才招致的吗！现在坐视蝗虫吃禾苗，怎么能忍心不救？由此造成饥荒，你自己又怎么能心安？千万不要迟疑，自己招来悔恨。"于是，若水用烧埋法灭蝗，捕获蝗虫十四万石，扔进汴渠里流走的蝗虫更计算不过来。

当时朝廷里议论纷纷，都认为驱逐蝗虫是不利的，皇上听到这些话后，又问姚崇。姚崇说："平庸的儒者拘守经书文字，不知变通。凡事有违背经书的说法而合乎道理的，也有违反常理而符合变通原则的。从前魏时山东有蝗虫伤害庄稼，由于略微忍耐一下而没有立即除灭，致使庄稼全被蝗虫吃尽，百姓饥饿，到了人吃人的地步；后秦时有蝗虫，庄稼和草木都吃尽，牛马饥饿，到了相互咬毛吃的地步。现今山东蝗虫到处都是，仍在尽力繁殖，实在罕见稀闻。河北、河南地区，粮食贮存不多，倘若庄稼没有收成，百姓哪能免于流离失所？事情关系到国家的安危，不可拘泥。即使灭蝗不能灭尽，也还比不灭蝗造成灾害强。陛下爱惜生灵，憎恶杀戮，这件事不须麻烦陛下发布敕令，请容许臣发公文处置。如果蝗虫不能除灭，臣身上的官爵，请陛下一律免除。"皇上赞同他的看法。

黄门监卢怀慎对姚崇说："蝗虫是上天降下的灾祸，哪能用人力来控制？朝外议论都认为您这样做不对。又杀虫太多，会妨害阴阳气的调和。现在改变还来得及，请您考虑。"姚崇说："楚王吞下蚂蟥，他的病就痊愈了；孙叔敖杀两头蛇，上天降福给他。赵宣子十分贤明，憎恨晋灵公放恶狗咬他而杀死了狗；孔丘近乎圣人，不爱惜祭祀用的羊。他们都志在安定百姓，考虑问题不违背礼的规定。现在蝗虫极盛，驱除它完全可能，如果放任它吃禾苗，那么蝗虫所到之地，庄稼都会被吃尽。山东百姓，难道应当饿死！这事我已经当面报告天子并决定下来，请您不要再说什么。如果拯救百姓杀死害虫，会因此招来灾祸，我愿独自承受，依据道义，决不会仰求您分担责任。"怀慎既然什么事都曲意顺从姚崇，终究不敢违背姚崇的意志，蝗害因此也逐渐消除。

这时候，皇上刚即位，致力于兴立德政，军队国家的各种事务，多询问姚崇，同时的宰相卢怀慎、源乾曜等，不过从命罢了。姚崇独自担当重任，通晓为官之道。裁决政事不拖泥带水。但是放任他的儿子光禄少卿彝、宗正少卿异广泛接引宾客，收受馈赠，因此受到当时人的非议。当时有中书主书赵诲，得到姚崇的亲近信任，赵诲接受外国人的珍贵礼物，事情败露，皇上亲自审讯，将他下狱，并判处死刑。姚崇对他的罪做了结案处理并报告天子，却又想营救他，皇上因此不高兴。这年冬天，因特殊原因赦免京城的罪犯，天子的赦令中特别标出赵诲的名字，命令打他一百棍，然后流放到岭南。姚崇由此感到忧虑、恐惧，多次当面向天子请求让出宰相的官位，并推荐宋璟代替自己做宰相。不久授给他开府仪同三司，免掉了他的相职。

过了一个多月，玄宗准备到东都，而太庙的房屋倒塌，皇上召见宋璟、苏颋询问原因，宋璟等报告说："陛下的三年服丧期还没有完了，确实不宜出行。凡灾害、变故的发生，都是上天用来表示教训、警诫之意的。陛下应当更加尊崇正道，报答上天的旨意,姑且停止到东都去。"皇上又召见姚崇问道:"朕刚要从京城出发,太庙的房屋无故倒塌,这恐怕是神灵告诫朕不适宜东行吧?"姚崇回答说:"太庙的殿堂本是苻坚时所造。隋文帝创立新都,移宇文氏朝廷旧殿的木料建造太庙,(而宇文氏朝廷旧殿又是苻坚时建造的,)唐国家因袭隋代旧制,沿用了这座太庙,由于年深日久,木料都因腐烂虫蛀而毁坏了。山有腐土,尚且要崩塌,木料使用的时间已经很长,当然会折断,偶然与陛下的行期相合,并不是因为陛下要出行太庙才倒塌的。而且天子以四海为家,西京、东都又相连接,陛下因为关中收成很不好,而转运粮食到关中又要劳民费财,所以是为了百姓才决定到东都去的,哪里是没事自找麻烦劳累?东都的各个部门已经做好了供应计划,切不可失信于天下。依臣的愚见,旧的太庙既然已经倒塌,无法修理,希望把太庙的神位迁移到太极殿安置,另外改建新庙,以表达对先帝的真诚敬意。陛下的车驾应当按原先的计划立即出发。"皇上说:"卿的话正符合朕的心意。"赐给姚崇绢二百匹,命令有关主管部门恭敬地捧着太庙的七个神位到太极殿安置,并改建新庙。于是,天子的车驾赴东都。皇上又命令姚崇每五日上朝参见天子一次,仍然立于内廷供奉班次的首位,给予他的恩惠知遇甚厚。后来又任命他为太子少保,姚崇因病没有受职。开元九年姚崇逝世,享年七十二,朝廷赠给他扬州大都督,定谥号为文献。

姚崇逝世前先分自己的田园家产给后辈,让众子侄各守本分,还立遗言告诫子孙,它的大意说:

古人说:富贵,是会招来人们的怨恨的。贵那么神就会嫉妒你满盈,人就会厌恶你高高在上;富那么鬼就会窥视你的家,奴仆就会贪图你的财产。自开天辟地以来，书籍中所记载，凡德才浅薄担负重任而能命长无祸的，从未有过。所以范蠡、疏广等人，有知止知足的素质，前代的史书称赞他们。况且我的才能不及古人，却长时间窃得荣耀，地位愈高心里愈害怕，天子给予的恩惠越厚自己的忧虑越增多。过去在中书省任职的时候，得病身体虚弱，虽然始终不敢懈怠，而各种事务仍多有缺失。推荐贤才代替自己，多次有这种真诚的要求，天从人愿，终于得到天子的哀怜和应允。我在园林池沼间悠然自得，放任自己的形体，不受拘束，人生一世，这也就可以满足了。田巴说："一百年的生命期限，没有人能达到。"王逸少说："不过低头抬头之间的工夫，已成为过去的事迹。"这些话确实。

近来见到诸位达官身死以后，他们的子孙既失去庇护，大多贫困，以至于兄弟不睦，一斗一尺的东西，也互相争夺。不但自己玷污自己，还辱没了祖先，不论谁曲谁直，都受到人们的讥笑、非议。又田庄水碾，既是大家所共有的，就难免相互推托、依靠，有时导致田园荒废。陆贾、石苞，都是古时的贤达，就因此在自己死前预先分好家产，以杜绝身后子孙们相互争夺。静心思想这事，深深使我赞叹佩服。

从前孔丘仅次于圣人，母亲的坟墓坏了却不修理；梁鸿十分贤明，父亲去世用席子一卷就下葬。从前杨震、赵咨、卢植、张奂，都是当世才德出众、见识通达的人，他们通晓古今之事，死前都有遗言，嘱咐应薄葬。有的穿洗涤干净的平时衣服，有的用一幅单层的绢束发，他们知道人的真魂一旦离身，还是快点腐烂为好，子孙都遵从他们已定的计划，至今成为美谈。凡是厚葬的人家，按常规都不是明智的，有的沉迷于流行的习俗，不能辨别好坏，都把厚葬当成忠孝，薄葬当成吝啬，以至于让死去的人招来尸体被戮、骸骨暴露的惨祸,活着的人受到不忠不孝的责备。这是令人悲痛的事啊,令人悲痛的事啊!死者没有知觉,自然如同腐土,为什么要费力厚葬,使原有的家业受损害?如果死者有知觉,那么灵魂也不在棺材里,又何必要违背君父的遗命,耗费充作衣食之用的资财?我身死之后,可用平常的衣服收殓,四季的衣服,各一套就行了。我天性很不喜欢官员的礼服,一定不要放进墓里,紫衣玉带,穿在身上也就很便当了,你们切勿违背我的这个意愿。而且神癨厌恶奢侈,阴间崇尚质朴,你们如果违背我的安排,使我在地下蒙受尸体被戮的灾祸,你们能心安吗?这事情你们好好考虑。

现在的佛经,是鸠摩罗什所译,姚兴手拿本子,和他一起翻译。姚兴在永贵里造佛塔,用尽仓库里的财物,广事装饰,美盛庄严,而姚兴的寿命不能延长,国家也随着灭亡。又齐国据有山东,周国据有关石,周多除灭佛法,整治军威,齐则广招和尚,依凭佛教之力。等到两国一交战,结果是齐国灭亡。国家既然已不存在,佛寺又有什么用?奉佛求福的报应,是多么虚无飘渺!从前梁武帝以天子之尊舍身为寺奴,胡太后以皇后的身份当佛教徒,他们哪里只是身死名辱,都因此而亡国破家。近时孝和皇帝派使者买生物放生,耗尽国家财产造寺庙,太平公主、武三思、悖逆庶人、张夫人等都度人出家,建造寺庙,度人用尽手段,造寺布满街道,结果全不能免于被戮破家,受到天下人的耻笑。佛经说:"求长命得长命,求富贵得富贵。""(临刑心念佛菩萨之力,)大刀会一段段折断,(落入火坑心念佛菩萨之力,)火坑会变成水池。"近来由于努力修善断恶而得到富贵长命的有谁呢?生前的事容易知道,尚且感到修善没有回应,身后的事难于推求,谁见到佛教所说的那套东西有证据?而且五帝的时候,父不葬子，兄不哭弟，意思是说那时的人都长寿，没有夭折和遭横祸而死的。三王的时代，国运长久，人民得以休息，那时的人臣就有彭祖、老聃之类，都享高年。在这时候，还没有佛教，难道是抄写佛经、铸造佛像的功绩，供应斋食、施舍财物的成效吗？《宋书·西域传》中，有名僧撰写的《黑白论》，道理论证得清楚明白，足可解除深疑，你们应当读一读并按照它的说法去做。

而且佛是觉悟的意思，在于内心。如果说万象的广大，不超出五蕴的范围，那么只要对一切众生都同样慈悲，只行善不作恶，也就可说是完全把握住佛道了。何必沉溺于浅薄琐屑的言论，被凡僧的说教所迷惑，把佛经中的比喻，当成实录，抄佛经画佛像，破产倾家，甚至于舍身也毫不吝惜，真可说是非常糊涂啊。也有的为死者修造佛像，名叫"追福"，为度脱众生而采取的灵活教法，虽有多种，但修善事必须自己发愿，旁人帮助难道应该得到善报？人们交相欺骗，逐渐形成风俗，损耗活人的资财，却无益于死者。假如有博学多识、通达事理的人，也同样被时代的习俗所约束。如来广施慈爱，意在利人，损害资财不足的众生，使资财有余的豪富和尚获厚利，如来是一定不会这样做的。而且死是常规，自古以来不能免，那么所制作的佛经佛像，又有什么用呢？

释迦牟尼的根本大法，是百姓的大家，你们各自应当警惕，要使自己心中有正确法则，不要仿效女孩子们，终身不醒悟。我死后治丧一定不能实行佛教的有害办法。如果不能完全按正确的准则去做，必须顺应世俗的风尚，（从死的那一天到第四十九日，每隔七日祭奠一次，）那么，自第一个七日至第七个七日，任凭你们请僧人设斋会追荐。如果设斋会的同时必须布施，则应当使用我身边的衣物，不得用多余的资财，去干无益的冤枉事，也不得随便拿出私人财物，去顺应"追福"的虚妄言论。

道士，本以自然无为为宗旨，起初并没有趋于相互争竞的教说，而没有见识的人，羡慕僧人的获利，依照佛教的做法行事。恭敬地寻求老君的教说，也未见有设斋会的条文，道士的做法同于僧人，错得更远。你们不要受鄙陋习俗的约束，而委屈道士到家设斋会。你们自己去世，也要教育子孙按照我的这种办法去做。

开元十七年，天子又追赠姚崇为太子太保。

姚崇的长子彝，开元初任光禄少卿。次子异，任坊州刺史。最小的儿子弈，自幼能自修身，行事谨慎，开元末年，任礼部侍郎、尚书右丞。天宝元年，右相牛仙客去世，姚彝的儿子闳任侍御史、牛仙客幕府判官，见到仙客病情危急，逼他上表朝廷，请求让姚弈和兵部侍郎卢奂代替自己做宰相。仙客的妻子借助宫廷的使者向天子报告这件事，玄宗知道后很生气，姚闳被判处死刑，姚弈被贬为永阳太守，卢奂被贬为临淄太守。姚崇的玄孙姚合，考中进士，授武功县尉，又升任监察御史，最后官做到了给事中。

旧唐书卷一百六

列传第五十六

李林甫

李林甫，高祖从父弟长平王叔良之曾孙。叔良生孝斌，官至原州长史。孝斌生思诲，官至扬府参军，思诲即林甫之父也。林甫善音律，初为千牛直长，其舅楚国公姜皎深爱之。开元初，迁太子中允。时源乾曜为侍中，乾曜侄孙光乘，姜皎妹婿，乾曜与之亲。乾曜之男洁白其父曰："李林甫求为司门郎中。"乾曜曰："郎官须有素行才望高者，哥奴岂是郎官耶？"数曰，除谕德。哥奴，林甫小字。累迁国子司业。

十四年，宇文融为御史中丞，引之同列，因拜御史中丞，历刑、吏二侍郎。时武惠妃爱倾后宫，二子寿王、盛王以母爱特见宠异，太子瑛益疏薄。林甫多与中贵人善，乃因中官干惠妃云："原保护寿王。"惠妃德之。初，侍中裴光庭妻武三思女，诡谲有材略，与林甫私。中官高力士本出三思家，及光庭卒，武氏衔哀祈于力士，请林甫代其夫位，力士未敢言。玄宗使中书令萧嵩择相，嵩久之以右丞韩休对，玄宗然之，乃令草诏。力士遽漏于武氏，乃令林甫白休，休既入相，甚德林甫，与嵩不和，乃荐林甫堪为宰相，惠妃阴助之，因拜黄门侍郎，玄宗眷遇益深。

二十三年，以黄门侍郎平章事裴耀卿为侍中，中书侍郎平章事张九龄为中书令，林甫为礼部尚书、同中书门下三品，并加银青光禄大夫。林甫面柔而有狡计，能伺候人主意，故骤历清列，为时委任。而中官妃家，皆厚结托，伺上动静，皆预知之，故出言进奏，动必称旨。而猜忌阴中人，不见于词色，朝廷受主恩顾，不由其门，则构成其罪；与之善者，虽厮养下士，尽至荣宠。寻历户、兵二尚书，知政事如故。

寻又以太子瑛、鄂王瑶、光王琚皆以母失爱而有怨言，驸马都尉杨洄白惠妃。玄宗怒，谋于宰臣，将罪之。九龄曰："陛下三个成人儿不可得。太子国本，长在宫中，受陛下义方，人未见过，陛下奈何以喜怒间忍欲废之？臣不敢奉诏。"玄宗不悦。林甫惘然而退，初无言，既而谓中贵人曰："家事何须谋及于人。"时朔方节度使牛仙客在镇，有政能，玄宗加实封，九龄又奏曰："边将训兵秣马，储蓄军实，常务耳，陛下赏之可也；欲赐实赋，恐未得宜。惟圣虑思之。"帝默然。林甫以其言告仙客，仙客翌日见上，泣让官爵。玄宗欲行实封之命，兼为尚书，九龄执奏如初。帝变色曰："事总由卿？"九龄顿首曰："陛下使臣待罪宰相，事有未允，臣合尽言。违忤圣情，合当万死。"玄宗曰："卿以仙客无门籍耶？卿有何门阀？"九龄对曰："臣荒徼微贱，仙客中华之士。然陛下擢臣践台阁，掌纶诰；仙客本河湟一使典，目不识文字，若大任之，臣恐非宜。"林甫退而言曰："但有材识，何必辞学，天子用人，何有不可？"玄宗滋不悦。

九龄与中书侍郎严挺之善。挺之初娶妻出之，妻乃嫁蔚州刺史王元琰。时元琰坐赃，诏三司使推之，挺之救免其罪。玄宗察之，谓九龄曰："王元琰不无赃罪，严挺之嘱托所由辈有颜面。"九龄曰："此挺之前妻，今已婚崔氏，不合有情。"玄宗曰："卿不知，虽离之，亦却有私。"玄宗籍前事，以九龄有党，与裴耀卿俱罢知政事，拜左、右丞相，出挺之为洺州刺史，元琰流于岭外。即日林甫代九龄为中书、集贤殿大学士、修国史；拜牛仙客工部尚书、同中书门下平章事，知门下省事。监察御史周子谅言仙客非宰相器，玄宗怒而杀之。林甫言子谅本九龄引用，乃贬九龄为荆州长史。

玄宗终用林甫之言，废太子瑛、鄂王瑶、光王琚为庶人，太子妃兄驸马都尉薛锈长流瀼州，死于故驿，人谓之"三庶"，闻者冤之。其月，佞媚者言有乌鹊巢于大理狱户，天下几致刑措。玄宗推功元辅，封林甫晋国公，仙客豳国公。其冬，惠妃病，三庶人为祟而薨。储宫虚位，玄宗未定所立。林甫曰："寿王年已成长，储位攸宜。"玄宗曰："忠王仁孝，年又居长，当守器东宫。"乃立为皇太子。自是林甫惧，巧求阴事以倾太子。"

林甫既秉枢衡，兼领陇右、河西节度，又加吏部尚书。天宝改易官名，为右相，停知节度事，加光禄大夫，迁尚书左仆射。六载，加开府仪同三司，赐实封三百户，而恩渥弥深。凡御府膳差，远方珍味，中人宣赐，道路相望。与宰相李适之虽同宗属，而适之轻率，尝与林甫同论时政，多失大体，由是主恩益疏，以至罢免。黄门侍郎陈希烈性便佞，尝曲事林甫，适之既罢，乃引希烈同知政事。林甫久典枢衡，天下威权，并归于己，台司机务，希烈不敢参议，但唯诺而已。每有奏请，必先赂遗左右，伺察上旨，以固恩宠。上在位多载，倦于万机，恒以大臣接对拘检，难徇私欲，自得林甫，一以委成。故杜绝逆耳之言，恣行宴乐，袵席无别，不以为耻，由林甫之赞成也。

林甫京城邸第，田园水硙，利尽上腴。城东有薛王别墅，林亭幽邃，甲于都邑，特以赐之，及女乐二部，天下珍玩，前后赐与，不可胜纪。宰相用事之盛，开元已来，未有其比。然每事过慎，条理众务，增修纲纪，中外迁除，皆有恒度，而耽宠固权，己自封植，朝望稍著，必阴计中伤之。初，韦坚登朝，以坚皇太子妃兄，引居要职，示结恩信，宝图倾之，乃潜令御史中丞杨慎矜阴伺坚隙。会正月望夜，皇太子出游，与坚相见，慎矜知之，奏上。上大怒，以为不轨，黜坚，免太子妃韦氏。林甫因是奏李适之与坚昵狎，及裴宽、韩朝宗并曲附适之，上以为然，赐坚自尽，裴、韩皆坐之斥逐。后杨慎矜权位渐盛，林甫又忌之，乃引王鉷为御史中丞，托以心腹。鉷希林甫意，遂诬罔密奏慎矜左道不法，遂族其家。杨国忠以椒房之亲，出入中禁，奏请多允，乃擢在台省，令按刑狱。会皇太子良娣杜氏父有邻与子婿柳勋不叶，勋飞书告有邻不法，引李邕为证，诏王鉷与国忠按问。鉷与国忠附会林甫奏之，于是赐有邻自尽，出良娣为庶人，李邕、裴敦复枝党数人并坐极法。林甫之苞藏安忍，皆此类也。

林甫自以始谋不佐皇太子，虑为后患，故屡起大狱以危之，赖太子重慎无过，流言不入。林甫尝令济阳别驾魏林告陇右、河西节度使王忠嗣，林往任朔州刺史，忠嗣时为河东节度，自云与忠王同养宫中，情意相得，欲拥兵以佐太子。玄宗闻之曰："我儿在内，何路与外人交通？此妄也。"然忠嗣亦左授汉阳太守。八载，咸宁太府赵奉章告林甫罪状二十余条。告未上，林甫知之，讽御史台逮捕，以为妖言，重杖决杀。

十载，林甫兼领安西大都护、朔方节度，俄兼单于副大都护。十一载，以朔方副使李献忠叛，让节度，举安思顺自代。国家武德、贞观已来，蕃将如阿史那社尔、契苾何力，忠孝有才略，亦不专委大将之任，多以重臣领使以制之。开元中，张嘉贞、王晙、张说、萧嵩、杜暹皆以节度使入知政事，林甫固位，志欲杜出将入相之源，尝奏曰："文士为将，怯当矢石，不如用寒族、蕃人，蕃人善战有勇，寒族即无党援。"帝以为然，乃用思顺代林甫领使。自是高仙芝、哥舒翰皆专任大将，林甫利其不识文字，无入相由，然而禄山竟为乱阶，由专得大将之任故也。

林甫恃其早达，舆马被服，颇极鲜华。自无学术，仅能秉笔，有才名于时者尤忌之。而郭慎微、苑咸文士之闒茸者，代为题尺。林甫典选部时，选人严迥判语有用"杕杜"二字者，林甫不识"杕"字，谓吏部侍郎韦陟曰："此云'杖杜'，何也？"陟俯首不敢言。太常少卿姜度，林甫舅子，度妻诞子，林甫手书庆之曰："闻有弄獐之庆。"客视之掩口。

初，杨国忠登朝，林甫公微才不之忌；及位至中司，权倾朝列，林甫始恶之。时国忠兼领剑南节度，会南蛮寇边，林甫请国忠赴镇。帝虽依奏，然待国忠方渥，有诗送行，句末言入相之意。又曰："卿止到蜀郡处置军事，屈指待卿。"林甫心尤不悦。林甫时已寝疾。其年十月，扶疾从幸华清宫，数日增剧，巫言一见圣人差减，帝欲视之，左右谏止。乃敕林甫出于庭中，上登降圣阁遥视，举红巾招慰之，林甫不能兴，使人代拜于席。翌日，国忠自蜀还，谒林甫，拜于床下，林甫垂涕托以后事。寻卒，赠太尉、扬州大都督，给班剑、西园秘器。诸子以吉仪护枢还京师，发丧于平康坊之第。

林甫晚年溺于声妓，姬侍盈房。自以结怨于人，常忧刺客窃发，重局复壁，络板甃石，一夕屡徙，虽家人不之知。有子二十五人、女二十五人：岫为将作监，崿为司储郎中，屿为太常少卿；子婿张博济为鸿胪少卿，郑平为户部员外郎，杜位为右补阙，杨齐宣为谏议大夫，元撝为京兆府户曹。

初，林甫尝梦一白皙多须长丈夫逼己，接之不能去。既寤，言曰："此形状类裴宽，宽谋代我故也。"时宽为户部尚书、兼御史大夫，故因李适之党斥逐之。是时杨国忠始为金吾胄曹参军，至是不十年，林甫卒，国忠竟代其任，其形状亦类宽焉。国忠素憾林甫，既得志，诬奏林甫与蕃将阿布思同构逆谋，诱林甫亲族间素不悦者为之证。诏夺林甫官爵，废为庶人，岫、崿诸子并谪于岭表。林甫性沉密，城府深阻，未尝以爱憎见于容色。自处台衡，动循格令，衣冠士子，非常调无仕进之门。所以秉钧二十年，朝野侧目，惮其威权。及国忠诬构，天下以为冤。

史臣曰：李林甫以谄佞进身，位极台辅，不惧盈满，蔽主聪明，生既唯务陷人，死亦为人所陷，得非彼苍假手，以示祸淫者乎！

译文：

李林甫，唐高祖的堂弟长平王叔良的曾孙。叔良生孝斌，官做到原州长史。孝斌生思诲，官做到扬州都督府参军，思诲就是林甫的父亲。林甫通音律，起初任千牛卫直长，他的舅父楚国公姜皎十分喜欢他。开元初年，林甫升任太子中允。当时源乾曜任侍中，乾曜的侄孙光乘，是姜皎的妹婿，乾曜和他关系亲密。乾曜的儿子源洁告诉父亲说："李林甫要求当司门郎中。"乾曜说："郎官须有纯洁的行为和高的才能名望，哥奴哪里是郎官的材料？"过了数天，任命林甫为太子谕德。哥奴，是林甫的小名，经多次升迁，林甫任国子司业。

开元十四年，宇文融任御史中丞，提携林甫为同事，于是拜御史中丞，又任刑部、吏部二侍郎。当时武惠妃受天子宠爱，超越所有的妃嫔,她的两个儿子寿王、盛王由于母亲得宠也特别受到天子的宠爱优待,太子李瑛更加被疏远、轻视。林甫多同受宠信的宦官亲善,于是借助宦官迎合巴结武惠妃说:"愿保护寿王。"惠妃很感激他。起初,侍中裴光庭娶武三思的女儿,她为人诡诈,有才智谋略,与林甫私通。宦官高力士本出自武三思家,等到光庭去世,武氏含悲请求力士,让林甫代替她的丈夫任侍中,力士没有敢向玄宗提出。玄宗让中书令萧嵩选择宰相,萧嵩考虑许久提名尚书右丞韩休,玄宗赞成,于是命令草拟诏书。力士迅速把这个消息泄露给武氏,于是武氏让林甫告诉韩休。韩休当宰相后,很感激林甫。韩休与萧嵩不和,于是推荐林甫有宰相之才,武惠妃暗中帮助林甫,于是林甫被任命为黄门侍郎,玄宗对他的厚遇更深了。

二十三年,天子任命黄门侍郎、平章事裴耀卿为侍中,中书侍郎、平章事张九龄为中书令,林甫为礼部尚书、同中书门下三品,都加授银青光禄大夫。林甫外表温顺而内心有狡诈之计,能窥测君主的心意,所以很快进入清贵的行列,受到当世天子的信任。林甫对宦官妃嫔之家,都深相交结依托,靠他们侦察皇上的动静,一切都预先知道,所以出言进奏,必定符合天子的旨意。林甫猜忌和暗中陷害人,不露声色,朝廷中受君主的恩遇和照顾的人,如果不是出自他的门庭,林甫便设计诬陷,使他们获罪;同林甫亲善的人,虽然是奴仆、下等人,也全受到擢拔,官至显位,得到天子的恩宠。接着林甫任户部、兵部二尚书,依旧执掌朝廷政事。

接着又因为太子瑛、鄂王瑶、光王琚都由于母亲失宠而有怨言,驸马都尉杨洄把这事告诉武惠妃,玄宗得知后发怒,与宰相商量,准备治太子等人的罪。张九龄说:"陛下的三个成年的儿子是不可多得，极为可贵的。太子是国家的根本，他生长在宫中，接受陛下的家教，人们没有看到他的过错，陛下怎么能因为忽喜忽怒而忍心要废掉他？臣不敢接受诏命。"玄宗不高兴。林甫一副迷惘失意的样子，退下后，起初不说什么，后来对受宠信的宦官说："天子家中的事，何须和外人商量。"当时的朔方节度使牛仙客，在方镇有政治才能，玄宗要赐给他封户，张九龄又进言说："边将训练士兵，喂养马匹，不过是平常的事务，陛下赏给他财物就可以了；要赐给封户，恐怕不合宜。请圣上考虑。"皇帝沉默不语。林甫把张九龄的话告诉仙客，仙客第二天参见皇上，哭着要把官爵让给别人。玄宗要实施赐给仙客封户的诏令，兼任命仙客为尚书，张九龄坚持进言，像原先那样表示反对。皇帝变脸色说："事情都由卿决定？"张九龄叩头说道："陛下让臣窃据宰相之职，事情有不允当之处，臣合该尽言。臣违背圣上心意，合当处死一万次。"玄宗说："卿以为仙客不是贵族吗？卿又是什么名门？"张九龄回答说："臣是边远地区一个卑贱的人，仙客是中华之士。但陛下提拔臣进入中书省，掌草拟诏书；仙客本是河湟地区一个小吏，目不识文章，如果大用他，臣怕不合宜。"林甫退下后说道："只要有才能识见，何必要辞学文章，天子用人，哪有不行的？"玄宗听到林甫的话后，更加不高兴。

张九龄与中书侍郎严挺之亲善。挺之起初娶了妻子，后来又将她遗弃，于是妻子嫁给蔚州刺史王元琰。当时元琰因贪污犯了罪，天子命令三司使审问他，挺之援救元琰，使他得以免罪。玄宗察知这事，对张九龄说："王元琰不是没有贪污罪，严挺之请托有关官吏，很有脸面啊。"张九龄说："这是挺之的前妻，现在挺之已和崔氏结婚，不该有私情。"玄宗说："卿不知道，虽然已离异，却还有私情。"玄宗凭借这事和以前的事情，认为张九龄有同党，不再让他以及裴耀卿执掌朝廷政事，任命他们为尚书左、右丞相，又贬挺之为洺州刺史，流放元琰到岭南。当日林甫代替张九龄任中书令、集贤殿大学士、修国史；拜牛仙客为工部尚书、同中书门下平章事，执掌门下省的事务。监察御史周子谅说仙客没有当宰相的才能，玄宗发怒，将他杀死。林甫称子谅原是张九龄举荐任用的，于是贬张九龄为荆州长史。

玄宗终于采纳林甫的意见，将太子瑛、鄂王瑶、光王琚都废为平民，太子妃的哥哥驸马都尉薛锈长期流放瀼州，太子、鄂王、光王都死在旧驿站里，人们称他们为"三庶"，听到他们死讯的人都认为他们是冤枉的。这一月，善于阿谀奉承的人进言，说有乌鹊在大理寺监狱的门上筑巢，天下几乎达到刑罚弃置不用的地步。玄宗归功于宰相，封林甫为晋国公，仙客为豳国公。这年冬天，武惠妃得病，因为三个平民作祟而逝世。这时太子之位空缺，玄宗还没有确定立谁为太子，林甫说："寿王已经长大了，适合当太子。"玄宗说："忠王仁爱孝顺，年龄又居长，应当在东宫当太子。"于是立忠王为皇太子。自这以后，林甫恐惧，巧妙地搜求太子秘事，借以颠覆太子。

林甫既执掌朝廷权力的中枢，兼领陇右、河西节度使，又加授吏部尚书。天宝年间更改官名，林甫任右相，不再掌管节度使的事务，加光禄大夫，改任尚书左仆射。天宝六载，加授林甫开府仪同三司，赐给三百个封户，给予他的恩泽愈深。凡皇宫的美食，远方的珍味，宣圣旨赏赐给他的宦官，来往于道路，前后不断。林甫和宰相李适之虽同宗族，而适之禀性轻率，曾和林甫一起议论时政，所言多抓不住要点，因此君主给予他的恩惠愈少，以至于罢免他的相职。黄门侍郎陈希烈天性善阿谀奉迎，曾曲意侍奉林甫，适之罢相后，于是林甫推荐希烈一起执掌朝廷政事。

林甫长期执掌政柄，天下的权力，全归于自己，宰相的机要事务，希烈不敢参与议论，只是从命而已。林甫每次进奏，必定先贿赂天子左右的人，让他们侦察皇上的旨意，借此保持天子对自己的宠幸。皇上在位多年，倦于处理成千上万的国家事务，常因为对大臣接待应答的约束，难于遂顺私欲，自从得到林甫，便把国事全托付给他而责以成功。所以从此杜绝逆耳之言，任意宴饮作乐，该寝卧时也一样，不以为耻，这都是由林甫赞助促成的。

林甫在京城的府第，田园水碾，利在全是肥沃的上等土地。长安城东有薛王别墅，园林亭阁幽深，为京城之冠，天子特将它赐给林甫，又赐予他歌舞伎两队，前后赐给他天下珍贵的玩赏物品，更计算不过来。宰相执掌权力之大，自开元以来，没有人能同林甫相比。然而林甫处理每件事情过分谨慎，尽量使各种事务都有条理，又增立法度，中央和地方官吏的迁徙任命，都有常规。但他沉溺于宠幸，极力保持权力，自己树立自己，遇朝廷中名望稍微显著的人，林甫必定暗中设计中伤他。起初，韦坚进入朝廷，因为韦坚是皇太子妃的哥哥，林甫就推荐他担任要职，表示与他结下恩义，实际则图谋倾覆他，于是秘密命令御史中丞杨慎矜暗中窥测韦坚的过失。正好正月十五日夜，皇太子出游，与韦坚相见，慎矜知道这事，便报告皇上。皇上大怒，认为不合法度，贬黜韦坚，废掉太子妃韦氏。林甫借此报告天子，说李适之与韦坚亲昵，还有裴宽、韩朝宗都曲意依附适之，皇上认为他说得对，赐韦坚自尽，裴宽、韩朝宗都因此而犯罪被贬逐。后来杨慎矜权势地位渐盛，林甫又嫉妒他，于是推荐王鉷为御史中丞，把他当成心腹。王鉷迎合林甫的心意，于是欺骗、密报天子，称慎矜搞邪门歪道，违法乱纪，于是天子杀灭慎矜全家。杨国忠以后妃亲属的身份，出入皇宫，有所请求，多蒙天子应允，于是林甫提拔国忠到御史台，让他审查有关刑罚的事，恰巧皇太子良娣杜氏的父亲有邻与女婿柳勣不和，柳勣写匿名信诬告有邻违法，拉上李邕作证明，天子命令王鉷与国忠审问。王鉷和国忠附会林甫的心意，向天子报告，于是天子赐有邻自尽，废良娣为平民，李邕、裴敦复和党羽数人都被处死。李林甫的包藏残忍之心，都像这一类。

林甫自以为最初定谋的时候没有帮助皇太子，顾虑成为后患，所以屡次制造大案，借以危害太子，依赖太子十分谨慎，没有过失，因此流言不为玄宗所信。林甫曾令济阳别驾魏林控告陇右、河西节度使王忠嗣，魏林从前任朔州刺史，当时忠嗣任河东节度使，据称忠嗣自己说同忠王一起在宫中长大，情意相投，所以他想聚集军队辅佐太子。玄宗听到这话后说："我儿子在宫内，有什么途径与外人交通？这是胡说。"但忠嗣也被贬为汉阳太守。天宝八载，咸宁太守赵奉章控告林甫有罪状二十多条。控告书还没有送到天子那儿，林甫就知道了，他用话暗示御史台逮捕奉章，以散布妖言论罪，用重棍击毙。

十载，林甫兼任安西大都护、朔方节度使，没多久又兼任单于副大都护。十一载，由于朔方节度副使李献忠反叛朝廷，林甫让出朔方节度使的职位，推荐安思顺替代自己。国家自武德、贞观以来，外族将领如阿史那社尔、契苾何力，都忠诚孝顺，有才能谋略，朝廷也不单独委任他们为大将，多派一个重臣兼任节度使以控制他们。开元年间，张嘉贞、王晙、张说、萧嵩、杜暹都以节度使的身份入朝执掌政事，林甫为了保持相位，立意要杜绝由边将入朝任宰相的根源，曾向天子进言说："文士任边将，害怕挨箭射石块打，不如任用出身寒门的人、外族人，外族人擅长作战，有勇气胆量，出身寒门的人则没有党羽的支援。"皇帝认为他的意见对，于是任用思顺代替林甫为朔方节度使。从此高仙芝、哥舒翰都单独任大将，林甫认为他们目不识文章有利于己，在他们那儿不存在入朝任宰相的可能，然而安禄山终于成为天下祸乱的缘由，这是由于让他们单独担任大将造成的。

林甫自恃很早就显达，车马衣服，十分华丽。林甫自己没有什么学问，仅能拿笔，对于当世有才名的人特别嫉妒。而郭慎微、苑咸等文士中的鄙贱之辈，代他写文章或书信，林甫掌管吏部的时候，吏部铨选的参加者严迥的判词中用了"杕杜"二字，林甫不认识"杕"字，对吏部侍郎韦陟说："这里说'杖杜'，为什么呢？"韦陟低头不敢回答。太常少卿姜度，是林甫舅舅的儿子，姜度的妻子生了儿子，林甫亲自写信向他表示庆贺说："听说有弄獐的喜庆。"客人看到后赶忙用手捂住嘴，免得笑出声来。

起初，杨国忠进入朝廷，林甫认为他才能低不嫉妒他；等到国忠官做到御史中丞，权势压过朝廷官员，林甫才厌恶他。当时国忠兼任剑南节度使，恰巧南蛮侵犯边境，于是林甫向天子请求让国忠赴剑南任所。皇帝虽依从林甫的意见，但这时对国忠的恩情正厚，有诗送行，诗末谈到让国忠入朝任宰相的意思。又对国忠说："卿只到蜀郡处置军事，朕弯着手指计算日子等待卿回来。"林甫心里特别不高兴。林甫当时已卧病。这年十月，林甫带病随从天子到华清宫，数日后病加重，巫师说一见圣人病会减轻，皇帝想去看望他，被随侍左右的人劝住。于是天子命令林甫到院子里，自己登上降圣阁遥望，手举红巾招呼、慰问林甫，林甫已不能起床，让人代替自己在席上参拜天子。第二天，国忠自属郡回来，谒见林甫，拜于床下，林甫流着眼泪，以后事相托。接着去世，朝廷赠他太尉、扬州大都督，供给仪仗队、棺木。林甫的儿子们用吉事的礼仪护送林甫的灵柩回京师，在平康坊的府第里公布林甫去世的消息。

林甫晚年沉溺于歌舞伎，家中侍妾满房。自认为和别人结下怨仇，常忧虑刺客暗中出现，住处门户森严，加许多道锁，墙壁两重而中空，房屋用石头砌成，四周有木板围绕，林甫一个晚上多次迁徙，连家里人也不知道他住在哪儿。林甫有儿子二十五个、女儿二十五个：李岫任将作监，李蓁任司储郎中，李屿任太常少卿；女婿张博齐任鸿胪少卿，郑平任户部员外郎，杜位任右补阙，杨齐宣任谏义大夫，元㧑任京兆府户曹参军。

　　起初，林甫曾梦见一个皮肤洁白脸上多须的高个子男人迫近自己，一接触他便连在一块不能离开。林甫醒过来后，说道："这人的相貌像裴宽，这是裴宽图谋代替我当宰相的缘故。"当时裴宽任户部尚书，兼御史大夫，所以林甫凭借李适之同党的罪名贬逐他。当时杨国忠才任金吾卫胄曹参军，到这时不到十年，林甫去世，国忠终于代替他任宰相，国忠的相貌也像裴宽。国忠平时仇恨林甫，得志之后，便向天子诬告林甫与外族将领阿布思一起拟定叛逆计谋，引诱林甫亲族中平时不喜欢林甫的人作证明。于是天子命令剥夺林甫的官爵，废为平民，李岫、李蓁等林甫的儿子都贬谪到岭南。林甫禀性深沉缜密，心机深隐难测，爱憎从不表现在外表上。自任宰辅大臣，常遵循规则条令，官绅士人，都必须按常规迁转任用，别无其他仕进的门路。所以林甫当宰相二十年，朝廷民间人士怒恨，但又害怕他的威力权势。等到国忠诬陷他谋反，天下人认为是冤枉的。

　　史官说：李林甫靠阿谀奉承往上爬，官做到宰相的最高职位，不惧怕满盈，蔽塞君主的耳目，活着既只致力于陷害人，死了也被别人所陷害，这能不是苍天假借他人之手，来表示降祸给恶人吗！

旧唐书卷一百一十

列传第六十

李光弼

李光弼,营州柳城人。其先,契丹之酋长。父楷洛,开元初,左羽林将军同正、朔方节度副使,封蓟国公,以骁果闻。光弼幼持节行,善骑射,能读班氏《汉书》。少从戎,严毅有大略;起家左卫郎。丁父忧,终丧不入妻室。

天宝初,累迁左清道率兼安北都护府、朔方都虞候。五载,河西节度王忠嗣补为兵马使,充赤水军使。忠嗣遇之甚厚,常云:"光弼必居我位。"边上称为名将。八载,充节度副使,封蓟郡公。十一载,拜单于副使都护。十三载,朔方节度安思顺奏为副使、知留后事。思顺爱其材,欲妻之,光弼称疾辞官。陇右节度哥舒翰闻而奏之,得还京师。禄山之乱,封常清、高仙芝战败,斩于潼关。又以哥舒翰率师拒贼。寻命郭子仪为朔方节度,收兵河西。玄宗眷求良将,委以河北、河东之事,以问子仪,子仪荐光弼堪当阃寄。

十五载正月,以光弼为云中太守,摄御史大夫,充河东节度副使、知节度事。二月,转魏郡太守、河北道采访使,以朔方兵五千会郭子仪军，东下井陉，收常山郡。贼将史思明以卒数万来援常山，追击破之，进收藁城等十余县，南攻赵郡。三月八日，光弼兼范阳长史、河北节度使，拔赵郡。自禄山反，常山为战场，死人蔽野，光弼酹其尸而哭之，为贼幽闭者出之，誓平寇难，以慰其心。六月，与贼将蔡希德、史思明、尹子奇战于常山郡之嘉山，大破贼党，斩首万计，生擒四千。思明露发跣足，奔于博陵，河北归顺者十余郡。

光弼以范阳禄山之巢穴，将先断之，使绝根本。会哥舒翰潼关失守，玄宗幸蜀，人心惊骇。肃宗理兵于灵武，遣中使刘智达追光弼、子仪赴行在，授光弼户部尚书，兼太原尹、北京留守、同中书门下平章事，以景城、河间之卒五千赴太原。时节度王承业军政不修，诏御史崔众交兵于河东。众侮易承业，或裹甲持枪突入承业厅事玩谑之。光弼闻之素不平。至是，交众兵于光弼。众以麾下来，光弼出迎，旌旗相接而不避。光弼怒其无礼，又不即交兵，令收系之。顷中使至，除众御史中丞，怀其敕问众所在。光弼曰："众有罪，系之矣！"中使以敕示光弼，光弼曰："今只斩侍御史；若宣制命，即斩中丞；若拜宰相，亦斩宰相。"中使惧，遂寝之而还。翌日，以兵仗围众，至碑堂下斩之，威震三军。命其亲属吊之。

二年，贼将史思明、蔡希德、高秀岩、牛廷玠等四伪帅率众十余万来攻太原。光弼经河北苦战，精兵尽赴朔方，麾下皆乌合之众，不满万人。思明谓诸将曰："光弼之兵寡弱，可屈指而取太原，鼓行而西，图河陇、朔方，无后顾矣！"光弼所部将士闻之皆惧，议欲修城以待之，光弼曰："城周四十里，贼垂至，今兴功役，是未见敌而自疲矣。"乃躬率士卒百姓外城掘壕以自固。作堑数十万，众莫知所用。及贼攻城于外，光弼即令增垒于内，坏辄补之。贼城外诟詈戏侮者，光弼令穿地道，一夕而擒之，自此贼将行皆视地，不敢逼城。强弩发石以击之，贼骁将劲卒死者十二三。城中长幼咸伏其勤智，懦兵增气而皆欲出战。史思明揣知之，先归，留蔡希德等攻之，月余，我怒而寇怠，光弼率敢死之士出击，大破之，斩首七万余级，军资器械一皆委弃。贼始至及遁，五十余日，光弼设小幕，宿于城东南隅，有急即应，行过府门，未尝回顾。贼退三日，决军事毕，始归府第。转检校司徒，收清夷、横野等军，擒贼将李弘义以归。诏曰："银青光禄大夫、检校司徒、兼户部尚书、同中书门下平章事、兼御史大夫、鸿胪卿、太原尹、北京留守、河东节度副大使、蓟国公光弼，全德挺生，英才间出，干城御侮，坐甲安边。可守司空、兼兵部尚书、中书门下平章事，进封魏国公，食实封八百户。"

乾元元年，与关内节度使王思礼入朝，敕朝官四品已上出城迎谒。迁侍中，改封郑国公。二年七月，制曰："元帅之任，实属于师贞；左军之选，谅资于邦杰。自非道申启沃，学富韬钤，则何以翊分阃而专征，膺凿门而受律。求诸将相，允得其人。司空、兼侍中、郑国公光弼，器识弘远，志怀沉毅，蕴孙、吴之略，有文武之材。往属艰难，备彰忠勇，协风云而经始，保宗社于阽危。由是出备长城，入扶大厦，茂功悬于日月，嘉绩被于岩廊。属残寇犹虞，总戎有命，用择惟贤之佐，式弘建亲之典。必能缉宁邦国，协赞天人，誓于丹浦之师，剿彼绿林之盗。载明朝奖，爰籍旧勋。宜副出车之命，仍践分麾之宠。为天下兵马元帅赵王系之副，知节度行营事。"

八月，兼幽州大都督府长史、河北节度支度营田经略等使，余如故。与九节度兵围安庆绪于相州，拔有日矣。史思明自范阳来救，屡绝粮道，光弼身先士卒，苦战胜之。属大风晦冥，诸将引众而退，所在剽掠，唯光弼所部不散。东京留守崔圆、河南尹苏震南奔襄阳，郭子仪率众屯于谷水。史思明因杀安庆绪，即伪位，纵兵河南。加光弼太尉、兼中书令，代郭子仪为朔方节度、兵马副元帅，以东师委之。左厢兵马使张用济承子仪之宽，惧光弼之令，与诸将颇有异议，欲逗留其众。光弼以数千骑出次汜水县，用济单骑迎谒，即斩于辕门。诸将慴伏，都兵马使仆固怀恩先期而至。

初，光弼次汴州，闻思明悉众且至，谓许叔冀曰："大夫能守此城浃旬，我必将兵来救。"叔冀曰："诺。"光弼还东京，思明至汴，叔冀与战不利，遂与董秦、梁浦、刘从谏率众降思明。贼势甚炽，遣梁浦、刘从谏、田神功等将兵徇江淮，谓之曰："收得其地，每人贡两船玉帛。"思明乘胜而西。光弼整众徐行，至洛，谓留守韦陟曰："贼乘邺下之胜，再犯王畿，宜按甲以挫其锋，不利速战。洛城非御备之所，公计若何？"陟曰："加兵陕州，退守潼关，据险以待之，足挫其锐矣！"光弼曰："此盖兵家常势，非用奇之策也。夫两军相寇，贵进尺寸之间耳。今委五百里而不顾，是张贼势也。若移军河阳，北阻泽潞、三城以抗，胜则擒之，败则自守，表里相应，使贼不敢西侵，此则猿臂之势也。夫辨朝廷之礼，光弼不如公；论军旅之事，公不如光弼。"陟无以应。判官韦损曰："东京帝宅，侍中何不守之？"光弼曰："若守洛城，汜水、崿岭皆须人守，子为兵马判官，能守之乎？"遂移牒留守及河南尹并留司官、坊市居人，出城避寇，空其城，率军士运油铁诸物，以为战守之备。

时史思明已至偃师，光弼悉军赴河阳。贼已至洛城，光弼军方至石桥。日暮，令秉炬徐行，与贼相随，而不敢来犯。乙夜，入河阳三城。排阅守备，号令严明，与士卒同甘苦，咸誓力战。

贼惮光弼威略，顿兵白马寺，南不出百里，西不敢犯宫阙，于河阳南筑月城，掘壕以拒光弼。十月，贼攻城。于中潬城西大破逆党五千余众，斩首千余级，生擒五百余人，溺死者大半。

初，光弼谓李抱玉曰："将军能为我守南城二日乎？"抱玉曰："过期若何？"光弼曰："过期而救不至，任弃也。"抱玉禀命，勒兵守南城。将陷，抱玉绐贼曰："吾粮尽，明日当降。"贼众大喜，敛军以俟之。抱玉复得缮完设备，明日，坚壁请战。贼怒见欺，急攻之。抱玉出奇兵，表里夹击，杀伤甚众，贼帅周挚领军而退。光弼自将于中潬城，城外置栅，栅外大掘堑，阔二丈，深亦如之。周挚舍南城，并力攻中潬。光弼命荔非元礼出劲卒于羊马城以拒贼。光弼于城东北角树小红旗，下望贼军。贼恃众直逼其城，以车二乘载木鹅、蒙冲、斗楼、橦车随其后，督兵填城下堑，三面各八道过其兵，又当堑开栅，各置一门。光弼遥望贼逼城，使人语荔非元礼曰："中丞看贼填堑开栅过兵，居然不顾，何也？元礼报曰："太尉拟守乎，拟战乎？"光弼曰："战。"元礼曰："若战，贼为我填堑，复何嫌也！"光弼曰："吾智不及公，公其勉之！"元礼俟栅开，率其勇敢出战，一逼贼军，退走数百步。元礼料敌阵坚，虽出入驰突，不足破贼，收军稍退，以怠其寇而攻之。光弼望见收军，大怒，使人唤元礼，欲按军令。元礼曰："战正忙，唤作何物？"良久，令军中鼓噪出栅门，徒搏齐进，贼大溃。

周挚复整军押北城而下，将攻之。光弼遽率众入北城，登城望曰："彼虽众，乱而嚣，不足惧也。当为公等日午而破之。"命出将战。及期，不决，谓诸将曰："向来战，何处最坚而难犯？"或曰："西北角。"遽命郝玉曰："尔往击之。"玉曰："玉，步卒也，请骑军五百翼之。"光弼与之三百。又问："何处最坚？"曰："东南隅。"即命论惟贞以所部往击之。对曰："贞，蕃将也，不知步战，请铁骑三百。"与之百。光弼又出赐马四十匹分给，且令之曰："尔等望吾旗而战，若麾旗缓，任尔观望便宜；吾旗连麾三至地，则万众齐入，生死以之，少退者斩无舍。"玉策马赴贼，有一人将援枪刺贼，洞马腹，连刺数人；一人逢贼，不战而退。光弼召不战者斩，赏援枪者绢五百匹。须臾，郝玉奔归。光弼望之，惊曰："郝玉退，吾事危矣。"命左右取玉头来。玉见使者曰："马中箭，非敢败也。"使者驰报，光弼令换马遣之。玉换马复入，决死而前。光弼连麾，三军望旗俱进，声动天地，一鼓而贼大溃，斩万余级，生擒八千余人，军资器械粮储数万计，临陈擒其大将徐璜玉、李秦授、周挚。其大将安太清走保怀州。思明不知挚等败，尚攻南城。光弼悉驱俘囚临河以示之，杀数十人以威之，余众惧，投河赴南岸，光弼皆斩之。初，光弼将战，谓左右曰："战，危事，胜负系之。光弼位为三公，不可死于贼手，苟事之不捷，继之以死。"及是击贼，常纳短刀于靴中，有决死之志，城上面西拜舞，三军感动。

贼既败走，光弼收怀州，思明来救，迎击于沁水之上，又败之。城将安太清极力拒守，月余不下。光弼令仆固怀恩、郝玉由地道而入，得其军号，乃登陴大呼，我师同登，城遂拔。生擒安太清、周挚、杨希文等，送于阙下，即日怀州平。以功进爵临淮郡王，累加实封至一千五百户。

观军容使鱼朝恩屡言贼可灭之状，朝旨令光弼速收东都。光弼屡表："贼锋尚锐，请候时而动，不可轻进。"仆固怀恩又害光弼之功，潜附朝恩，言贼可灭。由是中使督战，光弼不获已，进军列阵于北邙山下。贼悉精锐来战，光弼败绩，军资器械并为贼所有。时李抱玉亦弃河阳，光弼渡河保闻喜。朝旨以怀恩异同致败，优诏征之。光弼自河中入朝，抗表请罪，诏释之。光弼恳让太尉，遂加开府仪同三司、侍中、河南尹、行营节度使；俄复拜太尉，充河南、淮南、山南东道、荆南等副元帅，侍中如故，出镇临淮。史朝义乘邙山之胜，寇申、光等十三州，自领精骑围李岑于宋州。将士皆惧，请南保扬州，光弼径赴徐州以镇之，遣田神功击败之。浙东贼首袁晁攻剽郡县，浙东大乱，光弼分兵除讨，克定江左，人心乃安。

初，光弼将赴临淮，在道昇疾而行。监军使以袁晁方扰江淮，光弼兵少，请保润州以避其锋。光弼曰："朝廷寄安危于我，今贼虽强，未测吾众寡，若出其不意，当自退矣。"遂径往泗州。光弼未至河南也，田神功平刘展后，逗留于扬府，尚衡、殷仲卿相攻于兖、郓，来瑱旅拒于襄阳，朝廷患之。及光弼轻骑至徐州，史朝义退走，田神功遽归河南，尚衡、殷仲卿、来瑱皆惧其威名，相继赴阙。宝应元年，进封临淮王，赐铁券，图形凌烟阁。

广德初，吐蕃入寇京畿，代宗诏征天下兵。光弼与程元振不协，迁延不至。十月，西戎犯京师，代宗幸陕。朝廷方倚光弼为援，恐成嫌疑，数诏问其母。吐蕃退，乃除光弼东都留守，以察其去就。光弼伺知之，辞以久待敕不至，且归徐州，欲收江淮租赋以自给。代宗还京，二年正月，遣中使往宣慰。光弼母在河中，密诏子仪与归京师。其弟光进，与李辅国同掌禁兵，委以心膂。至是，以光进为太子太保、兼御史大夫、凉国公、渭北节度使，上遇之益厚。

光弼御军严肃，天下服其威名，每申号令，诸将不敢仰视。及惧朝恩之害，不敢入朝，田神功等皆不禀命，因愧耻成疾，遣衙将孙珍奉遗表自陈。广德二年七月，薨于徐州，时年五十七。辍朝三日，赠太保，谥曰武穆。光弼既疾亟，将吏问以后事，曰："吾久在军中,不得就养,既为不孝子,夫复何言!"因取已封绢布各三千匹、钱三千贯文分给将士。部下护丧柩还京师。代宗遣中官开府鱼朝恩吊问其母于私第,又命京兆尹第五琦监护丧事。十一月,葬于三原,诏宰臣百官祖送于延平门外。母李氏,有须数十茎,长五六寸,以子贵,封韩国太夫人,二子皆节制一品。光弼十年间三入朝,与弟光进在京师,虽与光弼异母,性亦孝悌,双旌在门,鼎味就养,甲第并开,往来追欢,极一时之荣。

史官曰:凡言将者,以孙、吴、韩、白为首。如光弼至性居丧,人子之情显矣,雄才出将,军旅之政肃然。以奇用兵,以少败众,将今比古,询事考言,彼四子者,或有惭德。邙山之败,阃外之权之专;徐州之留,君侧之人伺隙。失律之尤虽免,匪躬之义或亏,令名不全,良可惜也。然阃外之事,君侧之人,得不慎诸!

译文:

李光弼,营州柳城人。他的祖先是契丹的酋长。父亲楷洛,开元初年,任左羽林将军同正、朔方节度副使,封蓟国公,以骁勇果敢闻名于世。光弼自幼修持操行,擅长骑射,能读班固《汉书》。年少从军,威严刚毅,有杰出的谋略,最初任左卫郎将。因父丧辞官,整个守丧期间,不进入妻子的房间。

天宝初年,光弼经多次升迁任左清道率,兼安北都护府都护、朔方节度都虞候。五载,河西节度使王忠嗣委派他为河西兵马使,充任赤水军使。忠嗣待他恩情深厚,常说:"光弼一定会担任我现在的官职。"边地上称光弼为名将。八载,光弼充任河西节度副使,封蓟郡公。十一载,拜单于大都护府副大都护。十三载,朔方节度使安思顺上报朝廷,以光弼为朔方节度副使,执掌朔方节度留后的事务。思顺喜爱光弼的才干，想把女儿嫁给他，光弼声称有病辞去官职。陇右节度使哥舒翰知道这事后上报朝廷，使光弼得以回京。安禄山的叛乱发生后，封常清、高仙芝打了败仗，在潼关被处斩。朝廷又派哥舒翰率领军队抵御贼寇。接着朝廷任命郭子仪为朔方节度使，到河西征集军队。玄宗思求良将，以便把河北、河东的军务托付给他，询问子仪，子仪推荐光弼能担当将帅的重任。

天宝十五载正月，玄宗以光弼为云中太守，代理御史大夫，充任河东节度副使，执掌节度使的事务。二月，转任魏郡太守、河北道采访使，率领朔方的军队五千同郭子仪的部队会合，东下井陉，收复常山郡。贼将史思明带领兵士数万来援救常山，光弼追击贼兵，打败了它，于是进兵收复藁城等十余县，又往南攻打赵郡。三月八日，光弼兼任范阳长史、河北节度使，攻克赵郡。自从禄山造反，常山郡就成为战场，那里死尸遍野，光弼以酒洒地，哭祭死者，释放被贼寇幽禁的人，发誓平定贼寇的祸乱，使受害者的心灵得到安慰。六月，光弼与贼将蔡希德、史思明、尹子奇在常山郡的嘉山作战，光弼大破贼军，斩首级以万计算，活捉敌兵四千。在这次战斗中，思明丢了帽子，光着脚逃往博陵，这时河北地区归顺朝廷的有十余郡。

光弼认为范阳是安禄山的巢穴，准备先拿下它，使贼冠丧失根据地。恰巧哥舒翰打败仗，潼关失守，玄宗逃往蜀地，人心震惊。肃宗在灵武训练军队，派宫中的使者刘智达追光弼、子仪，要他们到天子所在的地方，于是肃宗授给光弼户部尚书，兼太原尹、北京留守、同中书门下平章事，命他率领景城、河间的士兵五千赴太原。当时的河东节度使王承业军政事务没治理好，天子命令御史崔众到河东让承业交出军队。崔众欺负、轻视承业，有时穿甲持枪冲入承业私宅的堂屋戏弄承业。光弼听说这事后一直感到不平。到这时候，朝廷命令崔众把军队交给光弼。崔众率领部下来见光弼，光弼出迎，两方旌旗相接而崔众不退避。光弼对他的无礼感到生气，崔众又不立即交出军队，于是光弼下令逮捕他。一会儿宫中的使者到来，任命崔众为御史中丞，使者怀藏敕书问崔众在那里。光弼说："崔众有罪，我已逮捕他了！"使者拿敕书给光弼看，光弼说："现在只斩侍御史；如果宣布诏令，就斩御史中丞；如果拜为宰相，也斩宰相。"使者害怕，于是没有宣布诏令便回去了。第二天，光弼让士兵们手拿武器，把崔众围在中间，押送到碑堂下斩首，声威震动全军。光弼命令崔众的亲属对崔众的死表示哀悼。

至德二年，贼军的四个伪帅史思明、蔡希德、高秀岩、牛廷玠率领十多万军队来攻太原。光弼经过在河北的苦战，精锐部队全到了朔方，当时他的部下都是乌合之众，不满一万人。思明对将领们说："光弼的军队少而弱，我们可弯着手指计算日子而拿下太原，然后向西进军，谋取河西、陇右、朔方，这样就不会有后顾之忧了！"光弼部下的将士听说敌兵来犯都很害怕，商议要增修城墙以对付敌人，光弼说："太原城周围四十里，贼兵马上就要到了，现在兴立工程，这是还没有见到敌人而先使自己疲劳。"于是光弼亲自率领士兵百姓在城外挖壕以使自己的防守巩固。光弼又造土坯数十万个，大家不知道做什么用。等到贼寇在外面攻城，光弼就命令在城内有土坯增高营垒，营垒坏了立即用土坯修补。贼寇中有一些专在城外辱骂、戏侮唐军的人，光弼下令挖地道，由地道中出击，一个晚上就将他们捉住，从此贼兵走路都先看地，不敢逼近太原城。光弼又用强弩发射石块打击敌人，贼寇的精兵骁将被打死的有十之二三。城中不论年长年幼全佩服光弼的勤劳智慧，连怯懦的士兵也勇气倍增都想出战。史思明揣测到城中的这种情况，先自己撤走，留下蔡希德等攻城。经过一个多月，我军士气旺盛而贼寇松懈，于是光弼率领敢于赴死的战士出击，大破敌军，斩首级七万多，其他敌兵全都扔下军资器械逃走。贼寇从开始攻城到逃走，共五十多天，光弼一直在城东南角张设一顶小帐篷，自己住在里面，有紧急情况立即应付，连走过自家府第门口，也不曾回头看一下。贼寇退走后三天，光弼处理军务完毕，才回府第休息。光弼转任检校司徒。又收复清夷、横野等军，捉住贼将李弘义而回。天子的诏书说："银青光禄大夫、检校司徒、兼户部尚书、同中书门下平章事、兼御史大夫、鸿胪卿、太原尹、北京留守、河东节度副大使、蓟国公光弼，道德完美，才能杰出，是隔代才出现的英才。卿捍卫国家，抗御欺侮，披甲待敌，安定边地。可任司空，兼兵部尚书、中书门下平章事，进封魏国公，赐给八百个封户。"

乾元元年，光弼与关内节度使王思礼一起入朝，天子命令朝廷中四品以上官员出城迎接和晋见光弼。光弼迁任侍中，改封郑国公。乾元二年七月，天子下诏说："元帅的任用，实应归属于军队中的正臣；东路军统领的选择，确须依托于国家的杰出人才。假如不是道德能一再竭诚忠告君主，学识极富有用兵的韬略，那么靠什么辅助元帅专掌某方军事，担当受命出征的重任？从将相中寻找，确实得到了合适的人选。司空兼侍中、郑国公光弼，器量见识宏大高远，志向怀抱深沉刚毅，怀藏孙武、吴起的谋略，兼备文武的才干。从前遇到时世艰难，完全显露出忠勇的品质，君臣遇合开始经营天下，在面临危险的时刻保护了宗庙社稷。从此出外充当保卫国家的长城，入内支撑朝廷的大厦，丰功如日月高悬，伟绩惠及于朝廷。正遇到残敌仍堪忧虑，统帅有令,选用贤能的辅佐,打破任用亲属的常规。一定能安定国家,协同赞助上天、下民,告诫丹水之滨的军队,消灭那绿林的盗贼。明白朝廷的勉励,凭借旧日的功勋,应当辅助完成出征的使命,继续经历统兵做将的荣耀。任命光弼为天下兵马元帅赵王系的辅佐,执掌节度行营的事务。"

八月,光弼兼任幽州大都督府长史、河北节度支度营田经略等使,其他官爵依旧。光弼同九节度使的军队一起在相州包围安庆绪,攻克它已指日可待。史思明领兵自范阳来援救安庆绪,多次截断我军的运粮通道,光弼身先士卒,与敌苦战,打败了它。正好遇上刮大风,天色昏暗,诸将各自领兵退走,所到之地,大肆抢劫,只有光弼的部队纪律严明不散乱。东京留守崔圆、河南尹苏震往南跑到襄阳,郭子仪率领部队屯驻于谷水。于是,史思明杀掉安庆绪,即伪皇帝位,发兵到河南。朝廷加授光弼太尉,兼中书令,让他代替郭子仪任朔方节度使、天下兵马副元帅,把关东的部队都交付给光弼。左厢兵马使张用济接受郭子仪的宽,害怕李光弼的军令,(对光弼代替子仪为帅)同诸将很有不同的意见,想要停住自己的部队(不按光弼的命令开往指定地点)。光弼率数千骑兵东行停留在氾水县,用济单人匹马前来迎接和晋见光弼,光弼就在营门外将他斩首。诸将因畏惧而屈服,都兵马使仆固怀恩在规定的期限以前到达了指定地点。

起初,光弼停留在汴州,听说思明率领全军即将到达,对汴滑节度使许叔冀说:"大夫能守住这城十天,我一定率兵来救援。"叔冀说:"是。"光弼回东京,思明到汴州,叔冀与思明作战失利,于是同董秦、梁浦、刘从谏一起带领军队投降思明。贼寇的势力很强,思明派遣梁浦、刘从谏、田神功等领兵夺取江淮地区,对他们说:"拿下那地方,每人给我进贡两船玉器、丝织物。"思明乘胜向西进攻。光弼整顿阅队徐徐退却,到了洛阳,对东京留守韦陟说:"贼寇乘在邺下获胜之势,再次进犯东京,应当按兵不动以挫折敌人的锋芒,与敌速战是不利的。洛城不是抵御敌人的地方,您有什么计策?"韦陟说:"增兵陕州,退守潼关,占据险要之地以对付敌人,可以挫折敌人的锐气!"光弼说:"这大体是军事家的通常做法,不是出奇制胜的策略。两军对抗,能推进一尺一寸之地也是重要的。现在丢弃五百里的地方而不顾,这是扩大敌军的声势。如果我军移驻河阳,北依恃泽潞、三城以抗击敌人,胜就出兵擒敌,败则自己退守,内外相应,使贼寇不敢西进,这就形成像猿猴的手臂那样可伸可缩的态势。分辨朝廷的礼仪,光弼不如您;议论作战的事情,您不如光弼。"韦陟回答不上来。判官韦损说:"东京是皇帝的住处,侍中为什么不守住它呢?"光弼说:"如果守住洛城,那么汜水、崿岭都需要有人防守,你当兵马判官,能守住它呢?"于是光弼发送文书给东京留守及河南尹和设在东京的中央官署的分部的官吏、东京坊市的居民,让他们出城躲避敌人,使东京成为空城,光弼率领军士运送油、铁等物往河阳,做作战和防守的准备。

当时史思明已到偃师,光弼率全军赴河阳。贼寇已到洛城,光弼的军队才到石桥。这时天色已黑,光弼命令军士手持火拒缓慢行进,贼寇领兵相随,而不敢来犯。二更时候,光弼进入河阳三城。他安排和考察部队的设防,号令严明,与士卒同甘苦,大家都立誓要尽力作战。贼寇害怕光弼的声威谋略,驻军于白马寺,往南不敢走出百里以外,往西不敢进犯皇宫,在河阳南边筑半圆形的小城,并挖壕沟以抵御光弼。十月,贼寇攻打河阳城。光弼在河阳中潭城西大破叛党的军队五千余人,斩首级一千余,活捉五百余人,其余大半被淹死。

起初，光弼对李抱玉说："将军能为我守住河阳南城两天吗？"抱玉说："过期怎么办？"光弼说："过期而救兵不到，任你弃城而走。"抱玉受命，统率军队守卫南城。城即将被攻陷，抱玉欺骗贼寇说："我的粮食已用完，明天当投降。"贼寇们非常高兴，收兵等待投降的时间到来。于是，抱玉得以修治和完善设备。第二天，加固壁垒，要求再战。贼寇因受欺骗而发怒，疾速攻城。抱玉出奇兵，内外夹攻，杀伤很多敌人，贼寇首领周挚带领部队退走。光弼自己领兵居中潬城，城外设置栅栏，栅栏外大挖壕沟，阔两丈，深也一样。周挚舍弃南城，合力攻中潬城。光弼命令荔非元礼带出一些精壮士兵在城外的羊马城抵御贼寇。光弼在城东北角立一面小红旗，下望敌军。贼寇依仗人多直逼羊马城，随军队之后，用两辆大车装载木鹅、蒙冲、斗楼等攻城器具，又督促士兵填城下的壕沟，城的三面各填八条路以通过军队，又正对着路打开栅栏，各设一门。光弼远远望见贼寇逼近城下，派人对荔非元礼说："中丞看到贼寇填壕沟破栅栏准备通过军队，居然不管不顾，这是为什么呢？"元礼报告说："太尉是打算防守呢，还是打算出战？"光弼说："打算出战。"元礼说："如果出战，贼寇为我们填壕沟，又有什么可讨厌的呢！"光弼说："我的才智赶不上您，您努力吧！"元礼等到栅栏被打开，就率领他手下有勇气胆量的士兵出战，一逼近敌军，敌军便往后退数百步。元礼预料敌人的战阵坚固，虽然来回奔驰冲撞，也不能够破敌，于是收兵略往后退，以等待敌寇松懈而后再攻击他们。光弼望见元礼收兵，大怒，派人唤元礼来，准备按军令处置。元礼说："作战正忙，唤我做什么？"过了很久，元礼命令军队击鼓呼叫冲出栅门，徒步搏斗一起奋进，贼寇大败。

周挚又整顿军队压向河阳北城，准备进攻它。光弼迅速率部队进入北城，登上城楼观望敌军，说道："他们虽然人多，但混乱而喧闹，不值得害怕。我当替你们在中午击败他们。"命令将领们出战。到了中午，胜负未定，光弼对将领们说："近来作战，敌阵哪个地方最坚固难攻？"有人说："西北角。"光弼立即命令郝玉说："你去攻打那个地方。"郝玉说："郝玉带的是步兵，请派五百名骑兵协助。"光弼给他三百名骑兵。光弼又问："还有哪个地方最坚固？"回答说："东南角。"立即命令论惟贞率领自己的部队去攻打东南角。论惟贞回答说："我论惟贞是外族将领，不懂得步行作战，请给骑兵三百名。"光弼给他一百名。光弼又牵出天子赐给的马四十四分给郝玉等人，并且命令他们说："你们大家看我的旗子而行动，如果旗子挥动缓慢，任凭你们见机行事；我的旗子如果连续挥动三次到地上，就要万众一心冲入敌阵，生死不顾，稍微后退的立即斩首，决不放过。"郝玉用鞭子打马，奔赴敌阵，唐军有一个将领持枪刺敌，刺穿了敌人战马的肚子，又接连刺杀了好几个敌兵；有一个人遇到敌人，不战而退。光弼喊来不战而退的人，将他斩首，赏给持枪刺敌的将领绢五百匹。过了一会儿，郝玉跑回。光弼望见他，吃惊地说道："郝玉后退，我的事就危急了！"命令旁边的人取郝玉的头来。郝玉见到光弼派去的使者说道："我的马中箭了，岂敢败退。"使者跑回来报告，光弼让郝玉换一下马，又派他出战。郝玉换过马后又冲入敌阵，决心战死，奋勇向前。光弼连续挥动旗子，全军看到旗子后一起前进，喊声震动天地，进军一次贼寇就大败，斩首级一万多，活捉八千余人，得到的军资器械粮食有数万，在阵上捉住敌军的大将徐璜玉、李秦授。敌军的大将安太清逃到怀州交守住它。思明不知道周挚等打了败仗，还在进攻南城。光弼驱赶所有俘虏到黄河上让史思明看，杀了数十个俘虏以震慑敌人，其他俘虏害怕，纷纷投入黄河往南岸跑，光弼都杀了他们。起初，光弼即将作战，对左右的将士说："战争，是危险的事情，与胜负相关。光弼居于三公的高位，不可死于贼寇之手，如果事情不能成功，接着我将自杀。"到这次打击敌人，光弼经常把短刀放到长筒鞋里，有决心一死的志向，战斗打响前又在城上向西行跪拜礼，全军都被感动。

贼寇败逃之后，光弼准备收复怀州，史思明率兵援救，光弼在沁水上迎击史思明，又打败了他。怀州城守将安太清极力抵御，历时一个多月怀州未能攻下。光弼命令仆固怀恩、郝玉由地道进入怀州，得到敌军的口令，于是登上城上的女墙大声呼喊，我军由城外一起登城，于是怀州被攻克。活捉安太清、周挚、杨希文等，送往京师，当日怀州平定。光弼因立功晋爵临淮郡王，累计赠赐的封户达到一千五百。

观军容使鱼朝恩多次向天子报告贼寇可以马上消灭的情况，圣旨命令光弼迅速收复东都。光弼多次上表说："贼寇的锋芒还锐利，请待机而动，不可轻易进兵。"仆固怀恩又妒忌光弼的功劳，暗中依附朝恩，说贼寇可以消灭。因此朝廷派宫中的使者督战，光弼不得已而进兵，列阵于北邙山下。贼寇调集全部精锐部队来战，光弼大败，军资器械都被贼寇夺走。当时李抱玉也丢弃河阳，光弼渡过黄河守卫闻喜。朝廷认为由于怀恩没按光弼的意见去做而招致失败，因而下达优厚的敕令征召光弼入朝。光弼自河中府入朝，上表请罪，天子下诏免罪。光弼恳切地请求把太尉的官职让给别人，于是朝廷加授他开府仪同三司、侍中、河南君、行营节度使；不久又拜太尉，充任河南、淮南、山南东、荆南等道副元帅，仍兼侍中，出镇临淮。史朝义乘在邙山获胜之势，进犯申、光等十三州，亲自率领精壮骑兵在宋州包围李岑。唐军将士都恐惧，请求光弼往南守卫扬州，光弼不从，直趋徐州以镇压贼寇，派田神功击败了史朝义。浙东盗贼首领袁晁攻掠郡县，浙东大乱，光弼分兵讨伐，攻克、平定江东，于是民心安定。

起初，光弼将赴临淮，在路上抱病而行。监军使认为袁晁正骚扰江、淮地区，光弼的军队少，请求往南守卫润州以避开袁晁的锋芒。光弼说："朝廷把国家的安危托付给我，现在贼寇虽强，但不知道我的兵少，如果出其不意，贼寇当会自己退走。"于是直接往泗州去。光弼还没到河南的时候，田神功在平定刘展之后，逗留于扬州府，尚衡、殷仲卿在兖州、郓州之间相互攻伐，来瑱在襄阳聚众抗命，朝廷认为是祸患。等到光弼率轻装的骑兵到徐州，史朝义退走，田神功便迅速回到河南，尚衡、殷仲卿、来瑱都害怕光弼的声势，也相继入朝。宝应元年，朝廷进封光弼为临淮王，赐给他铁券，又在凌烟阁画他的像。

广德初年，吐蕃入侵长安附近地区，代宗下令征调全国的军队。光弼与程元振不和，拖延时间不带兵到长安。十月，吐蕃进犯京师，代宗逃到陕州。朝廷正想依赖光弼救援，害怕发生猜疑，多次下诏慰问他的母亲。吐蕃退兵，于是朝廷任命光弼为东都留守，以观察他的动向。光弼测知朝廷的用意，报告说因久等天子的敕令不到，姑且领兵回徐州，打算收取江淮的租税以供应自己的部队。代宗回京，广德二年正月，派宫中的使者前去安抚光弼。光弼的母亲在河中府，天子密令子仪用车送她回京师。光弼的弟弟光进，与李辅国一起掌管禁军，被当作亲信对待。到这时候，又任命光进为太子太保，兼御中大夫、凉国公、渭北节度使，皇上待他的恩情更加深厚。

光弼治军严肃，天下人佩服他的声威，每次发布号令，诸将不敢仰视。等到害怕鱼朝恩的陷害，不敢入朝，田神功等将领便都不接受他的命令，光弼因此愧恨成疾，派节镇军官孙珍进献遗表自述心迹。广德二年七月，光弼在徐州逝世，当时五十七岁。朝廷停止办公三天，赠给他太保的官职，定谥号为"武穆"。光弼病情危急的时候，部将官吏询问他后事如何处理，光弼说："我长期在军队里，不能奉养老母，既然是不孝之子，还说什么呢！"于是拿出已封存的绢布各三千匹，钱三千贯分发给将士。光弼的部下护送光弼的灵柩回京师。代宗派宦官开府仪同三司鱼朝恩到光弼的私宅向他的母亲表示哀悼和慰问，又命令京兆尹第五琦监督治丧事务。十一月，光弼葬于三原县，天子命令宰相百官在延平门外设奠为光弼送行。光弼的母亲李氏，有胡须数十根，长五六寸，由于儿子尊贵，封韩国太夫人，两个儿子都任节度使、一品官。光弼十年间三次入朝，与弟弟光进同在京师，光进虽和光弼不同母，性情也孝顺友爱，兄弟两人都有双旌双节在门，用各种美味奉养老母，头等的宅第并立，老母往来寻求欢乐，极尽一时的荣耀。

史官说：人们一谈到将军，就把孙武、吴起、韩信、白起列为首位。至于像光弼，服丧时表现出孝亲之性，做儿子应有的感情很显明；凭杰出的才智出任将帅，军中的政令整肃。指挥作战能出奇谋，以少胜多。将今人与古人相比，考察他们的言行，前面所提的那四个人，比起光弼，或许会因行事有缺点而内愧于心。邙山的失败，是由于在外统兵的权力不能独自掌握；徐州的滞留，是因为君主左右的恶人正窥测可乘之机。作战失利的过错虽能免除，尽忠不顾身的大义却难免不受损，美名不完善，确实可惜啊。不过在外统兵的事，君主左右的恶人，能不谨慎对待吗！

旧唐书卷一百六十

列传卷第一百一十

柳宗元

柳宗元字子厚，河东人。后魏侍中济阴公之系孙。曾伯祖奭，高宗朝宰相。父镇，太常博士，终侍御史。宗元少聪警绝众，尤精西汉《诗》《骚》。下笔构思，与古为侔。精裁密致，璨若珠贝。当时流辈咸推之。登进士第，应举宏辞，授校书郎、蓝田尉。贞元十九年，为监察御史。

顺宗即位，王叔文、韦执谊用事，尤奇待宗元。与监察吕温密引禁中，与之图事。转尚书礼部员外郎。叔文欲大用之，会居位不久，叔文败，与同辈七人俱贬。宗元为邵州刺史，在道，再贬永州司马。既罹窜逐，涉履蛮瘴，崎岖堙厄，蕴骚人之郁悼，写情叙事，动必以文。为骚文十数篇，览之者为之凄恻。

元和十年，例移为柳州刺史。时朗州司马刘禹锡得播州刺史，制书下，宗元谓所亲曰："禹锡有母年高，今为郡蛮方，西南绝域，往复万里，如何与母偕行。如母子异方，便为永诀。吾于禹锡为执友，胡忍见其若是？"即草章奏，请以柳州授禹锡，自往播州。会裴度亦奏其事，禹锡终易连州。

柳州土俗，以男女质钱，过期则没入钱主，宗元革其乡法。其已没者，仍出私钱赎之，归其父母。江岭间为进士者，不远数千里皆随宗元师法；凡经其门，必为名士。著述之盛，名动于时，时号柳州云。有文集四十卷。元和十四年十月五日卒，时年四十七。子周六、周七，才三四岁。观察使裴行立为营护其丧及妻子还于京师，时人义之。

译文：

柳宗元字子厚，河东人。后魏侍中济阴公的远世子孙。曾伯祖父柳奭，是高宗朝的宰相。父亲柳镇，曾任太常博士，最后官做到侍御史。宗元从小就聪慧敏捷，超越常人，特别精于撰写西汉体古文、诗歌、骚体赋，下笔构思，能与古人并驾齐驱，经过精心剪裁细密安排，看上去就像宝珠珍贝那样灿烂，当时的同辈无不推重他。宗元参加进士科考试中第，又应博学宏辞举中第，先后任校书郎、蓝田县尉。贞元十九年，任监察御史。

顺宗即位，王叔文、韦执谊掌权，对宗元特别另眼相看。将他和监察御史吕温秘密引入宫中，与他们商议国事。接着宗元升任尚书省礼部员外郎。叔文还要重用他，正好在职不久叔文就失败，宗元与同辈七人都被贬逐。宗元贬为邵州刺史，在赴任途中，又贬为永州司马。宗元既遭放逐，经历南方多瘴气之地，道路崎岖艰险，胸中蓄积了《离骚》作者的那种郁愤哀伤，无论写情叙事，一动笔皆成文章。他写成骚体文十余篇，人们读了无不为之伤感。

元和十年，宗元按常例移任柳州刺史。当时郎州司马刘禹锡移任播州刺史，诏书下达后，宗元对自己亲近的人说："禹锡的母亲年纪已经很大，现在禹锡要到南蛮居住区去当刺史，那里地处西南边疆，往返有万里之遥，怎么能带着母亲一起走？如果母子各在一地，那就等于永别。我同禹锡是志同道合的朋友，怎么忍心看到他这样！"于是立即写奏章，请求把柳州刺史的职务授给禹锡，自己到播州去当刺史。正好裴度也向天子报告禹锡母亲年老的事，禹锡终于改任连州刺史。

柳州的地方风俗，借钱用子女作抵押，过期不还就没入钱主作奴婢，宗元到任后革除这种风俗。那种已没为奴婢的人，宗元也拿出私钱将他们赎回，送还给他们的父母。长江、五岭之间想考进士科的人，都不以数千里为远来柳州随宗元学习，凡出自他门下的，一定成为名士。宗元著述之多，声名震动当世，人们称他为"柳州"。有文集四十卷传世。元和十四年十月五日逝世，当时四十七岁。儿子周六、周七，这时才三四岁。观察使裴行立为宗元治理丧事并护送灵柩和他的妻儿回京师，当时人称赞行立讲道义。

史记

汉书

后汉书

三国志

晋书

宋书

南齐书

梁书

陈书

魏书

北齐书

周书

隋书

南史

北史

旧唐书

新唐书

旧五代史

新五代史

宋史

辽史

金史

元史

明史

新唐书

列 传

新唐书卷七十六

列传第一

武皇后

高宗则天顺圣皇后武氏,并州文水人。父士彟,见《外戚传》。文德皇后崩,久之,太宗闻士彟女美,召为才人,方十四。母杨,恸泣与诀,后独自如,曰:"见天子庸知非福,何儿女悲乎?"母韪其意,止泣。既见帝,赐号武媚。及帝崩,与嫔御皆为比丘尼。高宗为太子时,入侍,悦之。王皇后久无子,萧淑妃方幸,后阴不悦。它日,帝过佛庐,才人见且泣,帝感动。后廉知状,引内后宫,以挠妃宠。

才人有权数,诡变不穷。始,下辞降体事后,后喜,数誉于帝,故进为昭仪。一旦顾幸在萧右,寖与后不协。后性简重,不曲事上下,而母柳见内人尚宫无浮礼,故昭仪伺后所薄,必款结之,得赐予,尽以分遗。由是后及妃所为必得,得辄以闻,然未有以中也。昭仪生女,后就顾弄,去,昭仪潜毙儿衾下,伺帝至,阳为欢言,发衾视儿,死矣。又惊问左右,皆曰:"后适来。"昭仪即悲涕,帝不能察,怒曰:"后杀吾女,往与妃相谗媚,今又尔邪!"由是昭仪得入其訾,后无以自解,而帝愈信爱，始有废后意。久之，欲进号"宸妃"，侍中韩瑗、中书令来济言："妃嫔有数，今别立号，不可。"昭仪乃诬后与母厌胜，帝挟前憾，实其言，将遂废之。长孙无忌、褚遂良、韩瑗及济濒死固争，帝犹豫；而中书舍人李义府、卫尉卿许敬宗素险侧，狙势即表请昭仪为后，帝意决，下诏废后。诏李勣、于志宁奉玺绶进昭仪为皇后，命群臣及四夷酋长朝后肃义门，内外命妇入谒。朝皇后自此始。

后见宗庙，再赠士彟至司徒，爵周国公，谥忠孝，配食高祖庙。母杨，再封代国夫人，家食魏千户。后乃制《外戚诫》献诸朝，解释讥诼。于是逐无忌、遂良，踵死徙，宠煽赫然。后城府深，痛柔屈不耻，以就大事，帝谓能奉己，故扳公议立之。已得志，即盗威福，施施无惮避，帝亦懦昏，举能钳勒，使不得专，久稍不平。麟德初，后召方士郭行真入禁中为蛊祝，宦人王伏胜发之，帝怒，因是召西台侍郎上官仪，仪指言后专恣，失海内望，不可承宗庙，与帝意合，乃趣使草昭废之。左右驰告，后遽从帝自诉，帝羞缩，待之如初，犹意其恚，且曰："是皆上官仪教我！"后讽许敬宗构仪，杀之。

初，元舅大臣怫旨，不阅岁屠覆，道路目语，及仪见诛，则政归房帷，天子拱手矣。群臣朝、四方奏章，皆曰"二圣"。每视朝，殿中垂帘，帝与后偶坐，生杀赏罚惟所命。当其忍断，虽甚爱，不少隐也。帝晚益病风不支，天下事一付后。后乃更为太平文治事，大集诸儒内禁殿，撰定《列女传》《臣轨》《百僚新诫》《乐书》等，大氐千余篇。因令学士密裁可奏议，分宰相权。

始，士彟娶相里氏，生子元庆、元爽。又娶杨氏，生三女：伯嫁贺兰越石，蚤寡，封韩国夫人；仲即后；季嫁郭孝慎，前死。杨以后故，宠日盛，徙封荣国。始，兄子惟良、怀运与元庆等遇杨及后礼薄，后衔不置。及是，元庆为宗正少卿，元爽少府少监，惟良司卫少卿，怀运淄州刺史。它日，夫人置酒，酣，谓惟良曰："若等记畴日事乎？今谓何？"对曰："幸以功臣子位朝廷，晚缘戚属进，忧而不荣也。"夫人怒，讽后伪为退让，请惟良等外迁，无示天下私。繇是，惟良为始州刺史；元庆，龙州；元爽，濠州，俄坐事死振州。元庆至州，忧死。韩国出入禁中，一女国姝，帝皆宠之。韩国卒，女封魏国夫人，欲以备嫔职，难于后，未决。后内忌甚，会封泰山，惟良、怀运以岳牧来集，从还京师，后毒杀魏国，归罪惟良等，尽杀之，氏曰"蝮"，以韩国子敏之奉士彟祀。初，魏国卒，敏之入吊，帝为恸，敏之哭不对。后曰："儿疑我！"恶之。俄贬死。杨氏徙郑、卫二国，咸亨元年卒，追封鲁国，谥忠烈，诏文武九品以上及五等亲与外命妇赴吊，以王礼葬咸阳，给班剑、葆仗、鼓吹。时天下旱，后伪表求避位，不许。俄又赠士彟太尉兼太子太师、太原郡王，鲁国忠烈夫人为妃。

上元元年，进号天后，建言十二事：一、劝农桑，薄赋徭；二、给复三辅地；三、息兵，以道德化天下；四、南北中尚禁浮巧；五、省功费力役；六、广言路；七、杜谗口；八、王公以降皆习老子；九、父在为母服齐衰三年；十、上元前勋官已给告身者无追核；十一、京官八品以上益廪入；十二、百官任事久，材高位下者得进阶申滞。帝皆下诏略施行之。

萧妃女义阳、宣城公主幽掖廷，几四十不嫁，太子弘言于帝，后怒，酖杀弘。帝将下诏逊位于后，宰相郝处俊固谏，乃止。后欲外示宽裕，劫人心使归己，即奏言："今群臣纳半俸、百姓计口钱以赡边兵，恐四方妄商虚实，请一罢之。"诏可。

仪凤三年，群臣、蕃夷长朝后于光顺门。即并州建太原郡王庙。帝头眩不能视，侍医张文仲、秦鸣鹤曰："风上逆，砭头血可愈。"后内幸帝殆，得自专，怒曰："是可斩，帝体宁刺血处邪？"医顿首请令。帝曰："医议疾，乌可罪？且吾眩不可堪，听为之！"医一再刺，帝曰："吾目明矣！"言未毕，后帝中再拜谢，曰："天赐我师！"身负缯宝以赐。

帝崩，中宗即位，天后称皇太后，遗诏军国大务听参决。嗣圣元年，太后废帝为庐陵王，自临朝，以睿宗即帝位。后坐武成殿，帝率群臣上号册。越三日，太后临轩，命礼部尚书摄太尉武承嗣、太常卿摄司空王德真册嗣皇帝。自是太后常御紫宸殿，施惨紫帐临朝。追赠五世祖后魏散骑常侍克己为鲁国公，妣裴即其国为夫人；高祖齐殷州司马居常为太尉、北平郡王，妣刘为王妃；曾祖永昌王谘议参军、赠齐州刺史俭为太尉、金城郡王，妣宋为王妃；祖隋东郡丞、赠并州刺史、大都督华为太尉、太原郡王，妣赵为王妃。皆置园邑，户五十。考为太师、魏王，加实户满五千，妣为王妃，王园邑守户百。时睿宗虽立，实囚之，而诸武擅命。又谥鲁国公曰靖，裴为靖夫人；北平郡王曰恭肃，金城郡王曰义康，太原郡王曰安成，妃从夫谥。太后遣册武成殿使者告五世庙室。

于是柳州司马李敬业、括苍令唐之奇、临海丞骆宾王疾太后胁逐天子，不胜愤，乃募兵杀扬州大都督府长史陈敬之，据州欲迎庐陵王，众至十万。楚州司马李崇福连和。盱眙人刘行举婴城不肯从，敬业攻之，不克。太后拜行举游击将军，擢其弟行实楚州刺史。敬业南度江取润州，杀刺史李思文，曲阿令尹元贞拒战死。太后诏左玉钤卫大将军李孝逸为扬州道行军大总管，率兵三十万讨之，战于高邮，前锋左豹韬果毅成三朗为唐之奇所杀。

又以左鹰扬卫大将军黑齿常之为江南道行军大总管，并力。敬业兴三月败，传首东都，三州平。

始，武承嗣请太后立七庙，中书令裴炎沮止，及敬业之兴，下炎狱，杀之，并杀左威卫大将军程务挺。太后方怫恚，一日，召群臣廷让曰："朕于天下无负，若等知之乎？"群臣唯唯。太后曰："朕辅先帝逾三十年，忧劳天下。爵位富贵，朕所与也；天下安佚，朕所养也。先帝弃群臣，以社稷为托，朕不敢爱身，而知爱人。今为戎首者皆将相，何见负之遽？且受遗老臣伉扈难制有若裴炎乎？世将种能合亡命若徐敬业乎？宿将善战若程务挺乎？彼皆人豪，不利于朕，朕能戮之。公等才有过彼，蚤为之。不然，谨以事朕，无诒天下笑。"群臣顿首，不敢仰视，曰："惟陛下命。"

久之，下诏阳若复辟者。睿宗揣非情，固请临朝，制可。乃治铜匦为一室，署东曰"延恩"，受干赏自言；南曰"招谏"，受时政失得；西曰"申冤"，受抑枉所欲言；北曰"通玄"，受谶步秘策。诏中书门下一官典领。

太后不惜爵位，以笼四方豪杰自为助，虽妄男子，言有所合，辄不次官之，至不称职，寻亦废诛不少纵，务取实材真贤。又畏天下有谋反逆者，诏许上变，在所给轻传，供五品食，送京师，即日召见，厚饵爵赏歆动之。凡言变，吏不得何诘，虽耘夫荛子必亲延见，禀之客馆。敢稽若不送者，以所告罪之。故上变者遍天下，人人屏息，无敢议。

新丰有山因震突出，太后以为美祥，赦其县，更名庆山。荆人俞文俊上言："人不和，疣赘生；地不和，堆阜山。今陛下以女主处阳位，山变为灾，非庆也。"太后怒，投岭外。

诏毁乾元殿为明堂，以浮屠薛怀义为使督作。怀义，鄠人，本冯氏，名小宝，伟岸淫毒，佯狂洛阳市，千金公主嬖之。主上言："小宝可入侍。"后召与私，悦之。欲掩迹，得通籍出入，使祝发为浮屠，拜白马寺主。诏与太平公主婿薛绍通昭穆，绍父事之。给厩马，中官为驺侍，虽承嗣、三思皆尊事惟谨。至是护作，士数万，巨木率一章千人乃能引。又度明堂后为天堂，鸿丽严奥次之。堂成，拜左威卫大将军、梁国公。

始作崇先庙于西京，享武氏。承嗣伪款洛水石，导使为帝，遣雍人唐同泰献之，后号为"宝图"，擢同泰游击将军。于是汜人又上瑞石，太后乃郊上帝谢况，自号圣母神皇，作神皇玺，改宝图曰"天授圣图"，号洛水曰永昌水，图所曰圣图泉，勒石洛坛左曰"天授圣图之表"，改汜水曰广武。时柄去王室，大臣重将皆挠不得逞，宗室孤外无寄足地。于是，韩王元嘉等谋举兵唱天下，迎还中宗。琅邪王冲、越王贞先发，诸王仓卒无应者，遂败。元嘉与鲁王灵夔等皆自杀，余悉坐诛，诸王牵连死灭殆尽，子孙虽婴褓亦投岭南。太后身拜洛受图，天子率太子、群臣、蛮夷以次列，大陈珍禽、奇兽、贡物、卤簿坛下，礼成去。

永昌元年，享万象神宫，改服衮冕，搢大圭，执镇圭，睿宗亚献，太子终献。合祭天地，五方帝、百神从，以高祖、太宗、高宗配，以魏王士矱从配。班九条，训百官。遂大飨群臣。号士矱周忠孝太皇，杨忠孝太后。以文水墓为章德陵，咸阳墓为明义陵。太原安成王为周安成王，金城郡王为魏义康王，北平郡王为赵肃恭王，鲁国公为太原靖王。

载初中，又享万象神宫，以太穆、文德二皇后配皇地祇，引周忠孝太后从配。作瞾、冈、埊、②、囝、〇、鸁、悉、贞、鸁、秊、舌十有二文。太后自名瞾。改诏书为制书。以周、汉为二王后，虞、夏、殷后为三恪，除唐属籍。拜薛怀义辅国大将军，封鄂国公，令与群浮屠作《大云经》，言神皇受命事。春官尚书李思文诡言："《周书·武成》为篇，辞有'垂拱天下治'，为受命之符。"后喜，皆班示天下，稍图革命。然畏人心不肯附，乃阴忍鸷害，肆斩杀怖天下。内纵酷吏周兴、来俊臣等数十人为爪吻，有不慊若素疑惮者，必危法中之。宗姓侯王及它骨鲠臣将相骈颈就钺，血丹狴户，家不能自保。太后操夌具坐重帏，而国命移矣。

御史傅游艺率关内父老请革命，改帝氏为武。又胁群臣固请，妄言凤集上阳宫，赤雀见朝堂。天子不自安，亦请氏武，示一尊。太后知威柄在己，因大赦天下，改国号周，自称圣神皇帝，旗帜尚赤，以皇帝为皇嗣。立武氏七庙于神都。尊周文王为文皇帝，号始祖，妣姒曰文定皇后；武王为康皇帝，号睿祖，妣姜曰康惠皇后；太原靖王为成皇帝，号严祖，妣曰成庄皇后；赵肃恭王为章敬皇帝，号肃祖，妣曰章敬皇后；魏义康王为昭安皇帝，号烈祖，妣曰昭安皇后；祖周安成王为文穆皇帝，号显祖，妣曰文穆皇后；考忠孝太皇为孝明高皇帝，号太祖，妣曰孝明高皇后。罢唐庙为享德庙，四时祠高祖以下三室，余废不享。至日，祀上帝万象神宫，以始祖及考妣配，以百神从祀。尽王诸武。诏并州文水县为武兴，比汉丰、沛，百姓世给复。以始祖冢为德陵，睿祖为乔陵，严祖为节陵，肃祖为简陵，烈祖为靖陵，显祖为永陵，章德陵为昊陵，明义陵为顺陵。

太后虽春秋高，善自涂泽，虽左右不悟其衰。俄而二齿生，下诏改元为长寿。明年，享神宫，自制大乐，舞工用九百人，以武承嗣为亚献，三思为终献。帝之为皇嗣，公卿往往见之，会尚方监裴匪躬、左卫大将军阿史那元庆、白涧府果毅薛大信、监门卫大将军范云仙潜谒帝，皆腰斩都市，自是公卿不复上谒。

有上封事言岭南流人谋反者，太后遣摄右台监察御史万国俊就按，得实即论决。国俊至广州，尽召流入，矫诏赐自尽，皆号哭不服，国俊驱之水曲，使不得逃，一日戮三百余人。乃诬奏流人怨望，请悉除之。于是太后遣右卫翊府兵曹参军刘光业、司刑评事王德寿、苑南面监丞鲍思恭、尚辇直长王大贞、右武卫兵曹参军屈贞筠，皆摄监察御史，分往剑南、黔中、安南等六道讯鞫，而擢国俊左台侍御史。光业等亦希功于上，惟恐杀人之少。光业杀者九百人，德寿杀七百人，其余亦不减五百人。太后久乃知其冤，诏六道使所杀者还其家。国俊等亦相踵而死，皆见有物为厉云。

太后又自加号金轮圣神皇帝，置七宝于廷：曰金轮宝，曰白象宝，曰女宝，曰马宝，曰珠宝，曰主兵臣宝，曰主藏臣宝，率大朝会则陈之。又尊其显祖为立极文穆皇帝，太祖为无上孝明皇帝。延载二年，武三思率蕃夷诸酋及耆老请作天枢，纪太后功德，以黜唐兴周，制可。使纳言姚璹护作。乃大裒铜铁合冶之，署曰"大周万国颂德天枢"，置端门外。其制若柱，度高一百五尺，八面，面别五尺，冶铁象山为之趾，负以铜龙，石才怪兽环之。柱颠为云盖，出大珠，高丈，围三之。作四蛟，度丈二尺，以承珠。其趾山周百七十尺，度二丈。无虑用铜铁二百万斤。乃悉镂群臣、蕃酋名氏其上。

薛怀义宠稍衰，而御医沈南璆进，怀义大望，因火明堂，太后羞之，掩不发。怀义愈很恣怏怏。乃密诏太平公主择健妇缚之殿中，命建昌王武攸宁、将作大匠宗晋卿率壮士击杀之，以畚车载尸还白马寺。怀义负幸昵，气盖一时，出百官上，其徒多犯法。御史冯思勖劾其奸，怀义怒，遇诸道，命左右殴之，几死，弗敢言。默啜犯塞，拜新平、伐逆、朔方道大总管，提十八将军兵击胡，宰相李昭德、苏味道至为之长史、司马。后厌入禁中，阴募力少年千人为浮屠，有逆谋。侍御史周矩劾状请治验，太后曰："第出，朕将使诣狱。"矩坐台，少选，怀义怒马造廷，直往坐大榻上，矩召吏受辞，怀义即乘马去。矩以闻，太后曰："是道人素狂，不足治，力少年听穷劾。"矩悉投放丑裔。怀义构矩，俄免官。

太后祀天南郊，以文王、武王、士蒦与唐高祖并配。太后加号天册金轮圣神皇帝。遂封嵩山，禅少室，册山之神为帝，配为后。封坛南有大槲，敕日置鸡其杪，赐号"金鸡树"。自制《升中述志》，刻石示后。改明堂为通天宫，铸九州鼎，各位其方，列廷中。又敛天下黄金作大仪钟，不克。久之，以崇先庙为崇尊庙，礼视太庙，旋复崇尊庙为太庙。

自怀义死，张易之、昌宗得幸，乃置控鹤府，有监，有丞及主簿、录事等，监三品，以易之为之。太后自见诸武王非天下意，前此中宗自房州还，复为皇太子，恐百岁后为唐宗室蹢藉无死所，即引诸武及相王、太平公主誓明堂，告天地，为铁券使藏史馆。改昊陵署为攀龙台。久视初，以控鹤监为天骥府，又改奉宸府，罢监为令，以左右控鹤为奉宸大夫，易之复为令。

神龙元年，太后有疾，久不平，居迎仙院。宰相张柬之与崔玄暐等建策，请中宗以兵入诛易之、昌宗，于是羽林将军李多祚等帅兵自玄武门入，斩二张于院左。太后闻变而起，桓彦范进请传位，太后返卧，不复语。中宗于是复即位。徙太后上阳宫，帝率百官诣观风殿问起居，后率十日一诣宫，俄朝朔、望。废奉宸府官，迁东都武氏庙于崇尊庙，更号崇恩，复唐宗庙。诸武王者咸降爵。是岁，后崩，年八十一。遗制称则天大圣皇太后，去帝号。谥曰则天大圣后，附乾陵。

会武三思蒸韦庶人，复用事。于是大旱，祈陵辄雨。三思讽帝诏崇恩庙祠如太庙。斋郎用五品子。博士杨孚言："太庙诸郎取七品子，今崇恩取五品，不可。"帝曰："太庙如崇恩可乎？"孚曰："崇恩太庙之私，以臣准君则僭，以君准臣则惑。"乃止。及韦、武党诛，诏则天大圣皇后复号天后，废崇恩庙及陵。景云元年，号大圣天后。太平公主奸政，请复二陵官，又尊后曰天后圣帝，俄号圣后。太平诛，诏黜周孝明皇帝号，复为太原郡王，后为妃，罢昊、顺等陵。开元四年，追号则天皇后。太常卿姜皎建言："则天皇后配高宗庙，主题天后圣帝，非是，请易题为则天皇后武氏。"制可。

译文：

高宗则天顺圣皇后武氏，并州文水人。父亲武士彟，事迹载于《外戚传》。太宗文德皇后去世后，过了许久，太宗听说士彟的女儿长得美，召她入宫为才人，当时她才十四岁。才人的母亲杨氏，和女儿告别，失声痛哭，只有才人还像原来的样子，她说："能见到天子，怎知不是福分，为什么要像女孩子那样悲伤呢！"母亲认为她的想法对，不再啼哭。才人见到太宗后，太宗赐给她武媚的称号。等到太宗去世，才人与太宗的侍妾、宫女都当了比丘尼。高宗当太子的时候，入宫侍奉太宗，见到才人后很喜欢。高宗王皇后长期没有儿子，萧淑妃正受到高宗的宠幸，王皇后暗地里很不高兴。有一天，高宗经过佛寺，才人见到他后直流眼泪，高宗的感情受到触动。王皇后查知这一情况，将才人领进后宫，希望借此使萧淑妃的得宠受到削弱。

才人有权术，诡诈多变，没有穷尽的时候。起初，她低声下气、卑躬屈节地侍奉皇后，皇后高兴，多次在皇帝面前称赞她，所以她被进封为昭仪。一旦她受天子的眷顾、宠幸超过萧淑妃，便渐与皇后不和。皇后性情高傲庄重，不会曲意奉承上下左右的人，而她的母亲柳氏见到宫女、宫中女官不讲外表的礼节，所以昭仪有机可乘，她侦察到皇后薄待的人，必定殷勤交结，得到天子的赏赐，全都分送给她们。因此皇后和淑妃的所作所为，昭仪必定知道，知道了就报告天子，但还没有找到足以攻击陷害她们的材料。昭仪生了一个女儿，皇后前来看望、逗弄孩子，皇后离开后，昭仪偷偷在被里把女儿掐死，等到皇帝到来，昭仪佯装高兴地和皇帝交谈，一会儿掀开被子看女儿，已经死了。她又吃惊地询问左右的人，都说："皇后刚才来过。"昭仪立即放声痛哭，皇帝不能察知实情，发怒道："皇后杀死我的女儿！过去她与淑妃互相说坏话、嫉妒，现在又如此可恶！"从此昭仪得以在天子那里不断地诋毁皇后，皇后无法自己解释清楚，因此皇帝对昭仪更加相信和宠爱，开始有废掉王皇后的意思。过了许久，天子想进封昭仪为"宸妃"，侍中韩瑗、中书令来济说："天子的妃嫔有一定的数目和称号，现在另立封号，是不合适的。"于是，昭仪诬告皇后与她的母亲请巫师施厌胜术，诅咒昭仪，皇帝对皇后心怀旧恨，因此认为昭仪的话符合实情，准备废掉皇后。长孙无忌、褚遂良、韩瑗及来济坚持冒死争辩，皇帝犹豫不决；而中书舍人李义府、卫尉卿许敬宗一向邪佞不正，窥测形势即上表请求立昭仪为皇后，皇帝不再犹豫，下诏废掉王皇后。命令李勣、于志宁手捧玺印进封昭仪为皇后，又命令群臣及四方少数民族酋长到肃义门朝见皇后，宫廷内外受有封号的妇女入宫谒见皇后。群臣朝见皇后是从这个时候开始的。

皇后到宗庙见祖先。天子又追赠皇后的父亲士彠官至司徒，爵位周国公，谥号忠孝，在高祖庙陪从受祭；母亲杨氏，又进封代国夫人,赐给她家在魏州的封户一千。于是,皇后作《外戚戒》献给朝廷,以消释人们的非议。于是她贬逐长孙无忌、褚遂良,至于处死、流放,可谓荣宠炽盛,威势显赫。皇后心机深隐难测,极尽柔媚驯服,不感到羞耻,借以成就大事,皇帝以为她能侍奉自己,所以违背公议立她为皇后。等到她一得志,就窃取权力,扬扬自得,无所畏避。皇帝也懦弱、糊涂,皇后全能加以钳制、约束,使他不得自作主张,时间一久,皇帝渐觉不平。麟德初年,皇后召道士郭行真入宫施行用诅咒害人的邪术,宦官王伏胜向天子告发这事,皇帝发怒,因此召见西台侍郎上官仪,上官仪指出皇后独断专行,任意而为,使天下人失望,不宜奉祀宗庙,正和皇帝的心意相合,于是皇帝催促他草拟诏书废掉皇后。皇帝左右的人跑去报告皇后,皇后急忙到皇帝那儿为自己申诉,皇帝羞涩畏缩,又像原先那样对待皇后,还猜测皇后会怨恨,对她说:"这都是上官仪教我的!"皇后示意许敬宗诬陷上官仪,将他杀掉。

起初,天子的长舅、大臣违旨,没过多久就被杀灭,人们在路上相遇都不敢说话,只以目示意,等到上官仪被杀,政权就都归于皇后,天子不过拱手无为而已。群臣朝见、四方奏章,都称呼"二圣"。每次临朝处理政事,殿中放下帘子,皇帝与皇后相对而坐,生杀赏罚都听皇后吩咐。当她狠心决断的时候,虽是她很宠爱的人,也不稍加怜悯。皇帝晚年患风邪病更加厉害,身体不能支持,天下的事情全交付给皇后。于是,皇后接连做一些太平年代的以文教治民的事情,聚集诸儒于皇宫的殿堂内,撰成《列女传》《臣轨》《百僚新戒》《乐书》等书,大致有一千余篇。皇后又让学士们秘密裁决群臣的奏议,借此分宰相的权。

起初,武士彟娶相里氏,生儿子元庆、元爽。又娶杨氏,生三个女儿：大女儿嫁给贺兰越石，很早就守寡，被封为韩国夫人；二女儿就是皇后；三女儿嫁给郭孝慎，早死。杨氏因为皇后的缘故，蒙受的恩宠日盛一日，改封为荣国夫人。起初，士彟哥哥的儿子惟良、怀运与元庆等待杨氏和皇后礼薄，皇后一直怀恨在心。到这时候，元庆任宗正少卿，元爽任少府少监，惟良任司卫少卿，怀运任淄州刺史。有一天，荣国夫人设宴，酒正喝得高兴，对惟良说："你们还记得从前的事吗？现在有什么话好说？"惟良回答说："惟良等有幸以功臣子弟的身份列居于朝廷，最近因为是外戚而进身，只感到忧虑而不觉得荣耀。"荣国夫人发怒，示意皇后假意退让，请求天子让惟良等出任地方官，以免向天下人显示天子有私心。因此，惟良出任始州刺史；元庆任龙州刺史；元爽任濠州刺史，不久因事犯罪死于振州。元庆到了龙州，因忧虑而去世。韩国夫人出入宫中，有一个女儿姿容极美，都受到皇帝的宠爱。韩国夫人去世，她的女儿被封为魏国夫人，皇帝想让她担任宫廷女官，因害怕皇后，没有决定下来。皇后心里很嫉妒，正好天子到泰山祭天，惟良、怀运以地方长官的身份会集于泰山，又随从天子回京师，皇后毒死魏国夫人，归罪于惟良、怀运，将他们杀死，改他们的姓为"蝮"，让韩国夫人的儿子敏之承继士彟的血脉。起初，魏国夫人去世，敏之入宫吊唁，皇帝极其悲痛，敏之只哭不说话。皇后说："这孩子怀疑我！"皇后厌恶他。不久敏之被贬逐而死。杨氏又改封郑、卫二国夫人，咸亨元年去世，追封鲁国夫人，赐谥号"忠烈"，命令文武官员九品以上及杨氏的五服以内亲属与宫廷外有封号的妇女都往杨氏的宅第吊唁，用亲王的礼仪葬杨氏于咸阳，官府供给手持班剑、羽葆的仪仗队和鼓吹乐。当时天下大旱，皇后假意上表请求离开皇后的位置，天子不允许。不久天子又加赠武士彟为太尉兼太子太师、太原郡王，鲁国忠烈夫人为太原郡王妃。

上元元年，皇后进尊号为天后，提出十二条建议：一、鼓励种田养蚕，减轻赋税徭役；二、免除三辅地区的徭役；三、停止战争，用道德教化天下之人；四、南、北、中尚署都禁止制作没有实际用处的奇巧之物；五、减省各种工程费用和百姓的劳役负担；六、广开言路；七、堵塞谗言；八、王公以下都必须学习《老子》；九、父亲仍在世，为死去的母亲服丧，着齐衰三年；十、上元以前的勋官，朝廷已给凭证的，不复追查、核实；十一、京官八品以上的增加薪俸；十二、官吏长期任职、才能高地位低的可以进阶升级。皇帝都下令施行这些建议。

萧淑妃的女儿义阳、宣城公主被幽禁在宫中旁舍，年近四十还没有出嫁，太子弘把这事告诉皇帝，皇后大怒，用毒酒毒死李弘。皇帝准备下诏把皇位让给皇后，宰相郝处俊坚持劝谏，于是皇帝没有这样做。皇后想要向外显示自己的宽大，夺取人心使天下人归附自己，就向天子进言说："现今群臣交纳一半薪俸、百姓交纳人口税以供给边防部队，恐怕四方异族会因此而胡乱揣度国家的虚实，请求把这些负担一律免除。"皇帝同意。

仪凤三年，群臣、四方少数民族首长在光顺门朝见皇后。同年，就在并州建太原郡王庙。皇帝头晕不能看东西，皇帝的医官张文仲、秦鸣鹤说："这是风邪上升，用针刺头使它出血可以治好。"皇后心里正庆幸皇帝病危，自己可以独断专行，所以听到这话后生气地说："这应该斩首，皇帝的贵体哪里是可以用针刺的地方？"医师跪下磕头，请求保全生命。皇帝说："医师议论疾病，怎么可以定罪？而且我的头晕得受不了，就听任他们治吧！"医师用针刺了两次，皇帝说："我的眼睛能看清东西了！"话还没有说完，皇后就在帘子里拜谢了两次，说道："这是上天赐给我们的医师啊！"她亲自扛来珍贵的丝织物赐给医师。

皇帝去世，中宗即帝位，天后改称皇太后。高宗皇帝的遗诏说，军政大事听凭太后参与决定。嗣圣元年，太后废中宗为庐陵王，亲自临朝听政，让睿宗即帝位。太后坐在武成殿，睿宗率领群臣进上尊号、册书。过了三天，太后临殿前平台，命礼部尚书代理太尉武承嗣、太常卿代理司空王德真册立继位的皇帝。从此太后常到紫宸殿，挂上浅紫色的帷帐处理政事。太后追赠武氏五代祖父后魏散骑常侍克己为鲁国公，五代祖母裴氏为鲁国夫人；高祖父齐殷州司马居常为太尉、北平郡王，高祖母刘氏为郡王妃；曾祖父永昌王谘议参军、赠齐州刺史武俭为太尉、金城郡王，曾祖母宋氏为郡王妃；祖父隋东郡丞、赠并州刺史、并州大都督武华为太尉、太原郡王，祖母赵氏为郡王妃。都为他们设立守护陵园的居民区，每个陵园五十户人家。追赠父亲为太师、魏王，加赐封户满五千，母亲为王妃，魏王的护陵居民区有一百户人家。当时睿宗虽立为皇帝，实际上等于被囚禁，而武氏家族诸人得以擅自发号施令。太后又赠给鲁国公谥号为"靖"，裴氏为"靖夫人"；北平郡王谥号为"恭肃"，金城郡王为"义康"，太原郡王为"安成"，郡王妃的谥号都随从丈夫。太后派遣在武成殿册封其祖先官爵的使臣到她的五代祖先的祠堂报告册封之事。

柳州司马李（徐）敬业、括苍县令唐之奇、临海县丞骆宾王憎恶太后威迫、放逐天子，愤恨到极点，于是招募兵士，杀死扬州大都督府长史陈敬之，占据扬州想迎立庐陵王，聚众达到十万人。楚州司马李崇福同李敬业等联合。盱眙人刘行举环城固守不肯跟从敬业，敬业进攻盱眙，没有攻下。太后任命行举为游击将军，提拔他的弟弟行实为楚州刺史。敬业南渡长江夺取润州，杀润州刺史李思文，曲阿县令尹元贞率兵抵抗，战败而死。太后命令左玉钤卫大将军李孝逸为扬州道行军大总管，率兵三十万讨伐敬业，在高邮与敬业作战，前锋左豹韬卫果毅成三朗被唐之奇杀死。太后又任命左鹰扬卫大将军黑齿常之为江南道行军大总管，与李孝逸合力讨伐敬业。敬业起兵三个月便失败了，他的首级传送到东都，扬、润、楚三州于是平定。

起初，武承嗣请求太后设立七庙供奉武氏七代祖先，中书令裴炎阻止，等到敬业起兵，太后将裴炎下狱，杀了他，又杀死左威卫大将军程务挺。太后感到愤怒，有一天，召集群臣在朝廷上当面责问他们道："朕没有什么对不起天下人的地方，你们知道吗？"群臣连声称是。太后说："朕辅佐先帝超过三十年，为天下人而担忧操劳。你们的爵位富贵，是朕给予的；天下人的安闲逸乐，是朕培育的。先帝丢下群臣而去，以国家相托，朕不敢爱惜自己，而知道爱民。现在成为叛乱主谋的人都是将相，为什么这样快就辜负朕呢？而且接受先帝遗命辅政的老臣中，傲慢跋扈难于控制有像裴炎的吗？当代的将门子孙中能收聚逃亡者的，有像徐敬业的吗？老将中英勇善战，有像程务挺的吗？他们都是人中豪杰，不利于朕，朕能将他们杀掉。你们中有才能超过他们想造反的，请早点动手。如果不想这样，那就恭恭敬敬地侍奉朕，不要让天下人讥笑你们。"群臣跪下磕头，不敢仰视，都说："一切听陛下吩咐。"

过了许久，太后下诏，假装像要把政权归还给睿宗似的。睿宗估计这不是太后的真意，坚持请求太后临朝听政，太后下诏同意。于是太后下令铸造一个大铜匦，（中间隔成四室，）东边一室题名"延恩"，接受求赏赐者的自述；南边一室叫"招谏"，接受议论时政得失的奏疏；西边一室叫"申冤"，接受有冤屈者的申诉;北边一室叫"通玄",接受观测天象灾异预言未来的文字和有关军事机要的秘密计策。太后命令中书、门下省选一名官员掌管铜匦。

太后不吝惜爵位,用它笼络四方豪杰辅助自己,虽是狂妄男子,言谈有符合自己心意的地方,就不按寻常的次序任以官职,至于不称职,接着也或罢免或诛杀,从不稍加宽纵,致力于选拔真正的贤才。太后又害怕天下有图谋反叛的人,下诏允许直接向朝廷密告谋反事件,有告密的人,所在地方供给轻便驿车和五品官的饮食,送他们到京师,太后即时召见,用厚利的诱惑、官爵的赏赐打动告密者。凡报告谋反之事,官吏不得究问,即使是农人樵夫,太后也必定亲自接见,命鸿胪寺的客馆供给食宿。对告密者,有敢于拖延不送的,按被告发人的罪名论处。因此向朝廷密告谋反事件的人遍布全国,人人都屏住呼吸,没有敢于作声的。

新丰县因地震而涌出一座山,太后认为是祥瑞,下令赦免该县的囚犯,改新丰县为庆山县。荆州人俞文俊上书说:"人气不和,身上就会长出肉瘤;地气不和,地上才会生出土山。现在陛下以太后而居于帝位,所以山变化形成灾害,臣以为并不是喜庆之事。"太后发怒,把他流放到岭南。

太后命令毁掉乾元殿建造明堂,让僧人薛怀义当使臣监督这项工程。怀义,鄠县人,本姓冯,名小宝,身躯魁梧,色欲极强,在洛阳市场上装疯,受到千金公主的宠爱。公主报告太后说:"小宝可入宫侍奉太后。"太后召见小宝,与他私通,很喜欢他。太后想掩盖与小宝私通的痕迹,使小宝得以出入皇宫,于是就让他剃发为僧,担任白马寺寺主。又命他改姓名,与太平公主的丈夫薛绍互认为同族,叫薛绍将他当父辈来侍奉。又供给他御厩的马匹,出入有宦官充任侍从,即使是武承嗣、武三思,对他也都十分恭谨。到这时候怀义监造明堂，动用民工数万名，大木头一般一根要一千人才能拉得动。他又测量明堂后面的土地建造天堂，建筑的宏大、华丽、庄严、幽深仅次于明堂。明堂、天堂建成，太后封怀义为左威卫大将军、梁国公。

太后开始在西京建造奉先庙，供奉武氏祖先。武承嗣在洛水的石头上伪造刻辞，以此诱导太后称帝，派雍州人唐同泰献上石头，太后为它命名，称为"宝图"，并提拔同泰为游击将军。氾水人又进献吉祥的石头，于是太后在南郊祭祀天帝，感谢上苍的赐予。太后自称圣母神皇，制作圣母神皇玺印，又改称"宝图"为"天授圣图"，改称洛水为永昌水，给得到圣图的地方命名，称"圣图泉"，在洛水坛左刻石，文字是"天授圣图之表"，又将氾水县改名为广武县。当时，皇室失去权力，朝廷的重臣大将都屈从太后，不能有所作为，宗室和失去依靠的皇室异性亲属没有立足之地。于是，韩王李元嘉等图谋起兵，给全国起带头作用，以迎回中宗。琅邪王李冲、越王李贞首先行动，因时间匆促诸王没有能响应，于是失败。元嘉与鲁王李灵夔等都自杀，其余全由于犯罪被杀，诸王受牵连几乎死尽，他们的子孙虽仍在襁褓之中也被放逐到岭南。太后亲自拜洛水，接受"天授圣图"，睿宗率领太子、群臣、少数民族酋长依次排列，大量珍禽、奇兽、贡品、仪仗陈列于洛水坛下，一直到受图典礼结束后太后才离开。

永昌元年，在万象神宫祭祀。太后改穿衮冕，腰带上插着大圭，手里拿着镇圭，（祭祀时由她第一次献盛了酒的爵，）睿宗第二次献，太子第三次献。这一次是合祭天地，五方帝、众神随从受祭，以唐高祖、太宗、高宗配享，又拉上魏王武士彟随从配享。太后在万象神宫颁布九条政令，用它教导百官。于是大宴群臣。太后又追赠士彟为周忠孝太皇，杨氏为周忠孝太后。称武氏在文水的陵墓为章德陵，在咸阳的陵墓为明义陵。追赠太原安成王为周安成王，金城郡王为魏义康王，北平郡王为赵肃恭王，鲁国公为太原靖王。

载初年间，太后又在万象神宫祭祀。祭天地神祇时，以唐高祖太穆、唐太宗文德二皇后配享，又拉上周忠孝太后随从配享。造瞾、囝、埊、○、囡、〇、嵐、恖、凧、廲、率、击等十二个字。太后自己用"瞾"作名字。改称诏书为制书。确认以周、汉两朝的王族后裔为"二王"，虞、夏、殷三朝的王族后裔为"三恪"，废除唐皇族名册。太后拜薛怀义为辅国大将军，又封他为鄂国公，命令他同和尚们一起撰写《大云经》，谈圣母神皇受命于天的事。春官尚书李思文诡称："《周书·武成》篇中，有'垂拱天下治'的话，是太后受命于天的凭证。"太后高兴，把这些都颁布于天下，逐渐图谋改朝换代。但害怕人心不肯归附，于是她阴毒残忍，像鸷鸟一样凶暴，大肆杀戮，借以恐吓天下之人。她暗中怂恿酷吏周兴、来俊臣等数十人为爪牙，有不满意或一向疑忌的人，必定用峻法陷害。唐皇族侯王及其他正直之臣、将相大批被杀，鲜血染红监狱，家家不能自保。太后不过手拿梳妆用具坐在皇宫的层层帷幕之中，而国家的权力却已经转移了。

御史傅游艺率领关内父老请求太后顺应天命，实施变革，改皇帝的姓氏为武。又胁迫群臣坚持请求，胡说凤凰停留于上阳宫，赤雀出现在朝堂上。天子心中不安，也请求赐姓武氏，表示天下以武一姓为尊。太后知道权柄掌握在自己手中，于是大赦天下，改国号为周，自称圣神皇帝，旗帜尊尚赤色，以睿宗皇帝为皇位继承人。在神都建立武氏七庙。追尊周文王为文皇帝，称始祖，先妣姒氏称文定皇后；周武王为康皇帝，称睿祖，先妣姜氏称康惠皇后；五代祖父太原靖王为成皇帝，称严祖，五代祖母称成庄皇后；高祖父赵肃恭王为章敬皇帝，称肃祖，高祖母称章敬皇后；曾祖父魏义康王为昭安皇帝，称烈祖，曾祖母称昭安皇后；祖父周安成王为文穆皇帝，称显祖，祖母称文穆皇后；父亲忠孝太皇为孝明高皇帝，称太祖，母亲称孝明高皇后。改唐太庙为享德庙，春夏秋冬四季祭唐高祖以下三庙，其余废弃不复祭祀。冬至这一天，太后在万象神宫祭祀天帝，以始祖和她的父母亲配享，以众神随从受祭。太后全部封武氏家族诸人为王。下令改并州文水县为武兴县，与汉代的丰、沛县一样，县中百姓世代免除徭役。太后下令尊称始祖墓为德陵，睿祖墓为乔陵，严祖墓为节陵，肃祖墓为简陵，烈祖墓为靖陵，显祖墓为永陵，又改章德陵为昊陵，明义陵为顺陵。

太后虽然年高，擅长修饰自己的容貌，即使她左右的人，也没有感觉到她的衰老。不久她长出两颗新牙，下诏改年号为长寿。第二年，在万象神宫祭祀，太后自编大型乐舞，所用舞蹈者达到九百人。祭祀时太后让武承嗣第二次献盛了酒的爵，让武三思第三次献。睿宗作为皇位继承人，公卿大臣往往能见到他，正好尚方监裴匪躬、左卫大将军阿史那元庆、白润府果毅薛大信、监门卫大将军范云仙暗中晋见睿宗，都被押赴闹市腰斩，所以从此公卿大臣不再晋见睿宗。

有人上密封的奏章，说被流放到岭南的人图谋造反，太后派代理右台监察御史万国俊前去查验，告诉他符合实情就定罪判决。国俊到广州，召集所有被流放的人，诈称皇帝的命令，赐他们自尽，被流放的人都大声哭叫，心中不服，国俊将他们赶到水边，让他们无法逃跑，一天就杀掉三百多人。然后捏造事实向太后报告，说被流放的人都心怀不满，请求将他们全部除掉。于是太后派右卫翊府兵曹参军刘光业、司刑评事王德寿、苑南面监丞鲍思恭、尚辇直长王大贞、右武卫兵曹参军屈贞筠,都任代理监察御史,分别到剑南、黔中、安南第六道审讯被流放的人,而提拔国俊为左台侍御史。光业等人也希求功名于朝廷,杀人唯恐不多。光业杀的有九百人,德寿杀七百人,其余也不少于五百人。太后很久才知道这些人是冤枉的,下令把六道使者所杀的人的灵枢送回他们的家中。国俊等人也相继死去,都见到有异物作祟。

太后又自加尊号,称金轮圣神皇帝,在朝廷上设置七种宝物:叫金轮宝,叫白象宝,叫女宝,叫马宝,叫珠宝,叫掌兵臣宝,叫掌府库臣宝,一般有大朝会的时候就把它们陈列出来。太后又尊武氏显祖为立极文穆皇帝,太祖为无上孝明皇帝。延载二年,武三思率领少数民族酋长和一些受人敬重的老人请求建造天枢,记载太后的功德,借此贬唐兴周,太后下诏同意,派纳言姚璹负责监造。于是大量收聚铜铁放在一块熔炼,铸造成天枢,题名为"大周万国颂德天枢",设置于端门外。它的形状像柱子,高一百零五尺,八面,每面单宽五尺,将铁铸成山形作它的基础部分,铁山上载有铜龙,铁山四周还有用石头雕凿成的怪兽环绕。柱顶铸一个云形的盖,盖上铸一颗大珠,高一丈,圆周长度是高的三倍。又铸造四条蛟龙捧着大珠,每条蛟龙长一丈二尺。天枢的山形基础圈围一百七十尺,高两丈。大概用铜铁二百万斤。于是全把群臣、少数民族酋长的姓名刻在天枢上。

太后对薛怀义的宠幸渐衰,而御医沈南璆却得到太后的宠幸,怀义大为不满,于是放火烧明堂,太后感到羞愧,掩盖真相不予揭露。怀义更加凶暴放肆,怏怏寡欢。于是太后密令太平公主挑选若干健壮妇女,在殿中把怀义捆绑起来,命令建昌王武攸宁、将作大匠宗晋卿率领壮士将怀义击毙,用运泥车把他的尸体送回白马寺。怀义依仗太后的宠爱,气焰压倒当世之人,超出于百官之上，他的门徒大多犯法，御史冯思勖揭发他的恶行，怀义发怒，有一次在路上与思勖相遇，怀义命令自己的随从殴打思勖，几乎将他打死，而思勖不敢言语。突厥默啜侵犯边地，太后拜怀义为新平、伐逆、朔方道大总管，带领十八个将军的部队攻打胡兵，宰相李昭德、苏味道甚至于充当他的行军长史、司马。后来怀义讨厌进入宫中，暗中招募有力气的少年一千人当和尚，有叛乱的计划。侍御史周矩揭发他的罪状请求太后查治，太后说："你姑且出去，朕将让怀义到法庭去。"周矩坐在御史台办公，一会儿，怀义奋马驰入御史台的庭院，径直到大床上坐下，周矩召来官吏准备接受口供，怀义立即骑马离开。周矩将这事报告太后，太后说："这个和尚一向狂妄，不值得惩治，那些有力气的少年听任你彻底查问、处理。"周矩将他们全流放到贫困的边远地区。后来怀义陷害周矩，不久周矩就被免官。

太后在南郊祭天，以文王、武王、士彠和唐高祖一起配享。太后加天册金轮圣神皇帝的尊号。于是在嵩山祭天，在少室山祭地，册封山神为帝，他的妻子为后。嵩山的祭坛南边有一棵大槲树，当在山上祭天发布大赦令的时候，把鸡放到槲树枝头，于是太后赐名"金鸡树"。太后自撰《升中述志》，刻在石上留示后人。新明堂建成，改名为通天宫，铸造九州鼎，按各州的方向安放，列于通天宫廷中。又收聚全国的黄金铸造大仪钟，未能铸成。过了许久，改西京崇先庙为崇尊庙，祭祀礼仪都比照太庙，接着又改崇尊庙为太庙。

自从怀义死后，张易之、昌宗兄弟就得到太后的宠幸，于是设立控鹤府，置监、丞和主簿、录事等职，控鹤监是三品官，让易之担任。太后自己觉察到封武氏家族诸人为王不符合天下人的意愿，在这之前，中宗自房州回神都，又立为皇太子，太后害怕自己百年后武氏被唐皇族欺压伤害，死无葬身之地，就领着武氏诸人和相王、太平公主在明堂立誓，并祭告天地，把誓文铸刻在铁券上，藏于史馆。太后下令改吴陵署为攀龙台。久视初年，改控鹤府为天骥府，又改为奉宸府，监改为令，左右控鹤改为奉宸大夫，易之又任奉宸令。

神龙元年，太后有病，长时间不能平复，居住于迎仙院。宰相张柬之、崔玄暐等定计，请求中宗率兵入宫杀张易之、昌宗，于是羽林将军李多祚等带兵自玄武门入宫，杀二张于迎仙院左。太后知道发生事变，从床上起来，桓彦范上前请求太后传位给太子，太后回身躺下，不再说话。于是，中宗又即帝位。将太后迁移到上阳宫居住，中宗率领百官到上阳宫观风殿向太后问安，以后中宗大概每十天一次到上阳宫问候太后，不久改成每月初一、十五朝见太后。中宗下令废除奉宸府的官职，将东都武氏七庙的神主迁移到西京崇尊庙，改崇尊庙为崇恩庙，又下令恢复唐朝的宗庙。凡武氏诸人封王的全部降爵。这一年，太后去世，年八十一。遗诏说去掉帝号，改称则天大圣皇太后。太后去世后定谥号为则天大圣后，合葬于高宗乾陵。

遇上武三思与中宗韦庶人淫乱，武三思再次当政，于是天下大旱，中宗派人到乾陵祷求则天皇后，竟即时下雨。三思引诱皇帝下诏规定武氏崇恩庙照旧祭祀，礼仪像太庙一样，斋郎用五品官的儿子充任。太常博士杨孚说："太庙斋郎选取七品官的儿子充任，现在崇恩庙斋郎选取五品官的儿子，不合适。"皇帝说："太庙也像崇恩庙一样，可以吗？"杨孚说："崇恩庙是太庙的家臣，臣以君为标准是逾越本分，而君以臣为标准就是迷乱了。"于是，皇帝停止用五品官的儿子充任崇恩庙斋郎。等到韦氏、武氏的党派被诛灭，天子下令则天大圣皇后又改称为天后，废除崇恩庙及武氏诸陵。景云元年，天后改称大圣天后。太平公主干预朝政，请求恢复设立昊、顺二陵的守陵官，又追尊太后为天后圣帝，不久改称圣后。太平公主被杀，天子下令废除周孝明皇帝称号，仍改为太原郡王，孝明皇后改为太原郡王妃，又废除昊、顺等陵。开元四年，追称太后为则天皇后。太常卿姜皎建议："则天皇后配享于高宗庙，神主题作天后圣帝，不正确，请求改题为则天皇后武氏。"天子下诏同意。

杨贵妃

玄宗贵妃杨氏，隋梁郡通守汪四世孙。徙籍蒲州，遂为永乐人。幼孤，养叔父家。始为寿王妃。开元二十四年，武惠妃薨，后廷无当帝意者。或言妃姿质天挺，宜充掖廷，遂召内禁中，异之，即为自出妃意者，丐籍女官，号"太真"，更为寿王聘韦诏训女，而太真得幸。善歌舞，邃晓音律，且智算警颖，迎意辄悟。帝大悦，遂专房宴，宫中号"娘子"，仪体与皇后等。

天宝初，进册贵妃。追赠父玄琰太尉、齐国公。擢叔玄珪光禄卿，宗兄铦鸿胪卿，锜侍御史，尚太华公主。主，惠妃所生，最见宠遇。而钊亦寖显。钊，国忠也。三姊皆美劭，帝呼为姨，封韩、虢、秦三国，为夫人，出入宫掖，恩宠声焰震天下。每命妇入班，持盈公主等皆让不敢就位。台省、州县奉请托，奔走期会过诏敕。四方献饷结纳，门若市然。建平、信成二公主以与妃家忤，至追内封物，驸马都尉独孤明失官。

它日，妃以谴还铦第，比中仄，帝尚不御食，笞怒左右。高力士欲验帝意，乃白以殿中供帐、司农酒饩百余车送妃所，帝即以御膳分赐。力士知帝旨，是夕，请召妃还，下钥安兴坊门驰入。妃见帝，伏地谢，帝释然，抚尉良渥。明日，诸姨上食，乐作，帝骤赐左右不可赀。由是愈见宠，赐诸姨钱岁百万为脂粉费。铦以上柱国门列戟，与锜、国忠、诸姨五家第舍联互，拟宪宫禁，率一堂费缗千万。见它第有胜者，辄坏复造，务以瑰侈相夸诩，土木工不息。帝所得奇珍及贡献分赐之，使者相衔于道，五家如一。

妃每从游幸，乘马则力士授辔策。凡充锦绣官及冶瑑金玉者，大抵千人，奉须索，奇服秘玩，变化若神。四方争为怪珍入贡，动骇耳目。于是岭南节度使张九章、广陵长史王翼以所献最，进九章银青阶，擢翼户部侍郎，天下风靡。妃嗜荔支，必欲生致之，乃置骑传送，走数千里，味未变已至京师。

天宝九载，妃复得谴还外第，国忠谋于吉温。温因见帝曰："妇人过忤当死，然何惜宫中一席广为鈇鑕地，更使外辱乎？"帝感动，辍食，诏中人张韬光赐之。妃因韬光谢帝曰："妾有罪当万诛，然肤发外皆上所赐，今且死，无以报。"引刀断一缭发奏之，曰："以此留诀。"帝见骇惋，遽召入，礼遇如初。因又幸秦国及国忠第，赐两家巨万。

国忠既遥领剑南，每十月，帝幸华清宫，五宅车骑皆从，家别为队，队一色，俄五家队合，烂若万花，川谷成锦绣，国忠导以剑南旗节。遗钿坠舄，瑟瑟玑琲，狼藉于道，香闻数十里。十载正月望夜，妃家与广宁主僮骑争阛门，鞭挺謹竞，主堕马，仅得去。主见帝泣，乃诏杀杨氏奴，贬驸马都尉程昌裔官。国忠之辅政，其息昢尚万春公主，暄尚延和郡主；弟鉴尚承荣郡主。又诏为玄琰立家庙，帝自书其碑。铦、秦国早死，故韩、虢与国忠贵最久。而虢国素与国忠乱，颇为人知，不耻也。每入谒，并驱道中，从监、侍姆百余骑，炬密如昼，靓妆盈里，不施帏障，时人谓为"雄狐"。诸王子孙凡婚聘，必先因韩、虢以请，辄皆遂，至数百千金以谢。

初，安禄山有边功，帝宠之，诏与诸姨约为兄弟，而禄山母事妃，来朝，必宴饯结欢。禄山反，以诛国忠为名，且指言妃及诸姨罪。帝欲以皇太子抚军，因禅位，诸杨大惧，哭于廷。国忠入白妃，妃衔块请死，帝意沮，乃止。及西幸至马嵬，陈玄礼等以天下计诛国忠，已死，军不解。帝遣力士问故，曰："祸本尚在！"帝不得已，与妃诀，引而去，缢路祠下，裹尸以紫茵，瘗道侧，年三十八。

帝至自蜀，道过其所，使祭之，且诏改葬。礼部侍郎李揆曰："龙武将士以国忠负上速乱，为天下杀之。今葬妃，恐反仄自疑。"帝乃止。密遣中使者具棺椁它葬焉。启瘗，故香囊犹在，中人以献，帝视之，凄感流涕，命工貌妃于别殿，朝夕往，必为鲠欷。

马嵬之难，虢国与国忠妻裴柔等奔陈仓，县令率吏追之，意以为贼，弃马走林。虢国先杀其二子，柔曰："丐我死！"即并其女刺杀之，乃自刭，不殊，吏载置于狱，问曰："国家乎？贼乎？"吏曰："互有之。"乃死，瘗陈仓东郭外。

译文：

玄宗贵妃杨氏，隋梁郡通守杨汪四代孙。她家移居蒲州，于是成为永乐人。她年幼时父母去世，在叔父家长大。起初当玄宗的儿子寿王的妃子。开元二十四年，武惠妃去世，后宫中找不到皇帝中意的人。有人说杨妃的容貌禀性天生出众，应该充任妃嫔，于是玄宗就把她召入宫中，见过面后，玄宗认为杨妃不同寻常，就让她当成是出于自己的心意，请求担任宫中女官，并为她取号太真，另替寿王娶韦昭训的女儿为妻。太真入宫后就得到天子的宠幸。她能歌善舞，深通音律，而且智谋超群，揣摩他人心意总能猜中。皇帝非常高兴，于是单只让她一人侍寝侍宴，宫中称她为娘子，待她的礼仪规格和皇后一样。

天宝初年，皇帝册封太真为贵妃。追赠她的父亲玄琰为太尉、齐国公。提拔她的叔父玄珪任光禄卿，族兄杨铦任鸿胪卿，杨锜任侍御史，还让杨锜娶自己的女儿太华公主为妻。太华公主是武惠妃生的，最受玄宗宠爱优待。而杨钊的地位也逐渐显赫起来。杨钊就是杨国忠。贵妃的三个姊姊都长得漂亮，皇帝喊她们姨，封她们为韩国、虢国、秦国夫人，她们出入宫廷，蒙受恩宠，声威气焰震动天下。每次宫外有封号的妇女入宫晋见，按规定的位次排列，玄宗的妹妹持盈公主等都谦让不敢就位。中央官署和州县的官吏接受杨家人的私下嘱托，立即奔走办理自定期限，比办皇帝下令要办的事还卖力。四方都有人送礼物与他们结交，杨家的门庭若市。玄宗的女儿建平、信成二公主因与贵妃家人不和，玄宗至于把宫中分赐给她们的东西追回，信成公主的丈夫驸马都尉独孤明还因此而丢官。

有一天，贵妃因受到玄宗的责备被送回杨铦家中，等到过了中午，皇帝还不进食，抽打在身边侍候的人，向他们大发脾气。高力士想试探一下皇帝的心意，于是报告玄宗，请求把宫中张设的帷帐，司农寺供给的酒、食品等共一百多车东西送到杨宅，皇帝不但同意，还当即把自己的御膳分赐给贵妃。力士明白皇帝的旨意，这一天晚上，就请求把贵妃召回宫中，于是打开安兴坊坊门，贵妃的车马经那里驰入皇宫。贵妃见到皇帝，伏地谢罪，皇帝非常高兴，很好地抚慰了她一番。第二天，杨家诸姨往宫里进献美食，宴会的音乐一演奏起来，皇帝就猛给他身边的人赏赐东西，其数量无法计算。从此贵妃更加受到玄宗的宠爱，玄宗赐给杨家诸姨每人每年钱一百万，作为她们的脂粉费。杨铦以正二品勋官上柱国的身份，立戟于住宅门前，同杨锜、国忠、杨家诸姨等五家宅第相连，都仿效皇宫的建筑，大概建一个厅堂要费钱一千万。见别人的宅第有胜过自己的，就拆掉重盖，务以瑰伟奢丽相夸耀，大兴土木，没有停止的时候。皇帝得到的奇珍异物及四方贡品都分赐给他们，宫中派出的送物使者往来相接于道，赐给五家的礼物都要一样。

贵妃总是跟随天子出外游乐，贵妃骑马，高力士就亲自给她递缰绳、马鞭。总计宫中在负责织锦刺绣的部门工作以及负责铸造、雕刻金玉器物的工匠，大致有一千人，他们接受贵妃的索取，各种稀奇的服饰、珍玩都能制作，变化如神。四方争相制作奇珍异物进献给贵妃，东西的奇特精巧，每每骇人耳目。岭南节度使张九章、广陵长史王翼由于进献的东西没人能比得上，天子晋升九章为从三品散官银青光禄大夫，提拔王翼为户部侍郎，于是天下人都随这股风而倾倒。贵妃嗜食荔枝，一定要得到新鲜的，于是特设驿骑传送，跑数千里地，荔枝的味道还没有变化已送到了京师。

天宝九载，贵妃又受到天子的责备，被送回宫外的住宅，杨国忠跑去找吉温商议，于是吉温晋见皇帝说："妇女过分不顺从应当处死，但陛下为什么爱惜宫中一席大的可用来将她处斩的地方，却让她到外面去丢脸呢？"皇帝的感情被触动，停止进食，命令宦官张韬光把自己的食物赐给贵妃。贵妃依靠韬光传话，与皇帝告别道："妾有罪应当被处死一万次，但除身体头发外，妾的所有东西都是皇上所赐，现在妾将死去，没有可用来报答皇上的东西。"随即拿刀割下一束头发进献给皇帝，说道："留下这东西与陛下诀别。"皇帝见到她的头发后，既吃惊又叹惜，急忙召她入宫，还像过去那样对她以礼相待。接着天子又亲临秦国夫人和国忠的府第，赐给这两家无数财物。

国忠遥领剑南节度使以后，每年十月，皇帝到华清宫，杨氏五家的人马都随从，每家单独排成一队，每队都穿着一种颜色的衣服，一会儿五家的队伍合在一起，灿烂犹如万花竞放，川谷顿成锦绣，国忠还用剑南节度使的旌旗作为队伍的前导。队伍所经之地，遗落的首饰，扔下的鞋子，还有瑟瑟、珠串，乱七八糟地在路上躺着，香气传到数十里外。天宝十载正月十五晚上，贵妃家人与玄宗的女儿广宁公主的随从争过市门，杨氏家奴挥鞭打人，喧闹争吵，公主跌下马来，只得躲开。公主找皇上哭诉，于是玄宗下令杀掉杨氏家奴，但公主的丈夫驸马都尉程昌裔也被贬官。国忠当宰相，他的儿子杨昢娶玄宗的女儿万春公主为妻，杨暄娶延和郡主为妻；他的弟弟杨鉴娶承荣郡主为妻。玄宗又下令为贵妃的父亲玄琰立家庙，皇帝亲自书写家庙的碑文。杨铦、秦国夫人早死，所以韩国、虢国夫人和国忠显达的时间最长。虢国夫人向来和国忠淫乱，颇为外人所知，而不以为耻。每次入宫谒见天子，两人在道上并驾齐驱，随从的宦官、侍婢有一百多，都骑在马上，蜡烛照耀得如同白昼，妆饰艳丽的妇女充满街巷，虢国夫人连障帘都不用，当时人说这是齐襄公的淫妹行径。诸王的子孙凡有婚嫁之事，一定要先通过韩国、虢国夫人，然后向天子报告，这样做便都能如愿，诸王至于用数百上千金来感谢她们。

起初，安禄山有边功，皇帝宠信他，命他与杨家诸姨结为兄妹，而禄山则拜贵妃为母，禄山每次来京朝见天子，杨家人必定设宴招待，同他建立友好关系。后来安禄山造反，以讨伐杨国忠为借口，而且公开指出贵妃及杨家诸姨的罪恶。皇帝想让皇太子率军随从自己出征，接着把帝位禅让给他，杨家诸人极为恐惧，聚在庭院里痛哭。国忠入宫禀告贵妃，贵妃口衔土块请求天子将自己处死，皇帝心情沮丧，于是便没有那样做。等到潼关失守，玄宗西行到了马嵬驿，陈玄礼等就为天下人考虑杀掉国忠，但国忠已死，军队将士仍不散去。皇帝派高力士询问原因，将士们说："祸乱的根子还在！"皇帝不得已，与贵妃诀别，让人把她带走，勒死在路旁的祠庙，用紫色褥子裹尸，埋在大路边，这时贵妃三十八岁。

后来玄宗自蜀郡回长安，路经马嵬驿，派人祭奠贵妃，且下令改葬。礼部侍郎李揆说："龙武军将士因为国忠有负于皇上，招致祸乱，替天下人杀掉国忠。现在改葬贵妃，恐怕将士们会疑虑不安。"于是，玄宗没有正式改葬贵妃。他秘密派遣宦官备好棺椁把贵妃的遗体迁移到别的地方安葬。挖开埋葬贵妃的地方，贵妃原先佩带的香囊还在，宦官把它献给玄宗，玄宗看到香囊后，伤感落泪，于是就命画工在偏殿里画贵妃的像，早晚前去看望，一定要哽咽抽泣。

马嵬驿事变发生的时候，虢国夫人和国忠的妻子裴柔等逃往陈仓，陈仓县令带领手下人追赶，虢国夫人等猜想是逆贼作乱，便扔下马跑进树林里。虢国夫人先杀掉她的两个孩子，裴柔说："请让我死！"虢国夫人马上把她和她的女儿一起刺死，然后自己抹脖子，但还没有断气，官吏就把她驮在马上送进监狱，虢国夫人问道："是国家要杀我们？还是逆贼作乱？"县吏回答说："都是。"于是死去，被埋在陈仓东城外。

新唐书卷九十七

列传第二十二

魏　徵

魏徵字玄成，魏州曲城人。少孤，落魄，弃赀产不营，有大志，通贯书术。

隋乱，诡为道士。武阳郡丞元宝藏举兵应李密，以徵典书檄。密得宝藏书，辄称善，既闻徵所为，促召之。徵进十策说密，不能用。王世充攻洛口，徵见长史郑颋曰："魏公虽骤胜，而骁将锐士死伤略尽；又府无见财，战胜不赏。此二者不可以战。若浚池峭垒，旷日持久，贼粮尽且去，我追击之，取胜之道也。"颋曰："老儒常语耳！"徵不谢去。

后从密来京师，久之未知名。自请安辑山东，乃擢秘书丞，驰驲至黎阳。时李勣尚为密守，徵与书曰："始魏公起叛徒，振臂大呼，众数十万，威之所被半天下，然而一败不振，卒归唐者，固知天命有所归也。今君处必争之地，不早自图，则大事去矣！"勣得书，遂定计归，而大发粟馈淮安王之军。

会窦建德陷黎阳，获徵，伪拜起居舍人。建德败，与裴矩走入关，隐太子引为洗马。徵见秦王功高，阴劝太子早为计。太子败，王责谓曰："尔阅吾兄弟，奈何？"答曰："太子蚤从徵言，不死今日之祸。"王器其直，无恨意。

即位，拜谏议大夫，封巨鹿县男。当是时，河北州县素事隐、巢者不自安，往往曹伏思乱。徵白太宗曰："不示至公，祸不可解。"帝曰："尔行安喻河北。"道遇太子千牛李志安、齐王护军李思行传送京师，徵与其副谋曰："属有诏，宫府旧人普原之。今复执送志安等，谁不自疑者？吾属虽往，人不信。"即贷而后闻。使还，帝悦，日益亲，或引至卧内，访天下事。徵亦自以不世遇，乃展尽底蕴无所隐，凡二百余奏，无不剀切当帝心者。由是拜尚书右丞，兼谏议大夫。

左右有毁徵阿党亲戚者，帝使温彦博按讯，非是。彦博曰："徵为人臣，不能著形迹，远嫌疑，而被飞谤，是宜责也。"帝谓彦博行让徵。徵见帝，谢曰："臣闻君臣同心，是谓一体，岂有置至公，事形迹？若上下共由兹路，邦之兴丧未可知也。"帝矍然，曰："吾悟之矣！"徵顿首曰："愿陛下俾臣为良臣，毋俾臣为忠臣。"帝曰："忠、良异乎？"曰："良臣，稷、契、咎陶也；忠臣，龙逢、比干也。良臣，身荷美名，君都显号，子孙传承，流祚无疆；忠臣，己婴祸诛，君陷昏恶，丧国夷家，只取空名。此其异也。"帝曰："善。"因问："为君者何道而明，何失而暗？"徵曰："君所以明，兼听也；所以暗，偏信也。尧、舜氏辟四门，明四目，达四聪。虽有共、鲧，不能塞也，靖言庸违，不能惑也。秦二世隐藏其身，以信赵高，天下溃叛而不得闻；梁武帝信朱异，侯景向关而不得闻；隋炀帝信虞世基，贼遍天下而不得闻。故曰，君能兼听，则奸人不得壅蔽，而下情通矣。"

郑仁基息女美而才，皇后建请为充华，典册具。或言许聘矣。徵谏曰："陛下处台榭，则欲民有栋宇；食膏粱，则欲民有饱适；顾嫔御，则欲民有室家。今郑已约昏，陛下取之，岂为人父母意！"帝痛自咎，即诏停册。

贞观三年，以秘书监参豫朝政。高昌王麹文泰将入朝，西域诸国欲因文泰悉遣使者奉献。帝诏文泰使人厌怛纥干迎之。徵曰："异时文泰入朝，所过供拟不能具，今又加诸国焉，则濒塞州县以乏致罪者众。彼以商贾来，则边人为之利；若宾客之，中国萧然耗矣。汉建武时，西域请置都护、送侍子，光武不许，不以蛮夷弊中国也。"帝曰："善。"追止其诏。

于是帝即位四年，岁断死二十九，几至刑措，米斗三钱。先是，帝尝叹曰："今大乱之后，其难治乎？"徵曰："大乱之易治，譬饥人之易食也。"帝曰："古不云善人为邦百年，然后胜残去杀邪？"答曰："此不为圣哲论也。圣哲之治，其应如响，期月而可，盖不其难。"封德彝曰："不然。三代之后，浇诡日滋。秦任法律，汉杂霸道，皆欲治不能，非能治不欲。徵书生，好虚论，徒乱国家，不可听。"徵曰："五帝、三王不易民以教，行帝道而帝，行王道而王，顾所行何如尔。黄帝逐蚩尤，七十战而胜其乱，因致无为。九黎害德，颛顼征之，已克而治。桀为乱，汤放之；纣无道，武王伐之。汤、武身及太平。若人渐浇诡，不复返朴，今当为鬼为魅，尚安得而化哉！"德彝不能对，然心以为不可。帝纳之不疑。至是，天下大治。蛮夷君长袭衣冠，带刀宿卫。东薄海，南逾岭，户阖不闭，行旅不赍粮，取给于道。帝谓群臣曰："此徵劝我行仁义，既效矣。惜不令封德彝见之！"

俄检校侍中，进爵郡公。帝幸九成宫，宫御舍围川宫下。仆射李靖、侍中王珪继至，吏改馆宫御以舍靖、珪。帝闻，怒曰："威福由是等邪！何轻我宫人？"诏并按之。徵曰："靖、珪皆陛下腹心大臣，宫人止后宫扫除隶耳。方大臣出，官吏谘朝廷法式；归来，陛下问人间疾苦。夫官舍，固靖等见官吏之所，吏不可不谒也。至宫人则不然，供馈之余无所参承。以此按吏，且骇天下耳目。"帝悟，寝不问。

后宴丹霄楼，酒中谓长孙无忌曰："魏徵、王珪事隐太子、巢剌王时，诚可恶，我能弃怨用才，无羞古人，然徵每谏我不从，我发言辄不即应，何哉？"徵曰："臣以事有不可，故谏，若不从辄应，恐遂行之。"帝曰："弟即应，须别陈论，顾不得？"徵曰："昔舜戒群臣：'尔无面从，退有后言。'若面从可，方别陈论，此乃后言，非稷、卨所以事尧、舜也。"帝大笑曰："人言徵举动疏慢，我但见其妩媚耳！"徵再拜曰："陛下导臣使言，所以敢然；若不受，臣敢数批逆鳞哉！"

七年，为侍中。尚书省滞讼不决者，诏徵平治。徵不素习法，但存大体，处事以情，人人悦服。进左光禄大夫、郑国公。多病，辞职，帝曰："公独不见金在矿何足贵邪？善冶锻而为器，人乃宝之。朕方自比于金，以卿为良匠而加砺焉。卿虽疾，未及衰，庸得便尔？"徵恳请，数却愈牢。乃拜特进，知门下省事，诏朝章国典，参议得失，禄赐、国官、防閤并同职事。

文德皇后既葬，帝即苑中作层观，以望昭陵，引徵同升，徵孰视曰："臣眊昏，不能见。"帝指示之，徵曰："此昭陵邪？"帝曰："然。"徵曰："臣以为陛下望献陵，若昭陵，臣固见之。"帝泣，为毁观。寻以定五礼，当封一子县男，徵请封孤兄子叔慈。帝怆然曰："此可以励俗。"即许之。

后幸洛阳，次昭仁宫，多所谴责。徵曰："隋惟责不献食，或供奉不精，为此无限，而至于亡。故天命陛下代之，正当兢惧戒约，奈何令人悔为不奢。若以为足，今不啻足矣；以为不足，万此宁有足邪？"帝惊曰："非公不闻此言。"退又上疏曰：

《书》称"明德慎罚"，"惟刑之恤"。《礼》曰："为上易事，为下易知，则刑不烦。""上多疑，则百姓惑；下难知，则君长劳。"夫上易事，下易知，君长不劳，百姓不惑，故君有一德，臣无二心。夫刑赏之本，在乎劝善而惩恶。帝王所与，天下画一，不以亲疏贵贱而轻重者也。今之刑赏，或由喜怒，或出好恶。喜则矜刑于法中，怒则求罪于律外；好则钻皮出羽，恶则洗垢索瘢。盖刑滥则小人道长，赏谬则君子道消。小人之恶不惩，君子之善不劝，而望治安刑措，非所闻也。且暇豫而言，皆敦尚孔、老；至于威怒，则专法申、韩。故道德之旨未弘，而锲薄之风先摇。昔州犁上下其手而楚法以敝，张汤轻重其心而汉刑以谬，况人主而自高下乎！顷者罚人，或以供张不赡，或不能从欲，皆非致治之急也。夫贵不与骄期而骄自至，富不与奢期而奢自至，非徒语也。

且我之所代，实在有隋。以隋府藏况今之资储，以隋甲兵况今之士马，以隋户口况今之百姓，挈长度大，曾何等级焉！然隋以富强而丧，动之也；我以贫寡而安，静之也。静之则安，动之则乱，人皆知之，非隐而难见、微而难察也。不蹈平易之涂，而遵覆车之辙，何哉？安不思危，治不念乱，存不虑亡也。方隋未乱，自谓必无乱；未亡，自谓必不亡。所以甲兵亟动，徭役不息，以至戮辱而不悟灭亡之所由也，岂不哀哉！夫监形之美恶，必就止水；监政之安危，必取亡国。"《诗》曰："殷鉴不远，在夏后之世。"臣愿当今之动静，以隋为鉴，则存亡治乱可得而知。思所以危则安矣，思所以乱则治矣，思所以亡则存矣。存亡之所在，在节嗜欲，省游畋，息靡丽，罢不急，慎偏听，近忠厚，远便佞而已。夫守之则易，得之实难。今既得其所难，岂不能保其所易？保之不固，骄奢淫泆有以动之也。

帝宴群臣积翠池，酣乐赋诗。徵赋《西汉》，其卒章曰："终藉叔孙礼，方知皇帝尊。"帝曰："徵言未尝不约我以礼。"它日，从容问曰："比政治若何？"徵见久承平，帝意有所忽，因对曰："陛下贞观之初，导人使谏。三年以后，见谏者悦而从之。比一二年，勉强受谏，而终不平也。"帝惊曰："公何物验之？"对曰："陛下初即位，论元律师死，孙伏伽谏以为法不当死，陛下赐以兰陵公主园，直百万。或曰：'赏太厚。'答曰：'朕即位，未有谏者，所以赏之。'此导人使谏也。后柳雄妄诉隋资，有司得，劾其伪，将论死，戴胄奏罪当徒，执之四五然后赦。谓胄曰：'弟守法如此，不畏滥罚。'此悦而从谏也。近皇甫德参上书言'修洛阳宫，劳人也；收地租，厚敛也；俗尚高髻，宫中所化也。'陛下恚曰：'是子使国家不役一人，不收一租，宫人无发，乃称其意。'臣奏：'人臣上书，不激切不能起人主意，激切即近讪谤。'于时，陛下虽从臣言，赏帛罢之，意终不平。此难于受谏也。"帝悟曰："非公，无能道此者。人苦不自觉耳！"

先是，帝作飞山宫，徵上疏曰：

隋有天下三十余年，风行万里，威憺殊俗，一旦举而弃之。彼炀帝者，岂恶治安、喜灭亡哉？恃其富强，不虞后患也。驱天下，役万物，以自奉养，子女玉帛是求，宫宇台榭是饰，徭役无时，干戈不休，外示威重，内行险忌，谗邪者进，忠正者退，上下相蒙，人不堪命，以致殒匹夫之手，为天下笑。圣哲乘机，拯其危溺。今宫观台榭，尽居之矣；奇珍异物，尽收之矣；姬姜淑媛，尽侍于侧矣；四海九州，尽为臣妾矣。若能鉴彼所以亡，念我所以得，焚宝衣，毁广殿，安处卑宫，德之上也。若成功不废，即仍其旧，除其不急，德之次也。不惟王业之艰难，谓天命可恃，因基增旧，甘心侈靡，使人不见德而劳役是闻，斯为下矣。以暴易暴，与乱同道。夫做事不法，后无以观。人怨神怒，则灾害生；灾害生，则祸乱作；祸乱作，而能以身名令终者鲜矣。

是岁，大雨，谷、洛溢，毁宫寺十九，漂居人六百家。徵陈事曰：

臣闻为国基于德礼，保于诚信。诚信立，则下无二情；德礼形，则远者来格。故德礼诚信，国之大纲，不可斯须废也。传曰："君使臣以礼，臣事君以忠。""自古皆有死，民无信不立。"又曰："同言而信，信在言前；同令而行，诚在令外。"然则言而不行，言不信也；令而不从，令无诚也。不信之言，不诚之令，君子弗为也。

自王道休明，绵十余载，仓廪愈积，土地益广，然而道德不日博，仁义不日厚，何哉？由待下之情，未尽诚信，虽有善始之勤，而无克终之美。故便佞之徒得肆其巧，谓同心为朋党，告讦为至公，强直为擅权，忠谠为诽谤。谓之朋党，虽忠信可疑，谓之至公，虽矫为无咎。强直者畏擅权而不得尽，忠谠者虑诽谤而不敢与之争。荧惑视听，郁于大道，妨化损德，无斯甚者。

今将致治则委之君子，得失或访诸小人，是誉毁常在小人，而督责常加君子也。夫中智之人，岂无小惠，然虑不及远，虽使竭力尽诚，犹未免倾败，况内怀奸利，承颜顺旨乎？故孔子曰：

"君子而不仁者有矣,未有小人而仁者。"然则君子不能无小恶,恶不积无害于正;小人时有小善,善不积不足以忠。今谓之善人矣,复虑其不信,何异立直木而疑其景之曲乎?故上不信则无以使下,下不信则无以事上。信之为义大矣!

昔齐桓公问管仲曰:"吾欲使酒腐于爵,肉腐于俎,得无害霸乎?"管仲曰:"此固非其善者,然无害霸也。"公曰:"何如而害霸?"曰:"不能知人,害霸也;知而不能用,害霸也;用而不能任,害霸也;任而不能信,害霸也;既信而又使小人参之,害霸也。"晋中行穆伯攻鼓,经年而不能下,馈间伦曰:"鼓之啬夫,间伦知之,请无疲士大夫,而鼓可得。"穆伯不应。左右曰:"不折一戟,不伤一卒,而鼓可得,君奚不为?"穆伯曰:"间伦之为人也,佞而不仁。若使间伦下之,吾不可以不赏,若赏之,是赏佞人也。佞人得志,是使晋国舍仁而为佞,虽得鼓,安用之!"夫穆伯,列国大夫,管仲,霸者之佐,犹能慎于信任,远避佞人,况陛下之上圣乎?若欲令君子小人是非不杂,必怀之以德,待之以信,厉之以义,节之以礼,然后善善而恶恶,审罚而明赏,无为之化何远之有!善善而不能进,恶恶而不能去,罚不及有罪,赏不加有功,则危亡之期或未可保。

帝手诏嘉答。于是,废明德宫玄圃院赐遭水者。

它日,宴群臣,帝曰:"贞观以前,从我定天下,间关草昧,玄龄功也。贞观之后,纳忠谏,正朕违,为国家长利,徵而已。虽古名臣,亦何以加!"亲解佩刀,以赐二人。帝尝问群臣:"徵与诸葛亮孰贤?"岑文本曰:"亮才兼将相,非徵可比。"帝曰:"徵蹈履仁义,以弼朕躬,欲致之尧、舜,虽亮无以抗。"时上封者众,或不切事,帝厌之,欲加谯黜,徵曰:

"古者立谤木，欲闻己过。封事，其谤木之遗乎！陛下思闻得失，当恣其所陈。言而是乎，为朝廷之益；非乎，无损于政。"帝悦，皆劳遣之。

十三年，阿史那结社率作乱，云阳石然，自冬至五月不雨，徵上疏极言曰：

臣奉侍帷幄十余年，陛下许臣以仁义之道，守而不失；俭约朴素，终始弗渝。德音在耳，不敢忘也。顷年以来，寖不克终。谨用条陈，裨万分一。

陛下在贞观初，清净寡欲，化被荒外，今万里遣使，市索骏马，并访怪珍。昔汉文帝却千里马，晋武帝焚雉头裘。陛下居常论议，远辈尧、舜，今所为，更欲处汉文、晋武下乎？此不克终一渐也。子贡问治人。孔子曰："懔乎若朽索之驭六马。"子贡曰："何畏哉？"对曰："不以道导之，则吾雠也，若何不畏！"陛下在贞观初，护民之劳，煦之如子，不轻营为。顷既奢肆，思用人力，乃曰："百姓无事则易骄，劳役则易使。"自古未有百姓逸乐而致倾败者，何有逆畏其骄而为劳役哉？此不克终二渐也。陛下在贞观初，役己以利物，比来纵欲以劳人。虽忧人之言不绝于口，而乐身之事实切诸心。无虑营构，辄曰："弗为此，不便我身。"推之人情，谁敢复争？此不克终三渐也。在贞观初，亲君子，斥小人。比来轻亵小人，礼重君子。重君子也，恭而远之；轻小人也，狎而近之。近之莫见其非，远之莫见其是。莫见其是，则不待间而疏；莫见其非，则有时而昵。昵小人，疏君子，而欲至治，非所闻也。此不克终四渐也。在贞观初，不贵异物，不作无益。而今难得之货杂然并进，玩好之作无时而息。上奢靡而望下朴素，力役广而冀农业兴，不可得已。此不克终五渐也。贞观之初，求士如渴，贤者所举，即信而任之，取其所长，常恐不及。比来由心好恶，以众贤举而用，以一人毁而弃，虽积年任而信，或一朝疑而斥。夫行有素履，事有成迹，一人之毁未必可信，积年之行不应顿亏。陛下不察其原，以为臧否，使谗佞得行，守道疏间。此不克终六渐也。在贞观初，高居深拱，无田猎毕弋之好。数年之后，志不克固，鹰犬之贡，远及四夷，晨出夕返，驰骋为乐，变起不测，其及救乎？此不克终七渐也。在贞观初，遇下有礼，群情上达。今外官奏事，颜色不接，间因所短，诘其细过，虽有忠款，而不得申。此不克终八渐也。在贞观初，孜孜治道，常若不足。比恃功业之大，负圣智之明，长傲纵欲，无事兴兵，问罪远裔。亲狎者阿旨不肯谏，疏远者畏威不敢言。积而不已，所损非细。此不克终九渐也。贞观初，频年霜旱，畿内户口并就关外，携老扶幼，来往数年，卒无一户亡去。此由陛下矜育抚宁，故死不携贰也。比者疲于徭役，关中之人，劳弊尤甚。杂匠当下，顾而不遣。正兵番上，复别驱任。市物褪属于廛，递子背望于道。脱有一谷不收，百姓之心，恐不能如前日之怗泰。此不克终十渐也。

夫祸福无门，惟人之召，人无衅焉，妖不妄作。今旱蝗之灾，远被郡国，凶丑之孽，起于毂下，此上天示戒，乃陛下恐惧忧勤之日也。千载休期，时难再得，明主可为而不为，臣所以郁结长叹者也！

疏奏，帝曰："朕今闻过矣，愿改之，以终善道。有违此言，当何施颜面与公相见哉！方以所上疏，列为屏障，庶朝夕见之，兼录付史官，使万世知君臣之义。"因赐黄金十斤，马二匹。

高昌平，帝宴两仪殿，叹曰："高昌若不失德，岂至于亡！

然朕亦当自戒，不以小人之言而议君子，庶几获安也。"徵曰："昔齐桓公与管仲、鲍叔牙、甯戚四人者饮，桓公请叔牙曰：'盍起为寡人寿？'叔牙奉觞而起曰：'愿公无忘在莒时，使管仲无忘束缚于鲁时，使甯戚无忘饭牛车下时。'桓公避席而谢曰：'寡人与二大夫能无忘夫子之言，则社稷不危矣。'"帝曰："朕不敢忘布衣时，公不得忘叔牙之为人也。"

帝遣使者至西域立叶护可汗，未还，又遣使赍金帛诸国市马。徵曰："今立可汗未定，即诣诸国市马，彼必以为意在马，不在立可汗。可汗得立，必不怀恩。诸蕃闻之，以中国薄义重利，未必得马而行先义矣。魏文帝欲求市西域大珠，苏则以为惠及四海，则不求自至；求而得之，不足贵也。陛下可不畏苏则言乎！"帝遂止。

是后右仆射缺，欲用徵，徵让，得不拜。皇太子承乾与魏王泰交恶，帝曰："当今忠謇贵重无逾徵，我遣傅皇太子，一天下之望，羽翼固矣。"即拜太子太师。徵以疾辞，诏答曰："汉太子以四皓为助，我赖公，其义也。公虽卧，可拥全之。"

十七年，疾甚。徵家初无正寝，帝命辍小殿材为营构，五日毕。并赐素褥布被，以从其尚。令中郎将宿其第，动静辄以闻，药膳赐遗无算，中使者缀道。帝亲问疾，屏左右，语终日乃还。后复与太子至徵第，徵加朝服，拖带。帝悲懑，拊之流涕，问所欲。对曰："嫠不恤纬，而忧宗周之亡！"帝将以衡山公主降其子叔玉，时主亦从，帝曰："公强视新妇！"徵不能谢。是夕，帝梦徵若平生，及旦，薨。帝临哭，为之恸，罢朝五日。太子举哀西华堂。诏内外百官朝集使皆赴丧，赠司空、相州都督，谥曰文贞，给羽葆、鼓吹、班剑四十人，陪葬昭陵。将葬，其妻裴辞曰："徵素俭约，今假一品礼，仪物褒大，非徵志。"见许，乃用素车，白布幨帷，无涂车、刍灵。帝登苑西灵，望哭尽哀。晋王奉诏致祭。帝作文于碑，遂书之。又赐家封户九百。

帝后临朝叹曰："以铜为鉴，可正衣冠；以古为鉴，可知兴替；以人为鉴，可明得失。朕尝保此三鉴，内防己过。今魏徵逝，一鉴亡矣。朕比使人至其家，得书一纸，始半藁，其可识者曰：'天下之事，有善有恶，任善人则国安，用恶人则国弊。公卿之内，情有爱憎，憎者惟见其恶，爱者止见其善。爱憎之间，所宜详慎。若爱而知其恶，憎而知其善，去邪勿疑，任贤勿猜，可以兴矣。'其大略如此，朕顾思之，恐不免斯过。公卿侍臣可书之于笏，知而必谏也。"

徵状貌不逾中人，有志胆，每犯颜进谏，虽逢帝甚怒，神色不徙，而天子亦为霁威。议者谓贲、育不能过。尝上冢还，奏曰："向闻陛下有关南之行，既办而止，何也？"帝曰："畏卿，遂停耳。"始，丧乱后，典章湮散，徵奏引诸儒校集秘书，国家图籍粲然完整。尝以《小戴礼》综汇不伦，更作《类礼》二十篇，数年而成。帝美其书，录置内府。帝本以兵定天下，虽已治，不忘经略四夷也。故徵侍宴，奏《破阵武德舞》，则俯首不顾，至《庆善乐》，则谛玩无斁，举有所讽切如此。

徵亡，帝思不已，登凌烟阁观画像，赋诗悼痛。闻者媢之，毁短百为。徵尝荐杜正伦、侯君集才任宰相，及正伦以罪黜，君集坐逆诛，嬺人遂指为阿党；又言徵尝录前后谏争语示史官褚遂良。帝滋不悦，乃停叔玉昏，而仆所为碑，顾其家衰矣。

辽东之役，高丽、靺鞨犯阵，李勣等力战破之。军还，怅然曰："魏徵若在，吾有此行邪！"即召其家到行在，赐劳妻子，以少牢祠其墓，复立碑，恩礼加焉。

四子：叔玉、叔琬、叔璘、叔瑜。叔玉袭爵为光禄少卿。神龙初，以其子膺绍封。叔璘，礼部侍郎，武后时，为酷吏所杀。叔瑜，豫州刺史，善草隶，以笔意传其子华及甥薛稷。世称善书者"前有虞、褚，后有薛、魏"。华为检校太子左庶子、武阳县男。开元中，寝堂火，子孙哭三日，诏百官赴吊。

赞曰：君臣之际，顾不难哉！以徵之忠，而太宗之睿，身殁未几，猜谮遽行。始，徵之谏累数十余万言，至君子小人，未尝不反复为帝言之，以佞邪之乱忠也。久犹不免。故曰："皓皓者易污，峣者难全"，自古所叹云。唐柳芳称："徵死，知不知莫不恨惜，以为三代遗直。"

译文：

魏徵字玄成，魏州曲城人。幼丧父母，穷困失意，扔下家产不经营；有远大志向，对各种书籍、学问能融会贯通。

隋末天下大乱，假意出家为道士。武阳郡丞元宝藏起兵响应李密，让魏徵掌管文书。李密每次得到宝藏的书信，总称赞它写得好，后来听说是魏徵写的，马上把他召来。魏徵进献十条计策劝说李密，李密不能用。王世充进攻洛口，魏徵求见魏公李密的长史郑颋，说道："魏公虽然屡次获胜，但精兵骁将有的死有的受伤已所剩无几；又仓库里没有财物，打胜仗不能给予奖赏。有这两条就不应该出战。如果我们挖深洛口的城壕，加高它的防御工事，拖延很长时间不和敌人作战，敌人粮食用完将会自己离开，那时我军再追击他们，这就是夺取胜利的方法。"郑颋说："你这些话不过是老生常谈罢了！"魏徵不辞而别。

后来魏徵随从李密降唐，到了京师，很长时间默默无闻。魏徵自己请求去安抚山东地区，于是天子提拔他为秘书丞，驾驿车急行到了黎阳。当时李勣还在为李密守黎阳，魏徵写信给他说："当初魏公由叛逆者而起兵，振臂大呼，四方响应，有部下数十万，势力所及，近半个中国，然而一失败就再也振作不起来，最后终于归附唐朝，因此知道天命已有所归属。现在您处于兵家必争之地，如果自己不及早谋划，那么大事就会无可挽回！"李勣得到信，终于定计归附唐朝，并开仓发粮，赠给唐淮安王的军队。

恰巧窦建德攻陷黎阳，抓获了魏徵，于是让他担任起居舍人的伪官。建德失败，魏徵与裴矩西行入潼关，隐太子建成推荐他任太子洗马。魏徵见秦王李世民功高，暗中劝说太子早定对策。太子失败，秦王责问魏徵说："你让我们兄弟互相争斗，这是为什么呢？"回答说："太子早听魏徵的话，不会死于今天的祸乱。"秦王器重魏徵敢于直言，毫无怨恨他的意思。

秦王即帝位，拜魏徵为谏议大夫，封巨鹿县男。正在这个时候，河北州县过去侍奉隐太子、巢王元吉的人都自己觉得不安全，往往成群藏匿思谋作乱。魏徵禀告太宗说："不向天下人显示天子至公无私，灾祸不能解除。"太宗说："你去安抚和开导一下河北的人。"魏徵在出使河北途中，遇到太子千牛李志安、齐王元吉府护军李思行被解往京师，魏徵同他的副使商议道："正好有诏令，前东宫、齐王府的旧人一律免罪，现在又拘捕、解送志安等人，谁心里不怀疑呢？我辈虽前去传达天子的旨意，人们一定不会相信。"立即赦免志安等人而后上报天子。魏徵出使回来，太宗非常高兴，对他日益亲近，有时把他领进卧室，询问天下的事情。魏徵也自认为得到君主非常的赏识，于是把心里的想法全部说出，毫不隐瞒，共提出建议二百多项，全都切实可行符合皇帝的心意。因此太宗任命他为尚书右丞，兼谏议大夫。

天子的近臣中有人诽谤魏徵偏袒自己的亲戚，皇帝让温彦博查问,结论是这种说法不符合事实。彦博说:"魏徵作为臣子,不能使自己的行为痕迹显明,以避开嫌疑,因而受到意外的诽谤,这是应该责备的。"皇帝就叫彦博去责备魏徵。魏徵进见皇帝,拒绝道:"臣听说君臣应该同心,这叫作如同一个整体,哪有抛弃至公无私,只追求行为痕迹的?如果君臣上下共同遵循这条道路,那么国家是兴是亡就没法预料了。"皇帝一副吃惊的样子,说道:"我已经领悟你的意思了!"魏徵跪下叩头说:"愿陛下让臣做良臣,不要让臣做忠臣。"皇帝说:"忠臣、良臣有不同吗?"魏徵说:"良臣,就是稷、契、皋陶;忠臣,就是龙逢、比干。良臣,自身得美名,君主有尊号,子孙世代相继,福祚传之无穷;忠臣,自身得祸受戮,使君主陷于愚昧、凶暴的境地,国亡家灭,只得到一个空名。这就是忠臣与良臣的不同。"皇帝说:"说得好。"接着问道:"做君主的人用什么方法能做到明,犯什么错误会导致暗?"魏徵说:"君主之所以明,是由于能多方面地听取意见;之所以暗,是因为偏听偏信。从前尧、舜大开四方之门,广招贤才,目明能远视四方,耳聪能远听四方,虽有共工、鲧这样的恶人,不能蒙蔽他们;言语动听行为背谬,也不能使他们受迷惑。秦二世居于深宫,偏信赵高,天下离散叛乱却不知道;梁武帝偏信朱异,侯景领兵准备攻城却不知道;隋炀帝偏信虞世基,造反的人到处都是却不知道。所以说,君主能多方面地听取意见,那么奸臣就不可能蒙蔽君主,而下情也就能上达。"

郑仁基的亲生女儿既长得漂亮又有才干,皇后建议让她当九嫔中的充华,天子的封册都准备好了。有人说她已和别人有婚约,魏徵进谏道:"陛下居于楼台,就想让百姓有房子住;吃精美的食物,就想让百姓能吃饱吃好;看到身边的侍妾,就想让百姓有家庭。现在郑家的女儿已有婚约，陛下娶她，哪里有一点做百姓父母的情意！"皇帝沉痛地自己责备自己，立即下令停止册封郑仁基的女儿为充华。

贞观三年，魏徵以秘书监的身份参与朝政。高昌王麴文泰将入京朝见天子，西域各国都想乘文泰入朝的机会派遣使者向天子进献方物。皇帝命令文泰的使臣厌怛纥干前去迎接西域各国的使者。魏徵说："往年文泰入京朝见天子，所经过的地方，计划供应的物品尚不能备齐，现在又加上各国的使者，那么近边的州县，由于物资供应不上而招致犯罪的人将会很多。西域人以商贾的身份前来，边地人民会因此而得利；如果作为宾客前来，那么中国就会因消耗大量资财而变得冷落了。东汉建武年间，西域诸国请求汉在西域设置都护并派遣王子入京侍奉皇帝，光武帝不答应，因为不愿为了异族而使中国受害。"皇帝说："你的意见很好。"立即把发布的诏令追回。

于是太宗即位四年，一年中判处死刑的只有二十九人，几乎达到刑罚弃置不用的地步，米价每斗才三钱。在这之前，皇帝曾经感叹道："现在处于大乱之后，国家很难治理吧！"魏徵说："大乱之后容易治理，就像饥饿的人容易给他准备吃的。"皇帝说："古人不是说善人治理国家经一百年，然后可以制服凶残的人，从而废除死刑吗？"魏徵回答说："这话不是为圣人哲人说的。圣人哲人治理国家，理应像回声一样，一年便可以有成效，并不是那么费力的事。"封德彝说："不是这样。夏、商、周三代之后，浮薄诡诈之风日益滋长。秦朝专用法律，汉朝杂用霸道，都想把国家治理好而不能，不是能把国家治理好而不想。魏徵是个书生，喜欢空谈，他的话只会使国家混乱，不可听从。"魏徵说："五帝、三王不是换掉百姓而后教化，实行帝道便称帝于天下，实行王道便称王于天下，就看所实行的是什么了。黄帝驱逐蚩尤，经过七十次战争而制服蚩尤的为害，于是达到无为而治。九黎危害道德，颛顼徵讨它，获胜后天下就得到很好治理。桀作乱，汤放逐他；纣无道，武王讨伐他。汤、武王都在自己生前达到太平。如果人民日渐浮薄诡诈，不再返于淳朴，那么到了今天，应当都成为鬼怪，君主又怎么能教化他们呢！"德彝回答不上来，但内心以为魏徵的意见不行。皇帝完全接受魏徵的意见而毫不怀疑。到这个时候，天下太平。边地异族君长受中华文明礼教的熏染，带刀到宫中担任警卫。东到海，南越过五岭，都夜不闭户，来往的旅客不用携带粮食，在路上就能得到供应。太宗对群臣说："这都是因为魏徵劝我行仁义啊，现在已经有成效了。可惜封德彝已去世，不能让他见到了！"

不久魏徵任检校侍中，爵位晋升为郡公。皇帝到九成宫，有宫女住在九成宫下围川县的官舍里。尚书右仆射李靖、侍中王珪接着到来，县吏将宫女移到别的地方居住腾出官舍给李靖、王珪。皇帝听说这事，发怒道："权力归这些人吗！为什么轻视我的宫女？"下令审查县吏和李靖、王珪。魏徵说："李靖、王珪都是陛下的心腹大臣，宫女不过是后宫中负责打扫垃圾的奴婢。当大臣外出，官吏要向他们询问朝廷的法度；当他们归来，陛下要询问他们民间的疾苦。官舍，本是李靖等人接见官吏的地方，因为官吏是不能不拜见大臣的嘛。至于宫女就不是这样，除供给饮食之外，无须参见侍候。如果因此而审查官吏，将使天下人听了吃惊。"皇帝醒悟，便放下这事不再查问。

后来，皇帝在丹霄楼宴请近臣，饮酒之中，天子对长孙无忌说："魏徵、王珪侍奉隐太子、巢剌王的时候，确实可恶，我能抛弃旧怨，任用有才能的人，也算无愧于古人了。但魏徵每次进谏，如果我不从，我发话，他总不马上答应，这是为什么呢？"魏徵说："臣认为事情有不合适的地方，所以进谏，如果陛下不从而臣马上答应，便怕事情就这样施行。"皇帝说："只管马上答应，等机会再另陈述意见，难道不行吗？"魏徵说："从前舜告诫群臣说：'你们不要当面顺从我，退下后又有话说。'如果臣当面顺从，答应陛下，又另找机会陈述意见，这就是'退下后又有话说'，不是后稷、离用来侍奉尧、舜的办法。"皇帝大笑道："别人说魏徵举止粗暴傲慢，我却只看到他的柔媚。"魏徵一拜再拜，说道："陛下引导臣让臣说话，所以敢这样；如果陛下不接受进谏，臣又怎敢多次触怒陛下呢！"

贞观七年，魏徵任侍中。当时尚书省有长期不决的诉讼案件，天子命令魏徵秉公处理。魏徵不是一向熟悉法律，只抓住原则，按照实际情况处理，大家都心悦诚服。天子进封魏徵为左光禄大夫、郑国公。魏徵多病，请求辞去官职，太宗说："您难道没有看见金属在矿里，没有什么值得珍贵的，擅长冶炼金属的工匠把它锻造成器物，人们才觉得它宝贵。朕正把自己比作金属，把卿比作好的工匠，而对它加以磨砺。卿虽有病，但还未衰老，哪能就这样辞官呢？"魏徵恳切请求，多次推辞官职，态度更加坚决。于是，太宗改命魏徵为特进，仍旧让他执掌门下省事务，命令朝廷的规章、国家的制度，由魏徵参议得失。他的俸禄、属吏、卫士都同职事官侍中一样。

太宗文德皇后安葬后，太宗就在禁苑建高层望楼，用它瞭望昭陵，有一次领着魏徵一起登上望楼，魏徵细看后说道："臣两眼昏花，看不到什么。"皇帝指给他看，魏徵说："这是昭陵吗？"皇帝说："是。"魏徵说："臣以为陛下是望高祖献陵呢，如果是昭陵，臣原已看到了。"皇帝哭泣，为此毁掉望楼。

接着魏徵由于修定吉、嘉、宾、军、凶礼，应封自己的一个儿子为县男，魏徵请求封自己哥哥的孤儿叔慈，皇帝悲伤地说："这样可以劝导世俗的人。"就答应他。

后来太宗往洛阳，途中住在昭仁宫，对负责供应物资的官吏多所谴责。魏徵说："隋朝专门指责郡县不进献食物，或者指责奉献的物品不精美，因做这种事没有节制，而至于灭亡。所以上天命令陛下取代隋朝，陛下正应当谨慎戒惧，警告约束自己，怎么能让人因为不奢侈而后悔呢！如果认为充足，那么现在这样已经很充足了；如果认为不充足，那么等于现在这样的一万倍难道就会觉得充足吗？"皇帝吃惊地说："没有你朕听不到这样的话。"魏徵退下后又进献奏疏说：

《尚书》说"宣扬道德小心刑罚"，"只有惧用刑法"。《礼记》说："处在上级地位的人容易侍奉，处在下级地位的人容易了解，那么刑罚就不会繁多。""处在上级地位的人多疑，那么百姓就会感到迷惑；处在下级地位的人难于了解，那么君长就会觉得疲劳。"处在上级地位的人容易侍奉，处在下级地位的人容易了解，那么君长就不会觉得疲劳，百姓就不会感到迷惑。所以君主有一种美德，臣下就不会有二心。刑罚赏赐的根本，在于劝善惩恶。帝王给赏赐用刑罚，全国划一，是不应因为亲疏贵贱而有所轻重的。现在的刑罚赏赐则不这样，有时因为高兴生气，有时出于喜好厌恶。遇上高兴的时候就惜于用刑，虽然依照法律应当用刑，遇上生气的时候就离开法律去寻找别人的罪过；自己喜好的人就极力赞美，言过其实，自己厌恶的人就故意挑剔。（这样必将导致刑罚过度、赏赐不当。）刑罚过度，那么小人之道就会增长，赏赐不当，那么君子之道就会消亡。小人的恶行不惩罚，君子的善行不奖励，而希望达到天下太平、刑罚弃置不用，这是我没有听说过的。而且空闲时清淡，都笃信、崇尚孔子、老子；到了发威动怒的时候，就专门效法申不害、韩非。所以道德的好处未能推广，刻薄的风尚已先煽起。从前伯州犁与人串通作弊，楚国的法律便遭破坏，张汤心有所轻重，汉朝的刑罚便出差错，更何况身为君主而自己有偏颇呢！近来处罚人，有的由于供应物品不充足，有的因为不能顺从自己的欲望，这些都不是为达到太平而急须办理的事务。古人说，尊贵没有与骄傲相约而骄傲自来，富裕没有与奢侈相约而奢侈自到，这并不是空话。

况且我们所取代的，是隋朝，以隋朝的仓库，比今日的储备，以隋朝的军队，比今日的兵马，以隋朝的户口，比今日的百姓，计量其长短大小，有多少差别呀！然而隋朝以富强而灭亡，原因是国家动荡；我们以贫乏而安宁，原因是国家平静。平静就安宁，动荡就混乱，这大家都知道，并不是隐晦难见、微细难察的道理。不走平坦的道路，而遵循已倾覆的车子的行迹，这是为什么呢？原因在于安宁时没想到危险，太平时没想到动乱，生存时没考虑到灭亡。当隋朝还没有乱的时候，自以为一定不会乱；还没有亡的时候，自以为一定不会亡。所以屡次发动战争，徭役不息，直到被杀受辱，还不明白灭亡的原因，岂不可悲！照看长相的美丑，一定要用静止的水，照看国家政治的安危，一定要找已灭亡的国家。《诗经》说："殷朝的借鉴不远，就在前一代的夏朝。"臣希望现今的行动，能以隋朝为借鉴，那么存亡治乱的道理就能知道了。如能想到导致危险的原因就会安宁，想到导致动乱的原因就会太平，想到导致灭亡的原因就能生存。生存灭亡的症结，只在于节制嗜好与欲望，减少出游和打猎，摆脱奢华，停止办理非急迫事务，小心不要偏听偏信，亲近忠厚的人，疏远善于阿谀奉迎的人罢了,保持帝王之业是容易的,取得它则确实困难。现在既然已取得那难于取得的帝王之业,难道就不能保持这易于保持的帝业了吗?保持它不牢固,是因为有骄奢淫逸之心在动摇它。

皇帝在洛阳宫积翠池宴请群臣,酒喝得高兴,和群臣一起赋诗。魏徵赋《西汉》诗,它的末章说:"终藉叔孙礼,方知皇帝尊。"皇帝说:"魏徵说话,没有不用礼来约束我的。"有一天,皇帝不慌不忙地问魏徵说:"近来国家的政治怎么样?"魏徵见国家长时间太平,皇帝的思想上有所忽视,于是回答说:"陛下在贞观初年,引导臣下使他们进谏。三年以后,遇到进谏能高兴地听从。近一二年,勉强接受进谏,而心里终究愤慨不满。"皇帝吃惊地说:"你有什么事例可作为证明?"魏徵回答说:"陛下刚即位的时候,判处元律师死刑,孙伏伽进谏,认为按法律不应处死,陛下赐给他兰陵公主的别墅,值一百万钱。有人说:'赏赐太厚。'陛下回答说:'朕即位以来,还没有进谏的人,所以给予厚赏。'这就是引导臣下使他们进谏。后来柳雄乱报在隋朝做官的资历,有关官吏得到实情,弹劾他弄虚作假,陛下判处他死刑,戴胄进言,说他的罪只应当处以徒刑,戴胄坚持了四五次,然后陛下才宣布赦免柳雄的死罪。陛下对戴胄说:'只管像这样严格执行法律,就不怕会有滥罚的现象了。'这就是能高兴地听从谏言。近时皇甫德参上书说:'修建洛阳宫,是让百姓受累;收地租,是滥征捐税;世俗好梳高髻,是受到宫中的影响。'陛下发怒道:'这人要国家不役使一个人,不收一斗租,宫女都没头发,才算合他的心意。'臣进言道:'臣下上书,不激切不能动君主之心,激切就近于毁谤。'当时,陛下虽听从臣的话,赏给德参丝织物,没有治他的罪,但心里终究愤慨不满。这就是不大容易接受进谏。"皇帝醒悟,说道:"不是你,没有人能说出这样的话。人往往苦于不能自己知道自己。"

在这之前,皇帝建造飞山宫,魏徵进献奏疏说:

隋朝据有天下三十多年,教化传布于万里之外,威力使异邦的人感到畏惧,然而一时之间,天下却全部丧失。那炀帝,难道讨厌太平而喜欢灭亡吗?这是由于他依仗国家的富强不考虑后患的缘故。炀帝驱遣天下之人,役使万物,以奉养自己,搜求妇女、财物,修整宫殿楼台,徭役随时都有,战争连续不断,向外显示自己的威严,对内行其险诈猜忌之道,邪恶的人受重用,忠正的人被斥逐,上下相互欺骗,百姓实在无法活命,因而导致自身死于平民之手,被天下人耻笑。圣人乘这个机会,拯救天下的危难。现在隋帝的宫殿楼台,陛下已全部住上了;奇珍异物,陛下已全收敛入宫;贵妇美女,已全在陛下的身旁侍候;四海九州的人,已全成为陛下的臣妾。陛下如果能借鉴隋朝之所以灭亡的原因,思考我之所以得天下的原因,焚毁隋宫的宝衣,废弃隋帝的广殿,安居于低矮的宫室,那就具有最高一等的道德。假如已成就的事业不败落,能继续承袭原有的传统,取消一切非急迫事务,那就具有次一等的道德。如果不考虑创立帝业的艰难,认为天命可以依恃,凭借旧基址扩大宫殿,增饰原有的建筑,甘心过奢侈糜烂的生活,使百姓看不到君王的德政,而只听到要他们服劳役的事,那就是最下等的了。用暴虐代替暴虐,将走上动乱的道路。做事情不能为后人所效法,子孙就看不到榜样。(这样,必将导致民怨神怒。)民怨神怒,那么自然灾害就会发生;自然灾害发生,那么祸乱就会出现;祸乱出现,自己的躯体名声能够善终的那就很少了。

这一年，天降大雨，谷水、洛水泛滥，毁坏宫观十九处，冲走居民六百家。魏徵上书陈述政事的得失说：

臣听说治国用德、礼作基础，以诚、信为领先。诚、信建立，那么处在下级地位的人就不会有二心；德、礼具备，那么远方的人就会前来朝贡。所以德、礼、诚、信，是治国的重要纲领，不可以有片刻时间废弃。古人的书上说："君主应该按礼来使用臣子，臣子应该以忠来侍奉君主。""自古以来人总是要死的，如果老百姓不信任统治者，国家也就立不住脚了。"又说："同样的言语，有时能被信任，（有时不被信任，）可见在言语之前，存在着一个信任的问题；同样的命令，有时能被执行，（有时不被执行，）可见在命令之外，存在着一个是否真诚待人的问题。"这样看来，言语不能执行，是因为言语不被信任；命令不被听从，是因为命令缺少真诚待人之意。不被信任的言语，不能真诚待人的命令，君子是不发出的。

自从帝王的正道美善兴旺，已延续十余年，国家仓库里的粮食越来越多，土地更加扩大，然而道德不能一天天增广，仁义不能一天天加深，这是为什么呢？因为陛下对待臣下，还没有能完全达到真诚、信任，虽有善始的勤劳，却无善终的优点。所以阿谀奉迎之徒得以尽力施展他们的巧辩伎俩，说彼此同心的人是结党营私，说揭人隐私的人是大公无私，说刚强正直的人是专权，说忠直敢谏的人是诽谤。说成结党营私，虽然忠实不欺也值得怀疑；说成大公无私，虽然弄虚作假也没有过错。刚强正直的人害怕专权的非议而不能全部说出自己想说的话，忠直敢谏的人考虑到诽谤的指责而不敢直言谏争。惑乱视听，阻滞正道，妨害教化，损伤道德，没有比这更厉害的。

现在要追求达到太平，就把任务托付给君子，而事情的得失，有时则询问小人，这样诽谤赞誉便常操在小人手里，而督察责罚则常加到君子头上。中等才智的人，难道没有点小聪明，然而其心思不能达到远大，即使他们竭诚尽力，仍不能免于使国家倾覆败亡，更何况内心怀有用不正当手段营利的企图，专门承顺天子的脸色、旨意行事的人呢！所以孔子说："君子中没有仁德的人是有的，没有小人而具有仁德的。"这样看来，君子不能没有小恶，但恶不多不妨害他是正人；小人也时常有小善，但善不多不足以使他成为忠臣。现在说某人是善人，又考虑他不可信任，这和竖立一根直的木头却怀疑它的影子不直有什么不同呢？所以上级不被下级信任就无法使唤下级，下级不被上级信任就无法侍奉上级，信任的意义是很重大的呀！

从前齐桓公问管仲说："我要让祭祀时用的酒在酒爵里发臭，用的肉在俎上腐烂，该不会妨害成就霸业吧？"管仲说："这固然不好，但不会妨害成就霸业。"桓公说："怎么样会妨害成就霸业呢？"管仲说："不能了解人，会妨害成就霸业；了解而不能使用，会妨害成就霸业；使用而不能授给官职，会妨害成就霸业；授给官职而不能信任，会妨害成就霸业；既加以信任而又让小人参与他的事务，会妨害成就霸业。"晋国中行穆伯攻打鼓国，历时一年而不能攻下，馈闲伦说："鼓国的啬夫，闲伦认识，请不必让士大夫们受累，鼓国便可以得到。"穆伯不答应。穆伯身边的人说："不折断一枝戟，不伤害一个士兵，而鼓国便可以得到，这样的事您为什么不做呢？"穆伯说："闲伦的为人，善于阿谀奉承，而没有仁德。如果让闲伦拿下鼓国，我不可以不给奖赏，如果奖赏他，就是奖赏善于阿谀奉承的人。善于阿谀奉承的人得志，这是让晋国的人舍弃仁德而效法阿谀奉承，虽然得到鼓国，又有什么用呢！"穆伯不过是春秋列国的大夫，管仲只是霸主的辅佐，尚且能够对应该信任什么人十分谨慎，远远地躲开善于阿谀奉承的人，更何况陛下这样的大圣人呢！如果想让君子小人和是非不混杂，一定要用德来安抚臣下，用信来对待臣下，用义来激励臣下，用礼来约束臣下，然后奖善而嫉恶，使赏罚分明，这样，以德化民、无为而治的美政，离我们也就并不远了！如果奖善而不能提拔善人，嫉恶而不能除去恶人，惩罚不给予有罪的人，奖赏不施与有功的人，那就会有危亡的时候，国家也许不能保住。

皇帝亲自写诏书给予表扬和批复。于是，下令废除明德宫玄圃院，将它赐给遭水淹的人家。

有一天，太宗宴请群臣，皇帝说："贞观以前，跟随我平定天下，辗转奔波于乱世，这是房玄龄的功劳。贞观之后，进献忠诚的劝告，纠正朕的过错，为国家的长远利益着想，只有魏徵一人而已。即使是古代的名臣，也不能超越他们！"亲自解下佩刀，赐给他们两人。皇帝曾经问群臣说："魏徵与诸葛亮相比哪一个贤能？"岑文本说："诸葛亮兼备将相的才干，魏徵不能同他相比。"皇帝说："魏徵实践仁义，以辅佐朕自己，想使朕达到尧、舜的地步，即使是诸葛亮也无法同他匹敌。"当时进献密封奏章的人很多，有的不切合世事，皇帝厌烦，想加以贬斥，魏徵说："古时，尧设立诽谤之木，想知道自己的过错。密封的奏章，就是古时立谤木制度的遗留吧！陛下想知道政事的得失，就当听任人们上言。话说得对，有益于朝廷；说得不对，无损于国家政治。"皇帝很高兴，对进献密封奏章的人都加以抚慰而后才让他们离去。

贞观十三年，突厥人阿史那结社率在京师作乱，云阳的石头自己燃烧，自去年冬天到今年五月不下雨，于是魏徵进献奏章全部道出自己的心里话：

臣在皇宫的帷幕内侍奉陛下十余年，陛下答应臣实行仁义之道，保持它不丧失；节俭朴素，始终不变。陛下的善言还在耳边，臣不敢忘记。近年以来，陛下逐渐不能坚持到底。现恭敬地分条陈述，或可裨补缺失于万分之一。

陛下在贞观初年，清净寡欲，教化遍及荒远之地。现在派遣使者到万里之外，购买、索取骏马，并寻访奇珍异物。从前汉文帝推辞不接受千里马，晋武帝烧毁用雉鸡头羽制成的裘。陛下平时议论，自己远比于尧、舜，现在所作所为，却要处于汉文帝、晋武帝之下吗？这就是逐渐不能坚持到底的第一件事。子贡问治理百姓的事，孔子说："多么危险啊，就像用朽烂的缰绳去驾驭马车上的六匹马。"子贡说："为什么这样害怕呢！"孔子回答说："不用道去引导百姓，百姓就会成为我的仇敌，怎么能不害怕呢？"陛下在贞观初年，救助百姓的劳苦，爱抚他们如同自己的儿子一般，不轻易经营建造宫室，近来既奢侈放纵，就想使用民力，于是说："百姓无事容易傲慢，让他们服劳役就容易使唤。"自古以来不曾有百姓安乐而导致国家倾覆败亡的，哪有预先害怕他们傲慢而要他们服劳役的呢！这就是逐渐不能坚持到底的第二件事。陛下在贞观初年，役使自己以利于他人，近来则纵欲而劳民。虽然嘴里不停地说着忧民的话，而心里实际关切的是使自身快乐的事。不考虑修筑建造的事，就说："不做这些事,不利于我的身体。"按人的常情推论,这样说还有谁敢再争辩呢!这就是逐渐不能坚持到底的第三件事。在贞观初年,陛下亲近君子,排斥小人。近来则亵渎小人,敬重君子。敬重君子,是对他们敬而远之;亵渎小人,是对他们亲近宠幸。亲近小人,就不能看到他们的非,疏远君子,就不能看到他们的是。不能看到他们的是,那么就会不等有嫌隙而自然疏远;不能看到他们的非,那么过一定的时候就会自然亲昵。对小人亲昵,对君子疏远,而想达到政治清明,臣没有听说过。这就是逐渐不能坚持到底的第四件事。在贞观初年,陛下不看重奇异的物品,不做无益的事情,而现在各种稀有难得的物品,纷杂繁多,一齐送进皇宫,各种陛下赏玩嗜好之物的制作,没有停止的时候。上级奢侈糜烂而希望下级朴素,劳役广泛而盼望农业兴盛,是不可能的。这就是逐渐不能坚持到底的第五件事。贞观初年,陛下求贤若渴,贤人所推荐的人,陛下就信赖和任用,各取他们的所长,常害怕做不到这样。近来陛下用人由内心的好恶出发,有时由于贤人们的推荐而任用,因为一个人的诽谤而抛弃,即使是多年任用和信赖的人,有时由于一时的怀疑即加以斥逐。人的行为有他一向遵循的东西,事情各有它既成的痕迹,一个人的诽谤未必可信,多年的行为不应当一下勾销。陛下不考察事情的根源,以一人的诽谤作为褒贬的依据,这是让恶意中伤、花言巧语得以通行,使坚持正道的人日益被疏远和产生隔阂。这就是逐渐不能坚持到底的第六件事。在贞观初年,陛下居于高位,拱手安坐,没有打猎的嗜好。数年之后,不能保持原有的心志,于是连四方的少数民族地区,也远来进献打猎用的鹰犬,陛下晨出夜归,以驰马射猎为乐,倘若有意外的事故,能来得及解救吗?这就是逐渐不能坚持到底的第七件事。在贞观初年,陛下对待臣下有礼貌,群情能够上达。现在地方官入朝奏事,见不到天子的容颜,偶然因为有短处,便受到指责,连小过也不放过,他们虽有忠诚,又怎能表达。这就是逐渐不能坚持到底的第八件事。在贞观初年,陛下孜孜不倦地寻求治国之道,常常感到自己好像有不足之处。近来陛下依仗建立的功业之大,凭恃自己才智的超凡、英明,增长骄气,放纵欲望,无事而出动军队,向边远地区的人问罪。被陛下亲近宠幸的人迎合陛下的旨意不肯进谏,被陛下疏远的人则害怕陛下的威势而不敢说话。这类事不停地积累,损害是不会小的。这就是逐渐不能坚持到底的第九件事。贞观初年,连年有霜灾旱灾,京师附近地区的住户都到关外避灾,扶老携幼,来往数年,终无一户逃亡。这是由于陛下的怜惜抚养,所以百姓死不离心。近来百姓疲于徭役,尤其是关中地区,人民更加疲惫不堪。各种工匠服役期限已到,应当放回,又强留雇用不予遣返;适龄的兵士轮番值勤,到期又另外派给任务。官府向百姓议价购买的货物很多,背东西的人相接于市肆,长途转运传递货物的丁壮往来于道路,前后相继。现在倘若有一年粮食没有收成,百姓的心,恐怕是不会像从前那样安定妥帖的。这就是逐渐不能坚持到底的第十件事。

祸与福没有定规,只在于人们自己招致,人无缝隙,怪异反常的事物就不会随便出现。现在干旱的灾害,远及各郡,恶人制造的祸害,就出现在京城,这是上天用来向我们表示警告的,也是陛下应当忧愁、恐惧和操劳的时候。当今是千载一遇的盛世吉期,机会不容易再得到,贤明的君主能做到而不做,这就是臣之所以忧思积聚深深叹息的原因。

这篇奏疏呈送给天子,皇帝说:"朕现在已经知道自己的过错了,愿意改正它,以使已推行的善道得以坚持到底。如果违背这些话,朕与您相见,当把这脸面往哪里放呢!正准备把您呈送的这篇奏疏,安置在屏风上,让朕早晚都能见到它,还准备将它抄送史官,使千秋万代都知道什么是君臣之间的大义。"于是赐给魏徵黄金十斤,马两匹。

高昌平定后,皇帝在两仪殿设宴招待群臣。叹息说:"高昌如果不丧失道德,哪至于灭亡呢!然而朕也应当自己警告自己,不用小人的话来非议君子,国家就差不多能得到安定了。"魏徵说:"从前齐桓公与管仲、鲍叔牙、宁戚一共四人在一起喝酒,桓公要求叔牙说:'为什么不站起来为寡人祝寿?'叔牙手捧酒杯站起来说:'愿您不要忘记逃到莒国的日子,让管仲不要忘记在鲁国被囚禁的日子,让宁戚不要忘记在车下喂牛的日子。'桓公离开座位向叔牙表示感谢道:'寡人和两位大夫能不忘记先生的话,那么国家就不会有危险了。'"皇帝说:"朕不敢忘记当平民的日子,您不可忘记鲍叔牙的为人。"

皇帝派遣使者到西域立西突厥沙钵罗叶护为可汗,使者还没有回来,皇帝又派遣使者携带金银绢帛到西域诸国买马,魏徵说:"现在立可汗的事还没有确定下来,就派人到西域诸国买马,西域人一定会以为陛下意在买马,不在立可汗。可汗能够被立,一定不会怀念陛下的恩德。西域各属国听说这事,会以为中国轻义重利,于是不一定能得到马却先把义给丢掉了。从前魏文帝想寻找、购买西域大珠,苏则认为如果天子的恩泽达到四海,那么东西就会不寻找而自来;寻找而后得到它,也不值得宝贵。陛下能不敬畏苏则的议论吗!"于是,皇帝停止派遣买马的使者。

这以后尚书右仆射的职位空缺,太宗想任用魏徵,魏徵谦让,于是得以不担任这一职务。皇太子承乾与魏王李泰彼此怀恨，皇帝说："当今朝臣忠直尊贵的，没有人能超过魏徵，我派他辅佐皇太子，统一天下人的希望，皇太子的翅膀也就结实了。"于是任命魏徵为太子太师。魏徵因病推辞，太宗下诏回答说："汉朝的太子以四皓为辅佐，我现在依靠您，也是这个道理。您虽然卧病，也能保全太子。"

贞观十七年，魏徵病重。魏徵家的住宅原先没有正室，皇帝命令停建一座小殿，用小殿的材料为魏徵修造正室，五天就修成。皇帝还赐给魏徵白色褥子、布被，这样做是出于遵从魏徵的爱好。太宗命令中郎将住在魏徵家中，有什么动静立即上报，赐给魏徵的药物、膳食无从计算，宫中派出的送物使者相接于道。皇帝亲自到魏徵家中问病，屏退左右，单独和魏徵谈了一整天才回宫。后来又与太子一起到魏徵的住宅，魏徵不能起床，把朝服盖在身上，拖着腰带。皇帝忧伤烦闷，用手抚摸魏徵，流下了眼泪，问魏徵有什么要求，魏徵回答说："寡妇不忧虑纬线之少，而忧虑宗周的危亡！"皇帝准备把衡山公主嫁给魏徵的儿子叔玉，当时公主也跟随皇帝到魏徵家中，皇帝对魏徵说："您勉强看一下新娘子吧！"魏徵已说不出话，不能表示感谢。这一天晚上，皇帝梦见魏徵还像平时一样，到了天亮，魏徵便去世了。皇帝亲临哭吊，极其悲痛，下令朝廷停止办公五天。太子在西华堂哭祭魏徵。天子命令朝廷内外官吏朝集使都前去送葬，追赠魏徵为司空、相州都督，定谥号为文贞，官府供给手持羽葆、班剑的仪仗队和鼓吹乐手共四十人，令他陪葬昭陵。将要下葬的时候，魏徵的妻子裴氏推辞说："魏徵平素节俭，现在让他按一品官的礼节安葬，所需仪仗、器物极多，不符合魏徵的心意。"太宗答应她的要求，于是用未经雕饰上漆的车载棺柩，用白布作丧车的帷幔，不用陶车、草人草马等随葬器物。皇帝登上长安禁苑的西楼，遥望魏徵的灵车而哭泣，尽情倾吐自己的哀痛之意。晋王奉天子之命，在道旁设食祭奠。皇帝亲自为魏徵作碑文，并将它书写在石上。又赐给魏徵家封户九百。

皇帝后来到朝廷处理政事，叹息道："人用铜作镜子，可以使衣冠整齐；用历史作镜子，可以知道兴亡；用人作镜子，可以看清得失。朕曾依靠这三面镜子，以防止自己犯错误。现在魏徵去世，我丧失一面镜子了。朕最近派人到魏徵家里，得到他遗表的草稿，只有一页纸，才写了一半，其中可辨认的几行字说：'天下的事情，有善有恶，任用善人国家就安定，任用恶人国家就破败。公卿大臣之中，陛下对他们的感情有爱有憎，往往憎的只看到他们的恶，爱的只看到他们的善。爱憎之间，应当审慎。如果爱而知道他们的恶，憎而知道他们的善，除去恶人不犹豫，任用贤人不猜忌，国家就能兴旺发达了。'遗表的大意就是这样。朕思考这事，自己恐怕不能避免魏徵所说的这种过错。公卿侍臣，可把魏徵的这些话写在手板上，知道朕有这种过错，一定要进谏。"

魏徵的相貌不超过平常人，有志向胆量，常冒犯天子的威严进谏，即使遇到皇帝大发脾气，仍然神色不变，而天子也往往为之收敛威严。人们议论，说孟贲、夏育的勇气也不能超过魏徵。有一次魏徵上坟回来，对太宗说："过去听说陛下想到关南去，已经准备好了却没有去，为什么呢？"皇帝说："怕卿进谏，于是停下来。"起初，天下经历祸乱之后，图书湮没散失，魏徵报告天子，带领诸儒校勘宫中藏书和搜集图书，于是国家的图书便很有条理和完整了。魏徵曾认为《小戴礼记》编次没有条理，于是又作《类礼》二十篇，数年完成。皇帝称赞他的这部书，把它抄录下来藏入宫中藏书处。皇帝本靠武力平定天下，虽然天下已太平，也不忘经营四方少数民族地区。所以魏徵陪从天子宴饮，当表演《破阵武德舞》的时候，就低下头不看，到表演《庆善乐》的时候，便仔细欣赏，毫不厌倦，他的举动含有讽喻、责备之意就像这一类。

魏徵去世，皇帝思念不已，曾登上凌烟阁看魏徵的画像，赋诗哀悼。知道这事的人嫉妒魏徵，百般诽谤他。魏徵曾推荐杜正伦、侯君集才干可担任宰相，等到杜正伦因犯罪被免职，侯君集因犯叛逆罪被处死，于是小人指责魏徵偏袒同党；又说魏徵曾抄录前后直言规劝天子的话给史官褚遂良看。皇帝更加不高兴，于是取消公主与叔玉的婚约，推倒自己书写的魏徵碑，所以魏徵家也就逐渐衰落了。

太宗攻打辽东的战役，高丽、靺鞨的军队进犯唐阵，李勣等人力战破敌。太宗回师，心里不痛快，说道："如果魏徵在世，我会有这次出征吗！"立即下令召魏徵的家人到天子所在的地方，赏赐、慰问魏徵的妻子、儿子，派人用羊猪二牲到魏徵的墓上祭奠，又把魏徵碑竖立起来，对他的礼遇增加了。

魏徵有四个儿子：叔玉、叔琬、叔璘、叔瑜。叔玉承袭魏徵的爵位，任光禄少卿；神龙初年，让他的儿子魏膺继承爵位。叔璘，任礼部侍郎，武后时代，被酷吏杀害。叔瑜，任豫州刺史，擅长草书、隶书，把自己的书法风格传授给他的儿子魏华和外甥薛稷。世人称擅长书法的人，"前有虞、褚，后有薛、魏。"魏华任检校太子左庶子，封武阳县男。开元年间，他家卧室失火，子孙痛哭三天，天子命令百官前去吊问。

赞辞：君臣之间相处，难道不难吗！以魏徵的忠诚，太宗的明智，魏徵身亡不久，猜忌诬陷便立即畅行。起初，魏徵的谏辞，累计数十余万言，谈到君子小人，未尝不反复为皇帝说明，这是因为谄谀奸恶之徒会祸害忠臣的缘故。时间一长，魏徵仍不能免于被祸害，所以说"洁白的东西易于被玷污，刚直的人难于自全"，这是自古以来人们所叹息的。唐柳芳说："魏徵死，无论认识他与不认识他的人，没有不感到遗憾、惋惜的，都认为他正直，有三代遗风。"这话一点不错呵！

新唐书卷一百二十四

列传第四十九

宋璟

宋璟，邢州南和人。七世祖弁为元魏吏部尚书。璟耿介有大节，好学，工文辞，举进士中第。调上党尉，为监察御史，迁凤阁舍人。居官鲠正，武后高其才。张易之诬御史大夫魏元忠有不臣语，引张说为验，将廷辩，说惶遽，璟谓说曰："名义至重，不可陷正人以求苟免。缘此受谪，芬香多矣。若不测者，吾且叩阁救，将与子偕死。"说感其言，以实对，元忠免死。

璟后迁左台御史中丞，会飞书告张昌宗引相工观吉凶者，璟请穷治，后曰："易之等已自言于朕。"璟曰："谋反无容以首原，请下吏明国法。易之等贵宠，臣言之且有祸，然激于义，虽死不悔。"后不怿，姚璹遽传诏令出，璟曰："今亲奉德音，不烦宰相擅宣王命。"后意解，许收易之等就狱。俄诏原之，敕二张诣璟谢，璟不见，曰："公事公言之，若私见，法无私也。"顾左右叹曰："吾悔不先碎竖子首而令乱国经。"尝宴朝堂，二张列卿三品，璟阶六品，居下坐。易之诣事璟，虚位揖曰："公第一人，何下坐？"璟曰："才劣品卑，卿谓第一何邪？"是时朝廷以易之等内宠，不名其官，呼易之"五郎"，昌宗"六郎"。郑善果谓璟曰："公奈何谓五郎为卿？"璟曰："以官正当为卿。君非其家奴，何郎之云？"会有丧，告满入朝，公卿以次谒，通礼意。易之等后至，促步前，璟举笏却揖唯唯。故积怨，常欲中伤，后知之，得免。然以数忤旨，诏按狱扬州，璟奏："按州县才监察御史职耳。"又诏按幽州都督屈突仲翔，辞曰："御史中丞非大事不出使。仲翔罪止赃，今使臣往，此必有危臣者。"既而诏副李峤使陇、蜀，璟复言："陇右无变，臣以中丞副李峤，非朝廷故事。"终辞。易之初冀璟出则劾奏诛之，计不行，乃伺璟家婚礼，将遣客刺杀之。有告璟者，璟乘库车舍他所，刺不得发。俄二张死，乃免。

神龙初，为吏部侍郎。中宗嘉其直，令兼谏议大夫、内供奉，仗下与言得失。迁黄门侍郎。武三思怙烝宠，数有请于璟。璟厉答曰："今复子明辟，王宜以侯就第，安得尚干朝政，独不见产、禄事乎？"后韦月将告三思乱宫掖，三思讽有司论大逆不道，帝诏殊死，璟请付狱按罪，帝怒，岸巾出侧门，谓璟曰："朕谓已诛矣，尚何请？"璟曰："人言后私三思，陛下不问即斩之，臣恐有窃议者，请按而后刑。"帝愈怒。璟曰："请先诛臣，不然，终不奉诏。"帝乃流月将岭南。会还京师，诏璟权检校并州长史，未行，又检校贝州刺史。时河北水，岁大饥，三思使敛封租，璟拒不与，故为所挤。历杭、相二州，政清毅，吏下无敢犯者。迁洛州长史。

睿宗立，以吏部尚书、同中书门下三品。玄宗在东宫，兼右庶子。先是崔湜、郑愔典选，为戚近干夺，至迎用二岁阙，犹不能给，更置比冬选，流品浊并，璟与侍郎李乂、卢从愿澄革之，铨总平允。

太平公主不利东宫，尝驻辇光范门，伺执政以讥。璟曰："太子有大功，宗庙社稷主也，安得异议？"乃与姚崇白奏出公主、诸王于外，帝不能用。贬楚州刺史，历兖冀魏三州、河北按察使，进幽州都督，以国子祭酒留守东都，迁雍州长史。

玄宗开元初，以雍州为京兆府，复为尹。进御史大夫，坐小累为睦州刺史，徙广州都督。广人以竹茅茨屋，多火。璟教之陶瓦筑堵，列邸肆，越俗始知栋宇利而无患灾。召拜刑部尚书。四年，迁吏部兼侍中。

帝幸东都，次崤谷，驰道隘，稽拥车骑，帝命黜河南尹李朝隐、知顿使王怡等官。璟曰："陛下富春秋，今始巡守，以道不治而罪二臣，繇此相饬，后有受其敝者。"帝遽命舍之。璟谢曰："陛下向以怒责之，以臣言免之，是过归于上而恩在下。姑听待罪于朝，然后诏还其职，进退得矣。"帝善之。累封广平郡公。广人为璟立遗爱颂，璟上言："颂所以传德载功也。臣之治不足纪，广人以臣当国，故为溢辞，徒成谄谀者。欲厘正之，请自臣始。"有诏许停。

帝尝命璟与苏颋制皇子名与公主号，遂差次所封，且诏别择一美称及佳邑封上。璟奏言："七子均养，诗人所称。今若同等别封，或母宠子爱，恐伤鸤鸠之平。昔袁盎引却慎夫人席，文帝纳之，夫人亦不为嫌，以其得长久计也。臣不敢别封。"帝叹重其贤。

皇后父王仁皎卒，将葬，用昭成皇后家窦孝谌故事，坟高五丈一尺。璟等请如著令，帝已然可，明日，复诏如孝谌者。璟还诏曰："俭，德之恭；侈，恶之大也。僭礼厚葬，前世所诫，故古墓而不坟。人子于哀迷则未皇以礼自制，故圣人制齐、斩、缌、免，衣衾棺椁，各有度数。虽有贤者，断其私怀。众皆务奢，独能以俭，所谓至德要道者。中宫若谓孝谌逾制，初无非者，一切之令固不足以法。贞观时嫁长乐公主，魏徵谓不可加长公主，太宗欣纳，而文德皇后降使厚谢。韦庶人追王其父，擅作酆陵，而祸不旋踵。国家知人情无穷，故为制度，不因人以摇动，不变法以爱憎。比来人间竞务靡葬，今以后父重戚，不忧乏用，高冢大寝，不畏无人，百事官给，一朝可就，而区区屡闻者，欲成朝廷之政、中宫之美尔。傥中宫情不可夺，请准令一品陪陵坟四丈，差合所宜。"帝曰："朕常欲正身纪纲天下，于后容有私邪？然人所难言，公等乃能之。"即可其奏。又遣使赍彩绢四百匹。

会日食，帝素服俟变，录囚多所贷遣，赈恤灾患，罢不急之务。璟曰："陛下降德音，恤人隐，未有轻系，惟流、死不免，此古所以慎赦也。恐议者直以月蚀修刑，日蚀修德，或言分野之变，冀有揣合。臣以谓君子道长，小人道销。止女谒，放逸夫，此所谓修德也。囹圄不扰，兵甲不渎，官不苛治，军不轻进，此所谓修刑也。陛下常以为念，虽有亏食，将转而为福，又何患乎？且君子耻言浮于行，愿动天以诚，无事空文。"帝嘉纳。后以开府仪同三司罢政事。

京兆人权梁山谋逆，敕河南尹王怡驰传往按。牢械充满，久未决，乃命璟为京留守，覆其狱。初，梁山诡称婚集，多假贷，吏欲并坐贷人。璟曰："婚礼借索大同，而狂谋率然，非所防亿。使知而不假，是与为反。贷者弗知，何罪之云？"平纵数百人。

十二年，东巡泰山，璟复为留守。帝将发，谓曰："卿，国元老，别方历时，宜有嘉谋以遗朕。"璟因一二极言。手制答曰："所进当书之坐右，出入观省，以诫终身。"赐赉优渥，进兼吏部尚书。十七年，为尚书右丞相，而张说为左丞相，源乾曜为太子少傅，同日拜。有诏太官设馔，太常奏乐，会百官尚书省东堂。帝赋《三杰诗》，自写以赐。二十年，请致仕，许之，仍赐全禄。退居洛。乘舆东幸，璟谒道左。诏荣王劳问，别遣使赐药饵。二十五年卒，年七十五，赠太尉，谥文贞。

璟风度凝远，人莫涯其量。始，自广州入朝，帝遣内侍杨思勖驿迓之，未尝交一言。思勖自以将军贵幸，诉之帝，帝益嗟重。璟为宰相，务清政刑，使官人皆任职。圣历后，突厥默啜负其彊，数窥边，侵九姓拔曳固，负胜轻出，为其狙击斩之，入蕃使郝灵佺传其首京师。灵佺自谓还必厚见赏。璟顾天子方少，恐后干宠蹈利者夸威武，为国生事，故抑之，逾年，才授右武卫郎将。灵佺恚愤不食死。张嘉贞后为相，阅堂案，见其危言切议，未尝不失声叹息。六子：昇、尚、浑、恕、华、衡。

昇，太仆少卿。尚，汉东太守。浑，与李林甫善，历谏议大夫、平原太守、御史中丞、东京采访使。在平原，暴敛求进，至重取民一年庸、租。使东畿，薛稷甥女郑寡而美，浑使河南尉杨朝宗聘而己纳之，荐朝宗为赤尉。恕，以都官郎中为剑南采访判官，数贪纵不法，阴养刺客。天宝中，浑、恕、尚并以赃败，浑流高要，恕流海康，尚贬临海长史。华、衡亦皆坐贪得罪。广德中，浑起为太子谕德，物议秽薄之，留死江岭。昆弟皆荒饮俳嬉，而衡最险悖，广平之风衰焉。

赞曰：姚崇以十事要说天子而后辅政，顾不伟哉，而旧史不传。观开元初皆已施行，信不诬已。宋璟刚正又过于崇，玄宗素所尊惮，常屈意听纳。故唐史臣称崇善应变以成天下之务，璟善守文以持天下之正。二人道不同，同归于治，此天所以佐唐使中兴也。呜呼！崇劝天子不求边功，璟不肯赏边臣，而天宝之乱，卒悼其害，可谓先见矣。然唐三百年，辅弼者不为少，独前称房、杜，后称姚、宋，何哉？君臣之遇合，盖难矣夫！

译文：

宋璟，邢州南和人。他的七代祖父宋弁任后魏的吏部尚书。宋璟为人正直，有临难不苟的节操，好学，擅长文辞，应进士试中第。曾调任上党县尉，又任监察御史，后升任凤阁舍人。他为官耿直清正，武后很看重他的才干。张易之诬陷御史大夫魏元忠有不忠于君主的言论，拉上张说作证明，准备在朝廷上对质，张说惊慌恐惧，宋璟对张说说："名誉和道义最为重要，一定不能陷害正人，用不正当的手段求免于难。如果因此而受贬谪，那名声就好多了。倘若有意外的灾祸，我将叩殿门相救，和你一起去死。"张说为他的话所感动，照实情回答，于是元忠免于被杀。

宋璟后来升任左台御史中丞，恰巧有匿名信告发张昌宗私请相士相面以占测吉凶，宋璟请求彻底清查、处理这事，武后说："易之等人已经自己同朕说过了。"宋璟说："图谋造反不容许因自首而免罪，请将他们交给法官审讯，以申明国法。易之等人位尊而得宠，臣谈这事将给自己带来灾祸，但臣为道义所激，虽死不悔。"武后不高兴，姚璹立即传诏令命宋璟离开，宋璟说："我现在能直接受天子的教诲，不必麻烦宰相擅自宣布天子的命令。"武后心中的不快消除，允许拘捕易之等人，将他们送往监狱。一会儿武后又下诏赦免他们，并命令张易之、张昌宗兄弟到宋璟那里道歉，宋璟不见他们，说："公事应当公开说，如果私下相见，那么法律是不讲私情的。"他看看左右的人叹息道："我后悔不先打碎这两个小子的脑袋而让他们破坏国家的法制。"有一次朝官在朝堂宴集，二张任卿，是三品官，而宋璟的官阶是六品，居于下座。易之奉承、讨好宋璟，空出自己的座位让给他，说："您是当今第一人，为什么要居于下座？"宋璟说："我才能差阶位低，卿为什么说是第一呢？"当时朝廷官员由于易之等是受武后宠爱的人，不用他们的官号相称，而喊易之为'五郎'，昌宗为'六郎'。郑善果对宋璟说："您为什么称五郎为卿？"宋璟说："按照官号正应当是卿。你又不是易之的家奴，喊什么郎呢！"恰巧宋璟家有丧事，请丧假期满后入朝，公卿都依次来见宋璟表达以礼吊问之意。易之等后到，急步向前来见他，宋璟连忙举起手板向后倒退，只拱手而不表示可否。因此易之等人充满怨恨，常想中伤他，武后知道这一情况，所以他能免于被害。但宋璟因多次违旨，武后命他到扬州审查案件，他报告说："审查州县案件仅只是监察御史的职责罢了。"武后命他去审查幽州都督屈突仲翔的案子，他推辞说："御史中丞不是有军政大事，不应当出使。仲翔的罪只是贪污，现在派臣前往，这一定是有人想危害臣。"接着武后又命他当李峤的副手出使陇、蜀，他又说："现在陇右并没有突发的事故，臣以御史中丞的身份充当李峤的副手，不符合朝廷的旧例。"终于辞去出使的差事。易之起初希望趁他出使的时候，就向武后报告他的罪状，加以弹劾和诛杀，这个计划无法实施，于是想等他家举行婚礼的时候，派刺客刺杀他。有人把这事告诉宋璟，他暗乘低矮的车子离家住到别的地方。于是刺杀计划落空。不久二张死，他才幸免于难。

　　神龙初年，宋璟任吏部侍郎。中宗称赞他正直，让他兼任谏议大夫、内供奉，退朝后常与他讨论朝政的得失。接着他升任黄门侍郎。武三思依靠与中宗韦皇后私通而得宠，多次有求于宋璟。宋璟严厉地回答他说："现在太后已让儿子恢复帝位，王应该以王侯的身份辞官退归私宅,哪能还干预朝政,你难道不知道汉代吕产、吕禄被杀的事吗?"后来韦月将上书控告武三思在宫中淫乱,三思示意有关官吏给月将定了一个大逆不道的罪,皇帝下令将月将斩首,宋璟请求把月将送进狱中审查罪状,皇帝发怒,来不及整理头巾,露着前额走出皇宫侧门,对他说:"朕还以为已杀掉月将了,你还请求什么呢?"宋璟说:"人家说皇后与三思私通,陛下不审问就将他斩首,臣恐怕有人会私下议论,臣请求先审查罪状而后行刑。"皇帝更加生气。宋璟说:"请先杀死臣,不然,臣终不接受诏令。"于是,皇帝把月将流放到岭南。恰巧皇帝回长安,于是命令宋璟暂时担任检校并州大都督府长史,宋璟还没有前去赴任,又改授检校贝州刺史。当时河北道有水灾,连年发生大饥荒,三思让宋璟代收他在贝州的封户的租税,宋璟拒绝把租税交给三思,所以为三思所排挤。宋璟又任杭、相二州刺史,处理政事清正、坚毅,官吏、下属没有敢于冒犯的。后改任洛州长史。

睿宗即位,宋璟任吏部尚书、同中书门下三品。玄宗当太子的时候,宋璟兼任太子右庶子。在这之前,崔湜、郑愔主管吏部铨选,因被贵戚权门干预和侵夺职权,至于预先借用两年的官吏缺额,仍不能满足授官的需要,(除春选外,)又设立每冬的铨选,官吏的等级也杂乱失次,宋璟与吏部侍郎李乂、卢从愿清除这些弊端,统理铨选,做到公正而允当。

太平公主想危害太子,曾停车于光范门等候宰相,示意他们改立太子。宋璟说:"太子有大功,是宗庙社稷的主人,对他的地位怎能有异议?"于是,他和姚崇一起向睿宗进言,建议让太平公主、诸王离开京师,皇帝不能采纳他们的建议。宋璟被贬为楚州刺史,又历任兖冀魏三州刺史、河北按察使,后升任幽州都督，接着任国子祭酒兼东都留守，又迁任雍州长史。

玄宗开元初年，改雍州为京兆府，宋璟仍任京兆尹。接着升任御史大夫。因犯小错误出为睦州刺史，又改任广州都督。广州人用竹子茅草盖房子，多发生火灾。宋璟教他们烧瓦片，筑土墙，造店肆，越地从此才知道土木建筑物的好处，因而避免了火灾之害。朝廷征召他入朝，任命他为刑部尚书。开元四年，他任吏部尚书兼侍中。

玄宗往东都，中途在崤谷停留，那里官道狭窄，车马受堵塞，皇帝命令免去河南尹李朝隐、知顿使王怡等人的官。宋璟说："陛下正值少壮之年，现在开始巡行境内，如果因为道路没有修好而加罪于两个大臣，那么人们会由此而互相告诫，以后就会有深受其害的人。"皇帝立即命令丢开这事不再追究。宋璟推辞说："陛下刚才因为生气而责备两个大臣，由于臣的话而免去了他们的罪，这就是把过错归于皇上而把恩德归于臣下。现在姑且让他们在朝廷等待被治罪，然后陛下再下诏恢复他们的官职，这样处理就合适了。"皇帝认为他的这个意见很好。他经多次晋爵，被封为广平郡公。广州人为他立遗爱颂，他向天子进言说："颂是用来宣扬道德记载功劳的。臣的政绩不值得记载，广州人因为臣执掌朝政，所以说一些过头话，变成了阿谀奉承。要整治、纠正这种现象，请从臣这儿开始。"于是，天子下诏同意废止广州人为他所立的遗爱颂。

皇帝曾命令宋璟与苏颋拟定皇子的名字和公主的称号，以便定出所封的次第，而且命令他们另外挑选一个美名和佳邑号密封进呈。宋璟进言说："布谷鸟平均如一地养育它的七个儿子，为《诗经》的作者所称道。现在如果身份相同而另外加封，或者因为母亲受宠而对儿子特别钟爱，恐怕会使布谷鸟的平均如一之旨受损害。从前袁盎把汉文帝的爱妾慎夫人的席位往后放，汉文帝接受袁盎的意见，慎夫人也没有感到不满意，因为这样做可使她得以长久地保持自己的地位。"皇帝赞叹和看重宋璟的贤德。

玄宗王皇后的父亲王仁皎去世，即将下葬，准备用玄宗母昭成皇后家窦孝谌的旧例，筑坟高五丈一尺。宋璟等人请求按定下的律令办，皇帝已经同意，第二天，皇帝又下诏命令按照孝谌的旧例办理。宋璟将天子的诏令退回，说："节俭，是道德中应严肃认真对待的问题；奢侈，是罪过中的大罪过。越礼厚葬，是前代人所警告的，所以古时的墓不堆土成丘。儿女在父母去世悲伤迷乱之际，无暇用礼约束自己，所以圣人设立齐衰、斩衰、缌麻和脱帽扎发、用布缠头的丧服制度，下葬时使用的衣被棺椁，也都各有标准，虽有贤人，无不断绝私念，依从圣人的遗制。众人都追求奢侈，唯独自己能够节俭，这就是人们所说的最高尚的道德、最重要的道理。皇后如果认为孝谌坟高越制，当初没有人非议，所有的律令本不值得效法，那么贞观时太宗文德皇后嫁自己的亲生女儿长乐公主，魏徵认为所用礼仪不应高于长公主，太宗欣然接受，文德皇后还派使者重谢魏徵；中宗韦庶人追尊她的父亲为酆王，擅自建造酆陵，而灾祸迅速降临。国家知道人的感情没有极限，所以要订立制度，它不能因人而摇动，也不能由于爱憎而改变法律。近来世上竞相追求厚葬，现在以皇后之父的贵戚身份，不必担心缺少东西，高坟大殿的建造，不必害怕无人服役，百物都由官府供给，一个早上就可以建成，臣之所以屡次恳切地将这事上报陛下，是想以此树立朝廷善政、皇后的美德。倘若皇后的心意不可改变，就请遵从一品官在帝陵陪葬的规定，筑坟高四丈，这样做比较合宜。"皇帝说："朕常想修身以治天下，对于皇后难道有偏爱吗？但这是一般人所难以说出口的，你们却能把它说出。"立即同意宋璟的进言。又派遣使者携带彩色丝织物四百匹赐给宋璟等人。

恰好日食，皇帝穿白色衣服以等待太阳恢复常态，审察和记录囚犯的罪状，多所宽赦，救济蒙受灾害的百姓，罢除非急迫事务。宋璟说："陛下下恩诏，怜惜百姓的痛苦，略微宽免被关押的轻罪犯人，而流放、死刑则不赦免，这就是古人所说的慎于赦免罪犯。恐怕议政的人径直以为月食应当整饬刑罚，日食应当修养道德，或者谈论天象的变异，希望揣度其事，求与人事相合。臣以为君子之道增长，小人之道就会消减。禁止通过宫廷中受宠爱的女子进行干求请托，放逐专门说别人坏话的人，这就是所说的修养道德。牢狱不被扰乱，兵士不被轻慢，官吏治民不苛刻，军队不轻易出击，这就是所说的整饬刑罚。陛下常想这些事情，虽然日月有亏蚀，必将转而为福，又害怕什么呢？而且君子认为说得多做得少是可耻的，希望以真诚感动上天，不必屡次下诏，做表面文章。"皇帝赞许并采纳他的意见。后来宋璟任开府仪同三司，罢除相职。

京兆人权梁山图谋叛逆，天子命令河南尹王怡迅速乘驿车前去查验。牢里充满被拘禁的人，长时间不能决断，于是天子任命宋璟为京师留守，重审这个案件。起初，梁山诡称举行婚礼，多向他人借债，官吏要一起给债主定罪，宋璟说："举行婚礼借钱和索取礼物都一样，而狂妄的图谋则很轻率匆忙，不是人们所能防备和预料的。假使知道梁山的计划而不借给他钱，这才是参与谋反。债主不了解情况，能说有什么罪呢？"秉公释放了数百人。

开元十二年，玄宗东行巡视泰山，宋璟又任京师留守。皇帝即将出发，对他说："卿是国家的元老，我们的离别将经历一段时间，卿合该有好计谋献给朕。"于是，他一一把自己的想法全部说出。皇帝亲自写诏书回答说："卿所进献的话，朕当书写在座位右边，出入观看，作为终身的警诫。"给他的赏赐丰厚优裕，又命他兼任吏部尚书。开元十七年，宋璟任尚书右丞相，而张说任尚书左丞相，源乾曜任太子少傅，三人同一天授职。玄宗命令太官署设宴，太常寺奏乐，百官在尚书省东堂聚会。皇帝作《三杰诗》，亲自书写以赐给三位大臣。开元二十年，宋璟请求退休，天子应允，仍发给他全薪。他退居洛阳私宅。玄宗东行到洛阳，他在路左迎接和拜见天子，天子命令荣王亲自去慰问宋璟，又另外派使者给他送药物。开元二十五年，宋璟去世，当时他七十五岁，天子赠给他太尉，定谥号为文贞。

宋璟风度凝重深远，无人能测知他器量的边际。起初，他自广州入朝，皇帝派内侍杨思勖到驿站迎接他，他不曾和思勖说一句话。思勖自以为是将军，地位尊贵，受到天子宠爱，于是便向皇帝诉说委屈，皇帝更加赞叹和看重宋璟。他任宰相，致力于使政治、刑罚清明，使做官的人都能称职。武后圣历以后，突厥可汗默啜自恃强大，屡次窥伺唐边地，侵犯铁勒的九个部族之一拔曳固，自恃得胜轻易出师，遭到拔曳固的突然袭击，默啜被杀，当时出使突厥的使臣郝灵佺将他的首级送到京师。灵佺自认为回到京师后一定能得到重赏。宋璟考虑玄宗年少，唯恐以后求荣趋利之徒炫耀武功，给国家生事，所以压制灵佺，过一年，才授给他右武卫郎将的官，灵佺愤恨不食而死。张嘉贞后来当宰相，查阅政事堂的文书档案，见到宋璟的直言极谏之词，未尝不失声叹息。宋璟有六个儿子：升、尚、浑、恕、华、衡。

宋升，任太仆少卿。宋尚，任汉东太守。宋浑，与李林甫亲善，历任谏议大夫、平原太守、御史中丞、东京采访使。他在平原的时候，以横征暴敛求升官，至于重复征收百姓一年的庸、租。任东京采访使的时候，薛稷的外甥女郑氏寡居，人长得美，宋浑让河南县尉杨朝宗假娶她为妻而自己纳她为妾，因而推荐朝宗任河南县尉。宋恕，以都官郎中的身份担任剑南采访判官，多次贪财纵欲，违法乱纪，又私养刺客。天宝年间，宋浑、宋恕、宋尚都因贪污而破败，宋浑被流放到高要郡，宋恕流放到海康郡，宋尚贬职临海长史。宋华、宋衡也都因贪财而得罪。广德年间，宋浑又被起用为太子谕德，朝野的议论都鄙薄他，于是留寓于长江五岭间而去世。兄弟六人都嗜酒无度，好戏谑谈笑，而宋衡最为险诈不正，广平公的风度已衰微。

赞辞：宋璟的刚正超过姚崇，玄宗一向敬畏他，常常委屈己意，听从他的意见。因此唐朝史官说姚崇擅长随机应变以成就天下的事业，宋璟擅长遵守成法以使国家始终沿着正道前进。两人方法不同，而同样归于使国家达到太平，这就是上天用来辅佐唐朝使它振兴的人才。可叹呀！姚崇规劝天子不要追求边功，宋璟不肯奖赏边臣，而天宝时的祸乱，使人们终于不能不为追求边功，奖赏边臣所带来的灾患而伤感，两人可说是有先见之明啊。然而唐朝三百年，当宰相的人不算少，唯独前举出房（玄龄）、杜（如晦），后举出姚、宋，这是为什么呢？君臣之间的遇合，是很难的呀！

新唐书卷一百二十六

列传第五十一

张九龄

张九龄字子寿,韶州曲江人。七岁知属文,十三以书干广州刺史王方庆,方庆叹曰:"是必致远。"会张说谪岭南,一见厚遇之。居父丧,哀毁,庭中木连理。擢进士,始调校书郎,以道侔伊吕科策高第,为左拾遗。时玄宗即位,未郊见,九龄建言:

天,百神之君,王者所由受命也。自古继统之主,必有郊配,盖敬天命,报所受也。不以德泽未洽,年谷未登,而阙其礼。昔者周公郊祀后稷以配天,谓成王幼冲,周公居摄,犹用其礼,明不可废也。汉丞相匡衡曰:"帝王之事,莫重乎郊祀。"董仲舒亦言:"不郊而祭山川,失祭之序,逆于礼,故《春秋》非之。"臣谓衡、仲舒古之知礼,皆以郊之祭所宜先也。陛下绍休圣绪,于今五载,而未行大报,考之于经,义或未通。今百谷嘉生,鸟兽咸若,夷狄内附,兵革用弭,乃怠于事天,恐不可以训。愿以迎日之至,升紫坛,陈采席,定天位,则圣典无遗矣。

又言：

乖政之气，发为水旱。天道虽远，其应甚迩。昔东海枉杀孝妇，天旱久之。一吏不明，匹妇非命，则天昭其冤。况六合元元之众，县命于县令，宅生于刺史，陛下所与共治，尤亲于人者乎！若非其任，水旱之繇，岂唯一妇而已。今刺史，京辅雄望之郡，犹少择之，江、淮、陇、蜀、三河大府之外，稍非其人。繇京官出者，或身有累，或政无状，用牧守之任，为斥逐之地。或因附会以忝高位，及势衰，谓之不称京职，出以为州。武夫、流外，积资而得，不计于才。刺史乃尔，县令尚可言哉？甿庶，国家之本，务本之职，乃为好进者所轻，承弊之民，遭不肖所扰，圣化从此销郁，繇不选亲人以成其敝也。古者刺史入为三公，郎官出宰百里。今朝廷士入而不出，其于计私，甚自得也。京师衣冠所聚，身名所出，从容附会，不勤而成，是大利在于内，而不在于外也。智能之士，欲利之心，安肯复出为刺史、县令哉？国家赖智能以治，而常无亲人者，陛下不革以法故也。臣愚谓欲治之本，莫若重守令，守令既重，则能者可行。宜遂科定其资：凡不历都督、刺史，虽有高第，不得任侍郎、列卿；不历县令，虽有善政，不得任台郎、给、舍；都督、守、令虽远者，使无十年任外。如不为此而救其失，恐天下犹未治也。

又古之选士，惟取称职，是以士修素行，而不为徼幸，奸伪自止，流品不杂。今天下不必治于上古，而事务日倍于前，诚以不正其本而设巧于末也。所谓末者，吏部条章，举赢千百。刀笔之人，溺于文墨；巧史猾徒，缘奸而奋。臣以谓始造簿书，备遗忘耳，今反求精于案牍，而忽于人才，是所谓遗剑中流，契舟以记者也。凡称吏部能者，则曰自尉与主簿，繇主簿与丞，此执文而知官次者也，乃不论其贤不肖，岂不谬哉！夫吏部尚书、侍郎，以贤而授者也，岂不能知人？如知之难，拔十得五，斯可矣。今胶以格条，据资配职，为官择人，初无此意，故时人有平配之诮，官曹无得贤之实。

臣谓选部之法，敝于不变。今若刺史、县令精核其人，则管内岁当选者，使考才行，可入流品，然后送台，又加择焉，以所用众寡为州县殿最，则州县慎所举，可官之才多，吏部因其成，无庸人之繁矣。今岁选乃万计，京师米物为耗，岂多士哉？盖冒滥抵此尔。方以一诗一判，定其是非，适使贤人遗逸，此明代之阙政也。天下虽广，朝廷虽众，必使毁誉相乱，听受不明，事则已矣。如知其贤能，各有品第，每一官缺，不以次用之，岂不可乎？如诸司要官，以下等叨进，是议无高卑，唯得与不尔。故清议不立，而名节不修，善士守志而后时，中人进求而易操也。朝廷能以令名进人，士亦以修名获利，利之出，众之趋也。不如此，则小者得于苟求，一变而至阿私；大者许以分义，再变而成朋党矣。故于用人不可不第其高下，高下有次，则不可以妄干，天下之士必刻意修饰，而刑政自清，此兴衰之大端也。

俄迁左补阙。九龄有才鉴，吏部试拔萃与举者，常与右拾遗赵冬曦考次，号称详平。改司勋员外郎。时张说为宰相，亲重之，与通谱系，常曰："后出词人之冠也。"迁中书舍人内供奉，封曲江男，进中书舍人。会帝封泰山，说多引两省录事主书及所亲摄官升山，超阶至五品。九龄当草诏，谓说曰："官爵者，天下公器，先德望，后劳旧。今登封告成，千载之绝典，而清流隔于殊恩，胥史乃滥章被，恐制出，四方失望。方进草，尚可以改，公宜审计。"说曰："事已决矣，悠悠之言不足虑。"

既而果得谤。御史中丞宇文融方事田法，有所关奏，说辄建议违之。融积不平，九龄为言，说不听。俄为融等痛诋，几不免，九龄亦改太常少卿，出为冀州刺史。以母不肯去乡里，故表换洪州都督。徙桂州，兼岭南按察选补使。

始，说知集贤院，尝荐九龄可备顾问。说卒，天子思其言，召为秘书少监、集贤院学士，知院事。会赐渤海诏，而书命无足为者，乃召九龄为之，被诏辄成。迁工部侍郎，知制诰。数乞归养，诏不许。以其弟九皋、九章为岭南刺史，岁时听给驿省家。迁中书侍郎，以母丧解，毁不胜哀，有紫芝产坐侧，白鸠、白雀巢家树。是岁，夺哀拜中书侍郎、同中书门下平章事。固辞，不许。明年，迁中书令。始议河南开水屯，兼河南稻田使。上言废循资格，复置十道采访使。

李林甫无学术，见九龄文雅，为帝知，内忌之。会范阳节度使张守珪以斩可突干功，帝欲以为侍中。九龄曰："宰相代天治物，有其人然后授，不可以赏功。国家之败，由官邪也。"帝曰："假其名若何？"对曰："名器不可假也。有如平东北二虏，陛下何以加之？"遂止。又将以凉州都督牛仙客为尚书，九龄执曰："不可。尚书，古纳言，唐家多用旧相，不然，历内外贵任，妙有德望者为之。仙客，河、湟一使典耳，使班常伯，天下其谓何？"又欲赐实封，九龄曰："汉法非有功不封，唐遵汉法，太宗之制也。边将积谷帛，缮器械，适所职耳。陛下必赏之，金帛可也，独不宜裂地以封。"帝怒曰："岂以仙客寒士嫌之邪？卿固素有门阀哉？"九龄顿首曰："臣荒陬孤生，陛下过听，以文学用臣。仙客擢胥史，目不知书。韩信，淮阴一壮夫，羞绛、灌等列。陛下必用仙客，臣实耻之。"帝不悦。翌日，林甫进曰："仙客，宰相材也，乃不堪尚书邪？九龄文吏，拘古义，失大体。"帝由是决用仙客不疑。九龄既戾帝旨，固内惧，恐遂为林甫所危，因帝赐白羽扇，乃献赋自况，其末曰："苟效用之得所，虽杀身而何忌？"又曰："纵秋气之移夺，终感恩于箧中。"帝虽优答，然卒以尚书右丞相罢政事，而用仙客。自是朝廷士大夫持禄养恩矣。尝荐长安尉周子谅为监察御史，子谅劾奏仙客，其语援谶书。帝怒，杖子谅于朝堂，流瀼州，死于道。九龄坐举非其人，贬荆州长史。虽以直道黜，不戚戚婴望，惟文史自娱，朝廷许其胜流。久之，封始兴县伯，请还展墓，病卒，年六十八，赠荆州大都督，谥曰文献。

九龄体弱，有酝藉。故事，公卿皆搢笏于带，而后乘马。九龄独常使人持之，因设笏囊，自九龄始。后帝每用人，必曰："风度能若九龄乎？"初，千秋节，公、王并献宝鉴，九龄上"事鉴"十章，号《千秋金鉴录》，以伸讽谕。与严挺之、袁仁敬、梁昇卿、卢怡善，世称其交能终始者。及为相，谔谔有大臣节。当是时，帝在位久，稍怠于政，故九龄议论必极言得失，所推引皆正人。武惠妃谋陷太子瑛，九龄执不可。妃密遣宫奴牛贵儿告之曰："废必有兴，公为援，宰相可长处。"九龄叱曰："房帷安有外言哉！"遽奏之，帝为动色，故卒九龄相而太子无患。安禄山初以范阳偏校入奏，气骄蹇，九龄谓裴光庭曰："乱幽州者，此胡雏也。"及讨奚、契丹败，张守珪执如京师，九龄署其状曰："穰苴出师而诛庄贾，孙武习战犹戮宫嫔，守珪法行于军，禄山不容免死。"帝不许，赦之。九龄曰："禄山狼子野心，有逆相，宜即事诛之，以绝后患。"帝曰："卿无以王衍知石勒而害忠良。"卒不用。帝后在蜀，思其忠，为泣下，且遣使祭于韶州，厚币恤其家。开元后，天下称曰曲江公而不名云。建中元年，德宗贤其风烈，复赠司徒。

子拯，居父丧，有节行，后为伊阙令。会禄山盗河、洛，陷焉，而终不受伪官。贼平，擢太子赞善大夫。

九龄弟九皋，亦有名，终岭南节度使。其曾孙仲方。

赞曰：人之立事，无不锐始而工于初，至其半则稍怠，卒而漫澶不振也。观玄宗开元时，厉精求治，元老魁旧，动所尊惮，故姚元崇、宋璟言听计行，力不难而功已成。及太平久，左右大臣皆帝自识擢，狎而易之，志满意骄，而张九龄争愈切，言益不听。夫志满则忽其所谋，意骄则乐软熟、憎鲠切，较力虽多，课所效不及姚、宋远矣。终之胡雏乱华，身播边陬，非曰天运，亦人事有致而然。

译文：

张九龄字子寿，韶州曲江人。他七岁就会写文章，十三岁献书求见广州刺史王方庆，方庆赞叹说："这孩子一定能担当重任。"恰巧张说贬到岭南，一见到张九龄就待他很厚。张九龄在为父亲服丧期间，悲伤过度，他家庭院中的树木枝干连生。张九龄考中进士科，起初调任校书郎，后应制举道侔伊吕科，回答策问，被判为高等，升任左拾遗。当时玄宗自即位后，还不曾在郊外祭天，张九龄提出建议说：

天，是众神的君主，帝王就由他那里接受天命。自古以来继承统治地位的君主，必行在郊外祭天以始祖陪从受祭的礼仪，以示对天命的恭敬、对上天赐予的报答。决不由于恩德未能遍施，一年的谷物没有收成，而不施行这一礼仪。《孝经》说："从前周公在郊外祭天而以后稷陪从受祭。"指的是周成王年幼，周公暂居皇帝之位，仍然施行这一礼仪，表明它是不可以废弃的。汉朝丞相匡衡说："帝王的事情，没有比在郊外祭天更重要的了。"董仲舒也说："不在郊外祭天而祭山川，打乱了祭祀应有的次序，违反了礼的规定，所以《春秋》中加以非议。"臣以为匡衡、董仲舒，是古代懂礼法的人，他们都认为在郊外祭天，应当置于祭祀中的首位。陛下承继先圣的美好事业，至今已经五年，尚未施行报答上天的礼仪，查之于经书，在道理上恐怕是讲不通的。现在各种谷物生长茂盛，鸟兽都很顺服，四方异族内附，战争停止，却懒于侍奉上天，这恐怕不可以成为准则。希望在推算的祭天日子到来的时候，陛下登上紫色的祭坛，在坛上铺下彩色的席子，以使上天的至高无上地位得到确定，那么圣朝的仪制典则，也就没有缺失了。

张九龄又说：

乖谬政治的气象，会导致水旱灾害的发生。天道虽远，它的感应却离我们很近。从前东海郡冤枉地杀掉了一个孝妇，天就旱了很长时间。一个官吏断事不明，一个平民妇女死于非命，上天就会显示出她的冤屈。更何况天地四方百姓之多，无不命运掌握在县令手中，安定产生于刺史那里，在陛下同他们一起治理天下的人中，刺史、县令是特别接近百姓的，如果他们不称职，那么导致水旱灾害的缘由，哪里只是一个孝妇而已！现在的刺史，在京师附近地区以及一二等的重要州郡任职的，尚且略加选择，其余长江、淮河、陇山、蜀、三河的大州以外地区的刺史，就逐渐用非其人了。由京官出任刺史的，有的自身有过失，有的政治上没有什么成绩，这是用州刺史的职位，作为贬逐官吏的去处。有的人由于依附他人而窃据高位，等到势力衰弱，就说是才能不能胜任京官的职务，也出为刺史。至于武夫、低于九品的流外官，则积累资历就能得到刺史的职位，而不考虑其才能。刺史尚且这样，县令还能提吗？老百姓是国家的根本，致力于根本的职位，却为追求升官的人所轻视，蒙受灾害的人民，常遭到没有才能的官吏的搅扰，陛下的圣明教化，必将从此而衰落、滞塞，这种弊害都是由于对接近百姓的官吏不作选择而造成的。古时刺史入朝任三公，郎官出外当县令，现在朝廷的士大夫，一入朝就不想出任地方官，他们谋虑私利，很自以为得意。京师是官绅贵胄聚集之地，自身声名产生的场所，在这里，从从容容依附他人，无须辛勤就能成功，这就是说大利在于朝廷，而不在于外郡。有智谋才能的人，都有求利之心，怎肯再次离开京师出任刺史、县令呢？国家依赖有智谋才能的人而得到治理，他们中之所以往往没有人愿担任接近百姓的官职，是由于陛下不用法令来改变这一状况的缘故。臣愚昧，以为想使国家得到治理的根本方法，不如重视刺史、县令，刺史、县令既已得到重视，那么有才能的人也就会担任这些职了。应当进而用条令规定官吏的任职资格：凡没有担任过都督、刺史的，即使考课成绩优异，也不得担任侍郎、九卿；凡没有担任过县令的，即使有好的政绩，也不得担任尚书郎、给事中、中书舍人；都督、刺史、县令虽在极远的地方，也不让他们连续十年在外任职。如果不采取这些措施来救治上述偏差，恐怕天下仍然不能得到治理。

又古时选拔人才，只择取称职的人，因此士人修治平素的行为，而不希图侥幸，奸诈行径自行止息，进入官吏等第的人不混杂。现在天下不一定比上古时代治理得好，而事务却比从前一天天成倍增加，原因确乎在于，没有从根本上整治，而在一些枝节上施技巧。所谓枝节，指的是吏部的条规，都成百上千。于是主办文案的官吏，沉溺于文书写作；狡猾和善于钻营的官吏，借助不正当的手段而高升。臣以为起初创立官府文书，不过为了防备遗忘，现在却反而追求精通文书，而忽略人的才能，这就是古人所说的剑由正航行的船上落入江中，便在船边刻上记号，等船停后再顺着记号入水找剑嘛。现在凡称举吏部的能者，就说能从县尉给予主簿的官，从主簿给予县丞的官，这只是掌握法令条文而知道官吏的阶次罢了，却不论被录用者的贤与不贤，岂不荒谬呢！那吏部尚书、侍郎，是因为贤能而授职的，难道不会识别人才？如果识别困难，提拔十个得到五个合格的，这也就可以了。现在却拘泥于条规，根据资历分配职务。为各种官职选择合适的人才，原先并没有根据资历分配之意，所以同时代人有"平均分配"的非议，而官府则无得到贤才的实绩。

臣以为吏部选拔人才的方法，弊病在于一成不变。现在如果刺史、县令精心审核人才，就所管范围每年应当选拔的人，先令人考察其才能品行，可进入官吏等第，然后送尚书省，尚书省又加以选择，根据所用人数的多少，定出州县录用的名额。那么，州县对于所荐举的人就慎重，可授给官职的人才就多；而吏部利用了州县的成果，也就不会有很多庸才参加铨选了。现在每年参加吏部铨选的人以万计算，京师的粮食、物品大量消耗，难道有这么多人才吗？假冒滥充到了这样罢了。吏部铨选以一首诗一篇判词定是非，只能使贤人受埋没，这是清明时代的政治失误。天下虽然广大，朝廷上虽然人多，（士人中的著名贤才，还是可以知道的，）一定让诽谤称誉相互淆乱，不清楚如何听从接受，事情也就到此完结了。如果知道某些人贤能，各有等第，每一个官位空缺，又不按次序任用他们，难道不行吗？假如各部门的要职,滥以才能下等的人充任,那么人们的议论,就不会谈才能的高下,而只论得志与否了。因此,社会上的公正舆论就不可能建立,对名誉、节操就不可能讲求,有道德的人会因坚持自己的志向而落后于时人,普通人会因追求升官而改变节操。朝廷如果能凭美名而进用人,士人也就会凭美名而得利,而利的出现,是众人所追求的。如果不像这样,那么,从小的方面说,用不正当的手段追求就能得到,一变将会至于偏私;从大的方面说,离开道义的行为得到认可,再变就会至于结党营私了。所以对于用人,不能不定其高下等第,高下有次序,那么官位就不可以非分求取,天下的士人一定会专心一意修养自己,而刑罚与政令也就自然公正了,这可是国家兴衰的重大问题呀。

不久张九龄升任左补阙。张九龄善于鉴别人才,吏部测验参加拔萃科考试的应选者与应举的人,张九龄常和右拾遗赵冬曦一起审查他们的等第,号称周密公平。接着张九龄改任司勋员外郎。当时张说任宰相,亲近并看重张九龄,与他互认为同族,常说:"子寿是后出的擅长文辞之人的冠军。"接着张九龄升任中书舍人内供奉,封曲江县男,又升任中书舍人。恰好皇帝封泰山,张说多推荐中书门下两省的录事、主书及自己亲近的人任代理官职侍从皇帝登山,往往越级让他们升到五品官。张九龄应草拟诏书,对张说说:"官爵,是天下的公有之物,授官应先考虑德行、名望,而后顾及劳绩、旧谊。现在皇帝登封泰山,向上天报告已成就的功业,这是千载难逢的盛典,然而现在有时望的清要官未能蒙受天子的殊恩,办理文书的小吏却偏滥得印绶,恐怕天子的诏令一公布,天下人会失望。现在正要进呈诏令的草稿,还可以改动,您应该仔细考虑。"张说说:"事情已经决定了,平常人的话不值得忧虑。"后来张说果然遭到诽谤。御吏中丞宇文融正制定田法,有所禀报进言,张说总是提出建议同他的意见相违。宇文融深感不平,张九龄提醒张说,劝他注意,张说不听。不久张说被宇文融等人恣意诬蔑,几乎不能免祸,张九龄也改任太常少卿,接着又命他离京出任冀州刺史。张九龄因母亲年老不肯离开乡里,所以上表请求改任洪州都督。不久转任桂州都督,兼岭南按察选补使。

起初,张说主持集贤院,曾推荐张九龄堪任学士,以备天子咨询问讯。张说去世,天子想起他的话,于是征召张九龄入朝任秘书少监、集贤学士和知院事。恰巧天子准备赐给渤海王诏书,而诏书没有找到合适的人写,于是天子召张九龄撰写,张九龄受命后立即写成。接着张九龄升任工部侍郎、知制诰。他多次请求归家奉养老母,天子不答应。于是让他的弟弟九皋、九章当岭南道的刺史,一年四季听任官府供给他们回家省亲的车马。张九龄又任中书侍郎,因母亲去世而离职,守丧期间过度哀伤,有紫色芝草生于座位旁,还有白鸠、白雀在他家的树上筑巢。这一年,服丧未满,朝廷强令张九龄出仕,拜中书侍郎、同中书门下平章事。张九龄坚持辞去官职,天子不答应。第二年,张九龄升任中书令。这一年开始商议在河南创立水屯,募民垦种水田,张九龄兼任河南稻田使。张九龄向天子进言要求废除官吏据年资升迁的制度,又建议再次设置十道采访使。

李林甫没有学问,见张九龄博学有文采,为皇帝所赏识,内心很嫉妒他。恰好范阳节度使张守珪因为有斩杀契丹可突干的功劳,皇帝想让他当侍中,张九龄说:"宰相代上天治理万物,有合适的人选然后授给这个职务,不可以用它来犒赏有功劳的人。国家的被毁坏,往往是由于官吏不正。"皇帝说:"借给他名号而不让他担任实际职务,怎么样?"张九龄回答说:"名号和表示尊卑贵贱的器物是不该借给人的。如果守珪平定了东北方的两个敌人,陛下又加给他什么官呢?"于是,皇帝没有这样做。皇帝又准备让凉州都督牛仙客当尚书,张九龄坚持说:"不可以。尚书,是古时的纳言,唐室多用过去的宰相担任,不然,就用当过中央和地方的显要职务、深有德行名望的人担任。仙客,本是黄河、湟水流域的一个小吏,让他等同于周代的常伯,天下人会怎么说呢?"皇帝又想赐给仙客封户,张九龄说:"汉代的法律,不是有功不封给土地,唐朝遵用汉法,这是太宗定的制度。边将贮积粮食布帛,修治器械,只是分内应做的事情。陛下一定要给予赏赐,用黄金、丝织物就行了,特别不应该赐给封户。"皇帝发怒道:"难道因为仙客是寒士就憎恶他?卿原来一向有世家门第吗?"张九龄跪下叩头道:"臣是边远角落的孤儿,陛下误听别人的话,以文章学问用臣。仙客出身小吏,目不知书。韩信,是淮阴的一个壮士、羞于和绛侯周勃、颍阴侯灌婴并列。陛下一定要任用仙客,臣实在耻于和他并列。"皇帝不高兴。第二天,林甫进言道:"仙客,有宰相之才,却不能胜任尚书吗?张九龄是文官,拘泥于古代的事理,没抓住问题的本质。"皇帝因此决定任用仙客不再犹豫。张九龄违背了皇帝的旨意,内心已感到恐惧,害怕进而为林甫所害,趁皇帝赐给他白羽扇的机会,于是献赋用白羽扇比拟自己,赋末说:"假如得到合适的处所效力,纵然杀身又有什么可顾忌的?"又说:"即使秋日肃杀之气夺去了效力的机会,藏入箱中也终究感怀主人的恩惠。"皇帝虽然给予很好的回答,但终于让他改任尚书右丞相,免去了他的宰相职务,而任用仙客。从此朝廷的士大夫就都只求保持禄位和天子的恩泽了。张九龄曾推荐长安县尉周子谅任监察御史,子谅弹劾仙客,话中曾援引谶书,皇帝大怒,在朝堂上对子谅用杖刑,又将他流放瀼州，子谅死在流放途中。张九龄因推荐了不称职的人而犯罪，被贬为荆州大都督府长史。张九龄虽因遵循正直之道而被贬黜，并不忧伤怨恨，只用文史娱乐自己，朝廷的人都认可他是名流。过了很久，张九龄被封为始兴县伯。他请求回乡扫墓，于是得病去世，当时六十八岁，朝廷赠给他荆州大都督，定谥号为"文献"。

张九龄身体瘦弱，为人宽容含蓄。朝廷旧例，公卿大夫都把上朝时拿的手板插在腰带上，而后骑马。唯独张九龄常让人拿着手板，于是准备了盛手板的袋子，这种做法在张九龄以前从未有过。后来皇帝每次任用人，必定问："这人的风度能像张九龄吗？"起初，玄宗的生日——八月五日千秋节，王公大臣都进献宝镜，唯独张九龄呈进自己撰写的以前代的盛衰之事为鉴戒的书十章，名叫《千秋金鉴录》，以表达对天子的讽喻之意。张九龄与严挺之、袁仁敬、梁升卿、卢怡亲善，世人都称道张九龄交友能够善始善终。等到他当了宰相，敢于直言，有大臣的操守。在这个时候，皇帝在位的时间已经很长，逐渐懒于处理政事，所以张九龄议论朝政，必定尽情道出得失，他所推荐引进的，都是正人。武惠妃图谋陷害太子李瑛，张九龄坚持不同意，惠妃秘密派宦官牛贵儿告诉张九龄说："有废必有立，您给予援助，宰相可以长期担任。"张九龄大声呵斥道："后妃怎么能说有关政务的话呢！"立即报告天子，天子听过后面色都变了，所以在整个张九龄当宰相期间，太子没有祸患。安禄山起初以范阳偏将的身份入朝奏事，意气傲慢，张九龄对裴光庭说："将来搞乱幽州的，必定是这个异族小子。"等安禄山带兵征讨奚、契丹打了败仗，范阳节度使张守珪将他拘捕并解送到京师，张九龄就在向上呈报安禄山犯罪事实的文书上批道："从前司马穰苴率师出征而杀了违犯军令的监军庄贾，孙武指挥妇女练习作战照样杀了违犯军令的宫女，守珪的条令如在军中施行，禄山不容免死。"皇帝不同意张九龄的意见，赦免了禄山的罪。张九龄说："禄山狼子野心，面有反相，应当就眼前的事杀掉他，以断绝后患。"皇帝说："卿不要援用王衍识别石勒的旧例而误害忠良。"终究不采纳张九龄的意见。皇帝后来在蜀中，想到张九龄的忠诚，为之落泪，并派使者到韶州祭奠张九龄，以厚礼救济他的家人。开元以后，天下人都喊张九龄为"曲江公"而不称他的名字。建中元年，德宗赞赏张九龄的遗风余烈，又追赠他为司徒。

张九龄的儿子张拯，在为父亲服丧期间，有节操品行，后来当了伊阙县令。恰巧安禄山攻占黄河、洛水一带，于是张拯被叛军俘获，但他终不肯接受伪官。贼寇平定后，张拯被提拔为太子赞美大夫。

张九龄的弟弟九皋，也有名，死在岭南节度使任上。张九龄的曾孙名叫仲方。

赞辞：人们的建立事业，没有不是开始时锐意进取，精心谋划，干到一半就逐渐松懈，最终则疲沓已极，无法振作的。观玄宗在开元时，厉精图治，资望高深的旧臣，常为他所敬畏，所以姚元崇、宋璟的话都被玄宗听从，计划都能得到实行，两人没有费大力气而功业已成。到了天下太平的时间已长，皇帝左右的大臣都是玄宗自己赏识和提拔的，玄宗便志满意骄，对大臣亲昵而轻视，张九龄的谏争愈尽力，玄宗对他的话就越不听从。志满就会忽视大臣们的计谋，意骄就会喜欢性情柔和的人、憎恶刚直的人，比较起来张九龄出力虽多，而考查所产生的效果，却远远不及姚、宋。最终至于形成异族小子搞乱中国，玄宗自身流亡到边远角落。不能说这是天定的气数，而是人世之事的招致才这样的。

新唐书卷一百三十九

列传第六十四

李　泌

　　李泌字长源，魏八柱国弼六世孙，徙居京兆。七岁知为文。玄宗开元十六年，悉召能言佛、道、孔子者，相答难禁中。有员俶者，九岁升坐，词辩注射，坐人皆屈。帝异之，曰："半千孙，固当然。"因问："童子岂有类若者？"俶跪奏："臣舅子李泌。"帝即驰召之。泌既至，帝方与燕国公张说观弈，因使说试其能。说请赋"方圆动静"，泌逡巡曰："愿闻其略。"说因曰："方若棋局，圆若棋子，动若棋生，静若棋死。"泌即答曰："方若行义，圆若用智，动若骋材，静若得意。"说因贺帝得奇童。帝大悦曰："是子精神，要大于身。"赐束帛，敕其家曰："善视养之。"张九龄尤所奖爱，常引至卧内。九龄与严挺之、萧诚善，挺之恶诚佞，劝九龄谢绝之。九龄忽独念曰："严太苦劲，然萧软美可喜。"方命左右召萧，泌在旁，帅尔曰："公起布衣，以直道至宰相，而喜软美者乎？"九龄惊，改容谢之，因呼"小友"。

　　及长，博学，善治《易》，常游嵩、华、终南间，慕神仙不死术。天宝中，诣阙献《复明堂九鼎议》，帝忆其早惠，召讲《老子》，有法，得待诏翰林，仍供奉东宫，皇太子遇之厚。尝赋诗讥诮杨国忠、安禄山等，国忠疾之，诏斥置蕲春郡。

肃宗即位灵武，物色求访，会泌亦自至。已谒见，陈天下所以成败事，帝悦，欲授以官，固辞，愿以客从。入议国事，出陪舆辇，众指曰："著黄者圣人，著白者山人。"帝闻，因赐金紫，拜元帅广平王行军司马。帝尝曰"卿侍上皇，中为朕师，今下判广平行军，朕父子资卿道义"云。始，军中谋帅，皆属建宁王，泌密白帝曰："建宁王诚贤，然广平冢嗣，有君人量，岂使为吴太伯乎？"帝曰："广平为太子，何假元帅？"泌曰："使元帅有功，陛下不以为储副，得耶！太子从曰抚军，守曰监国，今元帅乃抚军也。"帝从之。

初，帝在东宫，李林甫数构谮，势危甚，及即位，怨之，欲掘冢焚骨。泌以天子而念宿嫌，示天下不广，使胁从之徒得释言于贼。帝不悦，曰："往事卿忘之乎？"对曰："臣念不在此。上皇有天下五十年，一旦失意，南方气候恶，且春秋高，闻陛下录故怨，将内惭不怿，万有一感疾，是陛下以天下之广不能安亲也。"帝感悟，抱泌颈以泣曰："朕不及此。"因从容问破贼期，对曰："贼掠金帛子女，悉送范阳，有苟得心，渠能定中国邪！华人为之用者，独周挚、高尚等数人，余皆胁制偷合，至天下大计，非所知也。不出二年，无寇矣，陛下无欲速。夫王者之师，当务万全，图久安，使无后害。今诏李光弼守太原，出井陉，郭子仪取冯翊，入河东，则史思明、张忠志不敢离范阳、常山，安守忠、田乾真不敢离长安，是以三地禁其四将也。随禄山者，独阿史那承庆耳。使子仪毋取华，令贼得通关中，则北守范阳，西救长安，奔命数千里，其精卒劲骑，不逾年而弊。我常以逸待劳，来避其锋，去蒥其疲，以所征之兵会扶风，与太原、朔方军互击之。徐命建宁王为范阳节度大使，北并塞与光弼相掎角，以取范阳。贼失巢窟，当死河南诸将手。"帝然之。会西方兵大集，帝欲速得长安，曰："今战必胜，攻必取，何暇千里先事范阳乎？"泌曰："必得两京，则贼再强，我再困。且我所恃者，碛西突骑、西北诸戎耳。若先取京师，期必在春，关东早热，马且病，士皆思归，不可以战。贼得休士养徒，必复来南。此危道也。"帝不听。

二京平，帝奉迎上皇，自请归东宫以遂子道。泌曰："上皇不来矣。人臣尚七十而传，况欲劳上皇以天下事乎？"帝曰："奈何？"泌乃为群臣通奏，具言天子思恋晨昏，请促还以就孝养。上皇得初奏，答曰："当与我剑南一道自奉，不复东矣。"帝甚忧。及再奏至，喜曰："吾方得为天子父！"遂下诰戒行。

崔圆、李辅国以泌亲信，疾之。泌畏祸，愿隐衡山。有诏给三品禄，赐隐士服，为治室庐。泌尝取松樛枝以隐背，名曰"养和"，后得如龙形者，因以献帝，四方争效之。代宗立，召至，舍蓬莱殿书阁。初，泌无妻，不食肉，帝乃赐光福里弟，强诏食肉，为娶朔方故留后李暐甥，昏日，敕北军供帐。

元载恶不附己，因江西观察使魏少游请僚佐，载称泌才，以试秘书少监充判官。载诛，帝召还。复为常衮所忌，出为楚州刺史，辞不行，帝亦留之。会澧州缺，衮盛言南方凋瘵，请辍泌治之，乃授澧朗峡团练使，徙杭州刺史，皆有风绩。

德宗在奉天，召赴行在，授左散骑常侍。时李怀光叛，岁又蝗旱，议者欲赦怀光。帝博问群臣，泌破一桐叶附使以进，曰："陛下与怀光，君臣之分不可复合，如此叶矣。"由是不赦。

始，朱泚乱，帝约吐蕃赴援，赂以安西、北庭。既而浑瑊与贼战咸阳，泚大败，吐蕃以师追北不甚力，因大掠武功而归。京师平，来请如约。帝业许，欲遂与之。泌曰："安西、北庭，控制西域五十七国及十姓突厥，皆悍兵处，以分吐蕃势，使不得并兵东侵。今与其地，则关中危矣。且吐蕃向持两端不战，又掠我武功，乃贼也，奈何与之？"遂止。

贞元元年，拜陕虢观察使。泌始凿山开车道至三门，以便镶漕。以劳，进检校礼部尚书。淮西兵防秋屯鄜州，已而四千人亡归，或曰吴少诚密招之。既入境，泌邀险悉击杀之。三年，拜中书侍郎、同中书门下平章事，累封邺县侯。初，张延赏减天下吏员，人情愁怨，至流离死道路者。泌请复之，帝未从，因问："今户口减承平时几何？"曰："三之二。"帝曰："人既彫耗，员何可复？"泌曰："不然。户口虽耗，而事多承平十倍。陛下欲省州县则可，而吏员不可减。今州或参军署券，县佐史判案。所谓省官者，去其冗员，非常员也。"帝曰："若何为冗员？"对曰："州参军无职事及兼、试额内官者。兼、试，自至德以来有之，比正员三之一，可悉罢。"帝乃许复吏员，而罢冗官。泌又条奏："中朝官常侍、宾客十员，其六员可罢；左右赞善三十员，其二十员可罢。如旧制，诸王未出阁，官属皆不除。而所收料奉，乃多于减员矣。"帝悦。

是时，州刺史月奉至千缗，方镇所取无艺，而京官禄寡薄，自方镇入八座，至谓罢权。薛邕由左丞贬歙州刺史，家人恨降之晚。崔祐甫任吏部员外，求为洪州别驾。使府宾佐有所忤者，荐为郎官。其当迁台阁者，皆以不赴取罪去。泌以为外太重，内太轻，乃请随官闲剧，普增其奉，时以为宜。而窦参多沮乱其事，不能悉如所请。泌又白罢拾遗、补阙，帝虽不从，然因是不除谏官，唯用韩皋、归登。泌因收其公廨钱，令二人寓食中书舍人署。凡三年，始以韦绶、梁肃为左右补阙。

太子妃萧母，郜国公主也，坐蛊媚，幽禁中，帝怒，责太子，太子不知所对。泌入，帝数称舒王贤，泌揣帝有废立意，因曰："陛下有一子而疑之，乃欲立弟之子，臣不敢以古事争。且十宅诸叔，陛下奉之若何？"帝赫然曰："卿何知舒王非朕子？"对曰："陛下昔为臣言之。陛下有嫡子以为疑，弟之子敢自信于陛下乎？"帝曰："卿违朕意，不顾家族邪？"对曰："臣衰老，位宰相，以谏而诛，分也。使太子废，佗日陛下悔曰'我惟一子杀之，泌不吾谏，吾亦杀尔子'，则臣绝祀矣。虽有兄弟子，非所歆也。"即噫呜流涕。因称："昔太宗诏：'太子不道，藩王窥伺者，两废之。'陛下疑东宫而称舒王贤，得无窥伺乎？若太子得罪，请亦废之而立皇孙，千秋万岁后，天下犹陛下子孙有也。且郜国为其女妒忌，而蛊惑东宫，岂可以妻母累太子乎？"执争数十，意益坚，帝寤，太子乃得安。

初，兴元后国用大屈，封物皆三损二。旧制，堂封岁三千六百缣，后才千二百。至是，帝使还旧封。于是李晟、马燧、浑瑊各食实封，悉让送泌，泌不纳。时方镇私献于帝，岁凡五十万缗，其后稍损至三十万，帝以用度乏问泌，泌请："天下供钱岁百万给宫中，劝不受私献。凡诏旨须索，即代两税，则方镇可以行法，天下纾矣。"

帝尝从容言："卢杞清介敢言，然少学，不能广朕以古道，人皆指其奸而朕不觉也。"对曰："陛下能觉杞之恶，安致建中祸邪？李揆和蕃，颜真卿使希烈，其害旧德多矣。又杨炎罪不至死，杞挤陷之而相关播。怀光立功，逼使其叛。此欺天也。"帝曰："卿言诚有之。然杨炎视朕如三尺童子，有所论奏，可则退，不许则辞官，非特杞恶之也。且建中乱，卿亦知桑道茂语乎？乃命当然。"对曰："夫命者，已然之言。主相造命，不当言命。言命，则不复赏善罚恶矣。桀曰：'我生不有命自天？'武王数纣曰：'谓己有天命。'君而言命，则桀、纣矣。"帝曰："朕请不复言命。"俄加集贤殿、崇文馆大学士，修国史。泌建言："学士加大，始中宗时，及张说为之，固辞，乃以学士知院事。至崔圆复为大学士，亦引泌为让而止。

帝以"前世上巳、九日，皆大宴集，而寒食多与上巳同时，欲以二月名节，自我为古，若何而可？"泌谓："废正月晦，以二月朔为中和节，因赐大臣戚里尺，谓之裁度。民间以青囊盛百谷瓜果种相问遗，号为献生子。里闾酿宜春酒，以祭勾芒神，祈丰年。百官进农书，以示务本。"帝悦，乃著令，与上巳、九日为三令节，中外皆赐缗钱燕会。

四年八月，月蚀东壁，泌曰："东壁，图书府，大臣当有忧者。吾以宰相兼学士，当之矣。昔燕国公张说由是以亡，又可免乎？"明年果卒，年六十八，赠太子太傅。

泌出入中禁，事四君，数为权倖所疾，常以智免。好纵横大言，时时说议，能寤移人主。然常持黄老鬼神说，故为人所讥切。初，肃宗重阴阳巫祝，擢王玙执政，大抵兴造工役，辄牵禁忌俗说。而黎干以左道位京兆尹，尝使禁工骈珠刺绣为乘舆服，举焚之以为禳襘。德宗素不为然，及嗣位，罢内道场，除巫祝。代宗将葬，帝号送承天门，而辒车行不中道，问其故，有司曰："陛下本命在午，故避之。"帝泣曰："安有枉灵驾以谋身利？"命直午而行。又宣政廊坏，太卜言："孟冬魁冈，不可营缮。"帝曰："《春秋》'启塞从时'，何魁冈为？"亟诏葺之。及桑道茂城奉天事验，始尚时日拘忌，因进用泌，泌亦自有所建明。独柳批称,两京复,泌谋居多,其功乃大于鲁连、范蠡云。子繁。

赞曰:泌之为人也,异哉!其谋事近忠,其轻去近高,其自全近智,卒而建上宰,近立功立名者。观肃宗披榛莽,立朝廷,单言暂谋有所瘝合,皆付以政。当此时,泌于献纳为不少,又佐代宗收两京,独不见录,宁二主不以宰相器之邪?德宗晚好鬼神事,乃获用,盖以怪自置而为之助也。繁为家传,言泌本居鬼谷,而史臣谬言好鬼道,以自解释。既又著泌数与灵仙接,言举不经,则知当时议者切而不与,有为而然。繁言多浮侈,不可信,掇其近实者著于传。至劝帝先事范阳,明太子无罪,亦不可诬也。

译文:

李泌字长源,是西魏八柱国李弼的六代孙,其家后移居京兆府。李泌七岁就会写文章。玄宗开元十六年,天子召集所有能讲论佛、道、孔子的人,在宫中相互答对问难。有位叫员俶的人,年仅九岁就登上讲席,他能言善辩,谈吐流畅锋利,座上的人无不屈服。皇帝认为员俶才能出众,说道:"员半千的孙子,本当如此。"于是又问道:"儿童难道还有像这样的吗?"他跪下奏道:"臣的舅子李泌也如此。"皇帝立即命人迅速召李泌入宫。李泌到宫中后,皇帝正与燕国公张说一起看别人下围棋,于是让张说试一下李泌的才能。张说请李泌咏"方圆动静",李泌有些迟疑,说:"希望知道这个题目的大意。"于是,张说说:"方如棋盘,圆如棋子,动如棋活,静如棋死。"李泌立即回答说:"方如实行仁义,圆如运用才智,动如施展才能,静如暗自得意。"于是，张说祝贺皇帝得到了一个非凡的儿童。皇帝非常高兴地说："这孩子有活力，腰大于身。"于是赐给李泌丝织物五匹，又对他家里人说："好好照看，养育他。"张九龄特别赞赏、喜爱李泌，常常把他领进自己的卧房。张九龄与严挺之、萧诚亲善，挺之厌恶萧诚善于逢迎讨好，劝张九龄谢绝萧诚，不再同他往来。有一天张九龄忽然自言自语道："严挺之太刚强严厉，而萧诚柔美可喜。"正要命令他身边的人把萧诚召来，李泌在张九龄身旁，忽然说道："您出身平民，靠遵循正直之道官至宰相，却喜欢柔美的人吗？"张九龄很吃惊，改变仪容向他表示感谢，于是喊他"小友"。

李泌长大后，博学多才，擅长研治《易经》，常游历于嵩山、华山、终南山之间，爱慕神仙不死之术。天宝年间，李泌到皇宫进献《复明堂九鼎议》，皇帝想起他的早慧，召他讲《老子》，他讲论有方，因而得以任翰林待诏，随后又当东宫供奉，皇太子待他很厚。李泌曾作诗讥讽、谴责杨国忠、安禄山等人，杨国忠憎恨李泌，让天子下诏将他放逐、安置到蕲春郡。

肃宗在灵武即位，物色访求人才，恰巧李泌也自己来到灵武。李泌拜见过肃宗后，陈述了天下之所以成败的事理，皇帝很高兴，想授给他官职，李泌坚决推辞，愿意以宾客的身份跟随天子。李泌入朝议论国事，外出陪从天子车驾，大家都用手指点说："穿黄衣的是圣人，穿白衣的是山人。"皇帝听见这话，于是赐给李泌金鱼袋和紫衣，让他任天下兵马元帅广平王的行军司马。皇帝曾经对李泌说："卿侍奉太上皇，中间又当朕的老师，现在下兼广平王行军行马，朕父子都借助卿的道义"等等。起初，军队中商议找一个元帅，都注意建宁王，李泌秘密报告皇帝说："建宁王确实贤能，但广平王是嫡长子，有君主的器量，难道让他当让位的吴太伯吗?"皇帝说:"广平王是太子,为什么给他元帅的职务?"李泌说:"假如元帅有功,陛下不让他做君位的继承人,能行吗?太子随从君主出征称'抚军',留守称'监国',现在的元帅也就是'抚军'嘛。"皇帝听从他的意见。

起初,肃宗在东宫,李林甫多次诬陷他,情势十分危急,等到肃宗即位,怨恨李林甫,想挖他的坟墓焚他的尸骨。李泌认为身为天子而念念不忘旧怨,是向天下人表示自己心胸不宽广,将使被迫跟从安禄山贼党的人用言辞自行解释,消除与贼党的隔阂。皇帝不高兴,说:"从前的事卿忘掉了吗?"回答说:"臣考虑的事情不在这里。太上皇拥有天下五十年,一下子忽然失意,南方气候不好,而且他年纪又大,听说陛下记念旧怨,内心将会感到惭愧和不快,万一染病,这就是陛下以天下之大,却不能使父亲安乐了。"皇帝有所感而觉悟,抱着李泌的脖子哭道:"朕没有想到这一点。"于是,皇帝又从容地问李泌,什么时候可以击破贼党,李泌回答说:"贼党掠得财物、妇女,全部送到范阳,有苟且求生之心,哪里能平定中国呢?华人为贼党所用的,只有周挚、高尚等数人,其余都是被胁迫、强制而苟且迎合的,至于天下大计,自然不是他们所能知道的。不出两年,贼寇就会被消灭,陛下不要追求速战速决。帝王的军队,应当千万无一失的事,谋取国家的长期安定,使它没有后患。现在命令李光弼防守太原,领兵出井陉,郭子仪夺取冯翊,进入河东,那么贼将史思明、张忠志就不敢离开范阳、常山,安守忠、田乾真就不敢离开长安,这是用范阳、常山、长安三个地方来约束住贼寇的四员骁将。这样,跟随安禄山的骁将,就只剩下一个阿史那承庆了。让子仪不要夺取华阴,使贼寇往关中的道路得以畅通,那样,贼寇就须北守范阳、西救长安,往来数千里奔走应命,它的精壮步卒骑兵,必将不超过一年而疲惫不堪。我军常以逸待劳,敌来我避开它的锋芒,敌去我消灭它的疲卒。又率所征之兵会集于扶风,与太原、朔方的军队交相出击敌军。过些时候再任命建宁王为范阳节度大使,领兵北傍边塞,与光弼的军队南北夹击,以夺取范阳。贼寇失去巢穴,当死于我军河南诸将之手。"皇帝赞同他的意见。正好西方的军队都到凤翔会集,皇帝想迅速收复长安,说:"现在战必胜,攻必取,哪有闲空走数千里地去先夺取范阳呢?"李泌说:"一定要先收复长安、洛阳,那么贼寇就会再次强大,我军就会再次处于困境。我们所依靠的,是大沙漠以西能冲锋突阵的骑兵、西北诸戎族的军队。如果先夺取京师,时间必定在春天,而关东早热,马将容易得病,且士兵又都思归故乡,不可以长期作战。贼寇退回范阳巢穴,能让士卒得到休整,必定会再次南犯。这样做,走的是一条危险的道路呀!"皇帝不听他的话。

长安、洛阳平定,肃宗上表迎请太上皇回京,自己请求回东宫,以尽人子奉事父母之道。李泌说:"太上皇不来了。人臣尚且七十岁就把职位传给他人,更何况要用天下的事务来劳累太上皇呢!"皇帝说:"怎么办?"于是,李泌以群臣的名义向太上皇陈奏,备细说到天子思恋侍养上皇,请上皇迅速回京,以接受天子的尽心奉养。太上皇得到第一道奏书,回答说:"应当给我剑南一道之地,作为自己日常的供养,我不再东行回京了。"皇帝很忧虑。等到第二道奏书送到,太上皇高兴地说:"我正可以当天子的父亲!"于是下令准备启程。

崔圆、李辅国因为李泌受到天子的亲近信任,很忌恨他。李泌害怕招来灾祸,希望隐居于衡山。天子下令供给他三品官的俸禄,赐给他隐士服,又为他建造住宅。李泌曾取松树向下弯曲的枝条用作靠背,称为"养和",后来得到形状似龙的,于是把它献给皇帝,四方的人争着仿效他。代宗即位,将李泌召到京师,暂住在蓬莱殿书阁。起初,李泌没有妻室,不吃肉,于是皇帝赐给他光福里的一幢住宅,强令他吃肉,又为他娶原朔方节度留后李暐的外甥女为妻。结婚的日子,天子命令北军供设帷帐。

宰相元载憎恶李泌不顺从自己,利用江南西道观察使魏少游请求朝廷派给佐吏的机会,称道李泌的才能,让他以试秘书少监身份充任江南西道判官。元载被杀,皇帝就把李泌召回京师。又为宰相常衮所忌恨,派他出任楚州刺史,李泌推辞,不愿赴任,皇帝也留他继续住在长安。恰巧澧州缺刺史,于是常衮大谈南方凋敝,请求选李泌前去治理,于是天子任命李泌为澧、朗、硖州团练使,后改任杭州刺史,在任期间,都有政绩。

德宗逃到奉天的时候,征召李泌赴奉天,任命他为左散骑常侍。当时李怀光反叛,这年又有蝗、旱灾害,朝中议政的人想赦免怀光的罪。皇帝广泛征询群臣的意见,李泌把一个桐叶分成两半托使者献给皇帝,说道:"陛下与怀光,君臣的情谊已不能复合,就像这个叶子一样。"皇帝因此不赦免怀光的罪。起初,朱泚作乱,皇帝约吐蕃派兵前来救援,答应把安西、北庭赠给吐蕃。接着浑瑊在咸阳与逆贼作战,朱泚大败,吐蕃派军队追击败逃的敌军不很卖力,又乘机在武功大肆抢掠而后离去。京师平定后,吐蕃派使者来求依约行事。皇帝既已答应,准备就把安西、北庭送给吐蕃。李泌说:"安西、北庭,控制着西域的五十七国和西突厥的十个部族,都是产生勇悍士兵的地方,靠它们能分散吐蕃的力量,使吐蕃不能合兵东侵。现在如果把安西、北庭送给吐蕃,那么关中就危险了。况且吐蕃过去动摇不定,暗中观望不出战,又抢掠我们的武功,实际上已是盗贼,怎么能把安西、北庭给它呢？"于是，皇帝没把安西、北庭给吐蕃。

贞元元年，李泌任陕虢观察使。他开始凿山开车道，路修到了三门，以便于运送由水路运来的粮食。因为有功劳，李泌升任检校礼部尚书。当时淮西的军队为预防吐蕃趁秋日马肥时来犯而屯驻于鄜州，接着有四千名士兵逃归淮西，也有人说是吴少诚秘密招他们回去的。逃兵进入李泌的辖境后，李泌派兵在险要的地方阻截，全部将他们消灭。贞元三年，李泌任中书侍郎、同中书门下平章事，屡经晋爵，被封为邺县侯。起初，宰相张延赏削减全国州县官吏的定员，人们忧愁怨恨，以至于有流离失所死于道路的。李泌请求恢复被削减的官吏定员，皇帝没有听从，问道："现在的户口比天下太平的时候减掉多少？"李泌说："减去三分之二。"皇帝说："人民既已耗减，官吏的定员怎么可以恢复？"李泌说："不能这样说。户口虽然耗减，而事务却多于太平时十倍。陛下想减少州县的数量则可以，而各州县官吏的定员却不可减省。现今州里有时由参军在公文契券上签字画押，县里由县官的属吏断案。所谓削减官吏，是应除去那些没有专职的闲散人员，而不应除去正常的定员。"皇帝说："什么算是没有专职的闲散人员？"李泌回答说："州参军没有固定职事和兼、试定额以内官吏的，兼官、试官，自至德以来就有，其数量相当于正规定员的三分之一，应全部废除。"于是，皇帝答应恢复被削减的官吏定员，而裁去没有专职的闲散官吏。李泌又分条进言："朝廷中的官员，常侍、宾客十名，其中六名可以裁减；左右赞善大夫三十名，其中二十名可以裁减。按照旧制，诸王未出任官职，王府属官都不任命。这样，所收回的食料、俸禄，就多于削减官吏定员所省下的食料、俸禄了。"皇帝很高兴。

这时候，州刺史每月的俸禄达到钱一千贯，节度使索取没有限度，而京官的俸禄微薄，自节度使入朝任六部尚书、左右仆射，以至于被说成是罢权。薛邕由尚书左丞贬任歙州刺史，他家里人恨他没有早些被降职。崔祐甫任吏部员外郎，请求出任洪州别驾。节度使府的宾客佐吏如果不顺从节度使，节度使就推荐他当尚书郎。那些应当升任尚书省长官的，都由于不赴任而得罪离去。李泌以为外官俸禄太重，内官俸禄太轻，于是请求随内官的忙闲，普遍增加他们的俸禄，当时人都认为合适。而窦参多破坏、扰乱这件事，因而不能完全按照李泌所请求的去做。李泌又报告天子，请求省去拾遗、补阙的官职，皇帝虽然不从，但因此不任命谏官，只用韩皋、归登两人。于是，李泌收走供他们在官署里用餐的费用，让两人依附在中书舍人的官署里用饭。这样过了三年，天子才任命韦绶、梁肃为左右补阙。

太子妃萧氏的母亲，是肃宗的女儿郜国公主，她因诱人淫乱而犯罪，被幽禁在宫中，皇帝发怒，指责太子，太子不知如何回答。李泌入宫，皇帝多次称赞舒王贤能，李泌揣测皇帝有废掉太子另立舒王为太子的意思，于是说道："陛下只有一个儿子而加以怀疑，却想立弟弟的儿子为太子，对此臣不敢引古事谏争。不过十王宅的诸位叔叔，陛下将怎么和他们交代，怎么伺候呢？"皇帝发怒道："卿怎么知道舒王不是朕的儿子？"李泌回答说："陛下从前曾同臣说过。陛下有正妻所生的儿子却加以怀疑，弟弟的儿子怎么敢自求得到陛下的信任呢？"皇帝说："卿违背朕的旨意，不顾及自己的家族吗？"李泌回答说："臣已衰老，居宰相之位，因谏争而被杀，这是臣的本分。假使太子被废，有一天陛下后悔说：'我只有一个儿子却把他杀了，你李泌不劝谏我，我也要杀掉你的儿子。'那么臣就要绝后了。虽有兄弟的儿子，却不是臣所应享受其祭祀的。"说着就叹息流泪。又接着说:"从前太宗下诏说:'太子无道,藩王伺隙有所图谋的,两者都废掉。'陛下怀疑太子而称赞舒王贤能,能没有伺隙有所图谋的人吗?如果太子得罪,请也废掉伺隙有所图谋的人而立皇孙为皇位继承人,这样,千年万载之后,天下就仍归陛下的子孙所有。况且郜国公主由于她女儿当太子妃而嫉忌,因而毒害东宫,怎么可以因妻母有罪而连累太子呢?"李泌坚持谏争数十次,意志更加坚定,皇帝终于醒悟,太子才得以平安无事。

起初,兴元以后国家的费用很不足,给予有爵位、封户的大臣的物品,都三分中减去二分。原有的制度规定,宰相的封户收入,每年布帛三千六百匹,后来才有一千二百匹。到这时候,皇帝让恢复大臣原先的封户收入。于是李晟、马燧、浑瑊都各得到封户收入,他们全将收入送给李泌,李泌不收。当时节度使私自向皇帝进献财物,每年计有钱五十万贯,后来减至三十万贯,皇帝由于费用不足而询问李泌,李泌请求全国每年供给宫中钱一百万贯,劝皇帝不再接受各地私自进献的财物。凡天子下诏索取财物,就用它代替夏、秋的税收,这样,节度使就可以按照法令的规定收税,天下人也就可以喘口气了。

皇帝曾对李泌从容地说道:"卢杞清高耿直,敢于说话,但缺少学问,不能用古代的事理来扩大朕的见识,人们都指责他奸邪而朕并不觉得这样。"李泌回答说:"陛下能觉察到卢杞的奸恶,怎么会招致建中年间的祸乱呢?李揆年老,卢杞派他到吐蕃,议和订盟,李希烈叛唐,卢杞派颜真卿当使者,到希烈军中安抚,卢杞害死有德望的元老旧臣是很多的。又杨炎的罪不该被处死,卢杞陷害他而推荐关播为宰相。李怀光立功,卢杞逼他反叛。这些都是欺骗上天的行为。"皇帝说:"卿说的这些确实存在。但杨炎把朕看成三尺高的小孩,有所论议进言,朕赞成就退下，不赞成就提出辞职，不只是卢杞一人厌恶他。而且建中时的祸乱，卿也知道桑道茂说的话吗？就是命该这样。"李泌回答道："所谓命，是事情已经发生的托词。君主宰相是创造命的，不应该谈命。谈命，就不再赏善罚恶了。桀说：'我生来不是就有天命吗！'周武王指责纣说：'称自己得天命。'君主而谈命，那就是桀、纣了。"皇帝说："朕请求不再谈命。"不久，加李泌集贤殿、崇文馆大学士，兼修国史。李泌建议：学士加"大"，开始于中宗的时候，等到张说担任此职，坚决推辞"大"字，就以学士的身份执掌集贤院事。到崔圆又被任命为大学士，也引用李泌的事例而辞去"大"字。

皇帝认为"前代的上巳、九月九日，都举行大规模的宴饮聚会，而寒食多与上巳同时，要在二月份定个节日名称，由自己创始，不依傍前人，怎么样才行呢？"李泌说："取消正月晦日这个节，以二月初一为中和节，于是在这一天赐给大臣、外戚尺子，称为'裁度'。民间用青布囊盛各种谷物瓜果的种子相互馈赠，称为'献生子'。里巷酿制宜春酒，用来祭木神勾芒，祈求丰年。百官进献农书，借以表示致力于农业这个根本。"皇帝高兴，于是写成法令，与上巳、九月九日合称为三令节，在这一天，宫廷内外都赐给穿连成串的钱并举行宴会。

贞元四年八月，月食于东壁星的位置，李泌说："东壁星，下与图书的府库相应，大臣中当有遭遇灾难的。我以宰相的身份兼任集贤院学士，正该承受这个灾难。从前燕国公张说因此而丧生，这次又能逃避吗？"第二年李泌果然去世，当时他六十八岁，天子追赠他为太子太傅。

李泌出入禁中，先后侍奉四个君主，屡次被有权势得到帝王宠幸的人忌恨，常因为机智而免祸。李泌好纵横恣肆，高谈阔论，时时有正直的议论，能使君主醒悟和改变主意。但他常坚持黄老鬼神之说，所以为世人所非议。起初，肃宗看重阴阳家、女巫、男巫，提拔王玙为宰相，大抵兴造土木建筑工程，总是拘泥于各种禁忌和世俗的说法。而黎干靠旁门邪道当上了京兆尹，他曾让宫中的工人缀连珠子，在织物上绣花纹图案，为皇帝制作衣服，制成了又将它们全烧掉，以此祈福除灾。德宗素来不以为然，等到他继承皇位，就废掉皇宫中祠佛的场所，驱除女巫、男巫。代宗即将下葬，德宗在承天门哭送，而丧车不正对道路的中央而行，德宗询问其原因，有关官吏回答说："陛下的本命年在午，所以避开正南。"德宗哭着说："哪有委屈天子的灵车而谋求自身的利益？"命令灵车对着正南而行。又宣政殿的走廊坏了，太卜说："今年孟冬十月是河魁、天冈星的月份，不宜修缮。"德宗说："《春秋》说'凡门户道桥、城郭墙壕，随坏随修'，谈什么河魁、天冈？"马上下令修葺。等到术士桑道茂在奉天筑城的说法应验，德宗才开始看重时日的限制、忌讳，于是进用李泌，李泌也自己有所建树、阐明。只有柳玭说，长安、洛阳的收复，多仗李泌的谋略，他的功绩是大于鲁仲连、范蠡的。李泌的儿子名繁。

赞辞：李泌的为人，非常奇特！他谋求事情的成功近于忠诚，轻易去职近于清高，能自己保全自己近于机智，最终被立为宰相，近于能立功扬名的人。观肃宗披荆斩棘，建立朝廷，李泌以只言片语、一时的计谋，就使肃宗有所醒悟、称意，全把朝廷的政事交付给他。在这个时候，李泌提出供采纳的建议是不少的，又辅佐代宗收复长安、洛阳，只是不被任用，难道这两个君主不把他当作宰相来器重吗？德宗晚年喜好鬼神之事，李泌才得到任用，他或许是自求怪异而以此帮助自己吧。李繁写家传，说李泌本居于鬼谷，因史官误称李泌好鬼道，所以李繁用这话自作解释。李繁接着又写李泌多次与神仙相会，话都不近情理，这就知道当时议论的人多指责李泌而不加称誉，李繁是有所为而这样写的。李繁的话多虚浮不实，不可相信，这里选取其中接近事实的写入传中。至于李泌劝皇帝先夺取范阳，说明太子无罪，也是不可诬蔑的。

新唐书卷二百一

列传第一百二十六

杜 甫

甫字子美，少贫不自振，客吴越、齐赵间。李邕奇其材，先往见之。举进士不中第，困长安。

天宝十三载，玄宗朝献太清宫，飨庙及郊，甫奏赋三篇。帝奇之，使待制集贤院，命宰相试文章，擢河西尉，不拜，改右卫率府胄曹参军。数上赋颂，因高自称道，且言："先臣恕、预以来，承儒守官十一世，迨审言，以文章显中宗时。臣赖绪业，自七岁属辞，且四十年，然衣不盖体，常寄食于人，窃恐转死沟壑，伏惟天子哀怜之。若令执先臣故事，拔泥涂之久辱，则臣之述作虽不足鼓吹《六经》，至沈郁顿挫，随时敏给，扬雄、枚皋可企及也。有臣如此，陛下其忍弃之？"

会禄山乱，天子入蜀，甫避走三川。肃宗立，自鄜州羸服欲奔行在，为贼所得。至德二年，亡走凤翔上谒，拜右拾遗。与房琯为布衣交，琯时败陈涛斜，又以客董廷兰，罢宰相。甫上疏言："罪细，不宜免大臣。"帝怒，诏三司杂问。宰相张镐曰："甫若抵罪，绝言者路。"帝乃解。甫谢，且称："琯宰相子，少自树立为醇儒，有大臣体，时论许琯才堪公辅，陛下果委而相之。观其深念主忧，义形于色，然性失于简。酷嗜鼓琴，廷兰托琯门下，贫疾昏老，依倚为非，琯爱惜人情，一至玷污。臣叹其功名未就，志气挫衄，觊陛下弃细录大，所以冒死称述，涉近讦激，违忤圣心。陛下赦臣百死，再赐骸骨，天下之幸，非臣独蒙。"然帝自是不甚省录。

时所在寇夺，甫家寓鄜，弥年艰窭，孺弱至饿死，因许甫自往省视。从还京师，出为华州司功参军。关辅饥，辄弃官去，客秦州，负薪采橡栗自给。流落剑南，结庐成都西郭。召补京兆功曹参军，不至。会严武节度剑南东、西川，往依焉。武再帅剑南，表为参谋，检校工部员外郎。武以世旧，待甫甚善，亲入其家。甫见之，或时不巾，而性褊躁傲诞，尝醉登武床，瞪视曰："严挺之乃有此儿！"武亦暴猛，外若不为忤，中衔之。一日欲杀甫及梓州刺史章彝，集吏于门。武将出，冠钩于帘三，左右白其母，奔救得止，独杀彝。武卒，崔旰等乱，甫往来梓、夔间。

大历中，出瞿唐，下江陵，溯沅、湘以登衡山，因客耒阳。游岳祠，大水遽至，涉旬不得食，县令具舟迎之，乃得还。令尝馈牛炙白酒，大醉，一昔卒，年五十九。

甫旷放不自检，好论天下大事，高而不切。少与李白齐名，时号"李杜"。尝从白及高适过汴州，酒酣登吹台，慷慨怀古，人莫测也。数尝寇乱，挺节无所污，为歌诗，伤时桡弱，情不忘君，人怜其忠云。

赞曰：唐兴，诗人承陈、隋风流，浮靡相矜。至宋之问、沈佺期等，研揣声音，浮切不差，而号"律诗"，竞相袭沿。逮开元间，稍裁以雅正，然恃华者质反，好丽者壮违，人得一概，皆自名所长。至甫，浑涵汪茫，千汇万状，兼古今而有之，它人不足，甫乃厌余，残膏賸馥，沾丐后人多矣。故元稹谓："诗人以来，未有如子美者。"甫又善陈时事，律切精深，至千言不少衰，世号"诗史"。昌黎韩愈于文章慎许可，至歌诗，独推曰："李杜文章在，光焰万丈长。"诚可信云。

译文：

  杜甫字子美，年幼时家贫不能自我救助，客居于吴越、齐赵之间。李邕认为杜甫的才能特出，自己先主动去见他。杜甫应进士试没有考中，困居于长安。

  天宝十三载，玄宗到太清宫祭祀，又在太庙祭祀和在南郊祭天，杜甫进献自己写的赋三篇。皇帝读过后认为他的才能特出，让他在集贤院候命，又命令宰相考他的文章，考后提拔他为河西县尉，杜甫不接受这一任命，于是改授右卫率府胄曹参军。杜甫多次进献赋颂，于是过高地自己称道自己，而且对天子说："自臣的祖先杜恕、杜预以来，承继儒业保持官位共十一代，到了杜审言，以擅长文章显扬于中宗的时代。臣依赖祖先的遗业，自七岁开始写作，至今将近四十年，但仍衣不蔽体，常依附他人而生活，臣私下常害怕流离转徙，死于山沟荒野，希望天子哀怜。如果陛下让依照臣祖先的旧事，将臣从处于卑下地位的长期屈辱中拔出，那么臣的著作，虽然不能宣扬《六经》，但是文章的深沉蕴藉、抑扬有致，随时而作、才思敏捷，如扬雄枚皋之类，臣却可以企及。有这样的臣下，陛下能忍心抛弃他吗？"

  恰巧安禄山叛乱，玄宗进入蜀地，于是杜甫逃到三川避乱。肃宗即位，杜甫穿贫贱人的衣着，想由鄜州奔往肃宗所在的地方，结果被叛军捉住。至德二年，杜甫逃到凤翔晋见肃宗，被任命为右拾遗。杜甫同房琯是贫贱之交，房琯当时带兵讨伐叛军，在陈涛斜打了败仗，又因为以董廷兰为门客，被免去宰相的职务。杜甫上疏说："罪过小，不应当因此而罢免大臣。"皇帝发怒，命令三司共同审问杜甫。宰相张镐说："杜甫如果因此而得罪，会断绝言路。"于是，皇帝免除他的罪。杜甫感谢天子的恩典，并说："房琯是宰相的儿子，年幼时能自建树，成为学识精纯的儒者，有大臣的气质，当代的舆论认可他的才干能够承当三公、辅相的重任，陛下果然委任他为宰相。臣观他能念念不忘君主的忧虑，仗义之气时时流露在脸上，但性情失之于高傲。又酷爱弹琴，琴师董廷兰寄身于房琯门下，他贫病交迫，年老糊涂，依仗房琯做坏事，房琯爱惜人的情感，终至于受玷污。臣叹惜房琯功名尚未成就，志气受到挫折，希望陛下弃小取大，所以冒死称述，言辞近于激烈率直，违反了圣上的心意。陛下赦免臣该死一百次的罪过，再次赐给臣身体生命，这是天下人的幸运，不止是臣一个独自蒙受好处。"但皇帝从此不大理睬和任用杜甫。

当时天下大乱，到处有攻劫掠夺之事，杜甫的家属住在鄜州，整年生活贫困艰难，幼儿弱女至于饿死，于是天子准许杜甫亲往鄜州探望家人。杜甫的家属随从他回到京师。接着天子命令杜甫离京出任华州司功参军。当时关中地区发生饥荒，杜甫便弃官离开关中，客居于秦州，亲自背柴、采集栎树的果实，借此自己维持生活。后杜甫流落剑南，在成都西城造房子居住。朝廷征召杜甫回京任京兆府功曹参军，杜甫没有到任。恰巧严武出任剑南东、西川节度使，杜甫便前去依附他。严武再次出镇剑南，上表奏请杜甫任剑南节度参谋、检校工部员外郎。严武因为和杜甫是世交，对待杜甫很友善，常亲自到杜甫家中探望。杜甫见严武，有时不戴头巾，而且他性情狭隘急躁，傲慢放诞，曾喝醉酒登上严武的坐床，瞪大眼睛对严武说："严挺之却有这样的儿子！"严武也暴躁凶猛，外表似乎不以为杜甫冒犯了他，实际则怀恨在心。有一天，想杀杜甫和梓州刺史章彝，把官吏聚集到衙门里。严武将出家门，他的帽子接连三次被门帘钩住，严武左右的人报告严武的母亲，严母急忙跑来解救，这事才得到制止，只杀死了章彝。严武去世，崔旰等人在蜀中作乱，杜甫往来于梓州、夔州之间。

大历年间，杜甫出瞿唐峡，沿长江东下到江陵，又逆沅水、湘水而上，登上了衡山，于是客居于耒阳。有一次杜甫游岳祠，忽然发大水，有十天弄不到吃的，耒阳县令备下小船迎接他，才得以回还。县令曾赠给杜甫牛肉白酒，杜甫吃得大醉，一个晚上便去世了，当时他五十九岁。

杜甫放任不羁，举止不自检束，好议论天下大事，立论高远而不切合实事。年轻时与李白齐名，当时人称为"李杜"。杜甫曾随从李白和高适路过汴州，酒喝得痛快尽兴然后登上吹台，怀想古人，激昂慷慨，人们都摸不透他们的用意。杜甫多次经历盗贼作乱，都能坚持节操，无所玷污；作歌诗，忧念时世，俯就弱者，情不忘君，人们无不爱慕他的忠诚。

赞辞：唐朝兴起，诗人承继陈、隋遗风，以浮华绮靡相夸耀。到宋之问、沈佺期等人，研究揣摩诗歌的声韵，平仄丝毫不差，号称"律诗"，人们竞相沿袭。到了开元年间，逐渐以雅正为取舍标准，但诗人依赖华美的同质朴相反，喜好绮丽的与雄壮相违，人各取得一个方面，都自称道其所长。到了杜甫，广大深沉，千态万状，兼有古今各种体势，他人感到不足之处，杜甫却有多余，他的余泽，滋润后人实在是很多的。所以元稹说："自有诗人以来，没有人能像子美这样的。"杜甫的诗又擅长陈述时事，格律切合，精密深远，长的至于上千言而笔力不稍衰减，世人称为"诗史"。昌黎韩愈对于文章不随便认可，至于歌诗，唯独推崇说："李杜文章在，光焰万丈长。"这话确实可信。

新唐书卷二百二

列传第一百二十七

李 白

李白字太白，兴圣皇帝九世孙。其先隋末以罪徙西域，神龙初，遁还，客巴西。白之生，母梦长庚星，因以命之。十岁通诗书，既长，隐岷山。州举有道，不应。苏颋为益州长史，见白异之，曰："是子天才英特，少益以学，可比相如。"然喜纵横术，击剑为任侠，轻财重施。更客任城，与孔巢父、韩准、裴政、张叔明、陶沔居徂来山，日沈饮，号"竹溪六逸"。

天宝初，南入会稽，与吴筠善，筠被召，故白亦至长安。往见贺知章，知章见其文，叹曰："子，谪仙人也！"言于玄宗，召见金銮殿，论当世事，奏颂一篇。帝赐食，亲为调羹，有诏供奉翰林。白犹与饮徒醉于市。帝坐沈香子亭，意有所感，欲得白为乐章，召入，而白已醉，左右以水颒面，稍解，授笔成文，婉丽精切，无留思。帝爱其才，数宴见。白尝侍帝，醉，使高力士脱靴。力士素贵，耻之，摘其诗以激杨贵妃，帝欲官白，妃辄沮止。白自知不为亲近所容，益骜放不自修，与知章、李适之、汝阳王琎、崔宗之、苏晋、张旭、焦遂为"酒八仙人"。恳求还山，帝赐金放还。白浮游四方，尝乘月与崔宗之自采石至金陵，著宫锦袍坐舟中，旁若无人。

安禄山反，转侧宿松、匡庐间，永王璘辟为府僚佐。璘起兵，逃还彭泽；璘败，当诛。初，白游并州，见郭子仪，奇之。子仪尝犯法，白为救免。至是子仪请解官以赎，有诏长流夜郎。会赦，还寻阳，坐事下狱。时宋若思将吴兵三千赴河南，道寻阳，释囚辟为参谋，未几辞职。李阳冰为当涂令，白依之。代宗立，以左拾遗召，而白已卒，年六十余。

白晚好黄老，度牛渚矶至姑孰，悦谢家青山，欲终焉。及卒，葬东麓。元和末，宣歙观察使范传正祭其冢，禁樵采。访后裔，惟二孙女嫁为民妻，进止仍有风范，因泣曰："先祖志在青山，顷葬东麓，非本意。"传正为改葬，立二碑焉。告二女，将改妻士族，辞以孤穷失身，命也，不愿更嫁。传正嘉叹，复其夫徭役。

文宗时，诏以白歌诗、裴旻剑舞、张旭草书为"三绝"。

译文：

李白字太白，是兴圣皇帝的九代孙。他的祖先在隋末因犯罪被流放到西域，中宗神龙初年，由西域逃回，客居巴西。李白出生的时候，他的母亲梦见太白星，所以用它命名。李白十岁就精通《诗经》《尚书》，长大以后，隐居于岷山。州中荐举李白参加有道科考试，他未响应。苏颋任益州长史，见到李白后认为他不同寻常，说道："此人天才出众，学业略增进，就可以同司马相如相比。"但李白喜欢纵横术，好击剑，常干一些打抱不平的侠义举动，看轻钱财，重视施惠于人。又客居任城，与孔巢父、韩准、裴政、张叔明、陶沔住在徂徕山，每天痛饮，当时人称他们为"竹溪六逸"。

天宝初年,李白南行入会稽,同吴筠亲善,吴筠被皇帝征召进京,所以李白也跟着到了长安。李白去见贺知章,知章看到他的诗文后,感叹道:"你,是谪居世间的仙人!"知章向玄宗介绍李白,于是玄宗在金銮殿召见李白,李白同玄宗谈论当代之事,进献颂一篇。皇帝赐给李白饮食,亲自在他的汤里放调味品,下诏让他当翰林院供奉。李白好喝酒,仍然每天在市上与酒徒们一起喝得大醉。有一次,皇帝坐在沉香子亭里,心有所感,想让李白为他写歌词,于是召李白入宫,而李白已喝醉,皇帝左右的人用冷水给李白洗脸,李白醉意略消,拿到别人给他的笔便很快写成,文辞婉转华美,精致贴切,诗思毫不迟滞。皇帝喜爱李白的才能,多次在清闲的时候召见他。李白有一次侍奉皇帝,喝醉了酒,让大宦官高力士为他脱靴子。力士素来地位尊贵,以此为平生的耻辱,于是摘取李白诗中之事以激起杨贵妃的不满,皇帝想让李白做官,贵妃就加以阻止。李白自知不被皇帝亲近的人所容,便更加放任,不修养自身,与贺知章、李适之、汝阳王李琎、崔宗之、苏晋、张旭、焦遂结为"饮酒八仙人"。李白恳求玄宗让自己回山隐居,于是皇帝赐给黄金而后放他回山。这以后,李白浪游四方,曾有一次趁月色明亮与崔宗之乘船自采石矶到达金陵,李白穿用宫中特制的锦缎做成的长袍坐在船上,旁若无人。

安禄山造反,李白辗转于松滋、匡庐之间,永王李璘征召他为幕府佐吏。李璘起兵反叛朝廷,李白逃回彭泽;李璘失败,李白罪该处死。起初,李白游并州,见到郭子仪,认为他才能超群。子仪曾犯法,李白加以援救,使他得以免罪。到这时候,子仪请求解除自己的职务以弥补李白的罪过,天子下令将李白长期流放到夜郎。恰巧遇到天子发布赦令，李白便回到浔阳，因事犯罪被关进监狱。当时宋若思率领吴地士兵三千赴河南，路经浔阳，将李白从狱中放出，征聘他为参谋，没多久李白又辞去职务。李阳冰做当涂县令，李白前去依附于他。代宗即位，征召李白任左拾遗，而李白当时已去世，享年六十余。

李白晚年好黄老术，他渡过牛渚矶到姑孰，喜欢谢朓家青山，想老死于此。等到他去世，就葬在青山东边山脚下。元和末年，宣歙观察使范传正到李白的墓上祭奠，明令禁止在那里打柴。又寻访李白的后裔，只找到他的两个孙女，已嫁给平民为妻，但举止仍有风度，她们哭着说："先祖父意在青山，仓促间葬在东边山脚下，不符合他的本意。"于是，传正为李白改葬，在墓上立了二块碑。又告诉李白的两个孙女，说准备让她们改嫁给世家子弟，两人推辞说，自己因为孤苦穷困而失身于平民，这是命运的安排，不愿意再改嫁。传正为她们而赞叹，免除了她们丈夫的徭役。

文宗的时候，天子下诏以李白的歌诗、裴旻的剑舞、张旭的草书为"三绝"。

新唐书卷二百六

列传第一百三十一

杨国忠

杨国忠,太真妃之从祖兄,张易之之出也。嗜饮博,数丐贷于人,无行检,不为姻族齿。年三十从蜀军,以屯优当迁,节度使张宥恶其人,笞屈之,然卒以优为新都尉。罢去,益困,蜀大豪鲜于仲通颇资给之。从父玄琰死蜀州,国忠护视其家,因与妹通,所谓虢国夫人者。哀其赘,至成都挢蒲,一日费辄尽,乃亡去。久之,调扶风尉,不得志。复入蜀,剑南节度使章仇兼琼与宰相李林甫不平,闻杨氏新有宠,思有以结纳之为奥助,使仲通之长安,仲通辞,以国忠见,于貌颀峻,口辩给,兼琼喜,表为推官,使部春贡长安。将行,告曰:"郫有一日粮,君至,可取之也。"国忠至,乃得蜀货百万,即大喜。至京师,见群女弟,致赠遗。于时虢国新寡,国忠多分赂,宣淫不止。诸杨日为兼琼誉,而言国忠善挢蒲,玄宗引见,擢金吾兵曹参军、闲厩判官。兼琼入为户部尚书兼御史大夫,用其力也。国忠稍入供奉,常后出,专主蒲簿,计算钩画,分铢不误,帝悦曰:"度支郎才也。"累迁监察御史。

李林甫兴韦坚等狱，欲危太子，狱事畏却，以国忠怙宠，搏鸷可用，倚之使按劾。国忠乃惨文峭诋，逮系连年，诬蠛被诛者百余族，度可以危太子者，先林甫意陷之，皆中所欲。林甫方深阻固位，阴为指向，故国忠乘以为奸，肆意无所惮。虢国居中用事，帝所好恶，国忠必探知其微，帝以为能，擢兼度支员外郎。迁不淹年，领十五余使，林甫始恶之。

天宝七载，擢给事中、兼御史中丞，专判度支。会三妹封国夫人，兄铦擢鸿胪卿，与国忠皆列棨戟，而第舍华僭，弥跨都邑。时海内丰炽，州县粟帛举巨万，国忠因言：古者二十七年耕，余九年食，今天置太平，请在所出滞积，变轻赍，内富京师。又悉天下义仓及丁租、地课易布帛，以充天子禁藏。明年，帝诏百官观库物，积如丘山，赐群臣各有差，锡国忠紫衣、金鱼，知太府卿事。

初，杨慎矜引王鉷为御史中丞，已而有隙。鉷挟国忠共劾慎矜，抵不道诛。由是权倾中外。吉温为国忠谋夺林甫政，国忠即诬奏京兆尹萧炅、御史中丞宋浑，逐之，皆林甫所厚善，林甫不能救，遂结怨。鉷宠方渥，位势在国忠右，国忠忌之，因邢縡事，构鉷诛死，己代为京兆尹，悉领其使。即穷劾支党，引林甫交私状，牵连左逮，数以闻，帝始厌林甫，疏薄之。

先此，南诏质子阁罗凤亡去，帝欲讨之，国忠荐鲜于仲通为蜀郡长史，率兵六万讨之。战泸川，举军没，独仲通挺身免。时国忠兼兵部侍郎，素德仲通，为匿其败，更叙战功，使白衣领职。因自请兼领剑南，诏拜剑南节度、支度、营田副大使，知节度事。俄加本道兼山南西道采访处置使，开幕府，引窦华、张渐、宋昱、郑昂、魏仲犀等自佐，而留京师。帝再幸左藏库，班赉百官。出纳判官魏仲犀言："凤集通训门。"门直库西，有诏改为凤皇门，进仲犀殿中侍御史，属吏率以"凤凰优"得调。俄拜国忠御史大夫，因引仲通为京兆尹，己兼领吏部。

国忠耻云南无功，知为林甫掎撼，欲自解于帝，乃使麾下请己到屯，外示忧边，以合上旨，实杜禁言路，林甫果奏遣之。及辞，泣诉为林甫中伤者，妃又为言，故帝益亲之，豫计召日。然国忠就道，惴惴不自安。帝在华清宫，驿追国忠还。林甫病已困，入见床下，林甫曰："死矣，公且入相，以后事累公！"国忠惧其诈，不敢当，流汗被颜。林甫果死，遂拜右相、兼文部尚书、集贤院大学士、监修国史、崇贤馆大学士、太清太微宫使，而节度、采访等使、判度支，不解也。国忠已得志，则穷擿林甫奸事，碎其家。帝以为功，封魏国公，固让魏，徙封卫。

国忠既以宰相领选，始建罢长名，于铨日即定留放。故事，岁揭版南院为选式，选者自通，一辞不如式，辄不得调，故有十年不官者。国忠创押例，无贤不肖，用选深者先补官，牒文谬缺得再通，众议翕然美之。先天以前，诸司官知政事者，午漏尽，还本司视事，兵、吏部尚书、侍郎分案注拟。开元末，宰相员少，任益尊，不复视本司事。吏部铨，故常三注三唱，自春止夏乃讫。而国忠阴使吏到第，预定其员，集百官尚书省注唱，一日毕，以夸神明，骇天下耳目者。自是资格纷谬，无复纲序。虢国居宣阳坊左，国忠在其南，自台禁还，趣虢国第，郎官、御史白事者皆随以至。居同第，出骈骑，相调笑，施施若禽兽然，不以为羞，道路为耻骇。明年大选，因就第唱补，帷女兄弟观之，士之丑野蹇伛者，呼其名，辄笑于堂，声彻诸外，士大夫诟耻之。先是，有司已定注，则过门下，侍中、给事中按阅，有不可，黜之。国忠则召左相陈希烈隅坐，给事中在旁，既对注，曰："已过门下矣。"希烈不敢异。侍郎韦见素、张倚与本曹郎趋走堂下，抱案牒，国忠顾女弟曰："紫袍二主事何如？"皆大噱。鲜于仲通等讽选者郑怤愿立碑省户下以颂德，诏仲通为颂，帝为易数字，因以黄金识其处。

帝常岁十月幸华清宫，春乃还，而诸杨汤沐馆在宫东垣，连蔓相照，帝临幸，必遍五家，赏赉不訾计，出有赐，曰"饯路"，返有劳，曰"软脚"。远近馈遗阉稚、歌儿、狗马、金贝，踵叠其门。

国忠由御史至宰相，凡领四十余使，而度支、吏部事自丛夥，第署一字不能尽，故吏得轻重，显赇公谒无所忌。国忠性疏傥捷给，硜硜处决枢务，自任不疑，盛气骄慢，百僚莫敢相可否，官属悉苛督句剥相甚。又便佞，专徇帝嗜欲，不顾天下成败。帝雅意事边，故身调兵食，取习文簿恶吏任之，军凡须索，快成其手，又不能省视也。始，李林甫绐帝天下无事，请巳漏出休，许之。文书填凑，坐家裁决。既成，敕吏持案诣左相陈希烈联署，左相不敢诘，署惟谨。至国忠时，韦见素代希烈，循以为常。它年，大雨败稼，帝忧之，国忠择善禾以进，曰："雨不为灾。"扶风太守房琯上郡灾，国忠怒，遣御史按之。后乃无敢以水旱闻，皆前伺国忠意乃敢启。子暄举明经，不中，礼部侍郎达奚珣遣子抚往见国忠，国忠方朝，见抚喜。已而闻暄当黜，诟曰："生子不富贵耶？岂以一名为鼠辈所卖！"珣大惊，即致暄高第。俄与珣同列，犹吒官不进。

国忠虽当国，常领剑南召募使，遣戍泸南，饷路险乏，举无还者。旧，勋户免行，所以宠战功。国忠令当行者先取勋家，故士无鬭志。凡募法，愿奋者则籍之。国忠岁遣宋昱、郑昂、韦儇以御史迫促，郡县吏穷无以应，乃诡设饷召贫弱者，密缚置室中，衣絮衣，械而送屯，亡者以送吏代之，人人思乱。寻遣剑南留后李宓率兵十余万击阁罗凤，败死西洱河，国忠矫为捷书上闻。自再兴师，倾中国骁卒二十万，踦屦无遗，天下冤之。

安禄山方有宠，总重兵于边，偃蹇不奉法；帝护之，下莫敢言。国忠知终不出己下，又恃内援，独暴发反状，帝疑以位相媢，不之信。禄山虽逆久，以帝遇之厚，故隐忍，伺帝一日晏驾则称兵。及见帝嬖国忠，甚畏不利己，故谋日急。俄而禄山授尚书右仆射，帝恐国忠不悦，故册拜司空。禄山还幽州，觉国忠图己，反谋遂决。国忠令客何盈、蹇昂刺求反状，讽京兆尹李岘围其第，捕禄山所善李超、安岱、李方来、王岷杀之，贬其党吉温于合浦。禄山上书自陈，而条上国忠大罪二十，帝归过于岘，贬零陵太守，以尉禄山意。国忠寡谋矜躁，谓禄山跋扈不足图，故激怒之使必反，以取信于帝，帝卒不悟。乃建言："请以禄山为平章事，追入辅政，以贾循为使，节度范阳，吕知诲节度平卢，杨光翙节度河东。"已草诏，帝使谒者辅璆琳觇禄山，未还，帝致诏坐侧。而璆琳纳金，固言不反。帝谓国忠曰："禄山无二心，前诏焚之矣。"禄山反，以诛国忠为名，帝欲自将而东，使皇太子监国，谓左右曰："我欲行一事。"国忠揣帝且禅太子，归谓女弟等曰："太子监国，吾属诛矣。"因聚泣，入诉于贵妃，妃以死邀帝，遂寝。禄山既发范阳，叹咤曰："国忠头来何迟？"

哥舒翰守潼关，按兵守险，国忠闻欲反己，疑之，乃从中督战，翰不得已出关，遂大败，降贼。书闻，是日帝自南内移仗未央宫，国忠见百官，鲠咽不自胜。监察御史高适请率百官子弟及募豪桀十万拒守，众以为不可。初，国忠闻难作，自以身帅剑南，豫置腹心梁、益间，为自完计。至是，帝召宰相计事，国忠曰："幸蜀便。"帝然之。明日迟昕，帝出延秋门，群臣不知，犹上朝，唯三卫彍骑立仗，尚闻刻漏声。国忠与韦见素、高力士及皇太子诸王数百人护帝。右龙武大将军陈玄礼谋杀国忠，不克。进次马嵬，将士疲，乏食，玄礼惧乱，召诸将曰："今天子震荡，社稷不守，使生人肝脑涂地，岂非国忠所致！欲诛之以谢天下，云何？"众曰："念之久矣，事行身死，固所愿。"会吐蕃使有请于国忠，众大呼曰："国忠与吐蕃谋反！"卫骑合，国忠突出，或射中其颊，杀之，争噉其肉且尽，枭首以徇。帝惊曰："国忠遂反耶？"时吐蕃使亦歼矣。御史大夫魏方进责众曰："何故杀宰相？"众怒，又杀之。

四子：暄、昢、晓、晞。暄位太常卿、户部侍郎，闻乱，下马蹶，弩众射之，身贯百矢，乃踣。昢尚万春公主，位鸿胪卿，陷贼见杀。晓奔汉中，为汉中王瑀榜死。晞及国忠妻裴柔同奔陈仓，为追兵所斩。柔，故蜀倡也，并次而瘗。

其党翰林学士张渐、窦华，中书舍人宋昱，吏部郎中郑昂，俱走山谷，民争其赀，富埒国忠。昱恋赀产，窃入都，为乱兵所杀；余坐诛。

国忠本名钊，以图谶有"卯金刀"，当位御史中丞时，帝为改今名。

译文：

杨国忠，是太真妃的从祖兄，张易之的外甥。嗜好饮酒赌博，经常求贷于人，无品行，为姻族所不齿。三十岁时他从兵蜀军，因成绩优异应当迁升，节度使张宥讨厌他的人品，曾鞭笞屈辱他，但是最后还是以成绩优异任新都尉。他辞职回去，生活更加困难，蜀郡大富豪鲜于仲通经常资助他。他的从父杨玄琰死在蜀州，杨国忠到他家护丧，因此与其妹私通，就是后来的所谓虢国夫人。他携带她家的全部资财，到成都赌博，一天就挥霍完了，便逃走了。过了很久，他调任为扶风尉，不得志。他重新入蜀，剑南节度使章仇兼琼与宰相李林甫有矛盾，听说杨氏得到皇帝的新宠，想以某种方式结纳之作为自己的宫闱之助，他派鲜于仲通到长安，鲜于仲通不去，推荐杨国忠来见，他的相貌干练修长峻峭，口才很好，章仇兼琼很高兴，表奏他为推官，使他统领春贡到长安。将要出发时，告诉他说："郫县有一日的粮食，你到那里后，可以取出来用。"杨国忠到郫县，得到蜀物一百万，大喜。到京师，见到众妹妹，分别赠送财物。此时虢国夫人新寡，杨国忠给她很多贿赂，二人宣淫不止。诸杨氏每天都在皇帝面前称誉章仇兼琼，并且说杨国忠善于赌博，得到唐玄宗的接见，擢升他为金吾兵曹参军，闲厩判官。章仇兼琼入朝任户部尚书兼御史大夫，用的是杨国忠的力量。杨国忠逐渐入殿供奉。常常后出，专门主管赌博的账簿，他计算钩画分铢不误，皇帝高兴的说："度支郎的才干。"逐级升为监察御史。

李林甫发起韦坚等人的案件，想以此危害太子，但因狱事重大而有些害怕，认为杨国忠凭恃皇帝的宠爱，有鹰雕搏鸷的作用，便依靠他去审讯判案。杨国忠便用恶毒的文辞进行严酷的毁谤，被逮捕关押狱中的人连年不断，因他的诬蔑而被诛杀的有一百多个家族，估计可以用来危及太子的人，赶在李林甫意向之前先进行陷害，都与李林甫的意愿相合。李林甫正在为了稳固自己的地位而显得深沉不外露，暗中为他指示方向，所以杨国忠得以乘机作奸，肆意妄为无所惮忌。虢国夫人居中行事，皇帝的好恶，杨国忠都探知得很细微，因此皇帝认为他很能干，提升他为兼度支员外郎。提升后不到一年，他就身领十五个使职，李林甫才开始憎恨起他来。

天宝七载，擢升他为给事中、兼御史中丞，专判度支。这时他的三个妹妹被封为国夫人，兄杨铦提升为鸿胪卿，他们与杨国忠一样都享受门前列荣戟仪仗的权力，并且府第房舍华丽超越了规定的范围，遍及都城乡邑。这时海内富足兴旺，州县的粟帛都达巨万，杨国忠因此说：古时候二十七年耕种，余九年的粮食，今天设置太平仓，请令各地将仓库中的积滞拿出来，变换成轻软财物，送到京师来增加京师的财富。又将天下义仓中的粮食及丁租、地课全部换成布帛，用来充实天子禁藏。第二年，皇帝诏令百官观看仓库中的财物，堆积如山丘，赏赐群臣各有差等，赐给杨国忠紫衣、金鱼等服饰，任他为知太府卿事。

起初，杨慎矜引荐王鉷任御史中丞，后来他们之间有了怨隙。王鉷倚仗杨国忠共同弹劾杨慎矜，以无道抵罪。由此杨国忠权倾中外。吉温替杨国忠谋划夺取李林甫的执政权，杨国忠即诬奏京兆尹萧炅、御史中丞宋浑，将他们逐出朝外，他们都是与李林甫关系较厚的人，李林甫无法救护，遂结下怨仇。王鉷的宠遇正浓，地位权势在杨国忠之上，杨国忠妒忌他，利用邢縡的事件，构陷王鉷，被诛死，杨国忠自己代替他为京兆尹，全部领有他的使职，他便穷劾其支党，引供出李林甫结私的情状，被牵连降职逮捕很多人，杨国忠多次向皇帝报告，皇帝才开始厌恶李林甫，疏远薄待他。

在此之前，南诏的质子阁罗凤逃去，皇帝想要讨伐南诏，杨国忠推荐鲜于仲通任蜀郡长史，率兵六万讨伐南诏。在泸川战斗，全军覆没，只有鲜于仲通只身逃免。当时杨国忠兼兵部侍郎，平素感德鲜于仲通，替他隐匿败绩，反而又叙论战功，使他以白衣领职。因此杨国忠自请兼领剑南，皇帝下诏拜他为剑南节度、支度、营田副大使，知节度使。不久又加为本道兼山南西道采访处置使，开设幕府，引荐窦华、张渐、宋昱、郑昂、魏仲犀等人为自己的辅佐，而他自己仍留在京师。皇帝再次来到左藏库，分别赏赐百官。出纳判官魏仲犀说："凤凰聚集于通训门。"通训门在左藏库的西边，下诏改为凤凰门，提升魏仲犀为殿中侍御史，他手下的官吏多数都因"凤凰优"得到调升。不久拜杨国忠为御史大夫，因而引荐鲜于仲通为京兆尹，自己兼领吏部。

杨国忠因在云南无功为耻，知道被李林甫指摘，想向皇帝自解，便派麾下向皇帝请求让自己到镇上任，这样在表面上显示自己忧心边境，以投合皇帝的意旨，而实质上是为了杜塞言路，李林甫果然上奏请派他到任，及辞行时，杨国忠向皇帝哭诉被李林甫中伤的事，贵妃又替他说话，因此皇帝对他更加亲近，预先计算召他回京的日期。但是，杨国忠上路后，心中惴惴不能自安。皇帝在华清宫，让驿吏追召杨国忠还京。李林甫病得已经很严重，杨国忠在床下拜见，李林甫说："我要死了，公将要入相，将后事委托给公！"杨国忠惧怕他有诈，不敢当面承诺，满脸流汗。李林甫果然死了，遂拜杨国忠为右相、兼文部尚书、集贤院大学士、监修国史、崇贤馆大学士、太清太微宫使，而节度、采访等使、判度支，并没有解免。杨国忠既已得志，便彻底揭发李林甫的奸事，毁碎其家。皇帝认为他有功，封他为魏国公，他坚持辞让魏国公，改封为卫国公。

杨国忠既以宰相典领官吏的诠选，始建议废除长名，于铨选的当天就定下是留是放。旧例是，每年在南院揭版作为铨选格式，参加诠选的人自己叙述简历，有一辞不符合格式，就不能调迁，因此有十年得不到官职的。杨国忠创设画押的先例，不论贤与不肖，以选历深者先补官，叙资历的牒文谬错缺项的可以再写好通叙，众议都一致赞美这种方法。先天年间以前，诸司官员知政事的，午漏完时，回到本司主持事务，兵部、吏部的尚书、侍郎都分别登录拟定官职。开元末年，宰相的员额少，职任更加显尊，便不再主持本司的事务。吏部主持铨选，因此常要经过三次注录三次唱名，自春天到夏天工作才完成。而杨国忠暗中使主持铨选的官吏到他的府第，预先拟定其员额，召集百官到尚书省注录唱名，一天就完成工作，以此夸示自己的神明，骇动天下人的耳目。从此以后，官员的资格便纷乱错谬，不再有什么纲序。虢国夫人居住在宣阳坊左边，杨国忠住在她家的南边，他从台省官禁回来后，直接到虢国夫人的府第，郎官、御史有事要禀报的都随他来到虢国夫人处。他与虢国夫人居住同一个府第，出去时则并马而行，互相调笑，喜悦自得如同禽兽一般，却不以为羞，路两边的行人都为他感到耻辱震骇。第二年大选，就在自己的府第中唱名补官，使家中的姐妹在帷帐后观看，凡碰到选士中的丑野塞伛者，当呼唤其名时，她们都在堂上大笑，笑声传到堂外，士大夫对他的这种行为诟骂不止。以前，有关部门已经拟定注录后，便送到门下省，侍中、给事中审阅，有认为不行的，则黜免之。杨国忠则召左相陈希烈坐在对面，给事中坐在旁边，对注以后，说："已过到门下省了。"陈希烈不敢有异辞。侍郎韦见素、张倚与本曹郎在堂下急走，手抱着案牒，杨国忠看着他妹妹说："穿紫袍的两位主事怎么样？"她们都大笑起来。鲜于仲通等人暗中示意参加诠选的郑篔愿在尚书省门前立碑来颂德，诏令鲜于仲通制颂，皇帝替他改了几个字，因此用黄金标识其处。

皇帝经常在每年十月到华清宫，春天才回，而诸杨氏的汤沐馆在华清宫的东边，连蔓相照，皇帝临幸，必要遍视五家，对他们的赏赐无法计算，出去有赐，叫"饯路"，返回有慰劳，叫"软脚"。远近官员馈赠的阉儿、歌儿、狗马、金贝，在他们的门前接连不断。

杨国忠由御史升至宰相，共领四十多个使职，而度支、吏部的职事本身就杂多，他的府第公署一个名字不能写完，所以官吏得以按轻重，明显贿赂公开拜谒，没有什么忌讳的。杨国忠性情疏简敏捷，处决枢务时固执己见，自信不疑，盛气骄愎，百僚没有人敢于持可否，官属皆因苛督句剥相怨。他又善以言辞取媚，曲徇皇帝的嗜欲，不顾天下的成败。皇帝的兴趣在边事上，因此他亲身调拨军粮，用熟悉文簿的恶吏担任，军队的需求，快成其手，他又不能亲自省视军务。起始，李林甫欺骗皇帝说天下无事，请求巳时出去休息，皇帝同意了。结果文书填凑，他就坐在家中裁决。处理完后，敕令官吏拿着案卷到左相陈希烈处联合署名，左相不敢诘问，只有恭谨署名。到杨国忠执政时，韦见素代替陈希烈，便遵循前例为常式。有一年，下大雨损害庄稼，皇帝对此担忧，杨国忠选择好的禾苗进献，说："雨没有成灾。"扶风太守房琯上奏郡县的灾情，杨国忠大怒，派遣御史去审讯他。以后便没有人敢以水灾旱灾上报朝廷，都是预先伺察杨国忠的意旨后才敢启奏。他的儿子杨暄举明经科，没有考中，礼部侍郎达奚珣派儿子达奚抚去见杨国忠，杨国忠正要入朝，看见达奚抚后很高兴。后来听说杨暄应当黜免，诟骂说："生子不富贵耶？岂能因一个名号被鼠辈所卖！"达奚珣大惊，就让杨暄中高第。不久，杨暄与达奚珣成为同列，还慨叹官位升得不快。

杨国忠虽然掌握国家政权，还常年领剑南招募使。遣兵戍守泸南，粮饷因路险匮乏，因而戍兵没有能生还的。以前，功勋户免行，以此来宠遇有战功的人。杨国忠下令当行者先取勋户，因此士无斗志。凡募兵之法，愿意应募者则划入军籍。杨国忠每年派遣宋昱、郑昂、韦儇以御史之职迫促其行，郡县官吏没有办法来应付，便假设军饷招募贫弱者，秘密绑缚他们关在室中，穿上絮衣，械系他们送到驻屯的地方，凡逃跑的让押送的吏役代替，人人思乱。不久，派遣剑南留后李宓率兵十多万攻击阁罗凤，在西洱河兵败战死，杨国忠作假的捷书上闻皇帝。自从再次兴师，倾尽中国骁卒二十万，一个士卒也没有活着留下来，天下人为他们喊冤。

安禄山正受到皇帝的宠遇，在边境总领重兵，骄慢不奉法，皇帝护着他，下面的官员没有人敢进言。杨国忠知道他终究不会居于自己之下，又凭恃着宫内的援助，独自暴露揭发安禄山的反状，皇帝怀疑他是因官位相妒忌，不信安禄山有反状。安禄山虽然谋逆已久，因皇帝对他待遇很厚，所以隐忍不发，想等皇帝有一天晏驾则称兵为乱。及见皇帝宠爱杨国忠，很害怕对自己不利，粲被授予尚书右仆射，皇帝恐怕杨国忠不高兴，所以册拜他为司空。安禄山回到幽州，觉察到杨国忠图谋除掉自己，反谋遂决定下来。杨国忠令门客何盈、蹇昂刺探谋反的情状，暗中让京兆尹李岘围住安禄山在京的府第，逮捕了与安禄山关系亲密的李超、安岱、李方来、王岷，并将他们杀死，将其党吉温贬到合浦。安禄山上书自陈，并且列出杨国忠二十条大罪，皇帝将过错归咎在李岘身上，贬他为零陵太守，来安慰安禄山。杨国忠寡谋骄矜躁进，认为安禄山的跋扈不足图，因而激怒他使他必反，以此来取信于皇帝，皇帝始终没有醒悟。于是杨国忠建议说："请让安禄山为平章事，召入朝中辅政，以贾循为使，节范阳，让吕知诲节度平卢，让杨光翙节度河东。"已经草拟好诏书，皇帝派谒者辅璆琳去窥看安禄山，还没有回来，皇帝将诏书放在座侧。而辅璆琳接受贿金坚持说安禄山不反。皇帝对杨国忠说："安禄山没有二心，前诏已经焚烧了。"安禄山反叛，以诛杨国忠为名，皇帝欲自己带兵东讨，使皇太子监国，对左右说："我欲施行一事。"杨国忠揣测皇帝将要禅位给太子,回家后对妹妹等人说:"要是太子监国,我们这些人就要被诛了。"因而聚到一起哭泣,入宫向贵妃诉说,贵妃用死来求皇帝,此事遂停下来。安禄山既已从范阳发兵,叹咤说:"杨国忠的头怎么还不送来?"

哥舒翰守潼关,按兵据守险要,杨国忠听说他想反对自己,怀疑他,便从中督战,哥舒翰不得已出关作战,遂大败,投降贼兵。战败的奏书上闻,这一天皇帝将仪仗从南内移到未央宫,杨国忠见到百官,哽咽得不能自胜。监察御史高适请求率领百官子弟及招募英豪十万前往拒守,众官认为不可。起初,杨国忠听说灾难已起,自己亲自统率剑南,预先安置腹心于梁州、益州间,为保全自己考虑。此时,皇帝召见宰相计谋时事,杨国忠说:"幸蜀为便。"皇帝同意了。第二天天还未亮,皇帝出延秋门,群臣还不知道,又来上朝,唯有三卫骥骑立仗,还能听见刻漏的响声。杨国忠与韦见素、高力士及皇太子诸王数百人护卫着皇帝。右龙武大将军陈玄礼图谋杀死杨国忠,没有成功。来到马嵬驿,将士疲困,没有食物,陈玄礼恐怕发生兵乱,召来诸将说:"今日天子震荡,社稷失守,使人民肝脑涂地,难道不是杨国忠引起的!欲诛之以谢天下,你们说怎么样?"众位将领说:"想这样做很久了,事情能成功,就是身死也愿意。"正巧吐蕃使者有事请见杨国忠,众兵大呼说:"杨国忠与吐蕃谋反!"卫骑进行合围,杨国忠突围出来,有人射中他的鼻梁,将他杀死,士兵们争啖其肉,很快就完了,枭首来徇示。皇帝大惊说:"杨国忠竟然要谋反吗?"这时吐蕃使者也被歼灭。御史大夫魏方进责备众人说:"为什么要杀死宰相!"众人正在怒火上,又将他杀死。

他的四个儿子:杨暄、杨昢、杨晓、杨晞。杨暄位至太常卿、户部侍郎，听说兵乱，下马急逃，弩众射之，百箭穿身，才仆地而死。杨昢娶万春公主，位至鸿胪卿，陷入贼中被杀。杨晓逃到汉中，为汉中王李瑀用棒打死。杨晞及杨国忠的妻子裴柔一起逃到陈仓，被追兵所杀；裴柔，原来是蜀地的娼妓，将他们埋在一个坑中。

他的党羽翰林学士张渐、窦华、中书舍人宋昱、吏部郎中郑昂，都逃到山谷中，人民争抢他们的资财，他们富得可以与杨国忠相比。宋昱留恋自己的资产，偷入都中，被乱兵所杀，其余人被叛罪诛杀。

杨国忠本名杨钊，因图谶中有"卯金刀"，当他位居御史中丞时，皇帝替他改为现在的名字。

新唐书二百七

列传第一百三十二

高力士

高力士，冯盎曾孙也。圣历初，岭南讨击使李千里上二阉儿，曰金刚，曰力士，武后以其强悟，敕给事左右。坐累逐出之，中人高延福养为子，故冒其姓。善武三思，岁余，复得入禁中，禀食司宫台。既壮，长六尺五寸，谨密，善传诏令，为宫闱丞。

玄宗在藩，力士倾心附结，已平韦氏，乃启属内坊，擢内给事。先天中，以诛萧、岑等功为右监门卫将军，知内侍省事。于是四方奏请皆先省后进，小事即专决，虽洗沐未尝出，眠息殿帷中，徼幸者愿一见如天人然。帝曰："力士当上，我寝乃安。"当是时，宇文融、李林甫、盖嘉运、韦坚、杨慎矜、王鉷、杨国忠、安禄山、安思顺、高仙芝等虽以才宠进，然皆厚结力士，故能踵至将相，自余承风附会不可计，皆得所欲。中人若黎敬仁、林昭隐、尹凤翔、韩庄、牛仙童、刘奉廷、王承恩、张道斌、李大宜、朱光辉、郭全、边令诚等，并内供奉，或外监节度军，修功德，市鸟兽，皆为之使，使还，所衷获，动巨万计，京师甲第池园、良田美产，占者什六，宠与力士略等，然悉借力士左右轻重乃能然。肃宗在东宫，兄事力士，它王、公主呼为翁，戚里诸家尊曰爹，帝或不名而呼将军。

力士幼与母麦相失，后岭南节度使得之泷州，迎还，不复记识，母曰："胸有七黑子在否？"力士袒示之，如言。母出金环，曰"儿所服者"，乃相持号恸。帝为封越国夫人，而追赠其父广州大都督。延福与妻，及力士贵时故在，侍养与麦均。金吾大将军程伯献约力士为兄弟，后麦亡，伯献缞绖受吊。河间男子吕玄晤吏京师，女国姝，力士娶之，玄晤擢刀笔史至少卿，子弟仕皆王傅。玄晤妻死，中外赠赙送葬，自第至墓，车徒背相望不绝。

始，李林甫、牛仙客知帝惮幸东都，而京师漕不给，乃以赋粟助漕，及用和籴法，数年，国用稍充。帝斋大同殿，力士侍，帝曰："我不出长安且十年，海内无事，朕将吐纳导引，以天下事付林甫，若何？"力士对曰："天子顺动，古制也。税入有常，则人不告劳。今赋粟充漕，臣恐国无旬月蓄；和籴不止，则私藏竭，逐末者众。又天下柄不可假人，威权既振，孰敢议者！"帝不悦，力士顿首自陈"心狂易，语谬当死"。帝为置酒，左右呼万岁。由是还内宅，不复事。加累骠骑大将军，封渤海郡公。于来廷坊建佛祠，兴宁坊立道士祠，珍楼宝屋，国赀所不逮。锺成，力士宴公卿，一扣锺，纳礼钱十万，有佞悦者至二十扣，其少亦不减十。都北堰沣列五硙，日硙三百斛直。

有袁思艺者，帝亦爱幸，然骄倨甚，士大夫疏畏之，而力士阴巧得人誉。帝初置内侍省监二员，秩三品，以力士、思艺为之。帝幸蜀，思艺遂臣贼，而力士从帝，进齐国公。帝闻肃宗即位，喜曰："吾儿应天顺人，改元至德，不忘孝乎？尚何忧？"力士曰："两京失守，生人流亡，河南汉北为战区，天下痛心，而陛下以为何忧，臣不敢闻。"从上皇还，进开府仪同三司，实封户五百。

上皇徙西内，居十日，为李辅国所诬，除籍，长流巫州。力士方逃瘧功臣阁下，辅国以诏召，力士趋至阁外，遣内养授谪制，因曰："臣当死已久，天子哀怜至今日，愿一见陛下颜色，死不恨。"辅国不许。宝应元年赦还，见二帝遗诏，北向哭欧血，曰："大行升遐，不得攀梓宫，死有余恨。"恸而卒，年七十九。代宗以护卫先帝劳，还其官，赠扬州大都督，陪葬泰陵。

初，太子瑛废，武惠妃方嬖，李林甫等皆属寿王，帝以肃宗长，意未决，居忽忽不食。力士曰："大家不食，亦膳羞不具耶？"帝曰："尔，我家老，揣我何为而然？"力士曰："嗣君未定耶？推长而立，孰敢争？"帝曰："尔言是也。"储位遂定。天宝中，边将争立功，帝尝曰："朕春秋高，朝廷细务付宰相，蕃夷不龚付诸将，宁不暇耶？"对曰："臣间至阁门，见奏事者言云南数丧师，又北兵悍且彊，陛下何以制之？臣恐祸成不可禁。"其指盖谓禄山。帝曰："卿勿言，朕将图之。"十三年秋大雨，帝顾左右无人，即曰："天方灾，卿宜言之。"力士曰："自陛下以权假宰相，法令不行，阴阳失度，天下事庸可复安？臣之钳口，其时也。"帝不答。明年禄山反。力士善揣时事势候相上下，虽亲昵，至当覆败，不肯为救力，故生平无显显大过。议者颇恨宇文融以来权利相贼，阶天下之祸，虽有补益，弗相除云。

译文：

高力士，是冯盎的曾孙。圣历初年，岭南讨击使李千里献上两名阉儿，一个叫金刚，一个叫力士，武后因他聪悟过人，就敕令他在左右给事，因过失被逐出宫外，宦官高延福将他收养为子，所以冒其姓。他与武三思关系不错，经过一年多，又重新进入禁中，在司宫台领取食物。长大以后，身高六尺五寸，性格谨慎严密，善于传达诏令，任宫闱丞。

唐玄宗在藩邸时，高力士倾心附结，平定韦氏后，便启奏让他属籍于太子的内坊，提升为内给事。先天年间，高力士因诛杀萧至忠、岑羲等人有功，任右监门卫将军，知内侍省事。这时期凡各地的奏请文书，都是高力士先审阅后再进呈皇帝，小事即单独决断，即便是休假也未曾出宫，就睡觉、休息在殿帷之中，谋求财利的侥幸之徒希望见他一面就像天人一样困难。皇帝说："力士当值时，我的寝息才能安稳。"这个时期，宇文融、李林甫、盖嘉运、韦坚、杨慎矜、王鉷、杨国忠、安禄山、安思顺、高仙芝等人虽然因其才能得到宠信提升，然而都以厚礼与高力士相结，所以他们能够升到将相之位，其余承风附会的人不可胜计，都得了所想要的东西。宦官中像黎敬仁、林昭隐、尹凤翔、韩庄、牛仙童、刘奉廷、王承恩、张道斌、李大宜、朱光辉、郭全、边令诚等人，都是内供奉官，或外出监节度军，修功德，买鸟兽，都任使职，任使回来，所聚集获得的财物，动不动就以巨万计，京师中的甲第池园、良田美产，被他们占有十分之六，皇帝对他们的宠幸与高力士差不多，然而都凭借高力士对他们左右轻重可否才能如此。肃宗在东宫时，将高力士当作兄长来侍奉，其他王、公主称呼他为翁，皇帝的亲戚诸家尊称他为爷，皇帝有时候不叫他的名字而呼为将军。

高力士幼年时与母亲麦氏相互失散，后来岭南节度使在泷州找到他的母亲，迎回宫中，高力士已经不记得了，母亲说："胸上有七个黑子，在不在？"高力士袒胸示之，果然如她所说。母亲拿出金环，说："这是你所佩戴的。"于是二人相抱恸哭起来。皇帝将他母亲封为越国夫人，并追赠他父亲为广州大都督。高延福及其妻子，到高力士显贵时依然健在，高力士对他们的侍养与麦氏相同。金吾大将军程伯献与高力士结为兄弟，后来麦氏去世，程伯献披麻戴孝吊丧。河间男子吕玄晤在京师做官，女儿长得国色天香，高力士娶她为妻，吕玄晤从刀笔史被擢升到少卿，子弟做官都到王傅之职。吕玄晤的妻子死时，中外官赠送钱财送葬，从府第到墓地，车马相望不绝。

起初，李林甫、牛仙客知道皇帝害怕到东都，但是京师的漕运不能充分供给，便用赋粟辅助漕运的不足，及用和籴法购买民粮，数年之后，国家的开支渐渐充足。皇帝在大同殿斋戒，高力士侍侧，皇帝说："我没有出长安将近十年，海内无事，朕将要吐纳导引，把天下事托付李林甫，怎么样？"高力士回答说："天子顺时而动，这是古代的制度。国家的税收有一定的标准，则人民不会说劳困。今天将赋粟充当漕粮，臣担心国家没有旬月的储蓄；和籴之法不停止，则人民的私藏就会枯竭，追逐末利的人就会众多。又天下的权柄不可借给别人，威权既振，谁敢议论！"皇帝不高兴，高力士顿首谢罪陈说是"自己犯了神经病，言语谬误，当处死。"皇帝为他设宴宽免了他，左右侍从呼万岁。从此回到内宅，不再管朝廷的事。加官骠骑大将军，封他为渤海郡公。他在来廷坊修建佛祠，在兴宁坊建立道士祠，装饰得珍楼宝屋，是国家的资财所达不到的。寺庙中的钟铸成，高力士宴请公卿，扣钟一下，献纳礼钱十万，有些逢迎讨好的人扣到二十下，其中最少的也不低于十下。他在都城北沣水上筑堰，排列五座硙坊，每天的租赁费就有三百斛粮食的价钱。

有个宦官叫袁思艺，也被皇帝爱幸，但是非常傲慢，士大夫对他疏远畏惧，而高力士则阴巧得到人们的称誉。皇帝初次设置内侍省监二员，秩禄是三品，以高力士、袁思艺任之。皇帝逃到蜀地，袁思艺遂臣事于贼，而高力士随从着皇帝，进封为齐国公。皇帝听说肃宗即皇帝位，高兴地说："我儿应天顺人，改元为至德，这不是没有忘记孝道吗，还有什么可忧虑的？"高力士说："两京失守，人民流亡，河南汉北成为战场，天下痛心，而陛下以为没有什么可忧，臣不敢听闻此语。"随从上皇回来，进位为开府仪同三司，实封五百户。

上皇迁到西内，居住了十日，高力士被李辅国所诬陷，除去名籍，长期流放巫州。高力士正在功臣阁下逃避疟疾，李辅国拿着诏书召他，高力士赶紧走到阁外，遣宦官送给他被谪贬的制书，高力士说："臣当死已久，天子哀怜至今日，希望能见一面陛下的颜色，死而无恨。"李辅国没有允许。宝应元年，他被赦免还京，看到二位皇帝的遗诏，面朝北哭得呕血，说："大行皇帝升遐，不能攀扶梓宫，死有余恨。"悲恸而死，时年七十九岁。代宗因他护卫先帝有功劳，还给他官位，赠扬州大都督，陪葬泰陵。

起初，太子瑛被废，武惠妃正被皇帝宠幸，李林甫等人都想让寿王为太子，皇帝因肃宗年长，心中无法决断，坐在那儿心志恍惚不吃饭。高力士说："大家不吃饭，是不是膳羞不全呢？"皇帝说："你，是我家的老臣，揣测一下我为什么会这样呢？"高力士说："是嗣君没有定下来吧？推长而立，谁敢争？"皇帝说："你说的是。"这样储位才定下来。天宝时期，边境将领争着立功，皇帝曾经说："朕春秋已高，朝廷细务托付给宰相处理，蕃夷当中不恭敬的托付给诸将处理，怎么能不闲暇呢？"高力士回答说："臣近来到阁门，看见奏事的人说在云南多次丧师，另外北方的军队凶悍并且强盛，陛下将怎样控制他们？臣担心的是灾祸形成时就无法禁止了。"他所指的大概是安禄山。皇帝说："卿不要说了，朕将要图谋此事。"十三年秋天下大雨，皇帝看到左右无人，就说："天正降灾，卿有话就应该对我说。"高力士说："自从陛下将权力给了宰相，就法令不行，阴阳失度，天下事岂可重新安定？臣钳口不语，就是那个时候。"皇帝没有答话。第二年，安禄山反叛。高力士善于揣测时机及事态的发展，公侯宰相上下，虽然关系亲近，当到他们要覆败时，也不肯出力相救，所以他一生中没有明显的过错。议论者都非常痛恨从宇文融以来权利交互残害，导致了天下的祸难，虽然他对朝政有所补益，但二者是不相当的。

新唐书卷二百九

列传第一百三十四

来俊臣

来俊臣，京兆万年人。父操，博徒也，与里人蔡本善。本负博数十万不能偿，操因纳其妻，先已娠而生俊臣，冒其姓。

天资残忍，喜反覆，不事产。客和州为奸盗，捕送狱，狱中上变，刺史东平王续按讯无状，杖之百。天授中，续以罪诛，俊臣上书得召见，自陈前上琅邪王冲反状，为续所抑。武后以为谅，擢累侍御史，按诏狱，数称旨。后阴纵其惨，胁制群臣，前后夷千余族。生平有纤介，皆入于死。拜左台御史中丞，中外累息，至以目语。

俊臣乃引侯思止、王弘义、郭弘霸、李仁敬、康暐、卫遂忠等，阴啸不逞百辈，使飞语诬蠛公卿，上急变。每擿一事，千里同时辄发，契验不差，时号为"罗织"，牒左署曰："请付来俊臣或侯思止推实必得。"后信之，诏于丽景门别置狱，敕俊臣等颛按事，百不一货。弘义戏谓丽景门为"例竟"，谓入者例皆尽也。俊臣与其属朱南山、万国俊作《罗织经》一篇，具为支脉纲由，咸有首末，按以从事。俊臣鞫囚，不问轻重皆注醯于鼻，掘地为牢，或寝以溷溺，或绝其粮，囚至啮衣絮以食，大抵非死终不得出。每赦令下，必先杀重囚乃宣诏。又作大枷，各为号：一、定百脉，二、喘不得，三、突地吼，四、著即臣，五、失魂胆，六、实同反，七、反是实，八、死猪愁，九、求即死，十、求破家。后以铁为胄头，被枷者宛转地上，少选而绝。凡囚至，先布械于前示囚，莫不震惧，皆自诬服。

如意初，诬告大臣狄仁杰、任令晖、李游道、袁智弘、崔神基、卢献等下狱。俊臣顽以夷诛大臣为功，乃奏囚降制，一问而服者同首，法得减死。仁杰等已论死，等日而决，稍挺之，仁杰乃遣子持帛书称枉。后见愕然，责谓俊臣，对曰："是囚不褫巾服，何肯服罪？"后遣通事舍人周綝往视，遽假仁杰襆带立西厢，綝惧俊臣，东视唯唯去，莫敢闻。先是，宰相乐思晦为俊臣夷其家，有子九岁隶司农，上变，得召见，言："俊臣凶惨，罔上不道，若陛下假条反状付之，无大小皆如诏。臣父死族夷，不求生，但惜陛下法为俊臣所弄耳！"后意寤，由是仁杰六族皆免。又按大将军张虔勖、内侍范云仙，虔勖不堪枉，讼于大理徐有功，俊臣使卫士乱斫之，云仙自陈事先帝，命截其舌，皆即死，人人胁息。

久之，俊臣纳贾人金。为御史纪履忠所劾，下狱当死。后忠其上变，得不诛，免为民。长寿中，还授殿中丞，坐赃贬同州参军事，暴纵自如，夺同僚妻，又辱其母。俄召为合宫尉，擢洛阳令，进司仆少卿，赐司农奴婢十人。以官户无面首，闻吐蕃酋阿史那斛瑟罗有婢善歌舞，令其党告以谋反，而求其婢，诸蕃长数十人，割耳剺面讼冤，仅得解。綦连耀等有异谋，吉顼以白俊臣，杀数十族。既欲擅发奸功，即中顼以法，顼大惧，求见后自直，乃免。俊臣诬司刑史樊戬，以谋反诛，其子诉阙下，有司无敢治，因自刳腹。秋官侍郎刘如璿为流涕，俊臣奏与同恶，如璿自诉年老而涕,吏论以绞,后为宥死,流汉州。万岁通天中,上巳,与其党集龙门,题搢绅名于石,抵而仆者先告,抵李昭德不能中。或以告昭德,昭德谋绳其恶,未发。卫遂忠虽无行,颇有辞辩,素与俊臣善。始王庆诜女适段简而美,俊臣矫诏强娶之。它日,会妻族,酒酣,遂忠诣之,阍者不肯通,遂忠直入嫚骂,俊臣耻妻见辱,已命驱而缚于廷,既乃释之,自此有隙,妻亦惭,自杀。简有妾美,俊臣遣人示风旨,简惧,以妾归之。

俊臣知群臣不敢斥己,乃有异图,常自比石勒,欲告皇嗣及庐陵王与南北衙谋反,因得骋志。遂忠发其谋。初,俊臣屡掎摭诸武、太平公主、张昌宗等过咎,后不发。至是诸武怨,共证其罪。有诏斩于西市,年四十七,人皆相庆,曰:"今得背著床瞑矣!"争抉目、擿肝、醢其肉,须臾尽,以马践其骨,无孑余,家属籍没。

方俊臣用事,讬天官得选者二百余员,及败,有司自首,后责之,对曰:"臣乱陛下法,身受戮;忤俊臣,覆臣家。"后赦其罪。

译文:

来俊臣,京兆万年县人。父亲来操,是个赌徒,与乡中的蔡本关系友好。蔡本欠负赌博钱数十万无力偿还,来操便将他的妻子娶过来抵债,蔡本的妻子先已怀孕,娶过来后生下俊臣,遂冒其姓。

来俊臣天性残忍,喜欢反复无信,不经营产业。客居和州时进行奸盗,被捕送到狱中,他在狱中向朝廷密告有人谋反,刺史东平王李续审查讯问没有反状,打了他一百杖。天授时期,李续因罪被诛,来俊臣上书得到召见,自己陈说以前向朝廷密告琅邪王李冲谋反的情况,被李续所压抑。武后认为他诚实,多次提升他为侍御史,审问奉诏令关押在狱中的犯人,多次符合武后的旨意。武后暗中恣纵他的残酷,来挟制群臣,前后夷灭一千多个家族。只要谁一生中与他有细小的仇恨,都被投入狱中致死。拜他为左台御史中丞,朝廷内外的大臣恐惧得不敢大声出气,只能以眼睛来传达语言。

来俊臣便引用侯思止、王弘义、郭弘霸、李仁敬、康暐、卫遂忠等人,暗中集中不逞之徒一百多名,使他们用没根据的话来诬蔑公卿,密告急变。每当揭发一件事,千里之外同时告发,契合的没有一点差错,当时称之为"罗织",牒报的左边写着:"请交给来俊臣或侯思止推究审问必能得实情。"武后相信他们的话,下诏在丽景门另外设置监狱,敕令来俊臣等专责审讯案件,一百人中没有一人能被宽免。王弘义等人戏称丽景门为"例竟",说的是凡进入此门的人一概都完了。来俊臣与其部下制作《罗织经》一篇,详列支脉纲目,都有首有尾,按照所列项目进行罗织。来俊臣审讯囚犯时,不问轻重都向囚犯的鼻子里灌醋,掘地为牢,或者让囚犯睡在屎尿坑中,或者是断绝囚犯的食物,有的囚犯咬食衣服中棉絮为食,大抵非死终不得出狱。每当有赦令下来,他必然先杀死重犯后才宣读诏书。又制作大的刑枷,每种刑枷都有称号:一、定百脉,二、喘不得,三、突地吼,四、著即臣,五、失魂胆,六、实同反,七、反是实,八、死猪愁,九、求即死,十、求破家。后来又用铁制作冒头,被施刑枷的人在地上打滚,一会儿就断气。凡是囚犯被押到,先将刑具布列于前让囚犯看,没有不震惧的,全都自诬服罪。

如意初年,他诬告大臣狄仁杰、任令晖、李游道、袁智弘、崔神基、卢献等人下到狱中。来俊臣专门以诛杀大臣为功,于是奏请降制,凡囚犯一问就服罪的与自首相同,按照法律可以减死一等。

狄仁杰等已经定下死罪，只等待处决的时日，对他稍微有些放宽，狄仁杰便派遣他的儿子拿着帛书去喊冤枉。武后见到后很愕然，责问来俊臣，来俊臣回答说："这个囚犯没有被剥去头巾衣服，如果不是确实有罪，怎么肯服罪？"武后派遣通事舍人周綝前往视看，他便急忙让人穿着狄仁杰的幞带立在西厢房，周綝惧怕来俊臣，看着东面唯唯了几声离去，不敢报告真实情况。此前，宰相乐思晦被来俊臣夷灭其家，有个九岁的儿子在司农作隶役，向武后报告紧急事变，得以召见，说："来俊臣凶残狠毒，罔上无道，如果陛下将假的条例反状交给他去审讯，不论事情大小都能如诏书上所列审讯出来。臣的父亲已死，家族被夷灭，我并不想求生，只惋惜的是陛下的法令被来俊臣所玩弄！"武后心中醒悟，因此狄仁杰等六族都免于一死。他又审讯大将军张虔勖、内侍范云仙，张虔勖不堪枉冤，向大理卿徐有功诉讼，来俊臣派卫士用乱刀砍他，范云仙自己说曾奉事过先帝，来俊臣命令将他的舌头割断，二人都当场死亡，人人都恐惧得敛缩气息。

后来，来俊臣接受商人的金钱。被御史纪履忠弹劾，被下到狱中，按律当死。武后认为他告密对朝廷忠诚，没有将他诛杀，贬为平民。长寿年间，将他召回授予殿中丞，犯贪赃罪被贬为同州参军事，他暴纵自如，逼夺同僚的妻子，又污辱他人的母亲。不久，召他任合宫尉，擢升为洛阳令，进位司仆少卿，赐给司农寺奴婢十人。因官户没有男妾，他听说吐蕃酋长阿史那斛瑟罗有奴婢善歌舞，令其党羽以谋反罪告他，从而求取他的奴婢，诸蕃酋长数十人，都割耳劙面讼告冤枉，才得以免罪。綦连耀等有异谋，吉顼将他们的异谋告诉来俊臣，诛杀了数十家族，来俊臣欲独自据有告发奸谋的功劳，就中伤吉顼犯法，吉顼害怕，求见武后辩解，才免死。来俊臣诬告司刑史樊戬，以谋反罪被诛，他的儿子在阙下诉冤，官府中没有人敢管，因而自己刳腹而死。秋官侍郎刘如璿为此事流下眼泪，来俊臣上奏说刘如璿与樊戬是同党，刘如璿自诉说因年老而流泪，官吏定以绞刑罪，武后宽免了他，流放到汉州。万岁通天年间，上巳日，他与其党羽在龙门集合，将缙绅公卿的名字写在石头上，被掷中倒扑的先告发，先掷击李昭德的名字，没有击中。有人将此事告诉了李昭德，李昭德图谋对他们的恶行绳之以法，还没有行动。卫遂忠虽然品行不好，但是很有辞辩，平素与来俊臣关系好。起初，王庆诜的女儿长得很美，嫁给段简为妻，来俊臣矫诏强行将她娶为妻。有一天，在家中宴请妻子的族人，酒喝的正酣，卫遂忠来到，把门的阍者不肯替他通报，卫遂忠就直接闯入谩骂，来俊臣因妻子被辱骂感到耻辱，命令将他驱出并绑缚在大庭上，后来又将他释放，从此二人之间有了隙恨，他的妻子也因惭愧而自杀。段简有妾长得美，来俊臣派人去暗中告诉其意，段简惧怕，就将美妾送给他。

来俊臣知道群臣不敢诉斥自己，于是产生异谋，经常将自己比作石勒，欲诬告皇嗣及庐陵王与南北衙谋反，这样就可以恣纵自己的意志。卫遂忠告发了他的阴谋。起初，来俊臣屡次指摘诸武氏、太平公主、张昌宗等人的过错，武后没有采取行动。这时候诸武氏怨恨他，共同证实他的罪行。下诏将他在西市斩首，死时四十七岁，人们都互相庆祝说："今天才得以背挨床睡觉了！"人们都争着抉其目，镘其肝、醢其肉，一会儿就抢完，用马践踏他的骨头，没留下任何东西，他的家属全部籍没。

当来俊臣当权时，嘱托天官选授了二百多个官员，及其败亡，官府自首，武后责备他，回答说："臣乱了陛下的法律，自身受戮；触忤了来俊臣，臣的家族就要覆灭。"武后赦免了他的罪行。

新唐书卷二百二十五上

列传第一百五十上

安禄山

安禄山,营州柳城胡也,本姓康。母阿史德,为觋,居突厥中,祷子于轧荦山,虏所谓斗战神者,既而妊。及生,有光照穹庐,野兽尽鸣,望气者言其祥,范阳节度使张仁愿遣搜庐帐,欲尽杀之,匿而免。母以神所命,遂字轧荦山。少孤,随母嫁虏将安延偃。开元初,偃携以归国,与将军安道买亡子偕来,得依其家,故道买子安节厚德偃,约两家子为兄弟,乃冒姓安,更名禄山。及长,忮忍多智,善亿测人情,通六蕃语,为互市郎。

张守珪节度幽州,禄山盗羊而获,守珪将杀之,呼曰:"公不欲灭两蕃邪?何杀我?"守珪壮其语,又见伟而皙,释之,与史思明俱为捉生。知山川水泉处,尝以五骑禽契丹数十人,守珪异之,稍益其兵,有讨辄克,拔为偏将。守珪丑其肥,由是不敢饱,因养为子。后以平卢兵马使擢特进、幽州节度副使。

于是御史中丞张利贞采访河北,禄山百计谀媚,多出金谐结左右为私恩。利贞入朝,盛言禄山能,乃授营州都督,平卢军使、顺化州刺史。使者往来,阴以赂中其嗜,一口更誉,玄宗始才之。

天宝元年，以平卢为节度，禄山为之使，兼柳城太守，押两蕃、渤海、黑水四府经略使。明年，入朝，奏对称旨，进骠骑大将军。又明年，代裴宽为范阳节度、河北采访使，仍领平卢军。禄山北还，诏中书门下尚书三省正员长官、御史中丞饯鸿胪亭。

四载，奚、契丹杀公主以叛，禄山幸邀功，肆其侵，于是两蕃贰。禄山起军击契丹，还奏："梦李靖、李勣求食于臣，乃祠北郡，芝生于梁。"其诡诞敢言不疑如此。席豫为河北黜陟使，言禄山贤。时宰相李林甫嫌儒臣以战功进，尊宠间己，乃请颛用蕃将，故帝宠禄山益牢，群议不能轧，卒乱天下，林甫启之也。

禄山阳为愚不敏盖其奸，承间奏曰："臣生蕃戎，宠荣过甚，无异材可用，愿以身为陛下死。"天子以为诚，怜之。令见皇太子，不拜，左右擿语之，禄山曰："臣不识朝廷仪，皇太子何官也？"帝曰："吾百岁后付以位。"谢曰："臣愚，知陛下不知太子，罪万死。"乃再拜。时杨贵妃有宠，禄山请为妃养儿，帝许之。其拜，必先妃后帝，帝怪之，答曰："蕃人先母后父。"帝大悦，命与杨铦及三夫人约为兄弟。繇是禄山有乱天下意，令麾下刘骆谷居京师，伺朝廷隙。

六载，进御史大夫，封妻段为夫人，有国。林甫以宰相贵甚，群臣无敢钧礼，惟禄山倚恩，入谒倨。林甫欲讽寤之，使与王鉷偕，鉷亦位大夫，林甫见鉷，鉷趋拜卑约，禄山惕然，不觉自罄折。林甫与语，揣其意，迎剖其端，禄山大骇，以为神，每见，虽盛寒必流汗。林甫稍厚之，引至中书，覆以己袍。禄山德林甫，呼十郎。骆谷每奏事还，先问："十郎何如？"有好言辄喜；若谓"大夫好检校"，则反手据床曰："我且死！"优人李龟年为帝学之，帝以为乐。

晚益肥，腹缓及膝，奋两肩若挽牵者乃能行，作胡旋舞帝前，乃疾如风。帝视其腹曰："胡腹中何有而大？"答曰："唯赤心耳！"每乘驿入朝，半道必易马，号"大夫换马台"，不尔，马辄仆，故马必能负五石驰者乃胜载。帝为禄山起第京师，以中人督役，戒曰："善为部署，禄山眼孔大，毋令笑我。"为琐户交疏，台观沼池华僭，帟幕率缇绣，金银为筥筐、爪篱，大抵服御虽乘舆不能过。帝登勤政楼，幄坐之左张金鸡大障，前置特榻，诏禄山坐，褰其幄，以示尊宠。太子谏曰："自古幄坐非人臣当得，陛下宠禄山过甚，必骄。"帝曰："胡有异相，我欲厌之。"

时太平久，人忘战，帝春秋高，嬖艳钳固，李林甫、杨国忠更持权，纲纪大乱。禄山计天下可取，逆谋日炽，每过朝堂龙尾道，南北睥睨，久乃去。更筑垒范阳北，号雄武城，峙兵积谷。养同罗、降奚、契丹曳落河八千人为假子，教家奴善弓矢者数百，畜单于、护真大马三万，牛羊五万，引张通儒、李廷坚、平洌、李史鱼、独孤问俗署幕府，以高尚典书记，严庄掌簿最，阿史那承庆、安太清、安守忠、李归仁、孙孝哲、蔡希德、牛廷玠、向润客、高邈、李钦凑、李立节、崔乾祐、尹子奇、何千年、武令珣、能元皓、田承嗣、田乾真皆拔行伍，署大将。潜遣贾胡行诸道，岁输财百万。至大会，禄山踞重床，燎香，陈怪珍，胡人数百侍左右，引见诸贾，陈牺牲，女巫鼓舞于前以自神。阴令群贾市锦绤朱紫服数万为叛资。月进牛、橐驼、鹰、狗、奇禽异物，以蛊帝心，而人不聊。自以无功而贵，见天子盛开边，乃给契丹诸酋，大置酒，毒焉，既醉，悉斩其首，先后杀数千人，献馘阙下。帝不知，赐铁券，封柳城郡公。又赠延偃范阳大都督，进禄山东平郡王。

九载，兼河北道采访处置使，赐永宁园为邸。入朝，杨国忠兄弟姊弟廷之新丰，给玉食；至汤，将校皆赐浴。帝幸望春宫以待，献俘八千，诏赐永穆公主池观为游燕地。徙新第，请墨敕召宰相宴。是日，帝将击球，乃置会，命宰相皆赴。帝猎苑中，获鲜禽，必驰赐。诏上谷郡置五炉，许铸钱。又求兼河东，遂拜云中太守、河东节度使。既兼制三道，意益侈。男子凡十一，帝以庆宗为太仆卿，庆绪鸿胪卿，庆长秘书监。

十一载，率河东兵讨契丹，告奚曰："彼背盟，我将讨之，尔助我乎？"奚为出徒兵二千乡导。至土护真河，禄山计曰："道虽远，我疾趋贼，乘其不备，破之固矣。"乃敕人持一绳，欲尽缚契丹，昼夜行三百里，次天门岭，会雨甚，弓弛矢脱不可用，禄山督战急，大将何思德曰："士方疲，宜少息，使使者盛陈利以胁贼，贼必降。"禄山怒，欲斩以令军，乃请战。思德貌类禄山，及战，虏丛矛注矢邀取之，传言禄山获矣。奚闻亦叛，夹攻禄山营，士略尽。禄山中流矢，引奚儿数十，弃众走山而坠，庆绪、孙孝哲掖出之，夜走平卢，部将史定方以兵鏖战，虏解围去。

禄山不得志，乃悉兵号二十万讨契丹以报。帝闻，诏朔方节度使阿布思以师会。布思者，九姓首领也，伟貌多权略，开元初，为默啜所困，内属，帝宠之。禄山雅忌其才，不相下，欲袭取之，故表请自助。布思惧而叛，转入漠北，禄山不进，辄班师。会布思为回纥所掠，奔葛逻禄，禄山厚募其部落降之。葛逻禄惧，执布思送北庭，献之京师。禄山已得布思众，则兵雄天下，愈偃肆。皇太子及宰相屡言禄山反，帝不信。是时国忠疑隙已深，建言追还朝，以验厥状。禄山揣得其谋，乃驰入谒，帝意遂安，凡国忠所陈，无入者。

十三载，来谒华清宫，对帝泣曰："臣蕃人，不识文字，陛下擢以不次，国忠必欲杀臣以甘心。"帝慰解之。拜尚书左仆射，赐实封千户，奴婢第产称是，诏还镇。又请为闲厩、陇右群牧等使，表吉温自副。其军中有功位将军者五百人，中郎将二千人。禄山之还，帝御望春亭以饯，斥御服赐之。禄山大惊，不自安，疾驱去，至淇门，轻舻循流下，万夫挽縴而助，日三百里。既总闲牧，因择良马内范阳，又夺张文俨马牧，反状明白。人告言者，帝必缚与之。

明年，国忠谋授禄山同中书门下平章事，召还朝。制未下，帝使中官辅璆琳赐大柑，因察非常。禄山厚赂之，还言无它，帝遂不召。未几事泄，帝讬它罪杀之，自是始疑。然禄山亦惧朝廷图己，每使者至，称疾不出，严卫然后见。黜陟使裴士淹行部至范阳，再旬不见，既而使武士挟引，无复臣礼。士淹宣诏还，不敢言。帝赐庆宗娶宗室女，手诏禄山观礼，辞疾甚。献马三千匹，驼驉自倍，车三百乘，乘三士，因欲袭京师。河南尹达奚珣极言毋内驼兵，诏可。帝赐书曰："为卿别治一汤，可会十月，朕待卿华清宫。"使至，禄山踞床曰："天子安稳否？"乃送使者别馆。使还，言曰："臣几死！"

冬十一月，反范阳，诡言奉密诏讨杨国忠，腾榜郡县，以高尚、严庄为谋主，孙孝哲、高邈、张通儒、通晤为腹心，兵凡十五万，号二十万，师行日六十里。先三日，合大将置酒，观绘图，起燕至洛，山川险易攻守悉具，人人赐金帛，并授图，约曰："违者斩！"至是，如所素。禄山从牙门部曲百余骑次城北，祭先冢而行。使贾循主留务，吕知诲守平卢，高秀岩守大同。燕老人叩马谏，禄山使严庄好谓曰："吾忧国之危，非私也。"礼遣之。因下令："有沮军者夷三族！"凡七日，反书闻，帝方在华清宫，中外失色。车驾还京师，斩庆宗，赐其妻康死，荣义郡主亦死。下诏切责禄山，许自归。禄山答书慢甚，叵可忍。贼遣高邈、臧均以射生骑二十驰入太原,劫取尹杨光翙杀之,以张献诚守定州。

禄山谋逆十余年,凡降蕃夷皆接以恩,有不服者,假兵胁制之,所得士,释缚给汤沐、衣服,或重译以达,故蕃夷情伪悉得之。禄山通夷语,躬自尉抚,皆释俘因为战士,故其下乐输死,所战无前。邈最有谋,劝禄山取李光弼为左司马,不纳,既而悔之,忧见颜色,久而曰:"史思明可当之。"贼之未反,邈为谋,声进生口,直取洛阳,无杀光翙,天下当未有知者,贼不从。何千年亦劝贼令高秀岩以兵三万出振武,下朔方,诱诸蕃,取盐、夏、鄜、坊,使李归仁、张通儒以兵二万道云中,取太原,团弩士万五千入蒲关,以动关中;劝禄山自将兵五万梁河阳,取洛阳,使蔡希德、贾循以兵二万绝海收淄、青,以摇江淮;则天下无复事矣。禄山弗用。

时兵暴起,州县发官铠仗,皆穿朽钝折不可用,持梃斗,弗能亢,吏皆弃城匿,或自杀,不则就禽,日不绝。禁卫皆市井徒,既授甲,不能脱弓韣、剑繠,乃发左藏库缯帛大募兵。以封常清为范阳、平卢节度使,郭子仪为朔方节度、关内支度副大使,右羽林大将军王承业为太原尹,卫尉卿张介然为汴州刺史,金吾将军程千里为潞州长史,以荣王为元帅,高仙芝副之,驰驿讨贼。

禄山至巨鹿,欲止,惊曰:"鹿,吾名。"去之沙河,或言如汉高祖不宿柏人以佞贼。贼投草颣树于河,以长绳维舟集槎以结,冰一昔合,遂济河,陷灵昌郡。又三日,下陈留、荥阳。次罂子谷,将军荔非守瑜邀之,杀数百人,流矢及禄山舆,乃不敢前,更出谷南。守瑜矢尽,死于河。败封常清,取东都,常清奔陕。杀留守李憕、御史中丞卢奕。河南尹达奚珣臣于贼。时高仙芝屯陕，闻常清败，弃甲保潼关，太守窦廷芝奔河东。常山太守颜杲卿杀贼将李钦凑，禽高邈、何千年，于是赵郡、巨鹿、广平、清河、河间、景城六郡皆为国守，禄山所有才卢龙、密云、渔阳、汲、邺、陈留、荥阳、陕郡、临汝而已。

贼之据东京，见宫阙尊雄，锐情僭号，故兵久不西，而诸道兵得稍集。尹子奇屯陈留，欲东略，会济南太守李随、单父尉贾贲、濮阳人尚衡、东平太守嗣吴王祗、真源令张巡相继起兵，旬日众数万。子奇至襄邑而还。

明年正月，僭称雄武皇帝，国号燕，建元圣武，子庆绪王晋，庆和王郑，达奚珣为左相，张通儒为右相，严庄为御史大夫，署拜百官。复取常山，杀颜杲卿。安思义屯真定，会李光弼出土门救常山，思义降，博陵亦拔，唯藁城、九门二县为贼守。史思明、李立节、蔡希德围饶阳，不克，引军攻石邑，张奉璋固守。朔方节度使郭子仪自云中引兵与光弼合，败思明于九门，李立节死，希德奔巨鹿；思明奔赵郡，自鼓城袭博陵，复据之。光弼拔赵郡，还围博陵，军恒阳。希德请济师于贼，贼以二万骑涉滹沱入博陵，牛廷玠发妫、檀等兵万人来助，思明益彊，与光弼战，败于嘉山，光弼收郡十三，河南诸郡皆严兵守，潼关不开。

禄山惧，欲还范阳，召严庄、高尚责曰："我起，而曹谓万全。今四方兵日盛，自关以西，不跬步进，尔谋何在，尚见我为？"遣尚等出。凡数日，田乾真自潼关来，劝禄山曰："自古兴王，战皆有胜负，乃成大业，无一举而得者。今四方兵虽多，非我敌也。有如事不成，吾拥数万众，尚可横行天下，为十年计。且高尚、严庄，佐命元勋也，陛下何遽绝之，使自为患邪？"禄山喜，道其小字曰："阿浩，非汝孰悟我！然则奈何？"乾真曰："召而尉安之。"乃内尚等，与饮宴，禄山自歌，君臣如初。即遣孙孝哲、安神威西攻长安。会高仙芝等死，哥舒翰守潼关，为乾祐所败，囚之。贼不谓天子能遽去，驻兵潼关，十日乃西。时行在已至扶风，于是汧、陇以东，皆没于贼。禄山以张通儒守东京，乾真为京兆尹，使安守忠屯苑中。

禄山未至长安，士人皆逃入山谷，东西骆驿二百里，宫嫔散匿行哭，将相第家委宝货不赀，群不逞争取之，累日不能尽。又剽左藏大盈库，百司帑藏竭，乃火其余。禄山至，怒，乃大索三日，民间财赀尽掠之，府县因株根牵连，句剥苛急，百姓愈骚。禄山怨庆宗死，乃取帝近属自霍国长公主、诸王妃姜、子孙姻婿等百余人害之，以祭庆宗。群臣从天子者，诛灭其宗。虏性得所欲则肆为残虐，人益不附。诸大将欲有咨决，皆因严庄以见。御下少恩，虽腹心雅故，皆为仇敌。郡县相与杀守将，迎王师，前后反覆十数，城邑墟矣。

肃宗治兵灵武，天下日跂首待，长安相传太子西来矣，人闻辄东走，阛里至空，都畿豪桀杀贼吏自归者无虚日，贼斩刘惩之不能止。又贼将类剽勇无远谋，日纵酒，嗜声色财利，车驾危得入蜀，终无进蹑之患。

帐下李猪儿者，本降竖，幼事禄山谨甚，使为阉人，愈亲信。禄山腹大垂膝，每易衣，左右共举之，猪儿为结带，虽华清赐浴，亦许自随。及老，愈肥，曲隐常疮。既叛，不能无患惧，至是目复盲，俄又得疽疾，尤卞躁，左右给侍，无罪辄死，或棰掠何辱，猪儿尤数，虽严庄亲倚，时时遭笞靳，故二人深怨禄山。初，庆绪善骑射，未冠为鸿胪卿。贼僭号，嬖段夫人，爱其子庆恩，欲立之。庆绪惧不立，庄亦疑难作不利己，私语庆绪曰："君闻大义灭亲乎？自古固有不得已而为者。"庆绪阴晓曰："唯唯。"又语猪儿曰："汝事上罪可数乎？不行大事，死无日!"遂与定谋。至德二载正月朔,禄山朝群臣,创甚,罢。是夜,庄、庆绪持兵扈门,猪儿入帐下,以大刀斫其腹。禄山盲,扪佩刀不得,振幄柱呼曰:"是家贼!"俄而肠溃于床,即死,年五十余,包以毡罽,埋床下。因传疾甚,伪诏立庆绪为皇太子,又矫称禄山传位庆绪,乃伪尊太上皇。

既袭伪位,改载初元年,即纵乐饮酒,委政于庄而兄事之,以张通儒、安守忠等屯长安,史思明领范阳,镇恒阳军,牛廷玠屯安阳,张志忠戍井陉,各募兵。

于是广平王率师东讨,李嗣业将前军,郭子仪将中军,王思礼将后军,回纥叶护以兵从。通儒等衷兵十万阵长安中,贼皆奚,素畏回纥,既合,惊且嚣。王分精兵与嗣业合击之,守忠等大败,引而东,通儒弃妻子奔陕郡。王师入长安,思礼清宫。仆固怀恩以回纥、南蛮、大食兵前驱,王悉师追贼,庄自将兵十万与通儒合,钲鼓震百余里。尹子奇已杀张巡,悉众十万来,并力营陕西,次曲沃。先是回纥傍南山设伏,按军北崦以待。庄大战新店,以骑挑战,六遇辄北,王师逐之,入贼垒,贼张两翼攻之,追兵没,王师乱,几不能军。嗣业驰,殊死斗,回纥自南山缭击其背,贼惊,遂乱,王师复振,合攻之,杀掠不胜算,贼大败,追奔五十余里,尸髀藉藉满坑壑,铠仗狼扈,自陕属于洛。庄跳还,与庆绪、守忠、通儒等劫残军走邺郡。

王入洛阳,大陈兵天津桥,伪侍中陈希烈等三百人素服叩头待罪,王劳曰:"公等胁污,非反也,天子有诏赦罪,皆复而官。"众大喜。于是陈留杀贼将尹子奇以降。庄妻薛舍获嘉,绐言永王女,诣营,及见王,辞曰:"庄欲降,愿得一信。"王与子仪谋,庄若至者,余党可谕而下,乃约庄赐铁券。庄乃降,乘驴至京师,肃宗引见,释其死,授司农卿。阿史那承庆以其众三万奔恒、赵，或趋范阳，其从庆绪者，瘠卒才千余。

会蔡希德自上党，田承嗣自颍川，武令珣自南阳，各以众来，邢、卫、洺、魏募兵稍稍集，众六万，贼复振。以相州为成安府，太守为尹，改元天和，以高尚、平洌为宰相，崔乾祐、孙孝哲、牛廷玠为将，以阿史那承庆为献城郡王，安守忠左威卫大将军，阿史那从礼左羽林大将军。然部党益携解，由是能元晧以伪淄青节度使、高秀岩以河东节度使并纳顺。德州刺史王暕、贝州刺史宇文宽皆背贼自归，河北诸军各婴城守，贼使蔡希德、安雄俊、安太清等以兵攻陷之，戮于市，脍其肉。

庆绪惧人之贰己，设坛加载书、桦血与群臣盟。然承庆等十余人送密款，有诏以承庆为太保、定襄郡王，守忠左羽林军大将军、归德郡王，从礼太傅、顺义郡王，蔡希德德州刺史，李廷训邢州刺史，苻敬超洺州刺史，杨宗太子左谕德，任瑗明州刺史，独孤允陈州刺史，杨日休洋州刺史，薛荣光岐阳令；自裨校等，数数为国间贼。而庆绪治宫室、观榭、塘沼，汎楼舡为水嬉，长夜饮。通儒等争权不能一，凡有建白，众共訾沮之。希德最有谋，刚狷，谋杀庆绪为内应，通儒以它事斩之，麾下数千皆亡去。希德素得士，举军恨叹。庆绪以乾祐为天下兵马使，权震中外，愎悍少恩，士不附。

乾元元年秋九月，帝诏郭子仪率九节度兵凡二十万讨庆绪，攻卫州，遂度河，师背水壁而待。庆绪遣安太清拒战，闻卫州已围，则鼓而南，作三军：乾祐将上军，雄俊、王福德佐之；田承嗣将下军，荣敬佐之；庆绪自将中军，孙孝哲、薛嵩佐之。既战，王师伪却，庆绪逐之，遇伏而溃，庆绪走，获其弟庆和，斩于京师。子仪引军蹑贼，战愁思岗，贼复败，自是锐兵尽矣。因婴邺自固，使薛嵩以厚币求救于史思明。思明遣李归仁将兵万三千壁滏阳，未进，而王师围已固，筑城濬隍三周，决安阳水灌城。城中栈而处，粮尽，易口以食，米斗钱七万余，一鼠钱数千，屑松饲马，焉墙取麦秸，灌粪取刍，城中欲降不得。贼更以太清代乾祐将。

于是思明有众十三万，三分其军趋邺。明年三月，营安阳。庆绪急，乃遣太清奉皇帝玺绶让思明，思明以书示军中，咸呼万岁，乃约庆绪为兄弟，还其书，庆绪大悦。王师不利，九节度奔还，子仪断河阳桥，戍谷水。思明进屯邺南。庆绪收官军余饷，尚十余万石。召孝哲等谋拒思明，诸将皆曰："今日安得复背史王乎？"通儒、尚、洌皆请自往谢思明，庆绪许诺。思明见，为流涕，厚礼遣还。三日，庆绪未出，思明请庆绪歃血盟，不得已，以五百骑诣思明军。先此，思明令军中擐甲待，庆绪至，再拜伏地谢曰："臣不克负荷，弃两都，陷重围，不意大王以太上皇故，暴师远来，臣之罪，唯王图之。"思明恚曰："兵利不利亦何事，而为人子，杀父求位，非大逆邪？吾乃为太上皇讨贼。"顾左右牵出斩之。庆绪数目周万志，万志进曰："庆绪为君矣，宜赐死。"乃并四弟缢。又诛尚、孝哲、乾祐，殊而脯之。思明改葬禄山以王礼，伪谥燕剌王。禄山父子僭位凡三年而灭。

初，禄山陷东京，以张万顷为河南尹，士人宗室赖以免者众，肃宗嘉其仁，拜濮阳太守。帝以贼国雠，恶闻其姓，京师坊里有"安"字者，悉易之。

译文：

安禄山，是营州柳城的胡族，本姓康。母亲阿史德，是个女巫，居住在突厥中时，在轧荦山祈祷生个儿子，轧荦山虏族称之为斗战神,祷告完就怀孕了。到生的时候,天上有道光照耀毡帐,野兽全都鸣叫,望气的人说是祥瑞,范阳节度使张仁愿派人搜查庐帐,想将他们全部杀死,他母亲将他藏匿起来而免于一死。他母亲因他的出生是神所命,遂给他起名字叫轧荦山。他少年时期父亲就死了,随母亲嫁与虏族将领安延偃。开元初年,安延偃携带他投归唐朝,他们与将军安道买的逃出来的儿子一起回来,得以依住他家中,已故的安道买的儿子安节对安延偃感德很深,相约两家的儿子为兄弟,他便冒姓安,更名为禄山。他长大后,刚愎残忍,善于臆测人的性情,通达六种蕃语,任互市郎。

张守珪任幽州节度时,安禄山因盗羊被捕,张守珪将要杀他,他呼叫说:"公不想消灭两蕃吗?为什么要杀我?"张守珪认为他的语言豪壮,又见他身体魁伟相貌白皙,便释免了他,与史思明都任捉生将。他熟知山川水泉处,曾率五个骑兵擒获契丹数十人,张守珪惊异他的才干,逐渐增加他的兵力,有讨伐的事总能战胜,提拔他任偏将。张守珪嫌他长得肥胖,因此他不敢吃饱,张守珪因将他收养为子。后来他以平卢兵马使擢升为特进、幽州节度副使。

这个时候,御史中丞张利贞到河北采访,安禄山对他百计谀媚,拿出很多金钱结好张利贞的左右人员作为私恩。张利贞入朝,很说安禄山有才干,便授他为营州都督、平卢军使、顺化州刺史。使者往来,他便暗中贿赂以投合他们的嗜欲,他们众口一词,更相称誉他,玄宗才认为他有才能。天宝元年,以平卢升为节度,安禄山任节度使,兼任柳城太守,押领两蕃、渤海、黑水四府经略使。第二年,入朝,他的奏对符合旨意,晋升为骠骑大将军。第三年,代替裴宽任范阳节度使、河北采访使,仍然兼领平卢军。安禄山北还时,诏令中书门下尚书三省正员长官、御史中丞在鸿胪亭为他饯行。

天宝四载，奚族、契丹族杀死公主叛乱，安禄山庆幸可以邀功，便大肆侵伐，于是两蕃叛贰。安禄山发兵击契丹，回来后上奏说："梦见李靖、李勣向臣求享食，便在北郡建祠，梁上生出灵芝。"他的诡诞敢言不被怀疑就是这样。席豫任河北黜陟使，他说安禄山贤良。这时宰相李林甫嫌恨儒臣因战功得到提升，地位尊宠对自己不利，便请求专用蕃将，因此皇帝对安禄山的宠爱更加牢固，群议无法排挤，终乱天下，李林甫是叛乱的导发者。

安禄山表面上装作愚蒙不敏掩盖其奸诈，趁机会上奏说："臣生在蕃戎，宠荣过甚，没有异材可为陛下所用，愿以身去为陛下死。"天子认为他诚实，很爱怜他。让他去见皇太子，不叩拜，左右官员指责他，安禄山说："臣不识朝廷礼仪，皇太子是何官？"皇帝说："我百年后将皇位给他。"安禄山谢罪说："臣愚蠢，知道陛下而不知有太子，罪该万死。"于是再叩拜。当时杨贵妃得到皇帝的宠幸，安禄山请求做贵妃的养子，皇帝同意了他的请求。他叩拜时，必须先叩拜贵妃后叩拜皇帝，皇帝对此感到奇怪，他回答说："蕃人是先母后父。"皇帝非常高兴，让他与杨铦及三位国夫人结为兄弟。从此以后，安禄山有乱天下的思想，令麾下的刘骆谷居住在京师，伺察朝廷的裂隙。

六载，安禄山晋升为御史大夫，封他的妻子段氏为夫人，享有封国。李林甫身居宰相地位很显贵，群臣中没有人敢与他均礼，只有安禄山凭恃皇帝的恩宠，入府参谒时傲慢。李林甫欲讽劝他使其醒悟，便让他与王鉷在一起，鉷也是一位御史大夫，李林甫见到王鉷，王鉷赶紧上前叩拜显得很卑微谦恭，安禄山很敬畏，不自觉地罄折叩拜。李林甫与他谈话，揣测他的意图，当面剖析其端绪，安禄山大骇，以为是有神助，每当见到李林甫，即使是盛寒季节，必会满面流汗。李林甫逐渐以厚礼待之，将他引到中书省，将自己的袍服盖到他身上。安禄山感激李林甫，呼他为十郎。刘骆谷每次奏事回去，安禄山就先问："十郎怎么样？"如果回答说有夸奖的话就欢喜；如果说："大夫须好好检校"，他则反手据床说："我要死了！"优人李龟年为皇帝学他的样子，皇帝以此为笑乐之资。

安禄山晚年更加肥胖，腹部松弛到膝盖，两只臂膊用力拉牵着腹部才能行走，在皇帝面前舞《胡旋舞》，仍然迅疾如风。皇帝看着他的腹部说："胡儿腹中有何物而这样大？"安禄山说："唯有一片赤心！"他每次乘坐驿马入朝，半道上必得换马，叫作"大夫换马台"，不这样，马就要扑倒，因此要挑选那种能载负五石重奔驰的马才能胜载。皇帝给安禄山在京师建立府第，让宦官监督工程，告诫他们说："要好好部署，安禄山的眼孔大，不要令他笑话我。"为他雕窗镂户，台观池沼华丽超过其身份，帐幕都用丹黄色的刺绣制成，竹筐、爪篱都用金银制成，大抵上他的服御之物即便是皇帝也无法超过。皇帝登临勤政楼，御座的左边设一金鸡大障，前面放一特大的坐榻，诏令安禄山坐，揭开帷幄，来表示对他的尊宠。太子进谏说："自古以来幄座不是人臣应当享有的，陛下宠爱安禄山过分，必然要骄慢。"皇帝说："胡人有异相，我想以此厌胜之。"

当时长期太平，人民已忘记战争，皇帝春秋已高，被受宠幸的美人钳制封固，李林甫、杨国忠更替把持政权，纲纪大乱。安禄山计算天下可以取得，逆反的阴谋日益炽盛，每当他经过朝堂龙尾道时，就要向南北侧目窥察，好久才离去。又在范阳城北修筑堡寨，称作雄武城，储备兵士积聚粮食。收养同罗、归降的奚、契丹曳落河八千人作为假子，教练家奴擅长弓矢的数百人,畜养单于、护真大马三万匹,牛羊五万,引荐张通儒、李廷坚、平洌、李史鱼、独孤问俗署理幕府,让高尚典领书记,严庄掌管帐务出纳文书,阿史那承庆、安太清、安守忠、李归仁、孙孝哲、蔡希德、牛廷玠、向润客、高邈、李钦凑、李立节、崔乾祐、尹子奇、何千年、武令珣、能元皓、田承嗣、田乾真等人都是从行伍中提拔出来,充任大将。暗中派遣胡商到各道经商,每年输财一百万。到大会时,安禄山坐在重床上,烧香,陈列奇异的珍宝,数百胡人在左右侍奉,引见那些商贾,陈列祭神的牺牲,女巫在前面鼓舞用来降神。暗中令群商购买锦彩朱紫服装数万件作为叛乱的物资。每月进献牛、橐驼、鹰、狗、奇禽异物,用来蛊惑皇帝的心志,而使民不聊生。自认为无功而显贵,看到天子热心于开拓边疆,便骗诱契丹各酋长,大排酒宴,酒中放毒,他们喝得酣醉,将他们全部斩首,先后杀戮数千人,将被杀人的耳朵献到阙下。皇帝不知真情,赐给他铁券,封为柳城郡公。又赠安延偃为范阳大都督,进封安禄山为东平郡王。

九载,安禄山兼领河北道采访处置使,将永宁园赐给他作为邸所。安禄山入朝,杨国忠兄弟姊妹到新丰迎接,供给美食;到温泉池,赐赏将校都可沐浴。皇帝到望春宫等待他,安禄山献俘虏八千人,下诏将永穆公主的池观赐给他作为游乐宴请之地。他迁到新建的府第,请求用墨敕召请宰相宴会。这一天,皇帝将要去击球,于是设置大会,命令宰相都赴会。皇帝在苑中打猎,猎获到鲜禽,必要驰马去赐给安禄山。诏令在上谷郡建五个炉,允许铸钱。安禄山又求兼领河东,遂拜他为云中太守、河东节度使。他既已兼制三个道,意志更加骄侈。他的儿子共有十一个,皇帝让安庆宗任太仆卿,安庆绪任鸿胪卿,安庆长任秘书监。

十一载,安禄山率河东兵去讨伐契丹,告诉奚族说:"他们背叛盟约，我将讨伐之，你们能帮助我吗？"奚族派出徒兵二千作向导。到土护真河，安禄山计算说："道路虽远，我急行军直趋扑贼，乘其不备，打败他们没问题。"便敕令每人带一根绳子，想把契丹人全部绑缚，昼夜行军三百里，到天门岭，遇到天下大雨，弓弛松、矢脱羽不能使用，安禄山督战很急，大将何思德说："士兵正疲困，应该稍事休息，派使者去陈诉利害来威胁贼，贼肯定会投降。"安禄山大怒，想将他斩首来号令军队，何思德便请求作战。何思德的相貌类似安禄山，及开战后，虏兵丛矛注矢拦截，将他抓住，传言说安禄山被俘获。奚族听说后也叛变。夹攻安禄山的营地，士兵被杀略尽。安禄山被流矢射中，带领奚儿数十人，弃众逃入山中，而坠入涧中，安庆绪、孙孝哲将他架扶出来，夜里逃到平卢，部将史定方率军鏖战，虏兵才解围而去。

安禄山没有得志，便率全部兵力号称二十万讨伐契丹以报仇。皇帝听说后，诏令朔方节度使阿布思率师与他会合。阿布思，是九姓首领，相貌魁伟很有权略，开元初年，被默啜所困，归属唐朝，皇帝对他很宠遇。安禄山向来忌妒其才，不相上下，欲袭击他取而代之，所以上表请求他作自助。阿布思惧怕而叛逃，转入漠北，安禄山不再进军，就班师而回。遇到阿布思被回纥所侵略，投奔葛逻禄，安禄山用重金招募阿布思的部落归降。葛逻禄惧怕，将阿布思执送到北庭，将他献到京师。安禄山已得到阿布思的部众，兵力称雄天下，更加傲慢放肆。皇太子及宰相屡次说安禄山要谋反，皇帝不相信。这时，杨国忠的疑隙已深，建议召安禄山还朝，来勘验他的情状。安禄山揣测到杨国忠的计谋，便驰马入朝参谒，皇帝的心意遂安稳，凡是杨国忠所陈说的，没有能入耳的。

十三载,安禄山来华清宫参谒,对着皇帝哭着说:"臣是蕃人,不识文字,陛下越级擢拔,杨国忠必欲杀臣才甘心。"皇帝对他安慰解劝。拜他为尚书左仆射,赐实封一千户,奴婢、府第资产与此相当,诏令回镇。他又请求任闲厩、陇右群牧等使,表请以吉温为副使。他的军中有功位任将军的有五百人,中郎将二千人。安禄山返回时,皇帝到望春亭给他饯行,脱下御服赐给他。安禄山大惊,自己心中不安,赶紧驰马离去,到淇门,坐轻舻顺流而下,用一万船夫挽绊为助,日行三百里。他既总领闲牧,便选择良马充实范阳,又夺取张文俨的马牧,谋反的情状已经明白。有向皇帝报告说他谋反的人,皇帝就将他绑缚送给安禄山。

第二年,杨国忠献谋授予安禄山同中书门下平章事,召他还朝。制书没有下发,皇帝派遣宦官辅璆琳赐安禄山大柑,因而察看他的非常举动。安禄山有厚礼贿赂他,他回来后说没有其他异常现象,皇帝便不再召他还朝。没多久,辅璆琳受贿之事泄露,皇帝假托其他罪行将他杀死,从此才开始怀疑安禄山。然而安禄山也惧怕朝廷图谋自己,每当使者到,称病不出,严加护卫然后才见使者。黜陟使裴士淹巡视到范阳,经过二十天不见,后来使武士挟持引入,不再有臣的礼节。裴士淹宣诏回朝,不敢说安禄山的无礼举动。皇帝赐安庆宗娶宗室女为妻,下手诏让安禄山来观婚礼,他以病重推辞。安禄山向朝廷献马三千匹,护送马匹卒隶加倍,车三百乘,每乘三个士兵,想用来袭击京师。河南尹达奚珣极力上言不要让驺兵入京,下诏同意他的上言。皇帝赐安禄山书信说:"为卿另外修建一所汤池,可在十月相会,朕在华清宫等待卿。"使者到安禄山处,安禄山坐在床上说:"天子安稳不?"便送使者到另外馆邸。使者返回,说道:"臣差一点死去!"

这年冬天十一月，安禄山在范阳反叛，假称是奉密诏讨伐杨国忠，将告示传到各郡县，以高尚、严庄为谋主，孙孝哲、高邈、张通儒，张通晤为腹心，兵士共十五万，号称二十万，每日行军六十里。三天前，集合大将设置酒宴，观看绘的地图，从燕地到洛阳，山川险易攻守全部具有，赐每人金帛，并授给地图，盟约说："违者斩！"到这时，进展完全如所设计的。安禄山随牙门部曲百余骑兵到城北，祭先人坟墓然后行。使贾循主持留守事务，吕知诲据守平卢，高秀岩据守大同。燕郡老人在马前叩头进谏，安禄山使严庄和气地告诉他说："我忧虑国家的危难，不是为私利。"有礼貌地将他送走。因此下令说："有人敢沮丧军队的，夷灭三族！"经过七日，安禄山反叛的书报上闻朝廷，皇帝正在华清宫，中外失色。车驾回到京师，斩安庆宗，赐令他的妻子康氏死，荣义郡主也死。下诏切责安禄山，允许他投案自首。安禄山的答信非常傲慢，不可忍受。贼兵派遣高邈、臧均率射生骑二十人驰入太原，劫取太原尹杨光翙，将他杀死，让张献诚守定州。

安禄山蓄谋叛逆十多年，凡是归降的蕃夷皆以恩礼相接，有不服气的，用兵挟制之，所得将士，解开绳缚给汤沐、衣服，有的经过两次翻译语言才能通达，所以蕃夷情况的真伪全都可以得到。安禄山精通夷语，亲自抚慰，让释免俘虏的囚徒全都作为战士，所以他的士兵乐意去送死，打起仗来所向无前。高邈最有智谋，劝安禄山收取李光弼为左司马，没有采纳，后来对此后悔，忧形于色，很久又说："史思明可以当之。"贼未反叛时，高邈设谋，声称进献生口，直取洛阳，不要杀杨光翙，天下当没有人知道反叛，但是贼没听从。何千年也劝贼令高秀岩率兵三万出振武，攻下朔方，利诱诸蕃，攻取盐、夏、鄌、坊等州，使李归仁、张通儒率兵二万取道云中，攻取太原，团弩士一万五千人进入蒲关，以震动关中；劝安禄山自己率兵五万于河阳架梁，攻取洛阳，使蔡希德、罗循率兵二万越海收取淄、青二州，以动摇江淮地区；这样天下就没有其他事情了。安禄山没有采用此计。

当时兵难突起，各州县发放官藏的铠甲兵仗，都已经腐朽穿洞钝折无法用，只有持棍棒相斗，不能抗敌，官吏都弃城逃匿，或者自杀，不然就被擒，每日不绝。京师禁卫军都是市井之徒，授给兵甲之后，他们连弓衣、剑带都解脱不下，于是发用左藏库的缯帛大规模招募兵士。任封常清为范阳、平卢节度使，郭子仪为朔方节度、关内支度副大使，右羽林军大将军王承业为太原尹，卫尉卿张介然为汴州刺史，金吾将军程千里为潞州长史，以荣王为元帅，高仙芝为副帅，驰驿讨贼。

安禄山来到巨鹿，想住下来，大惊说："鹿，是我的名字。"离开巨鹿到沙河，有人上言说如汉高祖不宿于柏人，来向贼献媚。贼兵将草、树木投到河中，用长绳系舟船，集中竹筏来连接，冰一夜合封，遂渡过黄河，攻陷灵昌郡。又经过三日，攻下陈留、荥阳。来到罂子谷，将军荔非守瑜拦击他们，杀死数百人，流矢射到安禄山的车，才不敢前进，又出谷向南进发。荔非守瑜弓箭射完，死于黄河。打败封常清，夺取东都，封常清逃奔陕州。杀死东都留守李憕、御史中丞卢弈。河南尹达奚珣向贼称臣。这时高仙芝屯兵陕州，听说封常清失败，便弃甲退保潼关。陕州太守窦廷芝逃奔河东。常山太守颜杲卿杀死贼将李钦凑，擒获高邈、何千年，于是赵郡、巨鹿、广平、清河、河间、景城六郡皆为国家守土，安禄山所占有的只是卢龙、密云、渔阳、汲、邺、陈留、荥阳、陕郡、临汝而已。

贼占据东京，看到宫阙尊雄，心情急欲僭号，所以军队长久没有西进，而诸道才得以稍微聚集。尹子奇屯驻陈留，欲向东略地,这时济南太守李随、单父尉贾贲、濮阳人尚衡、东平太守嗣武王李祗、真源令张巡相继起兵,旬日之间兵众达数万人。尹子奇到襄邑而返回。

第二年正月,安禄山僭称雄武皇帝,国号燕,建元圣武,他的儿子安庆绪为晋王,安庆和为郑王,达奚珣为左相,张通儒为右相,严庄为御史大夫,设置百官。又攻取常山,杀死颜杲卿。安思义屯驻真定,遇到李光弼从土门出兵援救常山,安思义投降,博陵也被攻拔,只有藁城、九门二县被贼据守。史思明、李立节、蔡希德围攻饶阳,没有攻克,又领军进攻石邑,张奉璋固守。朔方节度使郭子仪从云中率兵与李光弼会合,在九门打败史思明,李立节战死,蔡希德逃奔巨鹿;史思明逃奔赵郡,从鼓城袭击博陵,重新占据了博陵。李光弼攻拔赵郡,返军包围博陵,军队驻在恒阳。蔡希德向贼请求增加军队,贼用二万骑兵涉滹沱河进入博陵,牛廷玠从妫州、檀州发兵万人来援助,史思明更加强盛,与李光弼开战,史思明在嘉山兵败,李光弼收复十三个郡,河南各郡都有严兵把守,潼关不再开放。

安禄山有些惧怕,想返回范阳,召来严庄、高尚责备说:"我起兵时,你们都说是万全之策。今天四方兵势日盛,自潼关以西,没有跬步进取,你们的计谋何在,还来见我干什么?"将高尚等人赶出去。这样经过数日,田乾真从潼关回来,劝安禄山说:"自古以来王的兴起,战争都有胜负,才能成就大业,没有一举就可以得天下的。今天四方兵众虽多,不是我们的敌手。如果事情不成,我们拥有数万之从,尚可横行天下,作为十年长计。况且高尚、严庄,都是佐命元勋,陛下为何急忙断绝他们,使他们成为自己的祸患呢?"安禄山高兴起来,叫着他的小名说:"阿浩,要不是你谁来提醒我!但是究竟该怎么办呢?"田乾真说："召他们来安慰之。"便将高尚等人叫到内宫，与他们饮宴，安禄山自己唱起歌来，君臣如初。即派遣孙孝哲、安神威向西进攻长安。遇到高仙芝等人被处死，哥舒翰据守潼关，为崔乾祐打败，将他囚禁起来。贼没有想到天子能这样快离去，在潼关驻兵，十天后才向西进发。这时皇帝的行在已经到了扶风，于是汧州、陇州以东，全都陷没贼手。安禄山让张通儒守东京，田乾真任京兆尹，派安守忠屯兵苑中。

安禄山还没有到长安，士民都逃入山谷，东西络驿二百里，宫嫔哭着散匿逃亡，将相府第之家委弃的宝货不可计量，不逞之徒成群结队争抢财物，一连几日都抢不完。又剽掠左藏大盈库，百司帑藏抢完，便用火烧毁其余的财物。安禄山到长安，大怒，便大规模搜索了三天，民间的财产也全部进行抢掠，府县因之株根牵连，勾剥苛急，百姓更加骚动不安。安禄山怨恨安庆宗之死，便取皇帝的近属从霍国长公主、诸王的妃妾、子孙姻婿等一百多人全部害死，用来祭祀安庆宗。朝中群臣随从天子的，诛死其宗族。戎虏的性情是得到其所欲时则肆意残害，人心更加不附。诸大将想有什么事咨决，都得靠严庄才能被召见。他对下属缺少恩情，即便是腹心旧友，这时都成为仇敌。各郡县共同杀死守将，迎接王师，前后这样反复十多次，城邑都变成废墟了。

肃宗在灵武训治军队，天下百姓每日都跂首相待，长安相互传说太子从西边来了，人们听说后都往东逃，致使阛里成为空无一人，都畿的豪杰杀死贼的官吏投归灵武的人每日不断，贼斩刘惩之也无法止住。又贼将都是些剽勇之辈没有远谋，每日纵酒，嗜好声色财利，皇帝的车驾在危难之中得以入蜀，始终没有遇到被追踪的危险。

帐下的李猪儿，本来是归降的竖儿，幼年时侍奉安禄山非常谨慎,他成为阉人后,对他更加亲信。安禄山的腹大垂到膝部,每次更换衣服,左右人员共同抬着他,李猪儿为他结带,即便是在华清宫赐浴,也允许他自随。安禄山老年时,愈加肥胖,曲隐的部位经常生疮。他反叛后,不能没有怨恨惧怕,到这时眼又瞎了,不久又得了疽疾,更加急躁,左右给侍的人,无罪就被处死,或者被棰掠呵斥侮辱,李猪儿被侮辱的次数更多,严庄虽然是亲信,也时时遭到鞭笞奚落,所以二人非常怨恨安禄山。起初,安庆绪擅长骑射,未成年就任鸿胪卿。贼僭号后,宠幸段夫人,爱她的儿子安庆恩,欲立他为太子。安庆绪害怕不立自己,严庄也怀疑变难一起对自己不利,他便私下对安庆绪说:"君听说过大义灭亲吗?自古就有不得已而为者。"安庆绪暗中晓示说:"唯唯。"严庄又对李猪儿说:"你侍奉君上的罪可数吗?不行大事,离死没有多少日子!"遂与他定谋。至德二年正月初一,安禄山朝见群臣,疮痛很重,罢朝。这天夜里,严庄、安庆绪手持兵器在门外扈从,李猪儿进入帐下,用大刀砍安禄山的腹部。安禄山眼睛看不见,摸不着佩刀,手击幄柱呼道:"是家贼!"一会儿肠子流出在床上,遂即死了。这年他五十多岁,用毡罽将他包裹,埋在床下。因而传诏病情严重,伪诏立安庆绪为皇太子,又矫称安禄山传位给安庆绪,仍伪尊他为太上皇。

安庆绪既袭伪位,改年号为载初元年,就纵乐饮酒,将政事委托于严庄并且以兄长事之,让张通儒、安守忠等人屯驻长安,史思明领范阳,镇守恒阳军,牛廷玠屯兵安阳,张志忠戍守井陉,各自募兵。

这时广平王率师向东征讨,李嗣业率前军,郭子仪率中军,王思礼率后军,回纥叶护领兵从征。张通儒等人集中兵力十万在长安城中列阵,贼兵都是奚族,素来畏惧回纥,既接战,惊惧并且嚣乱。广平王分精兵与李嗣业联合攻击贼兵，安守忠等大败，领兵向东，张通儒弃掉妻子逃奔陕郡。王师进入长安，王思礼清理宫殿。仆固怀恩以回纥、南蛮、大食兵为前驱，广平王率全军追击贼兵，严庄亲自率兵十万与张通儒会合，钲鼓之声响震一百多里。尹子奇已杀死张巡，率全部兵众十万来，并力营守陕西，驻军曲沃。之前，回纥兵傍南山设立埋伏，在山的北边按军等待。严庄在新店大战，他用骑兵挑战，六次遭遇都败了，王师追逐贼兵，进入贼兵的营垒，贼兵张开两翼攻击王师，追兵没入贼阵，王师骚乱起来，差一点儿无法扎住阵脚。李嗣业在贼阵中奔驰，殊死战斗，回纥兵从南山绕到贼的背后攻击，贼兵惊恐，遂乱了阵，王师重新振作起来，联合攻击贼兵，斩杀俘掠的贼兵无法计算，贼兵大败，追奔了五十多里，贼兵的尸体及被砍下的大腿它它藉藉，填坑满壑，铠甲兵仗到处狼藉，从陕郡一直接连到洛阳。严庄逃跑回去，与安庄绪、安守忠、张通儒等劫持残军逃到邺郡。

广平王进入洛阳，在天津桥大陈兵，伪侍中陈希烈等三百人素服叩头待罪，广平王安慰说："公等被逼迫而玷污，不是反叛，天子有诏赦罪，全部恢复你们的官职。"众人大喜。于是陈留杀贼将尹子奇归降。严庄的妻子薛氏住在获嘉，假称是永王的女儿，来到军营，及见到广平王，说道："严庄欲投降，希望得到一信。"广平王与郭子仪计谋，如果严庄投降了，余党就可晓谕之而下，便与严庄盟约赐给铁券。严庄便投降，他乘着驿站的传车到京师，肃宗接见，免其死罪，授予司农卿之职。阿史那承庆率其众三万投奔恒郡、赵郡，有的跑到范阳，随从安庆绪的，才有一千多名受伤的士卒。

适逢蔡希德从上党，田承嗣从颍川，武令珣从南阳，各率众来，邢、卫、洺、魏等郡招募的士兵渐渐集中，有兵众六万，贼势复振。将相州改为成安府，太守改为尹，以高尚、平洌为宰相，崔乾祐、孙孝哲、牛廷玠为将，以阿史那承庆为献城郡王，安守忠为左威卫大将军，阿史那从礼为左羽林大将军。然而部众更加离散瓦解，因此能元晧以伪淄青节度使、高秀岩以河东节度使都纳降归顺朝廷。德州刺史王暕、贝州刺史宇文宽都背叛贼军自己归降，河北诸军各据城自守，贼派蔡希德、安雄俊、安太清等用兵攻陷他们，将他们杀戮于刑场，切成碎片。

安庆绪惧怕人们对他叛贰，设立盟坛加盟书、盘血与群臣盟誓。但是阿史那承庆等十多人向朝廷送来密款，下诏以阿史那承庆为太保、定襄郡王，安守忠为左羽林大将军、归德郡王，阿史那从礼为太傅、顺义郡王，蔡希德为德州刺史，李廷训为邢州刺史，符敬超为洺州刺史，杨宗为太子左谕德，任瑗为明州刺史，独孤允为陈州刺史，杨日休为洋州刺史，薛荣光为岐阳令；自裨将校尉等军官以下，多次为国家离间贼军。但是安庆绪却在修治宫室、观榭、塘沼，泛楼舡作为水嬉，长夜饮酒。张通儒等人争夺权力无法统一，凡是有什么建议，众人共同诽毁沮解之。蔡希德最有智谋，但他刚烈浮躁，图谋杀死安庆绪作为内应，张通儒利用其他事将他斩首，他麾下的数千人全部逃亡而去。蔡希德素得士心，对他的死全军恨叹。安庆绪以崔乾祐为天下兵马使，权震中外，他刚愎凶悍少恩，士兵不附。

乾元元年秋天九月，皇帝诏令郭子仪率九节度的兵士共二十万讨代安庆绪，攻打卫州，接着渡过黄河，军队背水垒壁而待。安庆绪派遣安太清拒战，听说卫州已被围困，便鼓行向南，分作三军；崔乾祐率上军，安雄俊、王福德辅佐之；田承嗣率领下军，荣敬辅佐之；安庆绪自率中军，孙孝哲、薛嵩辅佐之。

开战后，王师假装退却，安庆绪追击王师，遇到伏兵而溃败，安庆绪逃走，俘获其弟安庆和，在京师斩首。郭子仪追击贼军，在愁思岗战斗，贼兵又败，从此精锐部队已经完了。因此安庆绪据邺城自固，派薛嵩用厚礼向史思明求救。史思明遣李归仁领兵一万三千人在滏阳壁垒，还没有进军，而王师的包围已很牢固，筑城浚濠三周，决开安阳水灌城。城中人住在临时搭起的木棚里，粮食已尽，交换子女作为食物，一斗米值钱七万多，一只老鼠值钱数千，用松木屑饲养马，从倒塌的墙中取麦秸，洗牲畜粪便取出没有消化的草料等来食用，城中人们欲降不得。贼又以安太清更替崔乾祐为将。

这时史思明拥有兵众十三万，分出三分之一军队直趋邺城。第二年三月，在安阳设营。安庆绪着急，便派遣安太清奉皇帝的玺绶让给史思明，史思明将书信晓示军中，都高呼万岁，便与安庆绪结为兄弟，将书信还给他，安庆绪非常高兴。王师失利，九节度使逃回本镇，郭子仪烧断河阳桥，戍守于谷水。史思明进屯邺城南。安庆绪收集官军的余饷，还有十多万石。他召集孙孝哲等人图谋拒斥史思明，诸将都说："今日怎能再背叛史王呢？"张通儒、高尚、平洌都请求亲自去谢史思明，安庆绪许诺下了。史思明见到他，为之流涕，用厚礼将他送回。经过三天，安庆绪没有出城，史思明请安庆绪歃血为盟，不得已，他带了五百骑兵到史思明的军中。之先，史思明令军中穿铠甲以待，安庆绪来到，再拜伏在地上谢罪说："臣不堪负荷，丢弃两都，陷入重围，没有想到大王以太上皇的缘故，暴师远来，臣之罪，听凭王的处罚。"史思明生气说："兵利还是失利，不算什么事，你作为人子，杀父求位，这不是大逆不道吗？吾乃是为太上皇讨贼。"史思明顾示左右牵出斩首。安庆绪数次目视周万志,周万志进言说:"安庆绪是君主,应该赐死。"便与四位弟弟一并缢死。又诛杀高尚、孙孝哲、崔乾祐,斩首以后曝尸。史思明以王礼改葬安禄山,伪谥为燕刺王。安禄山父子僭位共三年而灭亡。

起初,安禄山攻陷东京,任张万顷为河南尹,士民宗室赖以免死的人很多,肃宗嘉奖他的仁德,拜他为濮阳太守。皇帝因贼是国仇,厌恶听到他的姓,京城坊里有"安"字的,全部加以改换。

新唐书卷二百二十五下

列传第一百五十下

黄　巢

黄巢，曹州冤句人。世鬻盐，富于赀。善击剑骑射，稍通书记，辩给，喜养亡命。

咸通末，仍岁饥，盗兴河南。乾符二年，濮名贼王仙芝乱长垣，有众三千，残曹、濮二州，俘万人，势遂张。仙芝妄号大将军，檄诸道，言吏贪沓，赋重，赏罚不平。宰相耻之，僖宗不知也。其票帅尚君长、柴存、毕师铎、曹师雄、柳彦璋、刘汉宏、李重霸等十余辈，所在肆掠。而巢喜乱，即与群从八人，募众得数千人以应仙芝，转寇河南十五州，众遂数万。

帝使平卢节度使宋威与其副曹全晸数击贼，败之，拜诸道行营招讨使，给卫兵三千、骑五百，诏河南诸镇皆受节度，以左散骑常侍曾元裕副焉。仙芝略沂州，威败贼城下，仙芝亡去。威因奏大渠死，擅纵麾下兵还青州，群臣皆入贺。居三日，州县奏贼故在。时兵始休，有诏复遣，士皆忿，思乱。贼间之，趣郏城，不十日破八县。帝忧迫近东都，督诸道兵检遏，于是凤翔、邠宁、泾原兵守陕、潼关，元裕守东都，义成、昭义以兵卫宫。

仙芝去攻汝州，杀其将，刺史走，东都大震，百官脱身出奔。贼破阳武，围郑州，不克，螳聚邓、汝间。关以东州县，大抵皆畏贼，婴城守，故贼放兵四略，残郢、复二州，所过焚剽，生人几尽。官军急追，则遗赀布路，士争取之，率逗桡不前。贼转入申、光，残隋州，执刺史，据安州自如，分奇兵围舒，击庐、寿、光等州。

时威老且暗，不任军，阴与元裕谋曰："昔庞勋灭，康承训即得罪。吾属虽成功，其免祸乎？不如留贼，不幸为天子，我不失作功臣。"故蹑贼一舍，完军顾望。帝亦知之，更以陈许节度使崔安潜为行营都统，以前鸿胪卿李琢代威，右威卫上将军张自勉代元裕。

贼出入蕲、黄，蕲州刺史裴渥为贼求官，约罢兵。仙芝与巢等诣渥饮。未几，诏拜仙芝左神策军押衙，遣中人慰抚。仙芝喜，巢恨赏不及己，訽曰："君降，独得官，五千众且奈何？丐我兵，无留。"因击仙芝，伤首。仙芝惮众怒，即不受命，劫州兵，渥、中人亡去。贼分其众：尚君长入陈、蔡；巢北掠齐、鲁，众万人，入郓州，杀节度使薛崇，进陷沂州，遂至数万，繇颍、蔡保嵖岈山。

是时柳彦璋又取江州，执刺史陶祥。巢引兵复与仙芝合，围宋州。会自勉救兵至，斩贼二千级，仙芝解而南，度汉，攻荆南。于是节度使杨知温婴城守，贼纵火焚楼堞，知温不出，有诏以高骈代之。骈以蜀兵万五千赍糗粮，期三十日至，而城已陷，知温走，贼不能守。于是诏左武卫将军刘秉仁为江州刺史，勒兵乘单舟入贼栅，贼大骇，相率迎降，遂斩彦璋。

巢攻和州，未克。仙芝自围洪州，取之，使徐唐莒守。进破朗、岳，遂围潭州，观察使崔瑾拒却之，乃向浙西，扰宣、润，不能得所欲，身留江西，趣别部还入河南。

帝诏崔安潜归忠武，复起宋威、曾元裕，以招讨使还之，而杨复光监军。复光遣其属吴彦宏以诏谕贼，仙芝乃遣蔡温球、楚彦威、尚君长来降，欲诣阙请罪，又遗威书求节度。威阳许之，上言"与君长战，禽之"。复光固言其降。命侍御史与中人驰驿即讯，不能明。卒斩君长等于狗脊岭。仙芝怒，还攻洪州，入其郛。威自将往救，败仙芝于黄梅，斩贼五万级，获仙芝，传首京师。

当此时，巢方围亳州未下，君长弟让率仙芝溃党归巢，推巢为王，号"冲天大将军"，署拜官属，驱河南、山南之民十余万掠淮南，建元王霸。

曾元裕败贼于申州，死者万人。帝以威杀尚君长非是，且讨贼无功，诏还青州，以元裕为招讨使，张自勉为副。巢破考城，取濮州，元裕军荆、襄，援兵阻，更拜自勉东北面行营招讨使，督诸军急捕。巢方掠襄邑、雍丘，诏滑州节度使李峄壁原武。巢寇叶、阳翟，欲窥东都。会左神武大将军刘景仁以兵五千援东都，河阳节度使郑延休兵三千壁河阴。巢兵在江西者，为镇海节度使高骈所破；寇新郑、郏、襄城、阳翟者，为崔安潜逐走；在浙西者，为节度使裴璩斩二长，死者甚众。巢大沮畏，乃诣天平军乞降，诏授巢右卫将军。巢度藩镇不一，未足制已，即叛去，转寇浙东，执观察使崔璆。于是高骈遣将张潾、梁缵攻贼，破之。贼收众逾江西，破虔、吉、饶、信等州，因刊山开道七百里，直趋建州。

初，军中谣曰："逢儒则肉，师必覆。"巢入闽，俘民给称儒者，皆释，时六年三月也。儳路围福州，观察使韦岫战不胜，弃城遁，贼入之，焚室庐，杀人如艺。过崇文馆校书郎黄璞家，令曰："此儒者，灭炬弗焚。"又求处士周朴，得之，谓曰：

"能从我乎？"答曰："我尚不仕天子，安能从贼？"巢怒斩朴。是时闽地诸州皆没，有诏高骈为诸道行营都统以拒贼。

巢陷桂管，进寇广州，诒节度使李迢书，求表为天平节度，又胁崔璆言于朝，宰相郑畋欲许之，卢携、田令孜执不可。巢又丐安南都护、广州节度使，书闻，右仆射于琮议："南海市舶利不赀，贼得益富，而国用屈。"乃拜巢率府率。巢见诏大诟，急攻广州，执李迢，自号"义军都统"，露表告将入关，因诋宦竖柄朝，垢蠹纪纲，指诸臣与中人赂遗交构状，铨贡失才，禁刺史殖财产，县令犯赃者族，皆当时极敝。

天子既惩宋威失计，罢之，而宰相王铎请自行，乃拜铎荆南节度使、南面行营招讨都统，率诸道兵进讨。铎屯江陵，表泰宁节度使李系为招讨副使、湖南观察使，以先锋屯潭州，两屯烽驿相望。会贼中大疫，众死什四，遂引北还。自桂编大栟，沿湘下衡、永，破潭州，李系走朗州，兵十余万歼焉，投胔蔽江。进逼江陵，号五十万。铎兵寡，即乘城。先此，刘汉宏已略地，焚庐廥，人皆窜山谷。俄而系败问至，铎弃城走襄阳，官军乘乱纵掠，会雨雪，人多死沟壑。

其十月，巢据荆南，胁李迢草表报天子，迢曰："吾腕可断，表不可为。"巢怒，杀之。欲进蹑铎，会江西招讨使曹全勔与山南东道节度使刘巨容壁荆门，使沙陀以五百骑钉辔藻鞯望贼阵纵而遁，贼以为怯。明日，诸将乘以战，而马识沙陀语，呼之辄奔还，莫能禁。官兵伏于林，斗而北，贼急追，伏发，大败之，执贼渠十二辈。巢惧，度江东走，师促之，俘什八，铎招汉宏降之。或劝巨容穷追，答曰："国家多负人，危难不吝赏，事平则得罪，不如留贼冀后福。"止不追，故巢得复整，攻鄂州，入之。全勖将度江，会有诏以段彦謩代其使，乃止。

巢畏袭，转掠江西，再入饶、信、杭州，众至二十万。攻临安，戍将董昌兵寡，不敢战，伏数十骑莽中，贼至，伏弩射杀贼将，下皆走。昌进屯八百里，见舍媪曰："有追至，告以临安兵屯八百里矣。"贼骇曰："向数骑能困我，况军八百里乎？"乃还，残宣、歙等十五州。

广明元年，淮南高骈遣将张璘度江败王重霸，降之。巢数却，乃保饶州，众多疫，别部常宏以众数万降，所在戮死。诸军屡奏破贼，皆不实，朝廷信之，稍自安。巢得计，破杀张璘，陷睦、婺二州，又取宣州，而汉宏残众复奋，寇宋州，掠申、光，来与巢合，济采石，侵扬州。高骈按兵不出。诏究海节度使齐克让屯汝州，拜全晸天平节度使兼东面副都统。贼方守滁、和，全晸以天平兵败于淮上。宰相豆卢瑑计："救师未至，请假巢天平节度使，使无得西，以精兵戍宣武，塞汝、郑路，贼首可致矣。"卢携执不可，请"召诸道兵壁泗上，以宣武节度统之，则巢且还寇东南，徘徊山浙，救死而已"。诏可。前此已诏天下兵屯溵水，禁贼北走。于是徐兵三千道许，其帅薛能馆徐众城中，许人惊谓见袭，部将周岌自溵水还，杀能，自称留后。徐军闻乱，列将时溥亦引归，囚其帅支详。究海齐克让惧下叛，引军还兖州，溵水屯皆散。

巢闻，悉众度淮，妄称"率土大将军"，整众不剽掠，所过惟取丁壮益兵。李罕之犯申、光、颍、宋、徐、兖等州，吏皆亡。巢自将攻汝州，欲薄东都。当是时，天子冲弱，怖而流涕，宰相更共建言，悉神策并关内诸节度兵十五万守潼关。田令孜请自将而东，然内震扰，前说帝以幸蜀事。帝自幸神策军，擢左军骑将张承范为先锋，右军步将王师会督粮道，以飞龙使杨复恭副令孜。于是募兵京师，得数千人。

当是时，巢已陷东都，留守刘允章以百官迎贼，巢入，劳问而已，里闾晏然。帝饯令孜章信门，赍遗丰优。然卫兵皆长安高赀，世籍两军，得稟赐，佗服怒马以诧权豪，初不知战，闻料选，皆哭于家，阴出赀雇贩区病坊以备行阵，不能持兵，观者寒毛以栗。承范以彊弩三千防关，辞曰："禄山率兵五万陷东都，今贼众六十万，过禄山远甚，恐不足守。"帝不许。贼进取陕、虢，檄关戍曰："吾道淮南，逐高骈如鼠走穴，尔无拒我！"神策兵过华，裹三日粮，不能饱，无斗志。

十二月，巢攻关，齐克让以其军战关外，贼少却。俄而巢至，师大譟，川谷皆震。时士饥甚，潜烧克让营，克让走入关。承范出金谕军中曰："诸君勉报国，救且至。"士感泣，拒战。贼见师不继，急攻关，王师矢尽，飞石以射，巢驱民内堑，火关楼皆尽。始，关左有大谷，禁行人，号"禁谷"。贼至，令孜屯关，而忘谷之可入。尚让引众趋谷，承范惶遽，使师会以劲弩八百邀之，比至，而贼已入。明日，夹攻关，王师溃。师会欲自杀，承范曰："吾二人死，孰当辨者？不如见天子以实闻，死未晚。"乃赢服逃。始，博野、凤翔军过渭桥，见募军服鲜燠，怒曰："是等何功，遽然至是！"更为贼乡导，前贼归，焚西市。帝类郊祈哀。会承范至，具言不守状。帝黜宰相卢携。方朝，而传言贼至，百官奔，令孜以神策兵五百奉帝趋咸阳，惟福、穆、潭、寿四王与妃御一二从，中人西门匡范统右军以殿。

巢以尚让为平唐大将军，盖洪、费全古副之。贼众皆被发锦衣，大抵辎重自东都抵京师，千里相属。金吾大将军张直方与群臣迎贼灞上，巢乘黄金舆，卫者皆绣袍、华帻，其党乘铜舆以从，骑士凡数十万先后之。陷京师，入自春明门，升太极殿，宫女数千迎拜，称黄王。巢喜曰："殆天意欤！"巢舍田令孜第。

贼见穷民，抵金帛与之。尚让即妄晓人曰："黄王非如唐家不惜而辈，各安毋恐。"甫数日，因大掠，缚棰居人索财，号"淘物"。富家皆跣而驱，贼酋阅甲第以处，争取人妻女乱之，捕得官吏悉斩之，火庐舍不可贳，宗室侯王屠之无类矣。

巢斋太清宫，卜日舍含元殿，僭即位，号大齐。求衮冕不得，绘弋绨为之；无金石乐，击大鼓数百，列长剑大刀为卫。大赦，建元为金统。王官三品以上停，四品以下还之。因自陈符命，取"广明"字，判其文曰："唐去丑口而著黄，明黄当代唐，又黄为土，金所生，盖天启"云。其徒上巢号承天应运启圣睿文宣武皇帝，以妻曹为皇后，以尚让、赵璋、崔璆、杨希古为宰相，郑汉璋御史中丞，李俦、黄谔、尚儒为尚书，方特谏议大夫，皮日休、沈云翔、裴渥翰林学士，孟楷、盖洪尚书左右仆射兼军容使，费传古枢密使，张直方检校左仆射，马祥右散骑常侍，王璠京兆尹，许建、米实、刘瑭、朱温、张全、彭攒、李逵等为诸将军游弈使，其余以次封拜。取趫伟五百人号"功臣"，以林言为之使，比控鹤府。下令军中禁妄杀人，悉输兵于官。然其下本盗贼，皆不从。召王官，无有至者，乃大索里间，豆卢琢、崔沆等匿永宁里张直方家。直方者，素豪桀，故士多依之。或告贼纳亡命者，巢攻之，夷其家，琢、沆及大臣刘邺、裴谂、赵蒙、李溥、李汤死者百余人。将作监郑綦、郎官郑系举族缢。

是时，乘舆次兴元，诏促诸道兵收京师，遂至成都。巢使朱温攻邓州，陷之，以扰荆、襄。遣林言、尚让寇凤翔，为郑畋将宋文通所破，不得前。畋乃传檄召天下兵，于是诏泾原节度使程宗楚为诸军行营副都统，前朔方节度使唐弘夫为行营司马。数攻贼，斩万级。邠将朱玫阳为贼将王玫衰兵，俄而杀玫，引军入于王师。弘夫进屯渭北，河中王重荣营沙苑，易定王处存次渭桥，鄜延李孝昌、夏州拓拔思恭壁武功。弘夫拔咸阳，筏渭水，破尚让军，乘胜入京师。巢窃出，至石井。宗楚入自延秋门，弘夫传城舍，都人共譟曰："王师至！"处存选锐卒五千以白帢自志，夜入杀贼，都人传言巢已走，邠、泾军争入京师，诸军亦解甲休，竞掠货财子女，市少年说冒作帢，肆为剽。

巢伏野，使觇城中弛备，则遣孟楷率贼数百掩邠、泾军，都人犹谓王师，欢迎之。时军士得珍贿，不胜载，闻贼至，重负不能走，是以甚败。贼执弘夫害之，处存走营。始，王璠破奉天，引众数千随弘夫，及诸将败，独一军战尤力。巢复入京师，怒民迎王师，纵击杀八万人，血流于路可涉也，谓之"洗城"。诸军退保武功，于是中和二年二月也。

其五月，昭义高浔攻华州，王重荣与并力，克之。朱玫以泾、岐、麟、夏兵八万营兴平，巢亦遣王璠营黑水，攻战未能胜。郑畋将窦玫夜率士燔都门，杀逻卒，贼震惧。于时畿民栅山谷自保，不得耕，米斗钱三十千，屑树皮以食，有执栅民鬻贼以为粮，人获数十万钱。士人或卖饼自业，举奔河中。李孝昌、拓拔思恭徙壁东渭桥，收水北垒。

数月，贼帅朱温、尚让涉渭败孝昌等军。高浔击贼李详，不胜，贼复取华州，巢即授华州刺史，以温为同州刺史。贼又袭孝昌，二军引去。贼破陈敬瑄兵，走南山。齐克俭营兴平，为贼所围，决河灌之，不克。有题尚书省户讥贼且亡，尚让怒，杀吏，辄剔目悬之，诛郎官门阑卒凡数千人，百司逃，无在者。

天子更以王铎为诸道行营都统，崔安潜副之，周岌、王重荣为左右司马，诸葛爽、康实为左右先锋，平师儒为后军，时溥督漕赋，王处存、李孝章、拓拔思恭为京畿都统，处存直左，孝章在北，思恭直右。西门思恭为铎都监，杨复光监行营，中书舍人卢胤征为克复制置副使。于是铎以山南、剑南军营灵感祠，朱玫以岐、夏军营兴平，重荣、处存营渭北，复光以寿、沧、荆南军合叅营武功，孝章合拓拔思恭营渭桥，程宗楚营京右。

朱温以兵三千掠丹、延南鄙，趋同州，刺史米逢出奔，温据州以守。六月，尚让寇河中，使朱温攻西关，败诸葛爽，破重荣数千骑于河上，爽闭关不出，让遂拔邰阳，攻宜君垒，大雨雪盈尺，兵死什三。七月，贼攻凤翔，败节度李昌言于潦水，又遣彊武攻武功、槐里，泾、邠兵却，独凤翔兵固壁。拓拔思恭以锐士万八千赴难，逗留不进。河中粮艘三十道夏阳，朱温使兵夺艘，重荣以甲士三万救之，温惧，凿沈其舟，兵遂围温。温数困，又度巢势蹙且败，而孟楷方专国，温丐师，楷沮不报，即斩贼大将马恭，降重荣。帝进拓拔思恭为京四面都统，救朱玫军马嵬。温既降，重荣遇之厚，故李详亦献款，贼觉，斩之于赤水，更以黄思邺为刺史。

十月，铎濬壕于兴平，左抵马嵬，使将薛韬董之，由马嵬、武功入斜谷，以通盩厔，列屯十四，使将梁璙主之，置关于沮水、七盘、三溪、木皮岭，以遮秦、陇。京左行营都统东方逵禽贼锐将李公迪，破堡三十。华卒逐黄思邺，巢以王遇为刺名，遇降河中。

明年正月，王铎使雁门节度使李克用破贼于渭南，承制拜东北行营都统。会铎与安潜皆罢，克用独引军自岚、石出夏阳，屯沙苑，破黄揆军，遂营乾坑。二月，合河中、易定、忠武等兵击巢。巢命王璠、林言军居左，赵璋、尚让军居右，众凡十万，与王师大战梁田陂。贼败，执俘数万，僵胔三十里，敛为京观。璠与黄揆袭华州，据之，遇亡去。克用掘堑环州，分骑屯渭北，命薛志勤、康君立夜袭京师，火廥聚，俘贼而还。

巢战数不利，军食竭，下不用命，阴有遁谋，即发兵三万扼蓝田道，使尚让援华州。克用率重荣迎战零口，破之，遂拔其城，揆引众出走。泾原节度使张钧说蕃、浑与盟，共讨贼。是时，诸镇兵四面至。四月，克用遣部将杨守宗率河中将白志迁、忠武将庞从等最先进，击贼渭桥，三战，贼三北。于是诸节度兵皆奋，无敢后，入自光泰门。克用身决战，呼声动天，贼崩溃，逐北至望春，入升阳殿囧。巢夜奔，众犹十五万，声趋徐州，出蓝田，入商山，委辎重珍赀于道，诸军争取之，不复追，故贼得整军去。

自禄山陷长安，宫阙完雄，吐蕃所燔，唯衢弄庐舍；朱泚乱定百余年，治缮神丽如开元时。至巢败，方镇兵互入房掠，火大内，惟含元殿独存，火所不及者，止西内、南内及光启宫而已。杨复光献捷行在，帝诏陈许、延州、凤翔、博野军合东西神策二万人屯京师，命大明宫留守王徽卫诸门，抚定居人。诏尚书右仆射裴璩修复宫省，购舆略、仗卫、旧章、祕籍。豫败巢者：神策将横冲军使杨守亮、蹛云都将高周彝、忠顺都将胡真、天德将顾彦朗七十人。

巢已东，使孟楷攻蔡州，节度使秦宗权迎战，大败，即臣贼，与连和。楷击陈州，败死，巢自围之，略邓、许、孟、洛，东入徐、兖数十州。人大饥，倚死墙堑，贼俘以食，日数千人，乃办列百巨碓，糜骨皮于臼，并啖之。时朱全忠为宣武节度使，与周岌、时溥遣帅师救陈，赵犨亦乞兵太原。巢遣宗权攻许州，未克。于是粮竭，木皮草根皆尽。

四年二月，李克用率山西兵由陕济河而东，会关东诸镇壁汝州。全忠击贼瓦子堡，斩万余级，诸军破尚让于太康，亦万级，获械铠马羊万计，又败黄邺于西华，邺夜遁。巢大恐，居三日，军中相惊，弃壁走，巢退营故阳里。其五月，大雨震电，川溪皆暴溢，贼垒尽坏，众溃，巢解而去。全忠进戍尉氏，克用追巢，全忠还汴州。

巢取尉氏，攻中牟，兵度水半，克用击之，贼多溺死。巢引残众走封丘，克用追败之，还营郑州。巢涉汴北引，夜复大雨，贼惊溃，克用闻之，急击巢河瀕。巢度河攻汴州，全忠拒守，克用救之，斩贼骁将李周、杨景彪等。巢夜走胙城，入冤句。克用悉军穷蹑，贼将李谠、杨能、霍存、葛从周、张归霸、张归厚往降全忠，而尚让以万人归时溥。巢愈猜忿，屡杀大将，引众奔兖州。克用追至曹，巢兄弟拒战，不胜，走兖、郓间，获男女牛马万余、乘舆器服等，禽巢爱子。克用军昼夜驰，粮尽不能得巢，乃还。巢众仅千人，走保泰山。

六月，时溥将陈景瑜与尚让追战狼虎谷，巢计蹙，谓林言曰："我欲讨国奸臣，洗涤朝廷，事成不退，亦误矣。若取吾首献天子，可得富贵，毋为他人利。"言，巢出也，不忍。巢乃自刎，不殊，言因斩之，乃兄存、弟邺、揆、钦、秉、万通、思厚，并杀其妻子，悉函首，将诣溥。而太原博野军杀言，与巢首俱上溥，献于行在，诏以首献于庙。徐州小史李师悦得巢伪符玺，上之，拜湖州刺史。

巢从子浩众七千，为盗江湖间，自号"浪荡军"。天复初，欲据湖南，陷浏阳，杀略甚众。湘阴彊家邓进思率壮士伏山中，击杀浩。

赞曰：广明元年，巢始盗京师，自陈"唐去丑口而著黄，明黄且代唐也"。呜呼，其言妖欤！后巢死，秦宗权始张，株乱遍天下，朱温卒攘神器有之，大抵皆巢党也，宁天托诸人告亡于下乎！

译文:

黄巢,曹州冤句人。世代贩盐,资财富足。他擅长击剑骑射,稍为通达书籍,口才敏捷,喜欢收养亡命之徒。

咸通末年,连年饥荒,盗贼在河南兴起。乾符二年,濮州名贼王仙芝在长垣为乱,有徒众三千人,毁坏曹、濮二州,俘获万人,势力遂扩张起来。王仙芝妄自号称大将军,向各道传布檄文,说官吏贪污繁多,赋税沉重,赏罚不平。宰相对此感到耻辱,僖宗不知此事。王仙芝的骠帅尚君长、柴存、毕师铎、曹师雄、柳彦璋、刘汉宏、李重霸等十余人,所到之处大肆抢掠。而黄巢喜欢天下大乱,即与群聚相从的八人,招募兵众得到数千人,来响应王仙芝,转战侵寇河南的十五个州,兵众遂发展到数万人。

皇帝派平卢节度使宋威与他的副使曹全晟多次打击贼兵,将他们打败,拜他为诸道行营招讨使,给他卫兵三千,骑兵五百,诏令河南各镇都受他的节度,以左散骑常侍曾元裕为副使。王仙芝侵略沂州,宋威于城下打败贼兵,王仙芝逃亡。宋威因而上奏说大渠已死,擅自让麾下军队回青州,群臣都入朝恭贺。停了有三天,州县奏报说贼仍然存在。这时士兵才开始休息,有诏令重新遣发,士兵都愤恨,思作乱。贼利用时机,赶到郏城,不到十天攻破八县。皇帝担心他们迫近东都,督促各道兵阻遏,于是凤翔、邠宁、泾原的军队守陕州、潼关,曾元裕守东都,义成、昭义用兵保卫皇宫。

王仙芝去攻汝州,杀死其将领,刺史逃走,东都大震,百官抽身出逃。贼攻破阳武,包围郑州,没有攻克,蚁聚在邓州、汝州之间。潼关以东的州县,大抵都怕贼,据城自守,因此,贼可以放兵四处掳掠,毁坏郢、复二州,所过之处焚烧剽掠,人民几乎死尽了。官军急追，他们就将赀财丢得满路都是，士兵争抢财物，通常都逗留不前。贼转入申州、光州，攻破隋州，很自如地据守安州，分出奇兵包围舒州，攻击庐、寿、光等州。

这时宋威年老并且昏庸，不能胜任军事，暗地与曾元裕商量说："昔日庞勋灭亡，康承训遂即得罪。我们即使成功，能免祸吗？不如留下贼，万一他成为天子，我们不失为功臣。"因此跟在贼后有三十里的路程，整军观望。皇帝也知道他无能，又以陈许节度使崔安潜为行营都统，以前鸿胪卿李琢代替宋威，右威卫上将军张自勉代替曾元裕。

贼出入于蕲州、黄州，蕲州刺史裴渥为贼请求官职，相约罢兵。王仙芝与黄巢等人来到裴渥处饮酒。没有多久，下诏拜王仙芝为左神策军押衙，派宦官来抚慰。王仙芝很高兴，黄巢怨恨赏官没有轮到自己，骂着说："你投降，独自一人得到官职，五千兵众该怎么办？把兵给我，你不要留在这里。"因而打王仙芝，头被打伤。王仙芝害怕引起众怒，就不接受朝命，劫持州兵，裴渥、宦官逃跑。贼将兵众分开；尚君长进入陈州、蔡州；黄巢向北剽掠齐、鲁地区，进入郓州，杀死节度使薛崇，进而攻陷沂州，兵众遂发展到数万人，由颍州、蔡州保嵖岈山。

这时，柳彦璋又攻取江州，捉住刺史陶祥。黄巢领兵重新与王仙芝会合，围困宋州。恰遇张自勉的救兵来到，斩杀贼二千级，王仙芝解围向南，渡过汉水，进攻荆南。此时节度使杨知温据城自守，贼兵纵火焚烧了城上的楼堞，杨知温不出战，有诏让高骈代替他。高骈用一万五千蜀兵带着干粮，预期三十日到，这时城已被攻陷，杨知温逃走，贼不能守城。于是诏令左武威将军刘秉仁任江州刺史，率兵乘单舟进入贼兵的营栅，贼兵大骇，相率投降，遂将柳彦璋斩首。

黄巢进攻和州，没有攻克。王仙芝自己围攻洪州，攻取下来，派徐唐莒据守。进而攻破朗州、岳州，遂围困潭州，被观察使崔瑾击退，他们便向浙西去，侵扰宣州、润州，没有达到目的，他自己留在江西，催促别部回军进入河南。

皇帝诏令崔安潜回到忠武，重新起用宋威、曾元裕，将招讨使之职还给他，并用杨复光为监军。杨复光派其部下吴彦宏用诏令晓谕贼，王仙芝便派蔡温球、楚彦威、尚君长来投降，准备到朝廷请罪，又送给宋威书信求节度之职。宋威表面上同意其请求，给朝廷上表说是"与尚君长战斗，擒住他的"。杨复光坚持说他们是归降的。派侍御史与宦官驰驿来审讯，无法辨别真情。最后将尚君长等人在狗脊岭斩首。王仙芝大怒，回军进攻洪州，攻入外城。宋威亲自率兵前来救援，在黄梅打败王仙芝，斩贼五万级，俘获王仙芝，将首级传到京师。

正当这时，黄巢正围攻亳州未下，尚君长的弟弟尚让率领王仙芝的溃兵投归黄巢，推举黄巢为王，号称"冲天大将军"，设置任命官属，驱策河南、山东之民十多万掳掠淮南，建元为王霸。

曾元裕在申州打败贼兵，杀死一万人。皇帝因宋威杀死尚君长之错，并且讨贼无功，诏令他回青州，以曾元裕为招讨使，张自勉为副使。黄巢攻破考城，夺取濮州，曾元裕军队在荆州、襄州，援兵被阻，又拜张自勉为东北面行营招讨使，督诸军加急剿捕。黄巢正在攻掠襄邑、雍丘，诏令滑州节度使李峄坚壁原武。黄巢寇掠叶县、阳翟，欲窥伺东都。恰遇左神武大将军刘景仁率兵五千援助东都，河阳节度使郑延休率兵三千在河阴垒壁。黄巢留在江西的军队，被镇海节度使高骈所打败；侵略新郑、郏、襄城、阳翟的军队，被崔安潜赶走；在浙西的军队，被节度使裴璩斩杀两位将领，死了很多人。黄巢很惊恐畏惧，于是到天平军求降，下诏授予黄巢右卫将军。黄巢估计各藩镇不统一，不足以控制自己，就叛去，转寇浙东，抓住观察使崔璆。于是高骈遣将领张潾、梁缵攻贼，打败他们。贼收兵越过江西，攻破虔、吉、饶、信等州，因而削山开道七百里，直趋建州。

起初，军队中有歌谣说："逢儒则肉，师必覆。"黄巢进入闽地，被俘的人们中有欺骗说自己是儒者的，都释放了，当时是乾符六年三月。从近道围攻福州，观察使韦岫与他们战斗没胜，弃城逃遁，贼入城后，焚烧室庐，杀人就像割草一样。经过崇文馆校书郎黄璞家时，下令说："此是儒者，灭掉火炬不要焚烧房屋。"又寻求处士周朴，找到他，对他说："能随从我吗？"周朴回答说："我尚不仕天子，怎么能随从贼呢？"黄巢发怒斩杀周朴。这时闽地各州全都陷没，有诏任高骈为诸道行营都统来阻挡贼兵。

黄巢攻陷桂管，进而寇掠广州，给节度使李迢送去书信，求他上表任黄巢为天平节度，又胁迫崔璆向朝廷上言，宰相郑畋想同意他的请求，卢携、田令孜执议不可。黄巢又求任安南都督、广州节度使，奏书上闻朝廷，右仆射于琮参议说："南海的市舶之利不可计算，贼得到就更加富足，而国用就会不足。"便拜黄巢为率府率。黄巢看见诏书后大骂，加急围攻广州，抓住李迢，自号为"义军都统"，发出露布表文宣告将要入关，因而斥责宦官掌握朝政，垢蠧纪纲，指责诸大臣与宦官贿赂送礼相互勾结的事情，铨选贡举任人不当，禁止刺史增殖财产，县令犯赃的灭族，都是当时严重的弊端。

天子既惩戒宋威失计，将他罢免，而宰相王铎请求亲自讨贼，便拜王铎为荆南节度使、南面行营招讨都统，率领各道兵进行讨伐。王铎屯驻于江陵，上表任泰宁节度使李系为招讨副使、湖南观察使，为先锋屯驻潭州，两屯之间烽驿相望。时遇贼中发生大的疫病，兵众死去十分之四，遂引军北还。编制大的木筏，从桂州沿湘江而下衡州、永州，攻破潭州，李系逃到朗州，十多万兵被烧死，投到江中的尸骨把江面都遮蔽住了。进逼江陵，号称有五十万军队。王铎兵力少，就在城上防守。在这之前，刘汉宏就已经攻城略地，焚毁房舍，人们都跑到山谷之中躲避。不久，李系兵败的消息传到，王铎丢弃城市往襄阳逃跑，官军乘乱纵意掳掠，遇到天下大雪，人们多数都死在沟壑之中。

这年十月，黄巢占据荆南，胁迫李迢草拟奏表上报天子，李迢说："我的腕可断，表不可写。"黄巢怒，将他杀死。想进而追踪王铎，恰遇江西招讨使曹全晸与山南东道节度使刘巨容在荆门壁垒，让沙陀兵将五百匹辔头鞍荐装饰华丽的战马，望贼兵阵营放马后逃遁，贼兵以为他们是胆怯了。第二天，诸将骑着这些战马作战，而这些战马懂沙陀语言，呼叫它们，它们就往回跑，无法禁止。官兵埋伏在树林中，官军且战且退，贼兵急追，伏军发起攻击，大败贼军，抓获贼首十二人。黄巢惧怕，渡江往东逃，官军追击他们，俘获十分之八，王铎招降刘汉宏。有人劝刘巨容穷追，刘巨容回答说："国家经常对不起人，危险时不吝啬奖赏，事情平定下来就得罪被诛，不如留着贼希求以后的福禄。"便停止不追，所以黄巢得以重整军队，攻陷鄂州，入城。曹全晸将要渡江，遇有诏书让段彦謩代替他为招讨使，于是停止下了。

黄巢害怕被袭击，转战攻掠江西，再次进入饶州、信州、杭州，兵众发展到二十万。进攻临安，戍将董昌兵力少，不敢接战，以数十骑兵埋伏在草莽中，贼至，埋伏的弓弩手射杀贼将，部下都逃走。董昌进屯于八百里，见到农舍老媪说："有追兵来到,告诉他们临安兵屯驻八百里。"贼兵惊骇地说:"刚才几名骑兵尚能困我,何况军队有八百里呢?"便返回,攻破宣州、歙州等十五个州。

广明元年,淮南的高骈遣将领张潾渡江打败王重霸,使他投降。黄巢数次退却,于是保守饶州,兵众多数得了疫疾,别部常宏率众数万投降,被所在的官军杀死。各军屡次奏报打败贼兵都不是实际情况,朝廷相信他们的奏报,稍微感到自安。黄巢的策略得成,打败杀死张潾,攻陷睦、婺二州,又攻取宣州,而刘汉宏的残余兵众重新奋起,寇略宋州,攻掠申州、光州,前来与黄巢会合,渡过采石,侵犯扬州。高骈按兵不出。诏令兖海节度使齐克让屯兵汝州,拜曹全晸为天平节度使兼东面副都统。贼兵正据守滁州、和州,曹全晸率天平军队在淮河上战败。宰相豆卢瑑献计说:"救军未到,请暂且任黄巢为天平节度使,使他不向西进军,用精兵戍守宣武,杜塞汝州、郑州的通路。贼的首级就可以得到。"卢携执议不可,请"召诸道的军队在泗水上壁垒,以宣武节度为统领,那么黄巢将回军侵寇东西地区,徘徊于山浙之间,缓救一时不死而已。"下诏同意卢携的意见。在此之前,已经诏令天下兵屯驻溵水,阻止贼兵向北逃。这时,三千徐州军队经过许州,许州帅薛能让徐州军队驻在城中,许州人惊恐以为是被袭击,部将周岌从溵水返回,杀死薛能,自称留后。徐州军队听说兵乱,列将时溥也领军返回,将其帅支详囚禁起来。兖海的齐克让惧怕部下叛乱,领军回兖州,溵水的屯兵全部解散了。

黄巢听说后,全部军队渡过淮河,妄称"率土大将军",整顿军队,不准进行剽掠,所过之处只取丁壮增加兵力。李罕之进犯申、光、颖、宋、徐、兖等州,这些州的官吏全都逃跑了。黄巢亲自率军攻汝州,欲进逼东都。当时,皇帝年龄幼小,害怕的流起泪来，宰相们共同建议，将全部神策军及关内诸节度使军队共十五万据守潼关。田令孜请求自己为将帅去东守，然而他内心震惊不定，用巡幸蜀地一事前来劝说皇帝。皇帝亲自到神策军，擢升左军骑将张承范为先锋，右军步将王师会督粮道，以飞龙使杨复恭辅佐田令孜。于是在京师募兵，得到数千人。

这个时候，黄巢已经攻陷东都，留守刘允章率百官迎接贼，黄巢入城后，对他们慰劳了一番而已，城中晏然无事。皇帝在章信门为田令孜饯行，赏赐的财物很丰厚。然而卫兵都是长安城中富贵子弟，世代隶籍于两军，得以禀受赏赐，穿戴华丽，乘骑怒马，来夸耀自己是权贵豪门，根本不懂作战之事，听说要挑选他们去打仗，都在家中哭泣，暗中出钱雇用市区病坊中的人来充军队行列之数，这些人连武器都拿不动，观看的人寒毛都战栗起来，张承范率强弩手三千人防守潼关，上言说："安禄山率兵五万攻陷东都，今天贼众有六十万，兵力远超过安禄山，恐怕不足以防守。"皇帝不许他推辞。贼兵进一步攻取陕州、虢州，将檄文送给守关戍兵说："我道经淮南，驱逐高骈就像驱赶老鼠那样跑进洞穴，你们不要阻止我！"神策兵经过华州，带了三天口粮，不能吃饱，因此没有斗志。

十二月，黄巢进攻潼关，齐克让率其军在关上作战，贼兵少退。一会儿黄巢来到，军队大呼，川谷都震动起来。这时唐军士兵肚子饥得很，暗中烧毁齐克让的营帐，齐克让逃入关里。张承范拿出金钱在军队中宣谕说："诸君要勉力报国，救兵就要来到了。"士兵们感动的哭泣起来，又拒敌作战。贼兵看到唐军没有后继军队，加急攻关，唐军箭用完了，用飞石来射，黄巢驱赶平民到壕沟中用身体填平壕沟，并用火将关上的敌楼全部烧尽。开始，关的左边有个大谷，禁止行入出入，叫作"禁谷"，贼兵来到时，田令孜将兵屯驻关上，而忘记可以从谷中入关。尚让领兵直趋禁谷，张承范惶恐起来，派王师会率八百名劲弩手去拦击贼兵，他们刚到禁谷，而贼兵已经进入禁谷了。第二天，前后夹攻潼关，唐军溃败。王师会想要自杀，张承范说："我们二人死了，谁来辨明是非？不如去见天子将实情上闻，那时再死不晚。"便变服逃跑。起初，博野、凤翔的军队经过渭桥时，看到招募的军队穿的衣服新而暖和，发怒说："这些人有何功，骤然间就到这种地步！"因此，他们反而成为贼兵的向导，在贼的前面回到京师，焚毁西市。皇帝到郊外祭天祈请哀告。恰遇张承范来到，详细讲了失守的情况。皇帝将宰相卢携黜免。正在上朝，传言说贼兵已至，百官逃奔，田令孜率五百名神策兵保护着皇帝逃到咸阳，只有福王、穆王、潭王、寿王四王与一两个妃嫔随从，宦官西门匡范统令右军为殿后。

黄巢任尚让为平唐大将军，盖洪、费全古为副将军。贼众都披散着头发，身穿锦衣，将辎重从东都运抵京师，千里之内接连不断。金吾大将军张直方与众官员在灞上迎接贼，黄巢乘坐黄金舆，卫兵都穿着绣袍，头戴华帻，他的党羽乘着铜舆相从，有数十万骑士前导后拥。进陷京师，自春明门入城，登上太极殿，数千宫女迎拜，称黄王。黄巢高兴地说："这大概是天意啊！"黄巢住在田令孜的府第。贼兵见到穷人，就将金银布帛扔给他们。尚让就虚妄的晓谕人民说："黄王不像唐家那样不怜惜你们，你们要各自安居不要恐惧。"才过了几日，便大规模掳掠，绑缚棰笞居民索取财物，号称"淘物"。富贵家庭中的人都被光着脚驱赶出去，贼中酋帅都挑选甲第来住，争着夺取他人的妻子女儿对她们奸淫，捕捉到官吏全都斩杀，烧毁的房舍不可计数，屠杀宗室侯王无一幸免。

黄巢在太清宫斋戒，选择日期住进含元殿，僭即帝位，国号为大齐。寻求不到衮衣皇冠，绘黑色的织绸制成衮衣皇冠；没有钟磬之类的乐器，就敲击数百个大鼓代替，士兵拿着长剑大刀列队作为侍卫。大赦天下，建元为金统。唐朝的官员三品以上的停止任职，四品以下的将官位还给他们。因循旧例，自己陈叙符命，取用"广明"二字，辨析这二字的文义说："唐字去掉丑口而加上黄字，说明黄当代替唐，又黄是土的颜色，是金所生成，这是天命所启。"他的徒众进上黄巢的尊号为承天应运启圣睿文宣武皇帝，以妻子曹氏为皇后，任尚让、赵璋、崔璆、杨希古为宰相，郑汉璋任御史中丞，李俦、黄谔、尚儒任尚书，方特任谏议大夫，皮日休、沈云翔、裴渥任翰林学士，孟楷、盖洪任尚书左右仆射兼军容使，费传古任枢密使，张直方任检校左仆射，马祥任右散骑常侍，王璠任京兆尹，许建、米实、刘瑭、朱温、张全、彭攒、李逵等人任将军将游弈使，其余人按等次封官拜职。选取矫健魁伟的士兵五百人号为"功臣"，以林言任功臣使，用来比拟旧时的控鹤府。下令军中禁止胡妄杀人，全部将兵器交到官府。然而他的部下本来就是盗贼，都不服从命令。召见唐朝的官吏时，没有一个人来，于是在里间中大搜索，豆卢瑑、崔沆等人藏匿在永宁里张直方家中。张直方，素称豪杰，所以士大夫多数依从他。有人告诉贼，他是收纳亡命者，黄巢对他进攻，夷灭他的全家，豆卢瑑、崔沆及大臣刘邺、裴谂、赵蒙、李溥、李汤等一百多人被杀死。将作监郑綦、郎官郑系全族缢死。

这时，僖宗的乘舆来到兴元，下诏促令各道兵收复京师，遂后便来到成都。黄巢派朱温去攻邓州，攻陷邓州，以此扰动荆州、襄州。派遣林言、尚让进寇凤翔，被郑畋下面的将领宋文通打败，无法前进。郑畋便传布檄文召告天下各地军队，于是诏令泾原节度使程宗楚为诸军行营副都统，前朔方节度使唐弘夫为行营司马。数次进攻贼兵，斩首万级。邠宁将帅朱玫假装替贼将王玫聚集军队，不久杀死王玫，领军加入唐军中来。唐弘夫进军屯驻渭北，河中王重荣设营于沙苑，易定的王处存来到渭桥，鄜延的李孝昌、夏州的拓拔思恭在武功设壁垒。唐弘夫攻拔咸阳，乘木筏顺渭水而下，攻破尚让的军队，乘胜进入京师。黄巢逃去，来到石井。程宗楚自延秋门入城，唐弘夫靠近城住下，城中人都宣噪说："王师来了！"王处存挑选锐卒五千人用白缯束发作为自己的标志，夜里入城杀贼，城中人都传言说黄巢已经逃走，邠宁、泾原的军队争先进入京师，其他军队也解甲休军，他们争着抢掠财货子女，市中的少年也假冒官军用白缯束发，肆意剽掠。

黄巢爬伏在野外，派人察知城中戒备松弛，于是遣孟楷率贼兵数百人掩杀邠宁、泾原军队，城中人还认为他们是王师，欢迎他们。这时，军士们抢掠的珍物财货，都背不动，听说贼兵来到，因为背着重物不能逃跑，因此败的很惨。贼抓住唐弘夫，将他杀死，王处存逃回军营。起始，王璠攻破奉天，率众数千随从唐弘夫，及诸将战败，独此一军还有力战斗。黄巢重新进入京师，怨恨居民迎接王师，肆纵击杀八万人，流在路上的血可以像涉水那样，称之为"洗城"。各军退保武功，这时是中和二年二月。

这年五月，昭义的高浔进攻华州，王重荣与他合力进攻之，攻克下来。朱玫率泾原、岐州、麟州、夏州兵八万在兴平设营，黄巢也遣王璠在黑水设营，朱玫与之战斗没有取胜。郑畋手下的将领窦玫夜里率士兵烧毁都城门，杀死巡逻的兵卒，贼兵震惊恐惧。这个时期，京畿的人民都逃到山谷中立栅寨自保，无法耕种田地，每斗米值钱三十千，将树皮弄成碎屑来食用，有的抓住栅寨中的人卖给贼兵换粮食，一个人可获取数十万钱。朝士中有的以卖饼为业，都逃奔到河中。李孝昌、拓拔思恭将营壁移到东渭桥，收取了渭水以北的壁垒。

数月以来，贼军将帅朱温、尚让渡过渭水打败李孝昌等唐军。高浔攻击贼将李详，没有取得胜利，贼军又夺取华州，黄巢就授予李详为华州刺史，以朱温为同州刺史。贼军又袭击李孝昌，二军退去。贼军打败陈敬瑄军队，陈敬瑄跑到南山。齐克俭在兴平设营，被贼所围困，决开河水灌城，没有攻克下来。有人在尚书省门上题字，讥刺贼军将亡，尚让怒，杀死官吏，就将眼睛剔出来，用线悬起来，诛杀郎官门阑卒共数千人，百司的官吏逃跑，没有人在各司中值班。

天子又以王铎为诸道行营都统，崔安潜为副都统，周岌、王重荣为左右司马，诸葛爽、康实为左右先锋，平师儒为后军，时溥督促漕运赋税，王处存、李孝章、拓拔思恭为京畿都统，王处存为左面都统，李孝章为北面都统，拓拔思恭为右面都统。西门思恭任王铎的都监，杨复光任监行营，中书舍人卢胤征任克复制置副使。于是王铎用山南、剑南军队在灵感祠设营，朱玫用岐州、夏州军队在兴平设营，王重荣、王处存在渭水设营，杨复光用寿州、沧州、荆南军队与周岌会合在武功设营，李孝章与拓拔思恭会合在渭桥设营，程宗楚在京师右边设营。

朱温用三千兵寇掠丹州、延州南部边地，直趋同州，刺史米逢出逃，朱温据州为守。六月，尚让侵寇河中，派朱温进攻西关，打败诸葛爽，在河上击败王重荣的数千骑兵，诸葛爽闭关不出，尚让遂攻拔命邻阳，进攻宜君营垒，天下大雨雪一尺多深，兵卒冻死十分之三。七月，贼军进攻凤翔，在涝水打败节度李昌言，又派遣彊武进攻武功、槐里、泾原、邠宁，唐军退却，独有凤翔军队固守营壁。拓拔思恭用一万八千锐兵救难，却逗留不前。河中的粮船三十艘路经夏阳，朱温派兵夺粮船，王重荣用三万甲士去救粮船，朱温惧怕，将粮船凿沉，军队遂将朱温围困起来。朱温数次被围困，又估计黄巢的气势已蹙迫，将要败亡，而孟楷正专擅国政，朱温求军援助，孟楷故意不上报黄巢，他就斩杀贼军大将马恭，向王重荣投降，皇帝提升拓拔思恭为京四面都统，敕令朱玫驻军马嵬。朱温投降后，王重荣对他待遇很厚，因此李详也献诚心，被贼发觉，将他斩杀于赤水，又以黄思邺为刺史。

十月，王铎在兴平开浚壕沟，向左直抵马嵬，派将领恭韬负责其事，由马嵬、武功进入斜谷，来沟通鼙屋，列十四个兵屯，派将领梁瓛主持其事，于沮水、七盘、三溪、木皮岭设置关隘，用来保护秦陇地区。京左行营都统东方逵擒获贼军锐将李公迪，攻破寨堡三十个。华州兵卒将黄思邺驱逐出去，黄巢让王遇任华州刺史，王遇向河中王重荣投降。

第二年正月，王铎派雁门节度使李克用在渭南打败贼军，接受敕令拜他为东北行营都统。时遇王铎与崔安潜都被罢职，李克用独自率军从岚州、石州出夏阳，屯兵沙苑，打败黄揆的军队，遂在乾坑设营。二月，会合河中、易定、忠武等地军队攻击黄巢，黄巢命令王璠、林言的军队在左边，赵璋、尚让的军队在右边，率领十万军队，与唐军在梁田陂大战。贼军失败，俘获数万人，僵卧的尸骨连接有三十里远，聚敛到一起筑为京观。王璠与黄揆袭击华州，占据该州，王遇逃跑出去。李克用环绕州城挖掘堑壕，分出骑兵屯驻渭北，命令薛志勤、康君立夜袭京师，烧毁储存粮草的仓库，俘虏贼兵返回。

黄巢数次战斗失利，军粮已竭，部下不服从号令，内心产生遁逃之谋，于是发兵三万扼守通往蓝田的道路，派尚让援救华州。李克用率领王重荣在零口迎接，将他打败，遂攻拔华州城，黄揆率军逃跑出去。泾原节度使张钧劝说吐蕃、吐谷浑与他们联盟，共同讨伐贼兵。这时，各镇军队从四面而至。四月，李克用派遣部将杨守宗率领河中将领白志迁、忠武将领庞从等人最先进发，在渭桥进击贼军，三次战斗，贼军三次失败。于是诸节度士兵都意气风发，无人敢落后的，从光泰门入城。李克用亲自参加决战，呼声惊天动地，贼军崩溃，追逐贼军到望春门，贼兵退入升阳殿大门。黄巢夜中逃奔，军队还有十五万，声称要往徐州，走过蓝田，进入商山，辎重珍宝财货丢在路上，诸军争抢拾取财货，不再追赶，所以贼兵得以整军离去。

自从安禄山攻陷长安，宫阙还是完好雄壮，吐蕃所烧毁的，只是道路两旁和小巷中的房屋，朱泚之乱平定后一百多年，修缮的如同开元时那样神丽。到黄巢失败，方镇的军队相互入城掳掠，焚烧大内，唯有含元殿独存，大火所没有烧到的，只有西内、南内及光启宫而已。杨复光到行在进献捷报，皇帝诏令陈许、延州、凤翔、博野军队加上东西神策军二万人屯驻京师，命令大明宫留守王徽护卫各城门，抚定居民。诏令尚书右仆射裴璩修复宫殿台省，购买辇辂、仗卫、旧章、秘籍。参与打败黄巢的有：神策军将领横冲军使杨守亮、蹋云都将领高周彝、忠顺都将领胡真、天德军将领顾彦朗等七十人。

黄巢已东去，派孟楷攻蔡州，节度使秦宗权迎战，大败，就向贼称臣，与他们联合。孟楷攻击陈州，失败而死，黄巢亲自率兵包围陈州，占领邓州、许州、孟州、洛州，向东进入徐州、兖州等数十州。发生大饥荒，人们都靠在城墙、沟堑边饿死，贼将饥民俘获来作为食物，每天都数千人，便置办一百个巨大的碓臼排列着，将人连皮带骨在臼中捣烂，一齐食用。这时朱全忠任宣武节度使,与周岌、时溥率军救援陈州,赵犨也向太原求兵。黄巢派遣秦宗权进攻许州,没有攻克。此时粮食枯竭,树皮草根都吃完了。

四年二月,李克用率山西兵由陕州渡过黄河向东进发,遇到关东诸镇军队壁垒于汝州。朱全忠在瓦子堡攻击贼军,斩首一万余级,诸军在太康打败尚让,也斩首一万级,缴获器械铠甲马羊以万计,又在西华打败黄邺,黄邺夜里遁逃。黄巢很恐慌,居住了三日,军队中惊恐,丢弃营壁逃走,黄巢退到故阳里设营。这年五月,天下大雨雷鸣电闪,川溪全都洪水暴溢,贼军的营垒全被冲坏,兵众溃散,黄巢解营而去。朱全忠进军戍守尉氏,李克用追击黄巢,朱全忠返回汴州。

黄巢攻取尉氏,进攻中牟,士兵渡河一半时,李克用攻击他们,贼兵多数被淹死。黄巢领残众跑到封丘,李克用追击打败他们,回到郑州设营。黄巢渡汴水向北退兵,夜里又下大雨,贼军惊恐溃散,李克用听说后,急忙在河岸攻击黄巢。黄巢渡过黄河攻汴州,朱全忠拒敌固守,李克用来救汴州,斩杀贼将李周、杨景彪等人。黄巢夜里跑到胙城,进入冤句。李克用率全军穷追,贼将李谠、杨能、霍存、葛从周、张归霸、张归厚到朱全忠那里投降,而尚让率一万人投归时溥。黄巢对部下愈加猜疑怨怼,屡次杀害大将,带领部队逃奔到兖州。李克用追到曹州,黄巢的兄弟拒战,没有取胜,逃到兖州,郓州之间,李克用俘获男女牛马一万多以及乘舆器服等物,擒获黄巢的爱子。李克用的军队昼夜奔驰,粮食用完了没有抓住黄巢,才返回。黄巢的兵众只有一千人,跑到泰山据守。

六月,时溥遣将陈景瑜与尚让追击到狼虎谷战斗,黄巢计穷,对林言说:"我本想讨伐国家的奸臣,洗涤朝廷,事业成功后没有退步，也是失误，如果取下我的头献给天子，可以得到富贵，不要成为他人之利。"林言，是黄巢的外甥，不忍心去做。黄巢便自刎，没有割断，林言因而斩之，斩其兄黄存，弟黄邺、黄揆、黄钦、黄秉、黄万通、黄思厚，并杀其妻子，全部用函盛首级，将要送到时溥那里。但是太厚博野军杀死林言，与黄巢的首级一块送给时溥，献到行在，诏令将首级献给宗庙。徐州小史李师悦得到黄巢的伪符玺，献上朝廷，拜他为湖州刺史。

黄巢的从子黄浩聚众七千人，在江湖间为盗，自号为"浪荡军"。天夏初年，他欲占据湖南，攻陷浏阳，杀死很多人。湘阴的豪强邓进思率壮士埋伏在山中，袭击杀死黄浩。

赞辞说：广明元年，黄巢始窃居京师，自陈符命说："唐字去掉丑口而加上黄字，说明黄将要代替唐。"呜呼，他的话是怪诞不经的邪说！后来黄巢死，秦宗权之乱始展开，天下到处叛乱，朱温终于窃取了国家的神器，大抵都是黄巢的党羽，这难道是上天托人告示下民，唐要灭亡吗！